GIULIANO PROCACCI

Geschichte Italiens und der Italiener

*Aus dem Italienischen übersetzt von
Friederike Hausmann*

VERLAG C.H.BECK MÜNCHEN

Der Übersetzung liegt folgende Ausgabe zugrunde:
Giuliano Procacci, Storia degli Italiani
© Librairie Arthème Fayard, Paris 1970, Histoire des Italiens

Lizenzausgabe mit freundlicher Genehmigung der
Librairie Arthème Fayard, Paris

CIP-Titelaufnahme der Deutschen Bibliothek

Procacci, Giuliano:
Geschichte Italiens und der Italiener / Giuliano Procacci.
[Aus d. Ital. übers. von Friederike Hausmann]. – Unveränd.
Nachdr. d. 1. Aufl. – München : Beck, 1989
(Beck'sche Sonderausgaben)
Einheitssacht.: Storia degli italiani ‹dt.›
ISBN 3 406 33986 7

ISBN 3 406 33986 7

Unveränderter Nachdruck 1989 der ersten Auflage
Für die deutsche Ausgabe:
© C. H. Beck'sche Verlagsbuchhandlung (Oscar Beck), München 1983
Satz und Druck: C. H. Beck'sche Buchdruckerei, Nördlingen
Printed in Germany

Inhalt

Einleitung 9

1. Um das Jahr Tausend 13

   Die Stellung Italiens in der *Respublica christiana* 13 – Die Seestädte 17 – Stadt und Land nach dem Jahr Tausend 21 – Die Stadtrepubliken 23 – Das Normannenreich in Süditalien 27 – Die Stadtrepubliken und das Reich 31 – Der Sieg des Polyzentrismus in Italien 35

2. Das Zeitalter der Stadtrepubliken 40

   Die „Städte Italiens" 40 – Die franziskanische Erneuerungsbewegung 45 – Die Intellektuellen und die Volkssprache 50 – Dante Alighieri 54

3. Krise und Vitalität einer Übergangszeit 57

   Italien und die Krise des 14. Jahrhunderts 57 – Venedig: Zwischen Meer und *Terraferma* 63 – Genua: Eine Stadt als Privatunternehmen 66 – Florenz: Von der Republik zum Großherzogtum 69 – Mailand: Von den Visconti zu den Sforza 73 – Das Königreich Neapel und Sizilien 77 – Die Entstehung des Kirchenstaates 81 – Die Intellektuellen und die Krise: Petrarca und Boccaccio 84

4. Größe und Verfall: 1450–1550 88

   Der Humanismus 88 – Die Humanisten in der italienischen Gesellschaft 92 – Italien in der zweiten Hälfte des 15. Jahrhunderts 95 – Florenz: Hauptstadt der Renaissance und des politischen Gleichgewichts 99 – Savonarola und Karl VIII. 104 – Der Angriff Ludwigs XII. – Venedig in der Stunde von Agnadello 108 – Die Zeit Leos X. 112 – Niccolò Machiavelli 115 – Italien im Reich Karls V. und der *Sacco di Roma* 119 – Die Intellektuellen und das Konzil 122 – Die Konsolidierung der spanischen Herrschaft und die Gegenreformation 126

5. Verfall und Größe: 1550–1600 131

   Der Nachsommer der italienischen Wirtschaft 131 – Die spanischen Besitzungen 133 – Das Großherzogtum Toskana 140 – Piemont unter dem Hause Savoyen 144 – Venedig nach Agnadello 147 – Genua und seine Bankiers 152 – Rom und der Kirchenstaat 155 – Die Intellektuellen im Zeitalter der Gegenreformation 160 – Giordano Bruno und Tommaso Campanella 164

6. Ein Jahrhundert der Stagnation 167

Italien am Rande Europas 167 – Die Wirtschaftskrise des 17. Jahrhunderts 171 – Die antispanischen Revolten in Süditalien 175 – Von Galilei zu Vico: Die zwei Gesichter des geistigen Lebens im 17. Jahrhundert 179

7. Italien und die Aufklärung 186

Italien und Europa 186 – Die Veränderung der Agrarstruktur 189 – Die italienischen Intellektuellen im Zeitalter der Aufklärung 192

8. Das Zeitalter der Reformen 199

Die habsburgischen Reformen: Die Lombardei 199 – Die habsburgischen Reformen: Toskana und Modena 203 – Die bourbonischen Reformen: Neapel, Sizilien, Parma 207 – Die Staaten ohne Reformen 212 – Ein Sonderfall: Das savoyische Piemont 215

9. Die Französische Revolution und Italien 220

Das jakobinische Italien 220 – Die „Schwesterrepubliken" und die Reaktion von 1799 223 – Das napoleonische Italien 226 – Das Ende der napoleonischen Herrschaft 231

10. Restauration und Romantik 234

Die Restauration und die Erhebungen von 1820/21 234 – Die Literatur der Restaurationszeit: Manzoni und Leopardi 239 – Die Julirevolution und Italien 244

11. Die Niederlagen des Risorgimento 248

Giuseppe Mazzini und *La Giovine Italia* 248 – Die Gemäßigten 251 – Wirtschaft und Politik im italienischen Vormärz 253 – 1848 in Italien 257

12. Die Siege des Risorgimento 263

Die italienischen Demokraten von 1849 bis 1857 263 – Cavour und Piemont 266 – Die Außenpolitik Cavours und der zweite Unabhängigkeitskrieg 269 – Der Zug der Tausend und die Einheit Italiens 272 – Das kulturelle Leben des Risorgimento 275

13. Ein schwieriger Start 278

Der Preis der Einigung 278 – Die „liberale" Rechte und die römische Frage 281 – Die Wirtschaftspolitik der Rechten 285 – Beginnende Konsolidierung 287

14. Anfänge und Charakter des italienischen Kapitalismus 292

Agrarkrise und bäuerliche Welt 292 – Kapitalistische Entwicklung und preußischer Weg 295 – Dreibund und koloniale Ambitionen 299 – Literatur und Wissenschaft 301

Inhalt 7

15. Die Krise der Jahrhundertwende 305

Francesco Crispi 305 – Die Anfänge der sozialistischen Bewegung 307 – Noch einmal Crispi 310 – Ende eines Jahrhunderts – Anfang eines neuen 314

16. Die Belle Époque dauert fünfzehn Jahre 319

Die Stunde des Sozialismus 319 – Wirtschaftliche und industrielle Entwicklung 323 – Das „System Giolitti" 326 – Italietta 331 – Die Gegner Giolittis auf der Linken und Rechten 334 – Krieg gegen Libyen und allgemeines Wahlrecht 336

17. Vom Krieg zum Faschismus 341

Der Kriegseintritt 341 – Italien im Krieg 344 – Eine versäumte Revolution? 347 – Die Wirtschaftskrise und die Anfänge des Faschismus 352 – Der Weg des Faschismus an die Macht 355

18. Vom Faschismus zum Krieg 358

Der Faschismus: Von der Regierung zum Regime 358 – Das faschistische und das wirkliche Italien 362 – Wirtschaftskrise und korporative Wirtschaft 365 – Vom Einfall in Äthiopien bis zum Kriegseintritt 367 – Der Antifaschismus 371

19. Die letzten Jahrzehnte 376

Italien im Zweiten Weltkrieg 376 – Die fünfundvierzig Tage und der Waffenstillstand 379 – Der Widerstand 382 – Hoffnungen und Enttäuschungen der Nachkriegszeit 386 – Das italienische Wirtschaftswunder und die Kommunistische Partei 390

Nachwort zur deutschen Ausgabe 395
Namenregister 407

Einleitung

„Professor", rief Nando mit gesenktem Kopf,
„Ihr liebt doch Italien?"
Wieder sahen alle zu mir hin:
Tono, die Alte, die Mädchen, Cate. Fonso lächelte.
„Nein", sagte ich langsam, „Italien nicht, nur die Italiener."
Cesare Pavese, *Das Haus auf der Höhe* (dt. v. A. Giachi)

In diesem Buch soll die Geschichte Italiens und die Geschichte der Volksstämme und Menschen, die die Halbinsel bewohnt haben, beschrieben werden, es soll aufgezeigt werden, wie die Geschichte Italiens in drei Jahrhunderten voller Wandlungen und Kontraste die Entstehung der geistigen und materiellen Kultur des modernen Europa beeinflußt hat. Die Darstellung der Geschichte Italiens und der Italiener ist deshalb zugleich die Darstellung eines Stücks europäischer Geschichte. Von daher bestimmt sich denn auch der von uns gewählte Ausgangspunkt. Denn um das Jahr 1000 vollzieht sich historisch gesehen der erste jener qualitativen Sprünge in der wirtschaftlichen und sozialen Entwicklung der europäischen Gesellschaft, die im Laufe der Neuzeit zur Vormachtstellung Europas gegenüber dem Rest der Welt geführt haben. Die Kreuzzüge, die spanische Reconquista und die Kolonisationsbewegung im slawischen Osten sind die ersten Manifestationen europäischer Vitalität und des Imperialismus, und die *Respublica christiana* ist die erste Form, in der Europa selbst ein Bewußtsein der eigenen Einheit gewinnt. Italien war ein integrierender Bestandteil dieses Europas; ja, wie wir sehen werden, hätte ohne Italien die *Respublica christiana* gar nicht existiert. Deshalb ist eine Geschichte Italiens und der Italiener in unserem Jahrtausend außerhalb des europäischen Kontextes undenkbar.

Aber die Geschichte Italiens und der Italiener beginnt natürlich nicht erst im Jahr 1000. Vor den Römern, wenn man nicht noch weiter zurückgehen will, erlebte Mittelitalien die faszinierende Kultur der Etrusker, und Süditalien und Sizilien wurden von der Stadtentwicklung der *Graecia magna* geprägt. Tarquinia, Syrakus und Tarent waren blühende Kulturzentren, als Rom noch nicht mehr als ein latinisches Dorf war. Auf der Suche nach einer ursprünglichen italienischen Kultur erinnerten die Gelehrten des 19. Jahrhunderts gerne daran, daß Pythagoras ein Jahrhundert vor Plato gelebt hat, und unsererseits könnten wir hinzufügen, daß die Tempel von Paestum und Selinunt schon seit Jahrzehnten fertiggestellt waren, als Perikles die Arbeiten für das Parthenon beginnen ließ, seit Jahrhunderten sogar, als die chinesischen Kaiser der Tschou-Dynastie den Bau der Großen Mauer anordneten. Auf die Etrusker und Griechen folgte die Kolonisation durch die Römer. Sie waren es, die Italien im wahrsten Sinne des Wortes Stück für Stück schufen und ihm sogar seinen Namen gaben. Ursprünglich bezeichnete man mit dem Namen Italien ja nur den südlichsten Teil des Stiefels und erst nach der römischen Eroberung wurde er auf das ganze Gebiet südlich des Rubico und der Magra angewandt. Schließlich dauerte es noch bis ins Zeitalter des Augustus, bevor auch das Gebiet der ehemaligen *Gallia cisalpina*, wo die römischen Legionen im 3. Jahrhundert vor Christus eingefallen waren, zu Italien zählte. Früher, nachhaltiger und umfassender als die anderen europäischen Länder hat also Italien in seiner ganzen Ausdehnung die Auswirkungen der römischen Kolonisation und der *pax romana* kennengelernt. Zu Beginn des christlichen Zeitalters zeichnen die Georgica des Vergil und römische Abhandlungen über die Landwirtschaft das Bild eines dichtbesiedelten und intensiv kultivierten Landes, durchzogen von einem Netz großer Straßen, eingeteilt in ein System von Regionen, deren Namen und Grenzen sich teilweise bis heute erhalten haben.

Zwischen dem Zeitalter des Augustus und dem Beginn unserer „Geschichte Italiens" liegen tausend Jahre. Wollte man diesen ganzen Zeitraum auf eine kurze Formel bringen, so könnte man sagen, daß das vorher mühsam Geschaffene allmählich zerstört und ausgelöscht wurde. Von der schweren sozio-ökonomischen Krise des späten Kaiserreichs über die ersten Barbareneinfälle, den verheerenden Krieg zwischen Griechen und Goten im 6. Jahrhundert, bis hin schließlich zur Reichsbildung der Langobarden können wir einen tiefgreifenden Verfallsprozeß des wirtschaftlichen Lebens und der politischen Einheit der Halbinsel verfolgen. Stadt und Land werden entvölkert, der Ackerbau geht zurück, die Umgangsformen verwildern; von Zerrüttung zu sprechen, ist sicher keine Übertreibung.

Das, was im Jahr 1000 wiederersteht, ist ein neues Land, wie es nach einer so radikalen Umwälzung nicht anders zu erwarten war. Aber in der Geschichte gibt es Dinge, die nicht auszulöschen sind, die stärker und dauerhafter sind als jede *tabula rasa*. Reiche können vergehen, politische Institutionen verfallen, aber die Zeichen der Anwesenheit und der Arbeit der Generationen und Generationen von Menschen auf der Erde bleiben bestehen und erblühen wieder, wenn die Zeiten günstiger werden. Genau dies geschieht um das Jahr 1000: die großen römischen Verbindungswege beleben sich wieder und bestimmen für Jahrhunderte bis fast in unsere Zeit das Verkehrssystem und den Handel. Die Besiedelung im Zeitalter der Stadtstaaten knüpft, soweit es die großen Zentren betrifft, weitgehend an die römische Antike an: ein großer Teil der wichtigsten italienischen Städte hat seinen Ursprung in römischer und vorrömischer Zeit, und die an sich schon geringe Zahl späterer Gründungen (Alessandria, Ferrara, Udine) übertrifft jedenfalls nicht die Zahl der später verlassenen römischen Siedlungen (Aquileia, Luni usw.). Im Umland der Städte ist auch heute noch auf Luftaufnahmen das Rechteck der römischen *centuriatio* deutlich zu erkennen.

Was für die Dinge gilt, gilt ebenso für die Menschen. Wir beziehen uns dabei nicht nur auf die Wiedererweckung der großen Tradition der klassischen Kultur, in deren Zeichen sich ein großer Teil der Geschichte der italienischen Intellektuellen vollzieht, sondern auf bestimmte Strukturen und tiefere Grundströmungen, die nicht einmal die große Revolution des Christentums vollständig hat auslöschen können. Die religiöse Haltung nicht weniger Italiener ähnelt jenen romanischen Kirchen, deren Fundamente und Baumaterialien aus römischer Zeit stammen. Hinter dem Bekenntnis zum Christentum und einem christlichen Verhalten nach außen kommen zuweilen alte heidnische und magische Überreste zutage, und der Besucher des Grabes von Tarquinia findet voller Erstaunen in den Fresken die gleichen Gesten des Ritus und der Beschwörung wieder, die auch heute noch anzutreffen sind.

Es besteht also ein Problem der Kontinuität der italienischen Geschichte. Schon die Gelehrten des 18. Jahrhunderts sprachen von einer „Wiedererstehung" *(risorgimento)* Italiens nach dem Jahr 1000; die Bewohner der italienischen Stadtstaaten selbst waren sich dessen offenbar bewußt, als sie ihre gewählten Beamten Konsuln nannten und sich um den Nachweis bemühten, daß ihre Stadt eine auserwählte Tochter Roms sei. Worin besteht aber konkret diese Kontinuität? Auf diese Frage zu antworten, hieße, eine Reihe von komplexen Problemen anzugehen, Probleme der Wirtschaftsgeschichte, der Geschichte der Kultur, der Sprache und der sozialen Entwicklung, für die uns, abgesehen natürlich vom Platz, vor allem die Kompetenz fehlt. Eine Frage, um nur ein Beispiel herauszugreifen, die in der historischen Debatte noch offen ist, ist die nach einer möglichen Kontinuität zwischen dem freien Eigentum im antiken Rom und dem allodialen Eigentum im Mittelalter: Kann man als Konsequenz daraus einen festverwurzelten „agrarischen Individualismus" als eine der Grundströmungen der italienischen Geschichte ableiten? Diese und ähnliche Fragen können natürlich in diesen wenigen Einleitungssätzen keine Antwort finden. Statt, soweit das überhaupt möglich ist, für diese Problematiken Lösungsmöglichkeiten anzugeben oder anzudeuten, wollen wir uns auf eine Feststellung beschränken, die, gerade weil sie selbstverständlich erscheint, allzu leicht aus dem Auge verloren wird: von der Form der Felder bis zur Art und Zubereitung der Speisen, von der Ackerbauweise bis zur Straßenführung, von der verfeinerten Geistigkeit der Gelehrten bis zur gelehrten Ignoranz der einfachen Geister, *alles* trägt in Italien dazu bei, den Menschen dieses Landes das Gefühl einer niemals unterbrochenen Kontinuität von Arbeit und Mühe zu geben und ihnen – neben einem Bewußtsein der Zeit – ein Gefühl der Resignation einzuflößen.

Die politischen Herrschaftsformen ändern sich, die Moden gehen vorüber, die Helden von gestern werden heute zur Zielscheibe des Spotts; nur die

Mühen und die Leidenschaften der Menschen ändern sich nicht. Das berühmte Wort des Fürsten von Salina aus Lampedusas Roman „Der Leopard" („Wenn wir wollen, daß alles bleibt wie es ist, dann ist es nötig, daß sich alles verändert") drückt nicht nur den Standpunkt eines Aristokraten aus, sondern findet auch eine tiefe Entsprechung in der Überzeugung des Volkes.

Und doch ist die Geschichte, die wir schildern wollen, weit davon entfernt, arm an Dramatik und Vitalität zu sein; ihr Rhythmus ist immer schnell und reich an unvorhergesehenen Wendungen. Die Resignation in ihrer italienischen Form ist nämlich nie oder zumindest selten Verzweiflung oder Passivität, sondern eher das Bewußtsein, daß das Leben akzeptiert und weitergelebt werden muß, und daß es Momente und Gelegenheiten gibt, in denen alle Kräfte mobilisiert werden müssen, um den Gang des Lebens nicht zu unterbrechen. Wir werden immer wieder im Verlauf unserer Geschichte solche Momente antreffen, vom Anfang an bis hin zum 8. September 1943. (Sonderwaffenstillstand zwischen Badoglio-Italien und den Alliierten, be endet den Krieg zwischen diesen Mächten, A. d. Ü.)

Ein häufig vor allem von Italienern wiederholter Gemeinplatz lautet, daß Italien das Land des Pulcinell sei. Aber Pulcinell ist, wie wir wissen, nicht nur eine komische Figur, sondern ein Charakter, eine *persona* von großer Dichte und menschlicher Wahrheit, die, wie sein chinesischer Bruder Ah Q, viel erlebt, gesehen und erlitten hat. Im Gegensatz zu Ah Q aber stirbt Pulcinell nie, weil er weiß, daß in der Geschichte alles möglich ist. Auch, daß sein jahrtausendealter Hunger eines Tages gestillt werden wird.

1. Um das Jahr Tausend

Die Stellung Italiens in der *Respublica christiana*

Papsttum und Kaisertum – das sind die beiden großen Kulissen, vor denen sich im Mittelalter die Ereignisse der europäischen Geschichte abspielen. Wer sich zu sehr von dem szenischen Geschehen und von den mehr oder weniger wichtigen Personen der Handlung fesseln läßt, dem kann es allzu leicht passieren, daß er diese Kulissen aus dem Auge verliert. Wer sich aber immer das Bühnengeschehen in seiner Gesamtheit vergegenwärtigt, dem kann nicht verborgen bleiben, daß alle Vorgänge, Ereignisse und Handlungen des europäischen Mittelalters mitgestaltet sind von der beherrschenden Gegenwart des szenischen Rahmens dieser beiden Institutionen. Ohne den ständigen Bezug auf diese beiden universalen Strukturen ist es daher nicht möglich, die Geschichte irgendeines Teiles des christlichen Abendlandes zu beschreiben. Die Geschichte Italiens noch weniger als die jedes anderen Landes. Denn die Halbinsel ist nicht nur wie die anderen Länder ein Mitglied dieser Gemeinschaft, sie ist vielmehr deren lebendiger Mittelpunkt. Ohne Rom, ohne Italien wäre die *Respublica christianorum* undenkbar.

Gregor der Große, der Papst, der die Missionierung des barbarischen Westens und die liturgische und verwaltungsmäßige Organisation der mittelalterlichen Kirche einleitete, stammte aus einem römischen Patriziergeschlecht. Er hatte auf die Leitung der Kirche den kolonisatorischen und imperialistischen Geist seiner Vaterstadt übertragen. Auch Gregors Nachfolger waren Römer. In Rom hatte Karl der Große in der schicksalsträchtigen Weihnachtsnacht des Jahres 800 aus den Händen Leos III. die Kaiserkrone empfangen und von diesem Zeitpunkt an sollte sich das Bild des christlichen Rom, der Stadt des hl. Petrus, mit dem des kaiserlichen Rom, der Stadt Caesars, verbinden, um daraus den Mythos des Heiligen Römischen Reiches entstehen zu lassen. Freilich konnte weder das karolingische Kaiserreich seine einheitliche Struktur bewahren, noch das Papsttum lange sein Ansehen, das ihm aus dem Bündnis mit dem überlegenen Karl dem Großen erwachsen war. Im Jahrhundert zwischen dem Teilungsvertrag von Verdun (843) und dem ersten Italienzug Ottos I. (951) wird das christliche Europa von den konzentrischen Angriffen der Araber und Normannen überrollt und ist zudem den Einfällen der Ungarn ausgeliefert. Es ist eine düstere Zeit für das Kaisertum, ebenso wie für das Papsttum. Während die Kaiserkrone flüchtiger Besitz der zufälligen Machthaber des Augenblicks wird, kämpfen in Rom die verschiedenen Adelsparteien erbarmungslos untereinander um die Papstwürde; in diesen Zeitraum fällt die makabre Episode des Prozesses gegen die Leiche des Papstes Formosus. (Formosus war von 891 bis 896 Papst und krönte den karolingischen Kaiser Arnulf im Jahre 896. Seine Feinde ließen nach seinem Tod die Leiche ausgraben, um ihr den Prozeß zu machen. Die Verurteilung wurde später revidiert. Anm. d. Ü.)

Dennoch verschwand unter den Gelehrten und Mächtigen der Epoche niemals das Bewußtsein der Zugehörigkeit zu dem einen christlichen Reich, dessen Mittelpunkt Rom und dessen zeitliches Oberhaupt der vom Papst gekrönte Kaiser war. Dieses Bewußtsein blieb der Dreh- und Angelpunkt der geistigen Welt der Christenheit. In dieser Welt, in der es keine Zwischenstufe zwischen der Gebundenheit des einfachen Volkes an die engste Heimat und dem universalen Kosmopolitismus der Geistlichen und Intellektuellen gab, blieb der Mythos Roms tief verwurzelt und wurde tief empfunden als der einer im doppelten Sinne universalen Stadt. Nach dem Sturm der Ungarneinfälle und den Plünderungen durch die Araber sehen wir diesen Mythos wieder auferstehen und erstarken am Hofe des sächsischen Kaisers Otto III. (996–1002), der, umgeben von Geistlichen und Gelehrten, Rom als seinen ständigen Aufenthaltsort gewählt hatte und dort starb, wo er während seiner kurzen Herrschaft das Ziel einer Erneuerung des Reiches verfolgt hatte.

Der universale Auftrag der Kirche dagegen stand im Mittelpunkt der Reformtätigkeit der Päpste des 11. Jahrhunderts, die damit einen bemerkenswerten Beitrag zur Ausdehnung und Festigung des weltweiten Ansehens des Papsttums leisteten. Mit dem Segen Roms und im Zeichen des neuen religiösen Imperialismus, der aus der Reform der Kirche hervorgegangen war, erfolgte die normannische Eroberung Englands und Süditaliens und die spanische Reconquista, vor allem aber das große europäische Gemeinschaftsunternehmen der Kreuzzüge. In dem Maße, in dem die katholische Kirche wirklich universal wurde, hörte sie jedoch nicht auf römisch zu sein. So war die Papstwürde zwar durch die Reform nicht mehr ausschließlicher Besitz der großen römischen Familien, und im Laufe des 11. und 12. Jahrhunderts sah man Deutsche, Burgunder, Italiener aus verschiedenen Teilen des Landes und sogar einen Engländer den Stuhl Petri besteigen. Die Kardinäle aber waren meist Würdenträger der römischen Kirchen und der sieben vor Rom gelegenen Diözesen, d. h. die überwiegende Mehrheit waren Italiener oder Römer. Ihnen hatte die Lateransynode von 1059 die Wahl der Päpste anvertraut, um sie dem Klerus und dem Volk Roms zu entziehen, über die die weltliche und kaiserliche Macht den Ausgang der Wahl hatte beeinflussen können. Vor allem aber war ausschlaggebend, daß das neue Papsttum nach der Reform eine in hohem Maße einheitliche und zentralisierte Organisation darstellte, eine wahrhaft theokratische Monarchie. Sie übte über die Kirche eine Kontrolle aus, die im Laufe der folgenden Jahrhunderte außer im Sinne einer weiteren Verfestigung und Vervollkommnung keine Veränderungen erfuhr. In Rom fanden alle Konzilien zwischen dem ersten (1123) und dem vierten Laterankonzil (1215) statt; letzteres unter dem Pontifikat des großen Innozenz III. schien kurz nach der Schlacht von Bouvines (1214) den Triumph der Kirche als oberster Instanz bei internationalen Auseinandersetzungen zu besiegeln.

Römisch blieb auch das Reich, obwohl an seiner Spitze deutsche Feudalherren standen. Der lange Kampf, den die fränkischen Kaiser im Laufe des 11. Jahrhunderts um die Frage der Investitur gegen die Päpste geführt hatten, war von dem sicheren Bewußtsein des universalen Charakters ihrer Macht und Sendung getragen, das sie und ihre Anhänger beseelte. Vor allem Friedrich Barbarossa (1152–1190) war zutiefst davon überzeugt, in der Nachfolge Caesars und Trajans zu stehen. Um diesem Anspruch Geltung zu verschaffen, zögerte er – anders als seine Vorgänger – nicht, an der Spitze seiner Heere ganze sechs Mal nach Italien zu ziehen. Die Regierungsgeschäfte in Deutschland vernachlässigte er ohne Bedenken und überließ sie anderen. Ohne den Besitz Italiens, ohne die Krönung in Rom hatte der Kaisertitel weder Wert noch Ansehen.

So war Rom und damit Italien politisch und geistig Herz und Mittelpunkt der *Respublica christianorum*. Geographisch aber lag es an der Peripherie und hatte für lange Zeit – teilweise galt das immer noch – die Grenze des Reiches gebildet. Man kann sogar sagen, daß für Jahrhunderte die Grenze zwischen dem Europa Karls des Großen und dem Reich der Araber und Byzantiner mitten durch Italien selbst verlaufen war.

In Rom, oder besser: was vom antiken kaiserlichen Rom geblieben war, übte bis zum Beginn des 8. Jahrhunderts ein byzantinischer Dux die weltliche Herrschaft aus, und die griechische Sprache wurde fließend gesprochen und verstanden. Byzantinische Einflüsse sind in den Bauten Roms aus dieser Zeit und im Zeremoniell der mittelalterlichen Kirche zahlreich vorhanden und leicht erkennbar – man denke nur an die goldgrundigen Fresken von Sant'Agnese, Santa Maria Antiqua und Santa Prassede, oder an Papst Leo III., der sich wie bei der *adoratio* am oströmischen Hof Karl dem Großen zu Füßen warf. Im übrigen sei auch daran erinnert, daß die endgültige Spaltung der Kirche erst 1054, also auf dem Höhepunkt der Reformbewegung, erfolgte.

Neben Rom blieben Amalfi, Neapel, Gaeta und die Städte der Pentapolis an der Adria für Jahrhunderte der byzantinischen Herrschaft unterworfen. Und Ravenna, die Hauptstadt des Exarchats, trug mit seinen Kirchen und Mosaiken, die mit denen der Sophienbasilika in Konkurrenz traten, wie diese dazu bei, den Ruhm des Hofes von Konstantinopel zu verherrlichen. Der Bischof Venedigs war ein byzantinischer Patriarch, und der Doge ursprünglich ein Dux, der sich allerdings zunehmend von Byzanz unabhängig gemacht hatte. Der Schutzheilige Venedigs, der hl. Markus, kam aus dem Osten, und die Kirche, die für die Aufbewahrung seiner Reliquien gebaut wurde, hatte wahrscheinlich ursprünglich die Form einer griechischen Basilika.

Am längsten konnte sich die byzantinische Herrschaft in den südlichen Teilen der Halbinsel halten. Apulien und Kalabrien waren bis zur Mitte des 11. Jahrhunderts von Byzanz abhängig, Zeit genug also, um die politische und künstlerische Erneuerung unter der makedonischen Dynastie zu erleben und davon zu profitieren. Die zahlreichen Kirchen in griechischer Bauweise in Kalabrien legen davon Zeugnis ab. Sizilien dagegen wurde der byzantinischen Herrschaft von den Arabern im 9. Jahrhundert entrissen, die sich bis zur normannischen Eroberung über zwei Jahrhunderte halten konnten. Palermo, mit seinen Handelshöfen, Werkstätten und seinem überschäumenden Leben, hatte, den Beschreibungen von arabischen Geographen und Reisenden nach, damals den Charakter einer morgenländischen und doch mediterranen Metropole, den es auch heute noch teilweise bewahrt. Durch ein ausgeklügeltes Bewässerungssystem fanden in den fruchtbaren Gegenden der Insel neue Kulturen Verbreitung: Zitrusfrüchte, der Maulbeerbaum, die Baumwolle und Zuckerrohr. Angesichts dieser exotischen Vegetation aus dem Morgenland vermochten selbst die welterfahrenen normannischen Eroberer ihre Bewunderung nicht zu unterdrücken und sich dem Eindruck zu entziehen, in einer anderen Welt gelandet zu sein.

Um die Mitte des 11. Jahrhunderts hatte sich das Bild der politischen Landkarte der Halbinsel gegenüber dem frühen Mittelalter vollständig gewandelt. Im Norden hatte die langobardische Eroberung Ravennas von 751 der byzantinischen Herrschaft über die Küstenregionen Norditaliens praktisch ein Ende gesetzt. Im Süden war die normannische Eroberung, deren siegreicher Ausgang bereits erkennbar war, in vollem Gange. Das ehemalige byzantinische Herzogtum Rom hatte sich in das Patrimonium Petri verwandelt, Venedig war seit langem völlig selbständig und verhielt sich dem oströmischen Kaiserreich gegenüber wie eine gleichberechtigte Macht. Die Grenze des Abendlandes verlief also nicht mehr durch Italien. In einem weiteren und prägnanteren Sinn allerdings blieb die Halbinsel Grenzland, denn sie blieb von den Ländern des christlichen Abendlandes gegenüber der islamischen Welt am meisten exponiert. Venedig, Amalfi und Bari brachen nach der Erlangung der Unabhängigkeit ihre Handelsbeziehungen zu Byzanz keineswegs ab, sondern erweiterten und intensivierten sie noch. Die Grenze bildete jetzt das Meer, das seit eh und je Menschen und Völker verbindet.

Diese Grenzfunktion übte auf die künftige Geschichte der Halbinsel einen ebenso tiefwirkenden Einfluß aus, wie ihre herausragende Stellung als ideeller Mittelpunkt der *Respublica christiana*. Eines von beiden Elementen zu übersehen, oder aber das eine zu Lasten des anderen zu betonen, würde den Weg zu einem wirklichen Verständnis der italienischen Geschichte in ihrer Vielfalt, Widersprüchlichkeit und einzigartigen Größe versperren. An der großen Gemeinschaftsleistung der Kreuzzüge, durch die das christliche Abendland zum Bewußtsein seiner selbst und seiner neugewonnenen Vitalität gelangt, wird deutlich sichtbar, daß die leidenschaftlichen Aufrufe der römischen Päpste und die Gefolgschaft der Gläubigen zu deren Gelingen in gleichem Maße beigetragen haben wie der Pioniergeist, die Abenteuerbereitschaft und Weltoffenheit, ja auch Skrupellosigkeit der italienischen Seestädte. Von diesen muß man ausgehen, denn die Geschichte des italienischen Volkes beginnt mit dem Meer.

Die Seestädte

Anfänge und Aufstieg der italienischen Seestädte liegen, wie bereits angedeutet, weit vor der Zeit des ersten Kreuzzuges und z. T. vor der großen historischen Wende des Jahres 1000. Am Tyrrhenischen Meer war die Stellung Amalfis zu Beginn des 11. Jahrhunderts schon weitgehend gefestigt. Die Stadt in Kampanien unterhielt umfangreiche Handelsbeziehungen zu Byzanz und Syrien, sie besaß Niederlassungen in Konstantinopel und Antiocheia, und ihre Schiffe liefen regelmäßig die Häfen Ägyptens, Tunesiens und Spaniens an. Der Aufenthalt von Kaufleuten aus Amalfi ist gesichert für Pisa, Genua, Ravenna und Pavia, die altehrwürdige Hauptstadt des Königreichs Italien, für Durazzo und vielleicht auch für die Provence. In Rom waren die Amalfitaner als Lieferanten der Kurie tätig, die in großen Mengen wertvolle Waren aus dem Orient abnahm. Einer dieser Kaufleute, Mauro Pantaleoni, ein großer Bauherr und Wohltäter der Kirche, spielte eine bedeutende Rolle in der internationalen Politik als Berater Gregors VII. Mit der normannischen Eroberung, durch die Amalfi die Handelsverbindung zum Landesinneren verlor, begann für die Seestadt der Abstieg. Der endgültige Zusammenbruch erfolgte 1135 mit der Eroberung und Plünderung der Stadt durch den aufgehenden Stern am Firmament der italienischen Seestädte, durch die Stadt Pisa.

Im Gegensatz zu Amalfi, das seinen Erfolg auf einer *Appeasement*-Politik gegenüber der arabischen Welt aufgebaut hatte, wählte die toskanische Stadt von vornherein den Weg des Kampfes und Kreuzzugs. Nachdem sie sich die Kontrolle über Korsika und den Nordteil Sardiniens gesichert hatte, trat Pisa im Bündnis mit den Normannen gegen die islamische Flotte an und besiegte sie in den Gewässern von Palermo im Jahre 1062. Schließlich ging die Stadt so weit, 1087 gegen Mehadia im nördlichen Afrika und dann auch gegen die Balearen zu Plünderungen auszuziehen. Mit diesen Unternehmungen, an denen alle Einwohner, voran die Konsuln und der Bischof einmütig teilnahmen, hatte Pisa sich die Vorherrschaft im westlichen Mittelmeer gesichert. Mit gelinder Übertreibung zogen die Chronisten dieser Ereignisse sogar Parallelen zur römischen Eroberung Karthagos. In der Zwischenzeit waren in der Stadt die Arbeiten für den Bau des Doms in vollem Gang, der 1063 begonnen und 1118 geweiht wurde.

Schwieriger war der Aufstieg Genuas, das uns eine kaiserliche Urkunde am Anfang des 10. Jahrhunderts noch als überwiegend bäuerliches Gemeinwesen schildert. Genua lag abseits der großen Pilgerstraße der *Via Francigena*, die die Hauptverkehrsader des frühmittelalterlichen Italien bildete. Nach der langobardischen Eroberung war es der Stadt zudem nicht mehr gelungen, die alte Stellung wiederzuerlangen. Zunächst entwickelte sich Genua deshalb im Schatten und unter der Führung Pisas, aber bald stieg es zu eigenständiger Bedeutung und beträchtlichem Wohlstand auf: 1152 erfolgte die erste Erweiterung des Mauerrings.

Für Venedig gab es an den Küsten der Adria keinen Rivalen mehr, nachdem Ravenna im 8. Jahrhundert seinen Rang als Hauptstadt des byzantinischen Exarchats verloren hatte. Weder die Städte der Pentapolis, noch Bari oder die anderen kleineren Städte Apuliens konnten auch nur entfernt mit Venedig in Konkurrenz treten. Dabei waren die Anfänge der Stadt bescheiden gewesen: die Bevölkerung bestand aus Schiffern, Salinenarbeitern, Fischern und einer grundbesitzenden Aristokratie, die sich auf der Flucht vor den Barbareneinfällen in mehreren Wellen auf die Inseln der Lagune geflüchtet hatte. Im Gegensatz zu den bescheidenen Anfängen war der Aufstieg Venedigs um so schwindelerregender, und sein Erfolg war überraschend.

Schon um die Mitte des 9. Jahrhunderts kontrollierte die Stadt die Flußmündungen des Po-Deltas und die Verkehrsverbindungen mit dem Hinterland. Am Ende des 10. Jahrhunderts hatte sie sich zur entscheidenden Macht in der Adria erhoben, und der Doge nahm den stolzen Titel eines *Dux dalmaticorum* an. In diese Zeit fällt die Weihe der neuerbauten Markuskirche (1094) und die Einführung der Zeremonie der Vermählung mit dem Meer. Venedigs Zukunft als Seehandelsmetropole war deutlich vorgezeichnet. In immer größerer Zahl verließen venezianische Schiffe den Hafen in Richtung Orient, beladen mit Holz, Metallen und Sklaven, die an den dalmatinischen Küsten gefangen worden waren. Auf der Rückfahrt brachten sie Seide, Öl, Gewürze, Duftstoffe, Färbemittel und alles, was zur Befriedigung der Bedürfnisse des luxuriösen Lebensstils der Feudalelite Europas diente. Bald nahm die Anzahl der Venezianer in den Ländern des oströmischen Reiches beträchtliche Ausmaße an; um die Mitte des 12. Jahrhunderts waren es mehrere tausend. Nach den Chroniken der Zeit wurden allein während des Aufstandes gegen die Fremden (1171) 10000 Venezianer festgenommen. Schon im Jahre 1082 hatte Venedig von Kaiser Alexios die Zusicherung voller Handelsfreiheit im ganzen Reichsgebiet, die Befreiung von allen Zollabgaben erhalten und das Recht erworben, auf oströmischem Territorium eigene Handelsniederlassungen zu unterhalten.

Zu Beginn des ersten Kreuzzuges waren die italienischen Seestädte auf dem Wege des Handels schon ziemlich weit in die arabische und byzantinische Welt eingedrungen, und damit wohl vorbereitet, die historische Chance der Kreuzzüge zu nutzen. Genua und Pisa konnten als erste davon profitieren. Die toskanische Stadt nahm unter dem Oberbefehl ihres Erzbischofs mit 120 Schiffen an der Belagerung Jerusalems teil, und Genua leistete dem Normannenfürsten Bohemund von Tarent vor Antiocheia wertvolle Hilfe. Nach dem Sieg forderten natürlich Pisaner wie Genuesen für die geleistete Hilfe Belohnung: die einen erhielten das Recht zur Errichtung einer Kolonie in Jaffa, die anderen setzten sich in Antiocheia fest. Zu diesen ersten Kolonien sollten später noch weitere hinzukommen, so daß es schon in der Mitte des 12. Jahrhunderts an den Küsten des Mittelmeeres von Algerien bis Syrien keinen Handelsplatz und keine Stadt gab, in der nicht eine pisanische oder genuesische *nazione* mit Kirche, Handelshöfen und Konsuln vorhanden war.

Venedig hatte am ersten Kreuzzug nicht teilgenommen, da es wegen seiner Beziehungen zum oströmischen Reich an einer Änderung des Status quo im Mittelmeer zunächst nicht interessiert war und dem Unternehmen seiner normannischen Rivalen mit Mißtrauen gegenüberstand. Nach dem erfolgreichen Ausgang des Kreuzzuges aber erkannte man in Venedig sofort, welche großartigen Perspektiven sich dem abendländischen Hegemoniestreben daraus eröffneten. Deshalb ging schon im Jahre 1100 eine venezianische Flotte von 200 Schiffen in Jaffa vor Anker, die von Gottfried von Bouillon beträchtliche Handelsprivilegien erhielt. Die fremdenfeindlichen und antivenezianischen Revolten in Konstantinopel in den Jahren 1171 und 1182 lieferten dann den Vorwand zur Korrektur, ja Umkehrung der bisher eingeschlagenen Politik des Stillhaltens. Der neue politische Kurs führte zum Erfolg, als es Venedig 1202 durch geschickte Diplomatie und großzügige Finanzhilfe gelang, die Teilnehmer des vierten Kreuzzuges nach Konstantinopel umzuleiten. Die Hauptstadt des oströmischen Reiches wurde am 1. April 1204 erobert, und der Doge von Venedig wurde zum Herrn über „drei Achtel" des neuen Lateinischen Kaiserreiches ausgerufen. Zwar erwies sich dieses politisch als wenig lebensfähig, aber die Handelsprivilegien und Häfen, die Venedig sich an der griechischen Küste, auf den Inseln und in Konstantinopel gesichert hatte, blieben erhalten und bildeten später die solide Grundlage für Venedigs weiteren Aufstieg.

Doch Bedeutung und historische Wirkung der italienischen Seestädte erschöpften sich nicht in ihren militärischen Unternehmungen und dem Beitrag, den sie zur Durchsetzung der abendländischen Hegemonie in Politik und Handel des Mittelmeerraumes leisteten. Amalfi, Pisa, Genua und Venedig haben auch und vor allem die Tore geöffnet (oder vielleicht besser: die Fühler ausgestreckt), durch die die bis dahin isolierte und ganz auf sich selbst bezogene abendländische Welt in dauerhaften Kontakt mit dem Osten treten und sich allmählich dessen kulturelle Leistungen zu eigen machen konnte. Die Seestädte wurden sozusagen zum Vermittler zwischen den Kulturen. Die arabischen Zahlen, die die kaufmännische Rechnungsführung revolutionieren sollten, wurden im Abendland von dem Pisaner Leonardo Fibonacci, dem Autor des „liber abbaci", um die Wende vom 12. zum 13. Jahrhundert eingeführt. Die Bewohner von Amalfi machten sich den Kompaß, der bei den Arabern bereits bekannt war, zunutze, und das „lateinische" Segel der Kreuzfahrerschiffe kam in Wirklichkeit aus Byzanz oder Syrien.

In der Welt des Mittelalters mit ihrem niedrigen Niveau an technischen Kenntnissen und Fertigkeiten waren die italienischen Seestädte Inseln des technischen Fortschritts und des Experimentierens. Seeleute und Schiffsbauer gehörten ganz allgemein in der mittelalterlichen Gesellschaft zu dem engen Kreis qualifizierter Berufe, die ein erhebliches Maß an Fachwissen und -können voraussetzten. Einmal erlangt, ließen sich solcherlei Fähigkeiten wohl auch auf andere Bereiche übertragen. Wer einmal Holz zu bearbeiten gelernt hat, kann auch die Bearbeitung von Stein erlernen. Und in der Tat, welche Steinmetzen übten ihr Handwerk mit größerer Meisterschaft und mehr Sinn für Virtuosität aus als die Erbauer des Domes der Seestadt Pisa und die Mosaikkünstler von San Marco in der Lagunenstadt Venedig?

Intellektuell und technisch allen anderen weit überlegen, waren die italienischen Seestädte auch die ersten, in denen sich Form und Ordnung der städtischen und bürgerlichen Selbstverwaltung sehr früh herausgebildet haben. Bereits im 8. Jahrhundert hatte sich in Venedig die Rolle des Dogen vom Würdenträger des oströmischen Reiches zum unabhängigen Stadtoberhaupt gewandelt. Im 12. Jahrhundert wurden das Wahlverfahren und die Machtbefugnisse seines Amtes genau festgelegt. Um diese Zeit bereits übte die kaufmännische Aristokratie, vertreten durch den *Maggior Consiglio* (Großen Rat) die Entscheidungsgewalt in der Stadt unangefochten aus. In Pisa datiert die erste Erwähnung der Konsuln aus dem Jahre 1080; ihr Auftauchen bezeichnet zugleich den Niedergang der bischöflichen und feudalen Macht. In Genua dagegen wurde die Entstehung der bürgerlichen Selbstverwaltung durch das noch lange wirksame Integrations- und Organisationsvermögen einzelner Persönlichkeiten und Familien aus dem in der Stadt ansässigen Feudaladel behindert und verlangsamt. Die Tendenz zum Zusammenschluß nahm dort die Form der privaten *compagnie* an, in denen sich einzelne Gruppen von Bürgern zusammenfanden. Erst später entstanden auch in Genua fortgeschrittenere Formen demokratischer Herrschaft, aber es hielt sich lange ein Rest von Individualismus und Clanverhalten im Leben der Stadt.

Im Europa des ausgehenden 11. Jahrhunderts stellten die italienischen Seestädte also in vieler Hinsicht eine Ausnahmeerscheinung dar. Man versteht deshalb das Staunen des Bischofs Donizone angesichts der exotischen Menge, die die Straßen von Pisa bevölkerte; die Verwunderung jenes Chronisten aus Pavia, der sich bei seinem Aufenthalt in Venedig nicht damit abfinden wollte, daß auf der Welt eine Stadt existieren könne, deren Einwohner weder säen, noch pflügen und nicht einmal Weinlese halten; oder die Ratlosigkeit der rauhen normannischen und burgundischen Kriegsleute vor dem Aufbruch zum vierten Kreuzzug in dem Gewirr der Kirchen und Kanäle Venedigs. Die Seestädte aber sollten nicht lange eine Ausnahme bleiben; auch im Landesinneren wurde der mächtige Wind des Jahres 1000 allmählich spürbar.

Stadt und Land nach dem Jahr Tausend

Das Jahr 1000 leitete in Italien wie im übrigen Europa eine Zeit stürmischer Wirtschaftsentwicklung und tiefgreifender sozialer Veränderungen ein. Zuerst wurde davon das flache Land betroffen, das die eigentliche Basis und das Fundament der mittelalterlichen Gesellschaft bildete. Auch in Italien, oder zumindest in einem großen Teil des Landes, fanden Rodungen statt. In der Ortsnamenforschung finden sich unzählige Beispiele für Namen, die sich auf Rodung oder Trockenlegung (Ronchi, Fratta, Frassiento, Carpineto, Selva, Palù) oder auf Kolonisation und Besiedelung im Zeitalter der Stadtstaaten beziehen (Castelfranco, Villafranca, Francavilla). Besonders in der Umgebung der großen Flüsse der Po-Ebene wurden riesige Flächen unbebauten Landes, oft mit Hilfe imponierender Bewässerungsanlagen, kultiviert; Kanalstiche, Flußumleitungen, Bewässerungs- und Trockenlegungsarbeiten veränderten das Landschaftsbild. Aber auch in den Hügelzonen und im Gebirge, in der Garfagnana, im Casentino und in den Tälern der Alpen und des Apennin entstanden neue Siedlungen. Die *rationes decimarum*, d. h. die seit dem Beginn des 13. Jahrhunderts gebräuchlichen Verzeichnisse für die Erhebung des Kirchenzehnts, lassen das Bild eines bis in die letzten Winkel dicht besiedelten Landes erkennen. Da gute Böden kaum mehr zur Verfügung standen, trieb der starke Bevölkerungsdruck die Menschen zur Kultivierung auch unfruchtbarerer Flächen. Eines Tages mußte die Ausdehnung einen Sättigungs- und Wendepunkt erreichen, dahin aber war es noch weit, und es blieb noch viel Raum für die Entwicklung.

Eine derart radikale Verwandlung der Landwirtschaft und der Landschaft selbst ließ sich in Italien, anders als in anderen Ländern, nicht innerhalb der Grenzen der feudalen Gesellschaftsstruktur halten. Der Auflösungsprozeß der feudalen *signoria* und *villa* war um die Mitte des 11. Jahrhunderts in Nord- und Mittelitalien mit seinem raschen wirtschaftlichen Wachstum schon weit fortgeschritten. Um noch wirklich intakte Lehensherrschaften zu finden, mußte man sich in die Randzonen begeben, in gewisse Teile Piemonts, nach Friaul und in die Täler der Alpen und des

Apennin. Gleichzeitig finden wir in den historischen Quellen immer seltener Hinweise auf Fronabgaben und -dienste.

Wie für das flache Land, so bedeutete das Jahr 1000 auch für die Stadt – den anderen großen Protagonisten der italienischen Geschichte – den Beginn neuen Lebens. Viele italienische Städte hatten auch im Laufe des Frühmittelalters nie aufgehört innerhalb ihrer Mauern einen regen Handel zu betreiben und – in einigen Fällen – auch handwerkliches Können zu fördern; dies gilt z. B. für Lucca und Piacenza, die beide an der *Via Francigena* lagen, und auch für die alte Langobardenhauptstadt Pavia an der Mündung des Tessin in den Po, wo sogar jährliche Messen stattfanden. Zur Aufrechterhaltung des städtischen Lebens haben verschiedene Faktoren beigetragen, wie z. B. die tiefe Wirkung der römischen Kolonisation, die anregende Nähe der byzantinischen Städte und Häfen und die Grenzfunktion, die Italien ja gerade im Frühmittelalter besaß. Vor allem aber hat dazu die Tatsache beigetragen, daß die langobardischen Herzöge und Gastalden, die kaiserlichen Grafen und schließlich die Bischöfe mit ihrem Gefolge und Hofwesen in den Städten und nicht auf den Burgen residierten. Als Bischofssitz, als Zentrum der politischen, richterlichen und administrativen Gewalt übten deshalb die bescheidenen städtischen Siedlungen des frühen Mittelalters immer noch bis zu einem gewissen Grad jene Integrationsfunktion gegenüber dem Umland aus, die sie einst im antiken Rom besessen hatten. Genau betrachtet, bedeutet deshalb das Jahr 1000 nicht eine Wiedergeburt, sondern einen neuen Aufschwung, einen neuen Aufschwung in großem Stil allerdings.

Im Rahmen einer Gesellschaft, die sich allmählich aus den jahrhundertealten Fesseln der Unterernährung und der bloßen Selbstversorgungswirtschaft zu befreien begann, konnten die Städte schrittweise ihre Funktion als Zentrum für Handel und Verkehr, für die Nachfrage nach landwirtschaftlichen Produkten und das Angebot an Handwerkserzeugnissen und Dienstleistungen wieder ausbauen. Allmählich nahmen Arbeitsmöglichkeiten, der Austausch von Waren und die Kontakte zwischen den Menschen zu, und die leeren Flächen und Äcker, die charakteristisch für die frühmittelalterlichen Siedlungen waren, bevölkerten sich mit Menschen und Häusern. In diesem Zusammenhang braucht man nur an das altbekannte Beispiel der Ruinen des antiken Rom zu erinnern, die im Frühmittelalter als Weideflächen genutzt worden waren. Der schwindelerregende Anstieg der Bodenpreise in Stadtnähe, von dem die historischen Quellen berichten, beweist, wie intensiv dieses Wachstum gewesen sein muß. Das neue Bild der Städte war von monumentalen Kirchenbauten beherrscht, und so gehen die großen romanischen Kathedralen der italienischen Städte auf das Zeitalter der Stadtrepubliken zurück. Sant'Ambrogio in Mailand, die nüchternste und schönste dieser Kirchen, wurde um 1100 errichtet; San Zeno in Verona zwischen 1120 und 1138; der Dom von Modena wurde 1099 begonnen und 1184 fertiggestellt. Von dem hohen Kampanile dieser Kirchen konnte man das Panorama der

Stadt in ihrer stetigen Ausdehnung überblicken. Die fieberhafte Bautätigkeit erreichte einen Punkt, an dem die Städte im wahrsten Sinne des Wortes aus den Nähten platzten, und deshalb wurde die Anlage eines neuen Mauerrings notwendig. Zwischen 1050 und 1100 mußten fast alle italienischen Städte, darunter Florenz, Genua und Mailand, die alten Mauern durch einen wesentlich erweiterten Ring ersetzen. In Florenz nahm die Stadtfläche von 24 auf 75 ha zu, in Parma von 23 auf 76, und Mailand erreichte sogar 200 ha. Ein Jahrhundert später erwies sich auch diese Erweiterung als ungenügend, und in der zweiten Hälfte des 13. Jahrhunderts mußten fast alle Städte Italiens einen dritten Mauerring errichten.

Diese erweiterten und komplexeren Stadtgebilde ließen sich nicht mehr von den herkömmlichen Gewalten des Bischofs und der Grafen beherrschen, sie benötigten vielmehr eine Herrschaftsform, in der die verschiedenen gesellschaftlichen Gruppen und Interessen repräsentiert waren. Wie auf dem flachen Land, so rief auch in der Stadt die wirtschaftliche und soziale Entwicklung eine Krise der bestehenden gesellschaftlichen Ordnung und das auch mit Gewalt kaum zu unterdrückende Streben nach bürgerlicher Selbstverwaltung hervor. Die Einrichtung des Amtes der Konsuln ist, wie schon gesagt, dafür ein erster Beweis, wie aus den Quellen in der zweiten Hälfte des 11. Jahrhunderts hervorgeht.

Natürlich sind auch in Italien, wie im übrigen Europa, ländliche und städtische Entwicklung zwei einander entsprechende und voneinander abhängige Phänomene, die denselben Prozeß von Expansion und gesellschaftlichem Fortschritt zum Ausdruck bringen. Weniger selbstverständlich dagegen und eine Besonderheit der italienischen Entwicklung gegenüber dem Rest Europas ist die Tatsache, daß diese gegenseitige Abhängigkeit in großen Teilen der Halbinsel zu einer Durchdringung von Stadt und Land führte, die sich auch territorial, politisch und individuell niederschlug. Das ist das Neue und Eigenständige an der historischen Form der italienischen Stadtrepubliken, und darin liegt auch eine der wesentlichen Besonderheiten der gesamten italienischen Geschichte.

Die Stadtrepubliken

Die Herausbildung und Festigung der Stadtrepubliken ist ein komplexes Phänomen, an dem verschiedene Faktoren und Elemente beteiligt sind. An erster Stelle ist die Eroberung des Landes durch die Stadt zu nennen, die sich einerseits als wirtschaftliche Durchdringung durch den Aufkauf der die Stadt umgebenden Flächen, andererseits durch Waffengewalt und Unterwerfung der ländlichen Umgebung vollzog. Wir sehen beispielsweise Florenz ziemlich früh Fiesole erobern und die Feudalherrschaften der Alberti und Guidi vereinnahmen. Mailand leitete die Eroberung seines Umlandes durch den Kampf gegen Lodi, Como und die Städte der Umgebung ein. Asti zwang den stolzen Tommaso di Savoia unter seine Oberherrschaft. Auf diese Weise verwandelte sich die wirtschaftliche Präsenz der Städter im ländlichen Umland in politische Herrschaft der Stadt selbst.

Nach vollendeter Unterwerfung des Umlandes begann die Stadt ihre Gesetze zu diktieren: die Festungen und Burgen wurden niedergerissen, die unbotmäßigsten und streitsüchtigsten Feudalherren wurden gezwungen, wenigstens einen Teil des Jahres in der Stadt zu verbringen. Und mehr noch: die Stadt verfolgte manchmal sogar in dem eroberten Umland durch die Errichtung von *ville franche* oder *castelfranchi* (Freistädte, Freiburgen) und durch die Einleitung von umfangreichen Meliorationen und Bewässerungsarbeiten eine Art Strukturpolitik. Mailand ließ den *Naviglio Grande* anlegen und Padua finanzierte den Bau des Kanalsystems, das in die Lagune von Venedig mündet. Mantua und Verona leiteten umfangreiche und entscheidende Trockenlegungsarbeiten ein, und man könnte eine ganze eigene Geschichte nur über die Bewässerungspolitik der anderen Städte der Po-Ebene schreiben. In einigen Fällen wurden Bauern von den drückenden Fronlasten befreit. Die berühmteste, aber nicht die einzige solcher Bauernbefreiungen fand 1257 in Bologna statt. Gegen eine Ablösesumme erhielten 6000 Bauern des städtischen Territoriums „die vollkommene und immerwährende Freiheit". Die Bauern wurden nicht mehr je nach dem Grad der Abhängigkeit in *coloni, ministeriali, massari, servi,* oder wie auch immer die komplizierte feudale Kasuistik und Nomenklatur sie bezeichnete, unterschieden, sondern sie wurden einfache *villani* oder *contadini,* d. h. Bewohner des *contado,* des städtischen Umlandes. (*contadino* bedeutet im modernen Italienisch „Bauer", A. d. Ü.) Zwischen diesen *contadini* und den in der Stadt ansässigen Grundbesitzern entwickelte sich eine neue Beziehung, die nicht auf der persönlichen Abhängigkeit beruhte, sondern auf der vertraglichen Teilnahme und Verteilung von Risiken und Ertrag der Landwirtschaft. Die häufigste Vertragsform war die *mezzadria* (Halbpacht: Der Pachtherr stellt die unbeweglichen Produktionsmittel, der Pächter die beweglichen; der Pachtherr erhält die Hälfte der Ernte „auf dem Halm", A. d. Ü.), deren Entstehung auf das 12. und 13. Jahrhundert zurückgeht, und die auch heute noch in den Gebieten der ehemaligen Stadtrepubliken weitverbreitet ist.

Unterwerfung des Umlandes durch die Stadt also. Aber man könnte ebenso nicht ohne Grund vom entgegengesetzten Phänomen sprechen. In den ersten Jahrhunderten des neuen Jahrtausends vollzieht sich nämlich ein ununterbrochener Wanderungsprozeß vom Land in die Stadt. Diese Bevölkerungsbewegung beschränkt sich nicht auf entflohene Leibeigene und Entwurzelte auf der Suche nach dem Glück, sondern umfaßt auch Grundbesitzer und Feudalherren des flachen Landes in so hohem Maße, daß man manchmal vom feudalen Ursprung der Stadtrepubliken gesprochen hat. In der Stadt änderten diese neuen Einwohner ihre gewohnte Lebensweise nicht.

In den engen Straßen bewegten sie sich umgeben von ihren Gefolgsleuten, und neben ihren Häusern errichteten sie als Zeichen ihrer Macht und Stellung als ,,hohe Herren" einen Turm. Viele italienische Städte, darunter auch Florenz, müssen anfangs einen ganz ähnlichen Anblick geboten haben, wie ihn San Gimignano in der Toskana heute noch bewahrt. Darüber hinaus unterhielten die Feudalherren, ob sie nun aus freien Stücken oder unter Gewaltanwendung in die Stadt umgesiedelt waren, häufig Beziehungen zu ihrem Herkunftsort. Obwohl sie auf alle oder einige ihrer feudalen Vorrechte und Gerichtsbefugnisse hatten verzichten müssen, blieben sie doch in denselben Formen und in demselben Maße wie die neuen bürgerlichen Grundeigentümer an den landwirtschaftlichen Erträgen beteiligt.

Die Verschmelzung zwischen den verschiedenen Bestandteilen und Schichten der neuen städtischen Bevölkerung vollzog sich weder leicht noch unmittelbar. Dies wird etwa an der Geschichte der Entstehung der Republik Mailand deutlich, wo zwischen dem hohen Feudaladel unter der Führung des Erzbischofs, dem niederen Adel der Aftervasallen und den bürgerlichen Schichten der Händler und Handwerker Bündnisse und Konflikte einander abwechselten. Obwohl sich ähnliche Auseinandersetzungen auch in den anderen Städten finden, sollte man sich davor hüten, immer und überall Klassenkämpfe zu vermuten, wo es sich oft nur um Konflikte zwischen einzelnen Familien oder Geschlechtern, oder zwischen der alten Einwohnerschaft und den Zugewanderten, den ,,Neuen" ganz allgemein, handelt. Allen Parteibildungen zum Trotz, die für lange Zeit das Leben der Städte in Bewegung hielten, überwogen doch allmählich die ausgleichenden Tendenzen. Einerseits waren sich die Sprößlinge der alten Adelsfamilien nicht zu gut, mit Töchtern aus den bürgerlichen Familien Ehen einzugehen und auch selbst Handel oder ein Zunfthandwerk zu betreiben; andererseits suchten die Bürgerlichen durch Landkauf jenes Ansehen zu erwerben, das in der damaligen Gesellschaft nur der Grundbesitz verleihen konnte.

Trotz des blühenden Handels- und Geschäftslebens wurde doch schließlich in vielen Städten der Grundbesitz zum eigentlichen Kennzeichen des Bürgers; in einigen Stadtrechten wurde er geradezu Voraussetzung für den Erwerb des Bürgerrechts. Aber auch ohne solche schriftliche Fixierung waren viele Städte in Wirklichkeit nichts anderes als eine Gesellschaft von Grundeigentümern, deren Besitz innerhalb oder außerhalb der Mauern lag. In Chieri z. B. waren im Jahr 1253 zwei Drittel der Einwohner Grundeigentümer; ähnlich lagen die Dinge um die gleiche Zeit auch in Moncalieri, Perugia, Maccrata und Orvieto, während in San Gimignano 1314 sogar 84% des Territoriums Stadtbürgern gehörten. Die Solidarität des Eigentums stellte naturlich einen neuen Faktor des sozialen Zusammenhalts dar.

Im Gegensatz zu den Städten jenseits der Alpen, in denen die Privilegien und Freiheiten der Bürger auf den Raum innerhalb des Mauerrings und auf den schmalen Bereich von Gärten und Häusern, der das Weichbild abschloß, beschränkt blieben, bildete die italienische Stadt mit ihrem Umland eine Einheit, die den Charakter eines geschlossenen Territoriums annahm. Es handelt sich hierbei um einen grundsätzlichen Unterschied von weittragender Konsequenz, der den scharfsichtigsten zeitgenössischen Beobachtern keineswegs entgangen war, so etwa dem deutschen Bischof Otto von Freising, der im Gefolge Friedrich Barbarossas nach Italien kam. Sein Bericht soll deshalb als Epilog das bisher Gesagte unterstreichen.

„Auch in der Verwaltung der Städte und in der Bewahrung der Staatsform ist ihr (der Bewohner der Lombardei) Vorbild noch heute die Klugheit der alten Römer. Schließlich lieben sie die Freiheit so sehr, daß sie sich jedem Übergriff der Gewalt entziehen und sich lieber von Konsuln als von Herrschern regieren lassen. Da es bekanntlich bei ihnen drei Stände gibt, nämlich Kapitane, Valvassoren und Bürger, werden, um keinen Hochmut aufkommen zu lassen, diese Konsuln nicht aus einem, sondern aus allen Ständen gewählt, und damit sie sich nicht zur Herrschsucht verleiten lassen, werden sie fast jedes Jahr ausgetauscht. So kommt es, daß das Land fast vollständig unter Stadtstaaten aufgeteilt ist und daß jeder derselben die Bewohner seines Gebietes mit ihnen zusammenzuleben zwingt, daß man ferner kaum einen Edlen oder Großen von noch so großem Ehrgeiz findet, der sich nicht trotzdem der Herrschaft seines Stadtstaates beugte ... Damit sie nicht der Mittel entraten, auch die Nachbarn zu unterdrücken, halten sie es nicht für unter ihrer Würde, junge Leute der unteren Stände und auch Handwerker, die irgendein verachtetes mechanisches Gewerbe betreiben, zum Rittergürtel und zu höheren Würden zuzulassen, während die übrigen Völker solche wie die Pest von den ehrenvolleren und freieren Beschäftigungen ausschließen. So kommt es, daß sie an Reichtum und Macht die anderen Städte der Welt bei weitem übertreffen." (Otto episcopus Frisingensis, Gesta Frederici II, 14, dt. v. A. Schmidt.)

Von einigen Vereinfachungen und Übertreibungen abgesehen, sind in diesem Text u. E. die wichtigsten Punkte des Problems genau getroffen, auch wenn sie etwas unverbunden nebeneinander stehen: die Macht und der Reichtum der italienischen Städte hatte nach dem Urteil des deutschen Bischofs seine Grundlage in der Herrschaft, die die Städte über die ländliche Umgebung ausübten, und diese Herrschaft ihrerseits war die Folge der gegenseitigen Durchdringung der Stände adeliger und bäuerlicher Herkunft und derjenigen städtischer und bürgerlicher Herkunft.

Als ein aus zwei Komponenten zusammengesetzter Organismus besitzt die italienische Stadtrepublik von Anfang an zwei Seelen und zwei Berufungen: die des Bürgers und Unternehmers und die des Grundbesitzers und somit Rentenempfängers. Im allgemeinen Überschwang einer expandierenden und sich wandelnden Gesellschaft überwog zunächst eindeutig die erstere. Jene Städte, deren Kaufleute die ganze Welt bereisen, deren Bankiers den Großen der Welt Kredite geben, sind dieselben, die innerhalb des städtischen Territoriums in großem Stil Land urbar machen, die Leibeigenen befreien und die Burgen niederreißen. Aber es sollte die Zeit kommen, in der die andere Seele – die des Grundbesitzers und Grundrentenempfängers – die Oberhand gewann und einem neuen, weniger großartigen Abschnitt der langen Geschichte der italienischen Städte ihren Stempel aufdrückte.

Mag es auch zwei Seelen geben, so gibt es doch nur einen Leib. Die Bindung an die Stadt – an die engste Heimat – bleibt das entscheidende Kennzeichen der städtischen Entwicklung Italiens. In dieser Welt, in der sich der Mensch eher durch seine Herkunft aus einer bestimmten Stadt als durch Klassenzugehörigkeit oder sozialen Stand auswies, erreichte der Stolz auf die eigene Heimat eine Kraft und ein Ausmaß, wie man sie anderswo kaum kannte. Nichts war schlimmer als die Lage des Ausgestoßenen und Verbannten *(bandito)*, der fern der Heimat „entwurzelt" leben mußte.

Wirtschaftliches und kulturelles Übermaß in den Jahrhunderten der Blüte, Rückzug auf die kleinsten Dimensionen in der Zeit des Niedergangs, immer aber die Verbundenheit mit der eigenen Stadt als treibende Kraft: es scheint, als ob die ganze italienische Geschichte vorweggenommen und zusammengedrängt sei in dem Mikrokosmos des städtischen Lebens.

Das Normannenreich in Süditalien

Um die Jahrtausendwende zeigte die politische Landkarte Süditaliens noch eine größere Zerrissenheit als diejenige Mittel- und Norditaliens. Während letztere zumindest formal als Königreich Italien zusammengefaßt waren, teilte sich die Herrschaft über Süditalien und die Inseln auf unter die Araber in Sizilien, die Byzantiner in Apulien und Kalabrien, die Langobarden in den Bergen des Landesinneren und einige praktisch selbständige Städte. Mehr noch: der Unterschied zwischen den beiden Teilen des Landes war auch ein Unterschied zwischen zwei verschiedenen gesellschaftlichen Organisationsformen. Im Königreich Italien war die Übernahme und Anpassung des Feudalismus schon seit langem Tatsache, während sich im Süden die alten Strukturen unverändert erhalten hatten. Am Ende des 11. Jahrhunderts erscheint die Situation im Gegensatz dazu genau umgekehrt: während Nord- und Mittelitalien das Aufblühen des städtischen Partikularismus erlebten und das Feudalsystem sich seinem Untergang näherte, unterstand der Süden Italiens und Sizilien der Herrschaft eines einzigen Königs, und die Institutionen und Hierarchien der Lehnsherrschaft waren jüngsten Datums.

Das Außerordentliche an dieser Umkehrung ist die Tatsache, daß weder Araber, noch Byzantiner oder Langobarden ihre Urheber waren, sondern eine kleine Schar von Abenteurern und Eroberern aus dem fernen Norden: die Normannen. Die ersten Vortrupps aus der Normandie kamen zu Beginn des 11. Jahrhunderts nach Süditalien. Geübt in den Kriegen zwischen Feudalherren traten sie, ohne wählerisch zu sein, in langobardische und byzantinische Dienste. Bald begannen sie, für ihre Dienste nicht mehr nur Geld, sondern Land zu fordern. Einer von ihnen, Rainulf von Dregont, erhielt im Jahre 1027 die Grafschaft Aversa; 1046 wurde die Grafschaft Melfi an der Grenze zu Apulien an Wilhelm von Hauteville verliehen. Als diese ersten Erfolge neue Wellen von Einwanderern nach sich zogen, gewannen die Normannen immer mehr an Macht und Einfluß. Dazu trugen nicht nur ihre militärischen Fähigkeiten und ihre Grausamkeiten bei, über die die Chroniken der Zeit ausführlich berichten, sondern auch ihr diplomatisches Geschick, das ihnen zu einem Bündnis mit dem Papsttum verhalf. Nach anfänglicher Ablehnung erkannten die Päpste die Nützlichkeit der normannischen Unterstützung, und Gregor VII. hatte später an ihnen seine wertvollste Stütze im Kampf gegen die fränkischen Kaiser. Unter dieser allerhöchsten Schutzherrschaft verwandelten die Normannen ihren Kampf gegen die Ungläubigen in Sizilien und gegen die byzantinischen Schismatiker in Süditalien in einen Kreuzzug *ante litteram*. Nach dessen siegreichem Abschluß am Ende des 11. Jahrhunderts hatten sie die Kontrolle über den ganzen südlichen Teil der Halbinsel erlangt, und zwar genau zu dem Zeitpunkt, als die abendländische Christenheit ihre Kreuzzüge zur Eroberung des östlichen Mittelmeeres vorbereitete. Die Normannen nahmen sofort auch diese günstige Gelegenheit wahr, um auf die Politik im Orient und im Mittelmeerraum Einfluß zu gewinnen. Robert Guiskard hatte schon vorher erkennen lassen, daß er den oströmischen Kaiserthron erstrebte; nachdem er in Durazzo gelandet war, hatte er sich gegen Saloniki gewandt, war aber durch die Nachricht vom Einzug Heinrichs IV. in Rom zur Umkehr gezwungen worden. Nun richtete sich das normannische Expansionsstreben auf die arabische Welt. Malta, und für eine gewisse Zeit auch Tunesien und Tripolis, fielen in normannische Hand. Darüber hinaus leisteten die normannischen Barone auch einen wesentlichen Beitrag zur Eroberung des Heiligen Landes, denn das große Unternehmen der Kreuzzüge wäre ohne die Hilfe der normannischen Schiffe und die Sicherung des wichtigen Seeweges durch die Straße von Messina schwerlich zu verwirklichen gewesen.

Angesichts des erstaunlich erfolgreichen Verlaufs der normannischen Eroberung stellt sich spontan die Frage, wie es möglich war, daß eine Handvoll Abenteurer im Verlauf eines einzigen Jahrhunderts die Herrschaft über eines der bedeutendsten Königreiche des christlichen Europa an sich reißen konnte. Will man diese Frage beantworten, so muß man bedenken, daß genau in denselben Jahren, in denen die normannische Eroberung in Süditalien zum Abschluß kam, ein anderer Eroberer aus der Normandie an den Küsten Englands Fuß fassen konnte. Die Abenteurer, die in Süditalien gelandet waren, gehörten zum gleichen Stamm, ja zu den gleichen Familien wie die Gefolgsleute von Wilhelm dem Eroberer. Einer der beiden Söhne von Hugo von Grandmesnil, der bei Hastings (1066) gekämpft hatte und später Herzog von Westminster wurde, Wilhelm, heiratete die Tochter Robert Guiskards, an dessen Seite er vor Durazzo gestanden hatte. Der andere, Robert, wurde Abt des Klosters S. Eufemia in Kalabrien. Wie die Sieger von Hastings, so waren auch die Normannen in Süditalien in erster Linie Krieger. Sie besaßen aber nicht nur die Fähigkeiten und die Grausamkeit von Soldaten, sondern auch jenen Sinn für Hierarchie, der in der Gesellschaft der Zeit eines der wenigen Bindemittel für den politischen Zusammenhalt eines Gemeinwesens darstellte. In den Strukturen des Lehnsstaates wiederholt sich der Aufbau des ritterlichen Heeres, und die Autorität des Königs basierte im wesentlichen auf seiner Funktion als Heerführer.

Wie in England, so war die normannische Herrschaft auch in Süditalien und Sizilien eine feudale Monarchie. Die eroberten Gebiete wurden aufgeteilt und an die Gefolgsleute als Lehen vergeben. Einmal Barone geworden, waren sie durch Vasallentreue an den König gebunden und mußten als Zeichen dafür einen jährlichen Tribut leisten. Abgesehen von dieser Verpflichtung aber konnten sie vor allem bei der Bestätigung der Thronfolge ihre Rechte als Kampfgefährten und Teilhaber der Monarchie geltend machen. Wie die normannische Herrschaft in England, so stützte sich auch diejenige in Süditalien auf ein Parlament und die Barone. Die Geschichte des Normannenreiches unterscheidet sich auch nicht von anderen Lehnsstaaten der Zeit, wie z. B. dem Frankreich der frühen Kapetinger und dem England Heinrichs I., als die Barone insbesondere unter den Nachfolgern Rogers II. in der zweiten Hälfte des 12. Jahrhunderts durch eine Reihe von Aufständen anarchische Zustände hervorriefen.

Das politische Erbe der Araber, Ostroms und der ganzen morgenländischen Welt, das sich in Süditalien bewahrt hatte, verlieh den Normannen jedoch ein wirksames Instrument zur besseren Festigung ihrer Herrschaft. In dieser Tradition wurde die Person des Königs mit der des *dominus* gleichgesetzt, der obersten weltlichen und geistlichen Autorität, die nicht nur auf Vasallentreue, sondern auf bedingungslosen Untertanengehorsam Anspruch hatte. Mit dem Opportunismus und dem Anpassungsvermögen eines Volkes von Weltumseglern und Entwurzelten bedienten sich die Normannen ohne Zögern dieser Tradition und nahmen Menschen und Institutionen des arabischen und byzantinischen Erbes in ihren Dienst. Georg von Antiochia, einer der fähigsten Organisatoren der normannischen Flotte, war byzantinischer Herkunft, und sein Titel als Admiral kam aus dem Arabischen. Arabische und byzantinische Spezialisten waren besonders gesucht in der Steuer- und Finanzverwaltung, dem Herzstück jeder wirksamen zentralen Herrschaft. Diese wurde eingeteilt in zwei *dogane* (auch dieser Ausdruck kommt von dem arabischen *diwan*), nämlich die *dohana baronorum* und die *dohana secretis* (*dogana* heißt im heutigen Italienisch „Zoll", A.d.Ü.). Die erstere hatte die Aufgabe der Überwachung der Einnahmen aus der Lehnsherrschaft, die letztere kontrollierte die Domänen und Krongüter.

Der beste Beweis für diese Integrationspolitik gegenüber den bestehenden morgenländischen Traditionen ist die Entscheidung Rogers II., nach der Eroberung von Sizilien den Hof und damit den Mittelpunkt des Reiches nach Palermo zu verlegen, der traditionsreichen Hauptstadt des arabischen Emirats. Unter seiner Herrschaft behielt die Stadt ihren Charakter als bedeutendes Handelszentrum, und der arabische Chronist Ibn Jbar, der das normannische Sizilien bereiste, beschreibt Palermo als volkreiche, blühende Stadt, gleichermaßen beherrscht von den Türmen der christlichen Kirchen wie den Kuppeln der islamischen Moscheen. Der heutige Besucher wird kaum am Wahrheitsgehalt des Berichts zweifeln, wenn er die Bauwerke aus dem 12. Jahrhundert besichtigt, etwa die Kirche der Martorana, die der Eremiten, die Paläste der Zisa und der Cuba, vor allem aber die „Capella palatina", die in ihrer Pracht an die Erzählungen aus Tausendundeiner Nacht erinnert. Am Hof Rogers diktierte der große arabische Weltreisende Idris sein berühmtes Werk über die Geographie, das für die Entwicklung der mittelalterlichen Geographie grundlegende Bedeutung gewann. Unter der Herrschaft Wilhelms II. wurde der monumentale Komplex der Kathedrale von Monreale errichtet, die mit ihrer nüchternen Fassade und dem romanischen Grundriß, mit dem Kreuzgang im arabischen Stil und den Mosaiken aus der Schule von Byzanz im Kircheninneren am deutlichsten den Prozeß der geistigen Integration im Zeitalter der Normannen zum Ausdruck bringt. Um die gleiche Zeit kam auch die medizinische Schule von Salerno zu Ansehen. Die Legende, nach der sie von vier Gelehrten, einem Griechen, einem Araber, einem Juden und einem Lateiner gegründet worden sei, enthält ein Körnchen Wahrheit. Wir wissen nämlich, daß die Schule ihr Entstehen der Übersetzung arabischer und griechischer Texte über Medizin durch Gelehrte der zweiten Hälfte des 11. Jahrhunderts verdankt. Einer von ihnen, Constantinus Africanus, war Sekretär Robert Guiskards gewesen.

Schwieriger als am Hof und als die Beziehungen der Gelehrten untereinander, gestaltete sich die Assimilation der verschiedenen Rassen und Kulturen, die durch die Laune der Geschichte in Süditalien zusammengewürfelt waren, vor allem aber gab es Schwierigkeiten in der Politik und in den Beziehungen der Menschen zueinander. In der zweiten Hälfte des 12. Jahrhunderts kamen, wie erwähnt, mehrfach die zersetzenden und auseinanderstrebenden Kräfte der Herrschaft der Barone zum Ausbruch und gewannen sogar zeitweise die Oberhand. Ebensowenig fehlten Beispiele der Intoleranz, wahrhafter Pogrome gegenüber den arabischen Elementen der Gesellschaft. In den von der Geschichte gesetzten Grenzen war das Normannenreich in Süditalien, diese feudale Monarchie mit einer orientalischen Hauptstadt, dennoch etwas Einmaliges und Außerordentliches im damaligen Europa. Dies wird deutlich sichtbar, als Friedrich II. von Hohenstaufen die Krone übernimmt.

Die Stadtrepubliken und das Reich

Im Jahre 1152 erhielt Friedrich I. Barbarossa die Krone des Reichs. Von seiner Würde und seiner Macht zutiefst überzeugt, sah er seine hauptsächliche Aufgabe in der Wiederherstellung der ursprünglichen Größe und Souveränität des Heiligen Römischen Reiches. Es war daher unvermeidlich, daß sich sein Blick auf Italien richtete. Friedrich unternahm nicht weniger als sechs Italienzüge, und die Verhältnisse auf der Halbinsel standen im Mittelpunkt seiner gesamten Politik. Bei einem seiner ersten Italienzüge berief er auf den Ronkalischen Feldern einen Reichstag ein, auf dem die Gelehrten des römischen Rechts aus der Schule von Bologna hervortraten. Durch sie ließ Barbarossa erklären, daß Reichsgüter und Reichsrechte – die sogenannten Regalien –, Häfen, Flüsse, Abgaben und Verleihung von Ämtern, einzig und allein dem Kaiser zustünden. Dies war eine klare Herausforderung an das Autonomiestreben der Städte, die von diesen auch angenommen wurde. Der Kampf zwischen Barbarossa und dem Bündnis der norditalienischen Städte dauerte über 20 Jahre und verlief mit wechselndem Glück in dramatischen Phasen. Alle Mächte und Mächtigen der Halbinsel wurden in diesen Kampf hineingezogen, an erster Stelle der Papst, der zeitweise sogar Schutzherrschaft und Führung der antikaiserlichen Front übernahm. Am Ende zwang die päpstliche Vermittlung aber den kämpfenden Parteien einen Kompromiß auf, in dem die Stadtstaaten die kaiserliche Oberhoheit zwar anerkannten, dafür aber ihren Besitzstand an Regalien bewahren konnten (Frieden von Konstanz 1183). Wenige Jahre später brach Barbarossa zu dem Kreuzzug auf, von dem er nicht mehr zurückkehren sollte.

Vor seinem letzten Heereszug jedoch hatte Friedrich mit dem Heiratsvertrag zwischen seinem Sohn Heinrich und der Erbin des normannischen Thrones, Konstanze von Sizilien, seinen Gegnern noch einen letzten Schlag versetzt. Beim Tode des Vaters verband sich für Heinrich das Erbe der Kaiserwürde mit der Krone des Königreiches Sizilien. Sein früher Tod (1197) hinderte ihn allerdings daran, die Pläne zur Wiederherstellung der kaiserlichen Macht auf der Halbinsel, mit deren Verwirklichung er gerade erst begonnen hatte, in die Tat umzusetzen. Die beiden folgenden Jahrzehnte waren beherrscht von der großen Persönlichkeit Innozenz' III. und seiner guelfischen Politik: es sind dies die Jahre des vierten Kreuzzuges und des ökumenischen Konzils von 1215. Beim Tod Innozenz' III. (1216) hatte der Sohn Heinrichs VI., Friedrich, gerade die Volljährigkeit erreicht und schickte sich an, die Bühne der Geschichte zu betreten. Nach dem Sieg in der Schlacht von Bouvines ließ er sich von Papst Honorius III. zum Kaiser krönen (1220), und damit vereinigte auch er in seiner Person die Würde des Kaisertums und die des sizilianischen Königtums. Die Wiederaufnahme der kaiserlichen und der ghibellinischen Angriffe auf den Papst und auf die

Städte Nord- und Mittelitaliens konnte nur eine Frage der Zeit sein, und der Ausgang des Kampfes erschien um so ungewisser, als das Kräfteverhältnis zwischen den beiden Parteien im ganzen ziemlich ausgeglichen war.

Friedrich II. und die ghibellinische Partei hatten zweifelsohne den Vorteil eines größeren politischen Zusammenhaltes auf ihrer Seite. Im Gegensatz zu Friedrich Barbarossa, dessen Italienzüge jeweils von der Zustimmung seiner Lehnsträger, die ihm die Truppen stellen mußten, abgehangen hatten, verfügte Friedrich II. mit dem Königreich Sizilien über eine solide Basis in Italien selbst und vor allem über eine politische Organisation von bemerkenswerter Effizienz und Beweglichkeit. Seine Tätigkeit als König von Sizilien war denn auch im wesentlichen auf die Festigung der politischen und rechtlichen Strukturen des normannischen Erbes gerichtet, um Ansehen und Macht des Königtums zu stärken und es damit endgültig vor den Übergriffen und Aufständen der Barone zu bewahren, die die letzten Jahrzehnte der normannischen Herrschaft gekennzeichnet hatten. Viele der in den letzten 30 Jahren von den Lehnsträgern erbauten Festungen wurden zerstört, und an ihrer Stelle wurden zur Sicherung des äußeren und inneren Friedens zahlreiche königliche Kastelle errichtet. Das berühmteste und schönste unter ihnen ist das Castel del Monte in der Nähe von Andria, ein schlanker Bau auf achteckigem Grundriß, der eine merkwürdige und zugleich faszinierende Mischung aus gotischen und arabischen Architekturelementen darstellt. Weiter nördlich erhob sich das Kastell von Lucera, wo Friedrich II. in einer selbstverwalteten Kolonie 10000 aus Sizilien deportierte Sarazenen ansiedeln ließ, die später zu seinen treuesten Soldaten wurden.

Ebenso streng wie Friedrich II. gegen das Aufbegehren der Barone vorging, verhielt er sich auch gegenüber dem Autonomiestreben der Städte. Diese wurden der Aufsicht kaiserlicher Beamter unterstellt und diejenigen, die sich wie Gaeta und Messina zur Wehr zu setzen versuchten, lernten die ganze Härte der kaiserlichen Strafe kennen. Im Gegensatz zu den Stadtstaaten des Nordens erhielten deshalb die Städte im Süden Italiens den Charakter von Königsstädten. L'Aquila, das 1254 auf Geheiß Friedrichs II. gegründet worden war, drückte diesen Charakter sogar durch den Namen aus, der an den Adler der ghibellinischen Fahne erinnert.

Diese staatliche Organisation hätte weder existieren noch funktionieren können ohne eine Equipe von hochqualifizierten Spezialisten und Beamten. Friedrich II. wußte sie zu finden, und sein Hof und seine Verwaltung nehmen, wie wir später sehen werden, in der italienischen Geistesgeschichte des 13. Jahrhunderts einen hervorragenden Platz ein. Der Kaiser selbst, theoretisch und praktisch ein hochgebildeter Mann, wußte genau, welche Rolle das Sachwissen bei der Herrschaftsausübung spielt. Auf ihn geht die Gründung der Universität Neapel im Jahre 1224 zurück, durch die dem Königreich die Kontinuität seiner Verwaltung gesichert werden sollte.

Der zentrale Aufbau der sizilianischen Monarchie wurde im Jahre 1231 mit der schriftlichen Fixierung seiner Rechtsgrundlage in den *Konstitutionen von Melfi* gekrönt. Die geistige Konzeption, die dahinter stand oder vielmehr offen vertreten wurde, war die Verbindung von römischer und byzantinischer Tradition. Der Begriff des *imperium* wurde verstanden als unumschränkte Machtfülle und der des *imperator* als ausführender Arm des göttlichen Willens, als die Personifikation von Recht und Gesetz auf Erden, *lex animata in terris*.

Für einen so mächtigen und angesehenen Herrscher war es nicht schwer, Bündnispartner zu finden. Mit diplomatischem Geschick gelang es Friedrich II., die ganze Halbinsel mit einem Netz von mehr oder weniger engen Bündnissen zu überziehen. Auf der Seite der Ghibellinen standen natürlich die großen Lehnsträger in Norditalien, die geschworenen Feinde der Stadtstaaten, so in Piemont die Markgrafen von Monferrat, die schon Barbarossa wertvolle Hilfe geleistet hatten, und in Venetien Ezzelino da Romano, der unter anderem die Veroneser Klause kontrollierte, die wichtigste Verbindungsstraße nach Deutschland. Aber unter den Bündnispartnern Friedrichs fehlten auch nicht einige Städte, die sich ihm aus Furcht vor den Expansionsgelüsten ihrer guelfischen Nachbarn angeschlossen hatten. Unter ihnen befanden sich in der Toskana die Städte Siena und Pisa, in der Po-Ebene Cremona, Parma und Modena. Dieses heterogene Bündnis wurde allein durch die überragende Persönlichkeit seines Führers zusammengehalten. Feldherr und Literat, Gesetzgeber und Förderer des Studiums von Philosophie und Magie, Kreuzfahrer und tiefer Bewunderer der arabischen Kultur, Feind der Häretiker und des Papsttums, war Friedrich II. schon für seine Zeitgenossen eine rätselhafte und legendenumwobene Persönlichkeit, der *stupor mundi*. Die einen sahen in ihm den Nachfolger Caesars, die anderen den Antichrist, alle aber, Anhänger wie Feinde, nahmen die Faszination seiner geistigen Überlegenheit wahr und anerkannten in ihr seine Macht und seinen Ruhm.

Im Vergleich zum ghibellinischen Lager erschien das der Guelfen weniger kompakt und leichter verwundbar. Wie zu den Zeiten Barbarossas war die wichtigste politische Organisationsform ein Städtebund, der zwar geschlossen gegen den gemeinsamen Feind zum Kampf antrat, jedoch von Interessengegensätzen und Auseinandersetzungen um lokale Machtfragen geprägt war. Hinzu kam, daß die Städte auch in ihrem Inneren gespalten waren, und häufig überlagerten die guelfischen und ghibellinischen Parteiungen diejenigen zwischen den Klassen und zwischen den großen Familien. Für die, die in den inneren Auseinandersetzungen unterlegen waren oder gar auswandern mußten, blieb oft keine andere Möglichkeit, als die der völligen politischen Umkehr, um wieder an die Macht zu kommen, d. h. sie sahen sich gezwungen, ins Lager der Feinde der gegenwärtigen Stadtführung überzutreten. Darüber hinaus fehlte den Guelfen ein Führer vom Format Friedrichs II.: unter den Päpsten der Jahre 1200 bis 1250 besaß allein Gregor IX. den

Kampfgeist seines großen Gegenspielers, niemand aber strahlte eine ähnliche Faszination aus.

Politisch zwar weniger geschlossen und beweglicher, verfügte die Partei der Stadtstaaten und der Städte Nord- und Mittelitaliens jedoch über weit größere finanzielle Mittel und Ressourcen als ihre Gegner, vor allem seit Venedig und Genua mit ihren Flotten und ihrem Kapital dem Bündnis beigetreten waren. Unter den Städten des Königreichs Sizilien konnte keine auch nur entfernt mit den blühenden Zentren des guelfischen Lagers konkurrieren. Die von den Normannen und dann von Friedrich selbst betriebene Politik der Einschränkung der städtischen Autonomie hatte zur Entwicklung und zum wirtschaftlichen Wohlstand der Städte wenig beigetragen. Im 13. Jahrhundert war der Ruhm Amalfis bloß noch eine blasse Erinnerung vergangener Zeiten, und ein großer Teil des Schiffsverkehrs in den Häfen Süditaliens war in den Händen der Pisaner, Genuesen und Venezianer. Die einzige bedeutende Finanzquelle des Königreichs Sizilien war seine Landwirtschaft und der beträchtliche Export dieser Produkte nach dem Norden. Diese Tatsache erklärt sich übrigens nicht aus einer fortgeschritteneren Entwicklung der Landwirtschaft des Südens, sondern lediglich aus einem geringeren Grad der Bevölkerungs- und Siedlungsdichte. Man hat errechnet, daß die Bewohner Süditaliens nur etwa die Hälfte derjenigen Norditaliens ausmachten, und daß von den 25 italienischen Städten, die im 13. Jahrhundert über 20000 Einwohner hatten, nur drei in Süditalien lagen. Dies bedeutet, daß die einzige Quelle des Reichtums im Süden zugleich ein Zeichen seiner Rückständigkeit war.

Dieser offensichtlichen wirtschaftlichen Überlegenheit der Gegner versuchte Friedrich mit verschiedenen Mitteln entgegenzuwirken: z. B. durch ein Exportmonopol, durch die Umleitung des Handelsverkehrs auf die ihm ergebenen Städte, durch die Einrichtung von Messen und die Vergabe von Privilegien und schließlich – wie alle Herrscher dieser Zeit – durch Münzprägungen und Münzmanipulationen. Aber alle diese Maßnahmen hatten auch negative Auswirkungen und konnten nicht verhindern, daß sich das Königreich mehrmals in erheblichen Wirtschafts- und Finanzschwierigkeiten befand. Der *Augustale*, die von Friedrich geprägte Goldmünze, besaß niemals die Verbreitung und das Ansehen wie der *Florin* der Stadt Florenz.

Der zähe und verbissene Kampf gegen Päpste und Stadtstaaten verlief wechselvoll, voller dramatischer Augenblicke und spektakulärer Ereignisse, so etwa 1241, als der sizilianischen und pisanischen Flotte die Vertreibung der genuesischen Schiffe gelang, die spanische und französische Geistliche zur feierlichen Exkommunikation Friedrichs nach Rom bringen sollten. Die am wenigsten erwartete Wendung aber war der plötzliche Tod Friedrichs II. selbst (1250), zu einem Zeitpunkt, als der Kampf trotz einer schweren Niederlage, die der Kaiser kurz vorher von den Stadtstaaten hatte hinnehmen müssen, von einer endgültigen Entscheidung noch weit entfernt war. Nach einer unvermeidlichen Phase der Bestürzung und der Verwirrung gelang es schließlich Friedrichs Sohn Manfred, die Situation wieder in den Griff zu bekommen, obwohl er nicht über das Ansehen des Kaisertitels verfügen konnte. Er organisierte die ghibellinischen Kräfte neu und konnte viele der inzwischen verlorenen Positionen zurückgewinnen. Die endgültige Niederlage der ghibellinischen Sache kam erst 1266, als Papst Clemens IV. mit der finanziellen Unterstützung der großen florentinischen und sienesischen Banken Karl von Anjou, den Bruder Ludwigs IX. und Herrn über die Provence, nach Italien holte. Dieser bemächtigte sich Siziliens, besiegte Manfred in offener Feldschlacht und blieb auch gegenüber der Gegenoffensive des zweiten Sohnes Friedrichs, des jungen Konradin, siegreich.

Von diesem Zeitpunkt an war die Wiederherstellung der kaiserlichen Macht in Italien, wie sie Friedrich I. und Friedrich II. vorgeschwebt hatte, unmöglich geworden, und die italienischen Stadtstaaten hatten keine Beeinträchtigung ihrer Selbständigkeit mehr zu befürchten. Zwar gab es im Laufe der ersten Hälfte des 14. Jahrhunderts noch andere Italienzüge der Kaiser, wie denjenigen Heinrichs VII. aus dem Haus Luxemburg im Jahre 1312, oder den Ludwigs des Bayern 1327/28. Der erstere aber erwies sich lediglich als nutzloser und erniedrigender Bittgang zu den italienischen Städten, während der zweite mit einer Zeremonie endete, deren Charakter und Begleitumstände das Ende jenes Kaisermythos, der in einer anderen Zeremonie in der Weihnachtsnacht des Jahres 800 ins Leben gerufen worden war, augenscheinlich werden ließen. Die Kaiserkrönung erfolgte nicht wie bisher an einem geweihten Ort, sondern auf dem Kapitol, und nicht im Namen des Papstes, sondern im Namen des römischen Volkes. Dies war zwar ganz im Sinne der Intellektuellen und Gelehrten aus dem Gefolge Ludwigs des Bayern, blieb aber politisch ohne jede Konsequenz.

Der Sieg des Polyzentrismus in Italien

Karl von Anjou, der Sieger über Manfred und Nachfolger auf dem Thron des großen Friedrich II., besaß ohne Zweifel alle äußerlichen Attribute, um die Entscheidungsgewalt in Italien übernehmen zu können. Mit seinem Bruder, dem heiligen Ludwig (IX.), der von den Königen des Abendlandes das höchste Ansehen genoß, verband ihn der Ruhm und der Gewinn aus dem Kreuzzug und der Mittelmeerpolitik. Zudem war er Anwärter auf den Kaiserthron sowohl im Westen als auch im Osten, und schließlich genoß er als anerkannter Führer der Guelfenpartei die geistliche Unterstützung des Papstes und die finanzielle der florentinischen Bankiers. Mit Karl von Anjou schien also eine Ära des Ausgleichs im Zeichen der guelfischen Hegemonie zu beginnen. Tatsächlich hatte er für einige Jahre mit der selbstgewählten Rolle des Schiedsrichters und Schlichters Erfolg. Aber es handelte sich wiederum nur um ein vorübergehendes Gleichgewicht. Die Städte und Stadtstaaten hatten nicht jahrzehntelang gegen Friedrich II. und seine Söhne gekämpft, um sich nun der Schutzherrschaft Karls zu unterwerfen, sondern um ohne Behinderung ihre eigenen politischen Interessen und Ziele zu verfolgen. Für sie war die *pax guelfa* ebensowenig akzeptabel wie die *pax ghibellina*. Die Tendenz zum Polyzentrismus hatte im politischen Leben Italiens bereits zu tiefe Wurzeln geschlagen. Für die endgültige Durchsetzung bedurfte es nur eines günstigen Augenblicks, und der ließ auch nicht lange auf sich warten.

Am 30. März 1282, der als der Tag der Sizilianischen Vesper in die Geschichte eingegangen ist, erhob sich Palermo gegen die Herrschaft des Anjou. Die Stadt fühlte sich durch die Verlegung des Hofes nach Neapel erniedrigt, da ihr damit der Rang als bedeutende Hauptstadt genommen worden war. Dem Beispiel Palermos folgte rasch die ganze Insel, und am 4. September bot der sizilianische Adel die Krone des Königreichs Sizilien Peter III. von Aragon an, der mit einer der Töchter Manfreds verheiratet war und an dessen Hofe die Anhänger der Staufer Zuflucht gefunden hatten. Mit der Annahme dieses Angebots begann der lange „Krieg der Vesper", der nach 20 Jahren schließlich mit der endgültigen Trennung Sizlliens vom Königreich endete. Sizilien stand von nun an unter der Herrschaft des Hauses von Aragon. Auch in diesen Konflikt fanden sich alle italienischen Städte in direkter oder indirekter Weise verwickelt; genauer gesagt, der Krieg lieferte ihnen die lange erwartete Gelegenheit, um die Oberherrschaft der Anjou abzuschütteln und die eigenen politischen Ziele zu verfolgen. Wie sollte auch ein König, der nicht einmal in der Lage war, dem Aufstand seiner eigenen Untertanen Herr zu werden, hoffen und fordern, über andere zu gebieten?

Der Krieg der Vesper löste eine Kettenreaktion auf dem Schachbrett der guelfisch-ghibellinischen Kampfpositionen aus. Genua, das mit den Aragonesen verbündet war, nutzte die Gelegenheit, um in den Gewässern vor Livorno, an der Untiefe der Meloria, 1284 in einer alles entscheidenden und für Pisa katastrophalen Schlacht mit diesem Rivalen ein für alle Mal abzurechnen. In der Seeschlacht bei den Curzolari-Inseln (1298) konnten die Genuesen auch Venedig einen weiteren Schlag versetzen, dessen Macht schon vorher mit Manfreds Hilfe durch die Zerstörung des Lateinischen Kaiserreichs geschwächt und dessen Einflußbereich auf Konstantinopel eingeengt worden war. Florenz bedrohte nach der Unterwerfung von Arezzo, Prato und Pistoia aus unmittelbarer Nähe Pisa und Lucca. In Piemont dagegen tobte der Kampf zwischen den Feudalherren von Monferrat und Savoyen, während in der östlichen Po-Ebene die Este aus Ferrara, die Scaligeri aus Verona und andere *signorie* verbissen darum rangen, sich einen möglichst großen Anteil der ehemaligen Herrschaft der Da Romano zu sichern.

Aragonesen aus Sizilien gegen Anjou in Neapel, Genua gegen Pisa und gegen Venedig, Florenz gegen Pisa; in Mailand Kampf zwischen den Torriani und Visconti um die Vorherrschaft in der Stadt; und schließlich in Rom das ewige Duell zwischen den Orsini und Colonna: das Schauspiel, das die Halbinsel im letzten Viertel des 13. Jahrhunderts bietet, ist im wahrsten Sinne des Wortes das eines *bellum omnium contra omnes*. Die Chroniken dieses „eisernen Zeitalters" berichten von unzähligen Episoden, in denen der Parteigeist sich zu äußersten Grausamkeiten verstieg: die vielleicht berühmteste unter ihnen ist die des Pisaners Ugolino, den Dante besungen hat. Weil er unter dem Verdacht stand, die Stadt an die Florentiner ausliefern zu wollen, wurde er zusammen mit seinen Söhnen in einen Turm gesperrt und mußte dort verhungern.

In diesem „großen Gewitter", das über die Halbinsel fegte – um auch hier ein Wort Dantes aufzugreifen –, gelang es auch dem Schiff Petri nur mit Mühe, seinen Kurs zu finden. Verbündet mit dem Haus Anjou unter Clemens IV., hingegen unter Gregor X. und Nikolaus III. darum bemüht, die Macht Karls von Anjou zu begrenzen, unter Martin IV. und Nikolaus IV. wiederum auf der Seite der Anjou und Frankreichs, vermittelten die Päpste ihren Zeitgenossen wohl kaum den Eindruck, daß sie ihrer Aufgabe als unabhängige Schiedsrichter der internationalen Streitigkeiten gerecht wurden; sie erschienen vielmehr bis zum Hals darin verstrickt. Diese weitverbreitete Ansicht, die Desorientierung unter den Gläubigen und in der Kirche selbst trugen zum Entstehen einer Atmosphäre von Erwartung, Hoffnung und Angst bei, die am Ende des Jahrhunderts in Weltuntergangsprophezeiungen und im Vorhersagen von bedeutenden Ereignissen zum Ausdruck kam. Als schließlich ein frommer, unbedarfter Mönch aus den Abruzzen als Papst Cölestin V. (1294) den Heiligen Stuhl bestieg, erschien er vielen als der „Engel in Papstgestalt", von dem die Prophezeiungen eines Joachim von Fiore gesprochen hatten. Seine plötzliche und wahrscheinlich erzwungene Abdankung – ein beispielloses Ereignis in der Kirchengeschichte – und sein Tod in der Einsamkeit, zu dem ihn sein Nachfolger Bonifaz VIII. verurteilt hatte, warfen tiefe Schatten auf die an sich schon umstrittene und unbequeme Persönlichkeit des neuen Papstes Bonifaz VIII. Einige sahen in dem neuen Papst sogar den Antichrist, was sicher nicht gerade dazu beitrug, das angeschlagene Prestige der römischen Kirche zu verbessern. Als dann die ehrgeizige und anachronistisch theokratische Politik Bonifaz' VIII. in Konflikt mit der absolutistischen Monarchie Philipps des Schönen geriet, hatte letzterer leichtes Spiel, eine wirkungsvolle Propagandakampagne gegen den Papst zu entfalten. Die berühmte Ohrfeige von Anagni war nur der krönende Abschluß, eine Erniedrigung, die Bonifaz nicht lange überlebte. Sein Nachfolger, der Franzose Clemens V., verlegte, wie wir wissen, seine Residenz nach Avignon, wo sie für mehr als 70 Jahre bleiben sollte.

Nachdem sich also der Schwerpunkt des Reiches schon seit langem aus Italien weg verlagert hatte, verließ nun auch der Papst Italien, das plötzlich nicht mehr der Mittelpunkt der *Republica christiana* war. Man versteht die völlige Verwirrung der Zeitgenossen, die seit langer Zeit daran gewöhnt waren, in den beiden Institutionen der mittelalterlichen Politik die Säulen jeder denkbaren politischen Ordnung zu erblicken. Ohne Kaiser, ohne Papst schien die politische Realität Italiens hohl und sinnentleert. Man erinnere sich nur an die Vorwürfe Dantes gegen die Kaiser, die Rom als „einsame Witwe" im Stich gelassen hatten; gegen die Päpste, die sich statt Hirten ihrer Herde zu sein, in „reißende Wölfe" verwandelt hatten; gegen die Parteiungen, die bar jeder ideellen Legitimation Italien auseinanderrissen. Guelfen- und Ghibellinentum waren, wiederum nach den Worten Dantes, zu bloßen „Fahnenzeichen" verkommen, in deren Schatten ein jeder seine eigenen egoistischen Ziele verfolgte. Man sollte jedoch im Gegensatz etwa zur Geschichtsschreibung des Risorgimento vorsichtig sein, solchen Urteilen allzu leicht den Rang historischer Wahrheit einzuräumen, und nicht als erste Anzeichen eines nationalen Bewußtseins ausgeben, was in Wirklichkeit Sehnsucht nach dem verlorenen Kaiserreich war.

Wenn man in der tatsächlichen Kräftevielfalt der Zeit, statt nach einer fiktiven Einheit zu suchen, die aufsteigenden gegenüber den absterbenden Elementen zu unterscheiden versucht, dann erscheint dieser Geschichtsabschnitt in Italien weder hohl noch wirr. Im Gegenteil, keine Zeit war so von prallem Leben erfüllt wie diejenige Giottos, Dantes und Marco Polos, denn am Ende des 13. Jahrhunderts entfaltet sich die ganze innere Kraft der Stadtstaaten. Nachdem die großen Kulissen gefallen waren, die bis dahin jede gesellschaftliche Regung bestimmt hatten, um dies Bild wieder aufzugreifen, traten die Städte und Stadtstaaten in den Bühnenvordergrund und wurden sich ihrer Kraft und Freiheit voll bewußt. Die Zeichen dieser Bewußtwerdung finden sich überall. In diese Zeit fallen, wie wir gesehen haben, die Mauererweiterungen der meisten italienischen Städte, es werden die ersten Stadtchroniken geschrieben und die großen Rathäuser errichtet. Diejenigen von Florenz, Siena, Perugia, Todi, um nur die bekanntesten zu nennen, sind allesamt im letzten Jahrzehnt des 13. Jahrhunderts entstanden. Auch die theoretische Untermauerung ließ nicht lange auf sich warten: Marsilius von Padua vertrat in seinem Anfang des 14. Jahrhunderts erschienenen Buch „Defensor pacis" die Ansicht, daß die Souveränität nicht von Gott oder dem Kaiser ausgehe, sondern Ausdruck und Ergebnis eines gemeinsamen Bandes und des bewußten Zusammenschlusses der Menschen sei.

Das Italien der Städte und Stadtstaaten ist ein polyzentrisches Universum und als solches durch tiefe Gegensätze und scharfe Konflikte geprägt. Das sollte auch nicht weiter verwundern: Venedig, Florenz und Genua waren Großmächte, und die Beziehungen zwischen großen Mächten waren zu allen Zeiten schwierig. Aber die Kriege, gegen die Dante seinen ganzen Zorn entfaltete, sind keineswegs die einzige Folge des Polyzentrismus. In seinem Zeichen entwickeln sich alle Lebensäußerungen der städtischen Kultur in

Italien, auch die kreativsten und dauerhaftesten. Auch die Kunst, die große Zeit der italienischen Kunst, ist von diesem Polyzentrismus geprägt. Selbst ein nur wenig geübtes Auge ist leicht in der Lage, ein Gemälde aus der Florentiner Schule gegenüber einem aus der Sieneser Schule zu unterscheiden, die ernste Schwere der Po-Ebene in der Skulptur eines Antelami gegenüber der ghibellinischen Lebhaftigkeit eines Nicola Pisano zu erkennen. Ohne seine Vergangenheit städtischer Gebundenheit und Zerrissenheit besäße Italien wesentliche Charakterzüge nicht, die wir heute lieben und bewundern. Am besten hat dies vielleicht der Humanist Leonardo Bruni formuliert, und mit seinen Worten sollen deshalb diese Betrachtungen schließen: „Wie große Bäume, wenn sie zu nahe bei kleinen Pflanzen stehen, diese am Wachsen hindern, so verdunkelte die ungeheure Macht Roms diese [Florenz – d. Ü.] und die anderen Städte Italiens. ... In Rom wohnten die meisten Menschen, hier war die Möglichkeit zu Handel und Gewerbe, in Roms Hand waren Häfen, Inseln und der geeignete Raum für alle menschlichen Tätigkeiten. Wer aus den Nachbarstädten Talent besaß, ging bald nach Rom, da sich ihm dort viele Möglichkeiten boten. So blühte Rom auf, und die anderen Städte litten an Begabungen für alle Tätigkeiten Mangel. Die Folgen dieses Geschehens kann man aus dem Werdegang der Städte ablesen, die angesehen waren vor dem Aufstieg des Heiligen Römischen Reiches und wieder nach dessen Niedergang, so daß anscheinend alles, was das Wachsen Roms den anderen Städten genommen hatte, nach dessen Verfall ihnen wieder zurückgegeben wurde."

Nachdem nun die großen Linien und der Rahmen für die italienische Geschichte bis zur Schwelle des 14. Jahrhunderts gezeichnet sind, ist es an der Zeit, die einzelnen „Geschichten" zu verfolgen, die sich darin zu einem Gesamtbild verflechten: die Geschichte Venedigs, Genuas, Florenz', Mailands und Roms, die Geschichte der italienischen Stadtstaaten.

2. Das Zeitalter der Stadtrepubliken

Die „Städte Italiens"

Im 13. Jahrhundert, das mit dem siegreichen vierten Kreuzzug begonnen hatte, bildete das Mittelmeerbecken mehr als jemals zuvor oder danach den Nabel der Welt. Seine Küsten waren nicht nur Grenze der großen Reiche und Kulturen des christlichen Abendlandes, des Islam und Ostroms, sondern auch, zusammen mit seiner Dépendance im Schwarzen Meer, der Endpunkt der großen Handelsstraßen für wertvolle und gesuchte Waren aus Afrika – Elfenbein und Gold aus Senegal – und exotische Kostbarkeiten aus dem Orient. Diese Waren erreichten das Mittelmeer mit größerer Regelmäßigkeit, seit durch die *pax mongolica* für die ganze, endlose Fläche zwischen Bagdad und Peking die Karawanenwege sicherer geworden waren, auf denen der Venezianer Marco Polo und der Florentiner Francesco Pegolotti entlanggezogen waren. Das Mittelmeer war Sammelbecken für die verschiedensten Waren, Kreuzpunkt der Handelswege aus allen Richtungen und zugleich Verteilungszentrum. Über die italienischen Alpenpässe, die aragonesischen Häfen und die Mittelmeerhäfen Frankreichs gelangten die Waren aus dem Orient auf die Messen der Champagne und auf die Märkte im Norden Europas bis zu den Ländern um die Ostsee. Seit 1277 eine genuesische Galeere die Seeverbindung nach Nordeuropa auf der Atlantikroute eröffnet hatte, wurde Brügge zum wichtigsten Zielhafen für die italienischen Kaufleute.

Am meisten profitierten die italienischen Städte von dem Wirtschaftsaufschwung im Mittelmeerraum, vor allem Venedig. Mit der Herrschaft über Kreta, über die Inseln und über die wichtigsten Häfen der Ägäis und mit einer starken Kolonie in Konstantinopel blieb die *Serenissima* trotz der genuesischen Konkurrenz und trotz des Verlustes der Hegemonie, die der vierte Kreuzzug ihr bis um die Jahrhundertmitte gesichert hatte, immer noch die bedeutendste Seemacht der Halbinsel. Die venezianische Macht war vor allem am besten organisiert und in sich geschlossen. Die Schiffskonvois *(mude)*, die jährlich nach Konstantinopel, Beirut und Alexandria aufbrachen, wurden vom Staat organisiert, unter dessen Aufsicht auch die Stapelhäuser und der Verkauf der eingeführten Waren standen. Der Staat unterhielt schließlich auch die riesige Werft, das Arsenal für die Kriegsflotte. Wenn auch in Venedig die private Reederei und der freie Schiffsverkehr eine bedeutende Rolle spielten, so betrachteten sich die Kaufleute doch immer als Partner und Teilhaber eines großen gemeinsam geplanten Unternehmens.

Als Folge davon entwickelte das kaufmännische Patriziat in Venedig ein starkes Standesbewußtsein und zugleich ein Bewußtsein seiner sozialen Verantwortung, so daß die politischen Institutionen Venedigs durch ihre Stabilität und Effizienz beispielhaft wurden. An der Spitze der Stadtherrschaft stand, vom Großen Rat gewählt, der Doge, dem der engere Rat zur Seite stand, und dessen Amtsführung wiederum von einer ganzen Reihe von Organen überwacht wurde, so dem *Consiglio dei Pregadi*, der seit 1250 Senat hieß, dem *Tribunale della Quarantia*, und später, nach der gescheiterten Verschwörung des Baiamonte Tiepolo (1310), von dem berühmten Rat der Zehn. Das Vorhandensein einer Vielzahl politischer Organe schuf ein System gegenseitiger Kontrolle, von Gewicht und Gegengewicht. Im Gegensatz zu dieser Gewaltenteilung war die Führungsschicht der Stadt in sich geschlossen und sehr homogen, ein Prozeß, der durch die sogenannte Schließung *(serrata)* des Großen Rates im Jahre 1297 besiegelt wurde: der Zugang zum Großen Rat wurde auf diejenigen Familien beschränkt, die bereits in der Vergangenheit darin vertreten gewesen waren. Die politische Herrschaft der Republik war also schon am Ende des 13. Jahrhunderts in jenen Formen einer Handelsaristokratie fixiert, die für Jahrhunderte ein starres System der Klassenherrschaft garantierte, das jedoch elastisch genug blieb, um einen fruchtbaren Austausch von Personen und politischen Orientierungen zu ermöglichen.

Auch Genua erlebte im 13. Jahrhundert eine ununterbrochene Reihe von Siegen und Erfolgen. Die Auflösung des Lateinischen Kaiserreiches (1261) und der Sieg über Venedig bei den Curzolari-Inseln (1298) hatten seine Stellung im östlichen Mittelmeer und im Schwarzen Meer gestärkt. Dort kontrollierten die Genuesen durch ihre Kolonien Kaffa und Tana auf der Krim Handel und Karawanenwege in der russischen Tiefebene. Im westlichen Mittelmeer besaß Genua nach dem Sieg über die Pisaner sogar die unangefochtene Herrschaft, solange die aufsteigende Macht der Aragonesen noch keinen ernsthaften Widerstand leisten konnte. Im Zuge dieser politischen und militärischen Erfolge wuchs natürlich auch die wirtschaftliche Macht und der Handel der Stadt. Man hat errechnet, daß der Wert der im Hafen von Genua umgesetzten Waren, der 1274 936000 genuesische Lire betragen hatte, 1292 bereits die Summe von 3 822 000 Lire erreichte. Die Stadt, die wegen ihrer mehrstöckigen Häuser den Beinamen die „Hochmütige" erhalten hat, besaß am Anfang des 13. Jahrhunderts vermutlich die höchste Bevölkerungsdichte Westeuropas, die sich nach dem Bau des neuen Mauerrings 1320 aber verringerte und erst im 18. Jahrhundert wieder die frühere Größe erreichte.

Der Reichtum Genuas hatte allerdings ganz andere Fundamente als der Venedigs. Die Schiffe, nicht nur die Handelsschiffe, sondern sogar manchmal die Kriegsflotten und ebenso die Stapelhäuser waren in privater Hand. Die genuesischen Weltreisenden waren Abenteurer, die gegen Bezahlung überall in Dienst traten. Marco Polo fühlte sich immer, sei es vor dem Khan der Tartaren oder im Kerker, als Venezianer, er kämpfte für seine Stadt, er heiratete und starb dort. Einen Genuesen dagegen, Manuele Pessagno, finden wir am Anfang des 14. Jahrhunderts als Admiral des Königs von Portugal, und einen anderen, Enrico Marchese, als Schiffsbaumeister an der Seine im Dienste Philipps der Schönen. Diese beiden sind die ersten von unzähligen Genuesen in der ganzen Welt, zu denen auch Christoph Kolumbus gehört, der im Dienste der spanischen Krone Amerika entdeckte.

Dieser ins Auge springende und deshalb vieldiskutierte genuesische „Individualismus" findet seinen Ausdruck auch in den politischen Strukturen der Stadt, die ein Geflecht aus Nachbarschaften, *vicinie*, adeligen *consorterie* und religiösen Bruderschaften und Genossenschaften des einfachen Volkes waren. Das Stadtbild selbst stellt sich eher als Konglomerat von Stadtvierteln dar – die Viertel der Reichen, der Armen, des Adels, der Plebejer – denn als ein strukturiertes Ganzes. Genua ist die einzige oder fast die einzige italienische Stadt römischen Ursprungs, die nicht Spuren der kreuzförmigen Anlage der Hauptstraßen des antiken Stadtplans bewahrt hat, und in der, im Gegensatz zu den anderen mittelalterlichen Stadtzentren, die Straßennamen nicht an die dort ausgeübten Gewerbe erinnern. Beides sind Zeichen einer Zersplitterung des städtischen Lebens in nebeneinander existierende geschlossene Einheiten. Wie sehr diese Tatsache zur sprichwörtlichen politischen Instabilität der Stadt und ihrer Geschichte beigetragen hat, wird noch an anderen Beispielen belegt werden.

Mailand, das an der Spitze des Bündnisses gegen Barbarossa gestanden hatte, war am Ende des 13. Jahrhunderts die angesehenste und wirtschaftlich bedeutendste Stadt in der Po-Ebene. Als natürlicher Verkehrsknotenpunkt für die Handelsbeziehungen Venedigs und Genuas in das Hinterland, das schon damals zu den fruchtbarsten Gebieten Italiens zählte, zog die Stadt erheblichen Vorteil aus der Eröffnung des neuen Alpenübergangs über den Gotthard um das Jahr 1270, über den bald ein erheblicher Teil des Verkehrs mit den deutschen Gebieten abgewickelt wurde. Das Bild Mailands, das uns Bonvesin de la Riva in seinem Buch „De Magnalibus urbis Mediolani" vermittelt, ist das einer wirklichen Metropole: 200000 Einwohner, 11500 Häuser, 200 Kirchen, 150 *villae* mit Burgen im Umland, 10 Spitäler, 300 Backstuben, mehr als tausend Handwerksbetriebe und eine ungeheure Zahl von Kaufleuten und Gewerbetreibenden. Es handelt sich natürlich um wenig zuverlässige, wenn nicht sogar erfundene Zahlen. Zuverlässig dagegen ist der vermittelte Gesamteindruck einer vielgestaltigen, intensiven Wirtschaftstätigkeit. Im Gegensatz zu Florenz, von dem bald weiter unten die Rede sein wird, beruhte der Reichtum Mailands auf landwirtschaftlicher und gewerblicher Produktion. Die Stadt war daher einerseits durch die Mannigfaltigkeit und Beweglichkeit ihrer Wirtschaft, andererseits aber auch durch eine größere Zersplitterung charakterisiert. Neben der Wollweberei, zu deren Entwicklung vor allem der Orden der *Umiliati* beigetragen hatte, stand die Tuchbearbeitung; das Textilgewerbe also, das mit Recht als die Schwerindustrie des Mittelalters bezeichnet worden ist. Daneben beherbergte die Stadt noch eine ganze Reihe anderer Gewerbe: vor allem Waffenschmieden, für die das Eisen aus dem Trompia-Tal und aus der Gegend um Brescia verwendet wurde. Die Mailänder Waffenschmiede hatten bald einen weltweiten Ruf. Die Betriebsgrößen blieben jedoch in allen Gewerben auf dem Niveau des Handwerksbetriebs, und auch der blühende Handel war im wesentlichen auf den Einzelhandel ausgerichtet. Für diesen Zeitraum gibt es keine Berichte über große Handelsdynastien oder Handelsgesellschaften in Mailand, deren Größe oder Geschäftsumfang auch nur entfernt mit dem der Kaufleute aus Florenz vergleichbar wäre. In diesem beschränkteren Horizont und dem Mangel an organisatorischem Geschick könnte man vielleicht die Ursachen dafür sehen, daß es den Organisationen der mailändischen Kaufleute und Handwerker – d. h. dem *Consolato* der Kaufleute und der *Credenza di Sant'Ambrogio* – nicht gelang, aus ihren eigenen Reihen die politische Führung zu stellen, wie dies in Florenz geschehen war. Die Stadtregierung und die Schiedsgewalt in den Parteiauseinandersetzungen wurden den Familien des alten Ritteradels, der sich in der Stadt niedergelassen hatte, übertragen. Zu diesen Familien gehörten die Torriani, guelfische Lehnsherren aus dem Sassina-Tal, die mit der Unterstützung der *Credenza di Sant'-Ambrogio* von 1247 bis 1277 über die Stadt herrschten. Das gleiche gilt für die Visconti, deren Name schon die hohe Herkunft verrät. Nach der Verdrängung der Torriani wurden sie 1294 als kaiserliche Vikare eingesetzt und regierten als *signori* bis zur Mitte des 15. Jahrhunderts. So war Mailand schon zu Beginn des 14. Jahrhunderts keine Republik mehr, sondern hatte bereits eine *signoria*, ein Begriff, mit dem man jenen Typus der Stadtherrschaft bezeichnet, in der durch Gewalt oder Konsens an die Stelle der alten gewählten Kollegialorgane die Herrschaft eines *signore* und seines Geschlechtes trat.

Die lombardische Stadt war im übrigen nicht die einzige, die diese Entwicklung durchmachte. Ungefähr um die gleiche Zeit verwandelten sich die Herrschaften der meisten Städte in der Po-Ebene in *signorie* einer oder mehrerer Familien. In Verona waren es die Scaligeri, in Ferrara die Este, in Treviso die Herren von Camino, in Padua die Carraresi, in Urbino die von Montefeltro: alles angesehene Geschlechter aus dem alten Ritteradel, die dem bürgerlichen Leben und der Wirtschaft ihrer Städte jene Führungsqualitäten zur Verfügung stellten, die sie sonst in einer Welt, die so wenig mit dem alten Lehnswesen gemein hatte wie das Italien der Stadtstaaten, kaum hätten gebrauchen können.

Im Vergleich und im Gegensatz zu diesem Wandel, der sich in den meisten italienischen Stadtstaaten um die Wende des 13. zum 14. Jahrhundert vollzog, erhält die Entwicklung in Florenz besonderes Gewicht. Neben Venedig war Florenz die einzige große Stadt, die sich eine politische Ordnung zu geben wußte, die vollständig ihrer wirtschaftlichen und gesellschaftlichen Struktur entsprach. Florenz war im 13. Jahrhundert im Vergleich zu den Stadtstaaten des italienischen Nordens ein *newcomer*. Zu der Zeit, als Mailand an der Spitze des Städtebundes gegen Barbarossa stand, konnte sich Florenz noch kaum gegenüber den Lehnsherren des Umlandes durchsetzen, und sein Einsatz im Kampf gegen Friedrich II. stand weit hinter dem der größeren norditalienischen Städte zurück. Aber, wie es häufig bei Aufsteigern geschieht, konnte Florenz nach dem Eintritt in den Kreis der Großen aus den Erfahrungen seiner Vorgänger in reichem Maße Nutzen ziehen. Florenz prägte als eine der ersten Städte im Jahre 1252 mit dem *florin* eine Goldmünze von hohem Wert und internationalem Ansehen, mit deren Hilfe die florentinischen Kaufleute und Bankiers auf dem internationalen Geld- und Warenmarkt führende Positionen erobern konnten. Wie erwähnt, traten die Bankiers aus Florenz schon um die Mitte des 13. Jahrhunderts als Gläubiger für Karl von Anjou auf, der unter den Mächtigen der Zeit nicht ihr einziger Schuldner blieb. Allein das nahe Siena, dessen Bankiers mit großem Gewinn als Finanziers und Finanzverwalter der römischen Kurie tätig waren, vermochte Florenz Konkurrenz zu machen. Aber die sienesische Niederlage bei Colle Val d'Elsa im Jahre 1269 und der spektakuläre Zusammenbruch einer der großen Bankgesellschaften Sienas, der *Tavola dei Bonsignori*, verliehen Florenz schließlich die absolute Vorherrschaft auf dem Finanzmarkt.

Florenz hatte sich aber nicht nur im Handel und im Bankgeschäft im großen Stil entwickelt. Auch im Gewerbewesen hatte die Stadt eine Politik der Kräftekonzentration betrieben und ganz auf die Tuchproduktion, vor allem die Wollverarbeitung gesetzt. Zwar fand auch in Florenz die eigentliche Herstellung in Handwerksbetrieben statt, aber die Beschaffung der Rohstoffe und der Vertrieb der Fertigprodukte lag häufig in der Hand eines einzigen Kaufmannes, des *lanaiolo*, der damit die Funktion eines Unternehmers übernahm und die Produktion nach den Markterfordernissen regulierte. Von da war der Schritt zu einer weiteren Konzentration und Rationalisierung der verschiedenen Herstellungsphasen, z. B. zur Heimarbeit auch im ländlichen Umland oder zur Zusammenfassung von Lohnarbeitern in großen Werkstätten nicht weit und wurde bald vollzogen.

Dank ihrer Reisen, ihrer Kontakte mit den Mächtigen und durch ihre Erfahrungen als ,,Manager" in schwierigen Handels- und Finanzoperationen sammelten die Bürger und Kaufleute aus Florenz nicht nur ungeheure Reichtümer und Vermögen an, sie erwarben auch eine Welt- und Menschenkenntnis, eine Weite des geistigen Horizonts und politische Fähigkeiten, vor allen Dingen aber ein Selbstbewußtsein, die unter den Gegebenheiten der damaligen Welt einzigartig waren. Deshalb begnügten sie sich im Gegensatz zur Entwicklung in den meisten anderen Städten nicht mit dem Zusammenschluß in Zünften und Gilden, sondern beanspruchten erfolgreich das Recht der Stadtherrschaft. Im Jahre 1282 vertraute die Stadtherrschaft schließlich den Vorständen der großen und mittleren Zünfte die Reform der Stadtordnung an, die damit zur alles entscheidenden Macht wurden. Einige Jahre später erhielt diese neue bürgerliche Ordnung in den *Ordinamenti di giustizia* im Jahre 1293 endgültige Gestalt. Alle Besitzenden, die nicht einer Zunft angehörten, waren seitdem von öffentlichen Ämtern ausgeschlossen, und als höchste zivile und militärische Gewalt wurde das Amt des *Gonfaloniere di giustizia* eingerichtet. Daß in den politischen Ämtern der Stadt dann nicht selten Persönlichkeiten aus dem alten Ritteradel tätig waren, hat keine Bedeutung; wichtig ist vielmehr, daß auch sie die Stadt im Namen, Auftrag und Interesse der Zünfte regierten. In keiner anderen Stadt Italiens hat am Ende des 13. Jahrhunderts die bürgerliche Selbstverwaltung eine ähnlich umfassende und geschlossene Form erhalten, die so völlig dem gesellschaftlichen Gefüge des wirtschaftlich aufblühenden Gemeinwesens angepaßt war. Und in keiner anderen Stadt hat die Kultur in der Epoche der Republik eine solche Höhe erreicht wie in Florenz.

Venedig, Genua, Mailand und Florenz sind die vier Großen unter den italienischen Stadtstaaten, von denen jede eine unverwechselbare Persönlichkeit besaß. Damit ist aber das Panorama der Stadtstaaten bei weitem nicht vollständig erfaßt. Neben den Großen gibt es eine ganze Reihe von „Kleinen" die auch wieder eigene Wesenszüge und Merkmale aufweisen. Siena hatte seine Bankiers, Lucca seine Seide, Massa Marittima seine Bodenschätze, San Gimignano seine Türme und den Safran, Cremona seinen Barchent, Piacenza seine Messen, Asti seine „Lombarden" (Geldhändler, Wucherer, vgl. „Lombardkredit", A.d.Ü.), und alle besaßen einen *Palazzo Comunale* und den Stolz, eine freie Stadt zu sein.

Auch wenn die Städte Italiens auf Grund ihrer wirtschaftlichen und politischen Gegensätze untereinander verfeindet waren und unterschiedliche politische Ordnungen besaßen, blieben sie doch immer und in erster Linie Städte. Trotz Polyzentrismus und Partikularismus bildeten sie bis zu einem gewissen Grad eine gesellschaftliche Einheit und zwar durch die geographische Dichte der Urbanisierung, die in Europa einzigartig dastand. Über alles Trennende hinweg führte dies seit dem 13. Jahrhundert zum Entstehen einer Art von panitalienischer *koiné*. Um diese Entwicklung genauer zu verfolgen, muß sich unsere Aufmerksamkeit auf die religiöse und intellektuelle Geschichte des 12. Jahrhunderts zurückwenden.

Die franziskanische Erneuerungsbewegung

Die religiöse Geschichte Italiens im 11. und 12. Jahrhundert unterscheidet sich nicht wesentlich von der der anderen europäischen Länder. Auch auf der Halbinsel hatten die ersten Ketzerbewegungen ihren Ausgangspunkt in dem unruhigen, ständig Wandlungen unterworfenen Klima der Städte. Insbesondere Mailand, das später den Beinamen „Schlangengrube der Ketzer" erhielt, hatte seit dem 11. Jahrhundert seine *patari* („Lumpengesindel") und seine Häretiker. Auch in Italien gelang es der Reformbewegung der Kirche, rechtzeitig einen großen Teil der religiösen und sozialen Unruhe, die in den Erneuerungs- und Ketzerbewegungen zum Ausdruck kam, aufzufangen. Im Verlauf des 12. Jahrhunderts nahm diese Bewegung jedoch einen neuen Aufschwung. Rom selbst, wo eine Volkserhebung den Papst zeitweise vertrieben hatte, war zwischen 1145 und 1154 der Schauplatz der Predigten Arnold von Brescias, eines ruhelosen Schülers des ruhelosen Abelard. Wie für alle häretischen Erneuerungsbewegungen des Mittelalters war auch hier die hauptsächliche Triebkraft der Kampf gegen den Verfall und die Korruption der Geistlichkeit, und als Ziel wurde die Erneuerung der Kirche in ihrer alten Reinheit ersehnt. Nach seiner Gefangennahme durch Barbarossa und der Auslieferung an den Papst starb Arnold mit ungebrochenem Mut auf dem Scheiterhaufen, sein Tod jedoch konnte die ketzerischen Erneuerungsbewegungen, die um die Wende des 12. zum 13. Jahrhundert in allen Städten auftauchten, nicht mehr aufhalten. In Norditalien verbreitete sich unter verschiedenen Namen und mit verschiedenen Untergliederungen die Bewegung der Waldenser und die kompromißlosere, manichäische Bewegung der Katharer; aus Kalabrien kam die chiliastische Lehre des Joachim von Fiore, eines Zisterzienserpaters, der sich von seinem Orden losgesagt hatte, um ein eigenes Kloster zu gründen. Seine Schriften fanden breiten Widerhall und übten große Wirkung auf viele Generationen von Gläubigen aus. Der Inhalt der verschiedenen Lehren ging weit auseinander, und es ist außerordentlich schwierig, die Grenze zwischen Häresie und Orthodoxie genau zu ziehen. Alle Bewegungen aber waren ein klares Zeichen für die weitverbreitete Unruhe und Unzufriedenheit innerhalb der neuen bzw. sich neu formenden Gesellschaft gegenüber dem Glauben und der Liturgie, die mit der Zeit nicht mehr Schritt hielten.

Wie die Kirche unter Papst Innozenz III. reagierte, ist bekannt: einerseits mit Unterdrückung, andererseits versuchte sie, Zielsetzung und Organisationsformen der Ketzerbewegung zu absorbieren und dennoch die Orthodoxie aufrechtzuerhalten. Auf der einen Seite finden wir deshalb die Kreuzzüge gegen die Albigenser (1209) und die Einrichtung der Inquisition, auf der anderen die Anerkennung der neuen Bettlerorden und ihrer neuen Formen der Frömmigkeit.

Aber die Wirksamkeit dieser doppelten Reaktion aus Reform und Gegenreform war nicht überall gleich, und das ist der Punkt, an dem sich die Geschichte der Frömmigkeit in Italien von der der anderen westeuropäischen Länder unterscheidet. Außerhalb Italiens konnte das Papsttum trotz des differenzierten Vorgehens gegen die Ketzer den Keim der Häresie in der

Volksfrömmigkeit weder ausrotten noch absorbieren. Im Verlauf der folgenden Jahrhunderte kam der latent vorhandene Unmut von Zeit zu Zeit in verschiedenen Formen zum Vorschein, um schließlich in der großen Reformationsbewegung zusammenzufließen. In Italien dagegen hatte das Papsttum Erfolg. Die Gründe dafür sind vielfältiger und komplexer Natur und überspannen einen Zeitraum, der weit über das 13. Jahrhundert zurückreicht. Man darf dabei nicht vergessen, daß Italien trotz der Episode von Avignon Zentrum und Sitz des Papsttums geblieben war. Aber die Halbinsel war auch – und das bringt uns in die Mitte des 13. Jahrhunderts – die Wiege der franziskanischen Revolution, deren Folgen und Tiefenwirkungen kaum zu überschätzen sind. Ihre Entwicklung und ihre Ausprägungen erhellen die Besonderheiten der Geschichte der Frömmigkeit – und nicht nur der Frömmigkeit – in Italien seit dem 13. Jahrhundert.

Die Gestalt des hl. Franz von Assisi (geb. 1182) ähnelt in gewisser Hinsicht der des Petrus Waldes aus Lyon oder der des Dominikus von Caleruega. Wie Petrus Waldes war Franz von Assisi Sohn eines reichen Kaufmannes, der nach einer unbeschwert genossenen Jugend den Gütern dieser Welt den Rücken kehrte und sich der Armut weihte. Wie Dominikus von Caleruega war er in erster Linie ein Wanderprediger mit einer außerordentlichen Begabung für den Kontakt zur Masse der Gläubigen, mit denen er in „ihrer" Sprache redete. Im Gegensatz zu den Anhängern Waldes' predigte Franz jedoch nicht gegen die Korruption des Klerus und der Kirche, und im Unterschied zu den Dominikanern verkündigte er nicht die Notwendigkeit des heiligen Krieges gegen die Ketzer. In seinen Worten fehlte jede Andeutung einer neuen Lehrmeinung, die mit der offiziellen Kirche im Widerstreit gestanden hätte. Der Inhalt seiner Predigten war eine natürliche, mehr gelebte als durchdachte Frömmigkeit, und sein umherschweifendes, pittoreskes Leben erschien als eine lebendige Verwirklichung dieses Ideals. Das Christentum war für Franz von Assisi die Religion Christi, eines Menschen, der unter Menschen gelebt und mit ihnen Leiden und Tod geteilt, der die ewigen Wahrheiten in Form von leicht verständlichen Gleichnissen offenbart, der die Kinder und die Lilien auf dem Felde in ihrer Schönheit bewundert und geliebt hatte. Das Leben in der Nachfolge Christi wurde nach der Legende und der Ikonographie der Franziskaner von Franz selbst bis zur Vollkommenheit gelebt, gekrönt durch das Martyrium der Stigmatisation. Es ist die Liebe zu allem Menschlichen, weil alles Menschliche in irgendeiner Weise an der Göttlichkeit teilhat: nicht nur die Heiligen, sondern auch die Sünder, nicht nur das Lamm, sondern auch der Wolf, nicht nur das Leben, sondern auch der Tod.

Auf diese Weise entstand eine neue Religiosität, eine Religiosität „des Volkes", die nicht einschüchterte und den Bedürfnissen einer betriebsamen und extrovertierten Gesellschaft entsprach. Ihrer konnten sich die Bürger und Handwerker der italienischen Städte bedienen, ohne deshalb Häretiker oder Kleriker zu sein. So paradox dies für einen der größten Heiligen der katholischen Christenheit klingen mag, besaß die Religiosität Franz' von Assisi in ihrer Wirklichkeitsnähe ein Element, das dem heidnischen Grundgefühl des italienischen Volkes entgegenkam, dem instinktiven Gefühl für häusliche und bäuerliche Gottheiten, die das tägliche Leben der Menschen, seine Freuden, seine Schmerzen und Mühen begleiten. Diesen Eindruck vermittelt der berühmte „cantico delle creature" (Chor der Schöpfung), der das Lob des Herrn singt – Wasser, Erde und Gestirne – und das Bild eines Universums hervorruft, in dem jedes Ding und jedes Element Ausdruck und Zeichen des Göttlichen ist. Es war vielleicht diese Berührung einer versteckten Saite der italienischen Volksseele, die den Erfolg der franziskanischen Predigt ausmachte.

Der Erfolg jedenfalls war enorm und führte im Laufe des 13. Jahrhunderts zu einer wahrhaften religiösen Massenbewegung. Einen ersten Schock lösten die Predigten des Dominikaners Johannes von Vicenza und des Franziskaners Antonius von Padua aus. In den Städten und auf dem flachen Land in Norditalien breitete sich die „Halleluja-Bewegung" aus, und in einer Atmosphäre kollektiver Begeisterung verpflichteten sich zahlreiche Städte zu einem – freilich nur vorübergehenden – Landfrieden. Dies blieb kein Einzelfall: allgemeine Bekehrungen, begleitet von der Niederlegung der Arbeit und der Waffen für Tage, manchmal auch für Wochen, fanden zu verschiedenen Zeiten in zahlreichen Städten Italiens statt. Der Höhepunkt wurde im Jahre 1260 – nach den Prophezeiungen des Joachim von Fiore ein bedeutungsschweres Jahr – erreicht, als Prozessionen von Flagellanten von Perugia aus durch ganz Italien zogen.

Um aber die große Bedeutung der franziskanischen Bewegung für das gesellschaftliche Leben Italiens im 13. Jahrhundert ermessen zu können, muß man den Blick vor allem auf die Kunst und die Kultur des Jahrhunderts richten. Es existiert eine umfangreiche franziskanische Literatur, darunter die leidenschaftlichen Gedichte eines Jakob von Todi, die „Laude" (eine poetische Form, die der Liebesdichtung nachgeahmt ist), und die anonymen geistlichen Schauspiele aus Umbrien, den Marken und der Toskana. Die besonders bekannten „Fioretti" bilden nur ein spätes und schon stilisiertes Beispiel dieser Literatur. Man kann dagegen nicht von einer franziskanischen Malerei sprechen, ohne in oberflächliche soziologische Vereinfachungen zu verfallen. Die große Kunst der italienischen Meister des 13. Jahrhunderts ist ein zu komplexes Phänomen, als daß es sich in einer einfachen Formel erschöpfen ließe. Giotto hat zwar in Assisi gearbeitet, seine Rückkehr zum klassischen Naturalismus, von Masaccio zum Höhepunkt geführt, zeigt sich aber schon in seinen früheren Werken, als er noch in Rom lebte. Dennoch spielte Giotto ohne Zweifel eine bedeutende Rolle für die Herausbildung der Franziskuslegende und -ikonographie, und die Franziskaner waren seine wichtigsten Auftraggeber: die Basilika von Assisi und Santa

Croce in Florenz, in denen Giotto seine bedeutendsten Fresken geschaffen hat, sind beides Kirchen der Franziskaner. Der ästhetische Genuß, den der heutige Betrachter der Kunstwerke des 13. Jahrhunderts hat, sollte nicht die eminente pädagogische und illustrative Funktion dieser Bilder für die große Zahl der Analphabeten dieser Zeit vergessen lassen, für die die bildliche Darstellung eines Wunders beinahe der Beweis dafür war, daß es tatsächlich stattgefunden hatte.

Angesichts der Originalität dieser franziskanischen Erneuerungsbewegung wurde der Kirche bald bewußt, daß sich hier eine einmalige Gelegenheit bot, im gesellschaftlichen Wandel Fuß zu fassen, statt weiter ins Abseits zu geraten. Dazu war es jedoch notwendig, die franziskanische Bewegung im Rahmen der Orthodoxie zu halten und ihr unter Aufrechterhaltung der originären Charakterzüge einen offiziellen Mantel zu verleihen. Zu Lebzeiten Franz' von Assisi gelang es nur allmählich, diese Absicht durchzusetzen. Franziskus war nur auf hartnäckiges Drängen des Kardinals Ugolino da Ostia – des späteren Gregor IX. – dazu bereit, der Umwandlung der Vereinigung seiner „Brüder" in einen niederen Orden zuzustimmen.

Aber nach Franz' Tod (1226) schritten seine Anhänger, vor allem der erste General des Ordens, Elia da Cortona, rasch auf diesem Wege voran. Auch in seinem Testament hatte Franziskus wiederholt, daß die Brüder weder Kirchen noch Häuser besitzen dürften, außer sie seien „Teil der Armut". Nach seiner Heiligsprechung im Jahre 1228 jedoch wurden sofort die Arbeiten für den Bau der Basilika von Assisi begonnen, der ersten einer ganzen Reihe von franziskanischen Kirchen, die im Laufe des 13. Jahrhunderts in ganz Italien entstanden. Einige von ihnen, wie Santa Croce in Florenz sind hervorragende Beispiele des neuen gotischen Stils. Eine andere „Neuheit" des Jahrhunderts waren, wie wir sehen werden, die Universitäten, und auch hier gewannen die Franziskaner bald großen Einfluß: man braucht nur an Bonaventura di Bagnorea oder an William von Ockham zu denken. Dieser Prozeß der Institutionalisierung und der Einfügung in das bestehende System der kirchlichen Hierarchie vollzog sich freilich nicht, ohne auf Widerstand und Kritik zu stoßen. Viele erblickten darin eine gefährliche Abweichung von der ursprünglichen franziskanischen Regel und dem strikten Armutsgebot. Während des ganzen Jahrhunderts dauerte innerhalb des Ordens die Auseinandersetzung zwischen den *conventuali,* den Verfechtern einer weitherzigen Auslegung der Regel, und den strengeren und unnachgiebigeren *spirituali* an, zu denen auch Jakob von Todi gehörte. Ihren Endpunkt erreichte die Auseinandersetzung unter dem kurzen Pontifikat Cölestins V., aber ihre Spuren und Auswirkungen überdauerten noch lange.

Dennoch berührten diese inneren Auseinandersetzungen nur ganz am Rande die Wirksamkeit der franziskanischen Botschaft auf die Masse der Gläubigen. Ihr Einfluß hatte schon zu tiefe Wurzeln geschlagen, denn Franziskus hatte als erster die Barriere zwischen Klerus und Volk im Glauben für ungültig erklärt und mit sicherem Instinkt das uralte und ungestillte Bedürfnis nach einer Gläubigkeit angesprochen, die „leibhaftig" am Leben teilnimmt, die modern und zugleich uralt ist, die Bürgertum und Volk, Christliches und Heidnisches vereint. Mit Franz von Assisi wurde der Katholizismus die Religion der Muttergottes mit dem Kind, der Leiden Christi am Kreuz und auch die Religion des hl. Franziskus und seines demutsvollen und wundertätigen Lebens. Dargestellt in den Werken der Meister des 13. Jahrhunderts, Symbol und Zusammenfassung der Essenz des Lebens – Liebe, Tod und Barmherzigkeit –, begleiteten diese Bilder den Menschen trostvoll in seiner ganzen Existenz und gaben ihm tagtäglich die Kraft zu leben. Dieser Grundton aus Lebensmut und Ergebung ins Schicksal bildete von nun an das bestimmende und verbindende Element der religiösen *koiné* in Italien.

Die Intellektuellen und die Volkssprache

Eine reiche, entwickelte und in sich gegliederte Gesellschaft wie die italienische im Zeitalter der Stadtstaaten benötigte eine große Zahl von intellektuell qualifiziertem „Personal": Juristen und Verwaltungsbeamte für Finanzwesen und Regierung, Diplomaten für die auswärtigen Angelegenheiten, Notare für die Abfassung von Verträgen zwischen den Bürgern, Lehrer zur Unterrichtung der Kinder aus den vermögenden Schichten in Lesen, Schreiben und Rechnen, und schließlich Ärzte. So enstand die Universität als Ausbildungsstätte für diese neuen Berufe und Anforderungen gleichzeitig mit der Entfaltung des städtischen Lebens in dieser Epoche. Die erste und berühmteste Universität Italiens war die von Bologna, die, zu Beginn des 11. Jahrhunderts gegründet, durch Studium und Lehre der Rechtswissenschaft rasch großes Ansehen gewann. Um die Wende des 12. zum 13. Jahrhundert, auf dem Höhepunkt der städtischen Entwicklung also, kamen bald andere hinzu: 1222 begann der Lehrbetrieb an der Universität Padua, die zum Zentrum der Aristoteles- und Averroes-Studien wurde. Hier wurde jene vorurteilslose Einstellung gegenüber der Natur erarbeitet, die dann über Marsilius und Pomponazzi bis zu Galilei reichen sollte. Im Jahre 1224 gründete Friedrich II., wie wir sahen, die Universität von Neapel. Im gleichen Zeitraum entstanden die Universitäten von Vercelli, Modena, Siena und vieler anderer Städte. Auch Rom hatte seit 1244 seine Universität, die römische Kurie.

Die Universität als Institution war neu in jeder Hinsicht. Neu war die Lage in der Stadt, die endgültig mit der vollständigen Isolation der Klosterschulen brach. Studenten und Professoren standen in engem Kontakt mit der gesellschaftlichen Umgebung, die reich an belebenden Elementen und zugleich empfänglich für alles Neue war. Neu war die Organisation, nach dem Modell der Zünfte eine freie Gemeinschaft, in der die notwendige Hierarchie zwischen Lehrenden und Lernenden durch einen gemeinsamen Korpsgeist abgeschwächt war. Dadurch verlor das Verhältnis zwischen Professoren und Studenten seine Steifheit und wurde produktiver. Neu war die Universität auch – und das zeichnet die italienischen Universitäten gegenüber anderen besonders aus – durch Studienrichtung und -inhalte. Im Gegensatz z. B. zur Sorbonne und anderen Universitäten außerhalb Italiens bewahrten die wichtigsten italienischen Universitäten, darunter besonders Bologna, ziemlich lange die vollständige Autonomie gegenüber der Kirche. Hier nahm das Studium der Wissenschaften und der *artes humanae* – Recht und Medizin – die erste Stelle ein, oder sie waren zumindest unabhängig von der Theologie. Rechtswissenschaft bedeutete natürlich Studium des römischen Rechts, der wahrhaft „neuen Wissenschaft" der städtischen Gesellschaft auf der Suche nach einer eigenen Legitimation. Bologna war die berühmteste Schule für römisches Recht, das an der Sorbonne in Paris von der Kirche verboten war. Die theoretische und praktische Beschäftigung mit der Medizin mußte unausweichlich dazu führen, daß der Naturalismus der Griechen und Araber ins Weltbild der Zeit Eingang fand. Diese wissenschaftliche Haltung war schon den Gelehrten der Schule von Salerno bekannt und hatte sich im Verlauf des 13. Jahrhunderts durch die Eröffnung der Schulen von Toledo und Palermo mit ihren Übersetzungen der arabischen Kommentare zu Aristoteles weiter durchgesetzt. Bis zur Renaissance und darüber hinaus verkörperte der Arzt am stärksten jenen naturwissenschaftlichen Forschergeist, der jede vorgegebene Autorität zurückweist. Die Kunst der Medizin stand, auch daran ist zu erinnern, in enger Verbindung zur Philosophie: Taddeo Alderotti, einer der größten Ärzte des 13. Jahrhunderts, der in Bologna lehrte, war auch einer der ersten Übersetzer der Schriften des Aristoteles.

Von der Universität aus Bologna kamen im 13. Jahrhundert die bedeutendsten Persönlichkeiten des kulturellen und intellektuellen Lebens. Pier delle Vigne, Protonotar Kaiser Friedrichs II. und der größte Meister seines Jahrhunderts in der Rhetorik und der *ars dictandi,* kam von dieser Universität. Dort hatte er den geschliffenen Stil der klassischen Prosa studiert, der später die Dokumente seiner Kanzlei auszeichnete. Studenten und Rechtsgelehrte der Universität von Bologna waren auch Guido Guinizelli und Cino da Pistoia, zwei der größten Dichter des Jahrhunderts. Sogar Dante scheint für einige Jahre diese Universität besucht zu haben. Neben diesen großen Gestalten bildeten die italienischen Universitäten aber auch eine große Zahl von anonym gebliebenen Gelehrten für die neuen Anforderungen und Funktionen der städtischen Gesellschaft aus. Im Gegensatz zum Klerus des Feudalismus entstand so ein neuer Typus eines Personals, das für die wirtschaftlichen Probleme und die politischen Auseinandersetzungen dieser vitalen und unruhigen Gesellschaft offen war und dessen Ausbildung inhaltlich bewußt auf die Bedürfnisse dieser Gesellschaft zugeschnitten war.

Trotz der gesellschaftlichen Integration war der Wirkungskreis und der

Horizont der Intellektuellen dieser Zeit nicht auf die jeweilige Stadt bzw. den Stadtstaat begrenzt. Durch den gemeinsamen Hintergrund des Studiums bildeten die Intellektuellen eine Elite mit spezifischem geistigen Habitus und sozialen Charakteristika. Darüber hinaus blieben die Intellektuellen in vielen Fällen keineswegs an einen Ort gebunden: im Laufe des 13. Jahrhunderts bildete sich im städtischen Italien eine Art freier Markt für Begabungen und berufliche Fähigkeiten heraus, da die Städte und großen Höfe mit ihren vielfältigen Einrichtungen und Karrieremöglichkeiten eine starke Anziehungskraft ausübten. Man denke nur an die während des 13. Jahrhunderts allgemein verbreitete Einrichtung des *podestà forestiere*, eines hohen Beamten, der nicht Bürger der Stadt sein durfte. Dadurch wurde ein größerer Austausch von Menschen, Ideen und Erfahrungen ermöglicht.

Der italienische Intellektuelle des Zeitalters der Stadtstaaten hat also eine doppelte Natur und eine doppelte Funktion. Auf der einen Seite ist er geistiger Exponent seiner jeweiligen Stadt, auf der anderen ist er Teil einer Kaste, die die städtische Beschränktheit sprengt und sich allmählich zu einer neuen Aristokratie entwickelt. Die Intellektuellen stehen, um ein Bild zu gebrauchen, sozusagen am Schnittpunkt zweier Kreise, von denen der eine über die Grenzen hinweg Gelehrte und erwählte Geister in sich vereint, während der andere alle Mitglieder einer begrenzten Gemeinschaft umfaßt.

Das Problem der Verbindung der beiden Kreise stellte sich vor allem als ein Problem der Sprache, die sich als *Schriftsprache* sowohl für die Gelehrten als auch für ein breiteres Publikum eignete. Das Publikum, das aus der Entwicklung der städtischen Gesellschaft hervorgegangen war, bestand nicht mehr nur aus Gelehrten und Geistlichen, sondern auch aus Bürgern, Kaufleuten und aus dem einfachen Volk, nicht mehr nur aus Männern, sondern, wie etwa die Francesca Dantes, auch aus Frauen, die lesen und schreiben gelernt hatten und mit Leidenschaft die französischen Liebesromanzen verschlangen. An all diese Menschen konnte man sich nur in *volgare*, der Umgangssprache, also der Sprache des täglichen Lebens, wenden. Aber es gab viele *volgari* in Italien, deren Formenbestand wenig entwickelt und kaum festgelegt war. Die Literatur in der Volkssprache mußte sich auf den Rahmen einer untergeordneten Produktion beschränken, während die Gebildeten als Schriftsprache nach wie vor das Latein bevorzugten. Als Verbindungsglied fehlte, um einen etwas gewagten Vergleich zu ziehen, eine Mischung aus einer Art Esperanto und dem Dialekt. Es ging darum, eine gehobene und klare Volkssprache zu entwickeln, die den Vorteil der Allgemeinverständlichkeit mit der Eindeutigkeit und Klarheit der Gelehrtensprache verband und damit vom einfachen und familiären Ton der volkstümlichen Posse bis zur Höhe der Tragödie alle Nuancen umfaßte. Natürlich konnte die Herausbildung einer solchen Sprache nur ein langwieriger Prozeß sein. Für die Geschichte der italienischen Sprache und Literatur gilt auch, was schon bei Gelegenheit der politischen Geschichte gesagt wurde:

Die Intellektuellen und die Volkssprache

Man sollte sich davor hüten, eine in sich geschlossene Struktur als Ausgangspunkt, statt als Endpunkt einer langen und mühevollen Entwicklung zu betrachten.

Doch die Anfänge der italienischen Schriftsprache liegen zweifellos im 13. Jahrhundert. Den Ausgangspunkt bildete in der ersten Hälfte des Jahrhunderts eine Gruppe von Dichtern im Kreis der glänzenden Hofhaltung Friedrichs II. in Palermo. Ihr gehörten u. a. der Protonotar Pier delle Vigne, der Notar Iacopo da Lentini, Friedrich II. selbst und sein Sohn Enzo an. Das fast ausschließliche Thema ihrer Dichtungen war die höfische Liebe und die Sprache, derer sie sich bedienten, war der gereinigte und mit provençalischen und lateinischen Elementen bereicherte sizilianische Dialekt.

Nach Friedrichs Tod und nach der endgültigen Niederlage seines Sohnes Manfred wurden einige große Städte des Nordens, Bologna und noch mehr Florenz, zu den wichtigsten Zentren der neuen Literatur. Hier entstand in den Dichtungen des Guido Guinizelli, Guido Cavalcanti, Cino da Pistoia und des Dante Alighieri der *dolce stil novo*. Das Neue an dieser Schule bestand gegenüber der sizilianischen Vorgängerin in der weiteren Verfeinerung der sprachlichen Mittel und im Reichtum der poetischen Themen. Die neue Dichtung blieb zwar auch an das Thema der Liebe und der Frauen gebunden, aber sie griff auch philosophische und moralische Fragen der Zeit auf und bildete damit einen entscheidenden Schritt zur Eroberung einer reichen, flexiblen und allgemeinverständlichen Volkssprache. Dante verhalf schließlich der neuen Sprache und der neuen Literatur endgültig zum Durchbruch. In seinem „Convivium" und „De vulgari eloquentia" aus den Jahren 1304 und 1307 beanspruchte er für das *volgare illustre*, für die edle Umgangssprache, die sich im Laufe eines ganzen Jahrhunderts von den Sizilianern bis zum *stil novo* und bis zu ihm selbst herausgebildet hatte, das Recht, auch für die „erhabensten Themen Verwendung zu finden: die Liebe, die Waffen und die Tugenden" (Sapegno).

Das *volgare illustre* Dantes spiegelt in sich die Funktionen, die die Intellektuellen in der Gesellschaft in ganz Italien übernehmen wollten, und die sie seit Dante auch tatsächlich wenigstens zum Teil ausübten. Die Sprache sollte den Wissensdurst der Ungebildeten löschen, die keine Schule hatten besuchen können, gleichzeitig sollte sie durch die Reinigung von Dialekteinflüssen und durch die strenge Struktur von Grammatik und Syntax in hervorragender Weise als literarisches Medium dienen. Diese Sprache wäre, wie Dante bemerkte, von den Gelehrten und dem Adel des Hofes gesprochen worden, wenn es in Italien eine *curia regis* gegeben hätte wie in Deutschland. Gegen den Einwand, daß eben in Italien ein Hof oder eine *aula* nicht existierte, erwiderte Dante, daß zwar nicht ein allesbeherrschender Fürst vorhanden sei, wohl aber eine *curia*, „denn den Hof haben wir, obwohl er sich nicht an einem bestimmten Ort befindet". Wer aber konnten die Mitglieder und Würdenträger dieses idealen über ganz Italien verstreuten Hofstaates sein, wenn nicht die Intellektuellen und Literaten, die Intelligenz in den Stadtstaaten und an den Höfen ganz Italiens? Die Herausbildung eines, wenn nicht nationalen, so doch panitalischen Bewußtseins, hat seinen Ursprung in der Literatur und wurde von den Intellektuellen getragen. Je mehr sie sich ihrer selbst bewußt wurden und das sie vereinigende geistige Band erkannten, um so deutlicher sahen die Intellektuellen, daß ihre Tätigkeit und Funktion an eine bestimmte Gesellschaftsform gebunden war. Es war dies der italienische „Kosmos": die Intensität seiner gesellschaftlichen und wirtschaftlichen Entwicklung, die Auseinandersetzungen zwischen Guelfen und Ghibellinen, die Städte, das römische Recht, der Reichtum der Kultur. Bei Petrarca erhielt dies panitalische Bewußtsein dann feste Gestalt: Für ihn ist Italien das Land zwischen Mittelmeer und Alpen, und die Italiener sind die einzig legitimen Erben der Tradition der römischen Antike: *„sumus non graeci, non barbari, sed itali et latini".*

Wollte man versuchen, den komplexen Prozeß, um den es hier geht, in einer kurzen Formel zusammenzufassen, so könnte man sagen, daß in der differenzierten, im einzelnen höchst unterschiedlichen und zersplitterten Gesellschaft im Zeitalter der Stadtstaaten die Intellektuellen eine gesellschaftliche Schicht darstellten, die eine Vision der Ganzheit und den Keim eines Nationalbewußtseins besaß. Oder besser: daß eine embryonale Form des panitalischen Bewußtseins mit der Entstehung einer neuen Schicht von Intellektuellen als Bewußtsein der eigenen Aufgabe geboren wurde. Man braucht lediglich an die Bedeutung zu denken, die die Sprache Dantes für die Kultur- und Sozialgeschichte und nicht nur für die Literatur Italiens gewonnen hat.

Dante Alighieri

Dante Alighieri wurde 1265 in Florenz geboren, wo er bis zu seinem 35. Lebensjahr lebte und aktiv am politischen Leben seiner Vaterstadt teilnahm; er hatte auch öffentliche Ämter inne. In seiner Jugend und den frühen Mannesjahren schuf er sein erstes Werk, die *Vita Nuova*, ein Tagebuch in Prosa und Versen, das halb real, halb fiktiv seine Liebe zu der Adeligen Beatrice Portinari beschreibt. Als 1301 die „schwarze" Partei mit Hilfe des Papstes Bonifaz VIII. und seines florentinischen Gesandten in Florenz über die „Weißen" triumphierte, zu denen Dante gehörte, wurde er verbannt und mußte ins Exil gehen. Bis zu seinem Tod (1321) zog er zwanzig Jahre von Hof zu Hof. Er war bei den Della Scala in Verona, bei den Malaspina in der Lunigiana und in Ravenna, wo er bei den Da Polenta starb. Während dieser Irrfahrten und angeregt durch sie, entwarf und schrieb er die *Commedia*, die später die „göttliche" genannt wurde.

Alle Länder haben einen Nationaldichter, aber vielleicht keiner von ihnen nimmt in Geschichte und kultureller Entwicklung seines Landes einen so hervorragenden Platz ein wie Dante in Italien. Vor allem im 19. Jahrhundert haben ganze Generationen in ihm den geistigen Vater und Propheten eines noch ungeborenen Italiens gesehen, und seine Dichtung und Person wurden zum Gegenstand kultischer Verehrung. Es gibt praktisch keine italienische Stadt, die nicht eine ihrer Hauptstraßen oder -plätze nach ihm benannt hätte, und sogar das erste italienische Panzerschiff wurde auf den Namen „Dante Alighieri" getauft. Gewiß ist dieser Mythos – zumindest in seiner schwülstigen und rhetorischen Ausprägung neueren Datums – ziemlich oberflächlich. Aber auch dem flüchtigen Leser kann nicht entgehen, daß die Befriedung der Halbinsel, die Dante beschwört, im Rahmen der von ihm erhofften Restauration der kaiserlichen Herrschaft zu sehen ist. Die Verurteilung des Sektierertums und der Parteiungen in Italien führt ihn schließlich zu einer Verurteilung der italienischen Gesellschaft in ihrer Gesamtheit und gerade derjenigen fruchtbaren Elemente, die sie bewegten und vorwärtstrieben. Wettert er nicht gerade gegen die „Emporkömmlinge und die leichten Gewinne", rühmt er nicht das „nüchterne und schamvolle" Florenz mit seinen Türmen aus den Anfängen des Stadtstaates gegenüber dem blühenden und selbstbewußten Florenz am Ende des Jahrhunderts?

Obwohl solche Überlegungen wohl gerechtfertigt sind, bleibt unbestritten, daß Dante in der Kultur- und Sozialgeschichte der Halbinsel die Rolle des „Vaters" einnimmt, wie ihn schon Machiavelli genannt hat, freilich in einem anderen Sinn als die patriotische Rhetorik des 19. Jahrhunderts. In Anknüpfung an das oben Gesagte könnte man behaupten, daß durch Dante die gesellschaftlich-politische Funktion der Intellektuellen in Italien exemplarisch deutlich gemacht wurde. Bei der Lektüre der *Divina Commedia* hatten die gebildeten Leser zum ersten Mal den Eindruck, einer gemeinsamen Kultur anzugehören, die, trotz aller Verschiedenheit im einzelnen, gemeinsame Fundamente besaß.

Die „Göttliche Komödie" ist eines der wenigen Werke der Weltliteratur, wie Tolstois „Krieg und Frieden" oder Joyce' „Ulysses", von dem man sagen kann, daß es in sich den Geist eines ganzen Jahrhunderts mit all seinen Widersprüchen und Zweifeln enthält.

Das Werk handelt von der Reise des Dichters in Begleitung zunächst Vergils, dann Beatrices durch die drei Reiche der außerirdischen Welt, von der Hölle, die bis zum Mittelpunkt der Erde reicht, über den Berg des Fegefeuers bis zu den sieben Himmeln des Paradieses, an dessen Ende er Gott in seiner himmlischen Glorie erblickt. Während seiner Reise trifft Dante eine große Zahl verdammter oder erlöster Seelen oder solcher, die im Fegefeuer schmachten, von berühmten Gestalten der Antike wie Ulysses, Cato und Justinian bis zu seinen Zeitgenossen, wie Pier delle Vigne, Manfred und dem hl. Franz. Er trifft auch Personen, deren Schicksal seine Zeitgenossen stark beeindruckt hatte, wie die unglücklich Liebenden Piero und Francesca, die verraten und ermordet wurden; Pia de' Tolomei, die von ihrem eifersüchtigen Ehemann umgebracht worden war. Er trifft viele seiner Mitbürger: den „großherzigen" Führer der ghibellinischen Partei Farinata Uberti, seinen eigenen Lehrer Brunetto Latini, seinen Freund Forese Donati, den „stolzen Florentiner Geist" Filippo Argenti. Viele dieser Toten sehen in dem Gespräch mit einem Lebenden, der auf die Erde zurückkehren wird, eine Chance, um ihren Hinterbliebenen eine Botschaft zukommen zu lassen. Ihre Lebensgeschichten, das Bild, das sie von sich selbst geben, die Erklärung für ihre Verdammnis oder Erlösung gehen bis auf den tiefsten Grund; mit den Worten des Literaturwissenschaftlers Auerbach: „Die Leidenschaft, die während der Erdenexistenz aus Scham oder Mangel an Gelegenheit nicht zum Ausdruck kam, bricht hier in ihrer Totalität hervor, schon wegen des Bewußtseins, daß dies die einzige Gelegenheit sein wird." Anlage und Struktur der Dichtung vermitteln nicht das Gefühl der Resignation, sondern der stolzen Kraft der dichterischen Aussage. Wir erhalten ein außerordentlich facettenreiches Bild der Lebensbedingungen zur Zeit Dantes, ein unvergleichliches Panorama von Liebe und Haß, Widersprüchen und Unsicherheiten dieser Epoche.

Die Sprache Dantes ist unvergleichlich: mit der „Göttlichen Komödie" hat er bewiesen, daß die Sprache der florentinischen Kaufleute und Chronisten, die Sprache, in der die Franziskaner Gottes Lob sangen, für eine der schwierigsten literarischen Gattungen wirkungsvoll verwendet werden konnte. Er schrieb die Sprache der Komödien – daher der Titel – und benutzte den Dreizeiler der *sirventes*, eines der volkstümlichsten Versmaße, und es gelang ihm damit sowohl die Schrecken der Hölle als auch die überirdische Schönheit des Paradieses zu beschreiben. Durch seine Vergleiche werden schreckliche und erhabene Szenen in die vertrauten Bilder des täglichen Lebens übertragen. So ruft das kochende Pech, in dem die Betrüger büßen müssen, das Arsenal von Venedig mit seinem Wirrwarr von Menschen und Werkzeugen in Erinnerung; der Anblick der schimmernden Masken der Seligen im Himmel erinnert an menschliche Gesichter, die sich in „klarem, ruhigem Wasser spiegeln". An einer anderen Stelle läßt das Stöhnen des Verdammten, der in einen Baumstumpf verwandelt ist, das vertraute Bild eines Holzscheites auftauchen, das an der einen Seite brennt, während auf der anderen Seite der Saft austritt, „zischend, wenn die Luft entweicht", und der Zug der Seligen zum himmlischen Licht erscheint wie die Bewegung eines Kindes, „das nach der Muttermilch verlangt".

Mit dieser Sprache, für die keine Ausdrucks- oder Darstellungsschwierigkeiten zu existieren scheinen, hat Dante der italienischen Geisteswelt ein Vorbild gegeben, das von nun an nicht mehr ignoriert werden konnte. Daraus erklärt sich, warum ein Dichter und Gelehrter und nicht ein Gesetzgeber oder Feldherr als „Vater der italienischen Nation" in die Geschichte eingegangen ist.

3. Krise und Vitalität einer Übergangszeit

Italien und die Krise des 14. Jahrhunderts

Die Dynamik der Krise, die im Laufe des 14. Jahrhunderts die europäische Gesellschaft erschütterte, ist heute, zumindest in ihren allgemeinen Zügen, erforscht. Wie alle sozialen und wirtschaftlichen Krisen des Mittelalters nahm auch sie ihren Anfang auf dem flachen Land. Um die Wende des 13. zum 14. Jahrhundert erreichte die Expansionsbewegung, die seit dem Jahr 1000 andauerte, ihren Höhe- und Umschlagspunkt. Bis dahin war es möglich gewesen, den ständig wachsenden Bevölkerungsdruck durch Rodungen oder Urbarmachung und durch die ständige Erweiterung des Kultur- und Siedlungslandes aufzufangen. Aber am Anfang des 14. Jahrhunderts war die Grenze der Ausdehnungsfähigkeit unter den gegebenen Bedingungen erreicht, ja bereits überschritten. Diese Bedingungen waren durch die oft irrationale Auspowerung des Bodens gesetzt, durch Anbaumethoden, die sich von bloßem Raubbau kaum unterschieden. Eine ausgeglichene und ausreichende Ernährung der Bevölkerung, nach wie vor das soziale Problem Nummer eins, wurde immer schwieriger. Immer schon war die mittelalterliche Gesellschaft von der Gefahr der Hungersnot bedroht gewesen, aber seit den ersten Jahrzehnten des 14. Jahrhunderts tauchte dieses Gespenst immer häufiger auf und betraf immer größere Gebiete, so die schreckliche Hungersnot, die ihren Höhepunkt in den Jahren 1315–17 erreichte.

Am Anfang des 14. Jahrhunderts war die Welt überbevölkert. Die Generationen, die das Unglück hatten, in dieser Zeit geboren zu werden, litten an ständiger Unterernährung und waren dadurch anfälliger für die Plagen, von denen die Menschheit regelmäßig heimgesucht wurde. Deshalb konnte sich die große Pest von 1348, der schreckliche „schwarze Tod", so ungehindert über ganz Europa von Italien bis Skandinavien ausbreiten. Man hat errechnet, soweit solche Berechnungen überhaupt möglich sind, daß ein Drittel der Bevölkerung in Italien, Frankreich und England durch die Pest vernichtet worden ist. Doch diese drastische Verminderung der Menschheit durch den Tod der zu ernährenden Personen führte anfangs noch nicht zu einer Verbesserung der Ernährungslage, da ganze fruchtbare Landstriche verödeten. Durch den „schwarzen Tod" wurde die Kultur- und Siedlungslandschaft weiter Gebiete Europas im wahrsten Sinn des Wortes zunichtegemacht, und an ihre Stelle traten Wälder und Sümpfe. Für Jahrzehnte lebten die Menschen des 14. Jahrhunderts in dem ausweglosen Circulus vitiosus von Hunger und Epidemien, und die Pest erfaßte immer wieder andere Gebiete.

Ein neues Ernährungsgleichgewicht konnte nur mühsam und nur um den Preis traumatischer Krisen wiederhergestellt werden. In keinem anderen Abschnitt der europäischen Geschichte war die soziale Zerrüttung tiefgreifender und anhaltender. Aufstände in den Städten, Bauernrevolten und Formen von Guerilla auf dem Lande, Banden von heruntergekommenen Adeligen, die von gelegentlichen Raubzügen lebten, und Plünderungen durch entlassene Soldaten gehörten, beinahe wie die Epidemien, zu den alltäglichen Erscheinungen. In keinem der vorangegangenen Jahrhunderte war vor allem der Krieg so zu einem Dauerzustand geworden, in dem sich Ungleichzeitigkeiten und Widersprüche einer Gesellschaft spiegelten, die in ihrer Zerrissenheit verzweifelt nach einer neuen Ordnung suchte. Was ist der Hundertjährige Krieg denn anders als die äußere Erscheinungsform von Krisen und Widersprüchen, die für ein ganzes Jahrhundert lang die soziale Wirklichkeit in England und Frankreich erschütterten?

Dies ist das allgemeine Bild der europäischen Krise im 14. und 15. Jahrhundert. Welche Rolle aber spielt Italien darin? Wie tief und in welchem zeitlichen Ablauf wurde Italien von der Krise betroffen? Wegen des Fehlens von eingehenden Untersuchungen und Daten ist es leider schwer, auf diese Fragen eine Antwort zu geben. Dennoch wollen wir versuchen, auf der Basis des bisher Gesagten die großen Linien der Geschichte des 14. Jahrhunderts in Italien nachzuzeichnen.

Am Ende des 13. Jahrhunderts war Italien ein dicht bevölkertes und eng besiedeltes Land: dies ergibt sich aus den „Rationes decimarum". Danach dürfte Italien annäherungsweise eine Gesamtbevölkerung von etwa sieben bis neun Millionen Menschen gehabt haben. Ein Teil dieser Bevölkerung in Norditalien lebte in den Städten – sogar ein ziemlich großer Teil. So lebten in Bologna beispielsweise 17000 Einwohner im *contado* und 12000 innerhalb der Mauern, sieben Stadtbewohnern standen also zehn Bewohner des Umlandes gegenüber. In Padua betrug das Verhältnis zwei zu fünf, in Perugia fünf zu acht, in Pistoia eins zu drei. In einigen Gegenden war das Verhältnis jedoch umgekehrt, so in San Gimignano mit drei zu zwei und in Prato mit dreizehn zu zehn.

Durch die Bevölkerungsdichte, vor allem in den Städten, wurde natürlich ein starker Druck auf die Landwirtschaft ausgeübt, von der oft mehr verlangt wurde, als sie zu leisten vermochte. Die landwirtschaftliche Produktion des florentinischen Umlandes reichte beispielsweise zur Ernährung der Bevölkerung nur für fünf Monate aus, und Städte wie Venedig und Genua mußten hauptsächlich mit Nahrungsmitteln versorgt werden, die auf dem Seeweg importiert wurden. Zwar hatte im Zeitalter der Stadtstaaten ein gewisser Fortschritt und eine Rationalisierung der Landwirtschaft stattgefunden. Es ist deshalb nicht erstaunlich, daß die Lombardei, wo Urbarmachung und Bewässerungsanlagen am durchgreifendsten und planvollsten entwickelt waren, die Krise des 14. und 15. Jahrhunderts unbeschadet überstanden hat und daraus blühender als je hervorgegangen ist. Im ganzen gesehen war jedoch die Landwirtschaft im Zeitalter der Stadtstaaten auf dem Niveau der bloßen Selbstversorgung stehengeblieben, ohne Spezialisierung, mit geringer Viehhaltung und einem daraus resultierenden Mangel an Dünger. Der Stand der Technik entsprach, mit einigen Ausnahmen in der Po-Ebene, dem, wie er in den Handbüchern der römischen Antike beschrieben worden ist. Hinzu kamen die Einflüsse des Klimas, das mit seinen trockenen Sommern dazu beitrug, daß sich in einem großen Teil der Halbinsel die Frühjahrsaussaat schwierig gestaltete oder wenig ertragreich war, und dadurch wurde der Fruchtwechsel bestimmt. Für die Überschwemmungen freilich, die im Herbst und Winter großen Schaden anrichteten, waren auch die Menschen selbst verantwortlich, da sie die Wälder rücksichtslos abholzten. Die Städte verschlangen nicht nur riesige Mengen von Getreide, sondern auch von Holz. Mailand verbrauchte beispielsweise am Ende des 13. Jahrhunderts 150000 *some* (regional unterschiedliches Mengenmaß; in Mailand betrug ein *soma* 165,54 Liter, A.d.Ü.) Brennholz im Jahr, und Pisa und Genua waren bald gezwungen, Holz für den Schiffsbau zu importieren, nachdem die Wälder der nahen Berge kahlgeschlagen waren.

Eine Überfülle von Menschen hauste auf einem Boden, der bis zur letzten Kalorie und bis zur letzten Krume ausgebeutet war: auch in Italien, und hier vielleicht noch mehr als anderswo, entstanden die Voraussetzungen dafür, daß die Pest weite Flächen leerfegen und die Gesellschaft in ihren Grundfesten erschüttern konnte. Und das war auch der Fall.

Umfassende Schätzungen sind, wie wir gesehen haben, außerordentlich problematisch. Die einzig glaubwürdigen Daten gibt es für überschaubare Räume. So wissen wir beispielsweise von San Gimignano aus einer Zählung der Herdstellen, daß diese nach der Pest um zwei Drittel weniger geworden waren; in Pistoia war die Bevölkerung von 36000 um 1300/10 auf 19000 Einwohner am Ende des Jahrhunderts zurückgegangen; in Orvieto waren von 2816 Herdstellen im Jahre 1292 nur mehr 1381 im Jahre 1402 übrig und in Florenz schließlich, der großen Metropole der Zeit, war nach dem Bericht der Chronisten die Bevölkerung durch die Seuche auf ein Viertel ihres vorherigen Standes reduziert. Man vermutet, daß aufgrund der starken Urbanisierung Italiens dort viel mehr Menschen durch Übertragung der Pest umgekommen sind als anderswo.

Aber auch das flache Land blieb nicht verschont. Ein Bericht des Matteo Villani, der durch neuere Studien über den *contado* von Florenz bestätigt wird, läßt uns wissen, daß die Bauern nur noch die besseren Böden bearbeiten und das übrige Land brachliegen lassen wollten. Die Auswirkungen dieser Tatsache zeigen sich in unterschiedlichem Ausmaß auf der ganzen Halbinsel, in verschärfter Form aber im Süden und auf den Inseln. Auch Italien hatte deshalb seine verlassenen Städte und seine Wüstungen. Gerade im Laufe des 14. Jahrhunderts setzt jener Prozeß der Verödung und Verwilderung ein, durch den ganze einst bevölkerte Landstriche in den folgenden Jahrhunderten zur Brutstätte der Malaria wurden: dies gilt für die Maremma in Latium und auch für die Maremma um Siena, die in den letzten Jahrzehnten des 14. Jahrhunderts 80% ihrer Bevölkerung verlor. Viele dieser verlassenen Gebiete wurden später dann als Winterweiden für Schafherden benutzt, von denen das italienische Wollgewerbe seinen Rohstoff bezog. Die Besteuerung der Schafe in Foggia, die auf die Mitte des 15. Jahrhunderts zurückgeht, ist nicht das einzige Beispiel für diese Entwicklung; ähnliche Steuern waren in Siena im Jahre 1402 und in Rom 1419 eingeführt worden. Auch weite Flächen der Gegend um Pisa wurden um die Wende des 13. zum 14. Jahrhundert in Weideflächen verwandelt. Dies führte zur Zerstörung der bestehenden Bewässerungssysteme. Pisa war deshalb zu Beginn des 15. Jahrhunderts von Sümpfen und Malariaflächen umgeben und ständiger Überschwemmungsgefahr ausgesetzt. Der Hafen versandete durch den Schlamm, den das Hochwasser des Arno heranführte. Aber Pisa ist nur eines, wenn auch das extremste Beispiel für die tiefe soziökonomische Krise, die zum Verfall einer ganzen einst blühenden menschlichen Umwelt führte. Alle Städte und Dörfer Italiens wurden in unterschiedlichem Ausmaß betroffen, und es dauerte viele Jahrzehnte, bevor die Wunden verheilt waren. Nach der großen Seuche von 1348 folgten weitere Epidemien, die jeweils andere Gebiete des Landes heimsuchten. Für lange Zeit blieben die Hungersnöte der Alptraum der städtischen Siedlungen, und die Hauptsorge galt der Vorratshaltung.

Die Krise der Jahrhundertmitte, ein wahres Erdbeben für die italienische Gesellschaft, konnte über die Veränderung der Ernährungslage und der Wirtschaft hinaus nicht ohne Rückwirkungen auf die politischen Strukturen des Landes bleiben. Auch in dieser Beziehung verläuft die italienische Entwicklung ähnlich wie im übrigen Europa. Wie die flämischen Städte oder wie das Paris des Etienne Marcel, so wurden auch die italienischen Städte über Jahrzehnte hinweg zum Schauplatz von Volksaufständen und Revolten. Der Tumult der *Ciompi* in Florenz im Jahre 1378, von dem später noch ausführlicher die Rede sein soll, ist das bekannteste Beispiel dafür. Sieben Jahre früher, im Jahre 1371, hatten sich ähnliche Ereignisse in Perugia und Siena abgespielt; allerdings nahmen die italienischen Bauernaufstände und -revolten niemals das Ausmaß an, das die *jacquerie* in Frankreich und die Aufstände in England unter der Führung des John Bull angenommen hatten. Eine der blutigsten und längsten Auseinandersetzungen dieser Art fand während der Regierung der Aragon in Kalabrien statt, wir werden darauf noch zurückkommen, aber auch in der Umgebung von Parma (1385) und um Pistoia (1455) kam es zu schweren Aufständen. Die Erschütterung der Fundamente pflanzte sich bis in die obersten Schichten der Gesellschaft fort. Die Krise, die für das einfache Volk nackte Not und Verzweiflung bedeutete, zwang die privilegierten Klassen zu empfindlichen Einschränkungen ihres gewohnten Lebensstils. Am heftigsten waren die Reaktionen dort, wo – wie in Süditalien – noch feudale Strukturen existierten. Durch den drastischen Rückgang der Einnahmen verarmt und damit sozial deklassiert, griffen die Adeligen nach Art der Raubritter rücksichtslos zur Selbsthilfe. In anderen Landesteilen äußerte sich die Krise der herrschenden Schichten zwar schwächer, hatte aber nicht weniger tiefgreifende Wirkungen. In Anknüpfung an eine früher gebrauchte Formulierung könnte man sagen, daß die schwierigen Zeiten im 14. und 15. Jahrhundert in den italienischen Bürgern und Kaufleuten die zweite latent vorhandene Seele, die des Grundrentenbeziehers, geweckt und in den Vordergrund gerückt haben. Der Kauf von Grundstücken, Staatsanleihen oder Häusern erschien immer mehr als das einzige Mittel, um die durch Handel und Spekulation angehäuften Reichtümer vor den Schwankungen der Konjunktur und des Glücks in Sicherheit zu bringen. So entstanden in den Städten die ersten großen Familienpaläste und auf dem Land die ersten Villen. Wir sehen heute diese Paläste vor allem als Beispiele einer ausgereiften künstlerischen und kulturellen Entwicklung, aber für die damaligen Auftraggeber waren sie in erster Linie eine Investition, ein *conspicuous investment*. Diese Investitionen in Immobilien waren nicht immer vom Rückzug aus dem aktiven Wirtschaftsleben begleitet. Manchmal geschah das Gegenteil. Je hektischer und gewagter die Geschäfte und Spekulationen wurden, desto erstrebenswerter und sicherer erschien die Investition in Immobilien. Keine Familie baute soviel und mit solcher Leidenschaft wie die Medici, die größten Bankiers der italienischen Geschichte. Spekulation und Bautätigkeit sind zwei Phänomene, die die italienische Geschichte von den Stadtstaaten bis in unsere Tage begleiten.

An diesem Punkt, an dem der Reichtum sich in Üppigkeit verwandelte, wurde der Bürger und Kaufmann zum Patrizier, der sich seiner privilegierten Lage und seiner gesellschaftlichen Rolle bewußt war. Die Versuchung, Reichtum in Macht zu verwandeln und die Macht zur Vermehrung des eigenen Reichtums einzusetzen, führte in unterschiedlichem Maß und in unterschiedlicher Ausprägung in allen größeren Städten Italiens zur Entstehung oligarchischer Herrschaftsformen.

Die große Krise veränderte das ganze Gefüge der gesellschaftlichen Beziehungen und ließ eine Situation allgemeiner Unruhe und extremer Instabilität entstehen. Im Zeitalter des Hundertjährigen Krieges und des Großen Schismas war der Krieg, wie bereits erwähnt, in ganz Europa eine Dauererscheinung, die in gewisser Weise dem Fieber des menschlichen Organismus ähnelte, das Ausdrucksform der Krankheit und gleichzeitig Reaktion gegen sie ist. Die langgehegten Ressentiments des niederen Adels, für den das Waffenhandwerk zur einzigen Einkommensquelle geworden war, das Abenteurertum der Entwurzelten, der Ehrgeiz der Emporkömmlinge, und *last but not least* der alte Partikularismus der Städte spielten in den ununterbrochenen kriegerischen Auseinandersetzungen zusammen.

Auch unter diesem Gesichtspunkt unterscheidet sich die Geschichte Italiens zwischen 1350 und 1450 nicht wesentlich von der des übrigen Europa. Eine lückenlose Aufzählung der zahlreichen, zunächst nur örtlich begrenzten Konflikte erscheint unmöglich. Erst mit dem Aufstieg des Gian Galeazzo Visconti, und mehr noch in der ersten Hälfte des 15. Jahrhunderts, waren alle Staaten der Halbinsel in die großen internationalen Auseinandersetzungen verwickelt. In einer Zeit andauernder Kriege muß das Waffenhandwerk natürlich mehr und mehr zum Beruf werden. Aus der Auflösung der Heere des Hundertjährigen Krieges und des Krieges in Flandern stellten die ersten Söldnerführer ihre Truppen zusammen. So stand etwa der Engländer John Hawkwood im sogenannten Krieg der Acht Heiligen in florentinischen Diensten, und die Stadt ließ ihm aus Dankbarkeit noch zu seinen Lebzeiten in der Kirche Santa Maria del Fiore ein Grabdenkmal errichten. Jean de Montréal (Fra Moriale) begleitete Cola di Rienzo auf seiner Rückkehr nach Rom und wurde von diesem umgebracht. Der Deutsche Walter von Urslingen galt als „Feind Gottes, des Mitleids und der Barmherzigkeit". Diese Beispiele machten bald Schule, und die Halbinsel wurde das Land der *condottieri*, wahrer „Herren des Krieges". Meist aus den mittelitalienischen Apenningegenden oder der Romagna gebürtig, warben sie unter den Bewohnern ihrer Bergtäler „Banden" an, die unterwegs noch mit allen möglichen Entwurzelten aufgefüllt wurden. Diese *condotta* wurde dann gegen Sold den reichen, aber ungerüsteten Städten der Ebenen zur Verfügung gestellt. Mit den Söldnern setzte sich auch in Italien eine neue Form der Kriegführung durch, die nicht mehr auf der offenen Feldschlacht, sondern auf der Zermürbung des Gegners durch Scharmützel und Belagerungen basierte, gleichzeitig tauchten die ersten Feuergeschütze und die ersten Feldbefestigungen auf. Dieser Krieg wurde „total" und bis zur Erschöpfung geführt und war extrem kostspielig. So kostete, um ein beliebiges Beispiel herauszugreifen, der Krieg der Acht Heiligen die Stadt Florenz zweieinhalb Millionen Goldflorin, eine außerordentlich hohe Summe selbst für die Finanzkraft der Stadt unter dem Lilienwappen.

Die Kosten, die neuen Formen, die Dauer und vor allem der Charakter des Krieges als Ausdruck einer allgemeinen gesellschaftlichen Krise haben zu einer umfassenden politischen Neuordnung auf der Halbinsel beigetragen. Die Selbständigkeit wurde von Tag zu Tag kostspieliger, und auch bedeutende Städte wie Pisa, Padua und Bologna mußten schließlich darauf verzichten. Selbst das hochmütige Genua war schließlich mehrmals gezwungen, sich wenigstens zeitweise der Herrschaft der Visconti oder Frankreichs zu unterwerfen. Andere Staaten und Städte dagegen gingen mit vergrößertem Territorium und politisch gestärkt aus den langdauernden Kriegen der ersten Hälfte des 15. Jahrhunderts hervor. Zur Zeit des Friedens von Lodi (1454) ist daher die politische Landkarte der Halbinsel gegenüber dem frühen 13. Jahrhundert durch die Aufteilung in verschiedene Territorialherrschaften wesentlich vereinfacht. Erst zu diesem Zeitpunkt fand Italien nach einem Jahrhundert der Umwälzungen und Kriege auch auf der politischen Ebene ein neues provisorisches Gleichgewicht.

Venedig: Zwischen Meer und *Terraferma*

Im Jahre 1421 wandte sich der Doge Tomaso Mocenigo mit einem Testament in Brieform an seine Mitbürger, in dem er ein eindruckvolles Bild des Reichtums und der Macht der Stadt zeichnete. Nach Mocenigo hatte die Stadt 195 000 Einwohner, die jährlich 355 000 *staia* (ein *staio* betrug damals in Venedig etwa 83,31 Liter, A.d.Ü.) Getreide verbrauchten. Der Wert ihrer aus Stein gebauten Häuser betrug 7 050 000 Dukaten, und mit einem Gewinn von vier Millionen wurden jährlich zehn Millionen im Handel umgesetzt. Die Serenissima verfügte über eine Kriegs- und Handelsschiffsflotte von über 3000 Holzschiffen jeden Typs mit fast 20 000 Mann Besatzung. Die Zahlenangaben Mocenigos enthalten sicher einige patriotische Übertreibungen. Neuere und realistischere Schätzungen rechnen mit einer Zahl von 110 000 Einwohnern zu Beginn des 14. Jahrhunderts, die sich durch die Pest auf 70 000 verminderte. Später nahm die Bevölkerung wieder zu, überschritt aber niemals die anfangs erreichte Höhe. Aber selbst wenn wir annehmen müssen, daß das von Mocenigo gezeichnete Bild eine verständliche Tendenz zur Übertreibung zeigt, ist es eindrucksvoll und verdeutlicht die großen Fortschritte, die die Serenissima in den letzten Jahrhunderten machte.

Im 14. Jahrhundert war der Rhythmus dieser Entwicklung trotz der großen Schwierigkeiten der Republik, auf die wir noch zurückkommen, niemals unterbrochen worden. Das erhöhte Fassungsvermögen der Lastschiffe, das im Durchschnitt 700 Tonnen erreichte, die Einrichtung von regelmäßigen Schiffsverbindungen mit Flandern und England – nachdem der Landweg durch den Hundertjährigen Krieg zu unsicher geworden war –, und vor allem die in Quantität und Qualität erhöhte Nachfrage Europas nach Waren aus dem Orient festigten die Stellung Venedigs als großes internationales Handelszentrum, das die Stadt seit den Kreuzzügen geworden war. Die venezianischen Schiffe brachten den an den Kais wartenden Kaufleuten aus ganz Europa nicht nur Gewürze und die traditionellen Waren aus dem Orient, sondern auch Sklaven für die immer aufwendigere Haushaltung des Patriziats, Kupfer für die neuen Feuerwaffen, die immer mehr gefragte Baumwolle, den Zucker, der – bisher nur in der Arzneimittelherstellung verwendet – jetzt auch in der Küche Eingang fand, und schließlich Olivenöl aus Süditalien und Griechenland. Im Gebiet Venedigs selbst wurde Seide produziert, deren Verbrauch in der prunkliebenden Gesellschaft des 14. Jahrhunderts schwindelerregend zunahm, weshalb die Seidenherstellung sehr schnell einen beachtlichen Umfang erreichte. Besonders eng waren die

Handelsbeziehungen zu Deutschland, für das die Serenissima der nächste und natürlichste Zugang zum Orient war. Seit 1228 hatten die Deutschen in Venedig ihren eigenen Handelshof, den *Fondaco dei Tedeschi*, der als Warenlager und Herberge für die Kaufleute diente. Im Laufe des 14. Jahrhunderts nahm die Zahl der deutschen Kaufleute in Venedig immer mehr zu. Vergeblich versuchten Kaiser Sigismund und die Visconti die Handelsströme von Venedig über den Brenner nach Deutschland auf die Achse Genua – Mailand umzuleiten. Die Lagunenstadt blieb bis in die Neuzeit, bis zum erfolgreichen Ausbau des Hafens von Triest, das Tor Deutschlands zum Orient. Aber es waren nicht nur deutsche Kaufleute, die die Kais und die *calli*, die Gassen Venedigs, bevölkerten: keine Stadt des christlichen Abendlandes und vielleicht der ganzen damaligen Welt hatte so ausgeprägt kosmopolitische Charakterzüge. Davon zeugen Architektur und Kunst der Lagunenstadt mit ihren deutlichen Einflüssen sowohl der nord- und mitteleuropäischen Gotik als auch der orientalischen Architektur. Die *Ca d'oro*, das hervorragendste Beispiel der venezianischen Gotik, wurde 1421 bis 1440 erbaut.

Im Handel Venedigs nahmen natürlich die Beziehungen zu den größeren italienischen Staaten einen besonderen Platz ein. Nach den Schatzungen des Dogen Mocenigo kamen 48000 Stück Tuch und 40000 Stück Barchent aus den lombardischen Städten nach Venedig, und allein Florenz lieferte 16000 Stück Stoff verschiedener Qualität. Umgekehrt gehörten Salz und Getreide zu den wichtigsten Waren, mit denen Venedig das Festland versorgte. Für Salz hatte sich die Serenissima seit langem nahezu eine Monopolstellung gesichert, und sie übte über einen großen Teil der Getreideimporte aus Apulien und Sizilien die Kontrolle aus.

Das Bild des venezianischen Wohlstandes bleibt also eindrucksvoll, auch wenn es nicht ganz der enthusiastischen Schilderung Mocenigos entspricht. Es wird noch viel eindrucksvoller, wenn man bedenkt, daß die Serenissima sich in der zweiten Hälfte des 14. Jahrhunderts in dauerndem Kriegszustand mit der großen Rivalin Genua befand, der sie militärisch sogar häufig unterlegen war. Zunächst genoß Venedig die Unterstützung der Katalanen, und bis 1353 blieb die Auseinandersetzung ohne Sieger und Besiegte. 1378 brachen die Feindseligkeiten erneut aus, als es Genua gelungen war, sich die strategischen Stützpunkte Zypern und Tenedos zu sichern. Nach der siegreichen Seeschlacht von Pola schritt Genua zur Seeblockade gegen Venedig. In der Stunde der Not verstand es die Stadt, alle Kräfte zu mobilisieren, und ihr verzweifelter Widerstand erzwang einen Kompromißfrieden, in dem Venedig nur wenige Zugeständnisse machen mußte. Dieser sogenannte „Chioggia-Krieg", der das Ende Venedigs zu bedeuten schien, war ganz im Gegenteil der Anfang vom Ende Genuas, das zwar militärisch erfolgreich, aber völlig ausgeblutet und mehr als je von inneren Streitigkeiten zerrissen daraus hervorging. Auch für Venedig war die Last des Krieges sehr hoch gewesen, und man hatte zu einer Art Zwangsanleihe greifen müssen, aber der venezianischen Führungsschicht gelang es, durch ihren inneren Zusammenhalt der Schwierigkeiten schließlich Herr zu werden.

Kaum war die Bedrohung durch Genua vorüber, da begann der Druck der Türken immer spürbarer zu werden. Auch diesmal aber zeigte sich Venedig der Situation gewachsen. Durch eine geschickte Mischung aus Diplomatie und Gewalt gelang es der Stadt, die zeitweise verlorene Kontrolle über die Inseln und Küsten Dalmatiens wiederzugewinnen, neue Vorposten in Euböa und Griechenland zu erobern und schließlich den türkischen Gegenangriff in der Seeschlacht von Gallipoli zurückzuwerfen (1416). Fünf Jahre später konnte der Doge Mocenigo Wohlstand und Macht der Stadt mit Zahlen und Fakten belegen.

Mocenigos Nachfolger, Francesco Foscari, konnte erst nach zehn Wahlgängen das Dogenamt übernehmen. Diese Wahl war die vielleicht umstrittenste und dramatischste in der ganzen Geschichte der Stadt, die nach dem Ende der Auseinandersetzung mit Genua und nach der erfolgreichen Abwehr des ersten Türkenansturms erneut vor einer schwierigen Entscheidung mit weitreichenden Konsequenzen stand. Viele Städte der Terraferma aus dem ehemaligen Gebiet der Scaliger – Verona, Vicenza, Padua – die unter die Herrschaft des Gian Galeazzo Visconti geraten waren, hatten nach dessen Tod (1402) mehr oder weniger freiwillig die venezianische Schutzherrschaft anerkannt. Damit hatte die Republik ganz unerwartet ihre Stellung auf dem Festland ausgebaut. Mit dem Erwerb von Treviso war bereits in den ersten Jahrzehnten des 14. Jahrhunderts ein Schritt in diese Richtung getan worden, und später hatte ein militärischer Sieg über die kaiserlichen Truppen auch einen Teil des Friaul und des nördlichen Veneto unter die Herrschaft der Stadt gebracht. Sollte man, wie Francesco Foscari forderte, auf diesem Wege weitergehen und dadurch die vorhersehbare gewaltsame Reaktion des mächtigen Nachbarstaates herausfordern? Sollte man sich in die Auseinandersetzungen, die auf dem Festland tobten, verwickeln lassen oder war es besser, darauf zu verzichten? Mit der schließlichen Wahl Foscaris im Jahre 1423 trat daher ein entscheidender Wendepunkt in der venezianischen Geschichte ein: Venedig blieb eine große Seemacht, die Republik begann jedoch, ihren Machtanspruch jetzt auch auf das Festland auszudehnen. In der ersten Hälfte des 15. Jahrhunderts nahm Venedig mit unterschiedlichem Erfolg an allen Kriegen teil, die sich auf der Halbinsel abspielten, und im Laufe der Zeit konnte es so sein Territorium erheblich erweitern: Bergamo und Brescia 1433, Ravenna 1441 und das Gebiet längs des Flusses Adda und die Enklave von Crema nach dem Frieden von Lodi 1454.

Diese Wendung in der venezianischen Politik darf allerdings nicht als eine völlige Abkehr von den bisher verfolgten Prinzipien angesehen werden. Die Sicherung der Kontrolle über die Terraferma bedeutete unter anderem die endgültige Beilegung der Streitigkeiten mit den Städten im Hinterland über die Regulierung der Flußläufe, die in die Adria münden. Diese Regulierung war für Venedig lebenswichtig, um die Versandung der Lagune zu verhindern und das ökologische Gleichgewicht aufrechtzuerhalten. Der Besitz der Vesten an den Alpenausläufern sicherte Venedig zudem eine ausreichende Holzversorgung, die für den Schiffbau und damit die Ausdehnung der Seemacht unerläßlich war. Wegen der ständig drohenden Hungersnöte mußte Venedig darüber hinaus ein Interesse daran haben, die Lebensmittelversorgung nicht nur durch den Import auf dem Seeweg sicherzustellen. Die Eroberung der Terraferma hatte aber noch eine andere Bedeutung: zum ersten Mal eröffnete sich für das venezianische Patriziat die Möglichkeit, in Grundbesitz zu investieren, und bot damit eine Alternative zum Handel, der bisher einzigen Vermögensquelle. Die Terraferma, die dem Dogen Francesco Foscari als Sprungbrett für die weitere Expansion Venedigs als imperialistische Seemacht vorgeschwebt hatte, wurde für seine Nachfolger zur sicheren Zuflucht vor den Stürmen der großen Politik. Nach der Eroberung Konstantinopels durch die Türken entstanden auf dem Festland um Venedig immer mehr Villen reicher Venezianer. Besonders berühmt war die Villa, die Caterina Cornaro in der zweiten Hälfte des 15. Jahrhunderts in der Ruhe der Hügellandschaft von Asolo erbauen ließ. Bevor sie sich dorthin zurückzog und im Kreis von Patriziern und Dichtern hofhielt, war Caterina Königin von Zypern gewesen.

Genua: Eine Stadt als Privatunternehmen

Das genuesische Reich der Levante stand in der ersten Hälfte des 14. Jahrhunderts hinter dem venezianischen kaum zurück. Durch die Siege über Venedig in den Jahren 1261 und 1298 hatten sich die Genuesen, wie gesagt, eine beherrschende Stellung am Bosporus und im Schwarzen Meer geschaffen. Die Kolonien, die die ligurische Stadt an diesen Küsten besaß, in Kaffa – dessen Erwerb schon 1266 erfolgt war – und Tana, kontrollierten die Mündungen der Flüsse, auf denen die Waren aus Südrußland transportiert wurden. Nicht weniger wichtig für den Handel war der Besitz der Kolonie Fokäa mit ihren Alaun-Vorkommen, durch die Genua praktisch ein Monopol für dieses unentbehrliche Färbemittel besaß. Aber die Genuesen waren auch in der Ägäis, auf Chios und Lesbos vertreten, auf der die Familie Gattilusio, die sich nach 1247 auch der Inseln Lemnos und Thasos bemächtigte, die Herrschaft ausübte.
Trotz der Konkurrenz der Katalanen, später dann der Florentiner, blieb die Stellung Genuas auch im westlichen Mittelmeer äußerst stark. Den Venezianern war es zwar als ersten gelungen, eine regelmäßige Seeverbindung mit Flandern und England einzurichten, die Genuesen aber beherrschten den spanischen Markt – in Sevilla besaßen sie ein ganzes Stadtviertel –, und von

Spanien aus liefen sie sogar die Handelshäfen Nordafrikas an. Der Genuese Lanzarotto Malocello landete als erster auf den Kanarischen Inseln. Wenn auch der Handel mit Deutschland zum größten Teil über Venedig lief, so hatte doch auch Genua über das nahe Mailand regen Anteil daran. Barcelona und Marseille waren nicht nur Rivalen, sondern auch Partner Genuas. Vor allem von Marseille aus konnten die Waren aus dem Orient ohne die Risiken der Alpenüberquerung auf der Rhone ins Landesinnere Frankreichs weitertransportiert werden. Auf dem Rückweg aus Marseille oder Aigues-Mortes hatten die genuesischen Schiffe Getreide aus der Provence oder Salz aus Hyères für die eigene Stadt oder für den Weitertransport geladen.

Der genuesische Handel stand in keiner Weise dem der Venezianer nach, und auch die Flotte war, wie wir bereits gesehen haben, der venezianischen mehrmals militärisch überlegen.

Und doch überstand Genua die Krise des 14. Jahrhunderts nicht so unversehrt wie Venedig. Die Gründe dafür sind einmal in dem andersartigen Charakter der gesellschaftlichen Struktur, zum andern in der politischen Organisation der Stadt zu suchen. Wie wir bereits erwähnt haben, behielt das Patriziat der ligurischen Stadt im Lauf der Geschichte die Merkmale seiner feudalen Herkunft bei und gelangte niemals zu einer so solidarischen Zusammenarbeit, wie sie durch die Schließung des Großen Rates in Venedig erreicht worden war. Genua blieb immer bloß ein Konglomerat von *alberghi*, d. h. einer Art Bruderschaft von bedeutenden Familien, die im Laufe des 14. Jahrhunderts entstanden. Miteinander rivalisierende Familienclans und deren Anhängerschaft versuchten, größtmöglichen Einfluß auf die politischen Verhältnisse der Stadt zu gewinnen. Dadurch verloren sie in den Augen der niederen Volksschichten einen großen Teil der Glaubwürdigkeit, die eine Klasse zur Sicherung ihrer Herrschaft besitzen muß. Beim niederen Adel und dem einfachen Volk wurde deshalb die Hoffnung genährt, die Maschen der bestehenden Ordnung erweitern zu können. Wenn der Sieg der Gegenpartei oder ein Volksaufstand drohte, ging die gerade herrschende Partei manchmal so weit, die Stadt unter die Schutzherrschaft eines mächtigen Nachbarn zu stellen. Die genuesische Geschichte des 14. Jahrhunderts erscheint als eine ununterbrochene Folge von Aufständen, Parteikämpfen und Eingriffen von außen. Nachdem im Jahre 1339 die Volkspartei die Oberhand gewonnen und die Wahl eines Dogen in der Person des Simone Boccanegra durchgesetzt hatte, stellte die oligarchische Partei die Stadt ohne Zögern unter die Schutzherrschaft des Erzbischofs von Mailand, Giovanni Visconti. Nach dessen Tod und erneuten inneren Auseinandersetzungen ergab sich Genua bis 1409 unter die französische Herrschaft. Zwischen 1421 und 1436 folgte wiederum die *signoria* der Visconti, und 1459 bis 1461 die der Franzosen. Hinter dieser politischen Unruhe verbirgt sich in Wirklichkeit jedoch ein Mangel an Mobilität: trotz der

Versuche einer Erneuerung von unten blieb das politische Leben in Genua immer in den Händen weniger großer Familien.

Die gleichen Züge trägt auch das Wirtschaftsleben der Stadt. Um die Finanzen einiger Familien stand es wesentlich besser als um die der Republik. Vor allem durch die Großmachtpolitik im Mittelmeer war die Stadt gezwungen, sich hoch zu verschulden und mußte Kredite bei Privatleuten, besonders bei den reichsten Familien aufnehmen, nachdem durch Auflagen, Zölle und alle möglichen Formen von direkten und indirekten Steuern die niederen Schichten bis aufs Blut ausgepreßt waren. Dieses System wurde auch in allen anderen Städten, vor allem auch in Venedig, angewandt und funktionierte, solange die Einkünfte aus dem Handel und der allgemeine Wohlstand die pünktliche Bezahlung der Zinsen erlaubten. Wenn der Staat aber in Schwierigkeiten geriet, oder wenn gar der Verlust eines Teils der Kredite drohte, war von seiten der Gläubiger eine gewisse Opferbereitschaft notwendig. Diese war in Venedig vorhanden, in Genua nicht.

Als nach dem Chioggia-Krieg, der sowohl in Venedig als auch in Genua ungeheure Summen verschlungen hatte, der Staatsbankrott drohte, forderten die Gläubiger Genuas Garantien. (1408 war die Schuldenlast des Staates auf die riesige Summe von 2 938 000 genuesische Lire angewachsen.) Die Gläubiger schlossen sich zu einem Konsortium zusammen – dem *Banco di San Giorgio* – und erhielten die Verwaltung des staatlichen Schuldenwesens. Was aber konnten die neuen Verwalter tun, um eine regelmäßige Zahlung der Zinsen zu gewährleisten? Die Lösung bestand in einer noch höheren Besteuerung und der Übernahme eines Teils der staatlichen Steuerverwaltung. Durch die Verwaltung der Einnahmen ihres Schuldners zu einer Art Konkursverwalter geworden, schien das Konsortium des Banco eine solide Garantie in Händen zu haben. Als aber in der ersten Hälfte des 15. Jahrhunderts das Ansehen und der Handel Genuas im Orient zu sinken begannen, weil die Stadt durch den Fall Konstantinopels im Jahre 1453 von seinen blühenden Kolonien am Schwarzen Meer abgeschnitten war, reichte auch diese Garantie nicht mehr aus. Damit erhielt die schon stark geschwächte politische Macht Genuas den entscheidenden Schlag.

In dieser Situation verlangte das Konsortium des Banco die direkte Verwaltung einiger Territorien der Republik – der Kolonien im Osten, der Kastelle und einiger Gebiete an der Rivieraküste und an der Küste Korsikas – mit der Zusicherung der vollkommenen Handlungsfreiheit, einschließlich des Veräußerungsrechts. Auf diese Weise wurde Livorno 1421 gegen klingende Münze an die Florentiner verkauft.

„... so ist es", schrieb Machiavelli in seiner Geschichte von Florenz, „bei dem Geldbedarf der Stadt (Genua) und den Diensten der Gesellschaft von San Giorgio dahingekommen, daß letztere den größeren Teil der unter genuesischer Herrschaft stehenden Orte und Städte unter ihrer Verwaltung hat, so daß sie dieselben regiert und schützt und jährlich nach öffentlicher

Abstimmung ihre Beamten hinsendet, ohne daß die Gemeinde eine Mühewaltung dabei hat. Daher kommt es, daß die Anhänglichkeit der Bürger von der Gemeinde auf San Giorgio übergegangen ist" (dt. v. A. von Reumont).

Eine treffendere Charakterisierung der beschriebenen Konsolidierung der oligarchischen Herrschaft des Patriziats ist kaum möglich: in Genua sehen wir, wie eine Stadt, eine „Republik", die eigenen Finanzen und die Territorialhoheit an die reichsten Bürger veräußert; wir erleben, wie ein Staat sich in ein Privatunternehmen verwandelt, dessen Aktionäre wenige große Familien sind.

Diese großen Familien waren in der Tat denn auch die eigentlichen Nutznießer. Mit dem Niedergang des genuesischen Handels im Orient begannen sich die Wirtschaftsschwierigkeiten auszuwachsen, und die kleinen Sparer mußten ihr Geld, das sie in die *luoghi* des San Giorgio investiert hatten, ausgeben, und es geriet in die Hände eines kleinen Kreises von mächtigen Gläubigern. Aus dieser Entwicklung gingen die großen Bankdynastien hervor, die später Karl V. und Philipp II. finanzieren sollten.

Florenz: Von der Republik zum Großherzogtum

Am Anfang des 14. Jahrhunderts stand der Stern der Stadt Florenz in seinem Zenit. Nach einer Beschreibung des Geschichtsschreibers Giovanni Villani besaß die Stadt 100000 Einwohner, 110 Kirchen und 30 Spitäler. In 200 Werkstätten der Stadt wurden jährlich 70000 bis 80000 Stück Tuch hergestellt und die 40 Banken setzten riesige Summen im ganzen Abendland und der Levante um. Eine einzelne von diesen, die Gesellschaft der Bardi, beschäftigte in den ersten Jahrzehnten des 14. Jahrhunderts 364 *fattori*, die auf 25 Filialen in der ganzen Welt verteilt waren. Die Stadt konsumierte jährlich 60000 *fiaschi* Wein, 4000 Kälber und 30000 Schweine. In einer ständig von Hunger bedrohten Welt war Florenz eine wohlgenährte Stadt. Vor allem aber war Florenz eine gebildete Stadt: Villani berichtet, daß von den 8000–10000 Kindern alle lesen und schreiben konnten, daß 1000 bis 1500 das Rechnen mit Dezimalzahlen beherrschten und daß 350 bis 600 Kinder die höhere Schule besuchten. Das bedeutete für das damalige christliche Abendland ein außerordentlich hohes Niveau an Alphabetisierung und Bildung. Nur daraus erklärt es sich denn auch, daß Florenz im 14. Jahrhundert eine so einzigartige Fülle an bürgerlicher und volkstümlicher Kunst hervorbringen konnte. Zu diesen Kindern, die in den florentinischen Schulen Grammatik, Rhetorik und Algebra lernten, gehörten die Geschichtsschreiber Dino Compagni und Giovanni Villani, der Schriftsteller Franco Sacchetti und der große Giovanni Boccaccio. Als unehelicher Sohn eines Kaufmanns geboren, der Agent der Familie Bardi in Paris gewesen war, ging Boccaccio nach seiner Schulzeit in Florenz nach Neapel in eine kaufmännische Lehre. Wäre der bewundernswerte Realismus seines „Decamerone" ohne diese Lehr- und Wanderjahre seines Verfassers denkbar?

Die innere Ordnung der Republik Florenz blieb die der Reform von 1282 und der *Ordinamenti di giustizia* von 1293. Sie basierte auf der kollegialen Beteiligung der hohen und mittleren Zünfte an der Machtausübung und auf dem raschen Wechsel der Herrschenden durch die Beschränkung der Amtszeit. Aber der Wohlstand und die Freiheit der Stadt hatten dennoch eine Achillesferse, und zwar in ihrer militärischen Schwäche. Die Bürger waren zu reich und zu sehr mit ihren eigenen Angelegenheiten und Parteistreitigkeiten beschäftigt, um gute Soldaten abzugeben. Die Zeiten von Montaperti und Campaldino, als die Einwohner noch selbst mit ihren Pferden in die Schlacht zogen, waren längst vorbei: das Waffenhandwerk paßte nicht zu einem Volk von Handwerkern und Kaufleuten. Weil auch das Umland zu klein war, um genügend Menschen für ein Heer zu stellen, griff Florenz deshalb als eine der ersten Städte auf Söldnertruppen zurück. Die Konsequenzen daraus wurden sichtbar, als 1315 der Pisaner Uguccione della Faggiuola die florentinischen Truppen bei Montecatini schlagen konnte und als die Stadt 1325 bei Altopascio eine erneute Niederlage durch Castruccio Castracani erlitt, der sich als Selfmademan zum Herrn von Lucca aufgeschwungen hatte. In beiden Fällen verfiel man in Florenz auf den Ausweg, die Schutzherrschaft des mächtigsten Bündnispartners der Stadt, des Königreichs der Anjou in Neapel, anzurufen. Nach der Niederlage von Altopascio wurde die Herrschaft über die Stadt Karl von Kalabrien, dem Sohn König Roberts, übertragen. Als die Gefahr durch den unerwarteten Tod des Castruccio (1327) vorübergezogen war, kehrte die Stadt jedoch rasch wieder zu ihrem gewohnten Regime zurück. Die im Jahre 1323 unterbrochenen Bauarbeiten für den Dom konnten wiederaufgenommen werden, und nach einigen Jahren blickte der schlanke Glockenturm des Giotto auf eine Stadt herab, die wie nie zuvor in Freiheit und Wohlstand lebte.

Seit den 40er Jahren des Jahrhunderts begann jedoch für Florenz eine dramatische Entwicklung. An Vorzeichen einer drohenden Krise hatte es nicht gefehlt: 1327 hatte das Bankhaus der Scali, das wie viele andere die ehrgeizigen politischen Pläne der Anjou in Neapel finanziert hatte, Konkurs anmelden müssen. Aber in der Euphorie des Augenblicks erregte das Ereignis wenig Aufsehen; die Florentiner Bankiers liehen den Königen von Neapel und England auch weiterhin riesige Summen. Als der englische König jedoch seine Zahlungsunfähigkeit erklärte (1339), schlug die Situation in eine Katastrophe um, und eine Bank nach der anderen geriet in eine ausweglose Lage. Die schwere Finanz- und Wirtschaftskrise fiel zusammen mit einer weiteren Niederlage in der Außenpolitik: Lucca, das erst 1341 für 150000 Florin gekauft worden war, ging an die Pisaner verloren. Daraus entwickelte sich eine wahre Kettenreaktion für die Republik von Florenz. Für ein knappes Jahr fiel die Stadt in die Hand des Abenteurers Walter von Brienne, des sogenannten Herzogs von Athen. Nachdem dieses Experiment am allseitigen Widerstand gescheitert war, kamen die Auseinandersetzungen zwischen den Klassen und Parteiungen, die in der Stadt seit langem geschwelt hatten und die durch die Krise verschärft worden waren, zum vollen Ausbruch. Im Jahre 1343 mußte die politische Gleichberechtigung der niederen Zünfte anerkannt werden, die bis dahin von der Beteiligung an der Regierung der Stadt ausgeschlossen waren. Dieser Sieg führte wiederum in den folgenden Jahren zu heftigem Widerstand und Revanche-Versuchen des *popolo grasso* (fetten Volkes) und seiner guelfischen Partei. Die Schrecken der Pest von 1348, die die Bevölkerung drastisch reduzierte, verschärften natürlich den bereits bestehenden Unmut und schufen Anlaß für neue Querelen. Hinter den Handwerkern der niederen Zünfte und den kleineren Ladenbesitzern tauchten jetzt auch die Massen der Besitzlosen auf. Insbesondere die aus dem Umland zugewanderten Wollarbeiter, die *Ciompi*, versuchten mehrmals, sich zu einer eigenen Zunft zusammenzuschließen. Darüber hinaus befand sich Florenz fast ununterbrochen im Kriegszustand, und oft mußte die Stadt in diesen Jahren der inneren Krise und sozialen Unruhe auch gegen äußere Feinde zu den Waffen greifen: einmal im Jahre 1351, um den Angriff der Mailänder Visconti abzuwehren, dann 1362/64 gegen die Pisaner, und schließlich zwischen 1375 und 1378 gegen den Papst, der bei seiner Rückkehr aus Avignon seine Herrschaft möglichst weit in Mittelitalien auszudehnen versuchte. Im Verlaufe dieses sogenannten Krieges der „Acht Heiligen", der die ohnehin strapazierten Finanzen der Stadt völlig erschöpfte, wurde Florenz mit dem Interdikt belegt.

In dieser Zeit der schweren gesellschaftlichen und wirtschaftlichen Krise, der geistigen und religiösen Verzweiflung kamen die in drei schrecklichen Jahrzehnten angestauten Gärungselemente und Spannungen schließlich in dem sogenannten Tumult der *Ciompi* zum Ausbruch, eine der wenigen Episoden in der italienischen Geschichte, die sich mit den Aufständen in den flandrischen oder englischen Städten vergleichen läßt. Am 19. Juli 1378 rottete sich der *popolo minuto*, das kleine Volk, auf den Straßen und Plätzen der Stadt zum Aufruhr zusammen. Die Anführer zündeten die Häuser der bekanntesten Bürger der Stadt an, erhängten den Polizeihauptmann und zwangen die *signori*, den Palazzo Vecchio, wo sie sich verschanzt hatten, zu verlassen. An die Stelle der *signori* wurden Vertreter der niederen Zünfte und der Proletarier des Wollgewerbes eingesetzt. Der Triumph aber war von kurzer Dauer: Ausgerechnet der neugewählte oberste Beamte, der Wollkratzer Michele di Lando, ließ sich selbst für die Gegenoffensive des *popolo grasso* gewinnen, bevor er aus dem Wege geschafft wurde. Auch die neue Regierung aus Vertretern der niederen Zünfte blieb nicht lange im Amt. Auf der Woge der konservativen Gegenbewegung, die fast regelmäßig revolutionären Erhebungen folgt, gelang es im Jahre 1382 der guelfischen Partei, an ihrer Spitze der Kaufmannsoligarchie, alle wichtigen Machtpositionen für sich zu gewinnen. Die lange politische und gesellschaftliche Krise, die seit den Bankzusammenbrüchen für 40 Jahre die Stadt erschüttert hatte, ging so gänzlich zugunsten des Patriziats und der privilegierten Schichten aus. Es begann damit ein neuer Abschnitt in der bewegten Geschichte der Stadt Florenz, in dessen Verlauf sich die oligarchische Herrschaft in der Form der *signoria* durchsetzte.

Die Familien, die im öffentlichen Leben eine Rolle spielten, waren inzwischen an den Fingern abzuzählen: die Ricci, die Albizi, die Alberti, die Medici und wenige andere. Die Familien rivalisierten miteinander und wechselten sich, je nach Glück und Umständen, in der Herrschaft über die Stadt ab. Abgesehen von verschiedenen politischen Strömungen und dem unterschiedlichen Einfluß, den die verfeindeten Familien jeweils besaßen, blieb die Herrschaft in der Stadt nach 1382 immer auf die eng begrenzte Oligarchie der Patrizier und Bankiers beschränkt. So hatte Florenz nach Jahrzehnten der Unruhen und Umwälzungen eine relativ stabile und sozial homogene Regierung gefunden, und, wie man weiß, sind stabile Regierungen besonders effizient. An Erfolgen mangelte es deshalb nicht. In den andauernden Kriegen vom Ende des 14. Jahrhunderts bis zum Frieden von Lodi konnte sich Florenz trotz seiner chronischen militärischen Schwäche im Bündnis mit Venedig gegen seinen Hauptfeind Mailand erstaunlich gut halten. Das florentinische Territorium wurde in dieser Zeit bedeutend erweitert. Die wichtigste Erwerbung war der Gewinn Pisas im Jahre 1406, durch den sich die Republik endlich den heißumkämpften Zugang zum Meer gesichert und zugleich den hartnäckigsten Gegner ausgeschaltet hatte. Erobert beziehungsweise zurückerobert wurden auch Arezzo (1384), Cortona (1411) und Livorno, das, wie gesagt, 1421 den Genuesen abgekauft worden war. So nahm allmählich das spätere Großherzogtum Toskana Gestalt an. Zunächst ähnelte das Territorium jedoch weniger einem Staat als vielmehr einem Städtebund unter der Schutzherrschaft einer dominierenden Stadt. In der Innenpolitik war die bei weitem bedeutendste Maßnahme die Anlage eines Katasters in den Jahren 1427 bis 1429 als Basis für eine gerechtere Steuerverteilung und die Sanierung der Finanzen. Von diesem Kataster sollte Machiavelli später sagen, daß „nicht die Menschen, sondern das Gesetz" die Lasten verteilte. Aus diesem Kataster läßt sich ein genaues Bild des neuen Wohlstandes der Stadt Florenz und des üppigen Reichtums ihrer Oligarchie ablesen. Die Einkommen der großen Familien hoben sich drastisch gegenüber dem Durchschnitt ab. Im Stadtviertel San Giovanni etwa verfügten nur drei Familien über ein zu versteuerndes Einkommen von über 50 000 Florins: die Panciatichi, die Borromei und ganz an der Spitze die Medici mit 79 472 Florins.

Wohlstand und Üppigkeit also, die, wie in der Vergangenheit, auf der regen Aktivität der Banken und des Handels beruhten.

An die Stelle der alten Bankhäuser der Bardi und Peruzzi, die sich nach der

Katastrophe von 1342 nicht wieder erholt hatten, waren jedoch neue getreten, insbesondere das mächtige Bankhaus der Medici, Modell eines Unternehmens mit internationalen Verbindungen. An die Stelle des alten traditionsreichen Wollgewerbes, in dem die Produktion von 90000 Stück Tuch am Anfang des Jahrhunderts auf 30000 Stück gesunken war, trat die immer mehr aufblühende Seidenproduktion. Die Eroberung Pisas hatte Florenz den Seeweg eröffnet, und der Versuch, als Seemacht mit Genua und Venedig auf den Märkten des Orients zu konkurrieren, brachte zumindest in den ersten Jahrzehnten des 15. Jahrhunderts einige Erfolge. In dieser günstigen Konjunkturphase begann erneut das Baufieber, das schon in den ersten Jahrzehnten des 14. Jahrhunderts für Florenz charakteristisch gewesen war. Im Jahre 1401 wurde der Wettbewerb für die Türen des Baptisteriums ausgeschrieben, den Ghiberti gewinnen sollte, und 1421 begann Brunelleschi die Arbeiten für die Domkuppel. In der gleichen Zeit wurden ebenfalls von Brunelleschi die Pazzi-Kapelle und die großartige Kirche von San Lorenzo gebaut. Neben der öffentlichen setzte auch die private Bautätigkeit wieder ein: der Palazzo Rucellai, das unvergleichliche Meisterwerk des Leon Battista Alberti, entstand in den Jahren 1446 bis 1451, die Villen der Medici von Careggi und Cafaggiola wurden in den Jahren 1434 und 1451 von Michelozzo erweitert. Die Aufzählung könnte ohne weiteres fortgesetzt werden. Die imponierende Gegenwart der Patrizierpaläste vertiefte beim einfachen Volk den furchtsamen Respekt vor der herrschenden Oligarchie.

Der Aufstieg der Medici, die mit Cosimo 1434 endgültig die Entscheidungsgewalt in der Stadt übernahmen, bedeutete weniger den Beginn einer neuen Epoche in der Geschichte der Stadt als vielmehr den erfolgreichen Abschluß der Herausbildung einer oligarchischen Herrschaftsform. Von nun an freilich hätten die städtischen Beamten und Humanisten Mühe gehabt, wie zu den Zeiten des Krieges gegen den „Tyrannen" Gian Galeazzo Visconti, die *florentina libertas* zu rühmen.

Mailand: Von den Visconti zu den Sforza

Das Herzogtum Mailand war der Staat Italiens, der größer und stärker als alle anderen aus den Kriegen zwischen 1350 und 1450 hervorging. Während des ganzen 14. Jahrhunderts hatte Mailand eine Expansionspolitik in alle Richtungen betrieben: nach Norden zu den Schweizer Kantonen, um sich die Kontrolle über die Alpenpässe und seinen Anteil an dem beträchtlichen Handel mit Nordeuropa zu sichern; nach Süden zum Meer hin mit dem Ziel, Genua zu erobern; nach Westen gegen Piemont und nach Osten gegen Venedig; nach Südosten gegen Bologna und mehrere Male sogar bis nach Mittelitalien. Unter dem Erzbischof Giovanni Visconti (1349–1354) gelang die Unterwerfung Bellinzonas, der Besitzungen der Anjou in Piemont, Bolognas, und für einige Jahre auch Genuas. Durch den Streit um die Nachfolge Giovannis wurde diese Expansionsbewegung unterbrochen, ja es gingen sogar eine ganze Reihe der jüngsten Erwerbungen wieder verloren. Die Eroberungspolitik wurde dann in großem Stil von Giovannis Neffen Gian Galeazzo wieder aufgenommen. Zwischen 1378 und seinem Todesjahr 1402 gelang es ihm, durch eine Reihe von Kriegen und kühnen Handstreichen nicht nur die gesamte Lombardei und den größten Teil der Emilia mit der Stadt Bologna zu erobern, sondern auch Verona und Vicenza, die er der Herrschaft der Scaliger entriß, ferner Novara und Vercelli, Pisa, Siena und Perugia. Von König Wenzel dem Faulen erhielt Gian Galeazzo schließlich 1395 den Herzogstitel. Das neue Herzogtum erschien als der mächtigste Staat der Halbinsel, der einzige, der wirklich zu fürchten war und Anspruch auf die Hegemonie erheben konnte. Es ist deshalb verständlich, daß die anderen Staaten, vor allem Venedig und Florenz, alles daran setzten, um den Mailänder Machtanspruch in seine Grenzen zu weisen. Der plötzliche Tod Gian Galeazzos und die darauf folgenden dynastischen Streitigkeiten boten dafür eine unerwartete Gelegenheit: Venedig begann, wie gesagt, seine Eroberung der Terraferma, während Florenz sich Pisa sicherte. Der Papst seinerseits erwarb Bologna und die anderen verlorengegangenen Städte Mittelitaliens zurück. Siena dagegen gewann wieder die Unabhängigkeit. In der ersten Hälfte des 15. Jahrhunderts konnte Filippo Maria Visconti, der 1412 im Nachfolgestreit um den Herzogstitel Sieger geblieben war, keine wesentlichen territorialen Erwerbungen erreichen; im Gegenteil: 1433 mußte er Bergamo und Brescia an Venedig abtreten. Weniger Widerstand konnte dagegen Genua dem mailändischen Druck entgegensetzen und es kehrte 1421 wieder unter die Schutzherrschaft der Visconti zurück, aber auch diesmal nur für den kurzen Zeitraum von zwölf Jahren.

Nach einem Jahrhundert dauernder Kriege sah der Mailänder Staat sein Territorium auf die Lombardei zwischen Adda und Tessin begrenzt und nur erweitert durch Parma und Piacenza im Süden und das Veltlin und die Grafschaft Bellinzona im Norden. In dieser reduzierten, aber immer noch beträchtlichen Ausdehnung blieb das Herzogtum Mailand einer der stärksten und geschlossensten Staaten Italiens. Das wurde deutlich, als nach dem Tode des Herzogs Filippo Maria, der keine männlichen Erben hinterließ, die Nachfolge an dessen Schwiegersohn Francesco Sforza fiel, einen bewährten *condottiere* unklarer Herkunft. Zunächst schienen sich die finsteren Voraussagen Filippo Marias und vieler anderer zu bestätigen: während in Mailand das Patriziat die Gelegenheit zur Erneuerung der alten bürgerlichen Freiheiten und der Republik ergriff, machten sich die anderen Städte wieder selbständig. Francesco Sforza gelang es jedoch trotz des hartnäckigen venezianischen Widerstandes im Laufe von nur zwei Jahren, das gesamte Territorium wieder in seine Gewalt zu bekommen und damit den

Nachfolgestreit zu seinen Gunsten zu entscheiden. Diese harte Probe ließ erkennen, wie solide die staatliche Organisation der Visconti war.

Was aber waren die Voraussetzungen und Elemente des Erfolges? Die Zeitgenossen, gleichgültig ob Gegner oder Anhänger der Visconti, waren sich darin einig, daß die von den Visconti geschaffenen politischen Strukturen, eine *signoria* par excellence, die Basis ihres Erfolges ausmachte. Für ihre Gegner waren die Visconti – vor allem Gian Galeazzo – nichts weiter als rohe Tyrannen und Soldaten, die ihre Untertanen zu Sklaven erniedrigten und in ganz Italien die Freiheit zu vernichten suchten. Mailand war in ihren Augen eine Art Sparta oder Makedonien Italiens, dessen Athen natürlich Florenz repräsentierte. Für die Anhänger dagegen herrschte in ganz Italien nur im mailändischen Staat Gerechtigkeit und Friede, da die alten Parteiungen und lokalen Eifersüchteleien durch die energischen und aufgeklärten Taten seiner *signori* zum Schweigen gebracht worden waren.

Trotz der verschiedenen Blickwinkel und Maßstäbe dieser Urteile erfaßten sie doch einen wichtigen Aspekt des Problems. Denn ohne Zweifel haben die Visconti in enger Verbindung mit ihrer Expansionspolitik die Schaffung und Festigung einer zentralisierten Verwaltung und eines funktionierenden Finanzwesens eingeleitet. Damit mußten sie notwendigerweise die Privilegien und die Autonomie der Städte und einzelner gesellschaftlicher Gruppen auch in der Hauptstadt selbst angreifen. Mailand versuchte, wie gesagt, nach dem Tod des Filippo Maria die alten Vorrechte wieder zurückzugewinnen, aber das kurze und wenig ruhmreiche Bestehen der *aurea repubblica ambrosiana*, der goldenen Republik des Heiligen Ambrosius, ließ in ihrem Scheitern erkennen, wie anachronistisch dieser Bürgerstolz mit seinem städtischen Partikularismus geworden war.

Auch wenn man den neuen staatlichen Zusammenhalt und die gewandelten Beziehungen zwischen Hauptstadt und Territorium unter der *signoria* der Visconti noch so sehr hervorhebt, so darf man jedoch den dynastischen Charakter der neuen Staatsform nicht vergessen. Wie die Nachfolgestreitigkeiten beweisen, die regelmäßig vom Tode des Erzbischofs Giovanni bis zum Aufstieg des Francesco Sforza die Stadt erschütterten, war auch diese Staatsform von Gegensätzen und Rivalitäten zwischen einzelnen Personen und Städten gekennzeichnet. Die tieferen Gründe für die Macht, für die Geschlossenheit und für den Erfolg der Herrschaftsform der *signoria* sind deshalb anderswo zu suchen, und zwar lagen sie, wie meist in der italienischen Geschichte, im Reichtum der Stadt. Mailand war auch im 14. und 15. Jahrhundert reich und voller Leben. Die Stadt blieb wie durch ein Wunder von der großen Pest des Jahres 1348 verschont und überstand auch die späteren Epidemien unbeschadet – wie die besonders schreckliche Seuche von 1361. Nachdem die Barchentproduktion nicht mehr florierte, wurde das Wollgewerbe – neben der traditionellen Waffenherstellung – zum wichtigsten Wirtschaftszweig. Seine Organisation und die Größe der Unternehmen wurden nach dem Vorbild von Florenz entwickelt, das sich durch zunehmende Konzentration der Produktion und flexible Anpassung an die Markterfordernisse auszeichnete. Auch in Mailand taucht die Gestalt des Kaufmann-Unternehmers auf, des *faciens laborare lanam*, und auch in Mailand entsteht eine immer engere Verflechtung zwischen Bank- und Finanzwesen und Handel. Es waren schließlich die Bankiers, die die ehrgeizige Politik der Visconti unterstützten, und um diese Unterstützung zu festigen, wurden sogar verwandtschaftliche Bande geknüpft.

Der Wohlstand der Lombardei war jedoch nicht nur auf den der Stadt Mailand und den der anderen größeren Zentren zurückzuführen, vielmehr war er in vielleicht noch größerem Maße den Leistungen der Landwirtschaft zuzuschreiben. Die im Laufe des 14. und 15. Jahrhunderts durchgeführten Boden- und Produktionsverbesserungen bildeten in diesen dunklen Zeiten in Europa eine einzigartige Ausnahme.

Das große Abenteuer des landwirtschaftlichen Fortschritts, das in der Lombardei fast ohne Unterbrechung bis ins 19. und 20. Jahrhundert andauerte, hatte seinen Anfang eigentlich schon im Zeitalter der Stadtstaaten. Auf das 12. Jahrhundert gehen die ersten Bewässerungsanlagen zurück – der Kanal der Muzza und der *Naviglio Grande* –, und 1138 werden zum ersten Mal die *marcite*, die für die lombardische Ebene so charakteristischen Bewässerungswiesen, erwähnt. Schon damals unterschied sich also die Landwirtschaft der fruchtbaren Gebiete der Lombardei durch große Kollektivleistungen und ein höheres technisches Niveau von den anderen Teilen Italiens. Aber erst unter dem Druck der Krise und der anhaltenden Wirtschafts- und Ernährungsprobleme im 14. Jahrhundert begann in der lombardischen Landwirtschaft ein Wandlungsprozeß, der in Ausmaß und Erfolg auf der ganzen Halbinsel einzigartig dastand. Die Abwanderung aus den Städten, die anderswo den Charakter eines Rückzuges annahm, führte in der Lombardei zu wirtschaftlichen Leistungen und produktiven Investitionen von großer Tragweite.

Um die Wende des 14. zum 15. Jahrhundert wurde in weiten Teilen der Lombardei der Reisanbau eingeführt und in der Gegend von Voghera verbreitete sich der Anbau von Waid, dessen Samen für die Färberei verwendet wurden; um die gleiche Zeit wurde in der trockenen Ebene und im Hügelland der Maulbeerbaum heimisch. Die *signoria* leitete intensive Kanalisierungs- und Bewässerungsarbeiten ein: Es wurden 1365 der Kanal zwischen Mailand und Pavia, unter Filippo Maria der Bereguardo-Kanal, unter Francesco Sforza der Binasco- und der Martesana-Kanal eröffnet, und die Arbeiten für den *Naviglio Sforzesco* eingeleitet. Später arbeitete auch Leonardo da Vinci an neuen Bewässerungsprojekten. Die lombardische Ebene bekam so allmählich das uns heute geläufige Bild von Kanälen, Deichen und Rieselfeldern. Am Ende des 15. Jahrhunderts erschien die Lombardei Commines als eine Landschaft „*tout fossoié comme est Flandre*" (ganz mit Gräben durchzogen wie Flandern). Durch die Rieselfelder und die Bewässerungswiesen wurden in der Po-Ebene Viehzucht und Stallhaltung in weit höherem Maße möglich als im übrigen Italien, wo Rinder eigentlich nur als Arbeitstiere gehalten wurden. Die Tierhaltung war ein fruchtbringendes Geschäft: der Parmesankäse aus der Gegend um Parma, Reggio und Lodi gehörte schon im 15. Jahrhundert zu den gesuchtesten Käsesorten Italiens, und die Butter aus der Po-Ebene wurde bis nach Rom exportiert.

Der landwirtschaftliche Fortschritt war zum großen Teil das Werk der *homines novi*, die aus dem städtischen Bürgertum oder aus der ländlichen Umgebung selbst kamen. Die Besitz- und Eigentumsverhältnisse veränderten sich entscheidend zuungunsten der Grundrenten der Feudalherren und der *signoria*. Wegen der Art der Pachtverträge, die den Eigentümer zur Rückzahlung von Ausgaben des Pächters für Bodenverbesserungen verpflichteten, gingen bedeutende Teile des Grundbesitzes in andere Hände über. Vor allem waren davon die Ländereien der Kirche und der religiösen Orden betroffen: so beklagte im Jahre 1434 Enea Silvio Piccolomini, der spätere Papst Pius II., die Verwahrlosung und Zersplitterung des kirchlichen Besitzes.

Mit ihren Rieselfeldern, ihren Stallungen und mit ihren unternehmungslustigen Pächtern waren die Lombardei und die angrenzenden Teile der Po-Ebene also bereits um die Mitte des 15. Jahrhunderts das landwirtschaftlich am besten entwickelte Gebiet Italiens. Wie sehr dies zu den späteren Erfolgen und der wirtschaftlichen Vorrangstellung der Lombardei beigetragen hat, wird noch an vielen Stellen deutlich werden.

Das Königreich Neapel und Sizilien

Mit dem Frieden von Caltabellotta (1302) hatte das Königreich Sizilien die politische Einheit aus der Zeit der Normannen und Staufer verloren: während in Neapel und auf dem Festland weiterhin die Anjou regierten, wurde Sizilien vom Haus Aragon beherrscht, das 1323 auch Sardinien in seinen Besitz brachte. Aber trotz der politischen Teilung blieben der Süden und die Inseln im Vergleich zum übrigen Italien in ökonomischer, sozialer und kultureller Hinsicht relativ homogen. Deshalb werden wir sie in diesem Kapitel als eine Einheit betrachten.

Homogen war vor allem die wirtschaftliche Basis. Wie bereits erwähnt, bildete die Landwirtschaft bei weitem die wichtigste Einkommensquelle des Südens. Ein beträchtlicher Teil des Weizens, der in den dichtbevölkerten, hungrigen Städten Nord- und Mittelitaliens verbraucht wurde, kam aus Apulien oder Sizilien, die noch für lange Zeit die Kornkammer Italiens bleiben sollten. Der größte Teil des Weines, der auf die Tische des Landes kam, war entweder *vino greco* oder *vino latino*, d. h. er kam aus Kampanien oder den angrenzenden Landstrichen. Sizilien exportierte darüber hinaus bemerkenswerte Mengen Baumwolle und Zucker, die Abruzzen-Region Wolle und Schafskäse und die Stadt Aquila Safran.

Homogen waren aber auch die politischen und gesellschaftlichen Strukturen: in einer hauptsächlich auf dem Ackerbau basierenden Wirtschaft konnten sich die Lehnsverhältnisse relativ lange intakt erhalten und damit auch die feudale Monarchie. Vor allem war Süditalien, und auch das wurde bereits erwähnt, im Vergleich zum übrigen Italien weniger dicht besiedelt, und es gab weniger Städte. Palermo, das zwar noch bis zu einem gewissen Grad seine Bedeutung als zentraler Handelsplatz des Mittelmeerraums bewahrt hatte, war dennoch nicht mehr die großartige Metropole aus den Zeiten der Araber und Normannen. Neapel, das Zentrum eines bedeutenden Reiches und Residenz eines verschwenderischen Hofes, erreichte mit seinen 30000 Einwohnern bei weitem nicht die Dimensionen der größeren Städte Nord- und Mittelitaliens. Auch in ihrer Struktur glich die Stadt, deren einzelne Viertel jeweils von einer anderen „Nation" bewohnt wurden, mehr orientalischen Vorbildern als den italienischen Schwesterstädten. Handel und Export des Königreichs lagen zum größten Teil in den Händen ausländischer Kaufleute, unter ihnen Juden, Katalanen, Genuesen, Florentiner und sogar Deutsche, die das Monopol des Safranhandels aus Aquila besaßen. Ähnliches gilt für das Finanzwesen, das von den großen florentinischen Bankhäusern beherrscht war, die sich seit dem Machtantritt Karls von Anjou große Verdienste um dieses Haus erwarben. Dafür hatten sie das Recht erhalten, die wichtigsten Steuern einzutreiben und übten eine weitgehende Kontrolle über die politischen Entscheidungen des Königreichs aus. Nach dem Tod König Roberts wurde der aus einer florentinischen Bankiersfamilie stammende Niccolò Acciaiuoli bis zu seinem Lebensende 1365 die einflußreichste Persönlichkeit und graue Eminenz des politischen Lebens in Neapel.

Da im Süden auch alternative oder kompensative Einkommensquellen noch ganz an die Landwirtschaft gebunden waren, mußten die Auswirkungen der allgemeinen Krise hier besonders schwerwiegend sein. In keinem anderen Teil Italiens war die Verödung weiter Gebiete kultivierten Landes so groß wie im Süden. Man nimmt an, daß in Süditalien ein Drittel der Siedlungen verlassen wurde. In Kalabrien war noch in der zweiten Hälfte des 16. Jahrhunderts die Bevölkerungsdichte des 14. Jahrhunderts bei weitem nicht wieder erreicht. In Sardinien lag der Anteil der verlassenen Orte mit ungefähr der Hälfte der einstigen Siedlungen noch weit höher; ähnliches gilt auch für Sizilien. Das Ausmaß der Entvölkerung Süditaliens und die daraus folgende Verödung der landwirtschaftlichen Gebiete läßt sich jedoch nicht nur durch die Seuchen und Hungersnöte erklären, sie hat ihren Grund auch in dem über Jahrzehnte dauernden Preisverfall und in der wachsenden Konkurrenz, die die Agrarprodukte des Südens – Zucker aus Sizilien, Safran aus den Abruzzen – auf den Märkten Italiens bedrohten. Dies führte zur

Umwandlung des minderwertig gewordenen Bodens in riesige Weideflächen. Ein besonders augenfälliges Beispiel dafür ist noch heute die Landschaft des Tavoliere in Apulien, die sich wie ein Stück spanischer *meseta* in Italien ausnimmt.

Die tiefgreifenden Auswirkungen, die die Krise des 14. Jahrhunderts auch auf die Gesellschaft Süditaliens hatte, spiegeln sich ebenfalls in den politischen Veränderungen der Zeit wider.

Obwohl der Krieg der Sizilianischen Vesper dem Königreich Neapel schwer zugesetzt hatte, spielte es bis zum Tode Roberts von Anjou (1343) im politischen Leben der Halbinsel eine hervorragende Rolle. König Robert ließ sich keine Gelegenheit entgehen, um sich als Vorkämpfer der guelfischen Sache zu zeigen; von Heinrich VII. bis Ludwig dem Bayern zog er gegen alle Kaiser in Italien zu Felde und verfolgte jede Regung der ghibellinischen Seite mit kampfbereiter Aufmerksamkeit. Auch Florenz wandte sich angesichts der Bedrohung durch Castruccio an die Schutzherrschaft der Anjou. Das Ansehen des Hauses Anjou fand im Glanz seiner Hofhaltung und seiner Hauptstadt Ausdruck. Das Neapel der ersten Jahrzehnte des 14. Jahrhunderts war zwar, wie gesagt, in seinem äußeren Erscheinungsbild sehr verschieden von dem der übrigen italienischen Städte, dafür aber nicht weniger lebendig und faszinierend. Boccaccio, der als junger Mann dort lebte, hat in seiner Novelle „Andreuccio da Perugia" ein lebendiges Bild dieses Neapel hinterlassen. Die Beziehungen, die der Hof von Anjou zu Florenz und seinen Bankiers unterhielt, und die Anwesenheit einer großen florentinischen Kolonie hatten eine ganze Reihe toskanischer Künstler angezogen. Unter ihnen waren Giotto, der in den Jahren um 1330 im Castel dell'Ovo einen heute verlorenen Bilderzyklus schuf, und Tino da Camaiano, der in der aus dem 12. Jahrhundert stammenden Kirche von Santa Chiara das Grabdenkmal für Karl von Kalabrien errichtete.

Nach Roberts Tod vollzog sich jedoch ein radikaler Wandel: bis zum Ende des Jahrhunderts bietet die Geschichte des Königreichs Neapel das Bild erbarmungsloser Machtkämpfe und unmenschlicher Grausamkeiten zwischen den verschiedenen Linien der Dynastie der Anjou, der ungarischen Linie, der von Durazzo und der von Tarent. Der Grund für diesen radikalen Szenenwechsel ist sicher nicht allein in der Zügellosigkeit der Königin Giovanna zu suchen, die in den 40 Jahren ihrer Herrschaft bis zu ihrem eigenen gewaltsamen Tod drei Ehemänner überlebte, die alle unter tragischen oder mysteriösen Umständen ums Leben gekommen waren. Die dynastischen Streitigkeiten sind in Wirklichkeit nur ein Reflex der inneren Zerrissenheit und Zersetzung der herrschenden Klasse der Barone, ausgelöst durch den allgemeinen wirtschaftlichen und gesellschaftlichen Niedergang. Der Rückgang ihrer Einkünfte verwandelte die Lehnsherren in Abenteurer oder einfach Banditen, die durch Krieg und Plünderungen die Einbußen wettzumachen versuchten und ohne Rücksicht auf ihr Treuegelöbnis gegenüber dem

König immer höhere Ansprüche stellten. Die erfolgreichen kriegerischen Unternehmungen des Königs Ladislaus (1400–1414), der während der Abwesenheit des Papstes für zehn Jahre die *signoria* in Rom an sich riß, konnten den Machthunger der Barone eine Zeitlang nach außen ablenken und ihre Streitsucht im Zaume halten. Nach dessen Tod jedoch verfiel das Königreich Neapel unter der Herrschaft der Königin Giovanna wiederum in feudale Anarchie. Ein ähnliches Bild bietet um diese Zeit auch Sizilien. Nach dem Tode Friedrichs III. (1377) brachen auf der Insel endlose Adelsfehden zwischen den Anhängern der Anjou und denen der Aragon aus.

Anjou gegen Durazzo, Aragon gegen die „Sizilianer", Kampf zwischen verschiedenen Thronprätendenten: das Schauspiel unterscheidet sich kaum von dem, das die großen Monarchien jenseits der Alpen boten: das Frankreich Karls VI. und die Kämpfe zwischen Armagnac und Burgund, oder das England der Rosenkriege, ein Bild gesellschaftlicher Zerrüttung, voller Blut und Barbarei. Die Entwicklung in Süditalien unterscheidet sich allerdings dadurch, daß am Ende der Auseinandersetzungen kein Karl VII. und kein Heinrich VII. auftauchte. Alfons von Aragon, der schließlich als Sieger aus dem Erschöpfungskrieg hervorging, um die Kronen von Neapel und Sizilien wieder zu vereinen, ist in die Geschichte als „der Großmütige" eingegangen. Unter seiner Herrschaft und der seines Nachfolgers Ferrante nahm das Königreich von Sizilien wieder am Konzert der Mächte in Italien teil. Der Hof wurde eines der Zentren des italienischen Humanismus, berühmt durch Namen wie Pontano und Sannazaro. Neapel erhielt neue, berühmte Bauwerke, wie den Triumphbogen von Castelnuovo, den Luciano Laureana, der Architekt des Herzogspalastes von Urbino, zwischen 1452 und 1460 zu Ehren der neuen Dynastie errichtete.

Im Jahre 1485 erbaute Giuliano da Maiano die stolze Porta Capuana. Aber die Großmut Alfons' drückte sich vor allem gegenüber den Baronen aus. Zu Beginn seiner Herrschaft schloß er mit ihnen einen Vertrag, durch den praktisch alle Willkürakte und Usurpationen der fast 100jährigen feudalen Anarchie nachträglich gerechtfertigt wurden. Dabei muß man wissen, daß zu diesem Zeitpunkt von den 1550 *università*, d. h. den Gemeinden des Königreiches, nur noch 102 der Krone und ihrer Steuerhoheit unterstanden; alle anderen waren unter die Gerichtshoheit und in den Besitz der Barone gefallen.

Die aragonesische Krone mußte, um den Einnahmenverlust durch die Veräußerung einstmaliger Kronrechte auszugleichen, zu einer Erhöhung der auf den Bauern lastenden Steuern und Abgaben greifen. Alfons hatte sogar auf die *adoa*, eine Kopfsteuer für die Befreiung vom Heeresdienst, verzichtet! Die Folgen konnten nicht ausbleiben. In den Jahren 1469 bis 1475 wurde Kalabrien zum Schauplatz von Bauernaufständen, wie sie an Intensität und Umfang sonst in der italienischen Geschichte unbekannt sind. Sie wurden mit Feuer und Schwert unterdrückt. Damit fand das Königreich nach einem

Jahrhundert der Unordnung und der inneren Kämpfe zwar Frieden, aber auch diesmal war er nur von kurzer Dauer. Im Jahre 1484 kam die Bedrohung nicht von unten, sondern von oben, nicht von einer Revolte der Bauern, sondern von einer Verschwörung des Adels. Auch diese endete in einer blutigen Niederlage, aber die Macht und der Zusammenhalt der „Fronde" blieben eine ständige Bedrohung für die Stabilität, ja für den Bestand des Königreiches.

Die Entstehung des Kirchenstaates

Eine merkwürdige Stadt, das mittelalterliche Rom! Der äußere Eindruck war der einer Mischung aus Stadt und ländlicher Siedlung, weit entfernt von den Dimensionen und der Bevölkerungsdichte der großen Städte Nord- und Mittelitaliens, ganz zu schweigen von denen der Hauptstadt des antiken Kaiserreiches, die Rom doch einmal gewesen war, wie die überall sichtbaren Ruinen bezeugten. In politischer Hinsicht besaß auch Rom alle Institutionen der städtischen Selbstverwaltung, deren Vertreter sich sogar mit antiken Namen schmückten. Die eigentliche Macht aber lag in der Hand der Familien des alten Feudaladels, unter ihnen vor allem der Orsini und Colonna, die mit ihren Gefolgsleuten die Straßen unsicher machten und mehr als einmal den Papst aus der Stadt vertrieben. Und doch ging von dieser Stadt der Bannstrahl aus, und Kaiser kamen, um sich hier krönen zu lassen. Es gab Tage, an denen die Bewohner Roms glauben konnten, daß die Stadt immer noch der Mittelpunkt der Welt sei: zum 500. Jahrestag der Kaiserkrönung Karls des Großen, dessen festliche Begehung von Bonifaz VIII. angesetzt und zum ersten Heiligen Jahr (1300) erklärt worden war, strömten Tausende von Pilgern in die Stadt, und die Straßen waren so überfüllt, daß sogar eine Brücke zusammenbrach. Dann zog der Kaiser aus Bayern mit seinem malerischen Gefolge ein, und es kam zu der ungewöhnlichen Zeremonie auf dem Kapitol, von der wir gesprochen haben. Man könnte fast sagen, daß das mittelalterliche Rom ein Doppelleben führte: ein gewöhnliches, ärmliches Alltagsleben, und das der großen festlichen Anlässe.

Sohn dieser Stadt und Teilhaber an diesem Doppelleben war Cola di Rienzo, eine der außergewöhnlichsten Erscheinungen des italienischen Mittelalters. Sohn eines Wirtes und einer Wäscherin, aufgewachsen unter den Bauern der Ciociara, einer sprichwörtlichen Armutsgegend südlich von Rom, war und blieb Cola auch auf dem Höhepunkt seiner Macht ein Mann aus dem Volk. Als er, nachdem sich das Glück gewendet hatte, an den Füßen aufgehängt wurde, wunderte man sich allgemein über seine ungewöhnliche Körperfülle. „Er erschien wie ein unförmiger Büffel oder eine Schlachtkuh", schrieb ein anonymer Chronist. Macht war für ihn offenbar ein Mittel, um den ewigen Hunger seiner niederen Herkunft zu stillen: „Er gewann an

Farbe und Lebenskraft", schreibt der römische Anonymus weiter, „er aß mit mehr Appetit und schlief besser." Und doch nährte dieser Mann eine ehrliche Liebe zu seiner Stadt, und er war leidenschaftlich davon überzeugt, Rom die verlorene Würde wiedergeben zu müssen. In seiner Jugend hatte er die antike Literatur gelesen und war auf der Suche nach den Spuren der großen Gestalten der Antike ruhelos zwischen den Ruinen umhergeirrt: „Wo sind diese guten Römer? Wo ist ihre hohe Gerechtigkeit geblieben? ... Oh, hätte ich doch zu jener Zeit leben können!"

Diese einzigartige Mischung aus Extrovertiertheit und Sinnestäuschung, dieser Somnambulismus, diese gelehrte Unwissenheit, die den Intellektuellen der Zeit so sehr gefiel, diese Verbindung von Naivität und Größenwahn erklären gemeinsam mit dem Mythos der Stadt Rom Colas außerordentliches, wenn auch flüchtiges Abenteuer. Von Avignon aus, wohin er sich im Jahre 1343 als Beauftragter des Volkes begeben hatte, kehrte er mit dem Titel eines *Notaro della Camera municipale di Roma* und mit dem Versprechen zurück, daß im Jahre 1350 eine neue Jahrhundertfeier stattfinden sollte. Dieser Erfolg ließ seine Popularität gewaltig anwachsen, und er konnte mit Recht auf das höchste politische Amt Anspruch erheben. Im Mai 1347 wurde ihm nach einem von ihm selbst angezettelten Volksaufstand die Würde eines *Tribuno della repubblica romana* übertragen. In dieser neuen Rolle begnügte er sich jedoch nicht damit, die Ordnung in Rom wiederherzustellen und den Streitigkeiten zwischen den Adelsfamilien ein Ende zu setzen. Rom war in seinen Augen die Hauptstadt der Welt, und er selbst hatte als der *liberator urbis* eine universale Mission zu erfüllen. Deshalb schickte er Botschaften an alle Fürsten und Städte Italiens, deren Vertreter er für Pfingsten 1348 zu einer feierlichen Versammlung einlud, um den neuen Kaiser zu wählen. Es schien ihm an der Zeit, den barbarischen Deutschen die Kaiserwahl zu entreißen und Italien wieder zum „Garten des Kaisertums" zu machen. Diese Vorstellungen trafen noch immer nicht nur bei Intellektuellen wie Petrarca auf starken Widerhall.

Die schließlich für August 1348 vorgesehene Versammlung kam jedoch nicht zustande: dem Adel verhaßt, ohne Rückhalt durch den Papst, der Colas ehrgeizige Pläne zu fürchten begann, mußte er im Dezember 1347 die Stadt verlassen. Für den Augenblick war das Abenteuer beendet, aber nicht ohne Spuren zu hinterlassen, die die Kirche als erste zu nutzen verstand.

In der „Babylonischen Gefangenschaft" zu Avignon hatten die Päpste sich in erster Linie auf den Ausbau des Verwaltungs- und Finanzapparates der Kurie konzentriert. Dieser mußte nun in einem Staatswesen Verankerung finden. Ein solcher Staat existierte zumindest theoretisch, seit mit der Pippinischen Schenkung die Gebiete, die die Langobarden Byzanz entrissen hatten, in die Hände des Papstes gelegt worden waren. Die Grenzen des Patrimonium Petri waren freilich nie genau festgelegt worden, und erst Papst Innozenz III. hatte das Patrimonium in Mittelitalien eingegrenzt. Um die

Mitte des 14. Jahrhunderts war dieses Territorium eine Art von allen Seiten beanspruchtes Niemandsland, ein Mosaik aus Stadtstaaten, Adelsherrschaften, Klosterbesitz und selbständigen Gemeinwesen im Gebirge, von denen sich die Republik von San Marino bis auf unsere Tage gehalten hat. Wenn es gelingen konnte, dieser Ansammlung von Herrschaftsrechten und Miniaturstaaten eine allgemein anerkannte Hauptstadt zu geben, konnte daraus ein geschlossenes Territorium werden. Und warum sollte diese Hauptstadt nicht Rom sein? Der Mythos der Stadt hatte seine Lebenskraft erwiesen, als ein unbekannter Größenwahnsinniger die Erinnerung an das antike und frühmittelalterliche Rom wachgerufen hatte, und viele Herren seinem Ruf gefolgt waren. Konnte nicht ein solcher Appell noch viel eher Gehör finden, wenn er von einem Papst ausging, der, wie viele es wünschten, nach Italien zurückkehrte, um die Hauptstadt der römischen und christlichen Welt wieder in ihren alten Rang zu erheben? Diesen Überlegungen folgten die Pläne der Kurie in Avignon und der Papst sandte nach mehreren gescheiterten Versuchen schließlich den unbeugsamen spanischen Kardinal Gil d'Albornoz nach Italien, um die weltliche Herrschaft des Papstes wiederherzustellen. An seiner Seite kehrte auch Cola zurück, der nach einem Aufenthalt in Prag am Hofe Kaiser Karls IV. von diesem wieder nach Avignon zurückgeschickt worden war. Cola erhielt den Titel eines römischen Senators, aber dieses zweite Abenteuer endete noch schneller als das erste: nach seinem Einzug am 1. August 1354 in Rom wurde er während eines Volksaufruhrs erschlagen. Die Mission des Albornoz dagegen hatte mehr Erfolg. Durch geschicktes Ausnützen der Rivalitäten zwischen den *signorie* und den Städten Mittelitaliens und gestützt auf die Kriegsmüdigkeit der Bevölkerung, die gerade erst die Pest überstanden hatte, gelang es dem Kardinal, die Grundlagen für ein zentralisiertes Staatswesen zu schaffen. Die sogenannten *Aegidianischen Konstitutionen,* die im Jahre 1357 von einem Parlament in Fano verkündet wurden, gaben dem Kirchenstaat durch die Einteilung in sieben, von je einem Rektor verwaltete Provinzen seine über Jahrhunderte hinaus gültige Gestalt. Als dessen äußeres Zeichen erhob sich über den Städten Mittelitaliens – wie beispielsweise in Narni und Spoleto – das massige Profil der Festungen, die Albornoz hatte bauen lassen, um jedem Widerstandsversuch zuvorzukommen. Der streitbare päpstliche Legat starb im Jahre 1367. Zehn Jahre später konnte Papst Gregor XI. nach Rom zurückkehren und von einem Staat Besitz ergreifen, der bis auf Florenz, Siena und einige kleinere Enklaven ganz Mittelitalien umfaßte.

Das plötzliche Hereinbrechen des Großen Schismas und die damit verbundenen Komplikationen in den Beziehungen zwischen den italienischen Staaten erlaubten es Gregor XI. und seinen unmittelbaren Nachfolgern nicht, sich in Ruhe in dem erweiterten Patrimonium Petri einzurichten, denn für mehrere Jahrzehnte wechselten sich die Angriffe der Visconti aus dem Norden und der Anjou aus dem Süden ab. Der Kirchenstaat verfiel wiederum in die Anarchie, die vor der Ankunft Albornoz' geherrscht hatte und wurde zum bevorzugten Schlachtfeld der Söldnerführer, die meist aus dem Territorium des Kirchenstaates selbst stammten: Braccio da Montone und Nicola Piccinino kamen aus Perugia, Gattamelata aus Narni, Francesco Sforza und Alberico da Barbiano aus der Romagna. Diese Söldnerführer hielten sich für legitime Anwärter auf die Herrschaft in Mittelitalien, und einige von ihnen konnten sich auch für kurze Zeit halten, so Braccio da Montone, der zwischen 1410 und 1424 die *signoria* von Perugia, Assisi und Jesi innehatte.

Erst zu Beginn des 15. Jahrhunderts, nach dem Tod des Braccio da Montone, nach der Wiedereroberung Bolognas und vor allem nach Beilegung des Schismas gelang es dem Kirchenstaat, allmählich Einheit und inneren Frieden zu finden, so daß die von Albornoz aufgebaute Verwaltung und das Finanzwesen zu funktionieren begannen. Der denkbar einfache Mechanismus beschränkte sich im wesentlichen darauf, den *beati possidentes* und dem Patriziat der verschiedenen Städte und Provinzen den ruhigen Genuß ihrer Einkünfte und Privilegien zu garantieren und gleichzeitig der Kurie in Rom möglichst hohe Steuereinnahmen zuzuführen. Über einer immer träger werdenden Provinz erhob sich eine um so gefräßigere Hauptstadt, je mehr das Mäzenatentum der Renaissance-Päpste darum bemüht war, Glanz und Ruhm jenes republikanischen Rom, wie es Cola di Rienzo vorgeschwebt hatte, wiederzubeleben. Während für Rom eine Ära monumentaler städtischer Entwicklung begann, starb das Leben in den Städten des Kirchenstaates – in Perugia, Assisi, Todi, Ascoli Piceno, Spoleto – allmählich ab; sie wurden zu toten Städten, die in der Stagnation der Gegenwart wie unter einer Glasglocke die Erinnerung an die Lebendigkeit im Zeitalter der Stadtstaaten bewahrten.

Die Intellektuellen und die Krise: Petrarca und Boccaccio

Das bisher gezeichnete Gesamtbild des Lebens der italienischen Staaten zwischen den ersten Jahrzehnten des 14. und der Mitte des 15. Jahrhunderts entspricht den eingangs entwickelten Grundlinien eines Zeitalters der Krise. Wir haben gesehen, wie in diesem Jahrhundert die Impulse allmählich ausblieben, die die Städte und Staaten Italiens in der vorausgegangenen Epoche zum wohlhabendsten und am weitesten fortgeschrittenen Teil des ganzen christlichen Abendlandes gemacht hatten. In den einzelnen Staaten kamen daher in unterschiedlichem Ausmaß und mit unterschiedlicher Intensität, und trotz der immer noch vorhandenen Lebendigkeit, Tendenzen zu Stillstand und Degeneration zum Vorschein.

Die Unbestimmtheit und Instabilität dieser historischen Epoche war den

Zeitgenossen durchaus bewußt, vor allem denen, die die große Pest erlebt und unter ihr gelitten hatten. Es waren wiederum die Intellektuellen, die den Wandel am klarsten erkannten und die der allgemein verbreiteten Unruhe in verschiedener Weise Ausdruck verliehen, denn sie bildeten die soziale Schicht, die aus Gründen, von denen wir bereits gesprochen haben, als einzige mit sicheren Fühlern die Fermente in der politischen und gesellschaftlichen Schicht aufzuspüren vermochten.

In diesem Zusammenhang denkt man natürlich an Francesco Petrarca. Geboren in Arezzo im Jahre 1304, in Arquà 1374 gestorben, verfolgte er mit leidenschaftlicher Anteilnahme den Italienzug Ludwigs des Bayern, das einzigartige Abenteuer des Cola di Rienzo – dem er ehrliche Bewunderung entgegenbrachte und mit dem er in Briefwechsel stand –, die große Seuche von 1348 und die zahllosen Kriege. Petrarca reiste ruhelos umher und war wie kein anderer bemüht, dem Ruhm, den er schon zu Lebzeiten genoß, gerecht zu werden. Er war Gast an allen bedeutenden Höfen in Italien und in ganz Europa, bei den Päpsten in Avignon, am Hofe Roberts von Anjou, aus dessen Händen er den Dichterlorbeer erhielt, im Mailand des Erzbischofs Giovanni und schließlich in der Republik der Serenissima in Venedig. Begeisterter Bergwanderer und Liebhaber unzugänglicher Landschaften, genoß er gleichermaßen den Reiz der ,,federleichten" Muße der Herrensitze und der ländlichen Villen. Gerade durch dieses Leben voller Ehrgeiz und Enttäuschungen, im Wechsel von Umherwandern und Innehalten, Ruhelosigkeit und Meditation erscheint Petrarca uns heute als die Personifikation des leidgeprüften Jahrhunderts, in dem er lebte. Was anderes ist sein ,,Canzoniere" als eine tagebuchtreue Niederschrift seines langen, schillernden Lebens, des Jubels und der Niedergeschlagenheit seiner Liebschaften, der Wachheit der Sinne und der Glaubensqualen, des lebenslangen nagenden Zweifels? Mit diesem Werk hat Petrarca ganze Generationen von Dichtern bis weit über die Renaissance hinaus beeinflußt. Von der Geschlossenheit und Ordnung des Danteschen Universums bleibt bei ihm nur noch eine vage Erinnerung. Auch das umfassende Wissen der aristotelischen Lehre in der scholastischen Philosophie, auf der Dante das Gebäude seiner ,,Commedia" hatte errichten können, erscheint bei Petrarca veraltet und überholt. An die Stelle des Aristoteles, des Philosophen der Logik und Physik, tritt Platon, der Philosoph der Ideen und Bilder; an die Stelle der ,,Summa" des hl. Thomas treten die ,,Confessiones" des Augustinus. Mit letzterem setzt sich Petrarca im ,,Secretum" auseinander, seinem zweiten, autobiographischen und nach innen gewandten Werk. Im Gegensatz zu Dante erkennt der Dichter des ,,Canzoniere" verschwommen, daß die Krankheit des Jahrhunderts nicht in der Abweichung von gültigen Werten und in der Überschreitung der durch sie gesetzten Grenzen besteht, sondern in der Unangemessenheit und dem Verfall der Werte und ihrer Vertreter selbst. Aber welche Gewißheiten und Ideale könnten an deren Stelle treten? Petrarca weiß keine Antwort und ist sich dieses Nichtwissens auch voll bewußt. Darauf beruht seine natürliche Beharrlichkeit und der Versuch, Zuflucht und Trost in sich selbst zu finden, im Studium und in der Dichtung, in der Sehnsucht nach Ruhm und Tod.

> Qual grazia, qual amore o qual destino
> mi darà penne in guisa di colomba
> ch'i' mi riposi e levimi da terra?
> (Lettere, 15)

„Wer nimmt die Last von mir, wer gibt mir Flügel
Daß gleich wie Tauben ich mich aufwärts schwingen,
Nach so viel Leiden Ruhe finden kann."
(Poetische Briefe, dt. v. F. Friedersdorff)

Neben Petrarca steht als großer Dichter des 14. Jahrhunderts Giovanni Boccaccio, ein Zeitgenosse Petrarcas, den er so sehr bewunderte, daß er ihn als Lehrer des Griechischen nach Florenz rufen ließ. Darüber hinaus, so könnte es scheinen, gab es nicht viele Gemeinsamkeiten zwischen den beiden Dichtern. Für lange Zeit hat man in Boccaccio nur den Portraitisten der neuen städtischen Bourgeoisie, ihrer bis zum äußersten getriebenen Vorurteilslosigkeit, ihrer Derbheit und Lebenslust gesehen. In Wirklichkeit war aber Boccaccio bürgerlich und der Welt zugewandt auch in einem anderen, weniger unmittelbaren, aber tieferen Sinne. Er verschmähte jede Form von Verschleierung oder Verschönerung der Wirklichkeit, die er mit analytischem Blick als das, was sie tatsächlich ist, betrachtete. Während der zehn Tage, die in seinem „Decamerone" beschrieben sind, wird uns eine vielgestaltige, aus den Fugen geratene Welt vorgeführt: pathetische und blasierte Adelige wie Federico degli Alberighi, gewissenlose, betrügerische Kaufleute wie Ser Ciappelletto oder solche, die immer wieder und zu Recht gefoppt werden wie Andreuccio da Perugia, kleine Leute voller Schlauheit wie Masetto di Lamporecchio oder Dummköpfe wie Calandrino, allesamt Betrüger und Betrogene zugleich, Günstlinge und Opfer des Glücks. Gegenüber diesem *Teatrum mundi* bewahrte der Autor fast immer die Haltung des ruhigen Beobachters, des Teilnehmers und doch Außenstehenden, der der Erzählung mit seiner kunstvoll ciceronianischen Sprache den Atem eines weltlich-bürgerlichen Epos einhaucht. Aber dies gelingt ihm nur und gerade deshalb, weil er sich selbst nicht mehr der Illusion hingibt, daß der Mensch als „des eigenen Glückes Schmied" sein Schicksal in der Hand hält. Das Schicksal wird vielmehr bestimmt durch die Launen und Zufälle des Glücks, der neuen und verwirrenden Gottheit eines entzauberten Universums, Herrin eines Jahrhunderts der Seuchen und Kriege. Manchmal kann die Klugheit und die Tugend des einzelnen die Oberhand gewinnen, und dann registriert Boccaccio diesen Sieg mit Freude. Andere Male aber wird das Individuum hoffnungslos überwältigt, und hinter der Maske der Unbeirrbarkeit des Erzählers taucht die Bestürzung darüber auf, daß es in der Welt keine rettende Vorsehung gibt.

Die hellsichtige Unbeirrbarkeit des Chronisten der Zufälle des menschlichen Lebens war ein schwieriger Balanceakt und verlangte eine neue geistige Haltung, Mut und Anspannung. Es ist daher kaum zu verwundern, daß Boccaccio unter dieser Last schnell alterte und trostreiche Zuflucht in religiösen Studien suchte.

Boccaccio und Petrarca erlebten die dunkelsten und dramatischsten Jahre dieses Zeitalters; während der großen Pest war der eine 44, der andere 35 Jahre alt, und keiner von beiden vermochte jemals den Verlust der Geliebten und die unzähligen Toten in den Straßen von Florenz zu vergessen. Der Tod, die Hinfälligkeit und Flüchtigkeit alles Menschlichen ist beiden Dichtern stets gegenwärtig und das Thema des Todes bildet auch ein Leitmotiv der Malerei des Jahrhunderts – man denke nur an die Fresken des Camposanto in Pisa. Nach der Überwindung der Seuchen, nach den Unruhen bis hin zum Tumult der *Ciompi* 1378, nach den Kriegen aller gegen alle begann jedoch eine neue Epoche in der Geschichte der Intellektuellen und der Kultur Italiens: der Humanismus.

4. Größe und Verfall: 1450–1550

Der Humanismus

Am Ende des 14. und in der ersten Hälfte des 15. Jahrhunderts nehmen die Intellektuellen und Gelehrten als Schicht in der italienischen Gesellschaft eine noch wichtigere Stellung ein als zur Zeit Dantes in den Stadtstaaten. Die Herausbildung von größeren Territorialstaaten mit einem komplexen Verwaltungsapparat, die Notwendigkeit, in den komplizierten Beziehungen zwischen den Staaten einen regen diplomatischen Verkehr aufrechtzuerhalten, und schließlich die Entstehung von regelrechten Hofstaaten der *signorie* als Instrument der politischen Repräsentation und Propaganda, all diese Elemente trugen zu einem wachsenden Bedarf an qualifiziertem intellektuellen Personal bei.

Die gestiegene Nachfrage konnte von den Universitäten kaum mehr befriedigt werden. Es mangelte nicht an Universitäten, im Gegenteil, im Laufe der Zeit waren viele neue, z. B. in Ferrara und Florenz, entstanden. Die Universitäten waren aber nicht mehr in der Lage, eine moderne, den gesellschaftlichen Veränderungen angepaßte Ausbildung zu gewährleisten, weil die Lehrinhalte an das scholastische Universalwissen und die Lehre des Aristoteles gebunden blieben, deren Verbreitung die Universitäten ihr Entstehen und ihre Blüte verdankten. Daher wurden neue private Schulen an den Höfen oder im Umkreis der Gelehrten eingerichtet. Als Vorbild diente die Akademie der Antike; der Austausch zwischen Lehrenden und Lernenden wurde noch enger, und die Studieninhalte wurden gänzlich erneuert. Von den zahlreichen Schulen dieser Art war die *Casa Giocosa* in Mantua besonders berühmt, die unter Leitung des Humanisten Vittorino da Feltre mit völlig neuen pädagogischen Kriterien eine ganze Generation von Gelehrten und zukünftigen Lehrern ausbildete.

Die bekanntesten und angesehensten unter den neuen Intellektuellen des Humanismus wurden von den Städten und den *signorie* regelrecht umworben. Ihre Laufbahn war eine ununterbrochene Wanderfahrt von einem der größeren Zentren Italiens zum anderen. Schon Petrarca, der in vieler Hinsicht als der Begründer der *studia humanitatis* anzusehen ist, hatte so gelebt. Lorenzo Valla fand während seines nicht allzu langen Lebens – er wurde 52 Jahre alt –, Zeit, nahezu alle größeren Zentren und Höfe Italiens zu besuchen. In Rom geboren, zog er als junger Mann zum Studium nach Florenz und ging dann als Lehrer an die Universität von Pavia. Nachdem er die Stadt hatte verlassen müssen, weil er sich mit seinen Kollegen von der juristischen

Fakultät überworfen hatte, zog er sich zunächst an den Hof der Visconti in Mailand zurück, dann nach Neapel zu Alfons von Aragon, um schließlich seine letzten Lebensjahre in seiner Vaterstadt Rom zu verbringen. Bewegt ist auch das Curriculum vitae des Leon Battista Alberti, der in seiner Person vielleicht am anschaulichsten den italienischen Humanismus verkörpert.

Mitglied einer Familie, die die Medici aus Florenz vertrieben hatten, wurde er Bürger der Stadt Bologna; erst 1429 konnte er wieder in seine Heimatstadt zurückkehren. Dort hielt er sich aber nicht lange auf, sondern folgte in den Jahren 1431 bis 1441 der päpstlichen Kurie in die verschiedenen Städte, die Schauplatz des in Basel eröffneten Konzils waren. Er kehrte zunächst nach Bologna zurück, später nach Florenz, und von dort aus ging er nach Ferrara, wo er mit dem Herzog Leonello d'Este Freundschaft schloß. Bis zu seinem Tod 1472 verpflichtete ihn sein Ruf als Architekt noch zu weiteren zahlreichen Reisen und Aufenthalten in anderen Städten. Zu seinen bekanntesten Werken gehören der Palazzo Rucellai in Florenz, der Tempietto der Malatesta in Rimini und die Kirche Sant' Andrea in Mantua. Noch abenteuerlicher und unsteter war das Leben des Francesco Filelfo oder des Antonio Beccadelli, des sogenannten Palermitaners, die beide besonders dem Leben am Hofe und seiner Verschwendung zugetan waren.

Durch die Reisen, die vielfältigen Erfahrungen und die Freundschaften, die sich in einem intensiven Briefverkehr niederschlagen, wurden die Bande der geistigen Solidarität zwischen den Intellektuellen immer enger, so daß mit der Zeit ein allgemeines Bewußtsein über die besondere Rolle der Gelehrten und Dichter in Italien entstand. Auf dieser Grundlage begann das große intellektuelle Abenteuer des Humanismus. Bis zur Aufklärung gab es keinen Abschnitt der geistigen Entwicklung mehr, der so intensiv und in seiner Einheit so facettenreich, so voller leidenschaftlichem Enthusiasmus auf der Suche nach der Wahrheit war.

Wenn man von den Humanisten spricht, denkt man gewöhnlich an ein Heer von unermüdlichen Gelehrten und Sammlern antiker Codices, deren historisches Verdienst vor allem darin besteht, unsere Kenntnis der antiken Literatur bereichert zu haben. Auch wenn dies ihr einziges Verdienst gewesen wäre, was beileibe nicht der Fall ist, stünde die geistige und materielle Kultur der Moderne gleichermaßen tief in der Schuld der Humanisten. Ohne die Entdeckungen und Wiederentdeckungen der Humanisten, ohne ihre geduldige Wiederherstellungsarbeit wäre die spätere Entwicklung der europäischen Kultur schlechterdings undenkbar. Man erinnere sich nur an die Bedeutung des von den Humanisten begonnenen Studiums der griechischen Philosophie: seit dem Ende des 14. Jahrhunderts bis zum Fall von Konstantinopel wurde eine ganze Reihe von griechischen Gelehrten an die Schulen und Akademien Italiens eingeladen, um dort zu lehren, und dadurch fand das große Erbe der seit Psellos entwickelten byzantinischen Philosophie Eingang in die Kultur des westlichen Europa. Man muß sich einmal vergegenwärtigen, was es bedeutete, endlich die griechische Literatur der Antike in der Originalsprache und in zuverlässigen Ausgaben lesen zu können. Deshalb kann man vielleicht die Wiederentdeckung der vollständigen Werke Platons als eines der wichtigsten geistesgeschichtlichen Ereignisse im Zeitalter des Humanismus bezeichnen. Ähnliches gilt von der Auffindung des Lehrgedichts „De rerum naturarum" von Lukrez, das Poggio Bracciolini zusammen mit anderen wichtigen Texten der Antike im Keller eines Schweizer Klosters ausgrub. All diese wiedergefundenen und wiederhergestellten Texte wurden sorgfältig abgeschrieben, und es entstand ein regelrechter Handel mit den verschiedenen so gewonnenen Exemplaren. Im kulturellen Leben des humanistischen Zeitalters war der Verkäufer von Codices, der „Buchhändler", eine wichtige Figur. Einer von ihnen, der Florentiner Vespasiano da Bisticci hat in seinen „Vite" ein Zeugnis der Bewunderung und des Respektes für seine „Kunden", aber auch seines Verantwortungsbewußtseins für seine Aufgabe hinterlassen. Auf diese Weise entstanden überall die ersten Bibliotheken: in Florenz wurde die Bibliothek des Klosters San Marco von Niccolò Niccoli eingerichtet, in der die persönliche Bibliothek Boccaccios Aufnahme fand; in Venedig wurde die Biblioteca Marciana gegründet, die auf der Hinterlassenschaft des Kardinals Bessarione, eines der bedeutendsten Humanisten der Zeit, aufbaute. Dort wurden auch die Bücher aufbewahrt, die Petrarca der Republik hinterlassen hatte. Die Vatikanische Bibliothek schließlich geht auf Papst Nikolaus V. (1447–1455) zurück. All diese Neuerungen in der Produktion und Verbreitung von Büchern reichten jedoch nicht aus, um die Ansprüche eines immer breiteren Publikums zu erfüllen: die Erfindung des Buchdrucks, wenn man von einer Erfindung im eigentlichen Sinne des Wortes überhaupt sprechen kann, kam zur rechten Zeit.

Wenn, um dies zu wiederholen, der Humanismus als Beitrag zur modernen Kulturgeschichte Europas nur diese großartige Wiederaneignung des antiken Erbes geleistet hätte, wäre seine Bedeutung schon kaum zu überschätzen. Aber der Humanismus war mehr.

Durch die Wiederherstellung, die Herausgabe und die Kommentierung von Texten bildeten sich – und darin bestand die wichtigste und dauerhafteste Leistung des Humanismus – allmählich methodische Prinzipien heraus, die auch heute noch für die wissenschaftliche Forschung Gültigkeit besitzen. An die erste Stelle tritt das Prinzip der Unvoreingenommenheit der wissenschaftlichen Untersuchung: kein politisches, religiöses oder persönliches Ideal, keine von außerhalb kommende Überlegung darf den Gelehrten bei seiner Arbeit beeinflussen. Wehe dem, der einen Text verändert oder verfälscht! Die Philologie bildet die Basis und den Schlüssel jedes Wissens, die kritische Ausgabe die Voraussetzung jeder wissenschaftlichen Lektüre. Das klassische Beispiel für diese neue Methode der Humanisten ist ohne Zweifel der von Lorenzo Valla erbrachte Nachweis, daß die berühmte Konstantinische Schenkung, auf der die mittelalterliche Kirche die Legitimität ihres weltlichen Herrschaftsanspruches aufgebaut hatte, eine Fälschung war. Der Beweis stützte sich allein auf die philologische Analyse des Textes. Vollständiges Verstehen eines Textes bedeutete aber zugleich, ihn in seiner Zeit zu sehen, ihm seinen genau bestimmten Platz im Corpus der Literatur zuzuweisen. Die philologische Dimension führte deshalb zur Geschichte. Das wissenschaftliche Interesse richtete sich nicht mehr darauf, Platon gegen Aristoteles auszuspielen, sondern darauf, den einen wie den anderen zu verstehen, den einen mit Hilfe des anderen zu verstehen. *Aletheia*, die Wahrheit – stellt Leon Battista Alberti in seinem „Philodoxeos" fest – ist die Tochter des Kronos, der Zeit. Albertis Landsmann Matteo Palmieri drückt das gleiche aus, wenn er sagt: „veritatis profecto cognitionem dant tempora." (Die Zeit gibt die zuverlässige Erkenntnis der Wahrheit). Aus dieser Verbindung der philologischen Methode mit der Kategorie des Historischen entwickelte sich eine geistige Haltung von Weisheit und Toleranz, die ihre reinste Verkörperung in der großen Gestalt des Erasmus von Rotterdam fand, dessen Lehre der Philologie und Toleranz fest im Humanismus wurzelt.

Die Humanisten waren sich über die umwälzende Bedeutung ihrer Entdeckung durchaus im klaren. Sie wußten, daß ihr historisches Verdienst nicht allein in der Wiederentdeckung und Wiederherstellung der antiken Literatur bestand, sondern darin, daß sie die Aufnahmebereitschaft für den Inhalt ihrer Lehren zu wecken vermochten. Die Humanisten waren sich voller Stolz bewußt, die Methode der antiken Wissenschaft, ihre gänzliche Unvoreingenommenheit, die Reinheit und Heiterkeit ihres Geistes wiedergefunden zu haben. In diesem Bewußtsein blickten sie voll mitleidiger Verachtung auf die *media aetas* – der Terminus ist von den Humanisten geprägt –, auf das Mittelalter und seine Vorurteile, seine Unfähigkeit, philologisch und historisch zu denken. Dagegen begeisterten sie sich für die eigene Zeit und die intellektuelle Revolution, deren Protagonisten sie geworden waren. Die Leidenschaft für die Antike brachte so den Stolz auf die eigene Modernität mit sich. Die Nachahmung der Antike bedeutete nicht Wiederholung des bereits Gesagten, sondern eine Stellungnahme gegenüber der eigenen Welt und der eigenen Zeit, mit der gleichen Neugier, der gleichen Leidenschaft, der gleichen klaren Urteilskraft, wie sie die Antike ihrer Welt und ihrer Zeit entgegengebracht hatte. Dies alles führte zur Erforschung und zur Entdeckung neuer Wahrheiten und neuer Wege zu ihrer Umsetzung in die Praxis. Die reine Wissenschaft brachte die angewandte Wissenschaft hervor.

Leon Battista Alberti schrieb in seinem Traktat „Della Pittura", er sei bis zu seiner Rückkehr nach Florenz aus dem Exil davon überzeugt gewesen, daß die menschliche Natur schon „ermüdet" und nicht mehr in der Lage sei, die ungeheure Kreativität zu entfalten, die „jene genialen Männer der Antike" besessen hatten. Aber als er nach seiner Rückkehr mit Bewunderung die Werke des Brunelleschi, des Donatello, des Masaccio und der anderen großen florentinischen Künstler seiner Zeit gesehen hatte, wurde ihm klar, daß die neue Zeit die Antike überrundet hatte, ,,da wir ohne Lehrer, ohne jedes Vorbild nie gesehene und gehörte Künste und Wissenschaften hervorbringen". Man könnte wohl kaum ein beredteres Zeugnis für die geistige Entwicklung des Humanismus finden.

,,Nie gesehene und nie gehörte Künste und Wissenschaften": Die Architekten und Baumeister des 15. Jahrhunderts entwickelten aus dem Studium des Vitruv die Modelle für eine vollständig neue Architektur für zivile und militärische Zwecke. Diese Modelle, angewandt zuerst nur auf einzelne Bauwerke, dienten dann zur rationalen und organisierten Planung einer ganzen Stadt. Die Geographen und Kartographen (der bedeutendste unter ihnen, Paolo Del Pozzo Toscanelli, war ein Freund Brunelleschis) entwarfen neue *imagines mundi,* derer sich die Seefahrer und Entdecker der Neuen Welt bedienen werden. Leonardo da Vinci (1452–1519) setzte seine genialen Einsichten in die Gesetze der Optik, der Mechanik und der allgemeinen Physik in angewandte Technik um.

Man würde freilich einen schweren historischen Fehler begehen, wenn man im Humanismus die Anfänge der modernen Naturwissenschaften erblicken wollte, die sich in Wirklichkeit erst später und unter komplexeren Bedingungen herausbildeten. Leonardo blieb, und das ist vielleicht das hervorstechendste Merkmal seiner Persönlichkeit, als Erfinder futuristischer Maschinen und als Maler verwirrender Gesichter eine Ausnahme, ja er blieb isoliert. Nach ihm gibt es in der Kultur der Renaissance keine bedeutende Entwicklung in den Naturwissenschaften mehr. Die große humanistische Entdeckung einer unvoreingenommenen Forschungsmethode hat jedoch auf alle Formen menschlichen Wissens Einfluß ausgeübt.

Die Humanisten in der italienischen Gesellschaft

Im vorausgegangenen Kapitel haben wir die einschneidende Bedeutung des Gedankengutes der Humanisten für die Entwicklung der modernen Geistesgeschichte zu umreißen versucht. Jetzt stellt sich das historisch genauer begrenzte, aber im Rahmen der italienischen Geschichte nicht minder wichtige Problem, welches Verhältnis die Humanisten zur gesellschaftlichen Realität der Städte und Staaten ihrer Heimat hatten. Wie war, um es einfacher auszudrücken, ihre politische Haltung und ihr kollektives Verhalten als Intellektuelle? Es handelt sich nicht um ein abstraktes Problem, sondern um eines, das sich die Humanisten selbst stellten und zu lösen versuchten. Die Auseinandersetzung darüber, ob ein aktives Leben dem kontemplativen vorzuziehen sei, war seit Coluccio Salutati eines der Grundthemen der humanistischen Literatur. Die meisten der an dieser Auseinandersetzung beteiligten Humanisten, darunter vor allem die aus Florenz, betonten die Notwendigkeit eines aktiven Lebens. Der Gelehrte und Forscher dürfe sich nicht in die Isolation des Studierzimmers zurückziehen, sondern müsse sich der Familie, den Freunden und der Stadt widmen: ein Leben als „Bürger" im Rahmen des Gemeinwesens also. „Della vita civile" ist denn auch der Titel eines berühmten Werkes des Florentiner Humanisten Matteo Palmieri. Für viele Humanisten, die politisch tätig waren und öffentliche Ämter innehatten, stellte sich dieses Problem gar nicht. Coluccio Salutati setzte sich aber nicht nur dafür ein, daß die ersten griechischen Lehrer aus Byzanz nach Florenz geholt wurden, sondern er verwandte seine geistigen Fähigkeiten auch als Kanzler zur Verteidigung der Republik und ihrer Freiheit gegen die Argumente der Humanisten im Dienste der Visconti. Sein Nachfolger war ein anderer großer Humanist, Leonardo Bruni, der in seinen „Storie fiorentine" und in der „Laudatio fiorentinae urbis" ein Zeugnis tiefer Liebe zu dieser Stadt hinterlassen hat. Andere Humanisten trieben ihren Einsatz für das Gemeinwesen so weit, daß sie zu Verschwörern wurden: so starb Stefano Porcari 1453 am Galgen, weil er an einer Verschwörung gegen Papst Nikolaus V., der selbst ein eifriger Förderer der *studia humanitatis* war, teilgenommen hatte. Der Mailänder Cola Montano war der Anführer der Verschwörung, der Herzog Galeazzo Maria Sforza zum Opfer fiel, und auch er bezahlte mit dem Leben. Ein begründeter Verdacht, an einer Verschwörung gegen den Papst teilgenommen zu haben, bestand auch gegen Pomponio Leto, die hervorragendste Gestalt des Kreises der römischen Humanisten um die Akademie, und gegen Bartolomeo Platina, den Sixtus IV. dann zum Leiter der Vatikanischen Bibliothek bestellte. Natürlich teilten nicht alle Humanisten die republikanischen Überzeugungen der florentinischen Kanzler und den Tyrannenhaß der Verschwörer. Einige, wie Antonio Lusco aus Vicenza, standen im Dienst der *signorie* und verteidigten das Fürstentum gegen die Apologeten der florentinischen Freiheit. Alle aber, oder fast alle, waren an den Kämpfen ihrer Zeit beteiligt, sammelten Erfahrungen und wurden zum Nachdenken über die Ereignisse der Zeit angeregt. Deshalb erscheint die Frage legitim, ob sich – wie das später für die Aufklärung gilt – die kulturelle Tätigkeit der einzelnen Humanisten in einer Erneuerung des politischen Handelns und Denkens der Zeit niedergeschlagen hat, natürlich in komplexer und vermittelter Weise. Um auf diese Frage eine Antwort geben zu können, muß man vorher klären, ob und welche Möglichkeiten es für die Intellektuellen gab, eine politische Erneuerung der Gesellschaft des 14. und 15. Jahrhunderts zu bewirken. Die Antwort darauf hat uns die Geschichte gegeben: Wyclif und Hus, die beiden bedeutendsten Reformatoren im Zeitalter der großen Konzile und des Kampfes um die Reform der Kirche, waren Intellektuelle und Professoren an der Universität. Das aber hinderte sie nicht daran, zu politischen Agitatoren und Führern großer Massenbewegungen zu werden, und als solche wurden sie auch von ihren Anhängern anerkannt. Aus einem tiefen religiösen Glauben heraus waren sie fest davon überzeugt, daß alle Übergriffe und Willkürakte der Mächtigen, die Korruption der Bischöfe und des Klerus und die Leiden der Armen beseitigt werden müßten, um die Gesellschaft nach dem Gebot Gottes zu ordnen. Aus dieser Überzeugung heraus waren sie bereit, die Konsequenzen zu ziehen und um die „Reform" zu kämpfen. Weil es das Gebot Gottes war, riefen sie alle Gläubigen zum gerechten Kampf auf. In der mittelalterlichen Welt, in der die Religion die Basis des gesellschaftlichen Lebens und den geistigen Hintergrund der großen Masse der Menschen bildete, war dies der einzig erfolgversprechende Weg, um zu einer wirklichen Veränderung der gesellschaftlichen Institutionen und Beziehungen zu gelangen. Die Reform der Gesellschaft war nur als Reform des Glaubens und der Kirche, die Erhebung des Volkes nur als Erwachen und Revolution der Gläubigen denkbar. Diesen Weg sollten auch Luther und die puritanischen Revolutionäre im England des 17. Jahrhunderts einschlagen.

Die Humanisten jedoch konnten kaum in dieser Weise handeln und auftreten. Nicht nur deshalb, weil die italienische Gesellschaft in ihrer historischen Entwicklung und damaligen Form anders war als die böhmische oder englische, sondern auch weil die geistige Welt und die Ausbildung der italienischen Humanisten und ihre Stellung innerhalb der Gesellschaft sich grundsätzlich von der eines Hus oder Wyclif unterschied. Sie hatten sich eine höchst moderne geistige Haltung erarbeitet, in der sich Illusions- und Vorurteilslosigkeit mit einer auf das äußerste verfeinerten Kultur verbanden. Aber gerade das Bewußtsein dieser geistigen Überlegenheit brachte die Humanisten unweigerlich dahin, die Politik als Monopol der Gebildeten und Gelehrten zu akzeptieren und das Verhältnis zwischen Regierenden und Regierten so wie das Verhältnis zwischen Lehrer und Schüler zu betrachten. Für sie war der beste Staat der, der sich am meisten dem Ideal Platons annäherte, wo der Fürst oder die gewählten Beamten entweder selbst Philosophen sein oder aber sich des Rates der Philosophen bedienen sollten. Freilich war ein schlechter Fürst, ein Tyrann, denkbar. Dann aber hatte ein Brutus das Recht, ihn zu töten, vorausgesetzt, es war einer, der wie Brutus den Adel des Geistes und die Bildung eines römischen Patriziers besaß.

Nichts lag den Humanisten ferner als die Vorstellung von einer allumfassenden Religion. Sie verabscheuten den Aberglauben der Bigotten und die Korruption der Kirche ebenso wie den maßlosen Fanatismus der Ketzer. Wenn Poggio Bracciolini bei der Hinrichtung des Hieronymus von Prag in Konstanz Worte tiefer Bewunderung für diesen „zweiten Cato" fand, Worte, die unausgesprochen die Richter verurteilten, so bezeichnete andererseits Enea Silvio Piccolomini Lehre und Taten des Johannes Hus und seiner Anhänger als „Verrücktheiten". In nuce war dies die Einstellung, die später einige Humanisten Savonarola entgegenbrachten, als er den Versuch unternahm, das religiöse und politische Leben in Florenz zu erneuern. Ähnlich ist die Einstellung des Erasmus gegenüber dem Protestantismus Luthers. Ebensofern lag der Vorstellungswelt der meisten Humanisten der Gedanke, daß eine Verbesserung und ,,Reform" des gesellschaftlichen Lebens eine vollständige Umwälzung bedeuten müsse, die alle Schichten, von der Spitze bis zur Basis, Gelehrte und Unwissende, erfassen würde. Das Volk, in dem die religiösen Reformatoren den Willen Gottes verkörpert sahen – ,,Volk Gottes" hatten sich auch die *Ciompi* genannt –, blieb in ihren Augen der *vulgus* der antiken Schriftsteller, der immer von Vorurteilen beherrscht und Sklave seiner Leidenschaften bleibt. Diese geistige Haltung konnte natürlich kaum zum Entstehen einer Massenbewegung der ,,Reform" beitragen. Das gesellschaftliche Engagement der Humanisten blieb auf eine noble, individuelle Entscheidung beschränkt. Die italienische Gesellschaft war deshalb ihrer natürlichen Führer beraubt. Alle großen Revolutionen, auch die geistigen, haben ihren Preis.

Italien in der zweiten Hälfte des 15. Jahrhunderts

Im Verlauf weniger Jahre, zwischen 1449 und 1453, erlebte die abendländische Christenheit drei große Ereignisse: die endgültige Beilegung des Schismas, das seit über einem Jahrhundert die katholische Kirche belastet hatte, das Ende des kräftezehrenden Hundertjährigen Krieges und schließlich den Fall des oströmischen Reiches durch die türkische Eroberung Konstantinopels. Die Nähe, ja Gleichzeitigkeit dieser Ereignisse könnte fast als beabsichtigt erscheinen, um den Eindruck zu vermitteln, daß eine Zeit sich erfüllt hat, daß ein Zyklus der Geschichte zu Ende geht und ein neuer beginnt. Nach der langen Epoche der Umwälzung, die mit der Depression des 14. Jahrhunderts begonnen hatte, ist das um die Mitte des 15. Jahrhunderts wieder erstehende Europa in vieler Hinsicht ein neues Europa. Die noch vorhandene Verehrung gegenüber der universalen Stellung des Papsttums, das durch das Schisma und die Konzilsstreitigkeiten seines Ansehens weitgehend beraubt war, verlor immer mehr an Gewicht; die greifbare Existenz der neuen Nationalstaaten, das England Heinrichs VII. und das Frankreich Ludwigs XI., die gestärkt aus der schweren Prüfung des Hundertjährigen Krieges hervorgegangen waren, zählte immer mehr. Und dieses neue Europa, das im Osten der türkischen Bedrohung ausgesetzt ist, beginnt gleichzeitig über den Atlantik vorzustoßen. Lissabon, Antwerpen, London und Sevilla sind auf dem Sprung, das Erbe Venedigs, Genuas und der anderen italienischen Städte anzutreten. In diesem Europa gibt es immer weniger Spielraum und immer weniger Grund für das wirtschaftliche und politische Übergewicht, das Italien bisher innegehabt hatte und mit dem es sein Glück gemacht hatte.

Man sollte sich aber davor hüten, die Ereignisse der Geschichte vorwegzunehmen. Die neue Konstellation in Europa und ums Mittelmeer, wie sie sich um die Mitte des 15. Jahrhunderts abzuzeichnen begann, war zwar voller Unbekannten und Risiken für die Zukunft der italienischen Gesellschaft, sie hielt aber für den Augenblick noch vielversprechende Möglichkeiten bereit. Sicherlich war die Türkengefahr nicht zu unterschätzen, und der Schock durch den Fall Konstantinopels war um so stärker, je mehr die Ermahnungen und die Appelle des Papstes an den Geist der Kreuzzüge die Machtlosigkeit Europas deutlich werden ließen. In den politischen und wirtschaftlichen Beziehungen jedoch waren die Auswirkungen des Machtzuwachses des Türkischen Reiches im Mittelmeerraum jedenfalls nicht für alle so unmittelbar und dramatisch, wie man annehmen könnte. In Genua, das sich mit einem Mal von seinen blühenden Kolonien am Schwarzen Meer abgeschnitten sah, beschleunigte sich der Prozeß der Verlagerung des wirtschaftlichen Schwerpunktes vom Handel zum Bankwesen, der schon mit der Gründung des Banco di San Giorgio begonnen hatte. Venedig dagegen gelang es, auch mit den neuen Herren in der Levante einen Modus vivendi zu finden. Die Verluste von Negroponte und anderer Vorposten in der Ägäis und auf der Balkanhalbinsel wurden durch die Eroberung Zyperns auf Kosten der Katalanen und Genuesen teilweise wettgemacht. Darüber hinaus hatten die venezianischen Kaufleute in Konstantinopel ihre Zollfreiheit und ihre Privilegien behalten können. Nach dem Abschluß der entsprechenden Verträge (1479/80) wurden die Feindseligkeiten zwischen Venedig und der Hohen Pforte eine Zeitlang eingestellt, und die venezianische Flotte bewahrte sogar angesichts des türkischen Landungsversuches in Otranto im Jahre 1480 unerschütterlich Neutralität.

Im Osten war also noch nichts Irreversibles geschehen. Die internationale Lage im Westen nach dem Hundertjährigen Krieg und der Beendigung des Schismas bot sogar viele neue Möglichkeiten und gab neue Impulse. Die Beseitigung der großen Gegensätze, die seit mehr als einem Jahrhundert die europäische Szene beherrscht hatten, brachte vor allem eine größere Entspannung in den internationalen Beziehungen mit sich, die sich auch auf das italienische Staatensystem auswirkte. Die 40 Jahre zwischen dem Frieden von Lodi (1454) und dem Angriff Karls VIII. (1494) sind für Italien eine Zeit des Friedens im Zeichen des Gleichgewichts der Kräfte. Die wenigen Kriege hatten höchstens den Charakter lokaler Auseinandersetzungen, so etwa der Krieg zwischen Venedig und Ferrara in den Jahren 1482 bis 1484, der mit der Eroberung von Rovigo und den Salinen von Polesine durch Venedig endete. Unter den neuen internationalen Gegebenheiten funktionierte das System, auf dem der Reichtum Italiens basierte, wiederum ohne Störungen. Die Handels- und Finanzoligarchien der italienischen Städte nutzten im ganzen gesehen die Vorteile der leichter überschaubaren internationalen Lage und des wirtschaftlichen Wiederaufschwungs in ganz Europa voll aus.

Deutschland, das in der zweiten Hälfte des 15. Jahrhunderts bekanntlich eine Phase wirtschaftlicher Expansion erlebte, bot mehr denn je einen Markt, aus dem die Geschäftsleute in Mailand und Venedig beträchtliche Gewinne ziehen konnten: als im Jahre 1508 ein Brand den *Fondaco dei Tedeschi*, den Handelshof der Deutschen, zerstörte, beeilte man sich, ihn noch größer und funktionaler wiederaufzubauen. Frankreich eröffnete trotz der restriktiven Politik Ludwigs XI. mit seinen Messen in Lyon ein weites Betätigungsfeld für die Kaufleute aus Florenz und den anderen Städten Italiens. Die französischen Quellen der Zeit, angefangen mit den Protokollen der Generalstände von Tours im Jahre 1484, sind voller Klagen wegen der „sortie de l'argent hors du royaume" (Abfluß von Silber aus dem Königreich) in Richtung Italien. Hauptausfuhrprodukte der italienischen Städte im 15. Jahrhundert waren die Seide, die zum großen Teil in Lucca hergestellt wurde, und das Alaun, das nach dem Verlust der genuesischen Minen in Fokäa nun aus den neu entdeckten Fundstätten in Tolfa nahe Civitavecchia kam, die von dem mächtigen Bankhaus der Medici und von genuesischen Bankiers kontrolliert wurden. Trotz der wachsenden Konkurrenz der Fugger in Augsburg und der Artavelde in Antwerpen blieben die Medici nach wie vor die größte Finanzmacht Europas, in dessen Augen sie als die Verkörperung des materiellen und geistigen Reichtums Italiens erschienen.

Italien blieb also bis zum Ende des 15. Jahrhunderts ein „hochentwickeltes", reiches Land, obwohl sein Reichtum bereits zu einem großen Teil nur noch Widerschein der neuen wirtschaftlichen Entwicklung der größeren europäischen Staaten war. Diese glückliche Zeit des Friedens und des inneren Gleichgewichts rief Guicciardini später in seiner „Storia d'Italia" mit folgenden Worten ins Gedächtnis: „Und wer weiß nicht, was Italien ist? Die Gunst seiner Lage, die Milde des Klimas, die Zahl und die Fähigkeiten seiner Bewohner, Meister in allen ehrbaren Tätigkeiten, die Fruchtbarkeit an allem, was die Menschen brauchen, die Größe und Schönheit unzähliger Städte, der Sitz der Religion und der Ruhm des Kaisertums und unzählige andere Gründe machen Italien zur Königin über alle anderen Gegenden der Erde." Italien war mit einem Wort immer noch das an materiellen und geistigen Gütern, an Menschen und an internationalem Ansehen reichste Land der Christenheit.

Ein Reichtum und eine Kultur, das muß man hinzufügen, die man mit den Augen sehen und mit den Händen greifen konnte. Auch in der zweiten Hälfte des 15. Jahrhunderts ließ sich die Euphorie des neuen wirtschaftlichen Aufschwungs an der fieberhaften öffentlichen und privaten Bautätigkeit durch das Mäzenatentum der Höfe und Stadtoligarchien ermessen. Wenn die Darstellung nicht in ein Handbuch der Kunstgeschichte ausufern soll, ist es nahezu unmöglich, die Bauten und Kunstwerke aufzuzählen, um die das ohnehin schon große künstlerische Erbe Italiens bereichert wurde. In diese Zeit fallen, um nur an die bekanntesten Beispiele zu erinnern, der Bau des *Ospedale Maggiore* in Mailand durch Filarate und der des *Palazzo Dia-*

manti in Ferrara, die Vollendung des *Palazzo Ducale* in Venedig und die Ausschmückung der *Camera degli Sposi* im Palazzo Gonzaga in Mantua durch Mantegna. Allein in Florenz wurden zwischen 1450 und 1478 mehr als 30 Paläste und Villen gebaut, und im Jahre 1489 wurde mit dem monumentalen Bau des *Palazzo Strozzi* begonnen. Noch großartiger war die Bautätigkeit in Rom. Die Stadt, die während des ganzen Mittelalters ein Konglomerat von Ruinen und halbverfallenen Häusern geblieben war, wurde durch ein weitblickendes und planvolles Mäzenatentum allmählich zu jener auf der ganzen Welt einzigartigen Stadt, wie wir sie heute kennen. Als 1455 die Bauarbeiten für den *Palazzo Venezia* begonnen wurden, lag der Bauplatz noch am Rande der damaligen Stadt. Erst durch das umfangreiche *aménagement*, mit der Anlegung der großen Straßenzüge des *Corso* und der Via Giulia unter Sixtus IV. und Julius II., wurde die *Piazza Venezia* zu einem der städtebaulichen Mittelpunkte Roms. Ganz in der Nähe entwarf Michelangelo wenig später auf dem Kapitol einen der eindrucksvollsten Plätze Italiens. Vor ihm waren schon andere Künstler aus Florenz in die ewige Stadt gekommen, um sich dort am Beispiel der Antike zu schulen und Zeugnisse der Modernität ihres Schaffens zu hinterlassen, so etwa Bernardo Rossellino, der Architekt des *Palazzo Venezia*, Donatello, Antonio Pollaiolo, dem wir das Grabmal Sixtus IV. verdanken, und schließlich Fra Angelico und Sandro Botticelli, die beide im Vatikan gearbeitet haben.

Mehr als Florenz, mehr sogar noch als Rom lassen aber vielleicht die kleineren Städte und Höfe erkennen, wie sehr aufwendige Investitionen für die Mächtigen in der zweiten Hälfte des 15. Jahrhunderts Repräsentation und zugleich sichtbare Bestätigung der gesellschaftlichen Stellung und des Reichtums bildeten: man denke nur an das kleine Herzogtum Montefeltro in Urbino mit seinem riesigen Palast, wo unter Leitung des Laurana Künstler wie Piero della Francesca und der Flame Justus van Gent arbeiteten. Ein anderes Beispiel ist der kleine Ort Corsignano in der Gegend von Siena, den Papst Pius II., der dort geboren wurde, durch seinen Geldsegen in eine Stadt verwandeln wollte. Von diesem ehrgeizigen Projekt sind ein Platz und ein Name – Pienza – erhalten geblieben, die für sich genommen, zur Vergegenwärtigung des Mäzenatentums der Renaissance ausreichen.

Der Mechanismus, dem Italien seinen Reichtum verdankte, begann also wieder zu funktionieren. Sozialgeschichtlich bedeutete dies eine weitere Festigung der in den vorausgegangenen Jahrhunderten entstandenen Macht- und Geldoligarchien, die als große Nutznießer dieser Entwicklung den Reichtum auch zu bewahren wußten. Die Geschichte der italienischen Staaten dieser Zeit, wie z. B. die Genuas mit seinem Banco oder Roms mit der Kurie, ist die Geschichte der Stabilität und Stabilisierung der bestehenden inneren Ordnung und der herrschenden Oligarchien. Auch in Florenz zielte eine Reihe von Maßnahmen – beginnend mit dem Parlament von 1458 bis zur Einrichtung des Rates der 70 im Jahre 1481 – darauf ab, die Macht endgültig in die Hände der kleinen oligarchischen Gruppe unter der Führung der Medici zu legen. Die Politik des Gleichgewichts der Kräfte zwischen den Staaten der Halbinsel, die in den Jahrzehnten seit dem Vertrag von Lodi den Frieden aufrechterhalten hatte, verstärkte diese Tendenz und erschwerte jeden Versuch, die bestehende innere Ordnung zu verändern. Solche Versuche gab es durchaus: wie bereits erwähnt, war Rom im Jahre 1453 Schauplatz der Verschwörung der Porcari gegen den Papst Nikolaus V., und Mailand erlebte die Verschwörung des Cola Montano. In Neapel erhoben sich 1484 die Barone gegen die Herrschaft des Hauses Aragon. Besonders dramatisch war die berühmte Verschwörung der Florentiner Familie Pazzi, die mit der heimlichen Unterstützung des Papstes Sixtus IV. die Herrschaft der Medici über die Stadt zu brechen suchte. Bei dem Attentat in der Kirche Santa Maria del Fiore entging Lorenzo, der *signore* der Stadt, dem Dolch, nicht aber sein Bruder Giuliano. Ob der Tyrannenmord, wie in Mailand, gelang oder, wie in Florenz und Rom, scheiterte, keine der Verschwörungen erzielte irgendein weiterreichendes politisches Ergebnis, und das war auch gar nicht die Absicht der Attentäter. Weder Erfolg noch Mißerfolg berührten die bestehende politische Ordnung, und das Ansehen des *signore* stieg unaufhaltsam. In Florenz wandte sich die Wut des Volkes gegen die Verschwörer des Jahres 1478, von denen einer, der Erzbischof von Pisa, an der Mauer des Palastes aufgehängt wurde. Durch ihren Individualismus und ihr Sektierertum waren die Verschwörer nicht in der Lage – wie Machiavelli später deutlich machen sollte –, eine politische Perspektive zu entwickeln, die breitere soziale Schichten hätte anziehen können. Einige Bürger, die noch dazu selbst zu großen Familien gehörten, hatten aus Groll und humanistisch-republikanischer Gesinnung für sich allein die Entscheidung zur Ermordung des *signore* getroffen. Das konnte in den Augen des Volkes nur als der Versuch gewertet werden, daß sie sich selbst an dessen Stelle setzen wollten; letztlich jedoch wurde dadurch nur die Unersetzlichkeit des oligarchischen Regimes bestätigt. Wenn dem so war, dann durfte man besser nicht zulassen, daß einige ehrgeizige Schwärmer ziellos die wohltätige Ruhe, die die Aufrechterhaltung des Status quo im Inneren garantierte, aufs Spiel setzten. Darüber hinaus hätte jede Störung des inneren Gleichgewichts auch das zerbrechliche Gleichgewicht des italienischen Staatensystems und die „Freiheit" Italiens von fremder Einmischung, an deren Aufrechterhaltung alle gleichermaßen interessiert waren, gefährdet.

Florenz: Hauptstadt der Renaissance und des politischen Gleichgewichts

Im vorausgegangenen Kapitel haben wir ein Bild des Establishment der italienischen Staaten auf dem Gipfel ihrer Macht gezeichnet. Diese Staaten versuchten, durch ein System von gegenseitigen Garantien und Konzessionen ihre Einflußsphäre zu sichern, und dies wiederum diente den Machthabern zur Aufrechterhaltung des erreichten Wohlstandes. An diesem Punkt erhebt sich die Frage, inwieweit sich dadurch die Stellung der Intellektuellen, die in der italienischen Geschichte immer eine so große Rolle gespielt haben, geändert hat, vor allem aber, ob sich bei ihnen das Gefühl der aristokratischen Abgehobenheit, wie wir es für die Zeit des Humanismus aufgezeigt haben, verstärkte. Um diese wichtige Frage zu klären, müssen wir uns auf Florenz konzentrieren, das Zentrum des politischen Kräftegleichgewichts und der Renaissance.

Daß das Florenz des Lorenzo il Magnifico (1469–1492) an der Waage des Gleichgewichts zwischen den italienischen Staaten das Zünglein war, an dem Frieden und Freiheit Italiens hing, ist in der italienischen Geschichtsschreibung unbestritten. Zweimal gelang es der Vermittlertätigkeit Lorenzos, die Gewitterwolken allgemeiner kriegerischer Konflikte, wie sie für die erste Hälfte des Jahrhunderts charakteristisch gewesen waren, zu vertreiben. Einmal, als sich 1478 nach der Verschwörung der Pazzi eine Auseinandersetzung zwischen Florenz und dem Papst abzeichnete, auf dessen Seite das Haus Aragon in Neapel stand, und zum zweitenmal 1482 während des bereits erwähnten Krieges zwischen Ferrara und Venedig.

Die politische Hegemonie des florentinischen Staates war von der intellektuellen Überlegenheit der Stadt getragen, ohne daß dies als Vorherrschaft oder Monopolstellung mißverstanden werden darf. Im Gegenteil: das künstlerische und intellektuelle Klima Italiens in der zweiten Hälfte des 15. Jahrhunderts blieb wie in der Vergangenheit durch eine außerordentliche Vielfalt der Ausdrucksformen und der Experimente belebt. Andrea Mantegna, der aus Padua stammt, hauptsächlich aber in Mantua arbeitete, ist sicher ein bedeutenderer Maler als der Florentiner Benozzo Gozzoli, der Maler der Kapelle des *Palazzo Medici,* ja vielleicht auch wichtiger als Sandro Botticelli mit seiner allzu verfeinerten Eleganz. Die etwas provinzielle Kunst eines Matteo Maria Boiardo, der von seinem Kastell im emilianischen Apennin an den Hof der Este in Ferrara gekommen war, um dort seine etwas altmodischen Geschichten des ,,Orlando innamorato" vorzutragen, besitzt nicht die Geschliffenheit des Ausdrucks eines Poliziano, des Dichterfürsten am Hofe der Medici. Dennoch drückte sich in Boiardos Werk mehr ursprüngliche Kraft aus als in der gewählten ,,volkstümlichen" Sprache, die aus den Gelegenheitsdichtungen des Lorenzo il Magnifico spricht und die typisch für die Haltung des Gelehrten und Aristokraten ist. Auch in der Philosophie war der florentinische Neoplatonismus weder durch die Geschlossenheit seines Gedankengebäudes noch durch die Fruchtbarkeit seiner Entwicklung anderen Schulen überlegen. Der Aristotelismus und Averroismus der Schule von Padua, durch den auch Pico della Mirandola stark beeinflußt war, brachte am Ende des Jahrhunderts einen kühnen spekulativen Denker wie Pomponazzi hervor. Begabte Künstler, lebendige Geister, Universitäten und Akademien von großem Ruf fehlten an keinem Hof und in keiner Stadt Italiens. Aber nur in Florenz erreichte das künstlerische und intellektuelle Leben eine Dichte und Intensität der kollektiven Leistung, die sich voller Stolz ihrer selbst, der eigenen Kontinuität, Originalität und Kraft bewußt wurde.

„Welche Stadt", so lesen wir in der Invektive des Salutati gegen Loschi, „nicht nur in Italien, sondern auf der ganzen Welt besitzt festere Mauern, glänzendere Paläste, mehr Kirchen, schönere Häuser ... wo wird mit größerer Umsicht der Handel reger betrieben ... wo gibt es berühmtere Männer ... wo einen Dante, Petrarca, wo einen Boccaccio?"

In diesen Zeilen wird die Liebe zur Literatur integrierender Bestandteil des Stolzes auf die eigene Vaterstadt Florenz. Diese Haltung, die auch aus der „Laudatio florentinae urbis" des Leonardo Bruni spricht, vermittelte der Kultur in Florenz eine, wenn der Ausdruck erlaubt ist, imperialistische Dimension und erhöhtes Ausdehnungsstreben, aber auch große Anziehungskraft. Im 15. Jahrhundert existierte im wahrsten Sinne des Wortes eine Diaspora florentinischer Künstler in den Städten und an den Höfen Italiens, wie die bereits erwähnten Künstler, die die Fresken der Sixtinischen Kapelle in Rom schufen. In der Architektur, schrieb der Mathematiker Luca Pacioli am Ende des Jahrhunderts, müsse sich jeder, der bauen wolle, nach Florenz wenden. Aus der Stadt mit dem Lilienwappen kommen Architekten wie Rossellino, der Erbauer des *Palazzo Venezia* in Rom, Giuliano da Maiano, der die *Porta Capuana* für die Aragon in Neapel errichtete und an der Wallfahrtskirche von Loreto arbeitete, und auch Filarete, dem wir den großartigen Bau des *Ospedale Maggiore* in Mailand verdanken. Aber vielleicht mehr noch als in der bildenden Kunst und ihren Künstlern besaß Florenz in der Sprache und Literatur ein wirksames Instrument für seine kulturelle Hegemonie auf der Halbinsel. Die florentinischen Humanisten, unter ihnen vor allem Leon Battista Alberti, verwendeten in ihren Schriften neben dem Latein immer auch das *volgare* ihrer Heimatstadt, das dadurch mehr als die anderen italienischen *volgari* die Klarheit und Genauigkeit einer Schriftsprache erhielt und zur Sprache der Intellektuellen des Landes wurde. Im Laufe des 15. Jahrhunderts setzte sich das Florentinische eindeutig durch, und diese Tatsache wurde am Anfang des 16. Jahrhunderts von den Theoretikern des Sprachproblems endgültig festgehalten.

Schon der aus den Marken gebürtige Filelfo schrieb: „ex universa Italia etrusca lingua maxime laudatur" (in ganz Italien wird die toskanische Sprache am meisten gelobt), und Bernardino da Feltre, der als Prediger nach Florenz gekommen war, mußte sich bei seinen Zuhörern entschuldigen, weil er sich nicht auszudrücken wußte „nach der Kunst der Sprache, die in Florenz beheimatet ist", sondern nur „nach dem Evangelium". Wenn selbst Nicht-Florentiner sich so ausdrückten, dann versteht man den Stolz, mit dem Lorenzo il Magnifico feststellte, daß seine „Muttersprache" in ganz

Italien verstanden und gesprochen wurde, und auch das Lob der „reichen und eleganten" toskanischen Sprache aus dem Munde Polizianos. War das Florentinische nicht auch die Sprache Dantes, Petrarcas und Boccaccios gewesen? Für die Humanisten, die die Sprache in erster Linie als Literatur- und Gelehrtensprache verstanden, war dies ein entscheidendes Argument; der Primat des Florentinischen schien die natürliche Konsequenz daraus. Es ist sicher kein Zufall, daß zu den ersten in Italien in den Jahren 1470 bis 1472 gedruckten Büchern zahlreiche Ausgaben dieser drei Klassiker gehörten. Die revolutionäre Erfindung Gutenbergs trug damit noch mehr zur Festigung der kulturellen Hegemonie von Florenz bei.

Durch die Sprache und die Literatur verbreiteten sich auch die Ideen des florentinischen Humanismus. Es waren nicht mehr die des „bürgerlichen" Florenz wie zur Zeit des Coluccio Salutati und Leonardo Bruni, denn die kulturelle und auch die politische Lage in Florenz hatte sich seitdem geändert.

Die interessanteste Gestalt des kulturellen Lebens in Florenz in der zweiten Hälfte des 15. Jahrhunderts ist Giovanni Pico della Mirandola. Als Mann von unendlicher Gelehrsamkeit vereinigte er in sich verschiedene Strömungen. Neben die Lehren des Aristoteles und Averroes, die er während seines Studiums in Padua kennengelernt hatte, trat der Einfluß des florentinischen Neuplatonismus. Die Zerrissenheit und Ruhelosigkeit seiner Persönlichkeit kommt in seiner menschlichen und intellektuellen Entwicklung zum Ausdruck. 1486 schrieb er die „Oratio de hominis dignitate", die einen klassischen Passus des humanistischen Gedankenguts enthält: „Ich habe dich weder als göttliches, noch als irdisches Wesen geschaffen, weder sterblich, noch unsterblich, damit du frei und souverän dich selbst formst und meißelst in der Gestalt, die du dir vorgenommen hast." Später aber, am Ende seines Lebens, wurde er, wie wir sehen werden, zum Anhänger Savonarolas.

Geradliniger, weniger facettenreich und komplex, dafür aber repräsentativer für das geistige Klima der Zeit ist die Gestalt des Gründers der platonischen Akademie in Florenz, Marsilio Ficino. Er war einer der führenden Köpfe seiner Zeit, stand in Briefwechsel mit den großen Gelehrten Europas, und seine Schriften wurden ungeduldig von einem breiten Leserpublikum erwartet. Als Übersetzer und leidenschaftlicher Anhänger eines durch Plotin gefilterten Plato entwarf er ein philosophisches System, in dem Platonismus und Christentum, um hermetische und magische Elemente erweitert, in dem versöhnlichen Ideal einer *pia philosophia* vereint sind. Mit dieser „Theologia platonica", wie der Titel eines seiner Hauptwerke lautete, versöhnte und identifizierte sich der Gelehrte mit dem Christentum und mehr noch das Christentum mit dem Gelehrten. Nur der Wissende steht in Gemeinschaft mit Gott, der gleichbedeutend ist mit unendlicher Weisheit, und das Wissen ist ein weihevoller Anfang für wenige Auserwählte. In dieser Konzeption zeichnete sich die Herausbildung einer aristokratischen Kultur und einer weltabgewandten, kontemplativen Geisteshaltung ab. Der Primat des tätigen Lebens, von den ersten florentinischen Humanisten heftig verteidigt, wurde von Ficino und seiner Schule in Zweifel gezogen und manchmal sogar offen bekämpft, so etwa in den „Disputationes camaldulenses" des Cristoforo Landino. Frei von seinen Aufgaben und Verpflichtungen als Bürger tendierte der Intellektuelle immer mehr dazu, den Abstand zu unterstreichen, der ihn vom *volgo* trennte. Die gesellschaftliche Stellung des Intellektuellen wurde nicht mehr als Verantwortung gegenüber der Gemeinschaft verstanden, sondern als Priestertum, und die Tätigkeit des Intellektuellen nicht als Arbeit, sondern als *otium*, als Muße im Sinne der klassischen Antike. Das beredteste Beispiel einer solchen abgehobenen Haltung bietet Ficinos Lebensweg. Er stand in guten Beziehungen sowohl mit den Medici als auch mit deren Gegnern, unterstützte Savonarola auf der Höhe seines Erfolges und gehörte zu seinen mitleidlosesten Verfolgern in der Stunde des Unglücks. Sein Desinteresse für die politische Entwicklung des Staates, ja seinen Opportunismus wußte Ficino immer als stoische Gelassenheit zu verteidigen.

Der florentinische Neoplatonismus führte so zur Weltabkehr und ließ in der humanistischen Kultur die bereits vorhandenen aristokratischen Elemente weiter erstarken. Florenz, von dem die Aufrechterhaltung des politischen Status quo in Italien abhing, übernahm damit auf geistigem Gebiet eine ähnliche Rolle wie auf politischem. Der große Einfluß des Neoplatonismus beschränkte sich nämlich nicht auf den Kreis der Gelehrten und nicht auf philosophische Fragen. Ohne den Neoplatonismus wäre ein bedeutender Teil der Literatur, des Geschmacks und der „Moden" des 16. Jahrhunderts in Italien und Europa kaum verständlich. Der Neoplatonismus ist ein Schlüssel zum Verständnis literarischer Phänomene wie der Petrarca-Renaissance und des Erfolges von Büchern wie dem „Cortegiano" des Baldassarre Castiglione, in dem unter anderem Erörterungen über die Natur der Liebe im Sinne der Neuplatoniker wiederkehren. Ganz allgemein könnte man vielleicht sagen, daß sich mit dem Neoplatonismus zum ersten Mal eine rein akademische geistige Kultur durchsetzt, die mit ihrem Rückzug aus politischer Verantwortung und Reformwillen eine wichtige Etappe in der „Krise" der humanistischen Intelligenz bezeichnet.

Aber auch an dieser Stelle sollte man den Lauf der Geschichte nicht zu sehr raffen, vor allem weil es sich um eine so widersprüchliche und komplexe Geschichte wie die der italienischen Intellektuellen und ihres Verhältnisses zur gesellschaftlichen und politischen Entwicklung des Jahrhunderts handelt. Die Ereignisse, mit denen wir uns im folgenden Kapitel befassen, enthüllen das andere Gesicht der vielschichtigen Realität im Florenz und Italien des 15. Jahrhunderts. Es zeigt sich hier eine Gesellschaft voller Vitalität und ein kulturelles Leben, in dem die Keime des Neuen gedeihen konnten. Auch in dieser Beziehung stand, noch einmal, Florenz im Mittelpunkt.

Savonarola und Karl VIII.

Das Nahen einer Jahrhundertwende versetzte die Menschen des Mittelalters immer in Unruhe, wie die Prophezeiungen des 13. Jahrhunderts über die Papstherrschaft eines Engels oder die Ereignisse um Cölestin V. deutlich machen (vgl. S. 37). Die chiliastische Vorstellung, daß jedes neue Jahrhundert auch eine neue Ordnung und eine Erneuerung der menschlichen Lebensbedingungen in ihrer Gesamtheit mit sich bringen müsse, war allgemein verbreitet, und wir finden diesen Gedankengang auch später wieder bei Campanella und anderen. Eine solche Wiedergeburt konnte von den Menschen der Zeit nur in religiösen Begriffen gedacht werden, als eine Reformation der Kirche, deren Lehre die Grundlage des menschlichen Zusammenlebens bildete.

Die Gleichsetzung von Denken und Glauben war bei der Masse der Gläubigen so tief verwurzelt, daß der Aufruf eines Mannes, dessen göttliche Berufung glaubwürdig erschien, als unbedingter Befehl empfunden wurde. Was wir heute als „Revolution" oder Erneuerung der Gesellschaft begreifen, konnte nur eng mit der Wiederherstellung der ewigen Glaubenswerte gedacht und verwirklicht werden. Die Revolutionäre des Mittelalters und der frühen Neuzeit sind deshalb zugleich Propheten und *laudatores temporis acti*. Darin macht auch das geistig so rege 15. Jahrhundert keine Ausnahme, ja gerade in der ersten Hälfte des Jahrhunderts war für die Generationen, die das Konzil von Konstanz miterlebt hatten, die Sehnsucht, ja das dringende Verlangen nach einer Reform der Kirche ganz gegenwärtig. Jetzt, in der spannungsgeladenen Atmosphäre der letzten Jahre des Jahrhunderts beschäftigten solche Vorstellungen Herz und Geist der Menschen von neuem.

In den letzten Jahren des 15. Jahrhunderts kamen fast überall in Italien die religiösen Erwartungen und Ängste in der Menge der Gläubigen zum Ausdruck, die sich um leidenschaftliche Wanderprediger scharte. Zum Schauplatz der dramatischsten und tiefgreifendsten Erneuerungsbewegung wurde Florenz, die Stadt, in der wie nirgends sonst in Italien Bildung und Wissenschaft zu Hause waren. Das mag überraschen, aber die Stadt in der Toskana war nicht nur der Mittelpunkt des politischen Kräftegleichgewichts und der geistigen Entwicklung des Humanismus. Seit den Zeiten der *Ciompi* waren innerhalb der Stadt auch die Keime religiöser Unruhe und Erbitterung des Volkes vorhanden und brachen immer wieder auf. Eine der bemerkenswertesten dieser Bewegungen wurde durch die Predigten und die karitative Tätigkeit des Bischofs Antonino in den Jahren 1445 bis 1459 ausgelöst. Die künstlerische Tätigkeit des Fra Angelico ist zum Teil von dieser Erfahrung geprägt. Ungewöhnliche Intensität und Wirkungskraft erreichte aber vor allem die am Ende des Jahrhunderts von Gerolamo Savonarola ins Leben gerufene Bewegung.

Geboren in Ferrara im Jahre 1452, trat Savonarola ebenso wie Antonino dem Dominikanerorden bei und kam während der letzten Jahre der *signoria* des Lorenzo il Magnifico nach Florenz. Hier begann seine Laufbahn als Prediger. Die Lebendigkeit, die Gewalt der bildhaften Sprache und die Kühnheit der Aussage machten seine Predigten bald zu einem zunehmenden Erfolg. Die Welt – so predigte er zum Beispiel zu Advent 1493 – ist verderbt, verderbt ist die Kirche, deren Priester statt der Bibel die Bücher der heidnischen Antike lesen, die sich nur der ,,Dichtkunst und Rhetorik" widmen, und ,,während in der ursprünglichen Kirche die Kelche von Holz und die Priester von Gold waren, hat die Kirche heute Kelche von Gold und Priester von Holz". Verderbt sind die Fürsten, deren Paläste und Höfe zum Schlupfwinkel für Schurken und Verbrecher geworden sind, die an nichts anderes denken als an ,,neue Steuern, mit denen sie das Blut des Volkes aussaugen können". Verderbt sind die Gelehrten, ,,die in ihren zahllosen Lügenmärchen die niederträchtigen Fürsten von Göttern abstammen lassen". Verderbt sind Gesetze und Gebräuche. Welches Heilmittel aber konnte gegen die Ausbreitung von so viel Niedertracht helfen? Auch dazu drückte sich Savonarola klar und eindeutig aus:

,,Oh Herr, du hast wie ein erzürnter Vater gehandelt, du hast uns von Deinem Angesicht verstoßen. Beschleunige wenigstens die Strafe und die Geißel, damit uns bald Dein Anblick wieder gegönnt sei. *Effunde iras tuas in gentes* (Gieße deinen Zorn aus über die Menschen). Erschreckt Euch nicht, oh Brüder, über diese Worte, sondern im Gegenteil freut euch, wenn ihr seht, daß die Guten die Züchtigung ersehnen, weil sie ersehnen, daß das Übel zertreten werde und das gesegnete Reich Jesu Christi in der Welt wachse und gedeihe. Für uns bleibt heute nichts anderes zu hoffen, als daß das Schwert Gottes bald über die Menschen kommen möge."

Aus diesen Worten spricht in kaum zu überbietender Klarheit die Hoffnung auf die apokalyptische Erneuerung, auf die Katharsis, die um die Jahrhundertwende die Herzen so vieler Menschen im tiefsten bewegte. ,,Das Schwert des Herrn" aus der Predigt Savonarolas, die drohende ,,Sintflut" und der ,,neue Kyros", den Savonarola als rächenden Erneuerer erwartete, wurden tatsächlich Wirklichkeit. Im September 1494, kaum ein Jahr nach der heftigen Adventspredigt Savonarolas, fielen die Heere Karls VIII., ohne auf nennenswerten Widerstand zu treffen, mit ihren Schweizerformationen und schweren Geschützen in Italien ein. In wenigen Monaten wurde deutlich, daß mit dem Ende der vierzigjährigen Friedenszeit auch das innere Gleichgewicht und damit der ungestörte Genuß der Freiheit mit einem Mal verloren waren. Das Wiederauftauchen der ,,Barbaren" auf der Halbinsel entfesselte lange gehegten Haß und Rachegelüste, die sich wie ein Gewitter entluden. Die Barone in Neapel, die 1484 in ihre Schranken gewiesen worden waren, erhoben von neuem das Haupt; Venedig überfiel eilends die Häfen in Apulien; Ludovico il Moro, der Herzog von Mailand, entledigte sich seines Neffen Gian Galeazzo, eines möglichen Konkurrenten um den Herzogstitel; Pisa entzog sich der florentinischen *signoria*, und in Florenz selbst wurden die Medici aus der Stadt vertrieben und die Republik wiederhergestellt.

Wer, wenn nicht Savonarola, der die Katastrophe vorausgesehen und die Notwendigkeit von Erneuerung und Sühne gepredigt hatte, hätte der Gesetzgeber der neuen Republik sein können? Er ließ sich nicht lange bitten und entwarf eine neue Verfassung, die sich zum Teil an die Florentiner Einrichtungen aus der republikanischen Zeit, zum Teil an die venezianischen anlehnte. Die Gewichte waren damit zugunsten der Verfechter einer Regierung auf breiter Basis, einer „universalen" Regierung, wie Savonarola sie nannte, verteilt, und damit gegen die Parteigänger der Oligarchie gerichtet. Dieser Eingriff des Dominikanerpaters in öffentliche Angelegenheiten und der politische Einfluß, den er in der Form einer Oberaufsicht während der ersten Jahre über die Republik Florenz ausübte, darf uns nicht verwundern. Für Savonarola erschien es sinnlos, Christus zum Herrn der Stadt zu erklären, wenn sein Gesetz dann nicht alle Bürger erfaßte, sich nicht in genauen Einrichtungen und im Verhalten der Menschen niederschlug. Das Gesetz Gottes vertrug weder Ausnahmen noch Kompromisse, und der religiöse Erneuerer konnte sich der gesetzgeberischen Verantwortung nicht entziehen.

„... und wenn ihr gehört habt", erwiderte Savonarola seinen Gegnern, „daß Staaten sich nicht mit dem Vaterunser regieren lassen, dann erinnert euch, daß dies die Lehre der Tyrannen ist ... die Lehre der Unterdrückung und nicht die der Erhebung und Befreiung der Stadt. Wenn ihr eine gute Regierung wollt, müßt ihr euch in die Hand Gottes geben. *Wenn dem nicht so wäre, würde ich mich gewiß nicht in die Angelegenheiten des Staates einmischen.*"

Das Gebot Gottes, das verlangt, daß die Regierungen fromm, gerecht und barmherzig sein sollen, duldet weder Widerspruch noch Grenzen. Die umfassende Reform, die in Florenz begonnen hatte, mußte deshalb auf ganz Italien ausgedehnt werden.

„Und du, Volk von Florenz, wirst auf diese Art und Weise die Erneuerung in ganz Italien einleiten, du wirst deine Flügel über die Welt ausbreiten, um allen Völkern die Erneuerung zu bringen. Sei eingedenk, daß der Herr deutliche Zeichen gegeben hat, daß er eine Erneuerung von Grund auf will, und daß du das auserwählte Volk bist, um dieses große Werk zu vollbringen, solange du die Gebote dessen, der dich berufen hat, befolgst."

Vier Jahre lang – vom September 1494 bis März 1498 – erlebte das Florenz des Savonarola in einem Klima kollektiver Begeisterung eine Erneuerung „an Haupt und Gliedern", die alles und alle erfaßte. Dies war eine gänzlich ungewohnte Erfahrung in Italien, und deshalb beeinflußten die Persönlichkeit und das Werk Savonarolas seine Zeitgenossen weit über die Grenzen der

Stadt hinaus. Nur auf diesem Hintergrund wird begreiflich, wie nicht nur das einfache Volk, sondern auch die Gelehrten und die Mächtigen so sehr angezogen wurden, daß sie selbst an der Erneuerung teilhaben wollten. Wir haben schon an Pico della Mirandola erinnert, weiter ließe sich sein Neffe Gian Francesco erwähnen, der zum Schüler und Biographen des Dominikanerpaters wurde, und an den berühmten Arzt Antonio Beniveni und seine Brüder Domenico und Girolamo, Geistlicher der eine, neuplatonischer Dichter der andere. Unter den Künstlern, die Savonarola folgten, waren Giovanni della Robbia, Fra Bartolomeo und Botticelli. Auch der große Freskenzyklus des Luca Signorelli im Dom von Orvieto ist mit großer Wahrscheinlichkeit von dem Erlebnis Savonarola geprägt.

Was Menschen mit solcher Bildung an dem Dominikaner aus dem Kloster San Marco so sehr faszinierte, war gewiß nicht dessen geistige Tiefe, denn als er über Philosophie und Theologie zu schreiben versuchte, erwies er sich nur als scholastischer Kompilator. Es war vielmehr sein Fanatismus, seine hitzige und instinktive Unmittelbarkeit, ja, wenn man so will, seine „gelehrte Unwissenheit" – eine Faszination, der besonders leicht die Intellektuellen erliegen. Durch Wort und Werk Savonarolas wurden sie sich der ohnmächtigen Isolation ihrer aristokratischen Kultur bewußt, die keinen Ausweg aus der allgemeinen Krise zu zeigen vermochte. Später, als die Erinnerung an Savonarola schon zu verblassen begann, trat diese Tatsache um so klarer hervor. In der folgenden Generation hegten gerade Michelangelo und Machiavelli, also diejenigen, die sich am meisten der Verfallserscheinungen in Italien bewußt waren, besonders lebendiges Interesse für die Gestalt des Savonarola. Michelangelo war ein begeisterter Leser der Schriften Savonarolas, und Machiavelli fand, obwohl er in seiner Jugend ziemlich ungerührt den Predigten des Savonarola gefolgt war, in ihm die Qualitäten des neuen Fürsten und Gesetzgebers, der, wenn ihm nicht die Waffen aus der Hand geschlagen worden wären, Florenz zu einer neuen Ordnung hätte führen können.

Das Experiment der republikanischen Erneuerung, wie sie Savonarola vorschwebte, endete jedoch in einer Niederlage. Durch den Rückzug der französischen Truppen von der Halbinsel im Juli 1495 war die Republik ihres mächtigen Bündnispartners und Beschützers beraubt und den konzentrischen Angriffen ihrer Feinde ausgesetzt. Interne Feinde waren vor allem die Parteigänger der Medici, die mehrmals versuchten, die Macht wieder in ihre Hände zu bekommen. Von den äußeren Feinden war Papst Alexander VI., einer der Päpste, die mit dem geringsten Schein der Heiligkeit in die Geschichte eingegangen sind, besonders hartnäckig. Er konnte Florenz die Treue zu Frankreich und Savonarola nicht verzeihen, gegen dessen reformerischen Eifer er im Mai 1497 die Exkommunikation ausgesprochen hatte. Dennoch konnte Savonarola für ein weiteres Jahr die moralische und politische Führung der Stadt in der Hand behalten und seine Stellung behaupten.

Im Karneval 1497 wurde Florenz zum Schauplatz einer ungewöhnlichen Zeremonie. An die Stelle der traditionellen Lustbarkeiten trat nämlich die Verbrennung der Eitelkeiten: Kleider, Bücher und Bilder endeten in den reinigenden Flammen.

Zu viele Faktoren untergruben jedoch inzwischen die Popularität des Dominikanermönches aus San Marco: die Verzögerungen und Mißerfolge bei der Wiedereroberung Pisas – die Stadt ergab sich erst 1509 –, die Besorgnis der florentinischen Bankiers wegen der römischen Kurie, das Ausbleiben der außerordentlichen Ereignisse, die Savonarola unermüdlich prophezeite. Vergebens versuchte er durch die Herausforderung seiner Feinde, der Franziskaner, zur Feuerprobe *in extremis*, wieder Boden zu gewinnen. Als am 7. April 1498 auf der bürgerlich-kühlen, höchst profanen Piazza della Signoria alles für das ungewohnte Schauspiel vorbereitet war, entzog sich Savonarola unter verschiedenen Vorwänden der Probe. Das war das Ende, und wie für alle gefallenen Götter war der Sturz tief. Am darauffolgenden Tag wurde Savonarola verhaftet, am 22. Mai am Galgen erhängt und auf dem Scheiterhaufen verbrannt.

Nach dem tragischen Ende Savonarolas überlebte die Republik noch 14 Jahre, aber ihr Überleben war ebenso ruhmlos wie ihr schließliches Ende. Unentschieden in der äußeren Politik, zerrissen im Inneren durch Parteikämpfe, leistete kaum mehr jemand Widerstand, als im Jahre 1512 die Truppen des Gran Capitano Consalvo auf die Stadt marschierten, um die *signoria* der Medici wieder zu errichten.

Der Angriff Ludwigs XII.
Venedig in der Stunde von Agnadello

Karl VIII. hatte sich, wie angedeutet, in Italien nur kurz halten können. Nachdem er, ohne auf Widerstand zu stoßen, die Halbinsel von den Alpen bis Neapel durchzogen hatte, verfing er sich in den Maschen der italienischen Diplomatie. Angesichts der Gefahr, von den Heeren seiner Verbündeten abgeschnitten zu werden, mußte Karl sich mühevoll den Rückzugsweg freikämpfen. Sein Nachfolger, Ludwig XII., zog es deshalb vor, einen neuen Italienzug durch Verhandlungen vorzubereiten. Gegen Mailand, auf dessen Herzogtitel Ludwig als Erbe der Valentina Visconti Anspruch erhob, schloß er ein Bündnis mit Venedig und den Schweizern; mit Ferdinand dem Katholischen von Spanien verbündete er sich gegen die Aragon in Neapel, und schließlich ließ er dem Sohn des Papstes Alexander VI., Cesare Borgia, freie Hand in Mittelitalien. Dennoch fand sich auch Ludwig in Italien – trotz aller militärischen Erfolge und Eroberungen – nicht im Dickicht der Diplomatie zurecht. Aus Neapel wurde er von den Spaniern vertrieben, die sich damit endgültig in Süditalien festsetzten. Nachdem er dann unvorsichtigerweise –

wie ihm später Machiavelli vorwerfen sollte – an der von Julius II. gegen Venedig ins Leben gerufenen Liga von Cambrai teilgenommen hatte, sah er sich plötzlich einem Bündnis aller italienischen Staaten einschließlich der Könige von Spanien und England gegenüber. Dieses Bündnis, die Heilige Liga, war von Julius II. geschmiedet worden, denn der Kampfruf „Fort mit den Barbaren!" fand bei der von den Humanisten geprägten Generation immer noch Resonanz. Auch Ludwig konnte sich deshalb nur noch mit Waffengewalt aus der italienischen Falle befreien (Schlacht von Ravenna, 1512), um sich nach Frankreich zu retten, wo er kurz darauf starb.

Im Gegensatz zu dem flüchtigen Abenteuer Karls führte der mehr als zehnjährige und schließlich erfolglose Kampf von Ludwig XII., der damit Frankreich Einfluß in Italien verschaffen wollte, zu tiefgreifenden Veränderungen der politischen Ordnung auf der Halbinsel. Nach dem Rückzug des französischen Königs im Jahre 1512 hatte sich die politische Lage in Italien im Vergleich zur Jahrhundertwende grundlegend gewandelt. Die Inseln und Süditalien standen nun endgültig unter dem Einfluß Spaniens, in Mittelitalien war die Republik Florenz geschlagen und die von den Spaniern unterstützten Medici waren an die Herrschaft zurückgekehrt. Wie wir noch sehen werden, hatte sich der Kirchenstaat gefestigt und vergrößert. In Norditalien schließlich hatte Mailand aufgehört, als selbständiger Staat zu existieren. Nachdem das Herzogtum für zwölf Jahre unter französischer Herrschaft gestanden hatte, blieb es nun in der Hand der Schweizer, um kurze Zeit später auch unter die spanische Herrschaft zu fallen. Nur Venedig, das allein gegen ein Bündnis aller italienischen Fürsten und zahlreicher europäischer Monarchien Widerstand geleistet hatte, konnte sich noch mit einigem Recht als legitime Vertreterin der Freiheit Italiens oder dessen, was davon übriggeblieben war, fühlen.

Den Zeitgenossen erschien dieser Stolz voll gerechtfertigt: nach der schweren militärischen Niederlage von Agnadello (14. Mai 1509) hatten viele Beobachter eine Katastrophe als unvermeidlich erachtet. Der Serenissima gelang es jedoch im Gegenteil, durch äußerstes diplomatisches Geschick aus der Liga von Cambrai zuerst den Papst und dann Spanien herauszubrechen, so daß mit Ausnahme der neueren Eroberungen in Apulien, der Emilia und der Stadt Cremona der Besitz der venezianischen Terraferma gewahrt blieb. Mehr noch: wie alle Quellen, einschließlich Machiavelli übereinstimmend berichten, hatten die Bauern und das einfache Volk der Städte auf der Terraferma während des Krieges nicht aufgehört, sich als *marcheschi*, als Untertanen der *Serenissima* zu fühlen und hatten zum Teil sogar, wie in Friaul, mit einfachen Waffen für die Wiederherstellung der venezianischen Herrschaft gekämpft. Diese Untertanentreue der „Provinzler" war für die Zeitgenossen, die darin eine Bestätigung für den inneren Zusammenhalt und die Lebenskraft der Republik sahen, so ungewohnt, daß der Mythos, der die Serenissima umgab, stetig Nahrung erhielt.

Dies war die Meinung der Zeitgenossen und der Geschichtsschreibung des 16. Jahrhunderts. Welches Bild ergibt sich dagegen aus heutiger Sicht? Wenn wir die Schlußfolgerung vorwegnehmen, könnte man sagen, daß die Tage von Agnadello und der Liga von Cambrai für Venedig vor allem eine verpaßte Gelegenheit bedeuten. Diese Ereignisse markieren tatsächlich einen der entscheidenden Wendepunkte der italienischen Geschichte des 16. Jahrhunderts.

Unmittelbar nach der Niederlage von Agnadello hatten die Patrizier und die Wohlhabenden in den Städten der Terraferma sofort das Joch der venezianischen Herrschaft abzuschütteln versucht, um zum eigenen Vorteil die städtischen Freiheiten wiederherzustellen. Mit besonderer Sympathie blickten sie auf Kaiser Maximilian und Deutschland mit seinen freien Reichsstädten. Warum sollten Padua, Verona, Brescia, Udine nicht wieder freie Städte werden und die Herrschaft über das umliegende Land ausüben können, wie Nürnberg, Augsburg oder Regensburg? Gegen diese anachronistischen Pläne zur Restauration der städtischen und patrizischen Herrschaft lehnten sich die Bauern und die niedere Bevölkerung der Städte auf, die instinktiv spürten, daß eine solche Restauration nur die patrizischen Privilegien erweitern und damit den Druck der städtischen Herrschaft gegenüber dem Umland verstärken wurde. Mit gesundem Menschenverstand erkannten sie, daß zwischen einem Herrn als unmittelbarem Nachbarn und einem Herrn, der weit entfernt ist, zwischen einer direkten und persönlichen Herrschaft und einer indirekten, unpersönlichen immer die letztere vorzuziehen ist. Die Treue zu Venedig und das Festhalten am Status als *marcheschi* waren in erster Linie auf den Widerstand gegen die unmittelbaren Unterdrücker zurückzuführen und somit mehr eine Art Bauernkrieg. Die Aufständischen in Friaul überfielen nicht nur die Burgen des kaiserlichen Adels, sondern auch einige Burgen, deren Besitzer auf der Seite Venedigs geblieben waren. Der Chronist Priuli war sich dieser Tatsache wohl bewußt, auch wenn er die eigentliche Quelle für den Mythos von Agnadello ist. Er schreibt: „Aber dies war der wahrhaftige Grund für den Aufstand der Bauern zur Unterstützung Venedigs, daß die Bewohner aller Städte der Terraferma Gegner und Feinde des venezianischen Namens waren, und weil Städter und Bauern immer untereinander Feinde sind, kämpften die Bauern im Namen Venedigs."

Auch die entsetzlichen Erfahrungen des Krieges, als die fremden Heere als Besatzungsmacht mit Plünderungen und willkürlichen Grausamkeiten im Lande wüteten, hatten zu großer Erbitterung der Bauern geführt, so daß sie für Venedig Partei ergriffen. Der Kontrast zwischen dem Provinzler, der vom Frieden lebt, und dem Soldaten, der vom Krieg lebt, wirkte sich zugunsten Venedigs aus. Dieser Interessengegensatz ist das Grundthema der derben Komödien, die Angelo Beolco unter dem Namen Ruzzante um diese Zeit im Dialekt Paduas verfaßte. In den Augen der bäuerlichen

Massen, die von der deutschen und französischen Soldateska ausgepreßt wurden, erschien Venedig als Garant für ein normales und friedliches Leben.

Die Beweggründe, die die Bauern in Friaul und in der übrigen Terraferma veranlaßten, sich auf die Seite Venedigs zu schlagen und gegen die kaiserliche Partei die Waffen zu ergreifen, sind letztlich ziemlich einfach und unmittelbar: nicht Patriotismus, zu dem wohl auch kaum Anlaß bestand, sondern Verbundenheit mit der eigenen Heimat; nicht Dankbarkeit gegenüber Venedig, sondern Furcht vor den Feudalherren und Haß gegenüber dem nahen und spürbaren Ausbeuter. Aber auch ohne das Bewußtsein, das eine voreingenommene Geschichtsschreibung den Aufständischen hat unterschieben wollen, hätte die bäuerliche Bewegung zur Überwindung der partikularistischen Tendenzen der Städte und Familien im Herrschaftsgebiet der venezianischen Terraferma beitragen können. Venedig hatte sich die Chance geboten, aus dem Konglomerat von Privilegien und Rechten einen modernen absolutistischen Staat zu machen.

Aber diese Gelegenheit wurde nicht genutzt, und in diesem Sinne bedeutet Agnadello – trotz des erfolgreichen Widerstandes – den Anfang des langsamen Niedergangs der Republik Venedig. Wieder im Besitz der Städte und Territorien der Terraferma beschränkte sich die Republik auf die strenge Bestrafung der Personen und Familien, die sich am meisten für die kaiserliche Sache exponiert hatten, verzichtete aber bewußt auf jeden Versuch einer Neuordnung der bestehenden gesellschaftlichen Hierarchien. Mehr noch: mit der ausdrücklichen Unterstützung der Herrschenden in Venedig wurde der Zugriff der lokalen Adelsmacht noch unmittelbarer. Bezeichnend ist der Fall Udines, der Hauptstadt von Friaul, als der Region, in der der Zusammenprall zwischen dem Adel auf der Seite Habsburgs und den bäuerlichen *marcheschi* in den Jahren von Agnadello am erbittertsten gewesen war. 1513 wurde durch die „Schließung" des städtischen Rates die Entscheidungsgewalt über die Stadt immer mehr zum Monopol jener Familien des Adels und der Grundbesitzer, die in der Gefahr als erste das sinkende Schiff Venedigs verlassen hatten, um sich der Gegenpartei anzuschließen. Das gleiche ereignete sich, allerdings mit einiger Verzögerung, in Padua, Verona und in den meisten anderen Städten der Terraferma. Nach Kriegsende kehrten Venedig und sein Herrschaftsgebiet also zu seiner alten Form zurück: es blieb eine Art Föderation aus verschiedenen Städten und ein Konglomerat verschiedener Rechte, deren gemeinsames Band lediglich in der gemeinsamen Unterwerfung unter die venezianische Herrschaft bestand. Eigentlich teilten sich der Adel Venedigs und der Adel der Terraferma die Herrschaft, indem ersterer die ausschließliche Verfügung über die außenpolitischen Entscheidungen innehatte, letzterer dafür aber eine Vielzahl der lokalen Privilegien behielt; beide verhinderten gemeinsam jeden Versuch, die Starrheit der bestehenden Kräfteverhältnisse „von unten her" aufzubrechen. Einer Tendenz folgend, deren Anfänge wir schon im 15. Jahrhundert erkennen konnten, ging das venezianische Patriziat immer mehr dazu über, den aus dem Handel gewonnenen Reichtum in Grundbesitz zu investieren, und damit verlagerte sich der wirtschaftliche Schwerpunkt Venedigs vom Meer auf die Terraferma. Im Laufe der Zeit wurde jedoch immer spürbarer, daß der Versuch, die Schwierigkeiten nach Agnadello im konservativen Sinne zu bewältigen, nur verhängnisvolle Auswirkungen zeitigen konnte. Die vielgepriesene „Ausgeglichenheit" der venezianischen Verfassung, auf der der Mythos Venedigs im wesentlichen beruhte, war nichts anderes als die glänzende Fassade, hinter der sich Stagnation und Verfall verbargen.

Die Zeit Leos X.

Venedig war geschwächt aus der schweren Zeit von Agnadello hervorgegangen, in Florenz war Savonarolas Versuch einer radikalen Erneuerung der staatlichen Ordnung gescheitert. *Ein* italienischer Staat jedoch befand sich auf dem Gipfel des Erfolges: der Kirchenstaat.

Julius II., der Nachfolger Alexanders VI., nimmt zwar in der Geschichte der Kirche als religiöser Institution nicht gerade einen bedeutenden Platz ein, ganz wesentlich aber war seine Tätigkeit für die Geschichte des Kirchenstaates. Die von Albornoz begonnene Erweiterung und Festigung des Territoriums der Kirche in Mittelitalien, die im Laufe des 15. Jahrhunderts nur mühsam und unter zahlreichen Rückschlägen vorangekommen war, fand ihre Vollendung unter Julius II. Mit Hilfe des französischen Bündnispartners war es eigentlich Valentino – so nannte man Cesare Borgia – gelungen, den Weg dahin durch die Schaffung eines geschlossenen Territoriums in der Romagna und in Mittelitalien zu eröffnen. Nach seinem Tod konnte Julius II., ein geschworener Feind der Familie Borgia, diese Erbschaft antreten. Nach der Eroberung Perugias und nach der Unterwerfung Bolognas schuf er zuerst die Liga gegen Venedig und dann das Bündnissystem gegen Frankreich, durch deren Erfolg auch das Ansehen des Papstes wuchs.

Neben der militärischen Erweiterung des päpstlichen Staates folgte Julius II. auch insofern den Spuren seines verhaßten Vorgängers, als er sich besonders dem Ausbau des Verwaltungs- und Finanzwesens widmete. Daher vermehrten sich die Einnahmen der Kurie beträchtlich – 1525 hatten sie sich im Vergleich zu 1492 bereits verdoppelt – und ermöglichten die großzügige Fortsetzung der Bautätigkeit, die schon von den Päpsten der zweiten Hälfte des 15. Jahrhunderts begonnen worden war. Abgesehen vom Zeitalter des Augustus hat in der Baugeschichte Roms keine andere Epoche tiefere Spuren hinterlassen. Im Jahre 1506 begannen nach den Plänen und unter der Leitung des Bramante die Arbeiten für die Peterskirche, die mehr als ein Jahrhundert dauerten. Seit 1508 arbeitete Raffael an seinem Bilderzyklus für die *Stanze* des Vatikan, und Michelangelo malte seit 1512 an den Fresken der Sixtinischen Kapelle.

Neben die Kunstwerke des neuen Rom der Renaissance traten die wiederentdeckten der Antike: berühmt ist die Auffindung der Laokoon-Gruppe im Jahre 1506, eines der großen Ereignisse in der Geschichte der Archäologie, für die die Hauptstadt der Christenheit bis heute eine unerschöpfliche Fundstätte ist.

Die außenpolitischen Erfolge Julius' II., das wachsende Ansehen des Kirchenstaates und der Glanz seiner Hauptstadt – Rom hatte inzwischen 100000 Einwohner – erfüllten alle Voraussetzungen dafür, daß Rom eine führende Rolle im politischen und kulturellen Leben Italiens spielen konnte. Unter Papst Leo X., dem Nachfolger Julius' II., erhielt Rom denn auch diese Vorrangstellung.

Leo X. besaß bei weitem nicht das hitzige, kriegerische Temperament seines Vorgängers. Als Franz I. wiederum in Italien einfiel, suchte der Papst sofort eine Verständigung mit dem französischen König, überließ ihm das gerade erst erworbene Parma und Piacenza und traf ein Abkommen, das den Zielen der französischen Krone und denen des Klerus von Frankreich zur Bildung einer gallikanischen Nationalkirche weitgehend entgegenkam. Aber diese Nachgiebigkeit wirkte sich keineswegs zuungunsten des Papstes aus, sondern stärkte im Gegenteil sein Ansehen bei den Zeitgenossen, die der endlosen Kriege müde waren. Leo X. stammte zudem aus der Familie Medici und gehörte damit zur reichsten und kultiviertesten Familie ganz Italiens. Ein Medici, Lorenzo il Magnifico, hatte Florenz zur unangefochtenen Hauptstadt des Humanismus und zur politisch entscheidenden Kraft Italiens gemacht, und fast gleichzeitig mit der Wahl Leos zum Papst kehrten die Medici nach dem republikanischen Zwischenspiel wieder in die Stadt zurück. Ein Medici als Papst schien in den Augen der Zeitgenossen eine glückliche Verbindung zwischen Florenz und Rom, zwischen geistlicher und weltlicher Kultur, zwischen Humanismus und christlicher Barmherzigkeit zu bedeuten und damit ein verheißungsvolles Ereignis für eine Generation, die mit der Lehre der Versöhnung zwischen Christus und Plato aufgewachsen war. Der Hof und die Kurie in Rom wurden auch tatsächlich zu einem Treffpunkt aller wichtigen Persönlichkeiten des geistigen und kulturellen Lebens. Sekretär des Medici-Papstes war in den Jahren 1512 bis 1520 Pietro Bembo, einer der führenden geistigen Köpfe seiner Zeit. Sein Werk „Prose della volgar lingua" ist die erste Grammatik der italienischen Sprache. Im Kardinalskollegium saßen Männer wie Bernardo Dovizi, auch er ein bekannter Schriftsteller und Verfasser äußerst freizügiger Komödien. Als Botschafter des Herzogs von Urbino war Baldassarre Castiglione lange Zeit in Rom, der mit seinem „Cortegiano" das vielleicht erfolgreichste literarische Werk des 16. Jahrhunderts geschrieben hatte. Auf die Nachricht von der Wahl Leos X. kam auch Ludovico Ariosto nach Rom, der gerade in diesen

Jahren seinen „Orlando furioso" fertiggestellt hatte, aber er war einer der wenigen, die der Stadt enttäuscht den Rücken kehrten. Praktisch gab es keinen Intellektuellen von Bedeutung in dieser Generation, der in seiner Entwicklung nicht in irgendeiner Weise durch einen Aufenthalt in dem triumphalen Rom Leos X. oder zumindest von dessen Anziehungskraft geprägt war. Ganz besonders gilt dies für die bildende Kunst: unter der Herrschaft des Medici-Papstes war Rom mehr als jede andere Stadt in Italien ein einziges Künstleratelier.

In der Zeit Leos X., oder, wie Voltaire sagen sollte, im „Zeitalter Leos X.", erreichte das intellektuelle und künstlerische Leben Italiens eine bis dahin nicht gekannte Intensität und Homogenität. Nur wenige Künstler der italienischen Geschichte wurden von den Zeitgenossen so unmittelbar verstanden und so allgemein geliebt wie Ariost unter den Dichtern – die erste Ausgabe des „Orlando furioso" stammt aus dem Jahre 1516 – und Raffael unter den Malern, seine „Schule von Athen" entstand 1510. Dies ist sicher ein Beweis ihres Genies, aber auch ein Zeichen für den kulturellen Zusammenhalt und dafür, daß der Geschmack einer ganzen Generation in vollkommener Übereinstimmung mit den Idealen der Künstler selbst stand. Für uns sind die *Stanze* des Raffael „nur" ein großes Kunstwerk, aber für die Zeitgenossen waren sie zugleich eine leicht zu entziffernde Darstellung der eigenen materiellen und geistigen Umwelt. Auf ähnliche Gründe ist der außerordentliche Erfolg zurückzuführen, den Castiglione mit seinem in den Jahren 1508 bis 1516 verfaßten „Cortegiano" erzielte: in dem Ideal der höfischen Vollkommenheit, in dem gemäßigten Platonismus erkannte das gebildete Publikum des neuen Jahrhunderts ein verbindliches Bildungsziel von intellektueller Selbstkontrolle und kontemplativer Besonnenheit.

Die Gemeinsamkeiten in Weltanschauung und künstlerischem Ausdruck verlangten nach einer gemeinsamen Sprache. Die Veröffentlichung von Dantes „De vulgari eloquentia" kam zum rechten Zeitpunkt, um dessen Konzeption einer höfischen Sprache neu zu beleben. In den Debatten der Gelehrten um das „Sprachproblem" gab es unterschiedliche Auffassungen: einige vertraten wie Bembo das Primat des Florentinischen als der Sprache Petrarcas; andere wie Castiglione suchten nach einer Sprache, in der verschiedene Einflüsse vereint und die regional ausgeglichener, „höfischer" sein sollte. Die Debatte war getragen von dem Bewußtsein der Spontaneität, die die Intelligenz Italiens nach Jahrhunderten einer intensiven geistigen Entwicklung erreicht hatte, und darauf gründete sich die Überzeugung, daß die Zeit zur Lösung des Sprachproblems reif sei.

An diesem Punkt scheint es sinnvoll, unsere früheren Überlegungen über die Funktion und gesellschaftliche Stellung der Humanisten in ihrer Zeit ins Gedächtnis zu rufen. Diese Überlegungen gelten u. E. auch und vor allem für die Zeit Leos X. Nichts steht den Intellektuellen dieser Zeit ferner als die Vorstellung einer Verantwortlichkeit des Gelehrtenstandes gegenüber der

Gesellschaft, in der er lebt. Ja sogar das Bedürfnis des einzelnen, sich für gesellschaftliche Belange einzusetzen, das die früheren Humanisten noch so sehr bewegt hatte, findet in dieser Generation keinen Widerhall mehr. Die italienische Sprache, wie sie jetzt verstanden und vorgestellt wird, soll ganz ausschließlich ein Kommunikationsinstrument der Gelehrten sein, und als Dichtung wird nur eine geistig verfeinerte Form im Stile Petrarcas anerkannt.

Zum Prüfstein für diese Generation von Intellektuellen wurde das von Leo X. einberufene Laterankonzil, das von Raffael in allegorischer Form im Vatikan in der sogenannten *Stanza dell'incendio* dargestellt worden ist. Die Einberufung des Konzils und die Hoffnung, die von vielen darauf gesetzt wurde, waren getragen von dem Wunsch, daß endlich die Mißbräuche und der Aberglauben, die den Leib der Kirche zerstörten, durch jene Reform ausgerottet würden, von der man seit den großen Konzilien vor hundert Jahren sprach. Der Augenblick schien günstig: das Verlangen nach einfachen und hilfreichen Formen der Gläubigkeit und der religiösen Bewegungen um die Jahrhundertwende war noch nicht erloschen. In diesen Jahren entstanden einige der großen karitativen Einrichtungen, die man gewöhnlich als Vorboten der Kirchenreform verstanden hat. Am bekanntesten ist die *Compagnia del Divino Amore*, die in Genua im Jahre 1497 gegründet, dann in Rom und anderen Städten tätig wurde.

Aber diese Hoffnungen wurden enttäuscht. Das Konzil rief nicht nur keinerlei wesentliche Reform ins Leben, sondern erwies sich in gewisser Hinsicht eher konservativ als der Erneuerung zugeneigt. Zu den wichtigsten Entscheidungen des Konzils gehörten die Verurteilung der Seelenlehre des Pomponazzi und die Einschränkung der Bußpredigten, um den unkalkulierbaren Wirkungen auf die Masse der Gläubigen zuvorzukommen. Die noch lebendige Erinnerung an Savonarola ließ den Medici-Papst und seine auserwählten Ratgeber nicht los.

Das Konzil hatte damit den Beweis erbracht, daß die Kirche nicht vom Haupte, nach dem Rat und unter der Führung der Gelehrten zu erneuern war, sondern nur noch durch den emotionalen und gewaltsamen Druck der Masse der Gläubigen. Im selben Jahr, in dem das Konzil zu Ende ging, veröffentlichte Luther seine 95 Thesen in Wittenberg.

Niccolò Machiavelli

Auf den vorausgegangenen Seiten haben wir schon mehrmals den Namen Niccolò Machiavelli erwähnt. Als Sekretär und, wie man heute sagen würde, Reisebotschafter der Republik Florenz nahm der Verfasser des „Principe" als Augenzeuge an den wichtigsten Ereignissen, von denen bisher die Rede war, leidenschaftlichen Anteil. 1469 geboren, verfolgte Machiavelli in seiner

Jugend voller Skepsis die Predigten Savonarolas. Im Jahre 1503, als in einem umstrittenen Konklave der kriegerische Julius II. zum Nachfolger Alexanders VI. gewählt wurde, hielt er sich in Rom auf. 1509 finden wir ihn auf dem Schauplatz des Krieges und als Augenzeuge der Krise des venezianischen Staates. Die einschneidendste Erfahrung für seine geistige Entwicklung brachten ihm jedoch die wiederholten Reisen als Botschafter nach Frankreich. Die meisten der italienischen Zeitgenossen Machiavellis blickten vom Standpunkt der eigenen hochentwickelten geistigen Kultur mit Herablassung auf das ungehobelte Wesen der Franzosen. Die Siege der Heere Karls VIII. und Ludwigs XII. führte man nur auf die Stärke der Artillerie und die ,,Raserei" eines Adels und eines Volkes zurück, die noch dem Ritterideal längst vergangener Zeiten verhaftet geblieben waren. Machiavelli dagegen erkannte sehr schnell die politische und soziale Überlegenheit des Absolutismus des französischen Königs in ihrer wirkungsvollen Geschlossenheit gegenüber den vielgliedrigen, heterogenen Organismen der italienischen Staaten. Diese geniale Einsicht legte er mit großer Klarheit in seinem ,,Ritratto delle cose di Francia" nieder. Da Machiavelli Sekretär der Republik Florenz gewesen war und an der Organisation und an dem Aufbau des Heeres aktiv mitgearbeitet hatte, wurde er natürlich nach der Restauration der Medici-Herrschaft beiseitegeschoben. Unter dem Verdacht der Teilnahme an einer Verschwörung gegen die Medici wurde er sogar verhaftet und gefoltert. Anläßlich der Papstwahl Leos X. wurde er zwar aus der Haft entlassen, blieb aber vom politischen Leben ausgeschlossen und zog sich auf sein Landhaus in San Casciano zurück. Diese erzwungene und erlittene Muße wurde nur durch gelegentliche Reisen nach Florenz unterbrochen, um an den Gelehrtengesprächen in den Gärten der Familie Rucellai teilzunehmen. In dieser Zeit entstanden der ,,Principe" und die ,,Discorsi", zwei Werke, ohne die die Entwicklung der modernen politischen Philosophie schlechterdings undenkbar ist.

Das Material zu Machiavellis Studien und Überlegungen stammt, um den prägnanten Ausdruck des Autors in der Einleitung zu den ,,Discorsi" zu benutzen, ,,aus der Lehre der Dinge der Antike und aus der Erfahrung derer der Moderne". Aus der endlosen Reihe der Tatsachen von der Antike bis zur Gegenwart sollten diejenigen Gesetze oder ,,allgemeinen Regeln" abgeleitet werden, die – wieder nach den Worten Machiavellis – ,,selten danebentreffen", um daraus eine vernünftige Gesamtsicht der Entwicklung des Staates und der menschlichen Gesellschaft zu gewinnen. Machiavelli wendet auf die Humanwissenschaften und die Politik die Methode der Naturwissenschaften, die Methode Leonardos und später diejenige Bacons an. Politik wird nicht mehr als die Vorstellung vom vollkommenen Staat und vom besten Fürsten gesehen, sondern als experimentelles Studium, das die gesellschaftlichen Einrichtungen in ihrer gesunden und kranken Form untersucht, genauso wie in der Medizin Physiologie und Pathologie den menschlichen Körper studieren. Dieser empirische Realismus Machiavellis würde genügen, um die revolutionierende Wirkung seines Werkes auf das moderne politische Denken zu erklären. Trotz des Bannfluches durch oberflächliche Leser wurden deshalb große Denker wie Jean Bodin, Francis Bacon, James Harrington und auch Jean-Jacques Rousseau, der den „Principe" das Buch der Republikaner nannte, von Machiavelli stark beeinflußt.

Die Richtigkeit einer Methode mißt sich auch an der Dauerhaftigkeit der Resultate, die sie erbringt, oder denen sie sich annähert. Auch unter diesem Gesichtspunkt wirkte das politische Denken des Sekretärs der Republik Florenz revolutionierend. Unter starker Vereinfachung des komplexen Gedankengangs, wie es anders in diesem Rahmen nicht möglich ist, kann man sagen, daß nach Ansicht Machiavellis für das Funktionieren eines Staates zwei Voraussetzungen und Eigenschaften vorhanden sein müssen: einerseits die Macht, das heißt die Fähigkeit zur Verteidigung gegen mögliche Angriffe von außen, und, wo notwendig, zur Erweiterung der Grenzen; andererseits der innere Zusammenhalt, die Entsprechung zwischen dem Moment des Konsens von unten und dem Zwang von oben. Es hat in der Geschichte Staaten gegeben, die nur die erste Voraussetzung besaßen, beispielsweise die großen antiken Reiche in Kleinasien oder das türkische Reich in Machiavellis eigener Zeit. Aber durch den Mangel an innerem Zusammenhalt waren diese Reiche Kolosse auf tönernen Füßen. Eine große innere Geschlossenheit dagegen hatten die antiken griechischen Stadtstaaten besessen, in jüngerer Zeit die Schweizer Kantone, die deutschen Städte und Venedig. Das Wohlwollen, das Machiavelli als Sekretär der Republik diesen Gemeinwesen entgegenbringt, hindert ihn nicht an der Erkenntnis, daß sie durch die Begrenztheit ihres Territoriums immer den Angriffen mächtiger Nachbarn ausgesetzt blieben oder nur um den Preis einer ohnmächtigen Isolation überleben konnten. Hatte nicht selbst Venedig – und dafür war Machiavelli Augenzeuge – in einem Tag das Ergebnis jahrhundertelanger Eroberungen verspielt, um sich schließlich nur noch in einer Art *splendid isolation* halten zu können? Ganz zu schweigen von Florenz, das im Laufe seiner Geschichte ohne Unterlaß von inneren Kämpfen zerrissen worden war und nach außen immer ein trauriges Schauspiel militärischer und politischer Unfähigkeit geboten hatte. Der einzige Staat, der im Laufe der Geschichte militärische Macht mit innerem Zusammenhalt, die Führung der Waffen mit bürgerlichen Freiheiten zu vereinen gewußt hatte, blieb die römische Republik vor der Zeit Caesars und vor der Dekadenz des Kaisertums. Aber so sehr Machiavelli Humanist und Bewunderer der antiken Republik war, so sehr wußte er auch, daß selbst die römische Republik – wie alle politischen Organisationen – von den Zeitumständen geprägt war und daß das eherne Gesetz des geschichtlichen Kreislaufs auch die erhabensten Staaten nicht ausspart. Das Problem bestand für ihn deshalb nicht darin, in rückwärtsgewandter Bewunderung die Antike wiederbeleben zu wollen, sondern mit Blick auf die Zukunft die

Grundzüge eines modernen Staates, eines „neuen Fürstentums", zu entwerfen, der weder Stadtstaat war, noch ein Reich nach dem Muster der kleinasiatischen oder der türkischen Reiche. Besonders für einen Italiener des beginnenden 16. Jahrhunderts war dies eine schwierige Aufgabe. Das Beispiel der großen französischen Monarchie bot zwar einen Anhaltspunkt, reichte aber für die umfassende Lösung des Problems nicht aus. Die eigentliche Lösung mußte der Geschichte überlassen bleiben, und Machiavelli konnte ihren Lauf nicht vorwegnehmen. Seine Größe besteht auch nicht in der äußerst zweischneidigen Eigenschaft eines prophetischen Vorläufers, sondern in der sehr viel realeren des wissenschaftlichen Forschers.

Bei seiner Forschung war sich Machiavelli stets – und dafür liefern der „Principe" und die „Discorsi" den Beweis – seiner moralischen Verantwortung bewußt. Einige Jahre später, zwischen 1519 und 1521, suchte er seine Analyse zu vertiefen und beschäftigte sich in seinem Werk „Arte della guerra" mit dem spezifischen Problem der militärischen Organisation – Machiavelli hatte nicht umsonst im Jahre 1506 die florentinische *ordinanza* (die Bürgerwache der Republik) aufgebaut. In diesem Werk kam er zu dem Schluß, daß jeder Staat, der etwas auf sich hält, über „eigene" Waffen verfügen und in der Lage sein müsse, ohne Rückgriff auf die unzuverlässigen Söldnertruppen, treue Soldaten im eigenen Land zu den Waffen zu rufen. Gute Soldaten aber sind, wie das Beispiel der römischen Republik beweist, nur diejenigen, die *pro aris et focis* kämpfen und denen das Vaterland alles bedeutet. Durch welche politischen und gesellschaftlichen Veränderungen war es möglich, aus den „Untertanen" der großen Staaten „Bürger" zu machen, die mit der gleichen Verbissenheit und der gleichen „Religion" zu kämpfen bereit waren wie die alten Spartaner oder die Schweizer Bergbauern? Das militärische Problem war damit wiederum auf das politische und gesellschaftliche Problem zurückverwiesen. Die Frage nach den Charakterzügen des modernen Staates blieb auch von diesem Zugang her ungeklärt.

Nur über einen Punkt, der als solcher bereits eine politische Entdeckung darstellt, war sich Machiavelli vollständig im klaren: wo, wie in Italien der Prozeß der politischen Zersetzung und Korruption einen kaum zu überschreitenden Punkt erreicht hatte, war die Verwirklichung des „neuen Fürstentums" nur durch einen totalen Erneuerungsprozeß in einer Atmosphäre revolutionärer Spannung denkbar. Der notwendige Aufbau einer ganz neuen Ordnung erforderte den vollständigen Bruch mit der Vergangenheit, das zielbewußte Handeln, wenn nötig, sogar die Grausamkeit eines Chirurgen und Revolutionärs. „Ein neuer Machthaber muß in einer Stadt oder in einem Land, das er erobert hat, alles neu einrichten", so lautet eine der Kapitelüberschriften der „Discorsi". Im letzten Kapitel des „Principe", dem vielleicht berühmtesten Text in Machiavellis Werk, wird diese revolutionäre Spannung am deutlichsten. Der Aufruf zur Befreiung Italiens von den Barbaren erfolgt nicht von ungefähr zusammen mit dem Appell zu einer radikalen Erneuerung des politischen und gesellschaftlichen Lebens, seiner Institutionen und Traditionen. Hier wird der Bruch mit der bisherigen Haltung des italienischen Intellektuellen deutlich: die Selbstgenügsamkeit des Gebildeten verwandelt sich in das schmerzliche Bewußtsein der eigenen Grenzen, die Distanz in militanten Einsatz. Niccolò Machiavelli gehört nicht zum Jahrhundert Leos X.

Aber die Medici, denen der „Principe" gewidmet ist, waren weder willens noch in der Lage, diesen revolutionären Geist zu erfassen, und noch weniger, seine Ziele in die Tat umzusetzen. Für mehrere Jahre verurteilten sie Machiavelli zur Untätigkeit, d. h. sie wiesen ihm nur zweitrangige oder sogar erniedrigende Aufgaben zu. Erst 1521 erhielt er den Auftrag, eine Geschichte der Stadt Florenz zu schreiben. Die Geschichte, die Machiavelli daraufhin verfaßte, reicht bis 1492, und sie enthält all die Bitterkeit eines Mannes, der mit der Gewißheit, daß daraus keine Zukunft mehr erwachsen wird, auf eine große Vergangenheit zurückblickt. Machiavelli starb am 21. Juni 1527.

Italien im Reich Karls V. und der *Sacco di Roma*

Im Jahre 1519 wurde Karl von Habsburg nach einer besonders dramatischen Wahl zum Kaiser des Heiligen Römischen Reiches gewählt. Väterlicherseits war er Erbe des habsburgischen Besitzes in Österreich und in Flandern, mütterlicherseits Erbe der spanischen Krone; finanziell konnte er sich auf das große Bankhaus der Fugger stützen, militärisch auf die unbesiegte spanische Infanterie. Der neue Kaiser war ein schweigsamer und zurückhaltender Mann mit einem ausgeprägten Bewußtsein für die großen Aufgaben, die ihm das Schicksal zugewiesen zu haben schien. In seinem energischen und kontrollierten Charakter vereinte er burgundische Leidenschaftlichkeit und spanischen Sinn für königliche Haltung mit flämischem Ernst und deutscher Geradlinigkeit. Nur mit einer solchen Persönlichkeit schien der Versuch einer Wiederherstellung des Universalreiches möglich in einem Europa, das bereits von tiefen Interessenkonflikten zwischen den Staaten geprägt war.

Aber ein Reich wie das Karls V., das aus einer Ansammlung von verschiedenen Völkern und weit auseinanderliegenden Provinzen bestand, konnte überhaupt nur unter der ständigen Betonung des universalen Charakters der kaiserlichen Mission Bestand haben. Die universale Idee der mittelalterlichen *Respublica christianorum* konnte auch im 16. Jahrhundert noch auf Widerhall stoßen, aber nur unter der Voraussetzung, daß sie aus Rom kam; der Schlüssel zur Universalherrschaft in Europa lag in Italien. Ein gutes Einvernehmen zwischen Kaisertum und Kirche, die nach dem Tod Leos X. den ehemaligen Bischof von Utrecht als Hadrian VI. zum Papst gewählt hatte, sowie die Hegemonie über Italien erschienen als die beiden unabdingbaren Voraussetzungen jeder wahrhaft kaiserlichen Politik. In dieser Richtung beeinflußte Karl V. auch einer seiner treuesten Ratgeber, der Piemontese Mercurino da Gattinara. Die Politik des neuen Kaisers richtete sich auf Italien schließlich auch deshalb, weil der Besitz des Herzogtums Mailand mit seinem natürlichen „Anhängsel" Genua die schnellste und sicherste Verbindung zwischen dem spanischen und dem deutschen Reichsteil garantierte. Mailand aber war seit 1515 wieder in französischer Hand, nachdem Franz I. nach dem Vorbild seiner Vorgänger die Schweizer in der Schlacht von Marignano geschlagen hatte. Die Lombardei wurde so zum Zankapfel, an dem sich der Kampf um die Hegemonie in Europa zwischen Karl V. und Franz I. entfachte, der sich über 30 Jahre hinziehen und hauptsächlich in Italien abspielen sollte.

Anfangs konnte der Kaiser den Feind buchstäblich überrennen: am 24. Februar 1525 wurde das französische Heer auf dem Schlachtfeld von Pavia vernichtet und der König selbst gefangengenommen. Mit einem einzigen Schlag schien Spanien die Herrschaft über Italien in der Hand zu haben. Diese Aussicht veranlaßte jedoch die italienischen Staaten, wie schon anläßlich des Italienzuges Karls VIII., sich zu einer Liga zusammenzuschließen, an der neben dem aus der Gefangenschaft in Madrid zurückgekehrten französischen König auch der neue Medici-Papst Clemens VII. teilnahm. Der nun folgende Abschnitt der langen Auseinandersetzung gehört zu den dramatischsten Jahren der bewegten Geschichte des 16. Jahrhunderts. Die kaiserlichen Truppen, die gegen die Heere der Liga in Italien zu Felde zogen, verloren zweimal ihre Heerführer: der eine war der Tiroler Ritter Jörg von Frundsberg, der an einem Schlaganfall starb; der andere der Connétable Karl von Bourbon, ein Überläufer aus dem Gefolge Franz' I. Nachdem er den Widerstand der zerstrittenen Heerführer der Liga ohne Schwierigkeiten überwunden hatte, war es ihm gelungen, bis in die unmittelbare Nähe Roms vorzudringen; dort aber wurde er von seinen eigenen Soldaten erschlagen. Ohne Führung – und ohne Sold! – verwandelte sich das glänzende Heer Karls V. in eine brutale Soldateska, die in Rom einfiel und zum Entsetzen der Christenheit die ewige Stadt brandschatzte. Clemens VII. saß unterdessen in der Engelsburg, praktisch als Gefangener (1527).

Der *Sacco di Roma*, der uns heute als das Ergebnis einer Reihe von Zufällen und unvorhersehbaren Entwicklungen erscheint, wurde von vielen Zeitgenossen als Schicksalszeichen angesehen, fast als eine Art Gottesurteil, als Ausdruck des göttlichen Zornes über den Verfall seiner Kirche. Die Tatsache, daß tausend Jahre nach dem Einfall der Vandalen ausgerechnet die lutheranischen Landsknechte Frundsbergs die Brandschatzung der Stadt wiederholten, konnte nur als ein Symbol der tiefen Spaltung innerhalb der Christenheit und als Mahnung zur Umkehr aufgefaßt werden. Schon vor dem Einfall der kaiserlichen Truppen in Rom war in der Umgebung Karls V. die Möglichkeit erwogen worden, durch militärischen Druck den Papst zur Einberufung eines Konzils zu bewegen. Obwohl es nicht dazu kam, tauchte die Forderung nach einem Konzil von nun an immer wieder auf; man hoffte, durch die Annahme der gerechtfertigten Reformforderungen die „protestantische" Spaltung der Kirche wieder zu beenden. In diesem neuen Klima erschien die ruhmvolle Zeit Leos X. plötzlich als welk und weit entfernt.

In Florenz, der Heimat Savonarolas, Leos X. und des neuen Papstes wurde der Schock der Ereignisse des Jahres 1527 am deutlichsten spürbar. Auf die Nachricht von der Brandschatzung Roms wurden die Medici von neuem vertrieben, und mit der Wiedererrichtung der Republik kehrte auch das Klima des religiösen *revival* der Jahre Savonarolas zurück. Christus wurde wiederum zum Herrn der Stadt erklärt, und in der allgemeinen Euphorie erhielten die Parteien des Volkes, die der Oligarchie der großen Familien feindselig gegenüberstanden, Aufwind. Aber auch dieser letzte Versuch, die Republik in Florenz wieder zu errichten, sollte nur von kurzer Dauer sein. Nachdem die französischen Truppen unter Lautrec vor den Toren Neapels gescheitert waren und Genua unter der Führung Andrea Dorias auf die kaiserliche Seite übergetreten war, verlagerten sich die Gewichte eindeutig zugunsten Karls V. Der psychologische Vorteil aus dem *Sacco di Roma* und die damit verbundene Demütigung des Papstes, Vorteile, die Franz I. propagandistisch zunächst zu nutzen gewußt hatte, waren dadurch zunichte gemacht.

Im Jahre 1529 schlossen Franz I. und Karl V. in Cambrai einen Friedensvertrag. Danach begab sich Karl persönlich nach Italien, um dort seinem Gesetz und seiner Ordnung Geltung zu verschaffen. In einer feierlichen Versammlung in Bologna, an der bis auf Florenz die Vertreter aller italienischen Staaten teilnahmen, wurde die neue politische Landkarte Italiens festgelegt: Mailand wurde unter der Bedingung, daß das Herzogtum nach seinem Tod an den Kaiser zurückfallen sollte, an Francesco II. Sforza übertragen. Genua erhielt unter der *signoria* der Doria eine mehr nominale als reale Unabhängigkeit. Auch die anderen italienischen Staaten standen mehr oder weniger unter spanischem Einfluß. Zum Abschluß der Versammlung konnte Karl aus den Händen des Papstes Clemens VII. die Kaiserkrone entgegennehmen, nachdem er sich seinerseits zur Wiederherstellung der Medici-Herrschaft in Florenz verpflichtet hatte. Florenz sah sich damit plötzlich als letzter Unruheherd einem konzentrischen Angriff ausgesetzt. Auch die neu errichteten Befestigungen, an deren Planung Michelangelo beteiligt war, konnten den Fall der Stadt nicht mehr verhindern. Nach der Wiedereinsetzung der Medici war die kaiserliche Herrschaft über Italien endgültig gefestigt, und damit ging eine der dramatischsten Phasen der italienischen Geschichte, die mit dem Italienzug Karls VIII. begonnen hatte, zu Ende. In dieser Zeit waren viele Hoffnungen zerbrochen: Savonarolas Hoffnung auf die Wiederherstellung der städtischen Freiheiten unter religiösen Vorzeichen, die Hoffnungen in der Umgebung Leos X., die auf eine Verbindung zwischen Geist und Glauben, auf eine Rückkehr der Gleichgewichtssituation aus der Zeit des Humanismus gerichtet waren, und schließlich jene Hoffnung auf eine gänzliche Erneuerung Italiens nach dem Vorbild der großen Monarchien jenseits der Alpen, wie Machiavelli sie gehegt hatte.

Diese 40 Jahre italienischer Geschichte hat Francesco Guicciardini aus Florenz, der selbst aktiv am Kampf gegen das kaiserliche Hegemoniestreben teilgenommen hatte, beschrieben. Seine „Storia d'Italia" beginnt mit dem Jahre 1492 und endet bezeichnenderweise mit dem Tode Clemens VII. im Jahre 1533. Das Werk atmet die edle Trauer einer antiken Grabinschrift, in der sich die schmerzliche Gewißheit des Verfassers ausdrückt, ein Kapitel der Geschichte zu beschreiben, das unwiderruflich zu Ende gegangen ist. Guicciardini war 14 Jahre jünger als sein Freund Machiavelli, mit dem er einen regen Briefwechsel unterhielt, und während seines langen Lebens hatte er vom *Sacco di Roma* und den schrecklichen Ereignissen des Jahres 1527 bis zur Versammlung von Bologna und der Auflösung der Republik Florenz genug gesehen, um zu wissen, daß er seine Zeit überlebt hatte. Nach seinem Rückzug aus dem politischen Leben verfaßte Guicciardini seine „Ricordi politici e civili", die er jedoch ebensowenig wie seine anderen Werke veröffentlichen ließ. Diese Erinnerungen sind ein Zeugnis für die geistige Klarheit, mit der ein großer Sohn des florentinischen Humanismus dem Wandel des Schicksals zu begegnen wußte. Es finden sich bei ihm Stellen, die unbeteiligt und geradezu zynisch klingen, z. B. wenn er schreibt: „Betet zu Gott, daß er euch auf die Seite der Sieger führe." Aber es ist zu spüren, daß so offene und im Grunde naive Worte nur aus der Feder eines Mannes stammen können, der mit voller Intensität die Überzeugungen und Hoffnungen seiner Zeit geteilt hat.

Die Intellektuellen und das Konzil

Auch nach 1530 wurde die politische Lage in Europa noch mehr als zwanzig Jahre von dem Konflikt zwischen dem Kaiser und Frankreich geprägt. Der zwischen Karl V. und Franz I. geschlossene Friede von 1529 wurde bald wieder gebrochen (1535), wurde 1538 erneuert und 1542 wieder gebrochen. Die Feindseligkeiten spielten sich auch in dieser Zeit hauptsächlich in Italien ab. Es ging aber daraus keine Änderung der in Bologna 1530 errichteten politischen Ordnung hervor. Obwohl der französisch-habsburgische Konflikt nach wie vor das Leitmotiv der großen europäischen Politik war, beherrschte er nicht mehr ausschließlich die politische Szene. Andere Elemente und andere Probleme komplizierten die politischen Verhältnisse Europas und vor allem die Beziehungen zwischen den großen Mächten.

Im Osten gingen die Türken unter Suleiman dem Prächtigen zum Angriff über. Nach der Besetzung von Rhodos im Jahre 1522 und nach dem Sieg von Mohacs im Jahre 1526 stand der Weg nach Wien praktisch offen. Auf die nordafrikanischen Korsaren gestützt, strebten die Türken gleichzeitig nach der Vorherrschaft im Mittelmeer. In Deutschland hatte der Protestantismus Luthers bereits den Charakter einer breiten Volksbewegung für die Unabhängigkeit und Freiheit der deutschen Nation angenommen. Die protestantischen Fürsten des Schmalkaldischen Bundes (gegründet 1531) waren zu einer politischen Kraft geworden, deren Existenz Karl nicht mehr ignorieren konnte.

In dieser komplexen und in sich widersprüchlichen Situation setzte sich am Hofe Karls V. ein Gedanke durch, der, wie man sagen könnte, der universalen Idee des Kaisertums und des christlichen Abendlandes wieder neuen Glanz verleihen wollte. Die Türkengefahr ließ den nie ganz vergessenen Mythos der Kreuzzüge wieder aufleben, und in diesem Geist ging Karl an die Eroberung von Tunis (1535) und unternahm den glücklosen Angriff gegen Algier (1542). Das protestantische Schisma brachte auch die Idee des Konzils wieder ins Bewußtsein. Dieses Konzil durfte aber nicht nur eine reine Prestigeveranstaltung werden, wie das von Leo X. einberufene Lateranankonzil, sondern es mußte ernsthaft versuchen, mit Hilfe aller Beteiligten die Grundlage für die Einheit und den Frieden der Christenheit zu legen. Gestützt auf die gemäßigten Elemente der katholischen und protestantischen Seite, versuchte Karl V. in den Jahren 1530 bis 1540 in diese Richtung auf den Papst und die Mitglieder des Schmalkaldischen Bundes Einfluß zu nehmen.

Überall in Europa, aber vielleicht am meisten in Italien, erweckte die Erneuerung der kaiserlichen und christlichen Universalidee große Hoffnungen, denn alles trug dazu bei, sie als glänzende Zukunftsaussicht glaubwürdig erscheinen zu lassen. In einer reformierten und wiedervereinten Christenheit, die zu einem neuen Kreuzzug bereit gewesen wäre, hätte Italien seine zentrale Stellung als Mittelpunkt Europas, hätten Kirche und Klerus die Autorität als dessen geistliches Oberhaupt und die humanistische Intelligenz ihre große kosmopolitische Funktion wiedergewinnen können. Im Abstand von Jahrhunderten erscheinen uns heute diese Hoffnungen als bloße Illusionen: das Mittelmeer war längst nicht mehr der Nabel der Welt, und für die Einheit der Kirche bestanden in einem Europa der Nationalstaaten nur noch geringe Überlebenschancen. Aber den Menschen, die in der Zeit lebten, erschien dies anders. Nicht alle Intellektuellen besaßen den Weitblick eines Machiavelli oder Guicciardini, und viele waren bereit, sich für das Ziel der Wiedervereinigung und für die Reform der Kirche mit ihrer ganzen intellektuellen Energie und Hingabe einzusetzen.

Die verschiedenen Gruppen und Strömungen, die auf eine Wiedervereinigung und Reform der Kirche hinarbeiteten, bezeichnet man gewöhnlich als „italienische Evangelienbewegung".

In Neapel bildete sich beispielsweise ein Kreis um den spanischen Gelehrten Juan de Valdés, der 1540 ein „Alfabeto cristiano" veröffentlichte, ein kleines Traktat, in dem er Gleichgültigkeit gegenüber jeder dogmatischen Lehre und den äußeren Formen der Glaubensausübung vertrat. Zu den festen Mitgliedern des neapolitanischen Kreises gehörten der apostolische Pronotar Piero Carnesecchi, die Humanisten Marc'Antonio Flaminio und Aonio Paleario, die Herzogin von Camerino, Caterina Cybo, der Markgraf Gian Galeazzo Caracciolo, der Bischof von Salerno, Seripando, und Bernardino Ochino, der bedeutendste Prediger der Zeit aus dem Kapuzinerorden, der damals als Abspaltung der Franziskaner entstanden war. Andere wichtige Zentren des Evangelismus und Irenismus befanden sich in der Republik Lucca, wo der Theologe Pier Martire Vermigli wirkte; in Verona unter dem Bischof Giberti; in Modena um die Humanisten Molza und Castelvetro; und schließlich in Ferrara, am Hof der Herzogin Renate von Frankreich, der Tochter Ludwigs XII., und der Anne von Bretagne, der Gemahlin des Ercole II. d'Este. Dort hielten sich, in einem großen Kreis von Befürwortern der Kirchenreform, auch Rabelais und Calvin auf.

Mittelpunkt der neuen Bewegung und Ausgangspunkt verschiedener anderer religiöser Strömungen war Venedig. Die Anwesenheit einer starken deutschen Kolonie in der Lagunenstadt und die republikanische Toleranz erleichterten die Verbreitung neuer Ideen und Bücher von jenseits der Alpen. In Gaspare Contarini hatte der italienische Evangelismus in Venedig einen seiner großen Vorkämpfer. Contarini hatte lange Zeit in England bei Reginald Pole verbracht, der, solange er sich nicht durch die Teilnahme an den religiösen Verfolgungen der Maria der Katholischen kompromittiert hatte, als ein ehrlich überzeugter Anhänger der Kirchenreform angesehen worden war. In der venezianischen Terraferma wirkte der Bischof von Capodistria Pier Paolo Vergerio, der sich nach seiner Nunziatur in Deutschland der Organisation lutherischer Kirchen in Italien widmete. Schließlich ist auch der Name der Vittoria Colonna zu erwähnen, der Witwe des Markgrafen von Pescara und Siegers von Pavia, die als feinfühlige und ruhelose Dichterin zu einigen der führenden italienischen Reformatoren in vertrautem Freundschaftsverhältnis stand. Wir haben hier zwar nur einige Namen genannt, aber der italienische Evangelismus und Protestantismus war reich an bedeutenden Persönlichkeiten. Bischöfe und Geistliche, Gelehrte in der Nachfolge des großen Erasmus, glänzende Prediger, Vertreter der Kurie, Männer und Frauen aus dem Adel: unter der Intelligenz und Führungsschicht Italiens gab es keine Richtung und keine Provinz, in denen die Hoffnung auf Reform und Befriedung der Kirche nicht Eingang gefunden hätte. Diese Elite blieb jedoch ohne jede Verbindung zu der radikalen religiösen Volksbewegung, die doch auch in einigen Gegenden Italiens existierte. Die Elite hatte von den früheren Generationen von Intellektuellen die geistige Haltung übernommen, die den äußerlichen Pomp der Kirche ebenso ablehnte wie den intoleranten Eifer der Reformatoren und den Fanatismus der Massen ihrer Anhängerschaft. Bis auf wenige Ausnahmen konnten sich diese Intellektuellen die Reform der Kirche nur als Reform von oben vorstellen, als Ausdruck aristokratischer Barmherzigkeit.

Als im Jahre 1534 der Kardinal Alessandro Farnese unter dem Namen Paul III. zum Papst gewählt wurde, schien die Stunde des italienischen Evangelismus angebrochen zu sein. Unter den ersten von ihm ernannten Kardinälen befanden sich Namen wie Contarini, Pole, der Neapolitaner Carafa und die Franzosen Du Bellay und Sadoleto. Dies erschien als ein klares Zeichen für die reformatorische Haltung des Papstes, und diese Hoffnung erhielt neue Nahrung durch die Einrichtung einer Kommission, in der die neu ernannten Kardinäle zahlreich vertreten waren und die sich mit den Möglichkeiten für eine Kirchenreform zu beschäftigen hatte. Die Kommission erledigte ihre Aufgabe 1537 mit der Abfassung des „Consilium de emendanda Ecclesia", einer Art Charta der katholischen Reformatoren Italiens, die trotz der Vorschläge zur Ausrottung von einigen Mißbräuchen die ängstliche Selbstbeschränkung dieser Bewegung erkennen ließ. So wurde unter anderem vorgeschlagen, eine Bücherzensur einzurichten und die „Colloquia" des Erasmus aus den Schulen zu verbannen. Im gleichen Jahr berief Paul III. auf die dringende Aufforderung Karls V. hin endlich das Konzil ein. Es sollten aber noch fünf Jahre bis zur Veröffentlichung der päpstlichen Bulle vergehen, da Meinungsverschiedenheiten über den Konzilsort aufgetaucht waren. Die Wahl fiel schließlich auf Trient, eine katholische Stadt, aber auf dem Gebiet des Kaiserreichs und an der Grenze zur protestantischen Welt gelegen, die daher besonders geeignet erschien. Inzwischen aber hatte sich die internationale Lage grundlegend gewandelt.

1536 hatte Franz I. die Feindseligkeiten in Italien wieder aufgenommen, und für einige Jahre gerieten die Kräfteverhältnisse auf der Halbinsel wieder in Bewegung. Im Mittelmeerraum hatte die türkische Flotte in den Gewässern bei Prèvesa (1538) einen wichtigen Sieg errungen, und der Schmalkaldische Bund in Deutschland machte keinerlei Anstalten, die Waffen niederzulegen. Unter dem Druck von drei Fronten sah sich Karl V. zu einer Änderung seiner ehrgeizigen Politik der Wiederherstellung des universalen Kaisertums veranlaßt. Das aber vielleicht wichtigste Ereignis dieser Jahre, das zur Verschärfung der Konfrontation beitrug, war der Erfolg der Lehre Calvins weit über die Grenzen von Genf hinaus. Auf diese neue radikale Welle der Reformation reagierte der Papst mit einer Verhärtung seiner Haltung, und der Kaiser war bald gezwungen, auf diese Linie einzuschwenken. Viele Reformhoffnungen der vorausgegangenen Jahre wurden damit in kurzer Zeit zunichte, und viele Illusionen der Intellektuellen fielen wie ein Kartenhaus in sich zusammen.

Zum Bruch kam es in den Jahren 1541/42. Auf das Scheitern des Regensburger Religionsgespräches zwischen Vertretern der katholischen Kirche und der Protestanten, an dem auf katholischer Seite Contarini und Pole, auf protestantischer Melanchthon teilnahmen, folgte die Einrichtung des Heiligen Offiziums. Damit stand das Konzil von vorneherein unter ungünstigen Vorzeichen. Bevor es noch wirklich begonnen hatte, setzte die Hexenjagd der Gegenreformation ein, und viele sahen sich vor die Wahl gestellt, entweder zum orthodoxen Glauben zurückzukehren oder endgültig mit ihm zu brechen. Einige wählten entschlossen den zweiten Weg: als erste verließen Pier Martire Vermigli, Bernardino Ochino und der Humanist Celio Curione Italien; in den nächsten Jahren sollten ihnen noch viele folgen. Andere schworen offen oder insgeheim in einer schmerzhaften Gewissensentscheidung der neuen Lehre ab. Für alle, für die geflohenen „Ketzer" ebenso wie für die, die zumindest nach außen Reue zeigten, bedeuteten die Jahre 1541/ 1542 das Ende weitgespannter Hoffnungen.

Unter denen, die mit dem italienischen Evangelismus in Verbindung gestanden hatten, war auch Michelangelo, der nach dem begeisternden, aber letztlich bitteren Erlebnis der Belagerung der Stadt Florenz nach Rom zurückgekehrt war. Es steht heute außer Frage, daß Michelangelo nicht, auch nicht insgeheim, mit dem Protestantismus sympathisiert hatte. Angesichts seines „Jüngsten Gerichts", das er in den Jahren 1536 bis 1541 malte, bleibt dennoch der Eindruck bestehen, daß das Thema dieses merkwürdigen Meisterwerkes von denselben angstvollen Überlegungen diktiert ist wie die Lehren Luthers und Calvins: jener göttliche Richter, der mit einer Handbewegung in die riesige Masse bloßen Fleisches eine Trennungslinie zwischen Seligen und Verdammten, zwischen himmlischen Freuden und irdischer Verzweiflung zieht. Das Fresko ist vom Geist dieser Zeit, von den schwierigen Altersjahren des Künstlers, vom letzten großen Wagnis und von der letzten verlorenen Schlacht der Intellektuellen der Renaissance in Italien geprägt. Nach der Auflösung jenes Kreises, der in den Jahren 1530 bis 1540 versucht hatte, die Botschaft des Erasmus von Rotterdam Realität werden zu lassen, geht die große Epoche der Renaissance zu Ende. Die Intellektuellen als Gesellschaftsschicht und Elite haben seit dieser Niederlage endgültig jenen maßstabsetzenden Einfluß in der italienischen Geschichte verloren, den sie seit dem Zeitalter der Stadtrepubliken ausgeübt hatten.

Die Konsolidierung der spanischen Herrschaft und die Gegenreformation

Trotz der anhaltenden Kriege hatte sich in den Jahren 1530 bis 1540 die politische Landschaft Italiens, wie sie aus der Neuordnung von Bologna hervorgegangen war, nicht geändert. Einzige Ausnahme war die formelle Unterwerfung des Herzogtums Mailand unter die spanische Herrschaft. Anders dagegen wirkten sich die 15 Jahre zwischen dem Frieden von Crépy (1544) und dem Vertrag von Cateau-Cambrésis (1559) aus, durch den die französisch-habsburgische Auseinandersetzung um die Vorherrschaft in Europa und damit die Kriege in Italien ein Ende fanden. In dieser Zeit entstand ein neuer Staat: das Herzogtum Parma und Piacenza, und es verschwand ein alter – die Republik Siena.

Das Gebiet von Parma und Piacenza zwischen der Emilia und der Lombardei war seit den Zeiten der Visconti bis zu Leo X. mehrmals von der Herrschaft Mailands in die des Kirchenstaates bzw. umgekehrt gelangt. Die Frage wurde endgültig geklärt, als Paul III. Karl V. dazu überreden konnte, aus den beiden Städten ein neues Herzogtum zugunsten seines Sohnes Pier Luigi Farnese zu machen; damit wurde die politische Landkarte Italiens um einen weiteren Miniaturstaat bereichert. Siena hatte sich in der letzten Phase der Auseinandersetzung zwischen Spanien und Habsburg auf die Seite Frankreichs geschlagen und sein Territorium den florentinischen Republikanern als Operationsbasis für die Angriffe gegen die Medici zur Verfügung gestellt. Mit spanischer Hilfe besiegte und unterwarf Florenz die Republik Siena bis auf den sogenannten „Festungsstaat" an der Küste (1555), der 1559 mit der Besiegelung der habsburgischen Herrschaft über Italien im Frieden von Cateau-Cambrésis an Spanien fiel. Bei der Abdankung Karls V. und der Teilung des habsburgischen Reiches fiel Italien an Philipp II., der einen *Consiglio d'Italia* einsetzte, um die Politik der verschiedenen Vizekönige und Gouverneure in Palermo, Neapel und Mailand zu koordinieren.

Abgesehen vom Krieg um Siena gab es auch andere Widerstandsversuche gegen die spanische Herrschaft, die aber immer lokal begrenzt blieben und teilweise widersprüchliche Formen annahmen. Außer dem Aufstand in Neapel gegen die geplante Einführung der spanischen Inquisition, von dem später noch die Rede sein wird, fanden auf dem Höhepunkt der Widerstandswelle drei Verschwörungen statt: in Genua, wo die Familie Fieschi mit französischer Unterstützung die Herrschaft der Doria aus den Angeln heben wollte, in Lucca und in Parma. Unter diesen Verschwörungen ist diejenige in Lucca wegen ihrer klaren republikanischen Zielsetzung und wegen der Umgebung, aus der sie erwachsen ist, besonders interessant. Lucca war nämlich eines der Zentren der italienischen Evangelien-Bewegung gewesen und wurde immer noch wegen seiner ketzerischen Neigungen von den Hütern der Orthodoxie mit wachsamem Auge kontrolliert. Von hier aus versuchte der *Gonfaloniere* Francesco Burlamachi auch die anderen Städte der Toskana zu einem gemeinsamen Aufstand gegen die Medici-Herrschaft zu bewegen. Die Zweideutigkeit dieser Form des Kampfes wurde hingegen in Parma deutlich, wo der Aufstand, der zur Ermordung des Herzogs Pier Luigi Farnese führte, von den Spaniern selbst angezettelt worden war, weil sie durch die Unzuverlässigkeit und das Unabhängigkeitsstreben des Herzogs beunruhigt waren.

So wurden nach und nach die letzten Herde der italienischen Freiheit zum Erlöschen gebracht. In engster Verbindung mit dem Papsttum, das selbst über einen beträchtlichen Teil der Halbinsel herrschte, übte Spanien von

Palermo, Neapel und Mailand her über alle italienischen Staaten, besonders aber über Genua und Florenz, einen kontrollierenden Einfluß und damit in ganz Italien die entscheidende Macht aus.

Parallel zur Konsolidierung der spanischen Herrschaft vollzog sich die religiöse Restauration. Vom Beginn des Konzils von Trient im Jahre 1545 an wurde deutlich, daß das Häuflein derer, die noch auf eine Versöhnung mit der protestantischen Seite gehofft hatten, der geschlossenen Front italienischer und spanischer Bischöfe und ihrem orthodoxen, antiketzerischen Eifer nicht annähernd gewachsen war. Papst Paul III. selbst nahm die erste Gelegenheit, nämlich die Pest in Trient, wahr, um das Konzil auf sicheres Gebiet in die Stadt Bologna im Kirchenstaat zu verlegen. Diese Entscheidung gegen den Willen Karls V. führte erneut zu Spannungen zwischen der Kirche und dem Kaiser und brachte die Arbeiten des Konzils nach den wenigen Sitzungen der Monate September 1551 bis April 1552 bis 1562 zum Erliegen. In der Zwischenzeit ging unter Julius III. die Unterdrückung der „Ketzer" unvermindert voran (1550-1555) und wurde während des Pontifikats des ehemaligen neapolitanischen Kardinals Giampiero Carafa als Paul IV. weiter verschärft. Der Einflußbereich des Heiligen Offiziums und der neuen *Gesellschaft Jesu* dehnte sich immer mehr aus, und es kam so weit, daß sogar Mitglieder des Heiligen Kollegiums, die wegen ihrer gemäßigten Einstellung bekannt waren, von diesen gemaßregelt wurden, beispielsweise die Kardinäle Morone und Reginald Pole, der 1557 seine Stellung als päpstlicher Gesandter beim Konzil verlor, obwohl er durch die Beteiligung an den Ketzerverfolgungen der Maria der Katholischen die Abkehr von seiner Vergangenheit im Kreis der Evangelisten unter Beweis gestellt hatte. Im folgenden Jahr wurde der erste „Index librorum prohibitorum" veröffentlicht. Welch ein Schlag mußte es für die Überlebenden der Zeit Leos X. sein, unter den Büchern, deren Lektüre für einen guten Katholiken verboten waren, neben dem berüchtigten Machiavelli auch das „Decamerone" des Boccacios und „De Monarchia" des großen Dante zu entdecken.

Verglichen mit seinem übereifrigen Vorgänger Paul IV. war der neue Papst Pius IV. (1559-1565) ein Gemäßigter. Das Werk der Unterdrückung und Einschüchterung war inzwischen weit genug vorangeschritten, so daß das Konzil wiedereröffnet und im Dezember 1563 mit der feierlichen Proklamation der *Professio fidei tridentinae* abgeschlossen werden konnte. Damit war die Gegenreformation offiziell eingeleitet.

Diesem Ansturm war der italienische Evangelismus nicht gewachsen: es kam zur Spaltung zwischen denjenigen, die entschieden für den Bruch mit der Kirche eintraten und denjenigen, die sich aus Angst oder Berechnung der tridentinischen Orthodoxie unterwarfen. Die Auswanderungen nahmen im gleichen Maße zu wie die Ablegungen von Treuebekenntnissen zur Kirche.

Unter denen, die Italien verließen, finden wir im Jahre 1549 den Bischof Pier Paolo Vergerio, zwei Jahre später den neapolitanischen Markgrafen Galeazzo Caracciolo, den Humanisten Castelvetro, die Adelige Olimpia Morata, den Bibelübersetzer aus Lucca Diodati, Lelio Sozzini mit seinem Neffen Fausto aus Siena, Saluzzo Biandrata und viele andere. Eine vollständige Aufzählung – auch nur der bekannteren Namen – würde viel zu weit führen.

Von den Auswanderern wurden einige, wie Caracciolo, zu angesehenen Mitgliedern der Kirche in Genf und Zürich, die anderen aber, vermutlich die Mehrheit, führte ihr Weg in entferntere Länder und zu radikaleren Ideen. Dazu trug entscheidend die calvinistische Intoleranz und die Verbrennung des Michel Serveto auf dem Scheiterhaufen bei. Anläßlich dieses Ereignisses erhob einer der italienischen Emigranten mit Namen Castellione in seinem Werk „De haereticis an sint persequendi" die Frage, ob man die Papisten zu Recht verurteilen könne, wenn man dann dieselben Methoden anwende. Viele von den italienischen Häretikern verließen Genf, weil sie mit den calvinistischen Ideen nicht einverstanden waren; sie suchten Zuflucht in England, Polen und Siebenbürgen, wo einige von ihnen aktiven Anteil an den religiösen Bewegungen nahmen. Viele waren Anhänger des antitridentinischen Gedankengutes des Serveto, andere wie Fausto Sozzini (Socinus), gingen sogar so weit, eine ganz verinnerlichte, von dogmatischen und kultischen Zwängen befreite Religiosität zu verfechten. In mancher Hinsicht war diese Konzeption eine Weiterentwicklung der am Anfang des Jahrhunderts von Juan de Valdés verbreiteten Ideen, unter den gewandelten Umständen bedeutete sie aber zugleich eine allgemeine Aufforderung zu Toleranz. Aus diesem Grunde erblickt man gewöhnlich in der Lehre des Sozzini, dem sogenannten Socinianismus, eine der Wurzeln des modernen Liberalismus.

Wenn aber die Äußerlichkeiten des Kultes in Wirklichkeit keine Rolle spielten, warum sich dann nicht unterwerfen und nur im Innersten eine ursprüngliche, von allem Flitter befreite Gläubigkeit bewahren? Dies war der Ausweg für viele, die nicht die Kraft zum Verlassen der Heimat besaßen und dennoch die Formeln des Tridentinums nicht anzuerkennen vermochten. Auch Fausto Sozzini selbst hatte, bevor er sich endgültig für die Auswanderung entschied, lange Jahre in Italien gelebt und seine radikalen Überzeugungen unter der Maske des Gehorsams verborgen. Calvin, der eine solche Haltung natürlich nicht gutheißen konnte, hat den Begriff für dieses Verhalten geprägt: Nikodemismus, nach dem Namen „dessen, der in der Nacht zu Jesu ging". Aber dem Eifer des Apostels und der Mentalität des Juristen entgingen vielleicht einige der versteckten geistigen Ressourcen von Intellektuellen, deren geistigen Hintergrund die Erbschaft einer komplexen Entwicklung von Jahrhunderten bildete. Wenn Calvin einige Jahre länger gelebt hätte, hätte er nämlich noch erleben können, daß die letzten

Abkömmlinge des italienischen Humanismus nicht nur zum Kompromiß mit den anderen und sich selbst, sondern auch zur unbeugsamen Standhaftigkeit bis zur letzten Konsequenz fähig waren. Im Jahre 1567 bestieg der apostolische Pronotar Piero Carnesecchi den Scheiterhaufen – und viele sollten ihm noch folgen –; er trug ein blütenweißes Hemd, ein neues Paar Handschuhe und in der Hand ein weißes Tuch.

5. Verfall und Größe: 1550-1600

Der Nachsommer der italienischen Wirtschaft

Mit dem 16. Jahrhundert beginnt Europas Aufschwung zur technologischen, intellektuellen und politischen Vormachtstellung gegenüber dem Rest der Welt, einer Vormachtstellung, die es in den folgenden Jahrhunderten ausüben und behaupten sollte. Der erste und augenfälligste Aspekt dieses Aufschwungs ist der Impuls, den die Schiffahrt und der europäische Handel von den großen geographischen Entdeckungen und von dem Austausch zwischen Europa und den künftigen – und schon bestehenden – Kolonien erhielten. Bisher ist man gewöhnlich von der Annahme ausgegangen, daß durch die Entwicklung des Atlantik-Handels die alte Rolle der Mittelmeerländer als Vermittler zwischen dem Orient und Europa weitgehend an Bedeutung verlor und daß dadurch der schon durch die nordafrikanischen Piraten und die türkischen Flotten in Gefahr geratene Handel der italienischen Städte immer mehr abnahm. Neuerdings ist diese Einschätzung von den Historikern revidiert worden, und man ist bei der Beurteilung der Handelsentwicklung im Mittelmeer während des 16. Jahrhunderts wesentlich vorsichtiger geworden.

Man hat inzwischen entdeckt, daß die alte Gewürzstraße zu den Märkten Ostindiens durch das Mittelmeer und das Rote Meer, die seit der Entdeckung des direkten Seeweges um Afrika durch die Portugiesen schon aufgegeben worden war, in den Jahren 1550 bis 1570 wieder stark befahren wurde. Dadurch konnte Venedig mit diesen wertvollen und unverzichtbaren Produkten auf den europäischen Märkten wieder gegenüber Lissabon konkurrieren. Genua dagegen profitierte von den Religionskriegen in Frankreich und von der Auseinandersetzung zwischen Spanien und den niederländischen Aufständischen. Die ligurische Hafenstadt war auf dem Höhepunkt des Konfliktes um 1578 Ziel der spanischen Galeonen, die die Edelmetalle aus Amerika brachten, damit der spanische König von Barcelona aus seine ehrgeizige Politik finanzieren konnte. Im letzten Viertel des Jahrhunderts allerdings tauchten dann im Mittelmeer englische und holländische Schiffe auf, deren regelrechte Piraterie für die italienischen Seestädte ebenso gefährlich wurde wie ihre Handelskonkurrenz. Handel und Wohlstand Italiens wurden aber durch diese neue Entwicklung im Mittelmeerraum gegen Ende des 16. Jahrhunderts nicht nur geschädigt; der Hafen der toskanischen Stadt Livorno verdankt seinen Aufstieg im Gegenteil gerade der englischen und holländischen Handelstätigkeit.

Natürlich hat der Mittelmeerhandel im 16. Jahrhundert im Rahmen des gesamten Seehandels nicht mehr die hervorragende Bedeutung von einst; aber es wäre ein Fehler, diesen *relativen* Rückgang mit einem *absoluten* Rückgang zu verwechseln. In Wirklichkeit hatte an der Zunahme des Welthandels im Laufe des 16. Jahrhunderts eben auch das Mittelmeer Anteil. War die Handelsentwicklung im Mittelmeer auch nicht so stürmisch wie auf dem Atlantik, so stand sie doch in keiner Weise gegenüber den früheren Jahrhunderten zurück. Italien und seine Städte konnten so trotz gewisser Schwierigkeiten am wachsenden Reichtum des neuen atlantischen Europa teilnehmen.

Die Entwicklung des europäischen Handels und der Seefahrt ist jedoch nur *ein* Aspekt des großen europäischen Wirtschaftsaufschwungs im 16. Jahrhundert. Ein anderer, nicht minder wichtiger Aspekt ist die sogenannte Preisrevolution. Die massiven Silberimporte aus Amerika lösten in Europa eine umfassende Wirtschaftsexpansion aus. Auch Italien wurde seit den 70er Jahren von dieser Entwicklung und ihrer Euphorie erfaßt. Die letzten Jahrzehnte des 16. Jahrhunderts waren für die Wirtschaft der italienischen Staaten eine Periode stürmischer Entwicklung und nicht zu Unrecht hat man diese Zeit als „Nachsommer" bezeichnet (Carlo Cipolla). In diesen Jahren erreichten die genuesischen Bankiers den Gipfel ihrer Macht. Die Seidenherstellung und die Produktion anderer Luxuswaren hatte Hochkonjunktur, die Spekulation wurde immer frenetischer und gewagter: in dieser Zeit wird das Lotto-Spiel erfunden. Schließlich erlebte Italien einen neuen Bauboom, und es entstanden zahllose Kirchen, Paläste und Villen in dieser Zeit. Wie immer gingen Spekulation und „Versteinerung" Hand in Hand. Schließlich äußerte sich der allgemeine Wohlstand auch in der Bevölkerungsentwicklung. Trotz der Seuchen, die immer wieder einzelne Regionen und Städte heimsuchten, nahm die Gesamtbevölkerung deutlich zu. In der zweiten Hälfte des 16. Jahrhunderts kam es auch wieder zu einer natürlichen Bevölkerungszunahme, als endlich nach den jahrzehntelangen Kriegen Frieden herrschte.

Die Preisrevolution in Westeuropa führte aber nicht nur zu neuen wirtschaftlichen Initiativen. Sie erschütterte zutiefst die bestehenden gesellschaftlichen Strukturen, aus denen sich in einem langen Prozeß neue soziale Schichten und Klassen herausbildeten. Obwohl es sich dabei natürlich um eine äußerst langfristige und komplexe Entwicklung handelt, ist die Schockwirkung nicht zu unterschätzen, die die Preisrevolution, das Auftauchen neuer Persönlichkeiten und neuer sozialer Gruppierungen sowie die damit verbundene Bedrohung für die alten herrschenden Klassen bedeutete. Anders wäre weder der schwindelerregende Aufstieg der Niederlande, noch die englische Revolution, noch die Rolle der französischen Bourgeoisie zwischen Revolution und Integration in das Ancien régime zu erklären. In Italien fand solch ein Prozeß nicht statt. Soweit von einer Auflösung der gesellschaftlichen Strukturen die Rede sein kann, waren lediglich die untersten sozialen Schichten betroffen. Die Massen von Bettlern und Banditen, eine typische Erscheinung für die in Unordnung geratene Gesellschaft des 16. Jahrhunderts, waren auch in Italien überall anzutreffen. Aber die grundlegenden Strukturen der italienischen Gesellschaft – das Verhältnis von Stadt und Land, von herrschenden und untergeordneten Schichten, der Partikularismus – erfuhren nur geringfügige Veränderungen. Natürlich hatte auch der italienische „Nachsommer" seine Parvenus und seine Neureichen, aber ihre Integration in das Establishment vollzog sich relativ rasch und problemlos. Die italienische Gesellschaft bewahrte die Geschlossenheit und zugleich die Elastizität, die sie ihren städtischen Ursprüngen verdankte. Italien – oder zumindest der Teil Italiens, der Schauplatz der Stadtentwicklung gewesen war – hatte nie wirklich den Feudalismus kennengelernt, und ebensowenig einen ausgeprägten dritten Stand. In Italien existierte eben nur das Establishment der *signori*, wie das einfache Volk und die Bauern damals und auch heute noch unterschiedslos diejenigen bezeichnen, die Macht und Geld haben. Die Preisrevolution trieb keinen Keil in diese seit Jahrhunderten bewährte Interessengemeinschaft, ja ließ nicht einmal oberflächliche Risse entstehen. Im Gegenteil: die seit langem wirksame Tendenz, die Durchlässigkeit der bestehenden Ordnung einzuschränken, verstärkte sich im Laufe des 16. Jahrhunderts sowohl auf der Ebene der politischen Institutionen als auch in den gesellschaftlichen Beziehungen. Die sozialen Unterschiede vertieften sich, die gesellschaftliche Etikette wurde zwingender Maßstab, die politischen Ämter waren von nun an ausschließliches Privileg eines beschränkten Kreises von Patriziern.

Aber diese Überlegungen geraten in Gefahr, nur abstrakt zu bleiben, wenn wir uns nicht der Untersuchung der jeweiligen lokalen Entwicklung zuwenden. Die allgemeinen Linien, die wir oben vorweggenommen haben, sollen dabei als Rahmen dienen.

Die spanischen Besitzungen

Die neapolitanischen Barone, die sich 1484 gegen den König Ferrante erhoben hatten, ergriffen in den Kriegen der ersten Hälfte des 16. Jahrhunderts für Frankreich Partei. Frankreich seinerseits schürte den traditionellen Haß der Barone gegen jede Zentralgewalt nach Kräften. Der spanische Sieg und die Eingliederung Neapels in den Besitz der spanischen Königin bedeutete deshalb auch den Sieg des Absolutismus über die zentrifugalen Kräfte des Feudalismus. Don Pedro de Toledo, der mit dem Titel eines Vizekönigs wenige Jahre nach dem Unternehmen Lautrecs (1529) nach Neapel kam, vereinigte in seiner Hand eine Machtfülle, wie sie keiner seiner gekrönten Vorgänger je besessen hatte. Die Barone bekamen diese Macht zu spüren: wer den französischen Eroberungsversuch Lautrecs unterstützt hatte, wurde mit Tod oder Verbannung bestraft, seine Güter wurden eingezogen und an die Getreuen des Hauses Aragon vergeben.

So hart sie gegen die Treulosen vorgingen, so dankbar zeigten sich die spanische Monarchie und ihre Vizekönige gegenüber denjenigen, die ihnen die Treue gehalten hatten. Der spanische Absolutismus stand den Prärogativen und Rechten der neapolitanischen Barone keineswegs feindselig gegenüber. Zweimal, 1510 und 1574, erzwang der gewaltsame Widerstand, der von den Baronen der Stadt Neapel getragen wurde, den Verzicht auf die Einführung der Inquisition. Damit ließ sich die spanische Krone ein Kontrollinstrument aus der Hand nehmen, dessen Effizienz – wie das spanische Mutterland gezeigt hatte – mehr als erwiesen war. Das Parlament und die Versammlung der *Eletti*, der Erwählten, in Neapel – beide Institutionen setzten sich hauptsächlich aus Adeligen zusammen – behielten ihre Rechte, einschließlich des Rechtes auf Anhörung bei der Erhebung neuer Steuern. Die wichtigsten Ämter des Vizekönigreichs – der Staatsrat, der Beirat und die Oberste Königliche Kammer – mußten nach einer Verordnung des Jahres 1550 in erster Linie mit Einheimischen besetzt werden, und auch diese Ämter waren zum größten Teil in der Hand des Adels. Dem Adel allein stand auch die militärische Laufbahn im königlichen Dienst offen, und seit der Jahrhundertwende zeichneten sich viele neapolitanische Adelige auf den Schlachtfeldern in Flandern und im Dreißigjährigen Krieg aus. Die spanische Monarchie gewann dadurch nicht nur fähige Soldaten, sondern schuf auch ein Sicherheitsventil für ein etwaiges Wiederaufleben der Streitsucht der neapolitanischen Barone.

Die Erweiterung der Machtbefugnisse des Vizekönigs hatte also durchaus nicht zu einer *qualitativen* Änderung der traditionellen Herrschaftsstrukturen im Königreich geführt. Weiterhin blieb die Herrschaft zwischen den Baronen und der Krone aufgeteilt, es bestand also eine im Sinne der adeligen Interessen gemäßigte Monarchie. Im übrigen herrschte in Madrid das gleiche System, und es erschien nur natürlich, wenn die Provinz nach den gleichen Kriterien regiert wurde wie das Mutterland. Aber wie lange konnte eine solche Machtstruktur der Entwicklung neuer Kräfte und gesellschaftlicher Beziehungen standhalten?

Nach dem furchtbaren Aderlaß während der Krise des 14. und 15. Jahrhunderts begann sich der Süden zu erholen, und das gesellschaftliche und wirtschaftliche Leben kam allmählich wieder in Schwung. Seit der Süden um das Jahr 1530 nicht mehr Schauplatz der Auseinandersetzungen zwischen Frankreich und Spanien war, erlebte auch Neapel seinen wirtschaftlichen „Nachsommer". Den klarsten Beweis dafür liefert die Bevölkerungsentwicklung. Zwischen 1532 und 1599 nahm die Zahl der außerhalb der Stadt Neapel besteuerten „Seelen" von 315 000 auf 540 000 zu. Neapel entwickelte sich in diesen Jahren zu einer wirklichen Metropole. Der Stadtplan wurde grundlegend verändert: Don Pedro legte eine Hauptstraße durch die Stadt, die bis vor nicht allzu langer Zeit seinen Namen trug.

Die historische Regel, daß Bevölkerungszunahme und Urbanisierung gewöhnlich mit wirtschaftlichen Aufschwungphasen zusammenfallen, wird durch die Entwicklung des neapolitanischen Vizekönigreichs im 16. Jahrhundert voll bestätigt. Für Kalabrien, den Teil des Landes, der durch neuere historische Untersuchungen am besten erforscht ist, stimmen alle Daten darin überein, daß Bevölkerungsvermehrung und wirtschaftliche Expansion Hand in Hand gingen. Im gleichen Zeitraum, in dem sich die Zahl der Herdstellen verdoppelte (1505: 50669 – 1561: 105493), stieg auch die Haupteinnahmequelle der Region, die Seidenproduktion, um 100%; gleichzeitig nahmen der Weizenanbau, die Ölbaumkultur und die Viehzucht zu. Wenn diese Zahlen, wie mit ziemlicher Sicherheit anzunehmen ist, die allgemeine Entwicklung der Wirtschaft des Südens widerspiegeln, dann ist daraus zu ersehen, daß das Königreich Neapel in noch ausgedehnterem Maße als früher seine Funktion als Exporteur landwirtschaftlicher Produkte für die Märkte Norditaliens ausübte. Die Daten und Zeugnisse ergeben bei aller Unterschiedlichkeit der Wertungen das eindeutige Bild einer aktiven, ja sogar außerordentlich aktiven Exportwirtschaft. Der allgemeine Preisanstieg, der in ganz Europa revolutionäre Größen erreichte, war auch in Süditalien zu spüren.

In dieser wirtschaftlichen Aufschwungphase und in einer Gesellschaft, die jedenfalls für den Augenblick von dem Druck der ärgsten Not und von der Geißel der feudalen Anarchie befreit war, eröffneten sich neue Spielräume für die Gesellschaftsschichten, die im Handel, Bankwesen und im Gewerbe tätig waren. Handel und Bankwesen wurden zwar wie schon zu den Zeiten der Anjou von Fremden beherrscht, an die Stelle der Florentiner und Juden jedoch, die Pedro de Toledo vertrieben hatte, traten die Genuesen; damit zeigte sich der Vizekönig einmal mehr als treuer Diener seines spanischen Königs. Andrea Doria hatte den Spaniern in kritischen Tagen, als sie von Lautrec angegriffen worden waren, Hilfe geleistet. Dafür wurden die Genuesen großzügig bei der Verteilung des Grundbesitzes und der Rechte der abtrünnigen Barone belohnt. Trotz der privilegierten Stellung der Genuesen jedoch hätten noch genügend Entwicklungsmöglichkeiten für die einheimische Bourgeoisie in Handel und Gewerbe, vor allem in der Hauptstadt, bestanden, wenn sie nicht durch die bestehenden Machtverhältnisse daran gehindert worden wäre. Im Rat der *Eletti* in Neapel stand fünf Vertretern des Adels nur ein Vertreter des Volkes gegenüber. Ferdinand der Katholische hatte sich ebenso energisch wie alle seine Nachfolger dagegen verwahrt, die Zahl der Volksvertreter der des Adels anzugleichen.

Die Nachrichten vom Aufstand der Niederlande wurden deshalb in den spanischen Besitzungen mit lebendigem Interesse aufgenommen. Mit der Forderung, die gleiche Anzahl von Volksvertretern zu erhalten wie der Adel, setzte sich im Mai 1585 die Bourgeoisie in Neapel an die Spitze eines Aufruhrs, der wegen der Erhöhung der Brotpreise ausgebrochen war. Aber ohne Erfolg: die Revolte wurde systematisch niedergeschlagen, und mehr als 12 000 Bürger mußten die Stadt verlassen, was als Zeichen für die Breite der Bewegung gelten kann.

Damit war die Chance vertan. Denn die Zeiten begannen sich wiederum zu ändern, der kurze „Nachsommer" ging seinem Ende entgegen. Die Zeichen einer Verschlechterung der Wirtschaftslage wurden gegen Ende des 16. Jahrhunderts immer eindeutiger. Nachdem im Jahre 1576 erneut eine schwere Pestepidemie aufgetreten war, folgten Jahre der Hungersnot. Die Bevölkerungsbewegung und der Wirtschaftsaufschwung, die mit der Preisrevolution eingesetzt hatten, kamen zum Stillstand. In dieser gewandelten Situation versuchten die herrschenden Schichten natürlich, ihre Einkommensquellen zu sichern. Deshalb trachteten die Barone immer häufiger danach, die Rechte der *università*, d. h. der Gemeinden, einzuschränken, und die Kirche, die neue aktive Kirche der Gegenreformation, baute systematisch ihren Grundbesitz aus. Der Staat seinerseits zog die Steuern noch weiter an und verstärkte damit den bereits bestehenden Druck.

Dieser konzentrische Angriff mußte an der gesellschaftlichen Basis, gegen den er gerichtet war, unausweichlich zu Unruhe und Unzufriedenheit führen. Gegen Ende des Jahrhunderts kam es in Neapel immer wieder zu Erhebungen und Revolten. Berühmt ist der Aufstand in Kalabrien im Jahre 1599. Tommaso Campanella stand dort an der Spitze eines sozial heterogenen Bündnisses, das von der Erwartung zusammengehalten wurde, daß das „neue Jahrhundert" eine ganz „neue staatliche Ordnung" bringen würde. Der Aufstand wurde sogleich niedergeschlagen, und für Campanella begannen die langen Jahre seiner neapolitanischen Gefangenschaft. Der Unmut der Bauern äußerte sich am deutlichsten in der sprunghaften Zunahme des endemisch vorhandenen Banditenunwesens. Schon der Vizekönig Pedro de Toledo hatte bei dem Versuch, der Banditen Herr zu werden, 18 000 Menschen umbringen lassen, ohne, wie er selbst zugeben mußte, wirklich Ruhe und Ordnung in sein Vizekönigreich gebracht zu haben. Das Ausmaß der Straßenräuberei in den letzten Jahrzehnten des 16. Jahrhunderts überstieg jedoch alles bisher Bekannte. Wie im nahen Kirchenstaat, so wurde daraus auch in Neapel in den Jahren 1585 bis 1592 und dann noch einmal zwischen 1596 und 1600 eine regelrechte Massenbewegung, an der breiteste Schichten der ländlichen Bevölkerung beteiligt waren: nicht nur die Ärmsten und die Entwurzelten, sondern auch die besser gestellten *massari*, d. h. die abhängigen Bauern und der niedere Klerus. Die Operationen gegen die Bandenführer – wie etwa gegen Marco Sciarra in den Abruzzen – nahmen bald die Form eines regelrechten Krieges an mit Feldschlachten, Belagerungen und der Einnahme von Städten durch beide Seiten. Der Vizekönig von Neapel war erst erfolgreich, als sein Heer mit der päpstlichen Truppe zusammenarbeitete.

Angesichts der wirtschaftlichen Depression und der immer stärkeren Polarisierung in konservative und rebellierende Kräfte wurden die Möglichkeiten für ausgleichende Elemente und Reformvorhaben immer geringer. Die Mahnungen des Kalabresen Antonio Serra verhallten ungehört. Serra hatte einen großen Teil seines Lebens im Gefängnis verbracht, wo er ein Traktat über Ökonomie verfaßte, in dem er als Grund für die wirtschaftlichen Schwierigkeiten des Königreiches die Schwäche der einheimischen Schicht der Kaufleute und Gewerbetreibenden aufzeigte, durch die auch die Schwäche der politischen Strukturen bestimmt sei. Auch der Versuch verschiedener Kreise der Bourgeoisie in Neapel unter Führung des Juristen Giulio Genoino, den Vizekönig, Herzog von Ossuna, auf ein Reformprogramm zu verpflichten, war zum Scheitern verurteilt. Von den Baronen am Hof in Madrid des Verrates angeklagt, wurde der Herzog von Ossuna nach Madrid zurückgerufen (1618). Von diesem Zeitpunkt an bewegte sich die süditalienische Gesellschaft unaufhaltsam auf die große Krise von 1647 zu.

In den großen Linien unterscheidet sich die Entwicklung des Königreichs Sizilien im Laufe des 16. Jahrhunderts kaum von der Neapels. Auch hier kann man von einer Doppelherrschaft sprechen, von einer Teilung der Einflußsphären zwischen Vizekönig und Baronen. Die Barone, die das Parlament der Insel beherrschten, erhoben sich in den Jahren 1516 und 1517 zwei Mal gegen Moncada, den ersten Vizekönig Ferdinands des Katholischen, um von vorneherein deutlich zu machen, daß sie keine Eingriffe in ihre Rechte und Privilegien duldeten. Die Nachfolger Moncadas hielten sich streng an diese Regelung. Der Herzog von Olivares soll einem der neuen Vizekönige zugerufen haben: „Mit den Baronen seid ihr in Sizilien alles, ohne sie nichts." Wo der kaiserliche Absolutismus Karls V. versagt hatte, mußte notgedrungen auch der bürokratische Absolutismus Philipps II. scheitern.

Und doch erlebte auch Sizilien einen „Nachsommer". In den Jahren 1501 bis 1583 war die Zahl der Einwohner von 502761 auf 801401 gestiegen (ohne die Einwohner der Hauptstadt Palermo und Messina). Der Export und die Preise für Getreide, die Haupteinnahmequelle der Insel, hielten sich auf einem hohen Niveau. Aber auch hier dauerte die günstige Konjunktur zu kurz an, als daß sie eine Bresche in das gesellschaftliche System und die politische Organisation hätte schlagen können. In den Jahren 1575 bis 1577 herrschte wiederum eine Hungersnot, und damit kündigen sich die schweren Zeiten eines langen wirtschaftlichen Verfalls an. Schon am Ende des Jahrhunderts hat Sizilien aufgehört, das bedeutende Weizenexportland von einst zu sein, einerseits weil der Eigenbedarf infolge des Bevölkerungswachstums gestiegen war, andererseits, weil der sizilianische Weizen Konkurrenz aus dem Norden und aus dem Orient bekommen hatte. Darüber hinaus aber ist diese Entwicklung Ergebnis der zu starken Auspowerung des Bodens, da die Landwirtschaft aufgrund der bestehenden Sozialstrukturen in Rückständigkeit verharrte.

Unter den spanischen Besitzungen in Italien nahm die Lombardei wegen ihrer geographischen Lage eine besondere Stellung ein. Die Kontrolle über die Lombardei erlaubte eine direkte Verbindung zwischen dem Mittelmeer und dem Heiligen Römischen Reich und bildete damit ein wesentliches Element der habsburgischen Herrschaft. Deshalb hatte die Lombardei auch am meisten unter den Kriegen des beginnenden 16. Jahrhunderts zu leiden gehabt. Marignano und Pavia, um nur die Stätten der berühmtesten Schlachten zu nennen, liegen in der Lombardei. Diese Situation sollte sich zu Beginn des folgenden Jahrhunderts wiederholen, als am Anfang des Dreißigjährigen Krieges das Veltlin und Monferrato zu umstrittenen Schlüsselpositionen der kämpfenden Parteien wurden. Doch in der langen Zwischenphase der spanischen Hegemonie konnte die Lombardei aus dieser Lage erhebliche Vorteile ziehen. Die Nähe Genuas und die Bedeutung, die seine Bankiers unter Karl V. in dessen Reich erlangt hatten, ließen diesen Teil Italiens zu einem neuralgischen Punkt der gesamten europäischen Wirtschaft werden. Mailand wurde in der zweiten Hälfte des 16. Jahrhunderts der bevorzugte Finanzplatz der genuesischen Bankiers. Viele von ihnen siedelten nach Mailand über und errichteten dort ihre aufwendigen Paläste. Einer der bekanntesten ist der *Palazzo Marino* (1558). Daneben aber wären noch viele andere zu nennen, denn in dieser Zeit, in der die Bevölkerung der Stadt von 80000 Einwohnern im Jahre 1542 auf 112000 Einwohner im Jahre 1592 zunahm, erlebte Mailand eine fieberhafte Bautätigkeit. Im Gegensatz zu Neapel konnte sich die wachsende Bevölkerung Mailands auf ein blühendes Gewerbe stützen. Die traditionellen mailändischen Gewerbe wie die Seiden- und Wollproduktion, die Metallbearbeitung und die Tuchherstellung hatten ihren Höhepunkt erreicht, und das neue Buchdruckergewerbe begann sich vielversprechend zu entwickeln.

Die Landwirtschaft der fruchtbaren Po-Ebene jedoch bildete nach wie vor die hauptsächliche und die solideste Einkommensquelle der Lombardei. Nachdem die Wunden des Krieges verheilt waren, erlebte auch die Landwirtschaft in der zweiten Hälfte des 16. Jahrhunderts einen Aufschwung, der an die seit dem Zeitalter der Stadtstaaten erzielten Fortschritte anknüpfen konnte. Es ist kein Zufall, daß die beiden wichtigsten Agronomen der Zeit, Agostino Gallo und Camillo Tarello, aus Brescia, einer typischen Gegend der Po-Ebene an der Grenze des mailändischen Staates, stammten. In ihren Werken erwähnten sie häufig die entwickelte Landwirtschaft der lombardischen Ebene.

Da der Reichtum der Gesellschaft wesentlich auf der Grundrente beruhte, mußte das Grundeigentum zum entscheidenden Kriterium für gesellschaftliches Ansehen und politische Macht werden. Das lombardische Patriziat, dem die Konstitutionen Karls V. aus dem Jahre 1541 eine wesentliche Beteiligung an den hohen Ämtern in Politik und Verwaltung des Gouvernements zugestanden hatten, bestand denn auch im wesentlichen aus Grundbesitzern. Zum wichtigsten Instrument ihrer Einflußnahme wurde der Senat, der nach dem Vorbild des französischen Parlaments Ludwigs XII. eingerichtet worden war. Die politisch einflußreiche Schicht verstand sich auch selbst als Grundbesitzerstand. Das bezeugt der Ausschluß der Kaufleute aus dem *Collegio dei nobili giureconsulti,* dem beratenden Geschworenenkollegium des Adels, aus dem die wichtigsten Beamten des Staates hervorgingen. Die lombardischen Patrizier können aber dennoch nicht mit den neapolitanischen Baronen gleichgesetzt werden. Der Unterschied besteht nicht nur in dem weit größeren Reichtum der lombardischen Grundbesitzer, sondern auch in Selbstverständnis und Stil, mit denen sie ihre Funktion als herrschende Klasse ausübten.

Zur Herausbildung dieses Selbstverständnisses hatte ohne Zweifel eine der großen Persönlichkeiten der Kirchengeschichte Italiens, der Kardinal Carlo Borromeo wesentlich beigetragen, der von 1565 bis 1584 Erzbischof von Mailand war. Ein Neffe des Papstes Pius IV., der ebenfalls aus Mailand stammte, verließ Borromeo nach dem Tod dieses Papstes Rom und übersiedelte nach Mailand, gerade rechtzeitig, um den neuen Dom nach fast 200jähriger Bauzeit einzuweihen. Er war entschlossen, Mailand zur Hauptstadt der italienischen Gegenreformation zu machen. Kaum jemand hätte für diese Aufgabe geeigneter sein können als Borromeo, der in seiner Unnachgiebigkeit und hingebungsvollen Tätigkeit als Verkörperung des Katholizismus nach dem Tridentinum gelten kann. Seine Amtszeit hinterließ tiefe Spuren im religiösen und intellektuellen Leben der Stadt und des Staates. Sein wichtigstes Ziel war die Schaffung eines Klerus nach seinem eigenen Vorbild: fleißig, bescheiden und dynamisch. Borromeo begann daher in seiner Diözese eine Reform *in capite et in membris,* und selbst um den Preis ernsthafter Spannungen mit der spanischen Regierung machte er vor keiner bestehenden Einrichtung Halt. Auch der Humiliatenorden, dem die lombardische Wollindustrie ihre Entstehung verdankte, wurde aufgelöst. An dessen Stelle trat der neue, mächtige Jesuitenorden, dem wichtige Aufgaben im Schulwesen übertragen wurden. Auch der Kampf gegen die Ketzer wurde natürlich erbarmungslos bis zur letzten Konsequenz geführt. Die Tätigkeit Carlo Borromeos und seines Neffen Federico, der nach dem Interregnum des Erzbischofs Gaspare Visconti 1595 dessen Nachfolge antrat, erstreckte sich aber nicht nur auf die innere Neuordnung der Kirche und die Wiederherstellung der Orthodoxie, sondern auf fast alle Bereiche des öffentlichen Lebens: sowohl auf die kulturelle Entwicklung – die Biblioteca Ambrosiana zum Beispiel, eine der großen kulturellen Einrichtungen Mailands, wurde von Federico gegründet – als auch auf karitative und soziale Einrichtungen, letztere ein Gebiet von außerordentlicher Wichtigkeit angesichts der wachsenden Zahl von Bettlern und Bedürftigen. Schließlich muß auch noch Borromeos Verdienst um die Wiederherstellung des kirchlichen Besitzes in Mailand hervorgehoben werden. Seine energische und vielfältige Tätigkeit hinterließ dauerhafte Spuren im religiösen und gesellschaftlichen Leben der

Lombardei. Auf die Borromeos geht jene Tradition eines tätigen Katholizismus zurück, den man als eine Art patriarchalisches Verantwortungsbewußtsein für die Gesellschaft bezeichnen könnte und der das lombardische und mailändische Patriziat für lange Zeit auszeichnete, eine Haltung, die man auch als die ,,Mission des Reichen" charakterisieren könnte. Rastlose Aktivität und patriarchalisches Bewußtsein sagt man selbst heute noch den Bewohnern der Stadt des hl. Ambrosius nach. Carlo Borromeo wollte mit der erneuerten Verehrung dieses Heiligen seinen gläubigen Mitbürgern das stolze Bewußtsein vermitteln, Lombarden und zugleich fleißige Arbeiter im Weinberg des Herrn zu sein.

Das Großherzogtum Toskana

Während der Kriege in den Jahren 1537 bis 1559 hatte Cosimo de Medici sein Staatsgebiet fast bis zur heutigen Größe der Toskana erweitern und insbesondere Siena und sein Territorium erwerben können. Vom heutigen Gebiet der Toskana gehörten nur die Republik Lucca, das Herzogtum Massa Carrara unter der Familie Cybo und die Küstenstädte des ,,Festungsstaates" nicht zum Herrschaftsbereich der Medici.

Die Gebietsvergrößerung ließ eine Anpassung der *signoria* der Medici an die neuen Gegebenheiten notwendig werden. Damit ein homogener Territorialstaat entstehen konnte, mußte vor allem mit der Tradition gebrochen werden, in den unterworfenen Territorien und Städten nur ein Anhängsel, eine Art Hinterland der Hauptstadt zu sehen. In diese Richtung hatte sich bereits die Politik Lorenzos des Prächtigen und seiner Nachfolger Alessandro de Medici (1530–1537), Cosimo (1537–1574) und Ferdinando (1587–1609) bewegt.

Die überkommenen städtischen Ämter und Kollegien blieben formal zwar noch bestehen, verloren aber ihre eigentlichen Befugnisse an die *pratica segreta*, einen kleinen Kreis von Staatsbeamten unter der direkten Kontrolle des *signore*. Der *pratica* unterstand eine immer mächtiger werdende Bürokratie, in der die Vertreter der Provinzen den Florentinern gegenüber immer mehr Gewicht erhielten. Für die ständig wachsende Bürokratie erwies sich sogar die Errichtung eines neuen Gebäudes als notwendig: in den Jahren 1560 bis 1580 wurden deshalb nach den Plänen des Architekten Giorgio Vasari nahe dem *Palazzo Vecchio* die Uffizien erbaut. Der Unterschied zwischen diesen beiden Bauten, die bürokratische Schwere des einen und die hochragende Kühnheit des anderen vermitteln auch dem heutigen Betrachter noch einen lebendigen Eindruck des breiten Bogens der florentinischen Geschichte – von den bürgerlichen Anfängen des Stadtstaates bis zum Großherzogtum Toskana. Auch der *Palazzo Vecchio* verlor im Inneren das Aussehen, das er als Sitz und Symbol der florentinischen Freiheit besessen hatte.

Durch Vasari, den offiziellen Architekten des Großherzogtums, wurden die großherzoglichen Gemächer eingerichtet. Der strenge äußere Eindruck des Gebäudes trat in krassen Gegensatz zu der kostbaren Eleganz des Inneren. Der Stadtstaat entwickelte sich somit unter den Medici und ihrer Bürokratie allmählich zum Großherzogtum Toskana. Durch diesen Wandlungsprozeß ging jedoch mehr an städtischer Vitalität verloren, als an Charakterzügen eines modernen absolutistischen Staates gewonnen wurde. Wenn man von den politischen und administrativen Strukturen den Blick auf die gesellschaftlichen Kräfteverhältnisse um die Wende des 16. zum 17. Jahrhundert wendet, so zeigt sich ein Bild von Stagnation und Rückschritt. Am Ausgang des 16. Jahrhunderts hatte sich Florenz von dem bedeutenden Handels- und Gewerbezentrum, das es noch zu Anfang des Jahrhunderts gewesen war, in eine Residenzstadt von Grundeigentümern und Bürokraten verwandelt, die es bis heute geblieben ist. Diese Wandlung war unter anderem auf die Krisis und die Resignation seines Handelspatriziats zurückzuführen, das einst Reichtum und Größe der Stadt geschaffen hatte.

Auch in diesem Fall muß man sich natürlich davor hüten, einen Prozeß, der sich erst allmählich entwickelte, in allzu dramatischen Begriffen zu fassen. Bis zum Beginn des 17. Jahrhunderts blieb der florentinische Seidenexport beträchtlich, und die florentinischen Bankiers spielten eine bedeutende Rolle in dem Finanzzentrum Lyon. Während der Religionskriege nahmen viele Geschäftsleute ihren Aufenthalt in Paris. Durch die Verbindungen zum Hofe der Katharina von Medici wurde eine große Zahl von Florentinern, die einst unabhängige Bankiers gewesen waren, zu Steuerpächtern und Steuereintreibern im Dienste der französischen Krone, wenn nicht gar zu Höflingen, die sich schließlich naturalisieren ließen. Die Vermählung der Maria von Medici, der Tochter des Großherzogs Ferdinand, mit Heinrich IV. verstärkte diese Tendenz und brachte eine weitere Welle florentinischer Emigranten nach Paris, ähnlich der Emigration der „Republikaner" am Anfang des Jahrhunderts. Natürlich hatten diese intellektuell hochqualifizierten Männer großen Einfluß auf die politische Geschichte; so stammte beispielsweise der Kardinal Retz aus der florentinischen Familie Gondi.

Zur gleichen Zeit, in der viele Kaufleute und Bankiers aus Florenz sich in Frankreich niederließen, kehrten andere, wie die Corsini aus London, die Gerini und Torrigiani aus Nürnberg, endgültig in die Heimat zurück. In beiden Fällen handelte es sich um unterschiedliche Ausdrucksformen ein und desselben Prozesses, nämlich um die Verwandlung des Kaufmanns- und Bankierspatriziats in eine Schicht von Grundeigentümern in und außerhalb der Toskana. Grund und Boden stellten in der Toskana am Ende des 16. Jahrhunderts die wichtigste Geldanlage dar, und es entstand riesiger Grundbesitz: privater Grundbesitz von Kaufleuten, die ihre Gewinne in Grund und Boden investierten; Grundbesitz der Kirche und der kirchlichen Einrichtungen, der von den geschäftstüchtigen Vertretern der Gegenreformation mit der Unterstützung des Vatikans immer umfangreicher wurde; Grundbesitz der Ritterorden, beispielsweise des von Cosimo im Jahre 1561 gegen die nordafrikanischen Piraten gegründeten Stefansordens; beträchtlicher Grundbesitz schließlich der großherzoglichen Familie selbst. Mit dieser Konzentration des Grundbesitzes in wenigen Händen ging die Bindung des Grundbesitzes durch Fideikommisse, Majorate und die *manus mortua*, die „tote Hand" der Kirche, einher, und es fand ein regelrechter Wettlauf um Adelstitel und -rechte statt, während im Gegensatz zu anderen Gegenden Italiens – etwa der Lombardei oder der Terraferma Venedigs – keinerlei Anstrengungen zu Verbesserungen des Ackerbaus unternommen wurden. Obwohl gründliche Untersuchungen zu diesem Thema noch ausstehen, scheint die Landwirtschaft der Toskana in der zweiten Hälfte des 16. Jahrhunderts weitgehend zu stagnieren. In ihrem neuen Gewand als Grundherren erwiesen sich die herrschenden Schichten in Florenz und der Toskana ebenso arm an Initiative und Erfindungsgeist wie umgekehrt ihre Vorfahren im Bank- und Handelswesen reich an geistigen Energien gewesen waren. Sie verwalteten ihre Güter in der Regel ordentlich, aber knauserig und unter Vermeidung jedweder Investition. Wo ihre Großväter lustvoll und stolz Üppigkeit gezeigt hatten, zeigten die Nachkommen Sinn für Maß und Sparsamkeit. In kaum einer anderen Stadt Italiens wurde im Laufe des 17. Jahrhunderts so wenig gebaut wie in Florenz. Die barocken Bauten der Hauptstadt der Toskana lassen sich an einer Hand aufzählen.

Die einzige Ausnahme in diesem Bild der allgemeinen Stagnation bildet der großartige Aufstieg der Hafenstadt Livorno seit den 80er Jahren des 16. und im ganzen 17. Jahrhundert. Von Ferdinando im Jahre 1577 zur Stadt erhoben und mit großzügigen Hafenanlagen ausgestattet, zog die Stadt schnell eine kosmopolitische, fleißige Bevölkerung aus Juden, Byzantinern und Engländern an. Die vom Großherzog diesen Einwanderern gegenüber gewährte Toleranz, ja sogar Privilegien, und die spätere Einrichtung eines Freihafens machten aus Livorno einen der wichtigsten Häfen am Mittelmeer. Vor allem englische und holländische Schiffe gingen, sehr zum Nachteil von Genua und Marseille, hier vor Anker. Livorno war außerdem einer der wichtigsten Häfen der Freibeuterei und auch dies trug nicht unwesentlich zur Geschäftsbelebung bei.

Livorno blieb jedoch, wie gesagt, eine Ausnahme. Durch ihren Charakter als Entlade- und Durchgangshafen hatte die Stadt nur geringe wirtschaftliche Beziehungen zum Hinterland, und nicht zu Unrecht ist die Stellung Livornos mit der des heutigen Singapur zu Malaysia oder Hongkong im Verhältnis zu China verglichen worden. Die großherzogliche Toskana als Ganzes erscheint dagegen am Ende des 16. Jahrhunderts als ein Staat, der von der Grundrente lebt und mit Sorgfalt die in den vorausgegangenen Jahrhunderten gesammelten Reichtümer pflegt und verwaltet, und zwar nicht nur die materiellen, sondern auch die geistigen und kulturellen Reichtümer.

Die florentinische Kultur in der zweiten Hälfte des 16. Jahrhunderts war *noch* zu bewunderungswürdigen Leistungen fähig. Man braucht nur an Galilei zu denken, dessen Vater, Vincenzo Galilei, ein ausgezeichneter Musiker und Musiktheoretiker, zu dem Kreis der *Camerata fiorentina* gehörte, der sich große Verdienste um die Erneuerung der italienischen Musik erworben und die Kunstform der Oper eingeführt hat. Vielleicht war auch das mathematische Genie des Sohnes von dem musikalischen Talent des Vaters geprägt, von der Liebe für das geordnete Maß und die harmonische Proportion der Töne und der himmlischen Sphären. Betrachtet man aber nicht nur die Ausnahmeerscheinungen, sondern das kulturelle Leben in seiner Gesamtheit, so drängt sich der Eindruck auf, daß die florentinische Kultur im 16. Jahrhundert ihre Spannkraft verloren hat und sich immer mehr auf die Bewunderung der eigenen großen Vergangenheit zurückzieht. Diese rückwärtsgewandte Haltung wurde an den Akademien, die durch das Mäzenatentum der Großherzöge entstanden waren, gepflegt. Unter Cosimo wurde die Akademie von Florenz gegründet und unter Ferdinando die Akademie der Crusca. Als deren Hauptaufgabe wurde von vornerein die Pflege des kulturellen Erbes der Stadt, ihrer Literatur, ihrer Schriftsteller und ihrer Sprache angesehen. Carlo Lenzoni schrieb eine Verteidigung der florentinischen Sprache, die später in Salviatis „Orazione in lode della fiorentina lingua" eine Nachahmung fand. Vincenzo Borghini, vielleicht der erste italienische Danteforscher, widmete der florentinischen Literatur zahlreiche intensive Studien. Die Mitglieder der Akademie der Crusca veröffentlichen 1612 die erste Ausgabe des italienischen Wörterbuches, des „Dizionario". Damit wollten sie das Sprachproblem, das während des ganzen Jahrhunderts umstritten geblieben war, endgültig zugunsten des Florentinischen entscheiden. Neben diesen Namen aus der Literatur und der Sprachwissenschaft muß auch an Giorgio Vasari erinnert werden: er war der „offizielle" Architekt der Medici-Großherzöge und Autor der „Vite dei più eccellenti architetti, pittori e scultori italiani". Dieses Werk ist nicht nur der erste Versuch, eine italienische Kunstgeschichte seit Cimabue vorzulegen, sondern der Versuch – dies trifft insbesondere auf die erste Ausgabe von 1550 zu –, eine theoretische Begründung für die Überlegenheit der florentinischen Kunst zu liefern. Diese Betrachtung der Vergangenheit ist von dem Stolz getragen, Erbe und Mehrer der kulturellen Größe zu sein. Aber vielleicht noch mehr drückt sie das Gefühl der Ohnmacht in der nostalgischen Erinnerung an die Lebendigkeit einer großen Zeit aus, die ihrem Ende entgegengeht. Gleichermaßen ist eine deutliche Tendenz zum Provinzialismus spürbar, zu einer Selbstbeschränkung und Selbstbeweihräucherung, die in krassem Gegensatz zu der geistigen Offenheit der großen Intellektuellen und Künstler der Vergangenheit steht. Der Mythos von Florenz wurde in dem Moment geboren, als die Stadt sich von einem der führenden Zentren des geistigen Lebens in Europa zu einer italienischen Provinzstadt zurückentwickelte.

Piemont unter dem Hause Savoyen

Der Leser wird sich vielleicht wundern, daß bisher noch nicht – oder nur flüchtig – von Piemont und dem Hause Savoyen, das einmal die Krone des geeinten Italien tragen sollte, die Rede war. Diese Unterlassung geschah absichtlich und hat ihre guten Gründe.

Der Name Piemont geht auf das 12. Jahrhundert zurück und bezeichnet ursprünglich nur das kleine Gebiet zwischen dem Alpenbogen und dem Oberlauf des Po. Erst später verstand man darunter die ganze Ebene und das Hügelland zu Füßen der italienischen Alpen von Nizza bis Aosta mit Ausnahme des Gebietes um Saluzzo, das als eigene Markgrafschaft später der französischen Dauphiné zugeschlagen wurde. Selbst in dem beschränkten Rahmen, in dem es sinnvoll ist, schon vor dem 16. Jahrhundert von Italien als einer Gesamtheit zu sprechen, kann die Geschichte Piemonts bis zu diesem Zeitpunkt eigentlich nicht als Teil Italiens behandelt werden. Piemont war Teil eines politischen Territoriums, das sich um die Hauptstadt Chambéry bis zur Rhone und an den Genfer See ausdehnte, und dessen Herrscherhaus aus Burgund stammte. Auch Genf hatte zu Beginn des 16. Jahrhunderts und damit bis kurz vor der calvinistischen Revolution zum Besitz des Hauses Savoyen gehört. Im Gegensatz dazu waren große Teile des heutigen Piemont nicht Bestandteil des Herzogtums Savoyen: die fruchtbaren Ebenen östlich der Sesia mit den Städten Novara und Vercelli und das Hügelland des Monferrato, das seit Jahrhunderten ein eigenes Herzogtum war und 1536 von Karl V. den Gonzaga von Mantua übertragen wurde. Bei dieser Gelegenheit erhielt das Haus Savoyen lediglich die blühende Handelsstadt Asti.

Infolge der Kontrolle über die westlichen Alpenpässe gehörte das Herzogtum Savoyen für Jahrhunderte zu den Pufferstaaten oder den Grenzregionen, an denen die politische Landkarte Europas im Mittelalter so reich war – man denke nur an Navarra oder Lothringen. Das Herzogtum bildete, um die Sprache der Zeit zu gebrauchen, die ,,Pforte Italiens", nicht aber schon wirklich italienisches Gebiet. Je nach der Lage des Ortes oder der Richtung des Tales wechselte der Gebrauch des Italienischen mit dem Französischen ab. Als Emanuele Filiberto wie in dem Erlaß von Villers Cotterêts unter Franz I. als Amtssprache das *volgare* einführte, ließ er die beiden geläufigen Sprachen gleichberechtigt nebeneinander bestehen. Noch bis in die Zeit Cavours und Vittorio Emanueles II. sprachen die herrschenden Klassen in Piemont entweder beide Sprachen oder sogar überwiegend französisch.

Es waren jedoch nicht nur geographische und linguistische Gründe, die Piemont zum Grenzland Italiens machten. Obwohl der piemontesische Jesuit Botero stolz behauptete, daß seine Heimat eine einzige Stadt von 300 Meilen Durchmesser sei, war Piemont bei weitem nicht so dicht bevölkert und urbanisiert wie Nord- und Mittelitalien. Boteros Behauptung ist eher als eine elegante Umschreibung der Tatsache anzusehen, daß in Wirklichkeit ,,keine Stadt von außerordentlicher Größe" existierte, wie Botero sogar selbst zugibt. Zu Beginn des 16. Jahrhunderts war Turin nicht viel mehr als eine befestigte Ortschaft und auch am Ende des Jahrhunderts, als Emanuele Filiberto Turin zur Hauptstadt seines italienischen Besitzes gemacht hatte, zählte die Stadt nicht mehr als 40000 Einwohner und damit weit weniger als alle wichtigen Zentren der Halbinsel. Arm an Städten war Piemont, aber um so reicher an kleinen Ortschaften und Kastellen. ,,Es gibt keinen Teil Italiens", schrieb Botero, ,,wo es mehr Herrensitze und Burgen gibt." Darüber hinaus existierten zahlreiche freie Gemeinden im Gebirge, und große und kleine Feudaleigentümer hatten über ,,ihre Leute" ausgedehnte Gerichts- und Herrschaftsrechte behalten. Vergebens sollte Emanuele Filiberto versuchen, die noch weit verbreitete Leibeigenschaft abzuschaffen: die Bauern waren entweder nicht in der Lage oder machten gar nicht den Versuch, die Ablösesummen zu bezahlen. Daher wurde die Leibeigenschaft in Piemont endgültig erst am Vorabend der Französischen Revolution beseitigt. In diesem Zusammenhang denkt man unwillkürlich an den *liber paradisus* aus Bologna oder an die anderen Bauernbefreiungen, die im Italien der Stadtrepubliken schon seit dem 13. Jahrhundert stattgefunden hatten. Das gibt ein, freilich nur grobes zeitliches Maß für die Kluft, die Piemont bis zur Mitte des 16. Jahrhunderts von den hochentwickelten Gebieten Italiens trennt.

Aber die Zeit arbeitete an einer Verringerung des Abstandes. Für die italienischen Staaten leitete die spanische Herrschaft eine Phase der Stagnation und des Alterns ein. Wie sich bald zeigen sollte, hatte dagegen gerade das rückständige Piemont aufgrund seines geringen Reifegrades noch die Möglichkeiten für eine dynamische Entwicklung bewahrt. Kein italienischer Staat besaß in der zweiten Hälfte des 16. Jahrhunderts so viel Selbständigkeit und politischen Spielraum wie das Herzogtum Savoyen. Herzog Emanuele Filiberto bewegte sich geschickt zwischen der Politik Spaniens, das um die Wiedergewinnung der Niederlande bemüht war, und dem von inneren Kämpfen zerrissenen Frankreich. Dabei konnte er das Bestreben beider Mächte nutzen, nach dem Kompromiß von Cateau-Cambrésis ein Wiederaufflammen der Feindseligkeiten auf dem italienischen Kriegsschauplatz zu vermeiden. Mit dem Sieg von San Quintino war Emanuele Filiberto im Jahre 1559 nach 20jähriger französischer Besatzung wieder in den Besitz des italienischen Teils seines Herzogtums gelangt und konnte bald den Abzug französischer Truppen aus den letzten Festungen, darunter auch Turin, erreichen. Emanueles Nachfolger Carlo Emanuele I. war weiter in dieser Richtung erfolgreich. Auf dem Höhepunkt der französischen Religionskriege konnte er sich der Markgrafschaft Saluzzo bemächtigen. In Verhandlungen mit Heinrich IV. wurde dieser Besitz gegen die Abtretung der Alpentäler des Bugey, Gex und der Bresse bestätigt. Erfolglos dagegen blieb der Überraschungsangriff auf Genf im Jahre 1602, und noch erfolgloser der Versuch, Monferrato gegen den Willen der Spanier zu annektieren. Davon wird noch die Rede sein. Hier genügt die Feststellung, daß einigen Zeitgenossen zu Beginn des 17. Jahrhunderts das Herzogtum Savoyen als der einzige italienische Staat erschien, der seine Unabhängigkeit gegen die spanische Übermacht zu verteidigen gewußt hatte. Einer dieser Zeitgenossen war der Dichter Alessandro Tassoni, der im Jahre 1614 Carlo Emanuele I. seine ,,Filippiche contro gli spagnoli" widmete. Die Tatsachen freilich beweisen, daß solche – im übrigen nicht besonders zahlreichen Huldigungen – bloße Illusion waren. Selbst die Herzöge spielten wohl kaum ernsthaft mit dem Gedanken, daß Savoyen auf dem Schachbrett der italienischen Staaten unter spanischer Herrschaft eine bedeutende Rolle würde spielen können. Es war nicht zu übersehen, daß das Gebiet des nun erstarkten Staates im Grenzland Italiens noch bis in die Mitte des 16. Jahrhunderts Schlachtfeld für die ausländischen Heere gewesen war. Die Überwindung des jahrhundertealten Partikularismus und der feudalen Herrschaftszersplitterung schien deshalb noch keineswegs endgültig zu sein.

Was die Konsolidierung der zentralen Herrschaftsgewalt des Staates betraf, hatte das Werk Emanuele Filibertos allerdings tiefe Spuren hinterlassen. Diese Entwicklung hatte schon in der Zeit der französischen Besatzung mit der Einrichtung zweier Parlamente in Chambéry und Turin und mit einer weitgehenden Vereinheitlichung der Rechtsprechung eingesetzt. Zu den französischen Statthaltern hatten nicht umsonst so aufgeklärte Persönlichkeiten wie Guillaume du Bellay gehört. Obwohl Emanuele Filiberto in seiner Jugend gegen die Franzosen gekämpft hatte, war er nach ihrem Rückzug klug genug, den von seinen Feinden eingeschlagenen Weg weiterzuverfolgen und die herzogliche Macht gegen die feudalen und lokalen Partikulargewalten zu verteidigen. Ein anderer Savoyarde, Claude Seyssel, der für einige Zeit Erzbischof von Turin war, hatte schon zu Beginn des 16. Jahrhunderts die *grande monarchie de France* verherrlicht.

In der Innenpolitik versuchte Emanuele Filiberto in seinen Staaten genau jene Unterordnung der feudalen Eigengewalten unter die zentrale Herrschaft des Staates zu verwirklichen, durch die Frankreich zur *grande monarchie* geworden war. Das Erlebnis der Zerrissenheit, in die der mächtige Nachbar wiederum von den politischen und religiösen Partikularismen gestürzt wurde, mußte den Herzog in dieser Überzeugung nur bestärken und seinen absolutistischen Bestrebungen das Charisma tridentinischer Orthodoxie verleihen. Die von den Franzosen eingerichteten Parlamente blieben bestehen; man änderte lediglich die Bezeichnung in Senat um. Der Herzog benutzte diese Einrichtung zielstrebig, um Schritt für Schritt das allgemeine Recht und die herzogliche Justiz über die verschiedenen lokalen Traditionen triumphieren zu lassen. Bis dahin war beispielsweise zum Teil noch eine bloße Geldstrafe für Mord üblich, die durch die Geldentwertung seit der

Festlegung der Summe mehr als Ermutigung denn als Strafe wirkte. Welche Konsequenzen eine garantierte Straffreiheit bei den ohnehin zur Selbstjustiz neigenden Mächtigen haben mußte, läßt sich unschwer vorstellen. Mit der Einrichtung und dem Machtzuwachs der Parlamente nach französischem Vorbild ging die Entmachtung der ebenfalls dem französischen Modell nachgebildeten ständischen Institution, der General- und Provinzialstände, einher. Das Land wurde zudem durch die Einrichtung von Provinzen, Präfekturen und durch die Schaffung eines Staatsrates mit einem rationalen, modernen Verwaltungsapparat überzogen. Das Geld- und Finanzwesen erfuhr eine durchgreifende Neuordnung durch Münzvereinheitlichung und die Einrichtung einer Rechnungskammer, die im Jahre 1577 in zwei parallele Institutionen mit Sitz in Chambéry und Turin aufgeteilt wurde.

Die wichtigste Reform Emanuele Filibertos aber war die Heeresreform. Es entstand eine Infanteriemiliz von 20000 Soldaten, die nach lokalen Einheiten ausgehoben wurden. Die Heeresreform hatte auch einschneidende politische Bedeutung, denn damit wurde dem Adel die Funktion des Heeresaufgebots genommen, von dem der Herzog bisher im Kriegsfall abhängig gewesen war. Schließlich wurden auch einige wirtschaftspolitische Maßnahmen ergriffen, so der bereits erwähnte Versuch der Bauernbefreiung, die Einrichtung einer Handelsbank, die den genuesischen Bankiers übertragen wurde, die Förderung des Hafens von Nizza, der Seidenproduktion, des Buchgewerbes und der Glasherstellung. Zu diesem Zweck förderte derselbe Emanuele Filiberto, der die Waldenserminderheit in den Alpentälern des Pellice und des Chisone verfolgt hatte, gegen den Widerstand der katholischen Kirche die Niederlassung von jüdischen Händlern und Bankiers in seinen Staaten. Die zwei Seiten des französischen Absolutismus, die des repressiven Konservatismus und die der Modernisierung, fanden sich also auch im Staate Savoyen wieder. Unter Emanuele Filiberto überwog jedoch die Modernisierung.

Venedig nach Agnadello

Die Geschichte Venedigs nach Agnadello ist trotz allem die Geschichte des Verfalls der Republik. Trotz allem, weil neuere Studien das katastrophale Bild, das die Geschichtsschreibung des 18. und 19. Jahrhunderts gezeichnet hat, korrigiert haben. Die moderne Historiographie hat vor allem zu zeigen versucht, daß die politische und ökonomische Organisation der Republik noch genügend Vitalität besaß, um sich wieder zu erholen. Diese Korrektur muß man im einzelnen wohl berücksichtigen, aber sicher nicht soweit, daß das Gesamturteil über diesen Abschnitt der venezianischen Geschichte davon berührt wird. Wenn man die Entwicklung des ganzen Jahrhunderts betrachtet, so überwiegt der Eindruck des Verfalls, ein Eindruck, der auch den Zeitgenossen am Ende des Jahrhunderts zunächst ins Auge sprang.

Beginnen wir mit einer allgemeinen Feststellung: Venedig stellt zu Beginn des 17. Jahrhunderts im Mittelmeerraum keine bedeutende Macht mehr dar. Nicht nur im ganzen Mittelmeer war die Rolle Venedigs durch die neue mächtige Konkurrenz der holländischen und französischen Flotten drastisch reduziert worden, sondern auch in der Adria, die von der Lagunenstadt stolz als „venezianischer Meerbusen" betrachtet worden war, mußten die venezianischen Schiffe ernsthafte Einschränkungen ihrer Bewegungsfreiheit hinnehmen. Von der dalmatinischen Inselwelt aus störten Seeräuber mit der Unterstützung Habsburgs den venezianischen Schiffsverkehr beträchtlich. Venedigs Unfähigkeit, der Piraterie Herr zu werden, führte zum Einschreiten der Hohen Pforte, die ihrerseits die Überwachung der Seewege, der die Serenissima offenbar nicht mehr gerecht werden konnte, für sich beanspruchte. Unter dem doppelten Druck Habsburgs und des Osmanischen Reiches sah sich die Republik in einer äußerst komplizierten Lage, die ihre Rolle als große Seemacht ernsthaft in Frage stellte. Dazu kam an der Westgrenze der Terraferma die bedrohliche Präsenz Spaniens, das die direkte Herrschaft über Mailand und die Hegemonie über ganz Italien ausübte. Diese Situation war natürlich nicht über Nacht entstanden, sondern war die Folge von dramatischen Ereignissen, in denen Venedig durchaus nicht immer unterlegen war. Im Krieg gegen die Türken in den Jahren 1538–1540 hatte die Republik zwar durch den Verlust von Nauplion, der Insel Malvasia und anderer Stützpunkte in der Ägäis einen schweren Schlag erlitten, der sie für 30 Jahre zu einer zurückhaltenden, isolationistischen Politik verurteilte. Aber der glänzende Sieg der Flotte der Heiligen Liga in den Gewässern von Lepanto (1571), an dem die venezianischen Schiffe einen bedeutenden Anteil hatten, schien den vorausgegangenen Mißerfolg gründlich wettzumachen. Doch Lepanto blieb – zumindest für Venedig – ein Sieg ohne Folgen. Das unsichere Zögern Spaniens im Hinblick auf eine Weiterführung des Kampfes im östlichen Mittelmeer veranlaßte die vorsichtige venezianische Diplomatie dazu, mit der furchterregenden türkischen Macht wiederum einen Kompromißfrieden zu schließen (1573). Neben einer Reihe kleinerer Besitzungen in Albanien und Epirus ging Zypern, das die Türken in einem blutigen Kampf besetzt hatten, für Venedig endgültig verloren. Außerdem mußte die Republik eine bedeutende Entschädigungssumme bezahlen.

Dieser Friedensvertrag war natürlich in den Augen der Verbündeten Venedigs Verrat. Die Republik hatte sich dazu jedoch nicht nur wegen der großen finanziellen Lasten, die der Krieg ihr auferlegt hatte, gezwungen gesehen, sondern auch deshalb, weil die Aufrechterhaltung des eigenen Handels im östlichen Mittelmeer für das wirtschaftliche Wohlergehen der Stadt unerläßlich erschien. Hinter dieser Entscheidung standen neben der Macht der Gewohnheit auch äußerst konkrete und realistische Überlegungen. Es ist nämlich nicht richtig, wie man lange Zeit geglaubt hat, daß durch die geographischen Entdeckungen und die Eröffnung neuer Seewege der einträgliche

Handel Venedigs mit dem Orient und vor allem der Gewürzhandel einen tödlichen Schlag erlitten hätten. In Wirklichkeit erlebte dieser Handel im Verlaufe des Jahrhunderts, je nach der wirtschaftlichen und politischen Konjunktur, Phasen des Auf- und Abschwungs. 1504 z. B. kehrten die venezianischen Galeeren ohne Ladung aus Alessandria und Beirut zurück, und 1515 mußte sich die Republik sogar den Pfeffer für den Eigenbedarf aus Lissabon besorgen; aber schon in den Jahren zwischen 1550 und 1570 konnten die traditionellen Handelswege für die Gewürze durch das Mittelmeer und das Rote Meer wieder befahren werden, und die Serenissima profitierte kräftig davon. Nach der Eroberung Portugals durch Spanien (1580) bot Philipp II. Venedig das Monopol des Gewürzhandels von Lissabon aus an, aber aus Rücksicht auf die Interessen des Handels im östlichen Mittelmeer lehnte die Republik dieses Angebot ab. Erst seit den ersten Jahrzehnten des 17. Jahrhunderts gehörten die Gewürze zu den Waren des Ponente- (West-) und nicht des Levantehandels (Ost-). Erst zu diesem Zeitpunkt, als Venedig bereits keine bedeutende Macht im Mittelmeer mehr war, verlor es auch die jahrhundertealte Mittlerrolle im Handel zwischen Orient und Okzident.

Obwohl sie verständlicherweise an der traditionellen Ausrichtung des Handels auf das östliche Mittelmeer festhielten, hatten zumindest die weitsichtigeren Vertreter des venezianischen Patriziats den Wandel der Zeiten durchaus erkannt. Sie trauerten nicht den glorreichen Zeiten der Kreuzzüge nach, sondern versuchten sich vielmehr der Gegenwart mit all ihren Ungewißheiten flexibel anzupassen. Davon zeugt eine Vielzahl von wirtschaftlichen Initiativen während des 16. Jahrhunderts, die trotz ihrer Verschiedenartigkeit im einzelnen alle darauf abzielten, den Wirtschaftsschwerpunkt der Stadt zu verlagern, aus der Stadt des Fernhandels – nach dem Vorbild der anderen italienischen Städte – ein gewerbliches Zentrum zu machen. Die wichtigste dieser Initiativen war zweifelsohne der Aufbau der Wollverarbeitung, die, teilweise zu Lasten der Terraferma, bald beträchtliche Dimensionen erreichte. 1602 wurden in Venedig jährlich 28729 Stück Volltuch hergestellt. Mehr noch als durch das Wollgewerbe aber wurde Venedig nun berühmt für das Murano-Glas und eine Reihe anderer Luxusartikel, die das elegante Europa für lange Zeit aus Venedig bezog. Daneben nahm auch der Buchdruck einen gewaltigen Aufschwung. Auf dem Höhepunkt seiner Entwicklung waren im venezianischen Druckgewerbe 113 größere und kleinere Betriebe tätig, von denen einige, wie Manuzio und Giolito, nicht nur in der Druckkunst, sondern auch im kulturellen Leben des 16. Jahrhunderts eine wesentliche Rolle spielten.

All diese wirtschaftlichen Initiativen hielten den Charakter Venedigs als bedeutender Metropole aufrecht, ja gaben ihm sogar neues Leben. Im Jahre 1565 erreichte die Bevölkerung die stolze Zahl von 175000 Einwohnern, und selbst nach der schweren Pestwelle von 1576/77 hielt sich die Bevölkerungszahl um die 140000 Einwohner. Mit der wachsenden Bevölkerung hielt die öffentliche und private Bautätigkeit Schritt. Viele der bekanntesten venezianischen Paläste, wie der Palazzo der Familie Corner, gehen auf das 16. Jahrhundert zurück. In dieser Zeit erhielt auch der Markusplatz seine heutige Gestalt. Nach den Plänen des Sansovino wurde in den Jahren 1537–1540 die *Loggetta* errichtet, unter der Leitung des gleichen Künstlers stand auch der Bau der *Libreria* (1536–1554) und der *Zecca* (1537–1545). Die architektonische Gestaltung des Platzes wurde schließlich durch den neuen Prokuratorenpalast von Scamozzi 1586 vollendet. Man könnte fast sagen, daß Venedig am Rande seines Niedergangs darum bemüht war, der Nachwelt noch ein letztes, besonders glänzendes Bild zu hinterlassen.

Aber auf lange Sicht erwies sich der Boom des venezianischen Gewerbes und dessen belebende Wirkung auf das gesamte Wirtschaftsleben der Stadt mehr als Ergebnis einer günstigen allgemeinen Konjunkturlage und der euphorischen Atmosphäre des „Nachsommers" denn als der Beginn einer wirklich zukunftsträchtigen Entwicklung. Die wirtschaftliche Blüte dauerte nur kurze Zeit. Schon um 1570 zeigte das Wollgewerbe deutliche Krisenerscheinungen, und der private und öffentliche Schiffbau, der immer noch veraltete Modelle produzierte, erlebte eine schwere Depression. Als sichere und einträgliche Investitionsmöglichkeit blieb nur noch der Grund und der Boden auf der Terraferma.

Die Bevölkerungszunahme ließ die Versorgungsprobleme der Stadt immer schwieriger werden. Das beweist der wegen der geringeren Kosten und der höheren Erträge um die Jahrhundertmitte eingeführte Maisanbau. Darüber hinaus wurden umfassende Bodenverbesserungsarbeiten unternommen. Eine vielleicht allzu optimistische Schätzung spricht von rund 500000 ha neukultivierten Bodens im Gebiet von Treviso. Fest steht jedenfalls, daß die bereits seit der zweiten Hälfte des 15. Jahrhunderts vorhandene Tendenz des venezianischen Patriziats, auf der Terraferma Grundstücke zu kaufen, verstärkt wurde. Es entwickelte sich ein regelrechter Wettlauf um den verfügbaren Grund und Boden. Mit über 257 Villen, die zum größten Teil dem Patriziat gehörten, hatte sich der Grundbesitz der Venezianer auf dem Festland im 16. gegenüber dem vorausgegangenen Jahrhundert vervierfacht. Unter ihnen sind die wichtigsten Werke des Neoklassizismus, so z. B. die von Palladio erbauten Villen: die *Villa Malcontenta* bei Mira (1560), die *Rotonda* bei Vicenza, die *Badoera* bei Rovigo und die großartige Villa *Barbaro di Maser* mit den Fresken Paolo Veroneses. Nach einer Schätzung des Patriziers Piero Badoer befanden sich 1558 ein Drittel des Gebietes von Padua, 18% der Gegend von Treviso und 3% des entfernten Verona in der Hand von Venezianern. Zwischen 1510 und 1582 waren die Einkünfte aus der *decima*, einer Grundsteuer auf privaten und auch auf kirchlichen Besitz, von 33000 Dukaten auf 134000 Dukaten gestiegen. Auch wenn man die Inflation durch die Preisrevolution berücksichtigt, ist dies eine gewaltige Zunahme.

Da entsprechende Untersuchungen fehlen, ist nicht mit Sicherheit zu sagen, wer an diesem Wettlauf um Grund und Boden wirklich beteiligt war und wer am meisten davon profitierte. Nach den vorliegenden Daten läßt sich aber die Vermutung äußern, daß es sich nur um einen kleinen Kreis von Familien handelte und daß die Verwandlung des venezianischen Patriziats in eine Grundbesitzeraristokratie mit der Schließung der eigenen Reihen zu einer eng begrenzten Elite einherging. Dafür gibt es auch in der politischen Entwicklung eindeutige Beweise. So wurden während des Krieges gegen die Türken in den Jahren 1538-1540 auch die Söhne der großen Familien zum Großen Rat zugelassen, selbst wenn sie noch nicht das vorgeschriebene Alter von 25 Jahren erreicht hatten, unter der Bedingung der Zahlung von 20000 Florins. Der Rat der Zehn, der von Repräsentanten der führenden Familien, der sogenannten *zonta*, beraten wurde, übte in zunehmendem Maße die eigentliche Entscheidungsgewalt in der Innen- wie in der Außenpolitik aus. Die Adelsfamilien, die auf diese Weise von den Schalthebeln der Macht verdrängt wurden, versuchten verschiedentlich, sich gegen diese Entwicklung zur Wehr zu setzen. 1582 gelang es der sogenannten Partei der „Jungen", die Auflösung der *zonta* und die Einschränkung der Machtbefugnisse des Rates der Zehn zu erreichen. Der Erfolg aber war nur von kurzer Dauer, war nichts weiter als eine kurze Pause in einem unaufhaltsamen Prozeß, denn ökonomischer Niedergang und politische Verkalkung gehen gewöhnlich Hand in Hand.

Das 16. Jahrhundert war also für Venedig eine Zeit des Verfalls, aber auch der Größe. Größe der Wirtschaft, die, wie wir gesehen haben, noch erhebliche Kraft und Anpassungsreserven aufbrachte; Größe auch der herrschenden Klasse, die in den Tagen des Interdikts, von dem noch die Rede sein wird, Mut und Vitalität bewies; Größe der Flotte in der siegreichen Schlacht von Lepanto; Größe aber vor allem in Kunst und geistigem Leben. Venedig war nicht nur die Wahlheimat der beiden großen Meister der *Décadence*, Palladio und Veronese, Venedig hatte sich insgesamt in der Zeit der Gegenreformation den größten intellektuellen Freiheitsspielraum in Italien erhalten. Nicht zufällig stammte der Kardinal Contarini aus den Reihen des venezianischen Patriziats, der mit seinem „Consilium de emendanda ecclesia" (1537) zu den führenden Persönlichkeiten der katholischen Reform gehörte. In Venedig erschien auch 1532 die erste gedruckte italienische Bibelübersetzung. Durch den intensiven Handelsverkehr und aufgrund der menschlichen Kontakte, die die Stadt mit Deutschland unterhielt, war sie dem Einfluß der neuen Ideen und des reformierten Glaubens besonders ausgesetzt. Das rege Buchdruckergewerbe und die Nähe der Universität Padua machten Venedig zu einem natürlichen Mittelpunkt des geistigen Lebens. Unter den bedeutenden Persönlichkeiten des 16. Jahrhunderts ragt die rätselhafte Gestalt des Pietro Aretino hervor, der von 1527 bis 1556 in Venedig lebte. In seinen Briefen nannte er die Lagunenstadt die „Päpstin aller Städte". Seine herausragende Persönlichkeit sollte nicht die große Zahl von weniger bedeutenden Geistern vergessen lassen, von Emigranten, Heimatlosen und Verfolgten, die in der Lagunenstadt Asyl gefunden und dem intellektuellen Leben der Stadt eine kosmopolitische Lebendigkeit gegeben haben. Die Drucker in Venedig kamen aus allen Teilen des Landes, aus Florenz, Neapel, Siena, Bergamo, ja selbst aus dem Ausland, aus Frankreich, und alle unterhielten ein weitverzweigtes Netz von Mitarbeitern und Korrespondenten. Das gleiche gilt für die anderen Künste: Jacopo Sansovino etwa, den wir als den Gestalter des Markusplatzes bezeichnen können, kam aus Florenz. Diese Lebendigkeit und Offenheit des intellektuellen Lebens konnte die Republik auch nach dem Konzil von Trient noch teilweise aufrechterhalten, indem sie lange Zeit erfolgreich die Einführung des *Index* verhinderte. Dadurch erhielt der in Italien ohnedies verwurzelte Mythos der Stadt neue Nahrung und war am Jahrhundertausgang wirkungsvoller denn je. Dazu trugen nicht nur Venezianer wie der Historiker Paolo Paruta bei, sondern auch naturalisierte Ausländer wie der Sohn des Jacopo Sansovino, Francesco, dessen Werk „Venezia città nobilissima" (1581) weite Verbreitung fand. Durch diese und ähnliche Schriften erschien die Lagunenstadt vielen Generationen als die letzte Zufluchtsstätte jener liberalen Regierungsweise und jener Freiheiten, die andere Städte und Staaten der Halbinsel entweder nie gekannt oder aber verloren hatten. Dieser Mythos enthielt zwar ein gutes Maß an nostalgischem Patriotismus und war bis zu einem gewissen Grad Ausdruck eines Provinzialismus, der am Ende des 16. Jahrhunderts in unterschiedlichem Maße das geistige Leben auch in Florenz, Neapel und Mailand charakterisierte. Aber er war auch der Ausdruck der bewußten Aufrechterhaltung eines eigenen Stils und eigener Würde. Die Zeiten des Interdikts und des politisch-geistigen Kampfes eines Paolo Sarpi gegen Rom und die Gegenreformation, auf die wir noch zu sprechen kommen, standen nahe bevor.

Genua und seine Bankiers

Genua traf als erster italienischer Staat eine klare Entscheidung in dem großen Duell zwischen Frankreich und Habsburg, in das bis zum Frieden von Cateau-Cambrésis ganz Italien verwickelt war. Unmittelbar nach dem *Sacco di Roma*, als in Italien die Heere Franz I. und Karls V. einander gegenüberstanden, riß Andrea Doria in Genua die Macht an sich. Er brach das bisherige Bündnis zwischen der Republik und Frankreich und stellte sich endgültig auf die Seite Spaniens. Im Gegensatz zu Venedig, das zunehmend schwächer geworden, mit seiner vorsichtigen Isolationspolitik jenen kleinen Aktionskreis zu erhalten versuchte, der noch möglich war, verstand sich Genua von nun an als fester Bestandteil der kaiserlichen und dann der spanischen Einflußsphäre. Da Genua als erster Staat diese dramatische Entscheidung traf,

Genua und seine Bankiers

ließen sich daraus bedeutende Vorteile ziehen, zumal die geographische Lage den Staat zu einer natürlichen Brücke zwischen dem habsburgischen Besitz im Mittelmeer und dem jenseits der Alpen machte. Genua diente Karl V. und Philipp II. als Verbindung zwischen Barcelona und Mailand, zwischen Mittelmeer und Mitteleuropa. Die Genuesen hatten dies klar erkannt und wußten daraus ein einträgliches Geschäft zu machen.

Schon in den vorausgegangenen Jahrhunderten hatten die genuesischen Geschäftsleute regelmäßig die Häfen Spaniens angelaufen und waren auch am Handel im Landesinneren beteiligt. Seit dem 16. Jahrhundert spielten sie im Wirtschaftsleben Spaniens auf nahezu allen Gebieten eine zunehmend wichtigere Rolle. Sie lieferten Karl V. die Schiffe, sie besaßen das Monopol im Wollhandel und für die Herstellung und den Vertrieb von Seife; vor allem aber stellten sie der spanischen Krone große Kapitalien zur Verfügung und erhielten dafür Steuerpachten, Gerichtsrechte und Grundbesitz, Ehrenämter und hohe Verwaltungsstellen in Spanien und Neapel. Andrea Doria erhielt beispielsweise das Fürstentum Melfi, Ambrogio Spinola einige Jahrzehnte später den Titel des *generalissimus* des spanischen Heeres, mit dem er in den Niederlanden den großen Moritz von Oranien besiegte.

Das wirtschaftliche und politische Bündnis mit Spanien trug vor allem in der zweiten Hälfte des 16. Jahrhunderts Früchte. Die seit 1557 wiederholte Zahlungsunfähigkeit der spanischen Krone hatte die genuesischen Bankiers zwar nicht ungeschoren gelassen, aber sie erlitten weniger Schaden als die deutschen Konkurrenten, vor allem die Fugger. Dies wirkte sich günstig für die Stellung Genuas auf dem internationalen Geldmarkt aus. Eine ähnliche Wirkung hatte für Genua auch der Aufstand der Niederlande und der daraus folgende Niedergang Antwerpens, durch den die Handelswege im Mittelmeer wieder aufgewertet wurden. Seit den 70er Jahren war Genua der wichtigste Anlaufpunkt für das amerikanische Silber, das auf dem Weg von den spanischen Häfen Sevilla und Barcelona nach Mitteleuropa gelangte. Über die ligurische Stadt und ihre Bankiers liefen die ungeheuren Summen, die zur Unterhaltung der spanischen Heere in Flandern und für die Finanzierung der habsburgischen Weltpolitik benötigt wurden. Daraus ergaben sich neue ungeahnte Spekulations- und Profitmöglichkeiten. In Erwartung der Silberschiffe aus Sevilla waren die genuesischen Bankiers gern bereit, große Summen vorzustrecken, sofern bei der Ankunft der Schiffe entsprechende Zinsen gezahlt wurden. Genua übernahm auf diese Weise die Funktion von Lyon und Antwerpen und wurde zum wichtigsten internationalen Finanzzentrum und Devisenumschlagplatz. Kurze Zeit zuvor hatten die vierteljährlichen Messen in Besançon in der Franche Conté noch die Rolle eines zentralen Geldumschlagplatzes behauptet. Seit 1579 aber wurden die Messen von Besançon nach Piacenza nahe Genua verlegt, und damit konnte Genua bis weit über die Jahrhundertwende die Kontrolle über diesen wichtigen Kapitalmarkt ausüben, wo ungeheure Summen umgesetzt wurden. Nach einigen, natürlich nur annäherungsweisen Schätzungen handelte es sich um 37 Millionen Scudi im Jahre 1580 und nur wenige Jahre später sogar um 48 Millionen. Natürlich war die Gefahr der Zahlungsunfähigkeit der hochverschuldeten spanischen Krone immer latent vorhanden. Nach dem spektakulären Staatsbankerott von 1557 wiederholten sich ähnliche Situationen in alarmierender Häufigkeit. Aber die genuesischen Bankiers wußten sich gegen solche Risiken abzusichern, und was sie durch Spekulation verloren, gewannen sie durch neue Steuerpachten und Überlassung von Grundbesitz wieder zurück. Keine italienische Stadt konnte so wie Genua von der wirtschaftlichen Euphorie, die durch die Preisrevolution ausgelöst worden war, profitieren. Im Gefolge der Bankgeschäfte entwickelten sich auch kleinere Gewerbezweige erfolgreich, wie die Korallenbearbeitung und die Seiden- und Papierherstellung. Keine andere Stadt aber bietet wie Genua den Beweis dafür, daß der Wirtschaftsaufschwung des 16. Jahrhunderts zu einer Versteinerung der bestehenden politischen und sozialen Verhältnisse geführt hat. Die wirtschaftliche Blüte Genuas in der zweiten Hälfte des 16. Jahrhunderts kam in allererster Linie der Finanzoligarchie um den Banco di San Giorgio zugute und trug eindeutig zu einer Verfestigung des aristokratischen Charakters der politischen und gesellschaftlichen Struktur in der Stadt und ihrem Herrschaftsgebiet bei. Schon der Staatsstreich des Andrea Doria im Jahre 1528 war ein entscheidender Schritt zur Verfestigung der Oligarchie. Hinter einer komplizierten Verfassungsreform, in der die Wahlen mit der Entscheidung durch Los kombiniert wurden, verbarg sich in Wirklichkeit nichts anderes als die persönliche Herrschaft der Doria und des alten Adels, aus dem er stammte. Dem alten Adel gehörten die großen Familien und Dynastien des Bankwesens um den Banco di San Giorgio an, während der neue Adel vor allem aus Kaufleuten und Gewerbetreibenden bestand. Der neue Adel leistete natürlich Widerstand, und so kam es mit der Unterstützung Frankreichs zum zweiten Staatsstreichversuch im 16. Jahrhundert: zu der Verschwörung, die 1547 von der Familie Fieschi ausging und zu einem Volksaufstand führte. Das Scheitern dieser Verschwörung lieferte für den unerbittlichen Andrea Doria einen günstigen Vorwand zur weiteren Festigung seiner oligarchischen Herrschaftspositionen. So wurde festgesetzt, daß ein Viertel der Mitglieder des Großen Rates statt durch das Los von den Gouverneuren des Banco di San Giorgio bestimmt, und der Kleinere Rat ebenfalls statt durch Los von dem neuen Großen Rat direkt eingesetzt werden sollte. Erst 1576 konnte der neue Adel eine weitere Verfassungsreform zu seinen Gunsten durchsetzen und wesentliche Steuererleichterungen erreichen. Aber das politische Leben der Stadt war bereits zu sehr von den vorherrschenden Wirtschaftsinteressen der Gruppe um den Banco bestimmt, als daß sich durch eine solche Reform der Institutionen hätte Wesentliches ändern können. Seit 1576 erfährt die Verfassung der Republik keine Änderung mehr, und die internen Kämpfe lassen allmählich nach: ein

Zeichen dafür, daß ein gewisser Ausgleich der Kräfte erreicht war, aber auch dafür, daß der seit Jahrhunderten andauernde Prozeß der Versteinerung der Verhältnisse zur Vollendung gelangt war.

Mehr denn je bot Genua am Ende des 16. Jahrhunderts das Bild einer Stadt, deren politische Führung mehr nach den Gesichtspunkten einer Firmenleitung als nach denen einer Regierung handelte. Das Mißverhältnis zwischen dem weltweiten Ansehen und dem Einfluß der genuesischen Bankiers und der Schwäche der Stadt als politischem Organismus springt förmlich ins Auge. Dieselbe Stadt, deren Mächtige dem König von Spanien ungeheure Summen zur Verfügung stellten, hatte gleichzeitig die größte Mühe, des Aufstands der korsischen Bergbewohner Herr zu werden, was ihr schließlich nur mit spanischer Hilfe gelang. Dieselbe Stadt, die mehr als alle anderen italienischen Städte auf sich selbst bezogen und gegenüber äußeren Einflüssen abgeschirmt war, sandte nicht nur ihre Seefahrer auf alle Weltmeere, sondern beherbergte auch einige der ersten internationalen Bankunternehmen der modernen Geschichte. Vielleicht ist es nicht allzu kühn, wenn man Genua als ein Sinnbild der ganzen italienischen Geschichte in der zweiten Hälfte des 16. Jahrhunderts ansieht.

Rom und der Kirchenstaat

Der steile Aufstieg Roms zu einer Metropole hatte bereits unter Julius II. und Leo X. begonnen und ging unter den Päpsten in der zweiten Hälfte des 16. Jahrhunderts unvermindert weiter voran. Als Mittelpunkt eines erneuerten, ehrgeizigen und aktiven Katholizismus der Gegenreformation war Rom zugleich die Hauptstadt eines Staates von beachtlicher Größe, dessen Grenzen nach dem Erwerb von Ferrara im Jahre 1598 den Unterlauf des Po erreicht hatten. Keine andere Stadt Italiens oder Europas, weder Venedig noch Paris oder London, erlebte im Laufe des 16. Jahrhunderts einen ähnlich durchgreifenden Prozeß der Ausdehnung und der Veränderung des Stadtbildes wie die Ewige Stadt: 54 neuerbaute oder renovierte Kirchen, 60 neue Adelspaläste, 20 Villen, Wohnhäuser für 50000–70000 Einwohner, zwei neue Stadtviertel, 30 neue Straßen, drei wiederhergestellte Aquädukte, die über 35 öffentliche Brunnen auch die höchstgelegenen Stellen der Stadt mit Wasser versorgten: diese Zahlen sagen wohl genügend über den römischen Bauboom im 16. Jahrhundert aus. Zu den neuen Bauwerken gehörten die Paläste des Vatikan, des Lateran, des *Montecavallo* (heute Quirinalspalast), des *Collegio Romano* und die Kuppel des Petersdoms, dessen Schlußsteinsetzung an Weihnachten 1589 mit Salutschüssen von der Engelsburg gefeiert wurde. Diese Aufzählung wird jedem, der mit dem heutigen Stadtbild Roms nur einigermaßen vertraut ist, verständlich erscheinen lassen, daß Reisende, die nach langer Abwesenheit in das Rom des 16. Jahrhunderts zurückkehrten, die Hauptstadt der Christenheit kaum wiedererkannten. Diese Zeitgenossen staunten über die neuen Bauwerke, über die neuen, sternförmig angelegten, geraden Straßen und die großen Plätze. Aber manchmal waren sie auch befremdet oder sogar traurig über das Verschwinden einer Straße, eines Winkels oder eines vertrauten Stadtteils. Das Baufieber in Rom war wie überall von der Zerstörung begleitet. Um das *Collegio Romano*, den Sitz des Jesuitenordens, zu bauen, wurde zwischen 1581 und 1582 ein ganzes Stadtviertel dem Erdboden gleichgemacht. Selbst vor den Überresten des antiken und mittelalterlichen Rom machte die Spitzhacke nicht halt. Die Steine für den *Ponte Sisto* stammen aus dem Kolosseum, und ein Teil des Marmors für den Vatikanspalast aus der Kirche Sant'Andrea, die ihrerseits auf antiken Fundamenten stand: sie war nämlich auf der Kurie, dem Sitz des römischen Senats, erbaut worden. Daher kann man die Proteste Raffaels gegen die Zerstörungswut des Bramante, des „Ruinenmeisters", oder die Bitterkeit Rabelais' verstehen, als er 1536 Zeuge der Zerstörung und der Bauarbeiten anläßlich des Einzugs Karls V. in die Heilige Stadt wurde. Auch im 16. Jahrhundert bewahrheitete sich, daß „*la forme d'une ville change hélas plus vite que le coeur des mortels*". (Die Form einer Stadt wechselt, ach, schneller als das Herz der Sterblichen.)

Die außerordentliche Stadt beherbergte eine außerordentliche Bevölkerung. Dies bezieht sich nicht so sehr auf die Gesamtzahl der Bevölkerung – mit seinen 115 000 Einwohnern stand Rom nur hinter Venedig und Neapel zurück –, sondern vor allem auf ihre Zusammensetzung. Die ewige Stadt war mit ihren Pilgern, Priestern und anderen dem Zölibat Geweihten die einzige italienische Stadt, in der die Zahl der Männer die der Frauen weit überstieg. Dies erklärt natürlich das Anwachsen der Prostitution und die Berühmtheit der römischen Kurtisanen, die kaum geringer war als die der Venezianerinnen. Rom war aber auch die einzige Stadt, in der, besonders während des Heiligen Jahres, die Zahl der Fremden – Touristen, Pilger, Abenteurer – die der eigentlichen Einwohner übertraf. Und Rom war schließlich die einzige Stadt, in der mehr jüngere aber auch ältere Zuwanderer als gebürtige Römer und Latiner lebten. Von 3495 Einwohnern – einer Art repräsentativer Auswahl –, für die eine Beschreibung aus dem Jahre 1576 den Geburtsort angibt, waren 2922 Fremde, die sich erst kürzlich in der Stadt niedergelassen hatten; sie kamen aus allen Teilen Italiens und dem Ausland, aus Spanien, Frankreich, Polen, der Türkei und anderen Ländern. Dabei waren die Juden nicht mitgezählt, die seit Paul IV. im Getto wohnen mußten und für sich gezählt wurden. Die Kolonie der Juden war im übrigen sehr groß – 1750 Personen – und wuchs in der zweiten Hälfte des 16. Jahrhunderts bis auf wahrscheinlich 3500 Personen an. Außer in Rom und Ancona durften sich die Juden in keiner anderen Stadt des Kirchenstaates niederlassen. Aber in dem kosmopolitischen Menschengewirr Roms erregte ihre Anwesenheit keinerlei Aufsehen, ganz abgesehen davon, daß sie ökonomisch nützlich waren.

Mit seiner Kurie, seinen Kardinälen, den zahllosen Herbergen, den Kurtisanen, den Scharen von Bittstellern an den verschiedenen Höfen war Rom sicherlich die italienische Stadt, in der am wenigsten produziert und am meisten konsumiert wurde. Mehr noch als um Konsum handelte es sich um Verschwendung, um Reichtum, der im Bau von Kirchen und Palästen „zu Stein" wurde, der in Festen und ostentativ zur Schau getragenem Luxus verflog. Die Wirtschaft hatte einen gänzlich – oder fast gänzlich – parasitären Charakter und biß sich, wenn der Ausdruck erlaubt ist, in den eigenen Schwanz. Ein großer Teil des in Rom ausgegebenen Geldes, mit dem die ehrgeizige internationale Politik der Päpste, ihr Mäzenatentum und ihre Bautätigkeit finanziert wurden, floß von außerhalb in die Stadt. So kostete beispielsweise der Bau der Peterskirche 1,5 Millionen Silberscudi, eine Summe, die den jährlichen Gesamteinnahmen des Staates entsprach. Wenn die Kollekten und Spenden aus allen Kirchenprovinzen auch nicht mehr die Erträge von einst erbrachten, so konnte man doch immer auf Kredite florentinischer und später genuesischer Bankiers und vor allem auf die wachsenden Steuereinnahmen des Kirchenstaates selbst zurückgreifen. Während des ganzen Jahrhunderts nahmen die Einnahmen der päpstlichen Kammer ständig zu: unter Berücksichtigung der Geldentwertung ergibt sich für den Zeitraum von 1526 bis 1600 eine Verdopplung der Steuergesamteinnahmen des Kirchenstaates. Die Steuerreform war daher sicher eine der wichtigsten Maßnahmen der absolutistischen Zentralisierung der Kirchenverwaltung unter den Päpsten der Gegenreformation und führte zu spürbaren Resultaten. Insbesondere unter Sixtus V. wurde mit der Einrichtung der Kongregationen die gesamte zentrale und periphere Verwaltung der Kirche neugeordnet. Über Zentralisierung und Rationalisierung der Verwaltung hinaus beinhaltet der Begriff „Absolutismus" jedoch gewöhnlich auch wirtschafts- und sozialpolitische Maßnahmen im Interesse des Bürgertums und der niederen Volksschichten. Davon kann im Kirchenstaat der zweiten Hälfte des 16. Jahrhunderts nicht oder nur kaum die Rede sein.

Einige der ältesten und herrschsüchtigsten Familien des römischen Adels wurden zwar gezwungen, auf eine Reihe ihrer Privilegien zu verzichten, die ihnen bis dahin eine praktisch unabhängige Machtausübung erlaubt hatten. Durch die Preisrevolution und die neue päpstliche Steuerpolitik erlitten sie drastische Einkommenseinbußen, die in einigen Fällen zum Ruin führten. Aber die neuen Reichen und der neue Adel, der an ihre Stelle trat, die „Krämer vom Land", denen die Ländereien verpachtet wurden, taten ein übriges, um auf „ihre Leute" und die Bauern alle wirtschaftlichen Schwierigkeiten abzuwälzen. In der zweiten Hälfte des 16. Jahrhunderts wurde der Kirchenstaat zum Schauplatz einer regelrechten „feudalen Reaktion"; in Form eines systematischen Angriffs auf alle Überbleibsel der kleinen Freiheitsspielräume der Bauern richtete sich der Angriff gegen den dörflichen Gemeinbesitz, gegen die Weiderechte in Wald und Wiesen und gegen die traditionellen Formen von Rechtsbeistand und Rechtsvertretung. Daneben wurden die ansässigen Bauern immer häufiger durch Tagelöhner und Saisonarbeiter ersetzt, die aus den Armutsgebieten der Berge zuwanderten.

Der wachsende Druck, mit dem die verschwenderisch konsumierende Stadt und der staatliche Verwaltungsapparat das Land auspreßten, mußte auf die Dauer zu Unruhe und scharfen Spannungen führen. Der Unmut des Adels über die Eingriffe der absolutistischen Verwaltung und über den Steuerdruck, und der verzweifelte Protest des einfachen Volkes sowie die Auswirkungen wiederholter schwerer Hungersnöte führten zum Ausbruch des schlimmsten Banditenkrieges in der italienischen Geschichte. Auf der einen Seite stand der Herzog von Montemarciano bei Ancona, Alfonso Piccolomini, der mit der bedeutenden Familie Orsini verwandt war. Auf der anderen Seite stand Marco Sciarra, ein Mann niederer Herkunft, der sich „*flagellum dei missus a deo contra usarios et detinentes pecunias otiosas*" (Geißel Gottes gegen die Wucherer und alle reichen Müßiggänger) nennen ließ und von dem es hieß, er raube den Reichen, um den Armen zu geben. Diese Männer repräsentieren die beiden Seelen: die feudale aristokratische und die bäuerliche, und damit die beiden Triebkräfte der Welle des Brigantenwesens, die sich in den Jahren 1577 bis 1595 über den ganzen Kirchenstaat ausbreitete und mehrmals sogar die Hauptstadt bedrohte. Vor den Toren der Stadt war das Grabmal der Caecilia Metella für lange Zeit ein Schlupfwinkel der Banditen. Gegen die verzweifelte Kühnheit der Abertausende, die den Maquis gewählt hatten, halfen weder Massenhinrichtungen – allein zwischen 1590 und 1595 kamen 5000 Personen auf diese Weise um –, noch die von Sixtus V. gewählte Politik der eisernen Faust, noch das gemeinsame Vorgehen des Papstes und der angrenzenden Staaten. Nach einem gewissen Abebben brach das Brigantenunwesen nach dem Tod Sixtus' V. (1590) mit unverminderter Heftigkeit wieder aus und ging erst seit 1595 allmählich zurück, als die schlimmsten Auswirkungen der Hungersnot vorbei waren. Ganz aber verschwand es nie; unter der Asche schwelte die Glut weiter.

Der Circulus vitiosus aus Steuerdruck, adeliger Reaktion, Hungersnot und Bandenunwesen, aus dem der Kirchenstaat in den letzten Jahrzehnten des 16. Jahrhunderts nicht herauskam, hatte tiefe Auswirkungen auf die Struktur und die Leistungsfähigkeit der Wirtschaft. Am Ende des Jahrhunderts zeichnet sich in einigen Gebieten ein deutlicher Verfallsprozeß des Kirchenstaates ab, der im folgenden Jahrhundert noch schärfer hervortreten sollte. In erster Linie war davon die Gegend des sogenannten *ager romanus* betroffen: die weiten Flächen, die im 19. Jahrhundert unfruchtbar und malariaverseucht dalagen, waren im 16. Jahrhundert noch relativ dicht bevölkert und trugen zur Getreideversorgung der Stadt bei. Das gleiche gilt für die Maremmen um Tarquinia, die sogar eine der Kornkammern des Kirchenstaates gewesen waren. Aber seit dem Ende des 16. Jahrhunderts nahm die Entvölkerung und der Verfallsprozeß, der schon seit dem ausgehenden Mittelalter zu beobachten war, die Form fortschreitender Zerstörung an. Neben den erwähnten allgemeinen Ursachen trugen auch zufällige und lokale Gegebenheiten zur Beschleunigung dieses Prozesses bei. Die großen römischen Grundbesitzer gingen immer mehr dazu über, die einst kultivierten Flächen in Weide umzuwandeln. Statt billiges Brot für das Volk zu liefern, ließ sich mit Lammfleisch, dem *abbacchio*, und mit Schafskäse ein viel besseres Geschäft machen, zwei Leckerbissen, die schon im 16. Jahrhundert bei den Römern, die sich dies erlauben konnten, sehr beliebt waren. Wie im England des Thomas Morus vertrieben auch in der Gegend um Rom die Schafe die Menschen! Aber dort, wo die Menschen und der Ackerbau verschwanden, dort, wo der Wald abgeholzt wurde, breitete sich die Malaria aus. Die Päpste versuchten zwar durch die Förderung des Getreideanbaus und die von Sixtus V. eingeleitete Trockenlegung der Pontinischen Sümpfe dieser Situation zu begegnen, aber die Anstrengungen erwiesen sich als ungenügend. Das Schicksal des *ager romanus* nahm seinen Lauf.

Die Verödung des *ager romanus* und der latinischen Maremmen sind freilich Grenzfälle. Im Kirchenstaat des 16. Jahrhunderts existierten auch, vor allem in den nördlichen Teilen nahe der Po-Ebene, Zonen landwirtschaftlichen Fortschritts. Ein gutes Beispiel dafür ist die Gegend um Bologna, wo die Hanfkultur mit höchst fortschrittlichen Methoden Eingang fand. Im großen und ganzen aber überwiegt der Eindruck von Stagnation und Verfall. Der Druck der Steuern, die Banditen, die Mißernten und die feudale Reaktion führten überall früher oder später zu nackter Armut. Selbst wenn das Banditenunwesen und der Druck der Steuern nachließen, so blieb die feudale Reaktion bestehen und verhinderte Reformen und Fortschritt. Der Kirchenstaat, der noch bis 1570 Weizen ausgeführt hatte, mußte von diesem Zeitpunkt an immer häufiger Getreide aus anderen Teilen des Landes und aus dem Ausland einführen. In den Jahren 1590–1594, auf dem Höhepunkt einer schweren Hungersnot, wird zum ersten Mal über die Ankunft von Getreideimporten aus Nordeuropa im Hafen von Civitavecchia berichtet.

„Der Fürst legt nicht nur seine Hand auf die Völker und saugt ihr Blut aus ... Nachdem er mit seinen Steuern das Blut genommen hat, zerstört er auch ihren Geist, weil er ihnen alle Voraussetzungen für Verdienst und die Bezahlung der Steuern zerstört." Die Schrift, aus der dieses Zitat stammt, schließt mit den berühmten Worten des Plinius: *Latifundia Italiam perdidere* (Der Großgrundbesitz hat Italien zugrundegerichtet). Die Quelle ist sicherlich über jeden Verdacht erhaben: es handelt sich um den Jesuiten Giovanni Botero.

Die Intellektuellen
im Zeitalter der Gegenreformation

Wie wir gesehen haben, durchlebten die Intellektuellen der Generation zwischen dem Pontifikat Leos X. und dem Pauls IV. eine tragische Erfahrung. Die Hoffnungen, die in die Herrschaft eines Papstes aus der Stadt der geistigen Elite Italiens und aus einer Familie von Mäzenen gesetzt worden waren, hatten zwar in den ersten Jahren des Pontifikats Pauls III. scheinbar eine Rechtfertigung gefunden. Dann aber hatte die Zerrissenheit der Kirche und die auf beiden Seiten wiedererwachte Intoleranz diese Hoffnungen unbarmherzig als Illusion entlarvt. Im Klima der Gegenreformation und des nachtridentinischen Katholizismus erwiesen sich Versöhnungsversuche im Geiste des Erasmus immer klarer als anachronistischer Traum. Jetzt stellte sich nur noch die Alternative zwischen dem offenen Bruch mit der Orthodoxie oder der vollständigen Unterwerfung. Aus welchen Gründen und mit welchen Begründungen auch immer hieß das, zugleich die Wahl zu treffen zwischen den Schwierigkeiten der Auswanderung oder den nicht geringeren Schwierigkeiten des Ausharrens.

Dieses Drama bedeutete nicht nur schmerzliche Entscheidungen für eine ganze Generation, für die des Contarini, des Pole, auch eines Michelangelo, der bis zuletzt an den Erfolg des Konzils geglaubt hatte. Das Versagen des Konzils bedeutete die Niederlage der Intellektuellen als Klasse, das endgültige Versagen jener beispielgebenden Integrationsfunktion, die die Intellektuellen in der zersplitterten italienischen Gesellschaft beansprucht und ausgeübt hatten. Mit einem Wort: es handelte sich um das Ende der Mission und das Ansehen der Gelehrten und damit um die bis dahin schwerste Krise der italienischen Kultur und der Intelligenz.

Es wäre natürlich naiv und vereinfachend zu glauben, daß diese Erschütterung sich unmittelbar als ein Niveauverlust des geistigen und künstlerischen Lebens in Italien ausgewirkt hätte. Das Erbe der Renaissance war zu groß und zu nahe, um nicht noch mächtige Ausstrahlungskraft zu besitzen. Die Krise wirkte sich nicht als Verlust an Kreativität, sondern eher als Zersplitterung, eher als Unruhe denn als – was unmöglich gewesen wäre – Lähmung aus. Die Einheit und der Gleichklang, die die Größe der Kultur der Renaissance ausgemacht hatten, gingen verloren.

In erster Linie war es eine geographische Zersplitterung. Es war schon die Rede vom „Florentinismus" der Akademie der Crusca, von der Betonung der mailändischen Eigenständigkeit im Zeichen des heiligen Ambrosius unter den Borromeos, von dem Stolz eines Paruta und Sansovino auf alles Venezianische. Man könnte in diesem Sinne fortfahren und Neapel erwähnen, wo der Geschichtsschreiber Di Costanzo den lokalen Traditionen Glanz zu verleihen suchte. In allen Fällen handelt es sich um eine Rückkehr zum Provinzialismus und zum Dialekt, die sich im folgenden Jahrhundert noch verstärken sollte. Ihren extremsten Ausdruck fand diese Tendenz in der Entstehung der typischen Masken der verschiedenen Städte auf den Bühnen der *Commedia dell'Arte*. Diesem nostalgischen Provinzialismus, der in der Abgeschlossenheit der Akademien unter der schützenden Hand fürstlicher Mäzene blühte, mangelte freilich die lebendige Kraft des Zeitalters der Stadtstaaten. Nichts steht dem eigentlichen Charakter der Stadt Florenz in ihrer Blütezeit ferner als der „Florentinismus" der Literaten am Ausgang des 16. Jahrhunderts.

Die Entstehung verschiedener lokal begrenzter Strömungen ist nur *ein* Symptom der allgemeinen Auflösung der italienischen Intelligenz als gesellschaftlicher Schicht. Am deutlichsten tritt diese Tendenz vielleicht in der darstellenden Kunst zutage, die schon immer sehr stark dem Einfluß neuer Richtungen und regionaler Traditionen unterworfen gewesen war. Der Begriff „Manierismus", mit dem diese Epoche meist bezeichnet wird, gibt, obwohl zutreffend, nicht vollständig die große, unruhige Vielfalt der künstlerischen Realität dieser Zeit wieder: sie reicht von religiösen Motiven bis zu den ersten Stilleben, von den großen Gemäldezyklen zum Ruhme fürstlicher Häuser bis zur Porträtminiatur, von den monumentalen Skulpturen eines Ammannati und Bandinelli bis zu den fast ziselierten Figuren des Cellini und Giambologna, von der finsteren Schwere der Kirche *Il Gesù* des Vignola bis zur Grazie der Villen des Palladio, von der Intensität des Lichtes eines Tintoretto bis zur raffinierten Patina der Bilder des Veronese. Das herausragende Merkmal der bildenden Kunst dieser Zeit ist vor allem die verbreitete Tendenz zum Experimentieren, das oft als Selbstzweck den verschiedensten Lösungsmöglichkeiten offensteht. Typisch für dieses Experimentieren ist die bis zum Exzeß getriebene Liebe zum Detail, in der die „große Kunst" Technik und Stil der „kleineren Künste" aufnimmt. Die Malerei wird zur Dekoration – man denke an die *trompe-l'oeil* des Giulio Romano im *Palazzo del Tè* in Mantua, dem Heiligtum des italienischen Manierismus –, die Plastik wird zur Goldschmiedekunst, die Architektur zur Dramaturgie der Gärten, Feste, Triumphzüge und Leichenfeiern. Der Barock steht bereits vor der Türe: das erste der vielen Werke Berninis stammt aus dem Jahre 1625.

Auch in der Literatur herrscht die Vielfalt der Ausdrucksformen und des Experimentierens vor. Alle Literaturgattungen werden mit dem für experimentelle Literatur typischen Radikalismus bis zu den äußersten Grenzen ihrer Möglichkeiten geführt. Auch darin kündigt sich der Barock an. In der Komödie erreicht der Neapolitaner Giambattista Della Porta die Grenze zur Groteske, in der die Stilmittel der *Commedia dell'Arte* vorweggenommen werden. Die Tragödien des Giambattista Girardi Cinzio, bei dem Shakespeare Anleihen gemacht hat, tendieren zum Schaurigen. In der Novelle überwiegt das Romanhaft-Exotische. Selbst die Autobiographie – das trifft beispielsweise für Benvenuto Cellinis „Vita" zu – wurde zum Abenteuerroman. Die Verbindung von Dichtung und Musik bringt die Oper hervor. Die erste Aufführung war die *Daphne* 1595 in Florenz.

Die Palette der Kunstwerke ist, wie man sieht, außerordentlich vielfältig und reich, aber es fehlen Ruhepunkte und jene großen Ruhmestaten, die das Zeitalter Leos X. charakterisiert hatten. Von den literarischen Werken aus der zweiten Hälfte des 16. Jahrhunderts hat allein „Gerusalemme liberata" des Torquato Tasso seine Zeit wirklich überdauert. Nur mit äußerster Anstrengung hat der Autor das ruhelose Universum seiner Gefühle und Neigungen gebändigt, um Religiosität und Sensualität, die reuige Haltung der Gegenreformation und seine extrovertierte Natur in Einklang zu bringen. Gerade in dieser qualvollen Anstrengung des Dichters Tasso, in seinem schwierigen und ruhelosen Leben findet sich die Zerrissenheit und Isolation der Intellektuellen seiner Epoche bestätigt.

Ausgehend von diesem Überblick über die geistige Landschaft im Zeitalter der Gegenreformation bleibt die Frage, welche Rolle die Gegenreformation selbst darin spielte. In dieser Hinsicht wird gewöhnlich vor allem die Reaktion gegen den Rationalismus und Pantheismus der Renaissancekultur betont. Begebenheiten wie die Zensur der Inquisition gegenüber der festlichheiteren Darstellung des „Letzten Abendmahls" von Paolo Veronese oder der hartnäckige Kampf der Jesuiten gegen das wiedererwachte Interesse an Machiavelli, ganz zu schweigen vom Martyrium des Giordano Bruno oder der Gefangenschaft des Campanella sind nur allzu bekannt. Die Repression war aber keineswegs der einzige Aspekt der Kulturpolitik der Gegenreformation. Im Gegenteil: die Kirche war nicht so sehr darum bemüht, einen ohnehin geschlagenen Gegner endgültig zu vernichten, als vielmehr darum, dessen Erbschaft anzutreten und im eigenen Interesse und unter der eigenen Kontrolle eine neue Intelligenz entstehen zu lassen. Dieses Ziel verfolgte der Jesuitenorden, der eine neue homogene Intellektuellenschicht heranzubilden versuchte. Dieses neue intellektuelle „Personal" beherrschte sehr wohl die Kenntnisse und Techniken der humanistischen Philologie und Pädagogik, um gerade dadurch die Humanisten an den Höfen und in den Schulen ersetzen zu können und in der Gesellschaft deren einstige einflußreiche Stellung einzunehmen. Gerade die verfemte politische Lehre des Machiavelli wurde – zu reiner Herrschaftstechnik reduziert – ein wichtiges Instrument. Botero und andere Vertreter der Gesellschaft Jesu unterzogen sich der schwierigen Aufgabe, eine Theorie der Staatsräson des christlichen Fürsten zu entwerfen.

Die Anstrengungen der Gegenreformation in diese Richtung – der Versuch, das kulturelle Erbe des Humanismus aufzugreifen und den Intellektuellen der Kirche das Ansehen und die Funktion der säkularen humanistischen Tradition zu übertragen – bezogen sich auf alle Wissensgebiete. Auf dem Gebiet der Philologie braucht man nur an die sixtinische Ausgabe der

„Vulgata" zu erinnern, in der Kunst an die christliche Archäologie nach der Entdeckung der römischen Katakomben; in der Geschichtsschreibung an die Veröffentlichung der „Annales ecclesiastici" des Baronio, und in der Naturwissenschaft schließlich an die Reform des Julianischen Kalenders, die unter dem Pontifikat Gregors XIII. abgeschlossen wurde (1582). Die Kalenderreform war eine große Leistung. Sie wurde von einer wissenschaftlich hoch qualifizierten Kommission durchgeführt, die in regem Austausch mit Universitäten und Wissenschaftlern in ganz Europa stand. Ihr Werk wurde von Tycho Brahe und Johannes Kepler gegen jede Kritik verteidigt. Eine besondere Erwähnung verdient die Erneuerung der Polyphonie, die an den Namen Pier Luigi Palestrina geknüpft ist, der in seinem Werk der wahren religiösen Innerlichkeit, die die großen Persönlichkeiten der Gegenreformation beseelte, Stimme verlieh.

Die Spannweite dieser Leistungen ist, wie man sieht, beeindruckend. Dennoch konnte das eigentliche Ziel der Gegenreformation nicht erreicht werden, weil die Beweggründe zu leicht durchschaubar, die geistige Freiheit zu beschränkt, die Anstrengungen allzuoft oberflächlich und die Dynamik häufig bloßer Aktivismus waren. Selbst die angesehensten Vertreter der Gegenreformation – Sirleto, Baronio, Possevino, Botero – besaßen nicht genügend wirklich schöpferische Kraft. So gewissenhafte Gelehrte oder fähige Polemiker sie auch sein mochten, blieben sie doch in letzter Konsequenz Männer der Kirche und damit Partei.

Unter diesen Bedingungen konnte das ehrgeizige Ziel, die verschiedenen intellektuellen Strömungen um die Kirche und den erneuerten nachtridentinischen Katholizismus zu scharen und die Widersprüche eines unruhigen geistigen Klimas in der Orthodoxie zu versöhnen, kaum Erfolg haben. Das Scheitern dieses Versuches ließ die Orientierungslosigkeit noch spürbarer werden und verstärkte das allgemeine Unbehagen und die ziellose Spannung. Mehr als je zuvor zerfiel der Zusammenhalt unter den italienischen Intellektuellen. In den letzten Jahrzehnten des 16. und zu Beginn des 17. Jahrhunderts finden wir zahllose einsame Persönlichkeiten und dramatische Lebensläufe von Freidenkern, geistigen Abenteurern, Entdeckern, Schwärmern und Utopisten. Einer von ihnen war Giulio Cesare Vanini, der 1619 in Toulouse auf dem Scheiterhaufen ein Leben der Wanderschaft, Glaubenszweifel und geistiger Höhenflüge beschloß; ein anderer Francesco Pucci, der nach Reisen von den Niederlanden bis Siebenbürgen auf dem Weg nach Rom starb, wo er dem Papst einen Plan zur Wiederversöhnung der Konfessionen vorlegen wollte; und auch Marc'Antonio De Dominis, der Herausgeber der „Storia" des Sarpi, ein abtrünniger Bischof, der im Schoß der Kirche starb und doch posthum zum Scheiterhaufen verurteilt wurde. Und wer muß da nicht an den größten Maler der Epoche, an Caravaggio und seine Irrfahrten und Abenteuer denken?

Ein Zeitalter der Orientierungslosigkeit und des Konformismus, des Provinzialismus und Kosmopolitismus, in dem der Preis der intellektuellen Unabhängigkeit allzuoft exzentrisches Außenseitertum bedeutete. Man sollte sich aber davor hüten, unter der bizarren Oberfläche der vielen Außenseiter die wenigen wirklichen Heroen dieser schwierigen Epoche zu übersehen. Caravaggio war nicht der einzige.

Giordano Bruno und Tommaso Campanella

Giordano Bruno wurde 1548 in Nola geboren und trat als 18jähriger dem Dominikanerorden in Neapel bei. Das Kloster war jedoch nicht der rechte Ort für einen wachen und ruhelosen Geist wie den seinen, der auch die allerheiligsten Wahrheiten des Glaubens in Frage stellte. Bald erregte er den Verdacht der Inquisition und mußte die Flucht ergreifen, die von nun an sein Schicksal bestimmte. Zuerst floh er durch Italien, von Rom nach Nola, Savona und Venedig; dann durch ganz Europa, von Genf über Toulouse, Paris, Oxford, Wittenberg, Prag, Helmstedt nach Frankfurt am Main. Erst 1591 überschritt er abermals die Alpen, um in seine Heimat zurückzukehren: er folgte dem Ruf des venezianischen Patriziers Giovanni Mocenigo und ließ sich in Venedig nieder. Dies aber war der unglücklichste seiner Aufenthalte. Von Mocenigo selbst bei der Inquisition angezeigt, wurde er gefangengenommen und nach Rom überführt, wo er nach einem langen und dramatischen Prozeß zum Tod auf dem Scheiterhaufen verurteilt wurde. Die Verbrennung fand am 17. Februar 1600 in Rom auf der *Piazza del Campo dei fiori* statt.

Diese nüchternen Daten lassen das Leben des Bruno vielen anderen Lebensläufen von Abenteurern und heftigen Geistern dieser trüben Zeit gleich erscheinen, und in den Äußerlichkeiten trifft dies auch tatsächlich zu. Calvinist in Genf, Lutheraner in Wittenberg und voller Sehnsucht nach einer Versöhnung mit der katholischen Kirche bei seiner Rückkehr nach Italien, blieb Bruno immer, wie er sich selbst definiert hat, ein ,,Akademiker ohne Akademie", ein rebellisches und unberechenbares Temperament. Wenn man aber tiefer blickt und nicht nur sein abenteuerreiches Leben, sondern die komplexe Entwicklung seines Denkens verfolgt, dann erweist sich das, was bei anderen bizarre Exzentrik ist, als wirkliche intellektuelle Kraft, als unbeugsames Festhalten an den eigenen Überzeugungen.

Im Denken Brunos, in den vielfältigen Schichtungen und Verwerfungen seiner bohrenden Gedanken, existiert als ruhender Pol die Ablehnung der Aristotelischen und Ptolemäischen Auffassung des Universums; Bruno übernimmt statt dessen die Kopernikanische Theorie, die er auf eine philosophische Ebene erhebt. Wie die Erde nicht der Mittelpunkt des Universums ist, so löst für ihn auch der Mensch sich in der unendlichen Einheit der Natur auf, wo jede Geburt zugleich Tod und jede Vergangenheit zugleich Gegenwart bedeutet. Berühmt ist sein Motto:

Quid est quod est? Ipsum quod fuit
Quid est quod fuit? Ipsum quod est
Nihil sub sole novi.
(Was ist das Seiende? Dasselbe wie das Vergangene.
Was ist das Vergangene? Dasselbe wie das Seiende.
Nichts ist neu unter der Sonne.)

In dieser kosmischen und tragischen Sichtweise der Wirklichkeit, die vielen als eine Vorwegnahme Spinozas erschienen ist, hört der alte Gott auf, Schöpfer und unbewegter Beweger des Universums zu sein; er wird zur Weltseele, aufgehoben in den Dingen, er wird Natur. Welche Bedeutung können in diesem Rahmen noch die Differenzen zwischen den verschiedenen Sekten und Glaubensbekenntnissen haben? Aus der Betrachtung der unendlichen Einheit des Universums gelangt der Weise zur Einsicht in die Hinfälligkeit aller Dinge und aller menschlichen Überzeugungen, die eine Art Schwindel erzeugt, Mutlosigkeit, aber auch Enthusiasmus, ein ,,heroisches Feuer", ähnlich demjenigen bei der Entdeckung unbekannter Erdteile. ,,Die Zeit", so schreibt Giordano Bruno, ,,nimmt alles und gibt alles; alles ändert sich. Nichts vergeht: einer nur ändert sich nicht, einer nur ist ewig und bleibt ewig ein und derselbe. Durch diese Philosophie erhebt sich meine Seele und erhellt sich mein Geist."

In diesem Weltbild ist die Wurzel sowohl für Skeptizismus als auch für den Historizismus enthalten, für Opportunismus wie Heroismus. Das letztere überwog bei Giordano Bruno. Vor seinen Richtern nahm er zunächst die Irrlehren, die ihm vorgeworfen wurden, zurück, dann aber bestand er auf seiner Unschuld und dem Recht der Gedankenfreiheit. Auf die Verkündung der Todesstrafe antwortete er mit einem Satz, der an Sokrates erinnert: ,,Vielleicht sprecht ihr mit größerer Furcht das Urteil aus, als ich es entgegennehme."

In vieler Hinsicht gleicht das Leben seines Zeitgenossen und Landsmanns Tommaso Campanella dem Schicksal Brunos. 1568 in Stilo in Kalabrien geboren, trat auch er dem Dominikanerorden bei, aber bald kehrte er dem Kloster den Rücken und führte ein umherschweifendes, abenteuerliches Leben. Nach einem ersten Prozeß vor dem Heiligen Offizium wurde er ins heimatliche Kalabrien zurückgeschickt. Man schrieb das Jahr 1599. In der Erwartung, daß die Gestirnkonstellation und das ,,neue Jahrhundert" die Welt für die große Erneuerung reif werden ließen, stellte sich Campanella an die Spitze eines schließlich erfolglosen Aufstandes. Wiederum in Haft, konnte er zwar der Todesstrafe entrinnen, indem er sich wahnsinnig stellte, nicht aber der Gefangenschaft, die sich über 27 Jahre hinziehen sollte, bis sie schließlich im Jahre 1626 in eine Art Freiheit unter Polizeiaufsicht verwandelt wurde. In neuerliche Umtriebe und Verschwörungen verwickelt, gelang ihm 1634 die Flucht nach Frankreich, wo er 1639 starb. Nachdem er früher den Triumph der spanischen Monarchie erhofft hatte, blieb ihm in Frankreich noch Zeit genug, eines seiner Werke Richelieu zu widmen und die Geburt des Sonnenkönigs (1638) zu besingen.

Bizarr und fremdartig auch das Leben des Campanella, eine Bizarrheit, die oft bis an die Grenze des Wahnsinns reicht. Er behauptete von sich, daß seine Stirn wie die des Moses sieben Auswüchse oder Berge trage und verwandelte seinen prosaischen Namen in den hochtrabenden „Squilla". Aus seinen astrologischen Studien zog er die feste Überzeugung, zum Propheten eines neuen Jahrhunderts und Vorkämpfer einer allgemeinen Befriedung und universalen Erneuerung bestimmt zu sein. In dieser Sicherheit bot er seine Dienste als Magier und Messias abwechselnd dem König von Spanien, dem Papst und dem König von Frankreich an, solange er nicht selbst an der Spitze der kalabresischen Aufständischen seine großartige Utopie der Sonnenstadt zu verwirklichen suchte. Unter der Oberfläche des Wahnsinns aber ist die Hellsichtigkeit zu erkennen, die an die Worte Campanellas selbst erinnert: „Die Welt wurde verrückt durch die Sünde, und die Weisen, die sie retten wollten, mußten sprechen, handeln und leben wie die Verrückten, auch wenn sie im geheimen ganz anders dachten."

In Wirklichkeit versuchte Campanella, durch die Astrologie die Glaubens fragen auf die Natur zurückzuführen und hatte damit eine Vorahnung der gesetzmäßigen Verknüpfung des Universums in der modernen Naturwissenschaft. Sein Prophetismus enthielt das Bewußtsein der „Modernität" der eigenen Zeit, die mit dem Keim ungeahnter Entwicklungen schwanger ging. „All das Neue an alten Wahrheiten, neuen Welten, neuen Systemen und neuen Nationen ist", schrieb er, „der Beginn eines neuen Jahrhunderts." In Campanella verbanden sich Elemente mittelalterlicher Denkart mit einer extrem modernen und wissenschaftlichen Auffassung der Wirklichkeit. Von seinem Lehrer Bernardino Telesio hatte er übernommen, daß die Wirklichkeit Natur sei, daß nur die sinnliche Erfahrung die Pforten ihrer Geheimnisse öffnen könne. Seine Abneigung gegen alle diejenigen, die ununterbrochen die Autorität der Klassiker, vor allem die des Aristoteles anriefen, war ebenso unumstößlich wie die Überzeugung, daß nur derjenige, der mit den eigenen Augen im großen Buch der Natur liest, sich der Wahrheit nähern kann: „Ich habe", behauptete er, „aus dem Bau einer Ameise oder eines Grashalmes mehr gelernt ... als aus allen Büchern, die seit Anfang aller Zeiten geschrieben worden sind." Es verwundert nicht, daß einer, der solche Worte geschrieben hat, noch 1616 vom Gefängnis aus Galilei verteidigte, der gerade in diesen Jahren vom Heiligen Offizium dazu aufgefordert wurde, seinen Kopernikanischen Theorien abzuschwören.

6. Ein Jahrhundert der Stagnation

Italien am Rande Europas

Mit seinem Gold, seiner Infanterie, seinem Ansehen als große internationale Macht und Hort der katholischen Orthodoxie flößte das Spanien Philipps II. den Fürsten und Staaten Italiens Respekt ein. Mehr noch aber erschien es den meisten von ihnen nach Jahrzehnten des Krieges und der Umwälzungen als einziger Garant für Stabilität und Ruhe. Im Schatten dieses Schutzes hatten die genuesischen Bankiers ihre Geschäfte gewinnträchtig erweitert, der Papst hatte bei Lepanto triumphiert, die Medici hatten ihre Herrschaft über Florenz und die Toskana endgültig gefestigt, und für die Halbinsel als Ganzes herrschte endlich Friede. ,,Italien", schrieb der Historiker Scipione Ammirato, ,,erfuhr nicht die gefürchtete Unterdrückung, sondern lebt seit vielen Jahren glücklicher denn je." Er war nicht der einzige, der so dachte.

Gegen Ende des 16. Jahrhunderts hatte sich die internationale Lage jedoch gewandelt, und der Stern Spaniens schien zu sinken. Dem Aufstand der Niederlande war die spektakuläre Niederlage der ,,unbesiegbaren Armada" (1588) gefolgt, und der neue König Heinrich IV. griff schließlich in großem Stil die Rolle Frankreichs als Gegenspieler der Habsburger in Madrid und Wien wieder auf. Von dieser neuen Weltlage versuchten einige italienische Fürsten zu profitieren, um die Fesseln der spanischen Schutzmacht zu lockern und den eigenen politischen Spielraum zu erweitern. Ferdinando de Medici handelte die Vermählung seiner Tochter Maria mit Heinrich IV. aus und überredete gleichzeitig Papst Clemens VIII. zur Anerkennung des französischen Königs. Damit gab Ferdinando deutlich zu erkennen, daß er, soweit es die Umstände und die spanische Präsenz erlaubten, durchaus zu einer Wiederaufnahme der traditionellen Freundschaftsbeziehungen, die zwischen der Republik Florenz und Frankreich bestanden hatten, bereit war. Carlo Emanuele I. von Piemont ging sogar noch weiter und schloß 1610 ein Bündnis mit Heinrich, das zum gemeinsamen Vorgehen gegen die Lombardei verpflichtete. Die Verwirklichung wurde nur durch den plötzlichen Tod des Bourbonen-Königs im selben Jahr vereitelt. In dieser Zeit nährten Publizisten und Schriftsteller unter den Gebildeten kräftig die antispanische Stimmung. ,,Die spanische Monarchie", schrieb 1614 Alessandro Tassoni in seinen ,,Filippiche contro gli Spagnoli", ,,ist ein ohnmächtiges Ungeheuer, ein riesiger, schlaffer und verwundbarer Körper, ein Koloß aus Stroh." Spaniens furchterregende Heerführer waren für ihn nichts anderes als ,,fahrende Ritter, die sich von in der Sonne ausgetrocknetem Brot, Zwiebeln und Wurzeln nähren, die nachts unter freiem Himmel schlafen und Schuhe aus Hanf und Mäntel wie Schafhirten tragen". Ähnliche Töne finden sich auch in den Schriften des Traiano Boccalini, des brillantesten Berichterstatters der Epoche.

Vor allem natürlich in Venedig – wo auch Boccalini Zuflucht gefunden hatte – konnten diese Argumente und die antispanische Stimmung auf breitesten Widerhall hoffen. Drangsaliert von dalmatinischen Seeräubern unter dem Schutz Habsburgs, empfindlich gestört durch die Konkurrenz der an der Adria gelegenen Städte des Kirchenstaates im „venezianischen Meer", auf der Terraferma eingezwängt zwischen die Territorien des österreichischen Habsburg und die spanische Lombardei hatte die Serenissima die spanische Oberhoheit auf der Halbinsel immer mehr ertragen als wirklich akzeptiert. In der Vergangenheit war Venedig zwar trotzdem politisch sehr vorsichtig oder gänzlich passiv geblieben, aber nun sah man ein, daß weitere Konzessionen nicht mehr möglich waren. Dieser Punkt war erreicht, als der neue Papst Paul V. mit spanischer Zustimmung die Verhaftung zweier Geistlicher zum Vorwand nahm, um über die Lagunenstadt das Interdikt zu verhängen und als gleichzeitig der Gouverneur von Mailand seine Truppen an den Grenzen aufmarschieren ließ. Venedig antwortete mit der Ausweisung der Jesuiten und pochte auf die eigene Souveränität in der Kirchenpolitik. In dem sich daraus entspinnenden Kampf hielt Venedig stand, bis durch französische Vermittlung – die man insgeheim erhofft, aber nicht offen angerufen hatte – eine Lösung des Konflikts erreicht wurde, die im großen und ganzen das gute Recht der Venezianer anerkannte. Kopf des venezianischen Widerstandes war der Doge Leonardo Donà, der früher außerordentlicher Botschafter der Stadt in Rom gewesen war. Donà war ein hervorragender Vertreter jener Partei der „Jungen", die, wie wir schon gesehen haben, seit langem eine kritische Haltung gegenüber der übervorsichtigen venezianischen Außenpolitik eingenommen hatte. Neben Donà stand der Servitenbruder Paolo Sarpi, der in seiner Eigenschaft als geistlicher „Ideologe" der Republik die Gegenoffensive gegen die heftige antivenezianische Propagandakampagne, die von Rom und Spanien ausging, leitete. (Mit seinem „Antiveneti" hatte auch Campanella einen Beitrag dazu geleistet.) Für seine Zwecke konnte Sarpi die Beziehungen einsetzen, die er mit der Gelehrtenwelt ganz Europas – bis hin zu gallikanischen und protestantischen Kreisen – unterhielt. Seine große Bildung und seine neugierige Offenheit den Menschen gegenüber hatten ihm die Freundschaft bedeutender Persönlichkeiten im politischen und kulturellen Leben eingetragen, darunter die des englischen Botschafters Henry Watton, eines gläubigen Anhängers der Reformation, sowie des französischen Historikers Jacques De Thou und des Galileo Galilei. Vor allem aber kamen Sarpi seine Abneigung gegen den Katholizismus der Gegenreformation und seine Sympathie für die Erneuerungs- und Versöhnungsbestrebungen innerhalb der protestantischen Welt zu Hilfe.

Beides findet in seinem 1619 in London veröffentlichten Werk „Istoria del Concilio tridentino" deutlichen Ausdruck. Auch darin war er ein echter Sohn seiner Vaterstadt, die ja im 16. Jahrhundert mehr als alle anderen italienischen Städte Toleranz und Aufnahmebereitschaft für Menschen und Ideen bewahrt hatte.

Der Erfolg in der Auseinandersetzung um das Interdikt blieb nicht der einzige Erfolg Venedigs. Trotz der schwierigen Lage nach dem Tod Heinrichs IV. gelang es der Serenissima mit kluger Kühnheit, die habsburgische Front an einem weiteren Punkt aufzubrechen. Österreich mußte den Seeräubern seinen Schutz entziehen, wodurch Venedig die Sicherheit der Seewege zurückgewann. In diesen Jahren mußte auch Spanien auf Revanche gegenüber Carlo Emanuele I. verzichten, der mit ebensoviel Kühnheit wie Glück gegen den Gouverneur von Mailand zu Felde gezogen war, um seine Erbansprüche auf das Monferrato, das einen wesentlichen Bestandteil der Territorien der Gonzaga von Mantua bildete, geltend zu machen.

Diese Erfolge Venedigs und Carlo Emanueles I. waren allerdings die letzten Äußerungen einer autonomen Politik der italienischen Staaten gegenüber Spanien. Von neuem hatte sich die Weltlage geändert. Schon seit dem Tod Heinrichs IV. war die Bedeutung Frankreichs als Gegengewicht gegen Habsburg zurückgetreten. Mit der Thronbesteigung des Jesuitenzöglings Ferdinand II. in Wien kündigten sich eine neue Offensive der Gegenreformation und der Dreißigjährige Krieg an.

Die erste Phase des Dreißigjährigen Krieges war auch in Italien von Erfolgen Habsburgs gekennzeichnet. Der spanische Handstreich gegen die Schlüsselposition des Veltlin sicherte Habsburg die Verbindung zwischen der Lombardei und den österreichischen Territorien. Der venezianische Widerstand, der seinerseits von Carlo Emanuele I. und Frankreich unterstützt wurde, konnte die Lage nicht wenden. Auch der savoyische Versuch schlug fehl, durch konspirative Maßnahmen Genua und damit die Speerspitze Spaniens in die Hand zu bekommen.

Auch die nachfolgenden Phasen des Dreißigjährigen Krieges, die Frankreich bis zum siegreichen Abschluß im Westfälischen Frieden in der Offensive sahen, brachten keine wesentlichen Veränderungen auf der politischen Landkarte Italiens. Die einzige Ausnahme bildete das savoyische Piemont, das nach dem Übergang ins habsburgische Lager von den Truppen Richelieus für viele Jahre auf den Status eines französischen Protektorats reduziert wurde. Die antispanischen Aufstände in Sizilien und Neapel wurden, wie wir noch sehen werden, niedergeschlagen, so daß zum Zeitpunkt des Westfälischen Friedens (1648) Italien nach wie vor zum spanischen Einflußbereich gehörte. Geändert hatte sich allerdings insofern etwas, als Spanien keine Großmacht mehr war. Die Nachteile der mehr oder minder direkten Abhängigkeit von Spanien wurden deshalb nun nicht einmal mehr durch die Vorteile einer wirksamen Schutzmacht aufgewogen. Je mehr in der zweiten

Hälfte des 17. Jahrhunderts der Machtverlust des spanischen Reiches offensichtlich wurde, um so mehr mußte Italien dem Frankreich Ludwigs XIV., dem neuen Stern am politischen Firmament Europas, als eine der am leichtesten verwundbaren Stellen der habsburgischen Macht erscheinen. Italien eignete sich besonders für nicht allzu gewichtige militärische Unternehmungen, wie die französische Expedition zur Unterstützung der Aufständischen in Messina (1674). Sobald England einzugreifen drohte, überließen die Franzosen die Stadt der grausamen spanischen Repression. Einen ähnlichen Charakter als Demonstration der Stärke hatte die Beschießung Genuas im Jahre 1684 durch französische Truppen.

Auch für Venedig waren die glorreichen Tage des Kampfes gegen das Interdikt längst vorbei. Die neuerliche Offensive der Hohen Pforte führte nach einem 20jährigen Ermüdungskrieg zur Eroberung der Insel Candia (Kreta) durch die Türken (1669). Nach langem Zögern entschloß sich nun das venezianische Patriziat, die Hilfe Wiens für eine höchst ungewisse Revanchemöglichkeit zu suchen. Nach dem großartigen Sieg Sobieskis vor den Toren der österreichischen Hauptstadt trat Venedig der Heiligen Liga bei und damit auf die Seite der neuen habsburgischen Großmachtpolitik auf dem Balkan. Die territorialen Gewinne aus dieser Allianz waren freilich wenig dauerhaft: nur zwischen 1699 und 1718 konnte Venedig das zurückgewonnene Morea (Peloponnes) halten. Von nun aber übte Wien einen immer stärkeren Druck auf die Balkanhalbinsel und das Mittelmeer aus, und der venezianische Handel litt immer mehr unter der wachsenden Konkurrenz des Handelsumschlagsplatzes Triest. Der Friede von Campoformio (1797) und das Ende der Republik waren nur noch eine Frage der Zeit.

Um die Beschreibung der Stellung Italiens auf dem politischen Schachbrett Europas im 17. Jahrhundert abzurunden, bedarf es noch eines kurzen Blicks auf die Päpste. Der Verlust an internationalem Einfluß und Ansehen verdeutlicht symbolhaft, wie sehr die italienische Staatenwelt in dem neuen Europa der Nationalstaaten an den Rand der Geschichte gedrängt wurde. Der von Innozenz X. gegen die religiösen Bestimmungen des Westfälischen Friedens erhobene Protest wurde von keiner der europäischen Mächte auch nur in Erwägung gezogen. In der zweiten Hälfte des Jahrhunderts wunderte sich schon niemand mehr darüber, als Ludwig XIV. dem Konklave seinen Willen aufzwang. „Einige Rechte", sollte Voltaire in seinem „Versuch über das Jahrhundert Ludwigs des XIV." schreiben, „viele Ansprüche, und noch mehr Staatsklugheit: Dieses ist alles, was jetzo noch in Rom von der alten Macht übrig ist, welche sechs Jahrhunderte vorher das römische Reich und ganz Europa der päpstlichen Krone unterwerfen wollte." (Dt. v. G. E. Lessing.)

Die Wirtschaftskrise des 17. Jahrhunderts

In den ersten Jahrzehnten des 17. Jahrhunderts brachen Spannkraft und Rhythmus der Wirtschaft in Italien plötzlich zusammen, und damit begann eine das ganze Jahrhundert andauernde Stagnation. Der Begriff Stagnation ist aufgrund der Daten, die alle eindeutig in diese Richtung weisen, durchaus zutreffend.

Venedig, das 1602 noch 29000 Stück Wolltuch produziert hatte, stellte am Ende des Jahrhunderts nur noch 2000 Stück her. In Mailand waren von den 60 bis 70 Wollwerkstätten zu Beginn des Jahrhunderts im Jahre 1682 noch ganze fünf vorhanden. In Genua hatte sich im gleichen Zeitraum der Warenumschlag des Hafens von 9 auf 3 Millionen Tonnen reduziert, und die Zahl der in der Seidenherstellung eingesetzten Webstühle war von 18000 auf 2500 zurückgegangen. In Florenz war die Tuchherstellung, die noch zwischen 1560 und 1580 jährlich 20000 Stück betragen hatte, um die Mitte des 17. Jahrhunderts auf 5000 Stück zurückgegangen. Ähnliches gilt für die Barchentherstellung in Cremona, für die Seide von Kalabrien und das Alaun aus Tolfa, das seit 1620 auf den europäischen Märkten kaum mehr Absatz fand. Diese Aufzählung könnte beliebig um weitere Beispiele ergänzt werden.

Die Stagnation in der Produktion, sei es für heimische, sei es für internationale Märkte, war natürlich vom Rückgang des Handelsverkehrs begleitet. Der Rückgang, ja das fast völlige Verschwinden des Gewürzhandels, den die Venezianer zwar gegen Spanier und Portugiesen, nicht aber gegen die Holländer und ihre Niederlassungen auf den Ostindischen Inseln hatten verteidigen können, ist nur das am meisten ins Auge springende und deshalb klassische Beispiel. Bis auf Livorno bekamen alle Seehäfen Italiens die Krise heftig zu spüren. Am Ende des 17. Jahrhunderts machte die Flotte aller italienischen Staaten nur 7–8% des europäischen Schiffsbestandes aus, während die englische Flotte 26% und die holländische 17% erreichten. Die Zeiten der italienischen Vorherrschaft zur See waren endgültig und für immer vorüber. Ein anderes unzweifelhaftes Zeichen für die wirtschaftliche Stagnation des 17. Jahrhunderts liefert die Preisentwicklung; die wenigen glaubwürdigen zur Verfügung stehenden Datenreihen sind für unseren Zweck insofern ausreichend, als sie eindeutig den Preisrückgang erkennen lassen. Für die gewerblichen Produkte scheint er stärker gewesen zu sein als für die Güter der Landwirtschaft und die Rohstoffe. In die gleiche Richtung weisen die Daten der demographischen Entwicklung. Vom Ende des 16. bis zum Anfang des 18. Jahrhunderts scheint die Bevölkerung Italiens im ganzen gesehen stationär geblieben zu sein, jedenfalls hat sie kaum zugenommen. In Sizilien z. B. steigt die Einwohnerzahl zwischen 1570 und 1714 von 1070000 auf 1230000 an. Mit Ausnahme Piemonts, das anscheinend eine stärkere Bevölkerungszunahme erlebte, war die Entwicklung auch anderswo ähnlich. Um diese relative Stagnation zu erklären, sind natürlich mehrere Pestepidemien in Rechnung zu stellen, von denen die Halbinsel in verschiedenen Gegenden heimgesucht worden war. Die Pest von 1630/31, die Manzoni in seinen „Promessi Sposi" beschrieben hat, ergriff die Lombardei, Piemont, Venetien, die Emilia und die Toskana; 1656 bis 1657 wurden dagegen die süditalienischen Regionen, Sardinien und Ligurien erfaßt. Das einzige Gebiet, das von der schreckenerregenden Folge von Epidemien relativ verschont blieb, war Sizilien. Sizilien aber, genauer gesagt der östliche Teil der Insel, wurde im Jahre 1693 von einem schrecklichen Erdbeben heimgesucht, an das noch heute die zahlreichen in barockem Stil wiederhergestellten Gebäude in Catania, Syrakus und Noto erinnern. Seuchen, Naturkatastrophen und Hungersnöte, wie die von 1680, durch die nach einer Volkserhebung ein Viertel der Bevölkerung Sardiniens umkam, hatten sich auch im 16. Jahrhundert ereignet, ohne daß über einen längeren Zeitraum die Bevölkerungsentwicklung davon beeinflußt worden wäre. Die Tatsache, daß dieser Ausgleich im 17. Jahrhundert nicht stattfand, läßt nur den Schluß zu, daß die Wurzeln der demographischen Stagnation in der schweren allgemeinen wirtschaftlichen Depression zu suchen sind. Es müßte allerdings noch genauer geklärt werden, zu welchem Zeitpunkt die Stagnation tatsächlich eingesetzt hat. Wenn, wie einige partielle Daten vermuten lassen, die wirtschaftliche Stagnation schon vor der großen Seuche von 1680 begonnen hat, würde unsere Vermutung bestätigt, und bestimmte Theorien des späten 16. Jahrhunderts (Botero, Serra), die an Malthus erinnern, würden in neuem Licht erscheinen.

Plötzliche Krise der gewerblichen Produktion, Rückgang des Handels, Preisverfall und demographische Stagnation, Verbreitung von Bettlertum und Pauperismus: das Bild der wirtschaftlichen Entwicklung Italiens im 17. Jahrhundert läßt in Ausmaß und Tiefe die Krise als einen der entscheidenden Wendepunkte der italienischen Geschichte erscheinen. Ursachen und Bedingungen für diese Wende lassen sich in der historischen Analyse, verstanden als empirische Analyse, herausarbeiten.

In erster Linie muß man sich vergegenwärtigen, daß im Jahrhundert des Dreißigjährigen Krieges ganz Europa in unterschiedlichem Maß von wirtschaftlichen Krisenerscheinungen und sozialer Instabilität erfaßt war. Die Wirtschaftsentwicklung in Italien bildet daher nur einen Aspekt der allgemeinen Krise Europas. In Italien aber verschärfte sich die Lage dadurch, daß das Land nicht nur in politischer, sondern auch in wirtschaftlicher Hinsicht nur noch eine marginale Rolle in Europa spielte. Die Unterwerfung unter die spanische Herrschaft brachte für die betroffenen Gebiete Italiens eine Steuerbelastung mit sich, die die Grenzen der wirtschaftlichen Leistungsfähigkeit erreichte und häufig auch überschritt. Neapel und Mailand wurden in unverhältnismäßiger Höhe zur Finanzierung der ehrgeizigen Politik des Herzogs von Olivares herangezogen, eine Folge der chronischen Insolvenz der spanischen Krone. Außerdem schnitt die Einbeziehung in die spanische Einflußsphäre Italien von den großen Handelswegen auf dem Atlantik und damit von der kolonialen Expansion ab. Es blieb zwar das Mittelmeer, aber auch hier waren nur die englischen, französischen und vor allem die holländischen Flottenverbände in der Lage, den Gefahren der Seeräuberkriege zu begegnen und mit Aussicht auf Erfolg der türkischen Macht zu trotzen. Die italienische Flotte wurde deshalb allmählich aus ihrer traditionellen Rolle als Mittlerin des Handels zwischen Europa und dem Orient verdrängt. Es ging soweit, daß viele venezianische Kaufleute Schiffe unter englischer Flagge benutzten, anstatt eigene auszurüsten. Die einzige italienische Hafenstadt, die von dieser neuen Entwicklung profitieren konnte, war, wie erwähnt, Livorno, dessen Aufstieg mit der Einrichtung des Freihafens 1675 seinen Höhepunkt erreichte.

Der Bezug auf die allgemeine politische und wirtschaftliche Situation in Europa genügt jedoch nicht als Erklärung für die Tiefe, die die Krise in Italien erreichte. Neben exogenen und allgemeinen Faktoren spielten auch endogene Entwicklungen eine Rolle; es war die Unfähigkeit der italienischen Wirtschaft, sich an die veränderte Weltlage anzupassen, ihre verlangsamten Reflexe sozusagen.

Verkürzt, und damit notwendig vereinfachend ausgedrückt, könnte man sagen, daß im 17. Jahrhundert der Mechanismus, auf dem der wachsende Wohlstand des Landes beruht hatte, nicht mehr so wie früher funktionierte. In diesem Zeitalter, in dem die Kolonialprodukte und die Wollstoffe aus England die Märkte überschwemmten und Produktion und Handel immer mehr den Charakter der Massenproduktion annahmen, waren die hohen Profite, die die italienischen Kaufleute und Produzenten aufgrund der Knappheit oder gar der Monopolstellung erzielt hatten, anachronistisch. Auch die Enge der Zunftorganisation, die mit hohem Qualitätsanspruch auf einen beschränkten Kundenkreis ausgerichtet war, verlor ihren Sinn. Die auffallenden importierten Stoffe kosteten wesentlich weniger als die wertvollen Tuche aus Florenz und Venedig mit ihrer altmodischen Strenge. Selbst in der Produktion von Luxusgütern war Italiens Stellung nicht mehr unangefochten: die königlichen Manufakturen Colberts wurden nicht zuletzt durch die Erfahrung und das technische Know-how italienischer Emigranten zu einer ernstzunehmenden Konkurrenz. Italienische Handwerker waren so gesucht, daß sich beispielsweise die französischen Abwerbungsversuche von Arbeitern aus den Glasmanufakturen Muranos wie ein Roman lesen. (F. Braudel) Unter diesen Bedingungen wurde das noch verfügbare Kapital mehr denn je dazu ermutigt, den traditionellen Weg der Festlegung in Grund und Boden und der sicheren Investition zu gehen. Besonders in Rom, in der Stadt also, deren Wirtschaftsstruktur von vornherein äußerst parasitär war und auf der Einnahme von Grundrente basierte, hat das Barock in der großartigen Architektur des Bernini und Borromini seine schönsten

Leistungen hinterlassen. Mit Ausnahme von Florenz und Venedig, die eifersüchtig ihre eigenen künstlerischen Traditionen verfolgten, triumphierte jedoch das Barock als die aufwendigste unter den Stilrichtungen in der italienischen Kunstgeschichte auch in Neapel und Turin, in Genua und in den vom Erdbeben heimgesuchten Gebieten Siziliens, und zwar nicht nur in, sondern auch außerhalb der Städte. In den Landhäusern beispielsweise, deren Zahl unaufhörlich zunahm (allein in Venetien gab es 352), wird deutlich sichtbar, daß die Verschwendungssucht der Eigentümer und Architekten an krankhaften Größenwahn grenzt. Ein extremes Beispiel dafür ist die Villa der Familie Palagonia in Bagheria bei Palermo mit ihrem Irrenhaus-Szenarium, über das sich das klassische Stilempfinden Goethes empörte. Der Reichtum des Patriziats und der Privilegierten wurde weitgehend unproduktiv und zeigte sich lediglich als äußerer Luxus, als in Stein gehauene Pracht. Die Polarisierung und das Schmarotzertum, die die Gesellschaft Italiens, vor allem die städtische, schon vorher bis zu einem gewissen Grad bestimmt hatten, wurden dadurch zum Extrem gesteigert. Pauperismus, Landstreichertum und Prostitution werden im Italien des 17. Jahrhunderts zu Massenerscheinungen. Um nackter Armut und sozialer Deklassierung zu entgehen, bleibt für viele nur der Anschluß an die ,,Klientel" eines Hofes, an eine Korporation oder ein großes Haus. Der opportunistische, ewig hungrige Diener, der auf den Bühnen der Commedia dell'Arte triumphiert, oder der Priester niederer Herkunft wie Manzonis Don Abbondio, der die geistliche Laufbahn mehr um des leichten Lebens als aus innerer Berufung ergreift, und auch der *bravo*, der sich nur durch den Schutz eines großen Herrn vom gemeinen Verbrecher unterscheidet, sind typische Figuren des täglichen Lebens dieser Epoche.

Das Gesamtbild der italienischen Wirtschaft des 17. Jahrhunderts ist also düster, aber es fehlt nicht ganz an einigen Lichtblicken. Nicht immer nämlich bedeutete die Investition in Grund und Boden so etwas wie ein *disinvestment*, verglichen mit dynamischeren und ertragreicheren Anlagemöglichkeiten in Handel und Gewerbe. Dies gilt etwa für die Landwirtschaft der lombardischen Po-Ebene, wo sich der Anbau der stickstoffreichen Grünfutterpflanzen ausbreitete. Dabei muß es sich um eine beträchtliche Verbreitung dieser neuen Anbaumethoden gehandelt haben, denn man hat errechnet, daß die entsprechende Fläche vom Beginn des 16. bis zum Beginn des 18. Jahrhunderts um mehr als 200% zugenommen hat. Bedeutende Fortschritte wurden auch in der Emilia erzielt, wo nach den Worten eines Agronomen aus Bologna der Hanfbau durch wesentliche Neuerungen der Technik und der Ackergeräte ,,zu exakter und außerordentlicher Vollendung" gelangt war. Ähnliches gilt auch für diejenigen Grundeigentümer in Venetien, die ihre Villen, die ihnen als Sommerresidenzen dienten, in große landwirtschaftliche Betriebe verwandelten. Hier wurde mit der Tradition gebrochen, die Landwirtschaft nur unter dem Gesichtspunkt der unmittelbaren

Versorgung oder aber der Spekulation zu betrachten. Statt dessen wurden langfristige Investitionen im Hinblick auf zukünftige Gewinne getätigt, und so entstand ein lebensfähiger und moderner Typus von Landwirtschaftsbetrieb. Diese vereinzelten Ansätze sind leider noch zu wenig erforscht, als daß verallgemeinernde Schlußfolgerungen möglich wären. Dennoch scheinen diese Hinweise ausreichend als Bestätigung dafür, daß sich schon im 17. Jahrhundert der Erneuerungs- und Transformationsprozeß abzeichnete, der im folgenden Jahrhundert die italienische Landwirtschaft erfaßte. In der Geschichte des Landes, die so sehr von den Städten her bestimmt war, wurde damit eine völlige Änderung der Entwicklungsrichtung eingeleitet. Auch wenn die Zonen des landwirtschaftlichen Fortschritts nicht im Detail lokalisiert werden können, so waren sie doch jedenfalls auf die norditalienische Po-Ebene beschränkt. Dies wiederum ist eine Vorwegnahme der Entstehungsbedingungen des modernen Italien, d. h. des immer stärkeren Auseinanderwachsens der rückständigen Gebiete im Süden gegenüber den höher entwickelten im Norden. Die bestehenden Entwicklungsunterschiede waren zwar aus den vorausgegangenen Jahrhunderten ererbt, aber die Schere erweiterte sich im Laufe des 17. Jahrhunderts immer mehr. Die Entwicklungen und Ereignisse, von denen im folgenden Kapitel die Rede sein wird, tragen zur Erklärung dieser Tatsache bei.

Die antispanischen Revolten in Süditalien

Von den spanischen Besitzungen in Italien wurde der Süden am massivsten zur Finanzierung der spanischen Politik im Dreißigjährigen Krieg herangezogen. Mailand dagegen war das „Vorwerk" des spanischen Königreichs, und als solches bekam es die zerstörerischen Konsequenzen des Krieges unmittelbar auf dem eigenen Territorium zu spüren. Neapel mußte für das Privileg, abseits vom Kriegsschauplatz zu liegen, dadurch büßen, daß es die meisten Soldaten zu stellen hatte und die höchsten finanziellen Beiträge leisten mußte. Unter dem Herzog von Olivares setzte Spanien in Italien diese Politik mit eiserner Hand durch. Um Soldaten für die habsburgischen Armeen zu gewinnen, wurden in den ländlichen Gegenden des Südens regelrechte Razzien veranstaltet. Die künftigen Soldaten mußten häufig in Ketten auf die Schiffe geschleppt werden, die sie an die Fronten in Deutschland, dem Veltlin und in Flandern brachten. Aber mehr noch als Menschen brauchte die spanische Monarchie Geld, und zwar ungeheure Mengen Geld. Auch dies wußte man sich zu besorgen. Nach der glaubwürdigen Berechnung des aus Genua stammenden Bankiers Cornelio Spinola betrugen die Kriegsbeiträge jährlich die unerhörte Summe von 3,5 Millionen Dukaten. Der Herzog von Medina brachte allein in den ersten eineinhalb Jahren seiner Herrschaft als Vizekönig 7 Millionen Dukaten zusammen. Von diesen *asi-*

stencias wurde ein beträchtlicher Teil nach Mailand geschickt, und dies bedeutete natürlich einen schweren Aderlaß für die Wirtschaft des Südens.

Um sich die nötigen Summen zu verschaffen, setzte die Zentralgewalt in massiver Form die Steuerschraube in Bewegung. Zwischen 1636 und 1644 wurden zehn neue indirekte Steuern und zahlreiche außerordentliche Abgaben eingeführt. Je mehr jedoch die Zahl der Steuern zunahm, desto mehr verminderten sich die Erträge der einzelnen Posten. In einer Wirtschaft, die an sich schon eine schwere Krise durchmachte, mußte bald die Belastungsgrenze erreicht sein, die auch mit Gewalt nicht zu überschreiten war. So blieb dem Vizekönig kein anderer Ausweg, als private Bankiers zu suchen, die um den Preis außerordentlicher Spekulationsgewinne die gefährlichen Risiken der Kriegsfinanzierung auf sich zu nehmen bereit waren. Ein solcher Mann war Bartolomeo D'Aquino, ein ehemaliger Kaufmann und, wie ein Zeitgenosse von ihm schrieb, „einer, der sich wenig um Gott und die Heiligen kümmert". An ihn und an die mit ihm assoziierten Finanziers stellte die Zentralgewalt die Forderung, sofort die ganze benötigte Summe verfügbar zu machen.

Der Mechanismus der Spekulation ging dabei folgendermaßen vor sich: für die vorgestreckten Summen erhielten D'Aquino und seine Kompagnons Anteilstitel an den Zoll- und Steuereinnahmen des Staates. Aufgrund der rückläufigen Steuereinnahmen waren diese Titel entwertet und die meisten Besitzer von Staatspapieren konnten, wenn überhaupt, nur einen lächerlich geringen Teil des Nominalwertes realisieren. D'Aquino und seine Geschäftsfreunde dagegen konnten aufgrund ihrer Verbindungen und ihres Einflusses die Papiere zum Nominalwert verkaufen. Wie sich leicht erkennen läßt, eröffneten sich damit ungeahnte Profitmöglichkeiten. Der Ruin Tausender und Abertausender kleiner Sparer und Rentenbezieher verwandelte sich durch einen ungeheuren Umverteilungsprozeß in den Reichtum eines kleinen Kreises privilegierter Spekulanten.

Aber damit nicht genug. Ein Teil der von D'Aquino und seiner privilegierten Klientel realisierten Profite wurde in die Pacht oder direkt in den Kauf der gleichen Verkehrs- und Verbrauchsabgaben investiert, an denen sie schon kräftig verdient hatten. Damit eröffneten sich neue Spekulationsmöglichkeiten: als Steuereintreiber im eignen Interesse erwiesen sie sich als ebenso streng, wie sie bei der Verwaltung der öffentlichen Gelder lässig gewesen waren. Ein anderer Teil der Profite wurde natürlich in Grund und Boden und in den Kauf von Gerichts- und Herrschaftsrechten investiert. Die Finanzschwierigkeiten veranlaßten nämlich die Zentralgewalt dazu, trotz des Widerstandes der *università*, viele Gemeinden und Krongüter in Lehen zu verwandeln und unter private Rechtshoheit zu stellen. Es entstand auf diese Weise ein neuer, noch gierigerer Adel, und die Adelstitel vermehrten sich ins Uferlose. Die Genealogen – ein anderer typischer Beruf des 17. Jahrhunderts – waren unablässig damit beschäftigt, für diese Parvenus illustre Stammbäume zu konstruieren. Man scheute sich nicht einmal, für D'Aquino den hl. Thomas zu bemühen.

Um das Gesagte in einer Formel zusammenzufassen, läßt sich festhalten, daß die spanischen Vizekönige zwischen 1620 und 1648 aufgrund der von Madrid gestellten Anforderungen die ihnen zustehenden Souveränitätsrechte, ja den Staat selbst, an wenige Privilegierte zu verhökern gezwungen waren. Ein Höchstmaß an Steuerbelastung ging mit einem Höchstmaß an gesellschaftlicher Zerrüttung, ein unerträgliches Maß von Unterdrückung mit ebenso unerträglicher Unordnung einher. Jede weitere Verschlechterung der Situation, jede weitere Zerrüttung und Unordnung mußte zur Anarchie führen.

Alarmierende Anzeichen in dieser Richtung waren durchaus vorhanden. In den unruhigsten Kreisen der Barone war der traditionelle Oppositionsgeist wiedererwacht, der sich in den gewohnten Formen der Adelsverschwörung (Verschwörung des Pignatelli, 1634) ausdrückte, oder als „Öffnung" oder „Einverständnis" mit Frankreich, dem geschworenen Feind der Habsburger und seit langem geheimer Schutzmacht der adeligen Fronde des italienischen Südens. Diese Widerstandsversuche wurden jedoch ohne Schwierigkeiten unterdrückt und absorbiert: in den Adelskreisen bestanden zwar starke Ressentiments gegen den Aufstieg der Parvenus, die Barone beteiligten sich aber auch selbst an den Spekulationen und konnten einen nicht unbedeutenden Anteil der Rechte und Privilegien an sich reißen, die der Staat an Private verschleuderte.

Seit 1646 jedoch begannen sich die Dinge zu überstürzen, die Situation entglitt immer mehr der Kontrolle der spanischen Macht. Am Rande des Bankerotts sah sich der Vizekönig gezwungen, D'Aquino zu verhaften, um wenigstens einen Sündenbock vorzeigen zu können. Das Manöver brachte aber nicht den erhofften Erfolg, so daß der Vizekönig angesichts der zugespitzten Lage von seinem Posten zurücktrat. Die Situation, die sein Nachfolger vorfand, war hochexplosiv. Am 17. Juli 1647 brach auf die Nachricht der Einführung einer neuen Obststeuer in Neapel ein Volksaufstand aus, der sich schnell auf die Provinzen ausbreitete. Es begann damit die vielleicht umfangreichste der wenigen wirklich revolutionären Erhebungen in der italienischen Geschichte.

Wie immer bei größeren Umwälzungen waren an der Bewegung Kräfte und Interessen unterschiedlicher Zielsetzung beteiligt. In erster Linie brach sich im Volk in der Hauptstadt mit seinen improvisierten Führern und Volkstribunen ein verzweifelter, zielloser Radikalismus voller Wut und sinnloser Ausbrüche Bahn. Daneben stand die zielgerichtete, bewußtere Politik der städtischen Bourgeoisie, die zunächst unter dem Einfluß des alten Giulio Genoino stand, der seinerzeit als Ratgeber des Herzogs Ossuna mit dem Ziel einer „Reichsreform" gegen die Barone einen Kompromiß mit der spanischen Krone angestrebt hatte. Durch die Unnachgiebigkeit Madrids und die Zuspitzung der allgemeinen Lage wurde die Bourgeoisie jedoch weiter vorangedrängt, so daß schließlich unter der Führung des Waffenschmiedes Gennaro Annese im Oktober die Republik ausgerufen wurde. Eine gewisse Rolle spielte auch die diplomatische Tätigkeit Frankreichs unter Kardinal Mazarin, für den die Revolte nur eine Episode an der antispanischen Front bildete. Innerhalb dieses Rahmens standen die kopflosen Initiativen des französischen Herzogs Henri Guise, der nach der Ausrufung der Republik in Neapel eintraf und sich zum „Herzog" dieser Republik erklären ließ. Seine unerwarteten Avancen gegenüber den Baronen und sein politischer Dilettantismus ließen seine Popularität jedoch schnell verblassen und trugen zur weiteren Desorientierung bei den Aufständischen bei, wodurch schließlich die Niederlage besiegelt wurde. Im August 1648 gewann Spanien unter Führung des Don Juan d'Austria die Kontrolle über die Stadt Neapel zurück, und der Aufstand wurde im Blut erstickt.

Im komplexen Gesamtbild dieses Aufstandes überlagern sich äußerst unterschiedliche Kräfte. Sie werden leichter durchschaubar, wenn man die beiden Extreme der kämpfenden Parteien ins Auge faßt. Auf der einen Seite die Barone, die ihren traditionellen Widerstand gegen Spanien aufgegeben hatten, um sich in der Verteidigung der eigenen Privilegien ganz auf die Seite des Königs zu stellen. Auf der anderen Seite die bäuerliche antifeudale Bewegung in den Provinzen. Barone und Bauern waren die „Flügel" der gegeneinander marschierenden Formationen, und vom Zusammenstoß dieser beiden Kräfte hing in letzter Konsequenz der Ausgang des Kampfes ab.

Die Auseinandersetzung wurde mit äußerster Erbitterung geführt. Die Bauern, die unter der Führung von ehemaligen Soldaten aus dem Dreißigjährigen Krieg standen, kämpften nicht nur mit dem Mut der Verzweiflung, sondern mit Entschlossenheit, getragen von dem Willen zum Sieg. Ihr Kampf war nicht nur eine *jacquerie*, sondern ein regelrechter Bauernkrieg. Ländereien und Städte wurden eingenommen, ganze Provinzen unter Kontrolle gebracht, und die Truppen der Barone erlitten in zahlreichen Gefechten und Scharmützeln empfindliche Niederlagen. Die Bestürzung, die diese Erfolge in den Reihen der Barone auslöste, lassen die Worte des Grafen Conversano, des mächtigsten und furchterregendsten unter ihnen, erkennen: „Yo estoy desperado", schrieb er im Jahre 1648, „estamos perdidos." (Ich bin verzweifelt, wir sind verloren.) Nach der Niederlage Neapels wurde auch der bäuerliche Widerstand in die Knie gezwungen, und die feudale Repression nahm ihren Lauf. Die Rache war schrecklich. Zum Beweis, daß sich nichts geändert hatte und daß sich auch nichts ändern würde, mußte ein Exempel statuiert werden. Und es sollte sich auch bewahrheiten: zwischen den Polen des Hochmuts der Barone und der Resignation der Bauern blieben die ländlichen Gebiete des Südens für lange Jahrhunderte wie erstarrt, und die Gesellschaft war damit jeder Modernisierungsmöglichkeit beraubt. Die Niederlage der Aufstände in den Jahren 1647/48 kennzeichnet eine entscheidende Etappe in der Vorgeschichte der heutigen Problematik des Mezzogiorno.

Auch die Geschichte des Vizekönigreichs Sizilien in der ersten Hälfte des 17. Jahrhunderts ist, wie die Neapels, vor allem eine Geschichte von Steuern, Abgaben und Auflagen, eine Geschichte ständig steigender Steuerbelastung und damit eine Geschichte von Revolten. Im Gegensatz zu Neapel blieben die Aufstände aber auf die Städte beschränkt, und es beteiligten sich nur das einfache Volk und die Bourgeoisie. Der erste Aufstand im Jahre 1647 war eine typische Hungerrevolte, die von den Baronen und dem Vizekönig im Lauf eines Monats niedergeschlagen werden konnte. Der zweite Aufstand, 1674 in Messina, hatte seine Wurzeln in der traditionellen Rivalität gegenüber Palermo und war im wesentlichen eine Auseinandersetzung zwischen einigen großen Familien der Stadt. Frankreich griff, wie gesagt, in diesen Aufstand ein, aber der plötzliche Rückzug machte die Niederlage und die Rückkehr der Stadt unter die spanische Herrschaft unausweichlich.

Von Galilei zu Vico: Die zwei Gesichter des geistigen Lebens im 17. Jahrhundert

Es ist gewiß überflüssig, zu erklären, wer Galilei war oder seine Lebensgeschichte dem Leser ins Gedächtnis zu rufen: von der Lehrtätigkeit an den Universitäten in Pisa und Padua bis zum Prozeß und seiner Verurteilung im Jahre 1633, auf die lange Jahre der Einsamkeit folgten – bis zu seinem Tod 1642. Ebenso überflüssig wäre es, daran zu erinnern, welchen Platz Galilei und seine Entdeckungen in der Geschichte der modernen Naturwissenschaft einnehmen. Sie stehen, um die äußerst glückliche Formulierung von Alexandre Koyré zu verwenden „zwischen einer Welt des Ungefähr und einem Universum der Präzision".

Auf der Grundlage des Studiums neoplatonischer und Pythagoreischer Schriften nahm auch Galilei, wie Bruno und Campanella, seinen Ausgangspunkt von der Übernahme der Theorie des Kopernikus und der Ablehnung der Aristotelischen Physik und Kosmologie. Wo Bruno in sprachloser Bewunderung vor dem unendlichen Universum halt gemacht hatte, ging Galilei weiter, um das Universum zu strukturieren und zu messen. Wo Campanella auf die Astrologie und das Spiel der Gestirnkonstellationen zurückgegriffen hatte, um die Gesetzmäßigkeiten zu erklären, wandte sich Galilei an die Mathematik. Die einzige Erkenntnismöglichkeit bestand nach seiner Überzeugung in den exakten Naturwissenschaften. Deshalb müsse der Philosoph zugleich Mathematiker und Naturwissenschaftler sein. „Die Philosophie", schreibt er, „ist in jenem großen Buch enthalten, das offen vor unseren Augen liegt – ich meine das Universum. Aber man kann es nicht verstehen, ohne seine Sprache zu kennen und die Schriftzeichen, in denen es geschrieben ist. Die Sprache ist die Mathematik, die Schriftzeichen sind Dreiecke, Kreise und andere geometrische Figuren, ohne die der Mensch kein Wort verstehen kann; ohne ihre Kenntnis bleibt alles nur ein Irren in einem unverständlichen Labyrinth."

Umgekehrt muß für Galilei der Mathematiker und Naturwissenschaftler in dem Maß, in dem er sich der Tragweite seiner Entdeckungen bewußt wird, notwendig Philosoph sein. Vom Großherzog der Toskana, der seine Rückkehr auf den Lehrstuhl in Pisa wünschte, forderte Galilei deshalb neben dem Lehrstuhl der Mathematik auch den der Philosophie, denn ,,ich gestehe ... mehr Jahre Philosophie studiert zu haben als Monate reiner Mathematik". Diese Worte sind weder als Scherz gemeint, noch entspringen sie bloßem Ehrgeiz. Galilei brachte damit vielmehr zum Ausdruck, daß er die Mathematik nicht als Teil eines schon existierenden Wissensgebäudes, sondern als die Basis eines gänzlich neuen Denkens betrachtete. Umgekehrt war der Aristotelismus, gegen den er anging, nicht nur eine wissenschaftliche Hypothese über das Wesen des Universums, die durch empirische Beobachtung überholt und widerlegt war, seine Aufrechterhaltung war vielmehr ein Zeichen von geistiger Trägheit und Buchstabengläubigkeit. Der Kampf für eine neue Wissenschaft verband sich so zwangsläufig mit dem allgemeinen Kampf für eine kulturelle Erneuerung. Es war für Galilei undenkbar, in den Naturwissenschaften modern zu sein, in anderen Bereichen des Denkens dagegen traditionsgebunden. Das moderne Weltbild mußte die gleiche organische Einheit erlangen wie die große klassische und humanistische Kultur, von der Galilei ja weitgehend geprägt war.

In diesem Appell an die Konsequenz des Denkens lag die weitreichendste Implikation der Lehre Galileis und seines schwierigen Lebens. Deshalb verurteilte ihn die Kirche, deshalb wurde er von bedeutenden Zeitgenossen wie Bruno und Sarpi als Pionier und – dies ein Topos in der Publizistik der Zeit – als ein neuer Kolumbus gefeiert.

Trotz der 1616 erhaltenen Mahnung veröffentlichte Galilei 1632 seinen ,,Dialogo dei massimi sistemi", der zu Recht als Manifest des modernen wissenschaftlichen Denkens gilt und der in der gleichen kristallklaren, triumphierenden Sprache geschrieben ist wie der vier Jahre später veröffentlichte ,,Discours de la méthode" des Descartes. Wenn – so lautet einer seiner berühmtesten und am meisten zitierten Sätze – das menschliche Wissen im Hinblick auf die *extensio* auch gegenüber dem göttlichen Wissen unendlich klein ist, ,,so behaupte ich doch, daß der menschliche Verstand im Hinblick auf die *intensio*, auf die Vollständigkeit des Wissens einige [Verhältnisse] so vollkommen erfaßt und zu solch absoluter Gewißheit gelangt, wie sie die Natur selbst besitzt; und so sind die reinen mathematischen Wissenschaften beschaffen ... über die der göttliche Verstand viel mehr weiß, denn er kennt alle, aber die wenigen, die der menschliche Verstand erfaßt, kennt dieser, so glaube ich, mit ebenso objektiver Gewißheit wie der göttliche, weil er ihre

Notwendigkeit begreift, über die hinaus es keine größere Gewißheit zu geben scheint."

In der Zwischenzeit begann die Lehre Galileis konkrete Früchte zu tragen. Von Federico Cesi, einem Gelehrten und Mäzen mit großen organisatorischen Fähigkeiten, wurde in Rom die *Academia dei Lincei* eingerichtet, an der seit 1613 auch Galilei selbst teilnahm. Ihr Programm bestand im wesentlichen in der Auswertung und planmäßigen Fortführung von Galileis wissenschaftlichem Programm und seinem Antiaristotelismus. Cesis Mühe war keineswegs vergebens, denn um die Akademie sammelte sich allmählich ein bedeutender Kreis hervorragender Gelehrter. Unter ihnen war der Mathematiker Bonaventura Cavalieri aus Mailand, der Physiker Evangelista Torricelli aus Faenza, der Mathematiker Benedetto Castelli aus Brescia – alles wohlbekannte Namen in der Geschichte der Wissenschaften. Der Prozeß gegen Galilei und die Auflösung der Akademie nach Cesis Tod (1630) brachten zwar einen Rückschlag, aber der Faden wurde in der florentinischen Akademie des Cimento (gegründet 1657) sowie in der neapolitanischen der Investiganti (gegründet 1663) aufgegriffen und weiterentwickelt. Auf eine Generation großer Mathematiker folgte eine Generation großer Ärzte, unter ihnen so berühmte Namen wie Viviani und Redi aus Florenz und Bellini und Malpighi aus Bologna. Letzterer ist bekannt durch seine Beiträge zur modernen Embryologie und zur Biologie.

Die Naturwissenschaftler also hatten die Lehre Galileis verstanden und verfolgten sie weiter. Aber für Galilei waren, wie wir gesehen haben, die exakten Naturwissenschaften nicht nur eine Disziplin, sondern das Fundament der Philosophie und einer neuen geistigen Haltung. Als solche mußte ihr Fortschritt auf lange Sicht davon bestimmt sein, wieweit sie eine wirkliche Erneuerung der gesamten geistigen Welt in Italien auslösen würden. Der Weg dahin aber war durch viele schwere Hindernisse versperrt. Die geistlichen Autoritäten der Gegenreformation übten einen zu starken Druck aus, die geistige Kultur Italiens steckte zu tief in der Zerrissenheit des Provinzialismus, und die zu Rhetorik und „Idolen" erstarrte Vergangenheit hatte immer noch ein zu starkes Gewicht.

Dies galt in erster Linie für die Geisteswissenschaften, die, was man nicht vergessen darf, für die meisten immer noch die Bildung par excellence darstellten. Die politische Philosophie wurde nach wie vor im Geiste eines gegenreformatorischen Aristotelismus als abstrakt-scholastische Lehrsätze über die rechte Kunst des Regierens für die Hand der Fürsten verstanden. In diesem Sinne verbreiteten die zahlreichen Traktate des 17. Jahrhunderts über die Staatsräson die „skrupellosen" Ratschläge Machiavellis, nachdem sie unter Berufung auf Tacitus pflichtschuldigst unkenntlich gemacht worden waren. In Wirklichkeit läßt sich kaum ein größerer Gegensatz denken als der zwischen der trockenen Kasuistik der Traktate des 17. Jahrhunderts und dem politischen Realismus und Naturalismus des florentinischen Sekretärs, der den Versuch unternahm, der Politik den Rang einer empirischen Wissenschaft einzuräumen. In ähnlicher Weise wurden in der Literatur weiterhin die verschiedenen Genera in einer bloß rhetorischen und aristokratischen Manier gepflegt. Dies entsprach dem Geschmack und der Praxis der Zeit: ein großer Teil der italienischen Prosa und Dichtung des 17. Jahrhunderts beschränkt sich auf rhetorische Stilübungen, auch wenn die sprachlichen Experimente und die Stilisierung oft ein hohes Niveau erreichen. Marianos „Adone" (1623), ein Meisterwerk an geistreicher Raffinesse, machte Schule, während die sprachliche Einfachheit und Modernität des Galilei im Kreis derer, die sich nicht mit naturwissenschaftlichen Dingen beschäftigten, nur von wenigen verstanden wurde.

Es öffnete sich zwischen dem naturwissenschaftlichen Denken und dem Denken in den traditionellen Bahnen des Humanismus eine Kluft, die schließlich zur Isolierung der Naturwissenschaften führte und sie daran hinderte, ihre innovative Kraft zu entfalten. Erst im Laufe des 18. Jahrhunderts wurde mit der Verbreitung der Aufklärung in Italien diese Kluft teilweise überwunden. Schon im 17. Jahrhundert waren Einflüsse von jenseits der Grenzen spürbar, die auf eine kulturelle Erneuerung und Vereinheitlichung abzielten, aber sie wurden nur langsam und in widersprüchlicher Weise aufgenommen.

Den wirksamsten Einfluß übte ohne Zweifel die neue Philosophie des Descartes aus. Vor allem machte sie die philosophischen Implikationen der Lehre Galileis sichtbar und setzte ihre erneuernde Kraft frei. Aus diesem Grund waren auch die ersten Descartes-Anhänger, oder *renatisti*, wie man sie nach Descartes' Vornamen René nannte, Wissenschaftler aus der Schule oder aus der Umgebung Galileis.

Zu diesem Kreis gehörten der Mathematiker Tommaso Cornelio aus Cosenza, der der neapolitanischen *Academia degli Investiganti* angehörte, ebenso wie Giovanni Alfonso Borelli, dessen Schrift „De motu animalium" die mechanistischen Thesen des französischen Philosophen aufnahm. Ein anderes Mitglied der *Investiganti*, der Arzt Leonardo da Capua, stand mit seiner Hinwendung zur Philosophie des Descartes unter seinen Kollegen keineswegs allein da. Nach einem Zeugnis Ludovico Antonio Muratoris gehörte auch der große Anatom Malpighi zu diesem Kreis. Neben Mathematikern und Ärzten zählten zu den italienischen Schülern des Descartes auch Intellektuelle aus der humanistischen Tradition wie der neapolitanische Rechtsgelehrte Francesco d'Andrea, der sardische Dichter Carlo Buragna und der kalabresische Philosoph Gregorio Caloprese, zu dessen Schülern Pietro Metastasio zählte, der bedeutendste Dichter der *Academia di Arcadia* am Anfang des 18. Jahrhunderts. Der sizilianische Adelige Tommaso Campailla hatte sogar den Einfall, ein philosophisches Lehrgedicht über die Philosophie der *renatisti* zu verfassen.

Die Tatsache, daß die cartesianische Philosophie in Italien an Boden gewann, bedeutet jedoch nicht, daß zugleich der revolutionäre Kern dieser Lehre wirklich zum Durchbruch kam. Vielmehr war das Gegenteil der Fall. Unter den Descartes-Anhängern verbreitete sich immer mehr die Tendenz, den Schwerpunkt der Diskussion auf die traditionalistischen statt auf die radikalen Inhalte der Lehre zu verlagern. Descartes wurde von vielen weniger als Theoretiker der *res extensa*, sondern als der der *res cogitans*, weniger als der Verfechter der eindeutigen und klaren Vorstellungen, sondern als Protagonist der angeborenen Ideen verstanden. Mit anderen Worten: weniger als Physiker denn als Metaphysiker. Auf diese Weise, durch die Hinwendung zu Plato und seinen metaphysischen „angeborenen" Ideen, wurde der französische Philosoph für die Tradition wiedergewonnen. Im Kielwasser des klassischen Gedankengutes, auch in dem der Renaissance somit, konnte man ihn leichter aufnehmen, denn da war er weniger anstößig. Der revolutionäre Aspekt seiner Lehre, das Vertrauen in die wissenschaftliche Vernunft als Schlüssel zur vollständigen Wirklichkeitserkenntnis, ging auf diese Weise verloren. Noch einmal hatte die humanistische Tradition verhindert, von den „neuen" Wissenschaften entthront zu werden. Konsequente Treue zur cartesianischen Philosophie hätte schließlich auch bedeutet, eines Tages in den Armen des „gottlosen und tollkühnen" Spinoza zu erwachen.

Von Descartes zu Platon also: dies war die Kehrtwendung, die, wie viele andere, der neapolitanische Philosoph Paolo Matteo Doria vollzog. Nachdem er in seiner Jugend unter starkem cartesianischen Einfluß physikalische und mathematische Studien betrieben hatte, wandte er sich in reiferem Alter humanistischen und im strengen Sinne philosophischen Themen zu, von deren Warte aus er seine cartesianischen Ideen als „Jugendsünden" abqualifizierte. Von ihm stammt die oben wiedergegebene Charakterisierung Spinozas. Die gleiche geistige Entwicklung durchlief Giambattista Vico, eine der kraftvollsten und strahlendsten Gestalten der italienischen Philosophiegeschichte.

Altersgenosse und Freund Dorias, wandte sich auch Vico allmählich von den cartesianischen Gedankengängen seiner Jugend ab. In einem seiner ersten Werke, „De antiquissima italorum sapientia" aus dem Jahre 1710, hebt er zwar hervor, daß die Mathematik als reines Produkt des menschlichen Geistes den Wert der Gewißheit besitze. Diese Feststellung dient ihm aber nur dazu, den willkürlichen, auf Konvention beruhenden Charakter der abstrakten Wissenschaft zu unterstreichen. Von hier war der Schritt zur Umkehr der von Descartes festgelegten Prioritäten in den Wissenschaften nicht mehr weit, um den Primat der Humandisziplinen – Geschichte, Dichtung, Rhetorik – wieder in sein Recht zu setzen anstelle der abstrakten Mathematisierungen der neuen Wissenschaften. Vico hatte diesen Schritt mit seiner Vorlesung von 1708 „De nostri temporis studiorum ratione" im wesentlichen bereits vollzogen, als er betonte: „Darin aber finde ich einen sehr schweren Mangel unserer Studienart, daß wir dem naturwissenschaftlichen

Lehrgebiet mit größtem Eifer obliegen, das moralische aber nicht so wichtig nehmen, und vor allem den Teil, der von der Natur des menschlichen Geistes und seinen Leidenschaften im Hinblick auf das bürgerliche Leben und auf die Rednertätigkeit ... handelt", und „... die größte und vorzüglichste Lehre, die vom Staate, liegt bei uns fast ganz brach und unbearbeitet". (Dt. von F. Otto) Auch die Gesetze und Gebräuche, die Mythen und Erzählungen der Dichter, mit anderen Worten, die konkreten Ausdrucksformen von Politik, Moral und Phantasie, sie sind Produkte des menschlichen Geistes und deshalb muß auch für sie ebenso wie für die Mathematik das Prinzip der Umkehrbarkeit des Wahren und des Wirklichen gelten. Noch mehr: die einzige Welt, von der der Mensch zu Recht beanspruchen kann, sie wirklich zu kennen, ist diejenige, die er selbst geschaffen hat, die Geschichte. Die natürliche Welt kann nur Gott wirklich kennen, da er sie erschaffen hat, und der Mensch muß sich auf jene annäherungsweise Kenntnis beschränken, die die exakten Wissenschaften liefern.

Moral, Politik, Rhetorik, die Humanwissenschaften also, traten für Vico immer mehr in den Mittelpunkt des Interesses. Deutlich wird dies in der „Scienza nuova", seinem Hauptwerk, das er in den Jahren 1729 bis 1730 in einem Wurf verfaßte, um es dann mehrmals umzuarbeiten. Darin macht er den faszinierenden Versuch, ein großangelegtes Fresko der Menschheitsgeschichte nach ihren verschiedenen „Zeitaltern" zu entwerfen, von der primitiven Barbarei der „Wilden" über die „heroische Zeit" der Krieger und Dichter bis zum Zeitalter der Philosophen. Auch die geschichtliche Entwicklung des Menschen erklärt sich jedoch nicht aus sich selbst. Wie die Natur sei sie in ihrem Auf und Ab von der göttlichen Vorsehung bestimmt. Damit stößt Vico jedoch letztlich an das gleiche Hindernis, das er als die Grenze der kühnen Neuerer der Naturwissenschaft erkannt hatte.

Vico wurde in der Romantik besonders von Michelet entdeckt. In den Vordergrund trat Vicos historischer Denkansatz, in erster Linie seine brillanten Erkenntnisse über die historischen Ursprünge von Sprache und Dichtung und über die historisch-gesellschaftliche Bedeutung der klassischen Epen. Vico war einer der ersten, der die Homerische Frage historisch richtig formuliert hat. Die Generation der Romantik war für diese Gedankengänge aufgeschlossen und glaubte deshalb, einen bei seinen Zeitgenossen unverstandenen Vico erst richtig zu würdigen.

Es bleibt jedoch zu fragen, ob nicht im Enthusiasmus dieser Entdeckung andere für das Denken des neapolitanischen Philosophen wesentliche Gesichtspunkte verlorengegangen sind, wie etwa die Ablehnung des Descartes als Ausgangspunkt und die Wiederbetonung der Transzendenz als Endpunkt seiner Überlegungen. Mehrmals ist in den vorausgegangenen Kapiteln davon die Rede gewesen, daß in einer Welt, in der der Begriff des Fortschritts noch unbekannt war, revolutionäre und rückwärtsgewandte Haltungen manchmal verwechselt werden können. In den ersten Jahrzehnten des 18. Jahrhunderts, als Vico an seiner „Scienza nuova" arbeitete, begann das Vertrauen der Aufklärung in den Fortschritt jedoch in Europa bereits Fuß zu fassen. Der Rhythmus des Fortschritts ist es, der den Gang der Ereignisse bestimmt, von denen nachfolgend die Rede sein wird.

7. Italien und die Aufklärung

Italien und Europa

Vom Frieden von Cateau-Cambrésis (1559) bis zum Beginn des 18. Jahrhunderts war die politische Landkarte Italiens keinen größeren Veränderungen unterworfen. In Norditalien annektierte das Herzogtum Savoyen einige Gebiete des Monferrato, und in Mittelitalien übernahm der Kirchenstaat nach dem Erwerb Ferraras im Jahre 1598 auch die übrigen noch bestehenden unabhängigen Fürstentümer Urbino (1631), die Marken und Castro im oberen Latium (1649). Im großen und ganzen blieb für 150 Jahre die politische Ordnung der Halbinsel unverändert, da die schwere Hand der spanischen Herrschaft den Ehrgeiz der einzelnen Staaten im Zaum hielt. In die gleiche Richtung wirkte in der zweiten Hälfte des 17. Jahrhunderts die französische Vorherrschaft in Europa. Auch Piemont, der dynamischste und militärischste Staat Italiens, war nach den Verträgen von Cherasco 1631 nicht viel mehr als ein französisches Protektorat.

Diese Situation änderte sich vollständig mit dem Beginn des 18. Jahrhunderts. Der Spanische Erbfolgekrieg (1700–1713) machte Spanien zu einer zweitrangigen politischen Macht, und der politische Ehrgeiz des Frankreichs Ludwigs XIV. wurde ebenfalls in seine Schranken verwiesen. Damit wurde Italien erneut zum Spielball unterschiedlicher politischer Einflüsse. Die Halbinsel mit ihrem Mosaik kleiner Staaten und ihren dahinsiechenden, schwachen Dynastien wurde im Rahmen der neuen europäischen Gleichgewichtspolitik, die mit den Verträgen von Utrecht und Rastatt (1713/14) ins Leben gerufen worden war, eines der bevorzugten Aktionsgebiete der Großmachtdiplomatie in ihrem unablässigen Spiel um Neuverteilung und Kompensation von Interessensphären der verschiedenen Staaten. Wenn eine europäische Macht sich gezwungen sah, zugunsten einer anderen Konzessionen zu machen oder auf die Thronkandidatur des eigenen Schützlings zugunsten eines anderen zu verzichten, fand sich immer der eine oder andere italienische Staat, in dem der Unterlegene untergebracht werden konnte. Vom Spanischen Erbfolgekrieg bis zum Polnischen und Österreichischen Erbfolgekrieg gab es praktisch keinen internationalen Konflikt mehr, durch den die politische Ordnung Italiens nicht in irgendeiner Weise betroffen worden wäre. Im Laufe weniger Jahrzehnte wechselten deshalb einige Staaten und Gebiete mehrmals von einer Hand in die andere. Sizilien stand in den Jahren 1714 bis 1734 nacheinander unter der Herrschaft des Hauses Savoyen, Habsburg und der neapolitanischen Linie der Bourbon. Das Herzogtum Parma, in dem 1731 das Haus Farnese erloschen war, ging von 1734 bis 1748 erst an die Bourbonen, dann an Österreich und schließlich wiederum an die Bourbonen. Es würde zu weit führen, diese Veränderungen im einzelnen nachzuverfolgen, und im übrigen werden wir darauf bei der Betrachtung der Geschichte der einzelnen Staaten zurückkommen. Im Augenblick genügt die Feststellung, daß zum Zeitpunkt des Friedens von Aachen (1748), mit dem der Österreichische Erbfolgekrieg zu Ende ging, der größte Teil der italienischen Staaten sich unter einer anderen Herrschaft befand als am Anfang des Jahrhunderts. Mailand war aus der spanischen in die österreichische Herrschaft übergegangen, Mantua hatte seine Unabhängigkeit verloren und war der österreichischen Lombardei zugeschlagen worden; Parma unterstand nach den Farnese dem Hause Bourbon. Florenz, wo ebenfalls die einheimische Dynastie der Medici 1737 ausgestorben war, ging an das Haus Lothringen über. Neapel und Sizilien hatten nach zwei Jahrhunderten spanischer Herrschaft unter den Bourbonen wieder die Unabhängigkeit erlangt. Sardinien schließlich war nicht mehr Teil des spanischen Reiches, sondern gehörte zu Piemont. Die einzigen Staaten, die nach wie vor unter der alten Herrschaft standen, waren das Herzogtum Modena unter den Este, die Republiken von Venedig, Genua und Lucca, das Piemont des Hauses Savoyen und natürlich der Kirchenstaat. Nach dieser vollständigen Umkrempelung genoß Italien bis zur Zeit Napoleons eine lange Friedensperiode, in der die politische Ordnung des Friedens von Aachen aufrechterhalten blieb.

Das wichtigste Ergebnis der Veränderungen in der ersten Hälfte des 18. Jahrhunderts bestand jedoch nicht nur in den territorialen und dynastischen Verschiebungen und den daraus resultierenden neuen Kräfteverhältnissen zwischen den einzelnen Staaten. Ausschlaggebend war auch nicht so sehr die Tatsache, daß die Fremdherrschaft in Italien auf die Lombardei beschränkt wurde, sondern vor allem, daß die Isolierung und der Provinzialismus, unter denen Italien während der zweihundertjährigen spanischen Herrschaft gelitten hatte, ein Ende fanden. Die neuen Dynastien, die in Florenz, Neapel und Parma die Herrschaft antraten, kamen zwar aus dem Ausland, aber gerade deshalb waren sie viel mehr auf Europa orientiert und weniger provinziell als die alten einheimischen Häuser. Die österreichischen Beamten der Lombardei besaßen größere Fähigkeiten und waren moderner eingestellt als die spanischen Gouverneure und Vizekönige. Nicht zufällig fanden die wichtigsten Fortschritte im Laufe des Jahrhunderts, sieht man einmal von der Lombardei ab, gerade in den Staaten mit neuen ausländischen Dynastien statt. Die anderen Staaten trieben mit ihren alten Herrschaftsstrukturen mehr oder weniger schnell der Dekadenz und der provinziellen Isolierung zu.

Für das Italien des 18. Jahrhunderts brachte die politische Neuordnung nicht nur eine festere politische Einbindung in die dynastische Gleichgewichtspolitik Europas, sondern auch die wirtschaftliche Integration in die neu entstehenden Handelsströme der Zeit.

Italien nahm vor allem am Seehandel teil. Der erste Freihafen Italiens war, wie wir schon gesehen haben, Livorno. Auch Venedig hatte diesen Weg bereits 1661 beschritten, aber die Vorsicht und die Einschränkungen, unter denen diese Entscheidung in die Tat umgesetzt wurde, beeinträchtigten die Entwicklung des venezianischen Freihafens stark. Im 18. Jahrhundert erst erlebte dann die Einrichtung der Freihäfen in ganz Italien einen großen Aufschwung. Beispielgebend wurde neben Livorno das österreichische Triest, das 1717 einen Freihafen erhielt. 1732 wurde in Ancona der Freihafen eingerichtet, und auch in diesem Fall ließen die positiven Ergebnisse nicht auf sich warten: von durchschnittlich 57 jährlich einlaufenden Schiffen in den Jahren 1727-31 nahm der Verkehr auf 108 Löschungen in den Jahren 1732-36 zu und stieg im Laufe des Jahrhunderts weiter an, sodaß 1792-96 ein Durchschnitt von 169 Schiffen im Jahr erreicht wurde. Andere Freihäfen waren die von Civitavecchia (1748) und Messina, dem Karl von Bourbon die nach dem Aufstand von 1674 verlorenen Sonderrechte zurückgab.

Die Entwicklung der Häfen ging Hand in Hand mit dem Ausbau des Straßennetzes und einer Zunahme des Handelsverkehrs zu Land. Das wichtigste Ereignis in der umfangreichen Geschichte des Straßenbaus in diesem Jahrhundert ist wahrscheinlich die unter Maria Theresia 1771 fertiggestellte Alpenstraße über den Brenner, Modena und den Apennin bei Abetone bis nach Florenz. Diese neue Nord-Süd-Verbindung führte ausschließlich durch habsburgisches Gebiet oder durch Territorien verwandter (Lothringen in der Toskana) oder verbündeter Häuser (Este in Modena). Um diese große Achse wurden zahlreiche Verbindungen zu Häfen und Handelszentren geplant und gebaut. Francesco III. d'Este verband Massa durch eine Wagenstraße mit Modena, ein Kanal stellte die Verbindung zwischen Livorno und Pistoia her. Nicht verwirklicht wurde dagegen der Plan des mailändischen Mathematikers und Gelehrten Paolo Frisi, die lombardische Hauptstadt durch die Regulierung des Po mit der neuen Straße zu verbinden.

Durch die Häfen und Handelsstraßen verstärkte Italien seine Verbindungen mit der Wirtschaft Europas und wurde zu einem integralen Bestandteil des europäischen Marktes. Diese Wiedereingliederung fiel mit einer außerordentlichen Expansion der europäischen Wirtschaft selbst zusammen. Mit dem 18. Jahrhundert befinden wir uns auf dem Höhepunkt der „Agrarrevolution", die das Bild der ländlichen Gebiete Europas grundlegend veränderte, und wir stehen zugleich am Vorabend der industriellen Revolution in England. Das 17. Jahrhundert ist das Jahrhundert der Physiokraten und Adam Smith', und es beginnt das Zeitalter, in dem die reine Wissenschaft eines Galilei und eines Newton in die angewandte Wissenschaft eines Watt und eines Arkwright umgesetzt wird. Wir befinden uns, mit einem Wort, im Zeitalter der Aufklärung. Nach der langen dramatischen Krise des 17. Jahr-

hunderts war das moderne bürgerliche Europa auf dem Sprung, seine Vorherrschaft auf die ganze Welt auszudehnen.
Italiens Bindung an dieses Europa und seine prosperierende Wirtschaft wurde also immer enger. Es bleibt zu fragen, inwieweit diesen äußeren Einflüssen auch positive Anstöße von innen entsprechen.

Die Veränderung der Agrarstruktur

Die Landwirtschaft war der Bereich der italienischen Wirtschaft, in dem sich die Eingliederung Italiens in das europäische Wirtschaftsgefüge am stärksten auswirkte, denn Italiens Rolle in Europa hatte sich grundlegend gewandelt. Die Zeiten, in denen Italien für Europa Luxusgüter und Waren aus dem Orient geliefert hatte, waren endgültig vorbei. Was Europa nun von Italien brauchte, waren landwirtschaftliche Produkte für die wachsende Bevölkerung und Rohstoffe für die Industrie.

Italien lieferte beides, vor allem Rohseide. Ein großer Teil der Rohstoffe, die die prosperierenden Seidenwebereien in Lyon verarbeiteten, kam aus Piemont und der Lombardei. Große Mengen Rohseide wurden auch aus dem Süden, besonders aus Kalabrien exportiert, obwohl der Seidenexport des Südens im Laufe des Jahrhunderts drastisch zurückging, wie die wenigen zur Verfügung stehenden Daten vermuten lassen. Im Süden dagegen nahm der Export von Olivenöl stark zu, das nicht nur als Lebensmittel, sondern auch für die Seifenherstellung in Marseille Verwendung fand. Von durchschnittlich 51974 *salme* (vor allem in Sizilien gebräuchliches Hohlmaß. Eine sizilianische *salma* betrug ca. 275,1 Liter, A. d. Ü.), die in den fünf Jahren 1760–64 ausgeführt worden waren, stieg der Export gleichmäßig bis auf 95648 *salme* in den Jahren 1790–94 an. Neben der Seide aus Piemont und der Lombardei und dem Olivenöl aus dem Süden wurden in den Jahren reicher Ernte auch Weizen und Wein aus verschiedenen italienischen Staaten exportiert. Der Erfolg einiger typischer italienischer Weine beginnt gerade im 18. Jahrhundert: z. B. wird der Marsala aus Sizilien auf den internationalen Märkten hauptsächlich dank der Initiative des Engländers John Woodhouse bekannt.

Die wachsende Nachfrage seitens des europäischen Marktes nach Lebensmitteln und agrarischen Rohstoffen traf mit der wachsenden Nachfrage des internen Marktes zusammen, so daß die italienische Landwirtschaft auch von daher einen starken Anstoß zur Steigerung der marktorientierten Produktion erhielt. Alle zur Verfügung stehenden Indexzahlen, von den Warenpreisen über die Grundstückspreise bis hin zu den Einkommen, stimmen in dieser Richtung überein. In Mantua z. B. zeigen die Preise für Weizen, Mais, Heu, Reis und Wein – mit den für landwirtschaftliche Produkte typischen Schwankungen – langfristig gesehen eine deutlich ansteigende Tendenz.

Ähnliches geht auch aus den Angaben für die Gegend von Vercelli in Piemont hervor, das damals das wichtigste Reisanbaugebiet Italiens war. Hier verdreifachten sich die Grundstückspreise in dem Zeitraum von 1761 bis 1790, was als eindeutiger Beweis dafür angesehen werden kann, daß die Landwirtschaft ein immer einträglicheres Geschäft geworden war. Diese hier an wenigen Beispielen aufgezeigte, allgemeine Preisentwicklung in Italien verlief parallel zu der im übrigen Europa, auch dies ein Zeichen für die nicht mehr umkehrbare Integration Italiens in die europäische Wirtschaft.

Es entwickelte sich ein regelrechter Wettlauf um Grund und Boden, dessen Tragweite am besten von der demographischen Entwicklung im Laufe des Jahrhunderts beleuchtet wird. Wie im übrigen Europa – wiederum eine gleichlaufende Entwicklung – nahm die italienische Bevölkerung im Laufe des 18. Jahrhunderts deutlich zu. Man hat errechnet, daß die Gesamtbevölkerung der Halbinsel von 13/14 Millionen auf 18 Millionen angestiegen war. Wesentlich ist dabei, daß das flache Land von dieser Bevölkerungszunahme mehr profitiert hat als die Städte. In einem so stark von den Städten geprägten Land wie Italien bedeutet dies einen epochalen Wendepunkt.

Allerdings nahm auch die Bevölkerung einiger Städte im Laufe des Jahrhunderts zu: die am dichtesten bevölkerte Stadt der Zeit, Neapel, hatte am Ende des Jahrhunderts 400 000 Einwohner erreicht; Palermo zählte 140 000 und Roms Einwohnerzahl war 1740 auf 162 000 gestiegen. Ungewöhnlich war die Entwicklung Turins: das zur Hauptstadt eines militärisch starken Staates und zum Mittelpunkt einer hochzentralisierten Verwaltung emporgestiegene Städtchen verdoppelte zwischen 1702 und 1761 seine Bevölkerung von 43 000 auf 92 000 Menschen. Ähnlich verlief die Entwicklung in Catania, dessen Hafen mit am meisten von der Entwicklung der Freihäfen profitierte: 1798 hatte sich die Bevölkerung im Vergleich zu 1713 fast verdreifacht (45 000 statt 16 000 Einwohner). In anderen Städten dagegen wuchs die Bevölkerung nur langsam, stagnierte oder nahm sogar ab. Zu den letzteren gehörten das gewerbefleißige Mailand (114 000 Einwohner 1714 gegenüber 131 000 im Jahre 1796), aber auch Venedig (1702: 138 000 Einwohner – 1797: 137 000) und auch Florenz und Genua. Um das Jahr 1770 existierten insgesamt 26 städtische Zentren mit mehr als 20 000 Einwohnern, darunter fünf mit mehr als 100 000 Menschen, und damit hatte sich die Situation seit dem 16. Jahrhundert kaum geändert.

Ganz anders dagegen sah es auf dem flachen Land aus. In Piemont nahm in der kurzen Zeit von 1700 bis 1734 die Bevölkerungsdichte von 44,18 auf 56,40 pro Quadratkilometer zu, auf der Terraferma Venedigs zwischen 1776 und 1790 von 68,7 auf 73,5, und in der Lombardei schließlich stieg die Gesamtbevölkerung um 25% von 900 000 auf 1 122 000 Einwohner. Auch im Königreich Neapel und in den anderen Regionen wuchs, wie die oben wiedergegebenen Gesamtzahlen beweisen, die Bevölkerung beträchtlich.

Rückkehr aufs Land also: diese Erscheinung war so allgemein und tiefgreifend, daß man sich dessen bald bewußt wurde, die Landwirtschaft war im Italien des 18. Jahrhunderts in Mode. Dichter siedelten ihre Erzählungen in Arkadien an, und einer ging sogar soweit, Gedichte über den Reis- und Hanfanbau zu verfassen. Akademien und landwirtschaftliche Gesellschaften schossen auf der ganzen Halbinsel wie Pilze aus dem Boden. Besonders berühmt war die 1753 gegründete Gesellschaft der *Georgofili* in Florenz, ein wahrhafter ,,Hoher Rat" des toskanischen Grundbesitzes. Zahllose Schriften wurden der Landwirtschaft gewidmet, und unter den hervorragendsten Persönlichkeiten des kulturellen Lebens im 18. Jahrhundert waren nicht wenige, die sich in irgendeiner Weise mit Problemen der Landwirtschaft beschäftigten, so beispielsweise Genovesi, der die Einführung zu dem Traktat ,,L'agricoltore sperimentato" des Toskaners Cosimo Trinci verfaßte, aus dem das folgende Lob der Landwirtschaft stammt, das den ganzen Enthusiasmus des Jahrhunderts zum Ausdruck bringt:

,,Einzig diese Kunst übt den Körper, baut neue Kräfte auf, läßt freiere Luft atmen, verlängert das Leben ... Sie nährt süße Hoffnungen, einfache und ehrliche Liebe, aus ihr entspringt Menschlichkeit und die Liebe zum gemeinschaftlichen Leben ohne Verstellungen. Sie ist die Feindin der Falschheit, des Hochmuts und des Krieges. Wenn Gott die Landwirtschaft zur Beschäftigung der Menschen im Zustand der Unschuld gemacht hat, warum dann glauben, daß sie nicht auch eine liebliche Beschäftigung für die Sünder ist? Ich bin zu glauben geneigt, daß gerade die Abwendung von der Erde und die Hinwendung zu hohlen Gedanken eine der Strafen ist, zu denen unser Hochmut auf Erden verurteilt ist."

Rückkehr aufs Land: mit dieser Feststellung ist das Thema aber noch keineswegs erschöpft. Es muß nämlich noch gefragt werden, wie diese Rückkehr denn ausgesehen, und in welchen Formen sie sich vollzogen hat. Die traditionelle Form war die der extensiven Bewirtschaftung, die dem Boden – und möglichst viel Boden – ein Höchstmaß an Produkten entreißt und deshalb auch von den Menschen, die den Boden bearbeiten, ein Maximum an Arbeitsleistung bei einem Minimum an Entlohnung verlangt. Auf der anderen Seite stand die intensive und rationellere Landwirtschaft auf der Basis moderner ,,bürgerlicher" Rentabilitätsberechnungen. Beide Tendenzen waren im 18. Jahrhundert vorhanden und überlagerten sich teilweise in den einzelnen Staaten. Die Agrargeschichte Italiens im 18. Jahrhundert ist sowohl die Geschichte von Bodenverbesserungen und Bewässerungsanlagen als auch von wahllosen Abholzungen und ebenso wahllosen Angriffen auf die Almendeflächen. Es gab die aufgeklärte Initiative der lombardischen Pächter neben der Reaktion des Adels und der Raffsucht der Grundeigentümer im Süden; die Einführung neuer Kulturen neben der unsinnigen Ausweitung des Weizenanbaus auf Grenzböden; die Entstehung kapitalistisch organisierter Betriebe neben dem Überleben der alten Latifundien, deren Eigentümer weit entfernt in der Stadt wohnten. Wenn man diese scharfen

Widersprüche nicht im Auge behält, läuft man Gefahr, die italienische Agrargeschichte im 18. Jahrhundert, und nicht nur sie, mißzuverstehen.

Diejenigen Individuen und gesellschaftlichen Gruppen, die sich um den landwirtschaftlichen Fortschritt und um eine kapitalistische Umgestaltung der italienischen Landwirtschaft bemühten, wurden sich darüber bald klar. Es genügte in der Tat nicht, Bodenverbesserungen voranzutreiben, neue Kulturen und Techniken einzuführen oder den freien Getreidehandel durchzusetzen. Das grundlegende Problem bestand darin, das Ancien régime in der Wirtschaft an der Wurzel auszurotten, damit sich die vorhandenen modernen und dynamischen Kräfte frei entfalten konnten. Die parasitäre Grundrente des Adels und des Klerus mußte weitestgehend eingeschränkt und die anachronistischen Einrichtungen – Fideikommisse und der *manus mortua* –, durch deren absurde Bestimmungen der Boden unveräußerbar blieb, mußten gänzlich abgeschafft werden. Ebenso mußten die Privilegien der großen Städte gegenüber den umliegenden Ländereien aufgehoben werden. Dazu aber bedurfte es Kraft, um dem voraussehbaren Widerstand der Privilegierten zu begegnen und ihre Macht und ihren Einfluß im Staate zu brechen. Es ging um die Aufhebung der Gerichtsrechte des Adels, um die Beschränkung des Einflusses der Kirche auf Staatsgeschäfte und öffentliche Meinung und um die Auflösung der Zünfte in den Städten. Mit einem Wort: Reformen waren notwendig.

Das Agrarproblem verwies zugleich auf das Problem des Staates und der Gesellschaft. Der Kampf um die wirtschaftliche Erneuerung mußte sich, wenn er siegreich oder auch nur einigermaßen wirksam sein wollte, notwendig auf die politische Ebene verlagern und auf eine allgemeine Mobilisierung der aufgeklärten öffentlichen Meinung im Kampf für die Reformen abzielen. Im Zeitalter der Aufklärung lag die natürliche Führung der öffentlichen Meinung bei den *philosophes*, bei den Intellektuellen. Wiederum stoßen wir auf das bekannte Problem: die Rolle der Intellektuellen in der italienischen Geschichte.

Die italienischen Intellektuellen im Zeitalter der Aufklärung

Politisch und wirtschaftlich an Europa gebunden, nahm Italien auch an der „Kulturrevolution" der Aufklärung teil. Der Ausdruck mag nicht ganz passend oder sogar höchst unpassend erscheinen. Man sollte aber nicht vergessen, daß sich die Geistesgeschichte des 18. Jahrhunderts nicht in der Geschichte ihrer führenden Köpfe und deren Leistungen erschöpft, sondern daß sie auch die Entstehung einer modernen Massenkultur in Europa umfaßt. Das meinten die Zeitgenossen, wenn sie von „Aufklärung" und ihrem unaufhaltsamen Siegeszug sprachen.

Italien machte auch darin keine Ausnahme und sah sich einer wachsenden kulturellen „Nachfrage" gegenüber. Es genügt ein Blick auf die Buchproduktion, die in dieser Zeit einen regelrechten Boom erlebt. Die Verlage und Druckereien nehmen zu, ihre Kataloge werden immer reichhaltiger, die Auflagen steigen, es tauchen immer mehr und immer spezialisiertere Periodika auf: literarische Zeitschriften, Zeitschriften für Ackerbau, Handwerk und Handel, medizinische Zeitschriften, Frauenzeitschriften, Gazetten mit Erzählungen, Erinnerungen, enzyklopädische Journale und vieles mehr. Ausländische Literatur wird in großem Umfang und sehr schnell auch ins Italienische übersetzt. Die große „Encyclopédie" von Diderot und D'Alembert schreckte die italienischen Drucker keineswegs ab; in Italien erschienen sogar zwei Ausgaben dieses Werkes, die eine in Livorno, die andere etwas später in Lucca. „L'Histoire de Charles XII" von Voltaire wurde in Italien 1734, nur drei Jahre nach ihrem ersten Erscheinen in Frankreich also, in italienischer Sprache herausgegeben; die „Nouvelle Héloise" erschien 1764, zwei Jahre nach der ersten Ausgabe in Genf. Viele dieser Ausgaben kamen als „Raubdrucke" auf den Markt, mit fingierten Erscheinungsorten (Philadelphia, Amsterdam, Cosmopoli), um der strengen Zensur zu entgehen. Wo dies nicht möglich war, blieb immer noch die Alternative, sich das Original zu besorgen: im 18. Jahrhundert konnten viele gebildete Italiener französisch lesen oder sogar schreiben. Goldoni und Casanova schrieben ihre Memoiren auf französisch, Galianis Schriften zur Ökonomie und Barettis Literaturkritik wurden ebenfalls in französischer Sprache abgefaßt. Die weitverbreitete Kenntnis des Französischen und in geringerem Maße auch des Englischen begünstigte die Verbreitung ausländischer Literatur in Italien und erschwerte die Arbeit der Zensur. Zwischen 1758 und 1794 blockierten die venezianischen Zensurbeauftragten an der Grenze zwölf Mal die Werke Rousseaus und neun Mal die des Helvétius, ohne daß sie damit viel ausgerichtet hätten.

Neben dem Bücherboom gab es auch einen Theaterboom. Die meisten großen Theater Italiens stammen aus dem 18. Jahrhundert, darunter die *Scala* in Mailand, die 1778 eröffnet wurde und, seit 1790, das *Teatro della Fenice* in Venedig. Im Schatten dieser großen Namen stand eine Unzahl von kleineren Theatern; allein Venedig besaß mehrere Dutzend. Die Theaterautoren konnten nicht über Arbeitsmangel klagen, und man begreift deshalb, daß ein erfolgreicher Autor wie Goldoni den Auftrag erhalten konnte – den er auch einhielt –, in einer einzigen Spielzeit 16 neue Komödien zu schreiben.

Das Entstehen und ständige Anwachsen eines breiten kulturellen „Konsumentenkreises" zwang die „Produzenten", d. h. die Intellektuellen, aus ihrer Isolierung herauszutreten, stellte sie vor neue Probleme und neue Verantwortung. Wie mit diesem Publikum in Kontakt treten, und vor allem in welcher Sprache? Wie in jeder Phase intensiver kultureller Entwicklung in

Italien, stellte sich für die Intelligenz das alte Problem der Sprache. Bis auf wenige Erzkonservative war man sich darüber einig, daß die literarische Sprache von den Überladungen des 17. Jahrhunderts befreit und daß mit dem florentinischen Purismus der Akademie der Crusca gebrochen werden mußte. Einige, wie Pietro Verri, Cesare Beccaria und die Mitarbeiter der mailändischen Zeitschrift „Il Caffè", waren sogar der Meinung, daß die italienische Sprache durch eine vernünftige Anpassung an Wortschatz und Formenbildung der führenden Kultursprache Französisch nur gewinnen konnte.

„Wenn wir", so schrieben sie, „unsere Ideen durch die Italianisierung französischer, deutscher, englischer, türkischer, griechischer, arabischer oder slawischer Wörter besser ausdrücken könnten, warum sollten wir uns dann davon abhalten lassen – aus Furcht vor einem Casa, Crescimbeni oder Villani oder anderer, die nie daran gedacht haben, sich zu Tyrannen über den Geist der Menschen des 18. Jahrhunderts aufzuschwingen?... Wir fordern, daß wir uns in unseren Blättern jener Sprache bedienen können, die von den Gebildeten von Reggio di Calabria bis zu den Alpen verstanden wird."

Ein modernes Italienisch, wenn auch mit französischen Einflüssen, wäre nach dieser Meinung ein funktionaleres Kommunikationsinstrument und damit letztlich auch eine „nationalere" Sprache gewesen als eine Sprache, die sich sklavisch an die literarischen Traditionen hielt. Dies war vielleicht eine extreme Position, aber als solche hatte sie das Verdienst, die Grundlagen des Problems offenzulegen, d. h. den immer noch bestehenden Abstand zwischen der Sprache der Gebildeten und der Sprache des Volkes, zwischen dem geschriebenen und dem gesprochenen Italienisch. Die Überwindung dieses Abstandes konnte nur in einem langen Prozeß der Übung verwirklicht werden, aber das Jahrhundert verging, ohne daß das Problem seiner Lösung wesentlich näher gekommen wäre. In der Zwischenzeit versuchten Schriftsteller, die sich ihrer Verantwortung gegenüber dem Publikum wohl bewußt waren, verschiedene Zwischenlösungen zu finden. Goldoni griff zum Beispiel in seinen Komödien häufig zu einem geglätteten venezianischen Dialekt, der reichere und lebendigere Ausdrucksmöglichkeiten bot als das stereotypisierte literarische Italienisch.

Das Problem, das *Wie* der Kommunikation zwischen Lesern und Zuhörern blieb ungelöst, denn die Lösungen, die sich fanden, waren letztlich unbefriedigend. Kein Zweifel dagegen bestand über das *Was*. Das Publikum des Zeitalters der Aufklärung verlangte von den Schriftstellern, Herausgebern und Buchhändlern über die Fortschritte der Aufklärung auf allen Gebieten des Wissens aus erster Hand informiert zu werden. Die Forderung nach einer modernen polytechnischen Unterrichtung zielte auf eine Überwindung der traditionellen Barriere zwischen den Human- und Naturwissenschaften. Das Bemühen der italienischen Aufklärer, dieser Forderung gerecht zu werden, geht aus der großen Anzahl der erschienenen Werke hervor, die Breite und Ernst der geistigen Anstrengung erkennen lassen. Wir finden vor allem eine große Zahl von Werken des eigentlich neuen Wissenschaftszweiges im Zeitalter der Aufklärung, der Ökonomie. Über ,,Elementi di economia politica" schrieb Cesare Beccaria, eine ,,Meditazione sull'economia politica" stammt von Pietro Verri; der bizarr-geniale venezianische Mönch Gian Maria Ortes schrieb ,,Dell'economia nazionale", der Neapolitaner Genovesi ,,Lezioni di commercio e di economia".

Das Feld der neuen Wissenschaft war weit. Zahllose Werke wurden einzelnen Aspekten gewidmet: vom Geld und seiner ,,Unordnung" (Verri, Beccaria und Galiani), über den Weizenhandel (Bandini, Galiani) oder auch den Fischhandel (Pagano) bis hin zu der langen Reihe von Schriften über die Landwirtschaft, von denen schon die Rede war.

Verwandt mit der Ökonomie war die Geographie, und hier finden wir eine große Zahl von Reisebüchern und Landesbeschreibungen: Bücher über Rußland (Algarotti), über Konstantinopel (Casti), über den fernen und freien amerikanischen Kontinent (Mazzei); Beschreibungen exotischer und weit entfernter Länder, aber auch nahegelegener und deshalb nicht weniger unbekannter Gebiete. Bücher über den italienischen Süden wie die von Giuseppe Maria Galanti, Francesco Longano und anderen Aufklärern aus Neapel warfen zum ersten Mal Licht auf diese Welt der Armut und Rückständigkeit.

Natürlich wurden auch naturwissenschaftliche Themen behandelt, beispielsweise in den Werken des Physikers Lazzaro Spallanzani und in der populärwissenschaftlichen Darstellung von Algarotti ,,Newtonianismo per le dame", ein Buch, das einige Berühmtheit erlangte. Daneben gab es eine Fülle von Literatur über Statistik, Technik, angewandte Technik und viele andere Themen, die getragen waren von dem Wunsch, zur Hebung des ,,öffentlichen Glücks" beizutragen. Zu diesen Werken zählen Ludovico Antonio Muratoris ,,Della pubblica felicità", die ,,Riflessioni sulla pubblica felicità relativamente al regno di Napoli" von Guiseppe Palmieri, das Buch des Piemontesen Giambattista Vasco ,,Della felicità pubblica considerata nei coltivatori di terre proprie". Diese Aufzählung ließe sich beliebig fortsetzen.

Aus dieser Aufzählung der wichtigsten Werke, die notgedrungen an der Oberfläche bleiben muß, wird jedenfalls die Breite der literarischen Produktion und ihr wesentlicher Charakterzug – die Praxisbezogenheit und Aktualität – deutlich. Daraus darf man aber keineswegs den Schluß ziehen, daß es sich um zweitrangige und, wie man heute sagen würde, Massenproduktion handelte. Einige italienische Werke nehmen durch ihre Originalität und gedankliche Kraft einen bedeutenden Platz in der Literatur der europäischen Aufklärung ein. Dazu gehört vor allem Cesare Beccarias Schrift ,,Dei delitti e delle pene", die schon durch ihren klassischen Titel die Schärfe der entwickelten Gedanken ankündigt. Dieses Plädoyer für die Abschaffung der Todesstrafe gehört zu den großen Bucherfolgen der Zeit. In viele Sprachen übersetzt, wurde das Buch zum Gegenstand lebhafter Auseinandersetzungen und trug dem Autor sogar einen Ruf der großen Katharina aus Rußland ein.

Das Interesse der italienischen Aufklärer für die neuen Wissensgebiete ließ die traditionellen humanistischen Disziplinen jedoch keineswegs in den Hintergrund treten. Das wäre auch nicht möglich gewesen in einem Jahrhundert, in dem Vielseitigkeit der literarischen Tätigkeit beinahe die Regel war. Aber auch abgesehen davon ist die in den traditionellen Disziplinen im Laufe des 18. Jahrhundert in Italien geleistete Arbeit imponierend. Nehmen wir das Gebiet der Geschichte. Ohne Übertreibung kann man sagen, daß die Arbeit der großen Gelehrten des 18. Jahrhunderts eine entscheidende Etappe in der italienischen Geschichtsschreibung bedeutet. An erster Stelle sei hier Ludovico Antonio Muratori genannt, dem die Geschichtswissenschaft die Herausgabe des Korpus der ,,Rerum Italicorum Scriptores" verdankt und das Werk ,,Antiquitates italicae medii aevi". Diese Werke, wie auch die ,,Storia civile del regno di Napoli" von Giannone und die ,,Storia di Milano" von Pietro Verri, zeichnen sich nicht nur durch faktische Genauigkeit und kritische Quellenbearbeitung aus, sondern auch durch eine brillante Darstellung. Der Jesuit Tiraboschi schrieb die erste zusammenhängende italienische Literaturgeschichte und Lanzi die erste Geschichte der italienischen Malerei seit Vasari. In der Historiographie des 18. Jahrhunderts verbindet sich kritische Betrachtung mit intensiver Sammel- und ,,Ausgrabungstätigkeit", der wir unter anderem die Wiederentdeckung von Autoren und Texten verdanken, die die vorausgegangenen Generationen entweder vergessen oder sogar verdammt hatten. Das wichtigste Beispiel dafür ist Machiavelli, dessen bis dahin verbanntes Werk in den 80er Jahren des 18. Jahrhunderts in Florenz zum ersten Mal in einer fast vollständigen Ausgabe erschien.

Die unvermindert, ja mit wachsender Intensität betriebene historische Forschung war von einem neuen Geist beseelt. Muratori, die bedeutendste Gestalt der Historiographie des Jahrhunderts, ist kein *laudator temporis acti*, im Gegenteil, er läßt keine Gelegenheit aus, um seinen Stolz darüber auszudrücken, ein Sohn des gebildeten Jahrhunderts der Aufklärung zu sein. Gerade deshalb sucht er nicht in der Vergangenheit den Trost der ruhmreichen Größe, sondern die Wurzeln für die Übel, gegen die er ankämpft: die weltlichen Herrschaftsansprüche der Kirche, den Aberglauben der Massen, die Privilegien der wenigen und die Leiden der vielen. Ihn interessiert nicht die römische Geschichte mit ihren Kriegen und ihrem rhetorischen Pomp, sondern die dunkle und verwickelte Geschichte des Mittelalters mit seinen Parteikämpfen zwischen Guelfen und Ghibellinen, dem Partikularismus der Städte und den Kämpfen zwischen Volk und Besitzenden. Daraus ist für ihn, im Guten wie im Schlechten, die kulturelle und politische Wirklichkeit Italiens im 18. Jahrhundert entstanden, und es hilft nichts, auf illustre Ahnen auszuweichen. In der geschichtswissenschaftlichen Konzeption Muratoris –

und ebenso bei Giannone und Verri – erneuert sich die große Tradition Machiavellis und Guicciardinis.

Einige kurze Bemerkungen verdient schließlich auch die Dichtung des 18. Jahrhunderts. Dies nicht nur, um das Bild zu vervollständigen, sondern in erster Linie, weil die Dichter dieses Jahrhunderts sich ihrer Verantwortung gegenüber dem neuen bürgerlichen Bildungsenthusiasmus voll bewußt waren. Nicht zufällig sind die „Väter" der italienischen Literatur des 18. Jahrhunderts, Alfieri und Goldoni, vor allem Theaterschriftsteller gewesen, die sich an ein außerordentlich breites Publikum wandten. Alfieri löste seine Aufgabe höchst gewaltsam und programmatisch: Aristokrat von Geburt, Reisender und reueloser Liebhaber, blieb seine eigene Lektüre zwar ohne innere Ordnung, er besaß jedoch eine große Fähigkeit, das Gelesene in seinen eigenen Texten lebendig werden zu lassen (zum Beispiel Plutarch oder Machiavelli). Seine Tragödien sind bevölkert von Gestalten nach dem eigenen Vorbild und Gleichnis, von Tyrannen und Tyrannenmördern, von Übermenschen und Rebellen, die alle von der gleichen inneren Unruhe getrieben werden. Der Antikonformismus seines Theaters geht bis zur Provokation und verweigert dem Schauspiel jeden Schein von Unterhaltung. Diese gewährt in hohem Maße das Theater Carlo Goldonis, obwohl die pädagogische Funktion, wenn auch in subtilerer Form, ebenso wirksam bleibt. Es ist oft hervorgehoben worden, daß die positiven Helden Goldonis – sofern man für die völlig unheroischen oder vielmehr antiheroischen Figuren Goldonis überhaupt diesen Begriff gebrauchen kann – meist Kaufleute oder Bürger Venedigs sind, die ihr Handwerk mit der gleichen hingebungsvollen Umsicht in Ehren ausüben wollen, mit der sie sich ihren Familien widmen. Im Gegensatz dazu sind die Adeligen in ihrem hohlen Stolz immer als die Vertreter einer Welt und eines Wertesystems dargestellt, das sich in Auflösung befindet. Aber nicht nur darum handelt es sich bei Goldoni; wesentlich ist, daß er für ein „italienisches" Publikum schreibt, zu dem die Venezianer ebenso gehören wie alle Nicht-Venezianer, Bürger und das einfache Volk, Gebildete und weniger Gebildete. Darin besteht das vollständig Neue seiner Theaterreform, die darauf abzielte, die Tradition der Spontaneität der volkstümlichen *Commedia dell'arte* mit der Disziplin des literarischen Theaters zu verbinden, um ein neues Theaterverständnis bei der „großen Masse" heranzubilden. Dieser Versuch ist geglückt, und der bis heute anhaltende Erfolg der Komödien Goldonis ist vielleicht einer der größten Pluspunkte der italienischen Aufklärung überhaupt.

Der dritte große Schriftsteller des 18. Jahrhunderts in Italien ist der Abt Giuseppe Parini, dessen Ruhm sich vor allem an ein Gedicht mit dem Titel „Il giorno" knüpft, in dem der nutzlose Tagesablauf eines jungen lombardischen Patriziers beschrieben wird. Parinis Dichtung fußt auf einer soliden Basis klassischer Lektüre, die sich in der Sensibilität für Form und Sprachgenauigkeit widerspiegelt. Jeglichem Avantgardismus abhold, führt die formale Disziplin zu Maß und Selbstkontrolle. Aber gerade diese Zurückhaltung gibt der satirischen Darstellung des Adels große pädagogische Überzeugungskraft.

Um diese notgedrungen summarische Darstellung abzuschließen, können wir zur Ausgangsfrage zurückkehren, inwieweit die Intellektuellen im Zeitalter der Aufklärung für die Bildung der öffentlichen Meinung im Kampf um die Reformen eine wesentliche Funktion ausgeübt haben. Die Antwort muß eindeutig positiv ausfallen. Im Zeichen der Aufklärung schlossen sich die italienischen Intellektuellen wieder zu jener Gemeinschaft zusammen, die sie schon einmal gewesen waren, und durch diese Einheit gewannen sie auch jenes Verantwortungsbewußtsein gegenüber der Gemeinschaft zurück, das scheinbar verloren gegangen war. In dem Maße, in dem sie Europäer waren, wurden sie auch wirklich Italiener in dem Sinn, daß sie sich der Rückständigkeit Italiens und der Notwendigkeit, verlorenen Boden wieder gutzumachen, bewußt wurden.

8. Das Zeitalter der Reformen

Die habsburgischen Reformen: Die Lombardei

Die Lombardei, und vor allem die bewässerte Po-Ebene, war, wie wir bereits wissen, eines der Gebiete Italiens, in denen die Landwirtschaft am weitesten entwickelt war. Vom Zeitalter der Stadtstaaten an bis zu Beginn des 18. Jahrhunderts hatte die Landwirtschaft hier fast ununterbrochen Fortschritte gemacht und hatte selbst die beiden schweren Wirtschaftskrisen im 14. und 17. Jahrhundert unbeschadet – oder zumindest mit vergleichsweise geringen Schäden – überstanden. Insbesondere in der zweiten Hälfte des 18. Jahrhunderts wurde diese Entwicklung noch entschieden beschleunigt. Es ist wohl keine Übertreibung zu behaupten, daß sich in diesem Zeitraum die ökonomische Führungsrolle der Lombardei innerhalb Italiens herauskristallisiert, die sie während des ganzen 19. Jahrhunderts und bis auf unsere Tage behalten hat.

Wiederum stand im Mittelpunkt dieser neuen Welle des landwirtschaftlichen Fortschrittes die Po-Ebene, wo der Reis, die Rieselfelder und Bewässerungswiesen und die Viehzucht in großem Maßstab beheimatet waren. Die günstige Wirtschaftsentwicklung und die steigenden Preise wirkten als Stimulus für die Grundeigentümer und Pächter der Ebene, die auch diesmal durch die staatlichen Initiativen beim Ausbau der Infrastruktur unterstützt wurden. Dies alles trug dazu bei, aus der lombardischen Ebene eine Modelllandschaft moderner, rationeller Anbaumethoden zu machen. Der englische Agrarexperte Arthur Young, der am Ende des Jahrhunderts das Gebiet zwischen Mailand und Lodi bereiste, sah sich an die fortgeschrittensten Landstriche seiner Heimat erinnert. In der nicht bewässerten Ebene, im Hügelland und in der Gegend um Mantua, das erst seit kurzem zum mailändischen Staat gehörte, blieb dagegen die landwirtschaftliche Produktivitätssteigerung geringer. Ein neues und zukunftsträchtiges Element bildete aber auch hier die immer weitere Verbreitung der Maulbeerbaumkultur, die die Basis für die Bearbeitung der Rohseide in der Heimindustrie bildete. Wie bereits angedeutet, stellte die Seide den wichtigsten Ausfuhrposten der Lombardei dar. Auf diese Weise nahmen auch die landwirtschaftlich weniger entwickelten Gebiete der Lombardei am Aufschwung der Wirtschaft und insbesondere des Außenhandels teil.

Die allgemeine Produktivitätssteigerung fand keine oder nur eine teilweise Entsprechung in einer größeren Elastizität und Durchlässigkeit der politischen und sozialen Strukturen und Institutionen. Der größte Teil des Grund

und Bodens lag in den Händen der großen Grundeigentümer aus dem Patriziat und der kirchlichen Orden: 75% des Grundbesitzes über 40 ha und 100% desjenigen über 200 ha war adeliger oder kirchlicher Besitz. In Mantua teilten sich 437 Großgrundbesitzer und 543 kirchliche Institutionen 50% des kultivierbaren Bodens, während der Rest unter 24000 kleine und wenige mittlere Eigentümer aufgesplittert war. Die Bourgeoisie, eine wirkliche Agrarbourgeoisie, blieb also zahlenmäßig begrenzt und praktisch auf den Kreis der Pächter in der lombardischen Ebene beschränkt. Obwohl die Pächter bei der Gutsführung breiten Spielraum und viele Möglichkeiten hatten, Gewinne einzustreichen und Wohlstand anzuhäufen, blieben sie doch immer von den Eigentümern abhängig. Ihre Stellung innerhalb des gesellschaftlichen Systems ließ wenig Raum für die Entstehung einer wirklichen Bourgeoisie. Das gleiche gilt für die bürgerlichen Elemente in den Städten, unter denen die *fermieri*, d. h. die Steuerpächter des Staates, die wohlhabendste Schicht bildeten. Sie hatten ihr Vermögen auf der Basis eines Steuersystems zusammengebracht, das die Armen auspreßte und die Wohlhabenden begünstigte, soweit diese nicht gänzlich von Steuern befreit waren. Deshalb waren die Steuerpächter typisch für einen dritten Stand, dessen Existenz an die Aufrechterhaltung des Ancien régime gebunden blieb. Es stellte sich also das Problem, die gesellschaftlichen Strukturen dem erreichten Entwicklungsstand anzupassen. Diese Aufgabe übernahm die österreichische Verwaltung unter Maria Theresia (1740–1780) und Joseph II. (1780–1790).

Mit Hilfe eines Stabes von hervorragenden Beamten vollbrachte die österreichische Regierung im Laufe von 50 Jahren eine imponierende Leistung. Zum Verwaltungsapparat gehörten der Toskaner Pompeo Neri, unter dessen Leitung der Kataster ausgearbeitet wurde; der Präsident des Obersten Wirtschaftsrates, Gian Rinaldo Carli aus Istrien, auch Pietro Verri und Cesare Beccaria, die verschiedene wichtige Verwaltungsposten innehatten. Der bedeutende Dichter Parini war unter Maria Theresia Direktor der ,,Gazzetta di Milano", unter Joseph II. war er als Superintendent der öffentlichen Schulen tätig, die an Stelle der Jesuitenschulen eingerichtet wurden. An der mutigen Reformpolitik des aufgeklärten habsburgischen Despotismus waren also die besten Vertreter der Intelligenz aus der Lombardei und weit darüber hinaus vertreten.

Der Ausgangspunkt aller weiteren Reformen war der erwähnte Kataster, der unter Maria Theresia angelegt wurde. Unter der Herrschaft ihres Vaters, Karls VI., begonnen, hatte die Arbeit wegen des Widerstandes der privilegierten Schichten zeitweise aufgegeben werden müssen. Unter Maria Theresia wurde der Kataster dann in den Jahren 1748 bis 1755 von einer eigens dafür eingerichteten Kommission tatsächlich erstellt und seit 1760 endgültig wirksam. Mit dem Kataster erwarb sich die habsburgische Regierung ein sicheres Werkzeug, durch das, trotz der weiterbestehenden Beschränkungen und Ausnahmen, eine Verlagerung des Hauptgewichtes der Steuern von den Personen- und Handelssteuern auf die Immobilien- und Grundsteuern möglich wurde. Auf der anderen Seite bedeutete der ein für alle Mal festgelegte Grundwert für die Eigentümer eine Sicherung gegen willkürliche Steuererhöhungen, wenn sich ihr Einkommen durch Bodenverbesserungen erhöhte. Dies trug dazu bei, daß große Flächen bisher unbebauten Landes jetzt kultiviert wurden: Die steuerlichen Maßnahmen erwiesen sich so, was selten vorkommt, als ökonomisch produktiv.

Auf diesem festen Fundament wurde in den 30 Jahren zwischen 1760 und 1790 die Reformpolitik mit großer Beharrlichkeit weitergeführt. Es gab kaum einen Bereich des öffentlichen Lebens und der staatlichen Institutionen, der nicht davon betroffen wurde. Von einer neuen Einteilung in Provinzen und Gemeinden ausgehend, wurde vor allem die gesamte Verwaltung neu gestaltet. Diese Maßnahmen verfolgten zwei Ziele: auf der einen Seite sollte der Unterschied zwischen Stadt und Land durch die Schaffung einer territorial gegliederten Verwaltung aufgehoben, auf der anderen die lokale Verwaltung den Grundeigentümern übertragen werden, die durch die Steuerreform am meisten zu den Einnahmen des Staates beitrugen. Es wurde festgelegt, daß die ,,Deputierten'' in den verschiedenen lokalen Verwaltungsorganen nur aus dem Kreis der Grundsteuerpflichtigen ausgewählt werden konnten.

Von der Peripherie her erreichte die Reformpolitik das Zentrum. Betroffen war vor allem das Finanzwesen, das durch die Einrichtung des Obersten Wirtschaftsrates im Jahre 1765 neu geordnet wurde. An dessen Stelle trat dann 1771 eine Magistratskammer mit einer ihr beigeordneten Rechnungskammer. Im Finanzbereich wurden nach der Reform der direkten Steuern auch die indirekten Steuern und die niederen Regalien, die bisher von den *fermieri* eingetrieben worden waren, einer Neuregelung unterworfen. Der Kampf gegen diejenigen, die in Wien selbst hohe Protektion genossen, gestaltete sich äußerst schwierig und wurde vor allem von Pietro Verri, letztlich mit Erfolg, ausgefochten. 1770 mußten die *fermieri* auf ihr einträgliches Geschäft verzichten. Bis zu diesem Zeitpunkt hatte der Schwerpunkt also auf der Neuordnung des Steuerwesens und auf dessen Grundlage, der Verwaltung, gelegen. Seit 1771 erfaßte eine neue Welle von Reformen auch die anderen Sektoren und Ebenen von Staat und Gesellschaft. Die Maßnahmen betrafen vor allem das Verhältnis von Staat und Kirche und damit das Unterrichtswesen. Zahlreiche Klöster wurden aufgehoben und die Einnahmen auf den Staat übertragen, der diese wiederum für die Reorganisation des Schulwesens einsetzte. Der Jesuitenorden wurde verboten, und seine Schulen geschlossen. Dagegen erfuhr die Universität Pavia, eine der Hochburgen des Jansenismus in Italien, eine beträchtliche Erweiterung. Unter den jansenitischen Hochschullehrern, den geschworenen Feinden der Jesuiten, waren Alessandro Volta und Lazzaro Spallanzani. Weiter gehörten zu den Erfolgen der Reformperiode die Aufhebung der Zünfte, die Einschränkung der Fideikommisse, die Abschaffung des Inquisitionstribunals und eine Münzreform. Schließlich muß auch der großzügige Ausbau des Straßen- und Verkehrsnetzes erwähnt werden: 1776 wurde Mailand durch den Paderno-Kanal mit der Adda verbunden. Um das Bild der letzten Regierungsjahre Maria Theresias zu vervollständigen, sei auch die Förderung von Kunst und Kultur erwähnt. 1778 wurde die neoklassische *Scala* in Mailand eröffnet, einige Jahre später die *Cannobiana*. Die Mailänder waren – so schrieb Pietro Verri – unter Maria Theresia so glücklich „wie es unter einer absoluten Regierung nur überhaupt möglich ist".

Die Zeit der absolutistischen Reformen in der Lombardei war damit noch nicht beendet, sondern erreichte unter der Regierung des rastlosen Joseph II. erst ihre volle Entfaltung. Im Jahre 1786 ergoß sich ein wahrer „Sturzbach von Neuerungen" – der Ausdruck stammt von dem Historiker Custodi – über den mailändischen Staat: neue, strengere Maßnahmen in der Gerichtsverfassung, Neueinteilung der Provinzen, Zollreform und Einführung des freien Warenverkehrs innerhalb des Staates, Auflösung aller alten staatlichen Körperschaften, einschließlich des altehrwürdigen Senats; dies alles eingerahmt von einer bis in die kleinsten Details reichenden Zentralisierung des Verwaltungsapparates. Je mehr sich der habsburgische aufgeklärte Despotismus seinem Ende näherte, desto aufgeklärter wurde er, aber auch desto despotischer. Aus diesem Grund wurde Joseph II. von den Mailändern keineswegs geliebt, wie einst Maria Theresia, was Pietro Verri in seinen „Riflessioni sullo Stato di Milano" bezeugt. Er, der einer der Protagonisten der Reformpolitik gewesen war, zeigt sich in dieser Schrift entmutigt und voller Beunruhigung.

Die Ursachen für das Unbehagen sind wahrscheinlich in der Tatsache zu suchen, daß es die Verwaltung trotz der gewaltigen Reformanstrengungen nicht geschafft hatte, den Kräften in der Gesellschaft zur Entfaltung zu verhelfen, deren Wille und Interesse stark genug waren, um an Stelle des Staates den eingeschlagenen Weg weiterzuverfolgen. Man könnte die Frage aufwerfen, ob die reformerische Tätigkeit – trotz ihres Eifers – nicht doch zu ängstlich geblieben war, weil sie sich ganz auf die Finanz- und Verwaltungsreform konzentrierte und kaum in den wirtschaftlichen Bereich vordrang. In dieser Hinsicht ist die Tatsache bezeichnend, daß die für die Bourgeoisie wichtigste Reform, die Aufhebung der inneren Handelshemmnisse, zu den am spätesten realisierten Maßnahmen gehörte. Aber es ist auch auf die objektiven Schwierigkeiten der Reformpolitik hinzuweisen, auf die mangelnde Reife der Bourgeoisie, die allzulang an die Einordnung in ein überlebtes System gewöhnt war, und an den Widerstand des Adels, der zwar wohl zu einer Vereinheitlichung der eigenen Rechte, nicht aber zu deren Einschränkung oder gänzlichen Abschaffung bereit war. Eine „Revolution von oben" hat nur dann Aussicht auf Erfolg, wenn sie am kritischen Punkt ihrer gesellschaftspolitischen Veränderungen „von unten", d. h. von neuen gesellschaftlichen Kräften, unterstützt wird, die aus eigener Kraft die Initiative weitertragen. Mehr als anderswo in Italien näherte man sich in der Lombardei diesem kritischen Punkt, ohne ihn jedoch wirklich zu erreichen. Dazu hätte es noch tieferer Umwälzungen bedurft.

Die habsburgischen Reformen: Toskana und Modena

Nach dem Aussterben der Medici war die Toskana an Franz II. von Lothringen, den Gemahl Maria Theresias, gefallen. Er blieb in Wien, und die Toskana wurde bis 1765 von einem Kronrat regiert. Schon in dieser Zeit zeichnete sich die reformerische Initiative der neuen Dynastie deutlich ab: auf wirtschaftlichem Gebiet durch die Einführung der freien Weizenausfuhr aus den Maremmen; im rechtlichen Bereich durch die Einschränkung der Fideikommisse und der *manus mortua;* im kirchlichen Bereich schließlich durch die Aufhebung der geistlichen Bücherzensur und durch Zugeständnisse an die jüdische Gemeinde in Livorno. Die eigentliche Reformperiode in der Toskana begann dagegen unter der Regierung von Peter Leopold, der – wie sein Bruder Joseph II. – von der Aufklärung und jansenitischem Gedankengut geprägt war.

Auch Peter Leopold bediente sich eines Kreises hochqualifizierter Mitarbeiter, unter denen Namen wie Francesco Gianni und Pompeo Neri, der schon den Kataster in Mailand erstellt hatte, herausragen. Die Reformen konzentrierten sich vor allem auf die Liberalisierung des Erwerbs von Grund und Boden und des Handels mit landwirtschaftlichen Produkten. Zwischen 1766 und 1773 wurde der Getreidehandel durch eine Reihe von zeitlich gestaffelten Maßnahmen im Inneren und auch für den Export liberalisiert. Die Binnenzölle und Mautgebühren, die den Handel bis dahin behindert hatten, wurden vollständig abgeschafft. Gleichzeitig erhielten die Institutionen der Fideikommisse und der *manus mortua* einen tödlichen Schlag durch eine Reihe von Maßnahmen, die den freien Güterverkehr ermöglichten. Damit folgte die lothringische Dynastie nicht nur den allgemein anerkannten Prinzipien der Physiokraten, sondern kam auch den Grundeigentümern entgegen, die zu Lasten der kirchlichen und ritterlichen Orden verkaufen, exportieren und ihre Güter arrondieren wollten. Seit dieser Zeit ist der Wirtschaftsliberalismus ein unumstößliches Dogma der Grundbesitzerschicht der Toskana. Neben diesen wirtschaftspolitischen Maßnahmen schritten Peter Leopold und seine Mitarbeiter zu einer durchgreifenden Reform der Verwaltung und des Finanzwesens. Das Ende der wirtschaftlichen Beschränkungen und der Getreidehandelsprivilegien der Stadt Florenz brachte eine Machtübertragung an die ländlichen Gemeinden. Die Beamten der *conservatori della giurisdizione del dominio fiorentino* (die Bewahrer des

Rechts im florentinischen Herrschaftsgebiet), die bis dahin über die Geschäfte der ländlichen Umgebung gewacht hatten, sowie die entsprechenden Einrichtungen in den anderen größeren Städten des Staates wurden abgeschafft. An ihre Stelle trat in den einzelnen Gemeinden die Einrichtung lokaler Verwaltungen, die weitgehend autonom den Handel überwachten und in denen natürlich Grundbesitzer und *hoberaux* die Mehrheit innehatten. Auch die Struktur des Steuerwesens erfuhr eine Vereinfachung und Dezentralisierung durch die Festsetzung einer einheitlichen Grundsteuer, mit der gleichzeitig alle bis dahin existierenden Steuerbefreiungen aufgehoben wurden. Die Steuerlast verteilte sich dadurch gleichmäßiger. Der Staatshaushalt wurde veröffentlicht.

Auch in der Toskana ging man daran, die wichtigsten Reformen auf dem Gebiet der Kirchenpolitik in Angriff zu nehmen. Nach dem Vorbild Josephs II. in Österreich und mit der lebhaften Unterstützung des jansenitisch gesonnenen Episkopats und des Klerus der Toskana plante Peter Leopold in den letzten Jahren seiner Regierung eine durchgreifende Kirchenreform. Die von Scipione de'Ricci, dem Bischof von Prato und Pistoia, vorgeschlagenen Neuerungen verrieten deutlich ihre jansenitische Herkunft. Zunächst stießen sie auf den Widerstand der bäuerlichen Massen, die sich ihrer religiösen Symbole der traditionellen Glaubensausübung beraubt sahen, später dann wandte sich auch die Mehrheit des toskanischen Klerus auf einem 1787 nach Florenz einberufenen Konzil gegen die Fortführung der Experimente. Dem Großherzog blieb nichts anderes übrig, als gute Miene zum bösen Spiel zu machen. Die toskanischen Jansenisten sahen sich vor die Wahl gestellt, ihre bisherige Haltung als Irrweg anzusehen oder darauf zu beharren, um schließlich einige Jahre später offen auf die Seite der Demokraten und Jakobiner zu treten.

Trotz dieses Mißerfolges war die Bilanz der Reformpolitik des aufgeklärten Absolutismus in der Toskana am Ende der 80er Jahre durchaus positiv: über die schon erwähnten Maßnahmen hinaus konnte die Regierung auf die 1781 erfolgte Abschaffung der städtischen Zünfte, auf die Bewässerungsarbeiten im Val di Chiana, auf eine Reihe von öffentlichen Bauvorhaben und, last but not least, auf die Abschaffung der Todesstrafe und der Folter verweisen. Die Folterinstrumente wurden öffentlich verbrannt, und die Toskana konnte mit Stolz von sich behaupten, als erstes Land in Europa die Ideen Beccarias verwirklicht zu haben.

Für eine Gesamtbeurteilung der toskanischen Reformen gilt das, was im Hinblick auf die Lombardei gesagt worden ist; vielleicht sogar in stärkerem Maße, weil die Landwirtschaft der Toskana nicht mit der der lombardischen Ebene gleichzusetzen ist. Die größere Rückständigkeit der Toskana verlangte eine viel längere Entwicklung, um jenen kritischen Punkt zu erreichen, von dem wir gesprochen haben. Es handelte sich nicht nur darum, jenen gesellschaftlichen Kräften, die objektiv auf eine Erneuerung der überkommenen Strukturen und auf eine Modernisierung der Landwirtschaft drängten, den Weg zu ebnen, sondern darum, diese Kräfte überhaupt erst zu schaffen. Der Weg führte unausweichlich über die rechtlichen und gesellschaftlichen Beziehungen auf dem Land, und ein Kernproblem war dabei die Vertragsform der *mezzadria* (s. S. 24), die seit Jahrhunderten in der Toskana üblich war.

Zu diesem Problem legte Francesco Gianni 1769 dem Großherzog „Instruktionen" vor, durch die für die Ländereien der großen karitativen Einrichtung des *Conservatorio di San Bonifacio* neue Vertragsformen eingeführt werden sollten. Der Vorschlag sah eine unkündbare Verpachtung des Bodens vor, wobei der Pächter eine Erstzahlung und dann eine feste jährliche Pachtgebühr zu leisten hatte, dafür aber die volle Verfügung über den Grund und Boden erhielt. Gianni verfolgte das erklärte Ziel, das „Land besonders dem in die Hand zu geben, der es bebaut", um auf diese Weise eine Schicht von selbständigen Bauern zu schaffen. Der Großherzog machte sich diesen Vorschlag als *motu proprio* zu eigen. Aber alle diejenigen, die an der Verwirklichung arbeiteten, mußten sehr bald erkennen, daß hier allzu viele und nur schwer zu überwindende Hindernisse im Wege standen.

Die *hoberaux* und die Großgrundbesitzer, die durch die jüngste Verwaltungsreform auf lokaler Ebene ihren Einfluß in der toskanischen Gesellschaft noch hatten erweitern können, waren zwar sehr daran interessiert, daß die großen Güter der religiösen und weltlichen Körperschaften zum freien Verkauf stehen sollten, aber sie selbst wollten die Nutznießer dieser Operation sein. Das Land sollte demnach nicht verpachtet, sondern verkauft werden, und die neuen Eigentümer wollten es nach der alten Vertragsform der *mezzadria* bewirtschaften lassen. In der *Accademia dei Georgofili*, dem „Hohen Rat" der Grundbesitzer fanden sich einflußreiche Befürworter dieser Interessen. Man höre die Argumente, mit denen sich das Akademiemitglied Ferdinando Paoletti gegen die Möglichkeit eines staatlichen Eingriffs in die Beziehungen zwischen Grundeigentümer und Bauer wandte: „Das Recht auf Eigentum kann ohne Freiheit keinen Bestand haben ... Jede Institution, die diese Freiheit verletzt oder einschränkt, verletzt und schränkt auch das Eigentum ein ... Wenn man daran geht, unsere Verträge durch Gesetze zu reglementieren, wird dadurch unmittelbar die Freiheit angegriffen und dadurch das Eigentum ... Sozialgesetzgebung darf einzig und allein dazu dienen, die Rechte des Eigentums zu garantieren, die kontrollierende Autorität muß schützend, nicht regulierend in die privaten Interessen eingreifen ... für jedwedes Organ der öffentlichen Verwaltung muß das Verhältnis zur Landwirtschaft vom Prinzip des *noli me tangere* bestimmt sein ..."

Paoletti stand mit diesen Anschauungen keineswegs allein. Auch Pompeo Neri dachte ähnlich, was seinen Widerstand gegen den Plan Giannis erklärt, der die Vereinfachung und Vereinheitlichung der Vertragsformen anstrebte.

Diese Widerstände konnten zwar nicht verhindern, daß in den folgenden Jahren das Experiment des *Conservatorio di San Bonifacio* auf andere karitative Einrichtungen, religiöse Orden und schließlich auch auf die königlichen Domänen ausgedehnt wurde. Sie reichten aber aus, um dem Unternehmen seinen Schwung zu nehmen und seinen Charakter so zu verändern, daß in vielen Fällen das Land en bloc verkauft wurde, statt in Parzellen an die bewirtschaftenden Bauern. Damit waren natürlich diejenigen bevorteilt, die über große Summen verfügen konnten. Wenn man noch hinzunimmt, daß viele der neuen Pächter später mehr oder weniger dazu gezwungen waren, ihr Land wieder zu veräußern, so wird klar, daß die von Gianni eingeleitete Bodenreform nicht die angestrebten Ziele hatte erreichen können. Auch auf den ehemaligen Ländereien des *Conservatorio di San Bonifacio* stammten nur 25% der jährlichen Pachtsumme von ehemaligen *mezzadria*-Bauern, während 62% von Adeligen, Bürgern und ländlichen Maklern kamen. 5 Jahre später hatte sich das Mißverhältnis noch verschärft: 19% gegenüber 79%.

Den toskanischen Grundeigentümern fehlte, abgesehen vom Kapital, auch der Mut und die Weitsicht für Modernisierungen in großem Maßstab. Sie wählten lieber den kürzesten Weg und zogen den unsicheren Gewinnmöglichkeiten langfristiger Investitionen die althergebrachte sichere Form der immer stärkeren Auspressung der Bauern vor. Ein Beweis dafür ist die nach wie vor hohe und teilweise sogar steigende Verschuldung der Bauern gegenüber den Grundeigentümern. Bereit, der Regierung in ihrer Reformpolitik zu folgen, solange sie mit ihren Interessen übereinstimmte, nahmen die Eigentümer eine ausgesprochen feindselige Haltung ein, sobald der neuralgische Punkt der toskanischen Sozialordnung, die *mezzadria*, berührt wurde. Dadurch verlor die Reformpolitik auf die Dauer deutlich an Wirkung.

Im Rahmen einer solchen Gesellschaft, in der sich die quantitative Steigerung der Produktion nur in den Bahnen der traditionellen, ja nahezu archaischen Sozialstrukturen vollzog, hätte eine Verfassung, wie sie Peter Leopold in seinen letzten Regierungsjahren vorschwebte, wenig Aussicht auf wirkliche Veränderung gebracht. In dieser Verfassung war die Einrichtung einer Versammlung vorgesehen, die die Kontrolle über die Finanzverwaltung des Staates hätte ausüben sollen. Unter den gegebenen Umständen konnte eine solche Einrichtung aber nicht viel mehr sein als eine erweiterte *Accademia dei Georgofili* und eher ein Hindernis als ein Werkzeug für die Politik des aufgeklärten Fürsten.

In den Bereich der habsburgischen Reformen gehört auch Modena. Der Herzog Franz III. d'Este war durch familiäre und politische Bande auf den Hof in Wien orientiert, und auch seine wichtigsten Mitarbeiter stammten aus der Umgebung des Wiener Hofes. Durch den Staat führte die neue Straße über Abetone nach Massa, die zu wichtig war, als daß Österreich auf die Kontrolle des Landes hätte verzichten können. Der von Maria Theresia und Joseph II. eingeschlagene Weg der Reformen fand deshalb auch hier seine Fortsetzung. Auch hier wurden Maßnahmen gegen die *manus mortua* ergriffen, Klöster aufgelöst, die *fermieri* bekämpft, und schließlich ein Kataster aufgestellt, der nach seiner Fertigstellung 1788 zur Grundlage der Neuordnung des Steuerwesens wurde. Auch in Modena jedoch konnte eine gewisse Grenze nicht überschritten werden. Der Kampf gegen die *fermieri* führte nur soweit, daß die mailändische Gesellschaft durch eine einheimische Gruppe ersetzt wurde, während die adeligen Grundeigentümer im Gegensatz zu den kirchlichen Institutionen fast ungeschoren davonkamen.

Die bourbonischen Reformen: Neapel, Sizilien, Parma

Auch in Neapel profitierte die Landwirtschaft von der günstigen Wirtschaftsentwicklung des Jahrhunderts. Das Bevölkerungswachstum – am Ende des Jahrhunderts hatte das Königreich fünf Millionen Einwohner erreicht – sowie die daraus resultierende Ausweitung des Binnenmarktes und der Preisanstieg wirkten auch im Süden stimulierend auf die Wirtschaft. Obwohl wir in dieser Beziehung kaum über Untersuchungen und gesicherte Daten verfügen, erscheint es als wenig wahrscheinlich, daß dem Exportanstieg nicht auch eine Produktionssteigerung und eine Verlagerung auf die einträglichen Produkte wie Olivenöl und Seide entsprochen haben sollte.

Darin lag ohne Zweifel ein Anstoß zur Modernisierung und Rationalisierung der Agrarstruktur des Königreiches und zur Auflösung der feudalen Verkrustung, die auf den Besitzstrukturen lastete. Wären diese Anregungen von gesellschaftlichen Kräften, die an einer wirklichen Umwandlung interessiert waren, weitergetragen worden, so hätte daraus vielleicht eine für die ganze gesellschaftliche Realität des Südens wirksame Veränderung entstehen können. Aber diese Kräfte waren nur schwach, zu schwach.

Eine solche vorwärtstreibende Funktion konnte natürlich nicht von den Baronen ausgeübt werden. Im Gegensatz zu den lombardischen Großgrundbesitzern und auch im Gegensatz zu den toskanischen *hoberaux* besaßen die Grundeigentümer des Südens keinen Funken kaufmännischen oder unternehmerischen Geistes. Seit langem daran gewöhnt, in der Hauptstadt und am Hofe zu leben, betrachteten sie ihre Einkünfte nur unter dem Gesichtspunkt des gesellschaftlichen Ansehens und der möglichen Konsum- oder vielmehr Verschwendungsmöglichkeiten. Es ist deshalb wenig verwunderlich, daß mit der Zeit viele von ihnen in wirtschaftliche Schwierigkeiten gerieten und gezwungen waren, Teile ihrer Güter an Parvenus verschiedener Herkunft zu veräußern, an bessergestellte Bauern, die sogenannten *massari*, an Kaufleute oder Gewerbetreibende. Die Quellen zeigen deutlich, daß diese Schichten während des ganzen Jahrhunderts immer mehr Land in ihre Hand brachten.

Diese Neureichen stellten ohne Zweifel eine dynamischere gesellschaftliche Gruppe dar, die weniger als die Barone von Tabus und veralteten Leitbildern in ihrer Wirtschaftstätigkeit paralysiert waren. Ihrer Initiative standen jedoch so viele Hindernisse entgegen, daß sich ihre Energien bald erschöpfen mußten. In erster Linie ist daran zu erinnern, daß die neuerworbenen Güter nur in den seltensten Fällen frei von Auflagen und Diensten feudaler Natur waren. Die neuen Eigentümer mußten daher einen Zweifrontenkrieg führen: einmal gegen die örtlichen Barone, die aus dem Umstand, daß sie die niedere Gerichtsbarkeit ausübten, Ansprüche ableiteten, und auf der anderen Seite gegen die *università*, die ihre seit alters bestehenden Nutzungsrechte geltend machte. Auch wenn dieser Kampf, wie dies in einigen Fällen vorkam, gewonnen werden konnte, so daß der Eigentümer die volle Verfügungsgewalt über sein Land erobert hatte und es sogar einzäunen konnte, waren damit die Schwierigkeiten noch lange nicht zu Ende.

Im Gegensatz zu Adel und Klerus mußten die bürgerlichen Eigentümer nämlich Steuern bezahlen, und diese waren zahlreich und hoch. Die Vorstellungen der neuen Bourbonen-Dynastie von königlicher Hofhaltung und Bautätigkeit verlangten nicht weniger Geld als unter der alten spanischen Verwaltung. Das von den Spaniern eingerichtete Steuersystem blieb deshalb unverändert bestehen.

Der am meisten von der Steuerlast betroffene Wirtschaftsbereich war nach wie vor der Handel. Besonders hoch z. B. waren die Ausfuhrzölle auf Seide und Olivenöl, ganz zu schweigen von den *tratte* auf Getreide. In letzter Instanz fielen diese Abgaben ebenfalls auf die Landwirtschaft zurück, da die Händler versuchten, sich an den Herstellern für die staatlichen Auflagen einigermaßen schadlos zu halten. Eine der Formen, in denen die Händler die Produzenten häufig zu übervorteilen versuchten, war der mündliche Vertrag und die Vorauszahlung einer Barsumme, wodurch sich der Händler die Ernte auf der Basis des offiziell festgesetzten Preises sicherte. Dieser Preis lag gewöhnlich unter den Marktpreisen.

Eingezwängt in die feudalen Strukturen, von den Steuern schwer belastet und von den Händlern erpreßt, hatte die grundbesitzende Bourgeoisie nur geringe Chancen, reich zu werden. Viele griffen deshalb zu dem altgewohnten Mittel der verschärften Ausbeutung der Bauern. Statt zu kämpfen, paßten sie sich den Baronen an und übernahmen deren Mentalität und schließlich auch deren Lebensweise, d. h. sie lebten nun in der Stadt weitab von ihren Gütern. Auf diese Weise wurden die Klassengrenzen auf dem Lande, die, wenn sie sich immer deutlicher herauskristallisiert hätten, zu einer Lösung der Krise hätten führen können, immer mehr verwischt. In dieser zersplitterten, gallertartigen Gesellschaftsstruktur mußten sich die gesellschaftlichen Zusammenhänge in immer kleinere Einheiten auflösen. Lokale Reibereien, persönliche Feind- und Freundschaften bestimmten das gesellschaftliche Leben, in dem Anwälte, Notare und Winkeladvokaten eine führende Rolle spielten. Wie in der riesigen, schwermütigen Hauptstadt Menschen unterschiedlichster Herkunft und Schicksale, Fürsten neben *lazzaroni* (Schurken), Privilegierte neben Parias in ständiger rastloser Bewegung waren, so bewegte sich auch die gesamte Gesellschaft des Südens im Leerlauf; sie fand in sich selbst nicht die Kraft zum Neuen.

Was von innen heraus nicht entstanden war, hätte von außen angeregt werden können, wenn die Regierung mit größerem Mut zur Reform vorgegangen wäre. Den aber besaß sie nicht.

Der neue König, Karl von Bourbon, der im Jahre 1734 den Thron bestieg, hatte eine hohe Vorstellung von den Aufgaben des Monarchen. Nicht umsonst stammte er aus dem Hause Bourbon und war ein Nachkomme Ludwigs XIV. Von letzterem hatte er den Sinn für monumentale Bautätigkeit geerbt: auf ihn geht die Einleitung der Bauarbeiten für den Königspalast von Caserta zurück, dem „Versailles des Südens", und der Bau von Capodimonte. Er regte auch die Ausgrabungen in Pompeji an, die zu einem der wichtigsten kulturellen Ereignisse des Jahrhunderts wurden. Aber Karl von Bourbon besaß zugleich genügend politische Klugheit, um zu wissen, daß im Zeitalter der Aufklärung der Ruhm eines Monarchen an seiner Reformtätigkeit gemessen wurde. Deshalb umgab er sich mit fähigen und aufgeklärten Mitarbeitern. Einer der tatkräftigsten unter ihnen, der Toskaner Bernardo Tanucci, wurde, als der König 1759 den Thron Neapels mit dem Spaniens vertauschte, zum wichtigsten Mitglied des Kronrates während der kurzen Regierungszeit Ferdinands IV.

In die Beziehungen zwischen Staat und Kirche griff die Reformpolitik der Bourbonen und Tanuccis am entschiedensten ein und zeitigte die meisten Erfolge. Die Steuerbefreiung für Kirchenbesitz wurde eingeschränkt, die Inquisition und das Asylrecht aufgehoben, der Besitz zahlreicher Klöster eingezogen und die *manus mortua* reglementiert. Schließlich wurde sogar ein Konkordat abgeschlossen, das dem Königreich größere Bewegungsfreiheit gegenüber Rom sicherte. Dieser stark gegen die Kurie gerichtete Reformgeist entsprach weitgehend der juristischen Ausbildung und Mentalität der neapolitanischen Intelligenz. Deren Lehrmeister, Pietro Giannone, Autor der „Storia civile del regno di Napoli", war von der Kirche verfolgt, ins Gefängnis geworfen und schließlich in die Verbannung getrieben worden.

Die Privilegien der kirchlichen Orden waren in Neapel größer und drückkender als anderswo. Der Klerus zählte in Neapel 75 000 Mitglieder, die jährliche Renten von 2,5 bis 6,5 Millionen Dukaten verschlangen. Dennoch bildete der Klerus nur einen Teil des Systems. Sich nur oder fast ausschließlich gegen die Kirche zu wenden, bedeutete schließlich, daß zwar der schwächste Gegner angegriffen wurde, daß aber die wahren Festungen des Ancien régime unbehelligt blieben.

Gegen die Privilegien und die feudalen Mißstände im Einflußbereich der Barone wurde kaum etwas unternommen, und das gleiche gilt für das Steuer- und Verwaltungswesen und für die parasitäre Rolle der Hauptstadt gegenüber den Provinzen. Der allgemeine Kataster, der unter Karl im Jahre 1741 in Angriff genommen wurde und ein wesentliches Instrument für diese umfassende Reformaufgabe hätte sein können, blieb sehr mangelhaft. Das lag teilweise an den verwendeten Methoden, vor allem aber am Widerstand, den die Privilegierten in den Provinzen und in der Hauptstadt dieser Neuerung entgegensetzten. Andere vereinzelte und unzusammenhängende Maßnahmen brachten nur teilweise Erfolge. Im ganzen gesehen hat das Reformwerk Karls und seiner Mitarbeiter die Strukturen des Ancien régime nicht angegriffen, sondern die Mißstände eher vermehrt als ausgerottet.

Wie unhaltbar die Zustände waren, ließ sich während der großen Hungersnot 1764 erkennen. Die hungernden Massen, die in die Hauptstadt strömten, legten von den Lebensbedingungen der großen Mehrzahl der Bevölkerung Zeugnis ab, die, wie Genovesi sich ausdrückte, der „Hottentotten", nicht aber der Einwohner des hochzivilisierten Europa würdig waren. Dieses tragische Schauspiel wurde zu einem dramatischen Erlebnis für diese Intellektuellengeneration des Südens, die vielleicht die hervorragendsten Köpfe der ganzen Geistesgeschichte in Süditalien aufweist. Zu ihnen gehörten Männer wie Genovesi, Palmieri, Galanti, Filangieri, Pagano. Während die vorausgegangene Generation von Intellektuellen unter der Führung Giannones vor allem in juristischen Kategorien gedacht hatte, waren die neapolitanischen Intellektuellen der zweiten Hälfte des 18. Jahrhunderts von der Aufklärung und von politisch-ökonomischen Studien geprägt. Der führende Kopf dieser Generation, Genovesi, hatte den ersten Lehrstuhl für politische Ökonomie, oder genauer für „Handel und Mechanik" in Italien inne. Diese Intellektuellen gewannen schnell die Überzeugung, daß die Lösung der Probleme des Königreichs nur durch einen erbarmungslosen Kampf gegen die feudalen Mißstände in ihrer Gesamtheit zu finden sei, d. h. gegen den Klerus, gegen die Barone und gegen die Hauptstadt. Nur unter dieser Bedingung schien ihnen die notwendige Erneuerung der Landwirtschaft möglich.

Die Stunde dieser Intellektuellen schien gekommen, als in den 70er Jahren am Hofe die neue Königin Maria Karoline an Einfluß gewann. Die dynamische Tochter Maria Theresias hatte sich einer Freimaurerloge angeschlossen und trat als Beschützerin der neuen Männer und ihrer Ideen auf. Einige von ihnen wurden in hohe öffentliche Stellungen berufen, so Giuseppe Palmieri, der zum Direktor des Obersten Finanzrates ernannt wurde. Bald aber stellte sich heraus, daß der Widerstand der Privilegierten und die Finanznot des Staates stärker waren als der Reformwille. Palmieri erlebte besonders bittere Enttäuschungen: die von ihm geplante Reform der Ausfuhrzölle auf Olivenöl und Seide wurde nach langen Auseinandersetzungen doch nicht verwirklicht; ebensowenig fand seine Abgabenneuregelung für die Krongüter eine volle Verwirklichung, obwohl entsprechende Verordnungen 1791 erlassen wurden, die für die ärmsten Bauern Vorzugsrechte vorsahen. Die neapolitanische Reformpolitik gelangte insgesamt zu spät zur Reife. Schon begannen viele über die Grenzen des Königreichs und der Halbinsel hinaus auf Frankreich und seine Revolution zu blicken.

Einen Sonderfall bildet Sizilien, da es durch einen Vizekönig regiert wurde und sein Parlament behalten hatte. Auch hier hatten die Barone häufig ihre Ländereien an Parvenus bäuerlicher Herkunft, die sogenannten *gabellotti*, verpachten müssen. Dennoch blieben die Barone stärker als auf dem Festland, weil sie weiterhin als die einzig wirklichen Vertreter der Interessen der Insel und ihres tief verwurzelten Autonomiestrebens auftraten. Ein Frontalzusammenstoß zwischen den Baronen und den Reformpolitikern war deshalb unvermeidlich. Die Auseinandersetzung erreichte ihren Höhepunkt in den Jahren 1781 bis 1786, als der Marchese Caracciolo das Amt des Vizekönigs innehatte. Er war ein Schüler Genovesis, hatte die Pariser Salons besucht und war ganz vom Gedankengut der Aufklärung durchdrungen. Es gelang ihm, die Privilegien der Kirche einzuschränken und die allergrößten Mißstände des Feudalsystems auszurotten. Schließlich aber mußte er aufgeben, ohne den Kataster vollendet zu haben, der als die Basis für eine vollständige Umgestaltung der feudalen Strukturen hatte dienen sollen. Caracciolos Nachfolger, der Fürst von Caramanico, der bis 1794 auf der Insel blieb, verfolgte eine gemäßigtere Linie mit dem Erfolg, daß auch in Sizilien die Reformära ohne große Ergebnisse vorüberging. Das vielleicht wichtigste und folgenreichste Ergebnis dieser Epoche, das Wiederaufleben der sizilianischen Autonomiebewegung, trägt ein negatives Vorzeichen: wiederum war es den Baronen gelungen, die Verteidigung ihrer partikularen Interesssen als eine Verteidigung Siziliens gegen äußere Einflüsse erscheinen zu lassen.

Auch das Herzogtum Parma war in der Person Philipps, Sohn der Elisabeth von Farnese und Schwiegersohn Ludwigs XV., den Bourbonen übertragen worden. Philipp überließ die Erziehung seines Sohnes dem Franzosen Condillac und die Staatsgeschäfte Du Tillot. Dessen Politik zielte im wesentlichen auf die Aufhebung der Privilegien des Klerus und auf die Einrichtung von Manufakturen ab. Dazu zog er ausländische Arbeiter und Techniker ins Land und erregte damit den Unwillen des Volkes, das zudem noch durch Adel und Hof aufgehetzt wurde. Nach dem Tode Philipps überwog am Hofe der Einfluß der Herzogin Marie Amalie, einer Tochter Maria Theresias, die der französischen Partei ausgesprochen feindlich gegenüberstand. 1771 brachen heftige Unruhen aus, die zum Sturz Tillots führten. Auch in Parma ging die Reformperiode damit frühzeitig und ohne durchschlagende Erfolge zu Ende.

Die Staaten ohne Reformen

Bisher haben wir von denjenigen Staaten gesprochen, die von der Reformwelle des 18. Jahrhunderts erreicht wurden. Ein anderer Teil Italiens wurde von dieser Welle nicht oder nur ganz oberflächlich erfaßt, und zwar handelte es sich nicht um einen kleinen, sondern um einen bedeutenden Teil der Halbinsel.

Zu diesem Teil Italiens gehörten vor allem die Staaten, die ihre alten Strukturen bewahrt hatten und das hieß Vorherrschaft der Stadt als Wirtschafts- *und* Verwaltungszentrum gegenüber dem Land. Abgesehen von der kleinen Republik von Lucca mit ihren 120000 Einwohnern galt dies vor allem für Genua. Die Stadt hatte Korsika 1768 an Frankreich verloren, nachdem sie sich gegen den von Pasquale Paoli geführten Guerillakrieg nicht hatte behaupten können. Daher war Genua auch von den territorialen Bedingungen her zum Stadtstaat im eigentlichen Sinn, mit einem winzigen Gebiet entlang der Rivieraküste, reduziert. Stadtstaat aber war Genua in erster Linie aufgrund seiner inneren Ordnung, die seit der Reform von 1576 im wesentlichen unverändert war, d.h. sie war nach wie vor von der Bankiersoligarchie um die *Casa di San Giorgio* beherrscht. Der Kreis war immer enger geworden, so daß man schon beinahe von einer oligarchischen Kaste sprechen kann. Ihre ungeheure Finanzmacht erlaubte es, die Kontrolle über die Republik in der Hand zu behalten und dem ärmeren Adel und den Bürgerlichen die niederen Ämter in Diplomatie, Verwaltung und Heer zu übertragen, um sich ihrer so gegen eventuelle Volksunruhen bedienen zu können.

Wie in Genua so äußerte sich der Verfall der überlieferten politischen Strukturen auch in Venedig, das inzwischen nur noch ein Schatten seiner einstigen Größe war, in einer sklerotischen Schrumpfung der herrschenden Oligarchie. Die Zahl der Familien, die die Geschicke der Stadt leiteten, hatte sich auf kaum mehr als 50 reduziert. Die anderen Adelsfamilien dagegen – die sogenannten *Barnabotti* – mußten sich mit den mageren Einkünften aus der Küstenschiffahrt oder mit untergeordneten Posten auf der Terraferma zufriedengeben, die höchstens durch mehr oder weniger legale Nebeneinkünfte zu erhöhen waren. Die Kollegialorgane der Regierung, vor allem der Große Rat, erfuhren gleichzeitig eine fortschreitende Machtaushöhlung. Alle Versuche, wie die des Adeligen Angelo Querini in den Jahren 1761/62, mit Hilfe der *Barnabotti* diesen Organen wieder Leben einzuhauchen, waren ohne Erfolg. Im Gegensatz zu Genua besaß Venedig jedoch ein beträchtliches Territorium, so daß zumindest theoretisch der Weg zu einer Korrektur des Mißverhältnisses zwischen Hauptstadt und Terraferma offenstand. Aber der Einfluß der Vergangenheit war zu stark, die venezianische Oligarchie betrachtete weiterhin die Terraferma als ein Anhängsel der Stadt, deren

Interessen die Entwicklungsmöglichkeiten des Landes untergeordnet wurden. Die Terraferma blieb ohne ausreichendes Straßennetz, nach außen isoliert und im Innern durch Zollschranken in geschlossene Einheiten unterteilt, deren Einrichtung einst zur Sicherung der Getreideversorgung der Stadt und zum Verkauf der Importgüter gedient hatte. Auf diese Weise war nicht einmal ein einheitliches Territorium entstanden, sondern die Terraferma war ein Bund von Städten geblieben, von denen jede das eigene Umland beherrschte und im Inneren von einer kleinen Oligarchie regiert wurde. Die Einheit bestand lediglich in dem gemeinsamen Unwillen gegen den bürokratischen und ineffizienten Absolutismus, dem sie allesamt unterworfen waren. In einer Epoche, in der eine rationale Verwaltung immer mehr als Voraussetzung für das Funktionieren eines Staatswesens angesehen wurde, war diese Verwaltungsstruktur in voneinander unabhängige Einheiten ein vollkommener Anachronismus und führte dazu, daß die ökonomische Entwicklung erstickt wurde. Aus diesem Grund ist das Auftauchen zentrifugaler Kräfte leicht zu verstehen: Brescia und Bergamo suchten Anschluß an die Lombardei, Friaul an Österreich.

Dies waren die Vorzeichen einer herannahenden Krise, und das venezianische Patriziat selbst schien sich dessen bewußt zu sein. Die gesamte Außenpolitik schien nur darauf ausgerichtet, die Existenz der Republik Venedig vergessen zu machen, und alle Maßnahmen schienen von Zukunftsangst diktiert. Dies jedenfalls war das Urteil eines ausländischen Beobachters über die Stadt, die in Europa nur noch wegen ihres ausgelassenen Karnevals und ihrer lockeren Sitten bekannt war.

Die Zukunftsangst ging aber nicht soweit, daß die Einwohner die Bindung an die Stadt verloren. Eine tiefe Liebe zu Venedig finden wir in den Bildern Guardis, Canalettos und der anderen Vedutenmaler, in der Musik Albinonis und in den Komödien Goldonis. Zeugnis davon legen auch die *murazzi* ab, die großen Mauern, die die Republik in ihren letzten Lebensjahren gegen das Meer errichtet hatte, von dem – ihrem einstigen Lebensnerv – jetzt nur noch Stürme zu erwarten waren. Diese Mauern haben Venedig im November 1966 vor einer großen Überflutung bewahrt.

Es fehlt noch ein Hinweis auf den Kirchenstaat. Im 18. Jahrhundert hatte das Ansehen des Papstes seinen absoluten Tiefpunkt erreicht. Pius VII., den Napoleon nach der Vertreibung aus seinem Staat gefangengenommen und dann verbannt hatte, war nicht der erste und einzige Papst dieser Epoche, der die Erniedrigungen der jeweils Mächtigen erleiden mußte. Vor ihm hatte Klemens XVI. die Auflösung der Gesellschaft Jesu erklären müssen, und Pius VI. hatte sich sogar auf eine erfolglose Pilgerfahrt nach Wien begeben, wo er den Versuch machte, Joseph II. von seiner kirchenfeindlichen Politik abzubringen. Hinzuzufügen wäre die lange Reihe von Einschränkungen der Privilegien des Klerus, die das Papsttum im 18. Jahrhundert von fast allen Regierungen in Europa und Italien hinnehmen mußte. Diese Politik trug auch dazu bei, die ohnehin chronische Finanzkrise des Kirchenstaates zu verschärfen. Ohne internationales Ansehen war der Kirchenstaat nicht mehr und nicht weniger als irgendeiner der vielen Staaten der Halbinsel. Unter diesen aber konnte er für sich in Anspruch nehmen, zu den rückständigsten und den am schlechtesten regierten zu gehören.

Das Bild, das der Kirchenstaat, schon angefangen mit seiner Hauptstadt, dem fremden Besucher bot, war das genaue Gegenteil dessen, was in den Augen der aufgeklärten Öffentlichkeit des Jahrhunderts ein „zivilisiertes" Staatswesen ausmachte. In Rom – so schrieb Montesquieu – „tout le monde est à son aise, excepté ceux qui travaillent, excepté ceux qui ont de l'industrie, excepté ceux qui cultivent les artes, excepté ceux qui ont des terres, excepté ceux qui font du commerce" (... geht es jedermann gut außer denen, die arbeiten, außer denen, die ein Gewerbe oder eine Kunst ausüben, außer denen, die Land besitzen, außer denen, die Handel betreiben). Diese Beschreibung ist sicherlich *haute en couleurs,* aber doch nicht ganz unberechtigt angesichts einer Stadt, die unter ihren 140000 Einwohnern Tausende von Bettlern und Klerikern zählte. Der Rest des Staates entsprach dem Bild der Hauptstadt. Auf dem Weg von Rom aus nach Norden kam der Reisende des 18. Jahrhunderts zuerst durch die verödeten und malariaverseuchten Gebiete der Umgebung Roms und der Maremmen von Latium. Von da aus ging es durch die verschlafenen Orte Umbriens und der Marken, in denen die Zeit seit Albornoz stehengeblieben zu sein schien. Erst in Ancona, dem einzigen bedeutenden Hafen des Staates, begann sich dieses Bild allmählich zu ändern. Je mehr man sich dem Gebiet der sogenannten Legationen näherte, desto mehr bot das Land einen anderen Anblick als um Rom und im übrigen Kirchenstaat. Die von Baumgruppen aufgelockerten Felder waren mit Hanf bebaut und gut bewässert. Im Mittelpunkt dieses reichen Landes lag Bologna, eine Stadt von 70000 Einwohnern, die nicht nur Sitz einer angesehenen Universität war und ein beachtliches Gewerbewesen beherbergte; wegen der günstigen Lage am Kreuzungspunkt wichtiger Straßen und Wasserwege galt die Stadt auch als „Festlandshafen". Der relative Wohlstand der nördlichen Teile des Kirchenstaates spiegelte jedoch lediglich die allgemeine Prosperität der Po-Ebene. Deshalb bedeuteten sie für den Kirchenstaat mehr ein Element der Schwäche denn der Stärke, weil auch hier bald zentrifugale Kräfte zum Vorschein kamen. So sehr dies vordergründig als Paradox erscheinen mag, äußerten sich diese Kräfte gerade dann, als das Papsttum unter Pius VI. (1775–1798) den Willen zu einer Staatsreform erkennen ließ.

Pius VI. war ein Mann von ganz anderem Durchsetzungsvermögen und Temperament als seine Vorgänger, und in ihm lebte wieder etwas von dem Mäzenatentum und Selbstdarstellungswillen der Renaissancepäpste auf. Unter seiner Herrschaft wurde der *Palazzo Braschi* gebaut, das Pius-Klemens-Museum eröffnet und die Trockenlegungsarbeiten der Pontinischen Sümpfe wieder aufgenommen. Im politischen Bereich dagegen waren seine Reformversuche weniger glücklich. Die Steuerreform, durch die das Abgabenwesen vereinfacht und die vielen Befreiungen abgeschafft werden sollten, erlitt angesichts der vielen Widerstände Schiffbruch. Kardinal Ruffo, der diese Reformen eingeleitet hatte, mußte von seinem Amt als päpstlicher Schatzmeister zurücktreten. Der sogenannte „plane" Kataster von 1777 trug von Anfang an den Keim des Scheiterns in sich, weil er auf der Selbstveranlagung der Eigentümer basierte. Nur in der Legation von Bologna wurde der Kataster unter der tatkräftigen Leitung des Kardinals Ignazio Boncompagni Ludovisi auf der Basis exakter Sachverständigengutachten angelegt. Damit erregte er aber die Empfindlichkeit derer, die im Antasten ihrer Privilegien ein Attentat auf ihre Sonderstellung und die Freiheiten der Stadt sahen, was wiederum die zentrifugalen Kräfte begünstigte, von denen oben die Rede war.

Daß diese Bewegung im Zeichen eines phantasielosen Konservativismus stand, wird wohl kaum jemand verwundern. Den *beati possidentes* konnte es nur als Verrat erscheinen, daß ein Staat, der über Jahrhunderte dem Wahlspruch *quieta non movere* gefolgt war, plötzlich Reformen einführen wollte. Bei den anderen dagegen, die nicht zu den *possidentes* gehörten, war das Mißtrauen gegen die Regierung zu tief eingewurzelt, als daß es durch das Auftauchen eines reformwilligen Papstes hätte abgebaut werden können.

Ein Sonderfall: Das savoyische Piemont

Piemont war im 18. Jahrhundert der einzige italienische Staat, der an den komplizierten außenpolitischen und militärischen Entscheidungen in Europa in der ersten Hälfte des 18. Jahrhunderts beteiligt war. Der Spanische Erbfolgekrieg bot dem Herzog Vittorio Amedeo II. die seit langem erhoffte Gelegenheit, um die Abhängigkeit von Frankreich abzuschütteln. Er kündigte das mit der Monarchie bestehende Bündnis mitten im Konflikt auf (1703), um auf die österreichische Seite überzuwechseln und damit die Isolation Ludwigs XIV. zu verschärfen. Diese Kühnheit erwies sich als gut kalkuliert. Am Ende des Krieges wurde Vittorio Amedeo II. in den Verträgen von Utrecht und Rastatt der Königstitel zuerkannt, und das neue Königreich wurde um Monferrato, Alessandria und Sizilien erweitert. Das letztere mußte allerdings sieben Jahre später mit dem ärmeren und rückständigeren Sardinien vertauscht werden. Der Nachfolger Vittorio Amedeos, Carlo Emanuele III., führte die gewagte Politik seines Vorgängers mit ebenso glücklicher Hand fort. Mit Frankreich im Polnischen Erbfolgekrieg verbündet, dagegen auf der österreichischen Seite im Österreichischen Erbfolgekrieg, hatte er jedes Mal den richtigen Verbündeten zu wählen gewußt, so daß Piemont schließlich 1748 um einen beträchtlichen Teil der Lombardei bis zur Grenze des Tessin vergrößert war. Der Schwerpunkt des Staates verlagerte sich damit noch mehr nach Osten gegen die Po-Ebene, und damit mehr nach Italien. Man muß sich jedoch davor hüten, in dieser Expansionspolitik eine Art Vorwegnahme der nationalen Politik Cavours und Vittorio Emanueles II. zu sehen. Die Ziele Vittorio Amedeos II. und Carlo Emanueles III. waren nicht nationale, sondern territoriale und dynastische. Die politischen Entscheidungen waren ausschließlich von Zweckmäßigkeitsüberlegungen geprägt. Das beweist die Tatsache, daß Piemont zur Zeit des Österreichischen Erbfolgekrieges die Allianz mit Maria Theresia und damit die begrenzte territorialen Vorteile dieses Bündnisses vorzog, obwohl die Franzosen nach den Plänen Argensons im Rahmen einer gänzlichen Neuordnung der politischen Verhältnisse Italiens für Piemont die gesamte Lombardei vorgesehen hatten. Damit wäre in gewisser Weise die Napoleonische Neuordnung Italiens vorweggenommen worden.

Mit dieser militärisch und diplomatisch expansiven Außenpolitik ging die Modernisierung der inneren Strukturen Hand in Hand. Vittorio Amedeo II. war zeitweise Verbündeter, zeitweise Feind Ludwigs XIV., immer aber blieb er ein aufrichtiger Bewunderer und Nachahmer von dessen Politik. 1717, unmittelbar nach dem Erwerb der Königskrone, schritt Vittorio Amedeo deshalb zu einer umfassenden Verwaltungsreform nach dem Beispiel von Colberts Zentralismus: eingerichtet wurden ein Staatsrat, dem alle anderen *aziende* des Verwaltungsapparates untergeordnet waren, ein allgemeiner Finanzrat und eine Reihe von Intendanturen in den Provinzen, durch die die Zentrale die Kontrolle über das gesamte Staatswesen ausübte. Mit Hilfe dieser Instrumente konnte eine Politik in Angriff genommen werden, die die volle Durchsetzung der Monarchie gegen jede Form von „Eigengewalten" zum Ziele hatte. Der Klerus sah seine Privilegien und seine Steuerfreiheit eingeschränkt, der Einfluß der Kirche wurde auch in den traditionellen Domänen der Sozialfürsorge und des Unterrichtswesens zurückgedrängt. Hospize und Krankenhäuser unter staatlicher Leitung traten an die Stelle der verschiedenen karitativen Einrichtungen der Kirche. Die Erweiterung der Universität in Turin ging mit der Erneuerung des Lehrkörpers einher, indem an die Stelle der traditionalistisch eingestellten Lehrer diejenigen traten, die von gallikanischen oder gar jansenitischen Ideen geprägt waren. Auch die Privilegien des Adels wurden beschnitten. Die adeligen Güter wurden auf der Basis des unter Vittorio Amedeo II. erstellten Katasters einer allgemeinen und regelmäßigen Besteuerung unterworfen. Auf diese Weise wurde der Wandel des Adels selbst beschleunigt. Aus einer Klasse von *hoberaux* und halb selbständigen Feudalherren verwandelte sich der Adel in eine Klasse von Beamten und Würdenträgern in Heer, Diplomatie und Verwaltung. In letzterem Bereich waren die bürgerlichen Elemente allerdings weit in der Überzahl.

Um den Vergleich mit der Politik Frankreichs unter Ludwig XIV. und

Colbert abzurunden, sei noch erwähnt, daß auch in Piemont große Infrastrukturarbeiten vorgenommen wurden. Neue Straßen und Kanäle wurden gebaut und der Hafen von Nizza, der den einzigen Zugang des Königreiches zum Meer bildete, wurde erweitert. Besonders intensiv war der Ausbau der Hauptstadt Turin, was auch im Zusammenhang mit dem schon erwähnten Bevölkerungswachstum zu sehen ist. Im 18. Jahrhundert nahm Turin jenen Charakter einer königlichen Residenzstadt mit streng symmetrischer Anlage an, der auch heute noch der Innenstadt ein von den anderen italienischen Städten so gänzlich verschiedenes Aussehen gibt. Die meisten Bauwerke dieser Zeit in Turin stammen von einem einzigen Architekten, von dem Sizilianer Filippo Juvara, den Vittorio Amedeo II. nach Turin geholt hat, um ihn zu einer Art italienischen Mansart zu machen. Zu seinen Werken gehören beispielsweise der *Palazzo Madama* und die Basilika von Superga, die anläßlich des Sieges von 1706 über die Franzosen erbaut wurde.

Die umfassende Reformpolitik der savoyischen Monarchie erlebte ihren Höhepunkt in den ersten 30 Jahren des Jahrhunderts und war damit den anderen Reformstaaten in Italien weit voraus. Die Verwaltungsreform unter Vittorio Amedeo II., die Erweiterung der Universität Turin und die Auseinandersetzung mit Klerus und Adel erfolgten zu einem Zeitpunkt, als in Florenz noch die Medici herrschten, als Neapel noch nicht wieder die Unabhängigkeit erlangt hatte, und als auch in der Lombardei die glückliche Reformperiode der Maria-Theresia-Zeit noch nicht angebrochen war.

Der Unterschied ist aber nicht nur rein temporär, sondern sogar in erster Linie qualitativ. Die Reformtätigkeit der Könige von Savoyen orientierte sich, wie wir gezeigt haben, mehr an einem klassischen Modell des Absolutismus nach dem Beispiel Ludwigs XIV. als an dem aufgeklärten Despotismus der Herrscher des 18. Jahrhunderts wie Joseph II. Dies wird vor allem deutlich, wenn man die wirtschaftspolitischen Maßnahmen ins Auge faßt: Piemont lernte nichts kennen, was der Liberalisierung des Waren- und Grundstücksverkehrs in der Lombardei und der Toskana vergleichbar wäre. In Piemont vollzog sich das Wirtschaftsleben weiterhin in den gewohnten Bahnen des Merkantilismus und der Beschränkungen der Zünfte. Dies behinderte die freie Entfaltung der bürgerlichen Investitionen und Initiativen, obwohl solche Kräfte vor allem in den ehemals lombardischen Provinzen vorhanden waren, wo in großem Maßstab Reis angebaut wurde und wo sich kapitalistische Pachtverhältnisse durchgesetzt hatten. Der Rohseidenexport, der wichtigste Sektor der piemontesischen Landwirtschaft, traf auf viele Hindernisse, da die Regierung nur die staatlichen Manufakturen und die eines kleinen Kreises von Privilegierten gelten lassen wollte. Für das Bürgertum blieb nur der Ausweg, sich durch Ämterkäufe und den Erwerb von Adelstiteln in die absolutistische Monarchie zu „integrieren". Die zentralisierte und bürokratische Struktur des Staates erhielt auf diese Weise allmählich die Oberhand gegenüber Ansätzen zu einer Erneuerung, die aus der

Gesellschaft selbst kamen. Auf lange Sicht mußte der Reformeifer der Monarchie erlahmen, was sich schon in den letzten Regierungsjahren Vittorio Amedeos II. abzeichnete. 1727 wurde mit Rom ein Konkordat geschlossen, das praktisch den Verzicht auf die bisherige antikirchliche Politik bedeutete; 1736 wurde der politische Flüchtling Pietro Giannone verhaftet und eingekerkert, und gleichzeitig wurden die fortschrittlichen Professoren der Universität Turin entlassen. In den nächsten Jahrzehnten verstärkte sich diese Tendenz immer mehr und wurde unter der Regierung Vittorio Amedeos III. (1773-1796) besonders ausgeprägt. Während in Florenz, Mailand und Neapel die Reformperiode gerade ihren Höhepunkt erreichte, ließ Piemont jeden Reformwillen fallen. Turin wurde die tristeste aller italienischen Hauptstädte, die, durch Zensur und Konservatismus am besten gegen die Ausbreitung der Aufklärung abgeschirmt, die Kaserne des aufgeklärten Italien bildete, deren Bewohner „hinter dem Mond" gehalten wurden.

Eine gewisse Durchschlagskraft behielt der savoyische Absolutismus nur gegenüber der archaischen Sozialstruktur Sardiniens. Aber auch in diesem Fall führte die diskontinuierliche und zusammenhanglose Politik zum Widerstand der privilegierten Schicht, deren Ruhe gestört war, ohne daß neue soziale Schichten gewonnen werden konnten.

Es ist daher kaum verwunderlich, daß in der zweiten Hälfte des 18. Jahrhunderts die unruhigsten Geister aus dieser sterilen Umgebung auszubrechen versuchten. Einer der bekanntesten unter den Intellektuellen Piemonts, die in dieser Zeit auswanderten, war Alberto Radicati di Passerano. Nach einer bewegten Jugend – er war mit 17 verheiratet, mit 19 Witwer, mit 23 war er neu verheiratet – hatte er sich mit ganzer Seele dem Dienst Vittorio Amedeos gewidmet, weil er der Überzeugung war, an einer umfassenden politischen und kirchlichen Reform des Staates mitarbeiten zu können. Das Konkordat von 1727 bedeutete eine herbe Enttäuschung, und Radicatis offen geäußerter Protest zwang ihn schließlich zur Auswanderung. Nach einem Leben als Reisender und Abenteurer in England und Holland starb er dort im Jahre 1737. Vor seinem Tod hatte er in seinen Schriften den Traum einer zur ursprünglichen Reinheit zurückgekehrten Kirche, einer natürlichen Gottesvorstellung und einer natürlichen Gesellschaft formuliert. Der schillerndste Kopf unter den rebellischen Emigranten Piemonts war zweifelsohne Graf Vittorio Alfieri, dessen Rebellion freilich ein individueller Akt blieb. Mißtrauisch wie viele Aristokraten und Schriftsteller wandte er sich einmal gegen den Konservatismus des Hofes, dann gegen die Exzesse der Pariser Revolution, immer aber gegen die „Plebs" und die „Oberplebs", wie er die Bourgeoisie und alle Neureichen bezeichnete. Aber man mußte nicht das Temperament eines Radicati oder Alfieri besitzen, um das Klima im savoyischen Piemont unerträglich zu finden: zur Auswanderung, zum Kerker oder zum Schweigen waren auch viele weniger funkelnde Geister verdammt, wie der Astronom Lagrange, der zu den Gründern der Akademie der Wissenschaften gehört hatte, Dalmazzo Francesco Vasco, der über Ökonomie und Politik schrieb, sowie der integre Gelehrte und Abt Carlo Denina.

Im Italien des 18. Jahrhunderts war Piemont in politischer und intellektueller Hinsicht also ein rückständiges Gebiet, eine Feststellung, die außerordentlich schwer mit der Rolle Piemonts bei der italienischen Einigung im folgenden Jahrhundert in Einklang zu bringen ist. Gerade in diesem Zusammenhang muß man sich aber vergegenwärtigen, daß Piemont trotz allem zu den ältesten Staaten Italiens gehörte. Im Gegensatz zu den anderen Staaten bestand der Adel in Piemont nicht aus Patriziern und Bürgern, die in den Jahrzehnten der Stagnation von Handel und Gewerbe zum Grundbesitz „zurückgekehrt" waren. Der Adel Piemonts war vielmehr alter Adel, der von seinen ritterlichen Ursprüngen her noch an Gehorsam und Befehl gewohnt war. Auch der König war ein Feudalherr ältester Abkunft, der, wie seinesgleichen jenseits der Alpen, in einer jahrhundertelangen Auseinandersetzung seinen absoluten Herrschaftsanspruch hatte geltend machen können. Turin war niemals eine „italienische" Stadt gewesen mit einer *signoria*, die über das Umland herrschte, sondern ein alter befestigter Platz, der erst relativ spät zur Residenzstadt geworden war. Die Geschichte Piemonts stellt mit einem Wort *en miniature* eine Kopie der großen Staaten jenseits der Alpen dar, sie zeigt ebenfalls die Umwandlung einer feudalen in eine absolute Monarchie im Zeichen der Kontinuität der politischen und sozialen Institutionen. In der Geschichte Piemonts gab es weder verfrühte Reife noch die langen Verfallsperioden, die die italienischen Städte und die anderen Staaten Italiens kennzeichneten. Unter den italienischen Staaten des 18. Jahrhunderts war Piemont deshalb der älteste, aber in gewissem Sinne eben auch der jüngste und flexibelste Staat.

9. Die Französische Revolution und Italien

Das jakobinische Italien

Die Analyse der italienischen Staaten des 18. Jahrhunderts im vorausgegangenen Kapitel hat klar erkennen lassen, daß der Wirkungsbereich der Reformzeit der Aufklärung nur auf wenige Staaten beschränkt blieb, nämlich auf die österreichische Lombardei, Parma, die Toskana unter dem Haus Lothringen und auf das Königreich Neapel. Das übrige Italien blieb im wesentlichen davon ausgeschlossen. Darüber hinaus zeigte die Reformpolitik in Neapel, in Parma und auch in Florenz in den 80er Jahren schon deutliche Ermüdungserscheinungen. Allein in der Lombardei behielt sie durch die Anregung Josephs II. noch einige Kraft.

Es ist also keineswegs richtig, wie nationalistische Historiker behauptet haben, daß die Französische Revolution von 1789 mit ihren „Exzessen" den in ruhigen Bahnen verlaufenden Fortschritt unterbrochen hätte und daß dieser Prozeß ohne den großen „Unfall" der Französischen Revolution leicht das Ziel einer gesellschaftlichen und politischen Erneuerung in ganz Italien hätte erreichen können. 1789 war die Zeit der aufgeklärten Reformen in den italienischen Staaten schon fast zu Ende. Viele von denen, die daran mitgearbeitet hatten, suchten nach neuen, radikaleren Lösungen und übernahmen deshalb die unsterblichen Ideen der Großen Revolution. Dies gilt für diejenigen, die wir als die „Linke" der neapolitanischen Reformbewegung bezeichnen können, und auch für den größeren Teil des jansenitischen Klerus. Selbst Pietro Verri, der persönlich keineswegs ein revolutionärer Charakter war, sprach sein Bedauern darüber aus, daß das französische Beispiel von seinen Landsleuten nicht nur nicht verstanden, sondern sogar abgelehnt wurde. „Die französischen Ideen dienen den anderen Völkern zum Vorbild ... was wird aber mit Italien geschehen? Wir sind unreif und noch nicht würdig, im Reich der Tugend zu leben. Aus falsch verstandener Schlauheit geht es uns wie den Griechen: wir sind der Auswurf Europas, dessen Lehrmeister wir einst gewesen sind."

Diejenigen, die am schnellsten und bedingungslosesten die Sache der französischen Revolutionäre vertraten, gehörten natürlich zur jungen Generation. Sie organisierten die verschiedenen revolutionären Erhebungsversuche von 1794/95, die mit großem Enthusiasmus in Piemont, Bologna und Palermo improvisiert wurden und blutige Niederlagen erlebten. Der Jurastudent Luigi Zamboni, der zu den Anführern der Unruhen in Bologna gehörte, war bei seiner Hinrichtung 23 Jahre alt; erst 22jährig, wurde Emanuele De Deo

Das jakobinische Italien

1795 in Neapel wegen konspirativer Tätigkeit aufgehängt. Die geistige Orientierung dieser jungen Männer kann man annähernd als jakobinisch bezeichnen: Rousseau war ihr Lieblingsautor, die Verfassung des Jahres I ihr politisches Vorbild. Die Tatsache, daß die Jakobiner unter der Regierung des Direktoriums schwere Zeiten erlebt hatten, konnte sie nicht daran hindern, das romanische Nachbarland als möglichen Befreier Italiens zu betrachten.

Frankreich stand außerdem schon mit einem Fuß in Italien. Der Freiheitskampf Korsikas wurde von der italienischen Öffentlichkeit mit Leidenschaft verfolgt, und Pasquale Paoli war eine der populärsten Gestalten des Jahrhunderts. Da Korsika, das von Tradition und Sprache her italienisch gewesen war, nun zu Frankreich gehörte, das seinerseits revolutionär geworden war, lag der Gedanke nahe, aus der Insel eine Art *trait d'union* zwischen der französischen Revolutionserfahrung und der künftigen Revolution in Italien zu machen. 1790 zog Filippo Buonarroti, ein Nachfahre Michelangelos und jakobinischer Student an der Universität Pisa, nach Korsika, um dort eine Zeitschrift mit dem Titel „Giornale patriottico di Corsica" herauszugeben. Diese Zeitschrift kann als eine der ersten Veröffentlichungen des italienischen Risorgimento angesehen werden. Als später, 1794, die Franzosen im Kampf gegen das mit Österreich verbündete Piemont nach der Annexion von Nizza und Savoyen Oneglia besetzten, wurde Buonarroti als Kommissar eingesetzt. Er nahm diese Gelegenheit wahr, um sein Hauptquartier aufs Festland zu verlegen und engere Kontakte mit den anderen Zentren des italienischen Patriotismus zu knüpfen. Weil er Jakobiner und Anhänger Robespierres war, wurde er allerdings nach Paris zitiert und für einige Monate ins Gefängnis geworfen. Nach der Freilassung kehrte er sofort nach Italien zurück, um wieder in die Reihen der italienischen Revolutionäre einzutreten. Mit seinen Schriften und durch konspirative Tätigkeit versuchte er, für die revolutionäre Sache auch die Direktoriumsmitglieder und wichtige Persönlichkeiten der französischen Armee in Italien zu gewinnen, darunter auch den neuen Kommandanten der Armee, ebenfalls ein Korse: Napoleon Bonaparte. Gleichzeitig nahm Buonarroti aktiven Anteil an Babeufs „Verschwörung der Gleichen", denn die Sache der italienischen Revolution war für ihn mit der der französischen identisch. Der Versuch scheiterte jedoch sowohl in Frankreich als auch in Italien: fast gleichzeitig wurde in Paris die Verschwörung der Gleichen aufgedeckt und der Waffenstillstand von Cherasco zwischen dem König von Sardinien und Frankreich geschlossen. Buonarroti wurde verhaftet. Seine Freunde, die auf seinen Rat hin in der kleinen piemontesischen Stadt Alba eine revolutionäre Stadtherrschaft errichtet hatten, sandten von dort aus Appelle an die revolutionären Kräfte der Lombardei und Piemonts. Auch sie mußten aufgeben, und Alba selbst wurde durch den Waffenstillstand von Cherasco dem König von Sardinien übertragen.

Buonarroti hatte also als erster erfahren müssen, daß die Sache der italienischen Revolution mit den Interessen Frankreichs nach dem Thermidor nicht vereinbar war, weil Frankreich zwischen der fieberhaften Erwartung einer neuen Revolution und dem Wunsch nach Stabilität und Respektabilität einer „vollendeten" Revolution hin- und hergerissen war. Italien gegenüber schien die Außenpolitik Frankreichs im Vergleich zu der unter dem Ancien régime unverändert: sobald durch den Erwerb Nizzas und Savoyens die „natürlichen Grenzen" Frankreichs durch den Waffenstillstand von Cherasco sanktioniert und die militärische Kontrolle über Piemont gesichert waren, ging das Direktorium dazu über, seine Kriegsanstrengungen an anderen Fronten fortzusetzen, um Österreich zu Verhandlungen zu zwingen. Nach dieser politischen Logik mußte aus den Verhandlungen eine politische Neugestaltung Italiens hervorgehen, die dem einzigen Ziel diente, ein neues Gleichgewicht zwischen den beiden Großmächten herzustellen.

Aber in Zeiten der Revolution und des Bürgerkrieges werden logische Voraussagen oft Lügen gestraft, und die Ereignisse gehen oft ganz unerwartete Wege, vor allem wenn außerordentliche Persönlichkeiten wie Napoleon Bonaparte beteiligt sind. Der neue Kommandant der italienischen Armee war nicht der Mann, der sich mit einer zweitrangigen Rolle im Spiel des Direktoriums hätte abspeisen lassen. Zwischen Mai 1796 und April 1797 hatte er eine Reihe von großartigen militärischen Erfolgen errungen, ganz Oberitalien unter seine Kontrolle gebracht, und er war bis vor die Tore Wiens vorgestoßen. Durch den Präliminarfrieden von Leoben, den er Österreich aufzwingen konnte, hatte er gegenüber dem Direktorium seinen Handlungsspielraum derart erweitert, daß er auf der Halbinsel nach seinen eigenen Plänen vorgehen konnte.

Die großen Linien der Napoleonischen Politik in Italien unterschieden sich zwar nicht wesentlich von denen des Direktoriums und blieben immer den Interessen des französischen Staates untergeordnet, aber im Gegensatz zu den Direktoren in Paris hatte Napoleon erkannt, daß Frankreich sich nicht dauerhaft in Italien festsetzen konnte, ohne daß die Hoffnungen auf Freiheit und Unabhängigkeit, mit der die Bevölkerung die französischen Heere als Befreier begrüßt hatte, in gewisser Weise tatsächlich erfüllt wurden. Offenbar auf seinen Rat hin schrieb die Generalverwaltung der Lombardei, die an die Stelle der Militärverwaltung getreten war, einen Wettbewerb aus zu dem Thema: „Welche freie Staatsform kann am meisten zum Glück Italiens beitragen?" An diesem Wettbewerb nahmen die bedeutendsten geistigen Köpfe aus ganz Italien teil. Melchiorre Gioia aus Piacenza, der spätere Sieger, Ranza und Botta aus Piemont, Fantuzzi aus Venedig, Ristori aus Florenz, Lattanzi aus Rom und Galdi aus Neapel. Auch Franzosen beteiligten sich daran, darunter auch Pierre Rouher und der bekannte Dichter Giovanni Fantoni. Die Vorschläge enthielten alle Möglichkeiten: von der „einen und unteilbaren Republik" nach französischem Vorbild bis hin zum Staatenbund. Allen Abhandlungen war der Tenor der Hoffnung und des

Vertrauens in die Zukunft gemeinsam. Aber vom Entwerfen eines Programms für Unabhängigkeit und Einheit bis zu dessen Verwirklichung ist es ein weiter Weg. Der Knoten der italienischen Verhältnisse erwies sich als wesentlich verwickelter, als die Jakobiner und Patrioten sich 1796 vorstellen konnten.

Die „Schwesterrepubliken" und die Reaktion von 1799

Zunächst schien sich die Hoffnung derer, die Napoleon als den Befreier Italiens begrüßt hatten, zu bewahrheiten. Zwischen Oktober 1796 und März 1797 fand eine Reihe von Kongressen statt, an denen die Vertreter der Städte, der Herzogtümer und der Legationen teilnahmen, die Bonaparte der päpstlichen Herrschaft entrissen hatte. Auf diesen Versammlungen wurde die Verfassung der „Cispadanischen Republik" ausgearbeitet, die die Trikolore zu ihrer Flagge erklärte. Im Juni wurde die Cispadanische Republik in den größeren Organismus der „Cisalpinischen Republik", mit der Hauptstadt Mailand, eingegliedert. Zu dem neuen Staat gehörten auch die venezianischen Gebiete von Brescia und Bergamo, das Veltlin, das Herzogtum Massa Carrara und die Romagna. Zum ersten Mal seit den Zeiten Gian Galeazzo Viscontis war damit in Nord- und Mittelitalien ein starker Staat mit eigener Flagge und eigenem Heer – der sogenannten italienischen Legion – entstanden. Man konnte mit Recht hoffen, daß dieser neue Staat Kern und Ausgangspunkt für die anderen noch zu befreienden Gebiete Italiens sein würde. Aber Napoleon enttäuschte bald alle derartigen Erwartungen. Genua, das für die Cisalpinische Republik den natürlichen Zugang zum Meer gebildet hätte, wurde im Juni 1797 zur selbständigen sogenannten „Ligurischen Republik" erklärt und blieb damit in seinem Provinzialismus gefangen. Venedig und die Terraferma östlich der Etsch fielen im Vertrag von Campoformio entgegen den Hoffnungen und trotz der Proteste der venezianischen und cisalpinischen Patrioten an Österreich. Piemont schließlich wurde 1799 von Frankreich annektiert.

Aber auch in den ursprünglichen Grenzen hätte die Cisalpinische Republik mit ihren 3,5 Millionen Einwohnern durchaus ein genügend großes Aktionsfeld für durchgreifende gesellschaftliche und politische Reformen geboten, die für ganz Italien Bedeutung hätten gewinnen können, wenn nicht die Hand Frankreichs schwer auf der politischen Existenz der Republik gelastet hätte. Wie alle anderen „Schwesterrepubliken" spürte auch die Cisalpinische Republik trotz der formalen Unabhängigkeit immer die militärische Besatzungsmacht mit allen Konsequenzen: ständige Requisitionen, drückende Kontributionen, die die Finanzen des jungen Staates zerrütteten, Raub von Kunstwerken. Die Regierenden, die im übrigen von Napoleon persönlich ausgewählt waren, verfügten gegenüber den Kommissaren und Beauftragten des Direktoriums nie über wirkliche Eigenständigkeit. Diejenigen unter ihnen, die selbständig zu handeln suchten und zum Beispiel einen Bündnisvertrag mit Frankreich ablehnten, der unter anderem sehr hohe Zahlungen an Frankreich vorsah, wurden schnell abgesetzt. Aber nicht nur das: die Verfassung der Cisalpinischen Republik war der französischen des Jahres III mit ihrem Zweikammersystem und ihrem Zensuswahlrecht nachgebildet. In einem Land, in dem der dritte Stand weder zahlenmäßig noch politisch stark war und in dem noch keine Revolution eine gewisse Umverteilung des Reichtums bewirkt hatte, gab diese politische Ordnung die Macht in die Hand einer kleinen Gruppe. Dieser kleine Kreis bestand vor allem aus Patriziern, reichen Kaufleuten und Gewerbetreibenden, für die bis auf wenige Ausnahmen die Furcht vor dem Neuen stärker war als die Unzufriedenheit mit den bestehenden Verhältnissen. Dies entsprach genau den Zielsetzungen Napoleons und der Pariser Regierung, die mit mißtrauischem Unwillen auf den unitarischen Extremismus der Jakobiner und der *anarchistes* blickten. Um so weniger entsprach dies aber den tiefen, wenn auch unbewußten Erneuerungsbestrebungen, die in der italienischen Gesellschaft vorhanden waren.

Trotz dieser Einschränkungen haben die zwei Jahre, die die Cisalpinische Republik am Leben blieb, in der modernen italienischen Geschichte Gewicht. Zum ersten Mal waren die geistigen Barrieren der Kleinstaaterei zerbrochen, und Italiener aus den verschiedenen Regionen hatten in den Versammlungen und Regierungsorganen der Cisalpinischen Republik zusammengearbeitet. Zum ersten Mal hatte es eine Hauptstadt Italiens gegeben: mit seinem Journalismus, seinen Clubs und seinem geistigen Leben hatte Mailand, als dessen Bürger sich Stendhal mit Stolz bezeichnete, diese Funktion ausgeübt und war zum Sammelpunkt für die Intelligenz ganz Italiens geworden. Der politische und intellektuelle Enthusiasmus konnte sich unter den gegebenen Bedingungen zwar nur teilweise in die Praxis umsetzen, dennoch wurden einige entscheidende Reformen durchgesetzt, wie die endgültige Aufhebung der Fideikommisse und der *manus mortua*, die Einrichtung der Zivilehe, die Übertragung von Verwaltungsaufgaben an die Gemeinden und die Aufhebung zahlreicher Orden und religiöser Kongregationen. Dies alles war zu viel für eine „normale" Regierung, aber zu wenig für eine revolutionäre Regierung. Die Cisalpinische Republik konnte deshalb nicht wirklich Wurzeln im Lande schlagen.

Ähnliches läßt sich für die beiden anderen Republiken – die Römische und die Parthenopäische – sagen, die eingerichtet wurden, als Napoleon nach der Wiedereröffnung der Feindseligkeiten gegen den Papst und die Bourbonen in Neapel schon nach Ägypten aufgebrochen war. Die Römische Republik trat im Februar 1798 mit einer Verfassung ins Leben, die Wort für Wort von einer französischen Kommission nach dem Vorbild der französischen Verfassung des Jahres III diktiert war. Die Republik blieb bis zum Schluß im wesentlichen ein französisches Protektorat, dessen entscheidende politische Maßnahmen die Abschaffung der Fideikommisse und die Verleihung des vollen Bürgerrechts an die jüdische Bevölkerung blieben. Ein noch kürzeres Leben war der Parthenopäischen Republik beschert: nach ihrer Proklamation im Januar 1799, als die Truppen Championnets den bourbonischen Widerstand gebrochen hatten, blieb die Republik fünf Monate am Leben, und das bemerkenswerteste Ereignis dieser kurzen Existenz war ihr heroisches Ende.

Nach zahllosen Siegen begann für die Franzosen das Glück auf dem italienischen Kriegsschauplatz allmählich zu wanken. Im Frühjahr 1799 fielen die österreichisch-russischen Armeen unter Suworow in die Po-Ebene ein, während gleichzeitig aus Kalabrien Kardinal Ruffo an der Spitze seiner „sanfedistischen" Banden Neapel zurückzuerobern begann. Wenige Monate später waren die Franzosen aus Italien vertrieben und konnten nur noch den Brückenkopf Genua halten. Der rasche Erfolg der antifranzösischen Koalition wäre nicht möglich gewesen, wenn sie nicht von innen heraus Unterstützung erhalten hätte. Überall in Italien, in Piemont, in Mittelitalien und im Süden, war im Jahre 1799 auf dem Land aus dem einfachen Volk und den Bauern eine antifranzösische Guerilla entstanden. In dem äußerst hartnäckigen Kampf traten seltsame und einzigartige Gestalten hervor: Banditen wie der berühmte Fra Diavolo der Terra di Lavoro in Kampanien, ehemalige Offiziere wie Lorenzo Mori und ausländische Agenten wie Waugham, die mit ihrer gemeinsamen Geliebten Alessandra, der „Jungfrau vom Arno", an der Spitze eines Heeres aus Arezzo mit dem Schlachtruf „Viva Maria!" über die Städte der Toskana und Umbriens herfielen und unter Jakobinern und Juden ein Blutbad anrichteten. Schließlich gab es sogar Kardinäle wie den genannten Fabrizio Ruffo, der mit wenigen Männern in Kalabrien landete, um dann, an der Spitze eines Heeres aus Bauern und Habenichtsen, im Namen des „Heiligen Glaubens" (*Santa Fede*) gegen Neapel vorzustoßen.

Auch Italien hatte also seine Vendée, ohne jedoch eine eigentliche Revolution erlebt zu haben. Aber vielleicht konnte gerade deshalb die Reaktion im Jahre 1799 so grausame Züge annehmen. Im Fanatismus der Bauernbanden, die gegen Franzosen, Jakobiner und Juden losschlugen, kam auch die wütende Verzweiflung derer zum Ausbruch, die wieder einmal kein Gehör gefunden hatte und sich nun gegen das nächstbeste Opfer wandten. Die Fürsten hatten von „öffentlichem Glück", die Jakobiner von Agrargesetzgebung gesprochen, aber im ganzen war das Jahrhundert der Aufklärung und der Revolution vergangen, ohne daß sich an der Lage der Bauern etwas geändert hätte. Jetzt verwandelten die Bauern das Ende in eine Tragödie, die ihnen flüchtige Rache gewährte.

Die Stadt, über die die Welle der Reaktion mit der größten Gewalt hereinbrach, war Neapel. Eingekreist vom Land her durch die Banden des Kardinal Ruffo und vom Meer her durch die englische Flotte unter Nelson, leisteten die Patrioten Neapels in den befestigten Stellungen der Stadt heroischen Widerstand, bis ihnen nach einigen Tagen eine ehrenvolle Kapitulation angeboten wurde. Das Abkommen, in dem die Unversehrtheit der Verteidiger vorgesehen war, wurde von Nelson nicht anerkannt, und es begann ein wahres Massaker. Opfer der Reaktion von 1799 wurden einige der hervorragendsten Persönlichkeiten des geistigen Lebens und des Adels in Neapel: der Admiral Francesco Caracciolo, die Adelige Eleonora Fonseca de Pimentel, der Naturwissenschaftler Domenico Cirillo, der Jurist Francesco Conforti, die politischen Schriftsteller Mario Pagano und Vincenzio Russo. Letzterer, ursprünglich Arzt, hatte eine Sammlung von ,,Pensieri politici" veröffentlicht, in denen er mit der leidenschaftlichen Klarheit des Revolutionärs eine Gesellschaft auf der Basis der Landwirtschaft und der Gleichheit entworfen hatte, um darin die Tugend und Demokratie wiederzuerlangen. Es war das Programm einer Revolution, die noch niemand versucht hatte.

Das napoleonische Italien

Als Napoleon im Frühjahr 1800 durch den hart erkämpften Sieg von Marengo wiederum den Weg zur Eroberung Italiens freigemacht hatte, war er nicht mehr der junge unbekannte General mit jakobinischer Vergangenheit, sondern der wichtigste und gefürchtetste Mann Frankreichs, Erster Konsul und künftiger Kaiser. Er versprach nicht mehr Freiheit, Gleichheit und Revolution, sondern Stabilität und Ordnung einer modernen, effizienten Verwaltung. Diese Perspektive stieß in Italien wie in Frankreich bei einer Öffentlichkeit, die von Revolutionen und unverhofften Szenenwechseln genug hatte, auf Zustimmung. Der Enthusiasmus und die Hoffnungen der Jakobiner waren in den drei Jahren von 1796 bis 1799 im wahrsten Sinne des Wortes ausgebrannt, während sich die nostalgischen Reaktionäre in den wenigen Monaten der österreichisch-russischen Besetzung völlig diskreditiert hatten. Ruhe und Ordnung erschienen der großen Mehrheit der Italiener als die wichtigste Voraussetzung für Fortschritt und Erneuerung. Napoleon Bonaparte sicherte diesen Zustand und eröffnete so die Möglichkeit für eine ruhige, aber intensive Entwicklung der Halbinsel.

Der wichtigste Staat Italiens war in dieser Zeit eindeutig die sogenannte Italienische Republik. Sie wurde 1802 in Lyon auf einer von Napoleon einberufenen Notabelnversammlung feierlich proklamiert und nach der Kaiserkrönung Napoleons zum Königreich Italien umgewandelt. Dieses Königreich Italien, das bei seiner Gründung das Territorium der Cisalpinischen Republik umfaßte, wurde nach den erfolgreichen Feldzügen Napoleons um Venetien (1806), die Marken (1807) und Trient (1809) erweitert und erhielt damit einen durchaus respektablen Umfang. Ebenso wie die Cisalpinische Republik blieb aber auch das Königreich Italien eigentlich nur ein Satellitenstaat: Napoleon hatte sich bei der Gründung der Republik zum Präsidenten machen lassen und war später auch König des Königreichs. Vergeblich versuchte der von ihm eingesetzte Vizekönig in Mailand, sein Stiefsohn Eugène Beauharnais, vollkommene Entscheidungsfreiheit zu erlangen. Selbst wenn Mailand brennen sollte, schrieb ihm Napoleon, müßte man seine Befehle abwarten und die Stadt solange brennen lassen. Als die gesetzgebende Versammlung es im Jahre 1805 wagte, die kurz vorher eingeführte Steuer herabzusetzen, wurde sie von dem allmächtigen Kaiser einfach aufgelöst und nie wieder einberufen. Auch die Finanz- und Steuerpolitik des Königreichs blieb gänzlich den militärischen Interessen Frankreichs untergeordnet. Aus dem Budget von 86 Millionen des Jahres 1802 waren 49 Millionen Militärausgaben oder Kontributionen an Frankreich. Aber Frankreich forderte nicht nur Geld, sondern auch Menschen, so daß die allgemeine Wehrpflicht eingeführt werden mußte, die in einem Land mit geringen militärischen Traditionen sicherlich nicht als eine positive Neuerung empfunden wurde.

Auch die innere Ordnung des Reiches wurde nach dem zentralistischen Vorbild des napoleonischen Frankreich gestaltet. Das Staatsgebiet wurde in Departements aufgeteilt, die jeweils einem Präfekten unterstellt waren. Die Justiz folgte natürlich dem Code Napoléon.

In Italien, wo die Zeit der Revolution kaum Spuren hinterlassen hatte, brachten die Institutionen und die Gesetze des napoleonischen Establishment eine entscheidende Wende. Die autoritäre Zentralisierung und die Vereinheitlichung der Verwaltung bedeuteten gegenüber der vorhandenen Zersplitterung und dem „Munizipalismus" einen echten Fortschritt. Der Code Napoléon, der in Frankreich die durch die Revolution entstandenen gesellschaftlichen Strukturen im Sinne des Bürgertums festschrieb, hatte in Italien eine vorwärtstreibende Funktion und ermöglichte damit erst die Entstehung solcher Strukturen.

Aus diesen Gründen blieb die wirtschaftliche Entwicklung im Königreich Italien keineswegs stehen. Die Finanzschwierigkeiten, die durch die Kriegskosten noch erhöht worden waren, hatten die Regierung dazu gezwungen, den in der Zeit üblichen Ausweg zu ergreifen und Staatsgüter zu verkaufen, die zum größten Teil aus eingezogenen Vermögen kirchlicher Institutionen und Orden bestanden. Die Abschaffung der feudalen Bindung an Grund und Boden, der Primogenitur und der Fideikommisse, die der Code besiegelte, befreite den Grundstücksmarkt schließlich von den noch vorhandenen Bindungen. Den meisten Nutzen aus dem daraus resultierenden Prozeß der Umverteilung von Grund und Boden zogen die Vertreter der neuen Bourgeoisie. In der Gegend von Bologna beispielsweise erhöhte sich der Grundbesitz in bürgerlicher Hand von 24% im Jahre 1789 auf 40% im Jahre 1804, während der des Adels im gleichen Zeitraum von 73 auf 58% abnahm. Aber auch Patrizier mit altehrwürdigem Namen waren unter den Käufern, so etwa die Familie Cavour, die, nach den Käufen in der napoleonischen Epoche, 1822 von den Fürsten Borghese die Güter um Lucedio mit dem Landgut Leri kauften, das durch diesen großen italienischen Zeitgenossen Bismarcks eine ähnliche Berühmtheit erlangen sollte wie dessen Friedrichsruh.

Für alle, Patrizier oder Bürgerliche, waren diese Investitionen äußerst gewinnbringend, denn während der ganzen napoleonischen Epoche stiegen die Agrarpreise und garantierten beträchtliche Gewinne. Wer sein Glück machen und sozial aufsteigen wollte, fand neben dem Erwerb von Grund und Boden noch andere Möglichkeiten. Die Heere Napoleons brauchten Uniformen, Stiefel und Waffen. Die Kriegführung Napoleons erforderte auch in Italien die Durchführung großer öffentlicher Arbeiten und den Bau von Straßenanlagen, deren wichtigste, aber nicht einzige, die neue Verbindung zwischen Mailand und der Schweiz über den Simplonpaß war. In der Heeresausrüstung eröffneten sich für die entstehende Unternehmer- und Industriellenschicht der italienischen Bourgeoisie neue gewinnträchtige Geschäftsmöglichkeiten. Die von Napoleon 1806 gegen England verhängte Kontinentalsperre schädigte zwar eine Reihe von Wirtschaftssektoren, darunter den Rohseidenexport, der schon durch die Konkurrenz der Manufakturen in Lyon angeschlagen war; aber für andere Sektoren, für die Woll-, Leinen- und Lederherstellung, für den Bergbau und die Waffenproduktion, erwiesen sich die Auswirkungen der Kontinentalsperre weniger schädlich, als man gemeinhin angenommen hat. Es ist keineswegs ausgeschlossen, daß die Kontinentalsperre als protektionistische Barriere günstig auf die Wirtschaft wirkte. Wahrscheinlich wurde in diesen Jahren jener Wendepunkt erreicht, von dem wir gesprochen haben: die italienische Bourgeoisie begann, auf eigenen Füßen zu stehen.

Die Teile Ober- und Mittelitaliens, die nicht zum Königreich Italien gehörten – Piemont, Ligurien, Parma, Toskana, Umbrien, Latium – wurden im Laufe der Jahre zwischen 1800 und 1808 schrittweise von Frankreich direkt annektiert und in französische Departements umgewandelt. Für diese Gebiete trifft im großen und ganzen zu, was wir über das Königreich Italien gesagt haben. Die Unterordnung oder, in diesem Fall, die direkte Abhängigkeit von Frankreich und die Auswirkungen der Kontinentalsperre, die für Genua und Livorno wirtschaftlich schwerwiegend waren, fanden ein mehr oder weniger wirksames Gegengewicht in der Modernisierung und Dynamisierung durch die französische Verwaltung und Gesetzgebung. Dabei ist im Auge zu behalten, daß, mit Ausnahme der Toskana und Parmas, alle von Frankreich annektierten Gebiete im 18. Jahrhundert keine Reformen erlebt hatten. Gerade für diese Territorien war die napoleonische Herrschaft eine Art heilsame Gewaltkur.

Wesentlich komplexer und eigenständiger ist die Entwicklung des Königreichs Neapel in der napoleonischen Zeit. Die 1799 zurückgekehrte Dynastie der Bourbonen hatte wenig unternommen, um sich das Vertrauen derjenigen zu erhalten, die für ihre Rückkehr gekämpft hatten, und sie hatte auch nicht versucht, sich die Sympathie ihrer geschlagenen Gegner zu erwerben, denn ihre Politik beschränkte sich im wesentlichen auf Verwaltungsroutine. Als Napoleon im Jahre 1806 nach dem Sieg von Austerlitz die Absetzung der Bourbonen verkündete, erhob sich keine Hand zu ihrer Verteidigung, und diesmal wurde der Einzug der Franzosen in Neapel wesentlich ruhiger aufgenommen als 1799. Die Überzeugung, daß die Reformen, von denen man seit Jahrzehnten sprach, bereits überfällig waren, die Gewißheit, daß das neue napoleonische Regime Unordnung und jakobinische Exzesse verabscheute, das Bedauern über den Mißerfolg der Republik von 1799 bei den einen, die Furcht vor dem Wiederaufleben der republikanischen Bewegung bei den anderen: alle diese Faktoren trugen dazu bei, den Franzosen den Weg zu ebnen und erweckten große Hoffnungen.

Im großen und ganzen wurden diese Hoffnungen auch nicht enttäuscht. Das französische Jahrzehnt, in dessen Verlauf auf dem Throne Neapels seit 1808 Joachim Murat an die Stelle Joseph Bonapartes trat, wurde von den Zeitgenossen und wird in der Geschichtsschreibung als eine für Neapel glückliche Epoche betrachtet. Die Zeit wurde geradezu als Periode einer guten Herrschaft nach Jahrhunderten miserabler Verwaltung verklärt. Im Gegensatz zur Republik von 1799 wurde die Herrschaft Napoleons nicht als fremd empfunden, denn vor allem Murat war darauf bedacht, in der Verwaltung fähige einheimische Beamte einzusetzen und die Einflußnahme der Franzosen so weit als möglich zu beschränken. Vor allem aber gaben die Franzosen den ,,edlen Herren" des Reiches genau das, was sie wünschten, aber auch nicht mehr: einen effizienteren, moderneren Verwaltungs- und Staatsapparat und Reformen in ihrem Interesse. Die wichtigste dieser Reformen war das Gesetz vom 2. August 1806 über die ,,Abschaffung des Feudalismus", durch das die adlige Gerichtsbarkeit abgeschafft und die volle Souveränität des Staates hergestellt wurde.

Unter juristischem und administrativem Gesichtspunkt war dieses Gesetz eine wahre Revolution. Vom Standpunkt der tatsächlichen sozialen Verhältnisse auf dem Lande her gesehen, änderte sich allerdings nicht viel. Die *signori* hatten aufgehört, Feudalherren zu sein, dafür waren sie aber zu Eigentümern *pleno jure* geworden. Ihr Bewegungsspielraum war dadurch oftmals größer als er vorher gewesen war. Überdies hatten die Eigentümer eine Entschädigung für den Verlust bestimmter Rechte und Abgaben erhalten. Die Abschaffung des Feudalwesens brachte aus diesem Grund keine wirkliche Veränderung, was übrigens auch gar nicht das Ziel des Gesetzes war. Selbst der Verkauf eingezogener Kirchengüter, der in großem Maßstab auch in Neapel stattfand, brachte keine wesentlichen Änderungen der bestehenden Strukturen. Neuere Untersuchungen haben ergeben, daß 65% der verkauften Ländereien in die Hände von nur 250 Käufern kamen, die zum größten Teil Adelige, Staatsbeamte (darunter nicht wenige Franzosen) oder reiche Bürger waren. Kurz nach dem Gesetz über die Aufhebung des Feudalismus wurde ein Gesetz über den Gemeindebesitz erlassen, das u. a. die Aufteilung eines Teiles des Gemeindebesitzes unter die Bauern vorsah. Aber auch dieses Gesetz änderte nichts an der bestehenden Situation und war praktisch bedeutungslos. Der Großgrundbesitz der ,,edlen Herren" auf der einen Seite und auf der anderen die kleinen Parzellen, die den Eigentümern nur die Selbstversorgung ermöglichten, erhielten sich auf diese Weise und bildeten die Voraussetzung dafür, daß auch die Rückständigkeit erhalten blieb. Die gesellschaftliche Distanz zwischen den Privilegierten und den *cafoni*, den ,,Bauerntölpeln", blieb unüberbrückbar. Die Herausbildung einer bürgerlichen Mittelschicht auf dem Lande und in der Stadt vollzog sich in Süditalien auch in dieser Periode wesentlich langsamer als in anderen Teilen Italiens. Die wenigen unternehmerischen Initiativen waren in vielen Fällen von Ausländern getragen, meistens von Schweizern. Außerdem waren die Auswirkungen der Kontinentalsperre für einen auf den Seehandel orientierten Staat wie Neapel besonders drückend. Auch aus diesem Grund erschien die Investition in Grund und Boden als die erstrebenswerteste Geldanlage. Auch wenn das Feudalwesen abgeschafft war, bildete der Großgrundbesitz – viel Großgrundbesitz – weiterhin die Voraussetzung für gesellschaftliches Ansehen. Aus dem französischen Jahrzehnt ging das Königreich Neapel daher zwar in seiner Staats-, Verwaltungs- und Finanzstruktur modernisiert hervor, aber das soziale Gewebe blieb das gleiche und die Rückständigkeit trat nur noch deutlicher hervor im Vergleich zu den Fortschritten, die im Norden erzielt worden waren.

Die einzigen Gebiete Italiens, die außerhalb des Napoleonischen Herrschaftsbereiches blieben, waren das Königreich Sardinien, wohin sich das savoyische Königshaus, und Sizilien, wohin sich die Bourbonen aus Neapel geflüchtet hatten. Letztere mußten sich allerdings mit der militärischen Besetzung der Insel durch die Engländer abfinden. 1811 wurde der Engländer Lord Bentinck als bevollmächtigter Minister auf die Insel geschickt, ein Whig, der davon überzeugt war, daß der Kampf gegen Napoleon nicht nur militärisch, sondern auch politisch und propagandistisch ausgefochten werden müsse. Unter Ausnutzung des traditionellen Autonomiestrebens und der Abneigung gegen die Bourbonen gelang es dem Lord, die Barone in Sizilien zur Annahme eines Gesetzes zu bewegen, das in abgeschwächter Form dem Napoleonischen über die Abschaffung des Feudalismus glich. Darüber hinaus setzte er eine Verfassung nach englischem Vorbild mit einem Unter- und Oberhaus durch. Lord Bentincks Handlungsweise war äußerst geschickt, denn er wollte damit die Italiener davon überzeugen, daß der Sturz der napoleonischen Usurpatoren nicht gleichbedeutend mit Reaktion sei. Gleichzeitig stellte er das Modell des englischen Konstitutionalismus und Parlamentarismus dem Zentralismus und Caesarismus Napoleons entgegen. Damit trug er, wie wir noch sehen werden, wesentlich dazu bei, daß die in Italien von Napoleon geschaffenen Regime die Niederlage ihres Gründers nicht überlebten.

Das Ende der napoleonischen Herrschaft

Vor der Franzosenherrschaft und vor der Einführung des Code Napoléon war es für einen Nichtadeligen, sofern er nicht über großen Reichtum verfügen konnte, praktisch unmöglich, eine Karriere als Gelehrter zu machen. Auch wenn es paradox erscheinen mag, der einfachste Weg war die kirchliche Laufbahn. Das erklärt, warum das 18. Jahrhundert in Italien, wie auch in Frankreich, so reich an Geistlichen war, deren Ideen sicher nicht orthodox waren und die geradezu durch ihren Reformeifer herausragten. Ludovico Antonio Muratori, der in seinen historischen Werken die Auffassung Machiavellis übernommen hatte, daß das Papsttum dem Fortschritt Italiens im Wege stehe, war Abt. Ebenfalls Abt war Parini, der eine Ode verfaßte, in der er die Kastration der Chorknaben der Sixtinischen Kapelle als Barbarei geißelte. Abt war Gian Battista Casti, ein Abenteurer und Autor erotischer Verse. In den letzten Jahren des Jahrhunderts gab es eine ganze Reihe von Bischöfen und Geistlichen, die jansenitische und jakobinische Ideen vertraten: einige von ihnen, wie die Bischöfe Serrao und Natale und die Priester Pacifico und Falconieri, wurden Opfer der Reaktion von 1799. Im Gegensatz zur kirchlichen war die militärische oder universitäre Laufbahn Personen, die nicht „standesgemäß" waren, kaum zugänglich. Wer nicht dazu bereit war, in einen Orden einzutreten, für den blieb als Weg die typisch italienische, oder besser süditalienische Lösung des Advokatenberufes.

Nach 1796 wandelten sich die Dinge vollständig. Für die Söhne des Adels und des Bürgertums eröffnete sich vor allem die große Chance einer militärischen Karriere in den Armeen Napoleons und die Aussicht auf eine moderne Ausbildung in den zahlreichen Militärakademien, die Napoleon in ganz Italien gründete. Sehr viele Patrioten des Risorgimento haben sich die ersten militärischen und politischen Sporen in den Reihen der Napoleonischen Heere verdient. Darüber hinaus aber gab es für lebendige Geister noch andere Möglichkeiten: in den erweiterten Universitäten, den Kunstakademien, den Konservatorien, den Fachschulen, den Lyzeen, die alle nach französischem Vorbild eingerichtet wurden, in der Verwaltung und im Journalismus. Ugo Foscolo, eine der interessantesten geistigen Gestalten dieser Epoche in Italien, hatte all diese Karrieren durchlaufen: Soldat, Journalist, Universitätsprofessor ohne akademische Allüren war sein Leben eine Art Kompendium der Geschichte der Intellektuellen in der napoleonischen Zeit.

So bildete sich über die Grenzen der italienischen Staaten hinweg eine neue Schicht aktiv am gesellschaftlichen Leben teilnehmender Intellektueller, die wesentlich zur Entstehung eines Nationalbewußtseins beitrug. Wir haben den Namen Foscolo bereits erwähnt: sein Briefroman „Jacopo Ortis" war eines der meistgelesenen Bücher der Generation zwischen Revolution und Restauration. Mehr aber als an die Literatur ist in diesem Zusammenhang an die völlig neue Erscheinung des Journalismus zu denken. Eine der angesehensten Zeitungen der Epoche war der „Giornale Italiano". Chefredakteur war Vincenzo Cuoco aus Neapel, Autor einer Schrift über die Revolution, derentwegen er 1799 hatte nach Mailand emigrieren müssen. Der Titel seiner Zeitung war nicht übertrieben: ob es sich um Politik, Literatur, Wirtschaft oder Probleme des Unterrichtswesens handelte, immer wandte sich der „Giornale Italiano" an die Leser der ganzen Nation.

Die entstehende bürgerliche Öffentlichkeit konnte sich natürlich auf die Dauer nicht nur durch Kunst und Literatur ausdrücken, sondern brauchte eine politische Organisation. Unter den allgemeinen Bedingungen der Zeit, und in Italien ganz besonders, konnte die Organisation nur die Form einer Geheimgesellschaft oder Sekte annehmen. Im Norden Italiens entstand eine Geheimgesellschaft mit dem Namen *Adelfia*, unter deren Mitgliedern besonders viele Offiziere waren, zu der auch Filippo Buonarroti gehörte. Im Königreich Neapel war die *Carboneria* aktiv. Ihre Anhänger stammten aus dem Heer, aus der ländlichen Bourgeoisie, dem Klerus und sogar aus dem einfachen Volk. Eine andere Sekte war die *Guelfia* im Kirchenstaat und in der Romagna. Die politische Orientierung dieser Sekten ist nicht genau zu definieren. Unter ihren Mitgliedern waren Jakobiner und Anhänger des Ancien régime, Bewunderer und Gegner Napoleons, Agenten der Franzosen, der Engländer und der Bourbonen aus Sizilien. Die Organisationsstruktur der Sekte selbst, ihre von einander unabhängigen Zellen und die verschiedenen Grade machten sie unterschiedlichen Einflüssen zugänglich. Und der Schleier des Geheimnisses, mit dem die ganze Organisation umgeben war, ließ vor allem den Mitgliedern der unteren Grade unterschiedliche Richtungen glaubwürdig erscheinen. Daraus erklärt sich beispielsweise, wie man der gefälschten Bulle des Papstes Pius VII. Glauben schenken konnte, in der der von den Franzosen erniedrigte Papst aus der Verbannung alle Gläubigen zum Eintritt in die *Carboneria* aufrief. Mit einer gewissen Berechtigung kann man davon sprechen, daß sich in den Geheimgesellschaften vor allem diejenigen zusammenfanden, die einen unabhängigen, konstitutionellen Staat erstrebten. Als das eigentlich Wesentliche erscheint uns jedoch, daß sich hier, wenn auch in noch wirrer Form, der Wille einer erst im Entstehen befindlichen Öffentlichkeit manifestierte, am politischen Leben teilzunehmen. Die Geheimgesellschaften waren jedoch beim Zusammenbruch der napoleonischen Herrschaft in Italien nur in ganz bescheidenem Maße in der Lage, auf die Entwicklung der Dinge Einfluß zu nehmen.

Als Ende des Jahres 1812 Nachrichten über den katastrophalen Rückzug aus Rußland und die schweren Verluste der italienischen Truppen in diesem Feldzug eintrafen, war vielen klar, daß die Tage Napoleons gezählt waren. Letzte Zweifel räumte die Völkerschlacht bei Leipzig aus. Von diesem Augenblick an setzten die italienischen Statthalter Napoleons – Eugène Beauharnais in Mailand und Joachim Murat in Neapel – alles daran, sich von ihm loszusagen in der Hoffnung, auf diese Weise Thron und Reich behalten zu können, wie dies später Bernadotte in Schweden gelingen sollte. Durch das offenbar nahende Ende der Napoleonischen Herrschaft erhielt die Hoffnung der italienischen Öffentlichkeit auf Unabhängigkeit und eine konstitutionelle Regierung neue Nahrung. Diese beiden Bestrebungen, die der Regierungen und die der Geheimgesellschaften, hätten sich vielleicht treffen und zusammenwirken können, aber dazu kam es nicht. Und dies bedeutete den Sieg der Restauration.

In Mailand führte die von den sogenannten „reinen Italikern" ins Leben gerufene Bewegung am 20. April 1814 zur Ermordung des Finanzministers des Königreichs, Prina. Damit scheiterten die Versuche Beauharnais', die Unabhängigkeit und Einheit seines Reiches zu bewahren. Er hatte sich bereits von Napoleon losgesagt und einen Waffenstillstand unterzeichnet. Statt dessen wurde in der Lombardei schlicht und einfach wieder die österreichische Herrschaft restauriert.

In Neapel dagegen war es Murat selbst, der sich die beste Chance für sein Spiel verscherzte. Statt die Öffentlichkeit Neapels für sich zu gewinnen, wies er die dringende Forderung der *Carbonari* nach einer Verfassung zurück in der Hoffnung, sich ausschließlich auf das diplomatische Ränkespiel verlassen zu können. Dazu kam noch seine Impulsivität, die ihn während der hundert Tage wieder an die Seite Napoleons zurückführte, den er nach Leipzig im Stich gelassen hatte. In blindem Vertrauen auf die Möglichkeit eines neuen Sieges rückte er mit seinem Heer bis Oberitalien vor, wo er jedoch von den Österreichern geschlagen wurde. Erst jetzt, in extremis, entschloß er sich, eine Verfassung zu gewähren, aber nun war es zu spät. Nach der Vertreibung aus seinem Königreich, in das die Bourbonen zurückkehrten, versuchte er im Oktober 1815 mit einem kleinen Kreis Getreuer eine letzte verzweifelte Landung, wurde aber gefangengenommen und erschossen. Sein Heldentod trug viel zu seiner späteren Popularität bei. Bis zur italienischen Einigung und darüber hinaus gab es in Neapel immer eine „Murat-Strömung". Darin kam das Bewußtsein für die Bedeutung der Reformtätigkeit während des französischen Jahrzehnts zum Ausdruck.

10. Restauration und Romantik

Die Restauration und die Erhebungen von 1820/21

Das vom Wiener Kongreß proklamierte Legitimitätsprinzip wurde in Italien mit bürokratischem Eifer verwirklicht. Bis auf geringfügige Grenzkorrekturen kamen alle abgesetzten Dynastien wieder in den Besitz ihres ganzen Territoriums, das Haus Savoyen in Piemont und Sardinien, die Bourbonen in Neapel und Sizilien, die Lothringer in der Toskana. Man machte nicht einmal eine Ausnahme für die Miniaturherzogtümer der Po-Ebene: Francesco IV. d'Este kehrte nach Modena zurück, und Marie Luise, die später nicht ganz untröstliche Witwe Napoleons, erhielt Parma unter der Bedingung, daß nach ihrem Tod wieder die alte Linie der Bourbonen an die Reihe käme. Während der Wartezeit wurden sie Herrscher über die einstige Republik Lucca, die dann, wie dies 1847 auch geschah, an die Toskana angegliedert werden sollte. Neben der Republik Lucca fielen auch die beiden Republiken Genua und Venedig dieser Neuordnung der Halbinsel zum Opfer. Nicht einmal die Tatsache, daß sie schon einige Jahrhunderte vor der Französischen Revolution Republiken gewesen waren und – vom Papst einmal abgesehen – von allen italienischen Dynastien am meisten Legitimität besaßen, konnte sie nicht vor dem Schicksal bewahren, das ihre innere Schwäche schon lange vorgezeichnet hatte: Genua wurde zu Piemont geschlagen, das damit endlich eines seiner wichtigsten Expansionsziele erreicht hatte; Venedig bildete mit der Lombardei zusammen das Königreich Lombardo-Venetien. Unter der Herrschaft eines von Wien eingesetzten Vizekönigs wurde dieses Königreich vollständig in den habsburgischen Vielvölkerstaat integriert.

Durch diese neue territoriale Ordnung wurde zwar die politische Landkarte gegenüber der vornapoleonischen Zeit vereinfacht. Gegenüber der napoleonischen Zeit jedoch bedeutete sie einen großen Rückschritt, insbesondere in der Po-Ebene, dem hochentwickeltsten Teil des ganzen Landes. Das ehemalige Königreich Italien wurde in vier Staaten zerrissen: in Lombardo-Venetien, die Herzogtümer Modena und Parma und in den Kirchenstaat. Die Folgen kann man sich leicht ausmalen.

Die Wiederherstellung der politischen Grenzen ging häufig mit der Wiederherstellung der alten Zollgrenzen einher. Waren, die auf dem Po von der Lombardei zum Meer oder vom Brenner über Modena in die Toskana transportiert wurden, mußten für jeden Staat, den sie durchquerten, Einfuhr- und Ausfuhrzoll zahlen. Außer der Toskana, die dem Freihandelsprinzip aus den

Zeiten Leopolds treu geblieben war, schränkten alle anderen Staaten in unterschiedlichem Ausmaß den freien Handelsverkehr ein. Sie folgten damit den Interessen der Hauptstadt, des Hofes und der Gruppierungen um den Hof, die eng miteinander verknüpft waren. Die Folge war, daß neben dem chronischen Banditenunwesen in einigen Gebieten auch der Schmuggel blühte. Besonders gravierend war die Situation in dieser Beziehung an den Grenzen des Kirchenstaates.

Aber die Wirtschaftsgrenzen existierten nicht nur zwischen den Staaten, sondern auch im Inneren der größeren Staaten selbst. Bis 1822 bestand eine Zollschranke am Mincio zwischen der Lombardei und Venetien und eine andere gegenüber den nördlich der Alpen gelegenen Teilen des habsburgischen Reiches. Ihre Aufhebung trug jedoch wenig dazu bei, die Benachteiligung und Unterordnung des venezianischen und lombardischen Handels gegenüber der österreichischen und böhmischen Konkurrenz zu beseitigen. Im Gegenteil, diese Schwierigkeiten nahmen nach der Gründung des Zollvereins (1834) zu. Ähnlich war die Lage im Königreich Sardinien: eine Zollschranke trennte Savoyen von Piemont und dieses wiederum von dem neuen ligurischen Landesteil. Die 1818 erfolgte Aufhebung der Zollschranke half auch dem ligurischen Hafen wenig, der durch die Kontinentalsperre und die Konkurrenz von Livorno und Triest schwer gelitten hatte. Die Politik des Turiner Hofes blieb weiterhin ganz auf protektionistischem Kurs. Es ist deshalb leicht verständlich, daß man in Genua Piemont immer sehr feindlich gesonnen war. Genua bildete zusammen mit Livorno während des Risorgimento die Hochburg der Republikaner: Genua war die Heimatstadt Mazzinis.

Politische und wirtschaftliche Restauration also. Die Möglichkeit der Restauration war jedoch beschränkt. Zwar war es möglich, den abgesetzten Dynastien wieder auf ihren Thron zu verhelfen, die alten Grenzen wiederherzustellen und es war auch möglich, die Schulen und Zentren der Gesellschaft Jesu wieder zu eröffnen. Einige Regierungen, wie die großherzogliche in Florenz, weigerten sich jedoch, dies zu tun. Unmöglich dagegen, oder nur sehr schwer möglich, war es, die tiefgreifenden Veränderungen der sozialen Beziehungen zwischen den Individuen und Klassen, die in den zwanzig Jahren französischer Herrschaft entstanden waren, auszulöschen. Die einzige Regierung, die *sic et simpliciter* den Code Napoléon abschaffte und zur alten, wirren Gesetzgebung zurückkehrte, war die Regierung in Turin, die auch als erste die Jesuiten mit großem Pomp zurückrief. Dies war für die jüdischen und waldensischen Minderheiten ein sicheres Zeichen dafür, daß die Diskriminierung wieder aufleben würde. Anderswo allerdings ging man mit mehr Vorsicht vor: Männer wie Vittorio Fossombroni zum Beispiel, der während der Restaurationszeit an der Spitze der toskanischen Regierung stand, oder Luigi de' Medici, der engste Mitarbeiter der Bourbonen in Neapel oder auch der Kardinal Ercole Consalvi, Staatssekretär Pius' VII., ganz zu schweigen von den Beamten der Schule Josephs II. in Lombardo-Venetien, waren sich darüber im klaren, daß eine Restauration *in pristinum* unmöglich und auch gefährlich war. Wo, wie in der Toskana und in Lombardo-Venetien, der Code Napoléon wieder abgeschafft wurde, achtete man darauf, an dessen Stelle neue Gesetzbücher im Geiste der Reformen des 18. Jahrhunderts und der napoleonischen Ära zu setzen. In Neapel hatte die Abschaffung des Code sogar bloß formalen Charakter.

Mit ebenso großer Vorsicht ging man an die Frage der während der Franzosenherrschaft verkauften Staats- bzw. Kirchengüter. Nur ein Teil, noch dazu ein nicht allzu großer Teil, kam wieder in die Hand der ursprünglichen Eigentümer; überwiegend profitierten kirchliche und karitative Einrichtungen davon. Selbst im Kirchenstaat mußten sich die alten Eigentümer oft mit einer Entschädigungssumme von seiten derer, die sie als Usurpatoren betrachteten, zufriedengeben. Das gleiche gilt für die abgeschafften Privilegien und Rechte, denn auch in diesem Fall war es unmöglich, die einmal vollzogenen Tatsachen wieder rückgängig zu machen. Selbst im Süden machte niemand den Versuch, die verwickelten Verhältnisse aus der Zeit vor dem Gesetz über die Abschaffung des Feudalismus aus dem Jahre 1806 wiederherzustellen. Im Gegenteil: die antifeudale Gesetzgebung der napoleonischen Zeit wurde jetzt auch auf Sizilien ausgedehnt, das auf diese Weise verspätet die Auswirkungen der Revolution und der französischen Besetzung zu spüren bekam.

Die Politik der Restaurationszeit schwankte daher zwischen dem Extrem der legitimistischen Intransigenz und dem der nachgiebigen Anpassung hin und her, zwischen dem Versuch also, gegen die neuen Klassen und sozialen Schichten, die aus der Krise und dem Zusammenbruch des Ancien régime hervorgegangen waren, zu regieren, und dem Versuch, das Vertrauen und die Unterstützung dieser Schichten zu erwerben. Weder in dem einen noch im anderen Fall, weder mit Unterdrückung noch mit Schmeichelei hatte man Erfolg: man deckte vielmehr nur die eigenen Schwächen auf. Dies wiederum ermutigte die Opposition, die in den Grüppchen und Logen der Geheimorganisationen genährt wurde. ,,In den Augen der Erbitterten", schrieb Stendhal in seinen ,,Promenades", ,,sind Konzessionen nur Beweis der Schwäche der Regierung, die sie gewährt."

Das Beispiel Neapel verdeutlicht das Gesagte vielleicht am besten. Die Aufrechterhaltung dessen, was wir als Eroberungen der Bourgeoisie bezeichnen könnten, war nicht ohne Gegenleistung geblieben. Der Kirche mußten beim Abschluß des Konkordates 1818 bedeutende Konzessionen gemacht werden, und ebenso dem Hof und den mit ihm verbundenen Finanzgruppen in der Steuer- und Zollpolitik. Die Widersprüche dieser Politik schufen, zusammen mit den Schwierigkeiten einer ungünstigen Wirtschaftsentwicklung und sinkender Agrarpreise, eine wachsende Unzufriedenheit. Als sich im März 1820 die Nachricht verbreitete, daß der spanische König gezwungen worden sei, eine Verfassung zu gewähren, wurde diese Forderung zum Kondensationskern und zum Losungswort einer starken Bewegung.

Mit der stillschweigenden und teilweise auch offenen Unterstützung des Heeres, in dessen Reihen viele Murat-Anhänger waren, begann in der Nacht vom 1. zum 2. Juli der Aufstand in Nola. Er breitete sich schnell auf alle Provinzen aus, erreichte die Hauptstadt und zwang im Laufe von wenigen Tagen König Ferdinand, die spanische Verfassung zu gewähren und zu beschwören. Der rasche Sieg war mehr der Schwäche des Widerstandes als der Einheit und Entschiedenheit der Bewegung zuzuschreiben. Innere Auseinandersetzungen kamen bald zum Vorschein und beschleunigten die Niederlage, wenn sie nicht gar deren Ursache bildeten. Politische Meinungsverschiedenheiten zwischen den Offizieren, die zur *Carboneria* gehörten, und der alten Garde der Notabeln und Beamten, die Murat-Anhänger waren; Unterschiede zwischen sozialen Schichten und Klassen, die sich zum größten Teil in politischen Differenzen niederschlugen: Gegensätze zwischen der Agrarbourgeoisie in den Provinzen und dem Bürgertum der Städte, zwischen der Bourgeoisie und den Bauern, Gegensätze schließlich zwischen Festland und Sizilien, denn auf der Insel hatte von Anfang an das Autonomiestreben in der Bewegung eine große Rolle gespielt. Deshalb kam es bald zum Konflikt mit der konstitutionellen Regierung, der sich so zuspitzte, daß das neue Parlament in Neapel im Oktober 1820 das vorher mit dem sizilianischen Ausschuß geschlossene Abkommen aufkündigte und den General Pietro Colletta zur Unterdrückung des Widerstandes nach Sizilien schickte.

Die Summierung all dieser Widersprüche trug natürlich dazu bei, die Geschlossenheit des revolutionären Lagers zu untergraben und seine Handlungsfähigkeit zum Erlahmen zu bringen. Hier liegt der tiefere Grund für das Scheitern der Bewegung. Aber auch das Doppelspiel des Königs trug dazu bei. Nachdem er die Verfassung erlassen und die neue Regierung eine Weile hingehalten hatte, ging er in deren Auftrag nach Laibach, angeblich, um das Eingreifen der Österreicher zu verhindern. Statt dessen forderte er dort gerade zum Eingreifen auf. Im März 1821 reichte das Erscheinen eines österreichischen Expeditionskorps an der Grenze, um das verfassungsmäßige Heer zu zerstreuen und den Weg für den vollständigen Sieg der Restauration zu öffnen.

Das österreichische Eingreifen in Neapel veranlaßte die Geheimorganisation in Piemont, ihre seit langem im Gang befindlichen Aufstandsvorbereitungen zu beschleunigen. Auch hier lag der Schwerpunkt der Organisation bei den Offizieren. Am 9. März hißte die Garnison von Alessandria, einer Hochburg der Konspiration, über der Kaserne die Trikolore, und das Beispiel wurde in den folgenden Tagen von anderen Abteilungen bis in die Hauptstadt hin nachgeahmt. Die Hauptforderung der Aufständischen, oder zumindest der Bewußtesten unter ihnen, lautete wie die in Neapel: Einführung der spanischen Konstitution. Daran knüpfte sich jedoch die Forderung, daß der piemontesische König, selbst um den Preis der offenen kriegerischen Auseinandersetzung mit Österreich, die Wiederherstellung des Königreichs Italien verfolgen solle. Das Programm der piemontesischen Aufständischen war anspruchsvoller und weniger nur auf den eigenen Staat bezogen als dasjenige in Neapel. Die Bewegung blieb jedoch im großen und ganzen auf das Heer und Geheimgesellschaften beschränkt. Wie bei allen anderen Aufständen, so fehlte auch hier eine gewisse Naivität nicht. Bevor das Zeichen zum Aufstand gegeben wurde, hatten die Rädelsführer Kontakte mit dem Erbprinzen Carlo Alberto aufgenommen, von dem man wußte, daß er die rückschrittliche Orientierung des Hofes nicht teilte. Dieser aber, der schon vor dem Ausbruch des Aufstandes eine zweideutig ausweichende Haltung eingenommen hatte, enttäuschte die Erwartungen der Patrioten in jeder Hinsicht. Nachdem Vittorio Emanuele I. abgedankt hatte, übernahm er die Regentschaft. Den Aufständischen war es zwar gelungen, ihn auf die spanische Verfassung schwören zu lassen, aber sein Onkel, Carlo Felice, ein unbeugsamer Verfechter legitimistischer Prinzipien, übte Druck auf ihn aus. Nach langem Zögern gab Carlo Alberto schließlich dem Drängen seines Onkels nach und überließ ihm den Thron. Mit der Unterstützung Österreichs gelang es Carlo Felice schnell, das konstitutionelle Heer zu überwinden und in der Hauptstadt wieder in den vollen Besitz seiner Rechte als absoluter Monarch zu treten.

Der Niederlage folgte die Repression. In vielen Städten fanden Prozesse gegen die Aufständischen statt. Besonders aufsehenerregend wegen der Zahl und der Persönlichkeit der Angeklagten waren die Prozesse in Mailand gegen die Mitglieder der *Carboneria* und der *Federati*, die in engem Kontakt mit den piemontesischen Aufständischen gestanden hatten. Unter den Verurteilten waren Namen wie der des Federico Confalonieri, eines angesehenen Patriziers aus Mailand, der schon an der Bewegung der „Reinen Italiker" teilgenommen hatte, bekannt auch durch seine Initiativen in der Wirtschaft und als Kunstmäzen. Weiter waren unter den Angeklagten Silvio Pellico und Pietro Borsieri, beide Mitarbeiter der Zeitschrift „Conciliatore" unter Alessandro Filippo Andryane. Dieser wiederum war der Emissär des nimmermüden Buonarroti und Silvio Morettis, eines energischen Offiziers aus der Napoleonischen Armee. Berufssoldaten waren die meisten der Angeklagten auch in Neapel, wo in dreißig Fällen die Todesstrafe verhängt wurde.

Viele konnten durch die Flucht ins Ausland Prozeß und Verurteilung entgehen. Unter anderen finden wir in dieser ersten Welle politischer Emigration den lombardischen Ökonomen Giuseppe Pecchio, den neapolitanischen General Guglielmo Pepe, der zu den Anführern der Erhebungen von 1820 gehörte, und schließlich den Dichter Giovanni Berchet. Der größte Teil der Flüchtlinge führte im Ausland die politische Aktivität in der Konspiration oder auf den Schlachtfeldern in Spanien und Griechenland fort. So auch z. B. der piemontesische Graf Annibale Santorre di Santarosa, einer der Verfasser der Aufstandserklärung in Piemont; er starb 1825 in Griechenland. Andere, wie Raffaele Rossetti, der Vater des prärafaelitischen Malers, oder Antonio Panizzi aus Modena, der später Direktor des Britischen Museums wurde, faßten in dem Land Fuß, das ihnen Zuflucht gewährte.

Die Restauration hatte gesiegt, und die reaktionärsten Kräfte gewannen die Oberhand. In Neapel mußte ein Medici sein Amt verlassen, das vom Fürsten von Canosa, einem wahren Musterbeispiel an legitimistischer Intransigenz, übernommen wurde. In Rom führte der Erfolg der „eifernden" Kardinäle im Konklave von 1823 zur Wahl Leos XII. und zur Entlassung Consalvis. Die billige Rache an den Besiegten war sicherlich ein Zeichen für die Schwäche der Restauration, für ihre Kurzsichtigkeit und Rohheit. Aber auch die Gegenseite, die Geheimgesellschaften und Befreiungsbewegungen waren schwach. Nicht nur durch die Niederlage und den Verlust ihrer fähigsten Köpfe, sondern auch durch die widersprüchliche Zusammenhanglosigkeit ihrer Vorhaben selbst. Der Kampf hatte dies und die daraus resultierende Neigung zur bloßen Improvisation, die durch den Mangel an wirklicher Verwurzelung bedingt war, erbarmungslos offengelegt.

Das Zusammentreffen dieser beiden Schwächen konnte nur zur Stagnation führen. Wie auch in anderen Texten finden wir dieses Bild einer stagnierenden Gesellschaft in den „Promenades dans Rome" von Stendhal. Er beschreibt skeptische Kardinäle, hochherzige aber resignierte Leute aus dem Volk, blasierte Polizeiminister und junge Liberale, die nach einem Konzert von Giuditta Pasta in der Scala in einem Café über „Musik, Liebe und Paris" reden. In Erwartung, daß sich die Dinge zum besseren wandelten, konnte man gut von dem *douceur de vivre* profitieren, den die Restauration wie alle überlebten Regimes großzügig bot. Konnten sich die Dinge aber wirklich wandeln? Im Gegensatz zu seinem Landsmann Lamartine, kannte Stendhal die Geschichte, den Charakter und die Ressourcen der Italiener zu gut, um Zweifel zu hegen. Er wußte, daß sie nicht endlos – wie sein römischer Barbier sagte – „von Pfaffen" regiert sein wollten. „Ich glaube nicht", schreibt er in seinen „Promenades", „einer Utopie anzuhängen, wenn ich behaupte, daß in Italien die Revolution zwischen 1840 und 1845 ausbrechen wird."

Die Literatur der Restaurationszeit: Manzoni und Leopardi

Daß die Stagnation der Restauration nicht ewig dauern konnte, bewies auch die Tatsache, ebenfalls von Stendhal bemerkt, daß jeder nur halbwegs gebildete Mensch zur Opposition gehörte. Wer unserer bisherigen Argumentation über die Rolle der Intelligenz in der italienischen Geschichte gefolgt ist, der wird die Bedeutung dieser Tatsache ermessen können. In der Geschichte gibt es Grundströmungen, die sich kaum ändern und zu diesen gehört die Rolle der italienischen Intellektuellen. Sie blieb auch im Verlauf des Risorgimento bestehen. Man könnte sogar sagen, daß ohne die anregende und verbindende Funktion der Intellektuellen eine schwache Bourgeoisie wie die italienische, die sich noch immer von den Zünften einengen ließ und für größere politische Dimensionen kaum empfänglich war, niemals hätte siegreich sein können. Auch hier gilt die Regel, die für die Entstehung und Entwicklung der modernen sozialistischen Bewegung formuliert worden ist: der Keim eines kollektiven politischen Bewußtseins entsteht nicht immer spontan, sondern er muß im Gegenteil oft von außen in die Gesellschaft hineingetragen oder wenigstens von außen angeregt werden. Unter diesem Gesichtspunkt ist auch die geistige Entwicklung des Risorgimento zu betrachten.

Das neue geistige Element in den ersten Jahrzehnten des 19. Jahrhunderts war bekanntlich die Romantik. In Italien fand sie 1816 mit der Veröffentlichung eines Briefes von Madame de Staël Eingang, der dazu aufforderte, die neuen geistigen Tendenzen von jenseits der Alpen zur Kenntnis zu nehmen und die Werke der wichtigsten Autoren der Zeit ins Italienische zu übersetzen. Diese Anregung wurde aufgegriffen, und man begann auch in Italien, Balladen und Romane zu verfassen, die im Mittelalter angesiedelt waren, Dichtung als Ausdruck der Volksseele zu verstehen, Phantasie und Spontaneität gegen Intellekt und literarische Formenstrenge zu setzen, Geschichte und Tradition gegen die „Willkür" der Aufklärung und der Vernunft zu verteidigen. Als Romantiker verstanden sich die Mitarbeiter der Mailänder Zeitschrift „Il Conciliatore". Viele von ihnen hatten nach der Härte der österreichischen Zensur und als Folge der Aufstände von 1821 auch die Kerker des Kaiserreiches kennengelernt. Die große Mehrheit der italienischen Romantiker stand politisch auf der Seite der liberalen patriotischen Opposition gegen die Restaurationsregierungen. Deshalb konnte sich in Italien nicht die Form der Romantik durchsetzen, die politisch schließlich auf die Seite der Restauration trat. Der Sinn für Geschichte nahm nur in den seltensten Fällen die Form an, daß die Vergangenheit der Gegenwart als Vorbild entgegengestellt, daß das Ancien régime der Revolution, das Mittelalter der Moderne vorgezogen wurde. Das Lob der Spontaneität und Unmittelbarkeit des Volkes mündete nicht in Idealisierung der Ignoranz und Rechtfertigung des Paternalismus. Unter den italienischen Romantikern gab es keinen Friedrich Schlegel und auch keinen Chateaubriand. Im Klima der Engstirnigkeit und Bigotterie der italienischen Restauration behielt der Utilitarismus und Rationalismus des 18. Jahrhunderts immer noch seine Überzeugungskraft. Die neue romantische Schule konnte diese nicht ableugnen, sondern mußte sich darauf beschränken, die Notwendigkeit einer Korrektur und Vertiefung zu betonen. Es genügte freilich nicht, gegen das alte Regime zu sein, sondern es mußten auch diejenigen Kräfte ausfindig gemacht werden, die einer neuen Ordnung zum Durchbruch verhelfen konnten. Die Schwierigkeiten mußten genau benannt und ein Plan entwickelt werden, der den realen Möglichkeiten der italienischen Gesellschaft entsprach. Dies war die Lehre Vincenzo Cuocos in seinem bereits zitierten Text über die Revolution von 1799 in Neapel, die große Beachtung fand. Die Generation der Romantik in Italien war eine Generation von politischen Intellektuellen. Nicht nur in dem Sinn, daß der größte Teil der Mitglieder der Geheimgesellschaften und der politischen Bewegung des Risorgimento Intellektuelle waren, sondern auch in dem Sinn, daß sie sich der Verantwortung und der Bedingungen politischen Handelns bewußt waren. Dem ist – in Abwandlung eines bekannten Wortes von Manzoni – hinzuzufügen, daß Verantwortungsbewußtsein und Mäßigung nicht immer so klar voneinander zu scheiden sind, daß die Trennung eindeutig ist. Dies gilt für die Bourgeoisie Italiens im Laufe des 19. Jahrhunderts in ihrer Gesamtheit, besonders aber für die Intellektuellen.

Nicht zufällig haben wir in diesem Zusammenhang Alessandro Manzoni zitiert. Der Autor der ,,Promessi Sposi" repräsentiert in der Generation der Romantik am besten und am bewußtesten die geistige Entwicklung der Zeit, obwohl er selbst sich nicht ausdrücklich zur romantischen Schule rechnete. Manzoni, ein Neffe Cesare Beccarias, folgte in seiner Jugend aufklärerischen und antiklerikalen Ideen. Unter dem Einfluß Fauriels näherte er sich dann schrittweise der Romantik und bekannte sich 1810 wieder zum Katholizismus, den er im Sinne des Jansenismus mehr als moralische Haltung denn als äußeren Kult verstand.

Im selben Jahr kehrte er von einem langen Aufenthalt in Paris nach Italien in das heimatliche Mailand zurück. Er unterstützte, ohne direkt teilzunehmen, den Kampf der Romantiker und des ,,Conciliatore". Während des Aufstandes in Piemont von 1821 verfaßte er eine Ode, in der er den Sieg der Aufständischen und ein Italien ,,einig in Waffen, Herz und Altar" herbeiwünschte. Aber weder diese noch andere literarische Stellungnahmen dieser Art machen die außerordentliche Bedeutung Manzonis für die Herausbildung eines italienischen Nationalbewußtseins aus. Manzonis eigentliche Bedeutung liegt in seinem schriftstellerischen Werk, vor allem in seinen Romanen. Der Roman als neue literarische Gattung wandte sich an ein neues, breiteres Publikum, und damit stellte sich erneut die ewige Frage der Sprache. Es ging jetzt darum, den Graben zwischen der geschriebenen und der gesprochenen Sprache zu überbrücken, eine Sprache zu finden, wie Manzoni sagte, ,,die der Verständigung über alle möglichen Themen zwischen allen Italienern dient" Daß dies keine einfache Aufgabe war, geht daraus hervor, daß der jakobinische Patriot Luigi Angeloni für einen Aufruf an die Italiener zum revolutionären Kampf für die Demokratie kein anderes sprachliches Mittel gefunden hatte, als ein affektiert an den Klassikern des 14. Jahrhunderts orientiertes Italienisch. Umgekehrt hatten der Mailänder Dichter Carlo Porta und der Römer Gioacchino Belli auf ihren jeweiligen Dialekt zurückgreifen müssen, um in ihren Gedichten die Gestalten aus dem Volk und ihre Umgebung, zu denen sie sich hingezogen fühlten, lebendig werden zu lassen.

Manzoni gelang die Lösung dieses Problems. Der ungeheure Erfolg der „Promessi Sposi" erklärt sich nicht zuletzt aus seiner Sprache „für alle", die der Autor in einem mühevollen Prozeß erarbeitet hatte. Das Ergebnis war ein wirkungsvolles Italienisch ohne provinziellen Dialekt, das, verständlich, ohne stereotyp zu sein, aus der Umgangssprache des gebildeten Bürgertums entwickelt war.

Der Form dieses Romans entspricht der Inhalt. Er handelt von zwei Personen, Renzo und Lucia, die durch eine Reihe von widrigen Umständen bis zum Schluß daran gehindert werden, zu heiraten. Die Geschichte spielt vor dem Hintergrund eines großangelegten historischen Freskos der spanischen Lombardei während der Kriege um das Veltlin und Monferrato zur Zeit der großen Pest in Mailand im 17. Jahrhundert. Manzonis Meisterwerk ist ein historischer Roman, aber er ist Geschichte „von unten" gesehen. Die Perspektive ist die des einfachen Volkes, der Opfer des Ehrgeizes und der Übergriffe der Mächtigen, der Spitzfindigkeiten der Staatsräson, der Kriege und Hungersnöte. Diesen Geißeln stellen die Menschen ihre Arbeit, ihren Mut, das Mißtrauen in die Gerechtigkeit der Mächtigen und das Vertrauen in Gott entgegen. Aus Manzonis Dichtung spricht die kollektive Stimme des italienischen Volkes, voller Resignation, aber auch voller Lebenskraft, wie sie sich in Jahrhunderten geformt hat. Manzonis Werke sind „paternalistisch" oder „populistisch" genannt worden. Auch wenn dies zutrifft, muß man hinzufügen, daß niemand vor ihm sich das Problem des „Volkes" und einer volkstümlichen Literatur gestellt, geschweige denn es gelöst hat. Auch nach ihm erkannten nur wenige – unter geänderten historischen Bedingungen – dieses Problem mit ebensolcher Klarheit, und niemand löste es nach ihm mit ähnlicher künstlerischer Meisterschaft.

„I Promessi Sposi" erlebten einen großen unmittelbaren Erfolg, der bis heute andauert. Darin erweist sich die große Anziehungskraft der Romantik und ihre historische Bedeutung für die Herausbildung eines nationalen Bewußtseins. Unter denjenigen, die sich dem Einfluß der Romantik entzogen oder sie ablehnten, waren allerdings nicht nur die Ewiggestrigen, sondern auch einige hervorragende Köpfe mit sehr fortschrittlichen Ideen. Zu ihnen gehörte Giacomo Leopardi, einer der größten italienischen Dichter überhaupt.

Leopardi wurde 1798 als Sproß einer reaktionären adeligen Familie in einer verschlafenen Kleinstadt des Kirchenstaates geboren. Sein Vater, der Graf von Monaldo, war als Verfasser eines der aggressivsten legitimistischen Pamphlete der Zeit bekannt. Unglücklich von der Natur bedacht – er hatte

Die Literatur der Restaurationszeit

einen Buckel – verbrachte Leopardi seine Jugend in „wahnsinniger und tiefverzweifelter" Lektüre der Klassiker aus der Bibliothek des Vaters. Neben den antiken Autoren begleiteten Leopardis Jugend auch die französischen Aufklärer und Materialisten des 18. Jahrhunderts: Rousseau, Voltaire und d'Holbach. Die Lehren, die der junge Mann aus dem Studium dieser Bücher zog, unterschieden sich in seinen Augen nicht wesentlich voneinander. Sie stimmten überein im Ideal einer menschlichen Gesellschaft, die großherzig und frei von Aberglauben, in Übereinstimmung mit der Natur, unter republikanischer Verfassung lebt. Diese Ideale, die grundsätzlich verschieden von denen der romantischen Schule sind, bestimmen eindeutig das dichterische Werk Leopardis vor 1819. Von der Höhe dieser Ideale betrachtet und beurteilt er die Verächtlichkeit der ihn umgebenden Welt. Keiner erkannte wie er die Leere des Lebens unter der Restauration.

Bestand eine Hoffnung, daß das „tote Jahrhundert", in das er hineingeboren war, die Dumpfheit abschüttelte, und – wie er in dem Lied „Ad Angelo Mai" ersehnt – zu „herrlichen Taten aufstehe" oder wenigstens sich der Dumpfheit schäme? Die Niederlage der Aufstände von 1821, die schmerzhaft sich steigernde Erfahrung seines persönlichen Unglücks, seiner Krankheit und Isolierung führten Leopardi immer mehr in die Richtung einer völligen Illusions- und Trostlosigkeit. Menschliches Unglück war für ihn nicht mehr nur das Schicksal des 19. Jahrhunderts, sondern aller Zeiten und aller Umstände; die Leere die traurige und treue Begleiterin jedes menschlichen Wesens, vom Wanderhirten in der Einsamkeit Asiens bis zum kultivierten Pariser Bürger. Nur der Tod setzt der Leere ein Ende, und nur im Tod findet der Mensch Zuflucht vor den blinden Mächten der Natur.

In einer solch materialistisch-pessimistischen Sicht der Welt blieb natürlich wenig Raum für politische Interessen. Nach vielen Jahren erst erwachte Leopardis politisches Interesse mit dem Auftauchen des katholischen Liberalismus in Europa und Italien. Die Behauptung der „neuen Gläubigen", daß der menschliche Fortschritt nur über die Religion möglich sei, mußte Leopardi zutiefst abstoßen. Nicht durch den Trost von abergläubischen Mythen, sondern im Gegenteil aus der mutigen Erkenntnis des unausweichlichen Unglücks können die Menschen die Kraft und die Solidarität für die einzige Schlacht schöpfen, die zu schlagen sich nach Leopardis Urteil wirklich lohnt: den gemeinsamen Kampf gegen die Geißeln der Natur. So lautet die Botschaft der „Ginestra".

Nobil natura è quella
Ch'a sollevar s'ardisce
Gli occhi mortali incontra
Al comun fato, e che con franca lingua,
Nulla al ver detraendo,
Confessa il mal che ci fu dato in sorte,

(...)
Tutti fra sé confederati estima
Gli uomini; e tutti abbraccia
Con vero amor, porgendo
Valida e pronta ed aspettando aita
Negli alterni perigli e nelle angosce
Della guerra comune.

Von edler Art ist jener,
der kühnlich zu erheben
sein sterblich Auge wagt dem allgemeinen
Geschick entgegen und frei, wie offen,
der Wahrheit nichts entziehend,
gesteht das schlimme Los, das uns beschieden;
(...)
Gegen sie verbündet,
denkt er seit je stehe
die menschliche Gesellschaft.
Verbrüdert denkt er alle sich, entzündet
von wahrer Lieb, umarmt er
die Menschen und erwartet
Beistand und leistet ihn, rasch und auch mit Nachdruck,
in jeglicher Gefahr, in jeder Drangsal
des allgemeinen Krieges.
(Der Ginster oder die Blume der Wüste, dt. v. E. Schaffran)

Dies ist eine hohe und unvergängliche Botschaft, die wir als Menschen des atomaren Zeitalters zutiefst betroffen aufnehmen. Aber die mit den Tagesereignissen allzusehr beschäftigten Zeitgenossen Leopardis konnten sie nur schwer erfassen. Zu diesen Tagesereignissen und ihrem mühsamen Fortschritt gilt es nun zurückzukehren.

Die Julirevolution und Italien

Die politische Lage Europas in den 20er Jahren des 19. Jahrhunderts war beherrscht von dem legitimistischen System des Wiener Kongresses und der Heiligen Allianz. Dies war bei den Aufständen in Spanien und Italien 1820/21 deutlich geworden. Die konstitutionellen Regierungen sahen sich politisch vollständig isoliert. Auf den Kongressen von Troppau und Laibach setzte Österreich ohne Schwierigkeiten gegen den lauen Widerstand der Engländer und Franzosen ein gemeinsames Vorgehen zur Unterdrückung der Aufstände durch. Solange diese legitimistische Solidarität unter den

Großmächten bestand, waren die Erfolgsaussichten für die nationale Bewegung sehr gering. Sobald sich jedoch Brüche zeigen sollten, wurde wieder alles möglich und gab Anlaß zu den kühnsten Hoffnungen. Es ist daher verständlich, daß die Nachricht von der siegreichen Julirevolution von 1830 in Paris in Italien wie eine Bombe einschlug. Die patriotische Bewegung Italiens schritt wieder unmittelbar zur Tat.

Schauplatz dieses neuen Versuches waren der Kirchenstaat und die kleinen Herzogtümer, diejenigen Staaten also, die das schwächste Kettenglied im italienischen Legitimismus bildeten. Daraus erklärt sich der rasche Erfolg der Bewegung. Der Aufstand begann in Bologna, wo am 5. Februar 1831 der päpstliche Prolegat abdanken und die Macht in die Hände einer provisorischen Kommission legen mußte. Wenige Tage später, am 9. Februar, erklärte eine Bürgerversammlung in Modena den Herzog Francesco IV., der schon bei den ersten Anzeichen des Aufstandes aus seinem Staat geflüchtet war, für abgesetzt. Wenige Tage später wiederum war Parma an der Reihe, wo eine provisorische Regierung eingesetzt wurde. Danach gewann die Bewegung in der ganzen Romagna, den Marken und Umbrien die Oberhand, so daß sich innerhalb weniger Tage das vom Papst noch wirklich kontrollierte Gebiet seines Staates auf Latium beschränkte. In den befreiten Gebieten hatte sich eine Regierung der „Vereinigten Provinzen Italiens" mit Sitz in Bologna gebildet. Diese Regierung wurde aber durch das Eingreifen Österreichs, dem Louis Philippe freie Hand gelassen hatte, hinweggefegt. Ende März war der Status quo ante sowohl in den Herzogtümern als auch im Kirchenstaat wiederhergestellt.

Auch in diesem Fall waren es nicht allein das Eingreifen Österreichs und die mangelnde Unterstützung Frankreichs, die zum plötzlichen Zusammenbruch einer anfangs so vielversprechenden Bewegung geführt hatten. Auch in diesem Fall, wie schon bei der neapolitanischen Erhebung von 1820, liegt der Akzent auf den inneren Schwächen der Bewegung, vor allem auf ihrer Heterogenität und inneren Zerrissenheit. Die alte Generation der Notabeln des Königreichs Italien sah sich an der Spitze einer Bewegung, die sie nicht initiiert hatte und an deren eigenständige Möglichkeiten sie nicht glaubte. Sie blickte deshalb gebannt auf Frankreich und trat damit in Gegensatz zur jungen Generation der *Carbonari*. Auch unter den Emigranten, die in Paris einen italienischen Befreiungsausschuß eingerichtet hatten, bestand keine Einigkeit. Einige folgten den Ideen Buonarrotis und teilten seine entschieden republikanischen Anschauungen, andere hingegen vertraten mehr gemäßigte Ideen. Schließlich gab es auch Streitigkeiten zwischen den Städten, die vor allem in den Herzogtümern eifersüchtig ihre Stellung als Hauptstadt verteidigen wollten. In Parma forderten die Aufständischen zunächst sogar Marie Luise auf, in ihrem Staat zu bleiben. Auch bei der Vorbereitung des Aufstandes hatte es nicht an zweideutigen Manövern gefehlt: einige der Anführer, vor allem aber die Modenesen Enrico Misley und Ciro Menotti, hielten lange Zeit nicht nur mit den Geheimgesellschaften in Italien und im Ausland Kontakt, sondern auch mit Francesco IV., dem erzreaktionären Herzog von Modena. Sie hofften, ihn aufgrund seiner Ambitionen, anstelle des suspekten Carlo Alberto die Nachfolge Carlo Felices in Piemont anzutreten, in den Aufstand verwickeln zu können. Diese sogenannte ,,Verschwörung der Este" ist bis heute nicht ganz geklärt und hätte, wenn Francesco IV. Ciro Menotti nicht zum Galgen verurteilt hätte, mehr den Charakter einer Operette denn einer Tragödie. Sie bleibt aber dennoch ein Beweis für den Dilettantismus und Provinzialismus der Verschwörer der Revolution von 1831.

Die Auswirkungen der Julirevolution auf Italien hatten so zwar keinen unmittelbaren Erfolg gebracht, langfristig jedoch hatten sie tiefe Spuren hinterlassen. Die Rückkehr Frankreichs zur vollen außenpolitischen Autonomie, ja zu glänzenden Initiativen, veränderte das politische Bild Europas vollständig. In die gleiche Richtung wirkte 1831 der Sieg der Whigs in England. Dem Block der legitimistischen Mächte stellte sich nun ein Block liberaler und konstitutioneller Mächte entgegen. Das Entstehen neuer Konflikte und Kontraste zwischen den Großmächten erweckte wiederum, wie im 18. Jahrhundert, die Hoffnung, daß eine politische Umgestaltung der Halbinsel in Richtung einer größeren Unabhängigkeit von Österreich und im Sinne größerer Einheit möglich sein werde.

Zur Realisierung dieses Vorhabens ließen sich verschiedene Elemente ausnutzen: die jahrhundertealte französische Furcht vor einem allzu starken habsburgischen Einfluß in Italien; die englischen Befürchtungen wegen des russischen Drucks auf die Meerengen, da England durch den Erwerb Gibraltars und Maltas zu einer Mittelmeermacht geworden war; oder aber die Absichten Frankreichs im Mittelmeer, das mit der Unterstützung Mehmed Alis die Mittelmeerpolitik Napoleons in Ägypten wiederaufgenommen hatte. Nach der spektakulären Kehrtwendung Ferdinandos in Laibach, mit der er seine vollständige Unterwerfung unter die legitimistischen Prinzipien besiegelt hatte, blieb Piemont der für eine solche außenpolitische Aktion geeignete Staat. Schon im Lauf des 18. Jahrhunderts hatte Piemont bewiesen, daß es die Gegensätze der Großmächte geschickt auszunutzen verstand. Durch Verhandlungen und durch ein geschicktes Einfügen in die europäische Gleichgewichtspolitik mochten sich vielleicht noch Spielräume für die Unabhängigkeit und Einheit Italiens ohne direkte kriegerische Auseinandersetzungen mit Österreich gewinnen lassen. Österreich hätte für die Aufgabe seiner Besitzungen und seines Einflusses in Italien durch territoriale Gewinne auf dem Balkan entschädigt werden und die italienische Frage hätte so mit der orientalischen Frage gemeinsam gelöst werden können. Diese Gedankengänge hat zuerst Gioberti 1840 in einem Brief an Mamiani entwickelt. Sie wurden aufgegriffen von Cesare Balbo, einem piemontesischen Patrioten, in seinem 1844 veröffentlichten Buch ,,Le speranze d'Italia", das in ganz Italien auf lebhaftestes Interesse stieß. Zwei Jahre später schrieb der junge Camillo di Cavour in einem Artikel über die Eisenbahnen in Italien für eine französische Zeitschrift: „Wenn die Zukunft für Italien ein glücklicheres Schicksal bereithält, wenn, wie man nur hoffen kann, dieses herrliche Land dazu bestimmt ist, seine nationale Einheit wiederzuerlangen, dann kann dies nur als Ergebnis einer politischen Neuordnung in Europa geschehen oder als Folge einer dieser großen Erschütterungen oder Ereignisse, die irgendwie von der Vorsehung geschickt werden, und auf die die durch die Eisenbahnen geschaffene Möglichkeit, schneller und mehr Regimenter zu verschieben, keinen Einfluß gewinnen kann."

Cavour betont hier den Zusammenhang zwischen der Einheit Italiens und einer neuen politischen Konstellation in Europa und stellt dem die viel weniger wahrscheinliche Möglichkeit einer revolutionären Erhebung entgegen. Diese Vorstellung gewinnt besonderes Interesse aus der Feder eines Mannes, der später zum wichtigsten Baumeister der Einigung werden sollte. Ohne das neue politische System Europas seit 1830, das sich in den folgenden Jahrzehnten noch festigte, wäre das italienische Risorgimento überhaupt nicht denkbar gewesen.

11. Die Niederlagen des Risorgimento

Giuseppe Mazzini und *La Giovine Italia*

Giuseppe Mazzini wurde 1805 in Genua geboren. Schon als ganz junger Mann begann er in der Zeitschrift „Antalogia" und in anderen Periodika zu publizieren, bis er wegen der Teilnahme an einer Verschwörung der *Carboneria* nach Frankreich emigrieren mußte. Von dort aus richtete er an den neuen König von Piemont, den unschlüssigen Carlo Alberto, der 1831 an die Stelle Carlo Felices getreten war, einen Brief mit der Aufforderung, an die Spitze der italienischen Freiheits- und Einheitsbewegung zu treten. Obwohl der Inhalt des Briefes in seiner Direktheit einige Naivität beweist, läßt der romantisch-leidenschaftliche Ton die Persönlichkeit des Autors erkennen. Mazzini sah im politischen Kampf vor allem eine hohe moralische Verpflichtung, und seine Unbeugsamkeit resultierte vor allem aus der romantischen Konzeption des politischen Kampfes als Mission. Damit trug er einen Ernst in die Sache, den die alten Generationen der Jakobiner und Revolutionäre in Italien entweder nie besessen oder aber verloren hatten, und der auch unter der jungen Generation durch das Klima der Restauration nicht gefördert worden war. Den typisch jugendlichen Sendungseifer wußte Mazzini während seiner ganzen langen Laufbahn als Verschwörer und Patriot trotz aller Enttäuschungen und Bitterkeiten zu bewahren. Darin liegt die Faszination, die er auf Generationen von Italienern ausgeübt hat. In einem Land, in dem ein Machiavellismus der schlimmsten Sorte oft die Kehrseite kritischer Skepsis bildete, flößte die asketische Haltung Mazzinis und seine Forderung, daß Denken und Handeln unbedingt übereinstimmen müssen, auch den Gegnern Respekt ein. Der Enthusiasmus übertrug sich auf seine Anhänger, und das politische Klima des Landes erhielt dadurch einen neuen gespannten Ernst. In diesem Sinne kann der Einfluß Mazzinis auf das Risorgimento kaum überschätzt werden und geht weit über die direkt von ihm kontrollierte politische Bewegung hinaus.

Mazzinis direkter Einfluß konzentrierte sich anfangs auf die Gesellschaft *La Giovine Italia* (Junges Italien), die er selbst 1831 gründete und deren allgemeine Statuten er im Juni desselben Jahres festlegte. In mancher Hinsicht ahmte die Organisation Mazzinis das Modell der früheren Geheimgesellschaften nach. So werden die Mitglieder je nach dem Grad der Initiation in verschiedene Kategorien unterschieden. In anderen bedeutsamen Aspekten unterschied sich das *La Giovine Italia* aber grundsätzlich von den vorherigen Organisationsformen. Die allgemeine Erhebung, deren Vorbereitung geheimgehalten werden muß, bildet das höchste Ziel der Organisation. Dieses Ziel kann aber nur das Ergebnis der Erziehung des Volkes durch ,,Apostel" sein (Begriffe aus dem religiösen Bereich finden sich häufig bei Mazzini). Wo immer es die Umstände erlaubten, sollten die Apostel in Wort und Schrift öffentlich wirken. Deshalb wuchs die Zahl der Anhänger Mazzinis weit über den Kreis der ehemaligen Geheimbünde hinaus und umfaßte in vielen Orten und Gegenden auch eine beträchtliche Zahl von Handwerkern und kleinen Leuten. Allein in Mailand sollen in den Jahren 1833/35 mehr als 3000 Personen der Organisation angehört haben. *La Giovine Italia* war also eine Organisation, die zwischen der alten Form der politischen Sekten und Geheimgesellschaften und der künftigen Form der politischen Partei stand.

Worin bestanden die wesentlichen Inhalte der Lehre Mazzinis? Welches politische Programm vertrat das ,,Junge Italien"? Um die Antwort in einer Formel zu verdichten, könnte man sagen, daß die Organisation ein wesentliches Ziel hatte: die unitarische Republik, und dieses Ziel wollte sie durch eine allgemeine Volkserhebung erreichen.

Der erste Punkt war nicht neu: Wie erwähnt, gewann bereits 1796 Melchiorre Gioia den Wettbewerb Napoleons mit einem Plädoyer für die unitarische Republik. Und später hatte sich auch der alte Filippo Buonarroti mit seinen ,,Riflessioni sul governo federativo applicato all'Italia" auf die Seite der unitarischen Lösung gestellt. Das Neue an Mazzini war, daß für ihn aufgrund der historischen Entwicklung Italiens keine andere Alternative denkbar erschien, daß er einem Konzept, das eine Hypothese unter anderen gewesen war, den Stempel der historischen Notwendigkeit aufgedrückt und es zur Leitidee erhoben hat. Eine Nation hat, so argumentierte er, wenn es sie wirklich gibt, Gemeinsamkeit der Religion, Sprache und Gebräuche und damit einen nationalen ,,Genius"; eine solche Nation kann nur als unitarischer Staat organisiert sein. Darüber hinaus begünstigt der Föderalismus nach Mazzini, der damit ein Argument Buonarrotis weiterentwickelt, die Aufrechterhaltung der adeligen Privilegien, während der Unitarismus die Gleichheit und damit auch die moralische und soziale Entwicklung des Volkes fördert. Das ,,Volk", das Träger der Einheitsbewegung werden soll, ist ein Schlüsselbegriff im politischen Vokabular Mazzinis.

Wenn alle vorausgegangenen Versuche gescheitert waren, behauptete Mazzini kategorisch, so habe dies daran gelegen, daß nur der kleine Kreis der intellektuellen Aristokratie beteiligt war. Die bisherigen Aufstände hatten nicht den Charakter einer Volkserhebung gehabt, sondern auf das Zeichen von außen gewartet, statt sich auf die grenzenlose eigene revolutionäre Kraft zu verlassen. Die Revolution in Italien könne nur das Werk des Volkes sein und sich daher nur aus dem Inneren der Gesellschaft selbst entwickeln. Konnte aber die Aussicht auf nationale Einheit und auf eine Republik die Massen wirklich in die Richtung ziehen, die Mittelschicht und Intelligenz schon lange eingeschlagen hatten? In diesem Punkt sind die Vorstellungen

Mazzinis ziemlich unpräzise. Auf der einen Seite stellt er zwar fest, daß man „in die Eingeweide der sozialen Frage" eindringen und dem Volk konkrete Verbesserungen zusichern müsse. Auf der anderen Seite lehnt er jedoch jeden Angriff auf das Eigentum und jede Möglichkeit eines „Agrargesetzes" ab. Diese Haltung erklärt sich aus Mazzinis Aversion gegen das, was er als „Klassenkampf" bezeichnet, eine Aversion, die schließlich auch zur endgültigen Entfremdung zwischen ihm und Buonarroti führte. Schon vorher waren zwischen diesen beiden Differenzen aufgetreten, weil Mazzini von der Notwendigkeit einer gegen Frankreich gerichteten Politik ausging und die jakobinische Auffassung ablehnte, daß im revolutionären Prozeß eine erste Phase der Diktatur unausweichlich sei. Im Lauf der Jahre entwickelte Mazzini seine Ansichten weiter und untermauerte seine Ablehnung des Klassenkampfes. Im Gegensatz zu Frankreich, wo die sozialen Unterschiede zwischen der überaus verschwenderischen Bourgeoisie der Julimonarchie und den hungrigen Wollarbeitern in Lyon enorm seien, und auch im Gegensatz zu England, das von der Industriellen Revolution gebeutelt werde, herrsche in Italien eine relative Gleichheit. In Italien existiere keine große Konzentration von Reichtum und auch die Adeligen seien Teil des „Volkes". So ausgedehnt wurde dieser Begriff nichtssagend, das „Volk" wurde zur nebulosen Vorstellung, zu einer gallertartigen Masse, in der den „Intelligenzen" die Führungsrolle zukam.

Auf der Basis dieser politischen Ideale hatte sich das „Junge Italien" relativ schnell zu einer Organisation entwickelt, die von ihrer Anhängerschaft und ihrem ideellen Einfluß her die bisherigen Geheimgesellschaften bei weitem übertraf. Als wesentlich schwieriger erwies sich die praktische Entwicklung und Stärkung der Bewegung. Die von Mazzini dirigierten Erhebungen in Süditalien und Piemont wurden rasch aufgedeckt und unterdrückt. Der Versuch, italienische Emigranten und Ausländer durch Savoyen zu leiten, damit sie die Aufstände, die 1834 in Alessandria und Genua ausbrechen sollten, unterstützen könnten, scheiterte ziemlich kläglich. Eine neue Welle von politischen Flüchtlingen mußte das Land verlassen und zerstreute sich über ganz Europa: nach Spanien, Frankreich, England und Malta. Andere gingen sogar bis nach Südamerika und gründeten dort eine italienische Legion, die sich in Uruguay und Brasilien in den dortigen Befreiungskämpfen schlug, darunter ein junger Seemann aus Nizza, Giuseppe Garibaldi. Die Reihen des „Jungen Italien" wurden empfindlich gelichtet, und Mazzini selbst mußte 1837 nach London auswandern. Schon 1839 rief er jedoch zum Wiederaufbau des „Jungen Italien" auf. Als neue Rekrutierungsbasis wandte er seine Aufmerksamkeit besonders auf die zahlreichen Kolonien von emigrierten italienischen Arbeitern und versuchte auf diese Weise, sein „Apostolat" im Volk zu verankern. Zu dieser neuen Orientierung trug sicherlich die Kenntnis der englischen Chartistenbewegung bei. Mazzini gab dem Begriff „Arbeiter" jedoch nach wie vor eine klassenunspezifische Bedeutung: „Das Wort Arbeiter hat für uns nicht die Bedeutung von Klasse, die ihm gemeinhin zugewiesen wird." Die Aktion verlor damit ihre Schärfe, und die neue Orientierung wurde kaum konkret. Die Erhebungen der Mazzinianer in dem Jahrzehnt zwischen 1830 und 1840 behielten den Charakter isolierter Aktionen einer intellektuellen Elite, die beinahe von vorneherein zum Scheitern verurteilt waren. Dies gilt für den – von Mazzini nicht autorisierten – Handstreich der Brüder Bandiera in Kalabrien im Jahr 1844, der mit dem Tod der nur neunzehn Teilnehmer endete. Der neue Mißerfolg trug zu einer weiteren Schmälerung des Ansehens der Mazzinianer und Mazzinis selbst bei, dem man vorwarf, die Jugend, die ihm folgte, leichtsinnig ins Verderben zu stürzen. Die Gründe für die nachlassende Popularität des mazzinianischen Radikalismus liegen allerdings noch tiefer: in Italien war die Stunde der Gemäßigten angebrochen.

Die Gemäßigten

Die Entstehung einer gemäßigten Partei, die den Mazzinianern einen guten Teil der anfangs genossenen Sympathien entziehen sollte, zog sich über mehrere Jahre hin. Die Basis dazu hatten die Intellektuellen um die Zeitschrift „Il Conciliatore" gelegt; nach deren Unterdrückung scharten sie sich um die florentinische Zeitschrift „Antologia", die allerdings auch schon 1833 ihr Erscheinen einstellen mußte. Erst nach 1840 nahm der Formationsprozeß einer gemäßigt liberalen Öffentlichkeit rasch konkrete Gestalt an.

Den Anstoß, dessen die italienische Öffentlichkeit bedurfte, um sich über die seit langem undeutlich vorhandenen Tendenzen Klarheit zu verschaffen, lieferte die Veröffentlichung des Buches von Vincenzo Gioberti, „Il primato morale e civile degli Italiani". Der Autor, Abt aus Piemont und ehemaliger Sympathisant Mazzinis, lebte in der Emigration; 1844 ließ er in Brüssel sein Werk erscheinen. Mit vielen historischen und philosophischen Abschweifungen, die häufig wenig mit dem Thema zu tun haben, entwickelt er die im Titel zusammengefaßte These der moralischen und politischen Überlegenheit der Italiener. Italien, das als Sitz des Papsttums den Primat unter den Völkern innegehabt habe, werde diesen wieder zurückgewinnen, sobald die erneuerte und von allen Mißständen befreite Kirche ihre universale Funktion wieder übernehmen werde. Die Erneuerung und Wiedererstehung Italiens sei demnach untrennbar mit der Erneuerung des Papsttums verbunden. In dieser Aussage flossen die traditionellen Anschauungen des italienischen Guelfentums mit den Ideen eines neuen liberalen Katholizismus des Franzosen Lamennais zusammen. Sie bildete aber nur den Rahmen, die Choreographie sozusagen, für das Gedankengut Giobertis. Der Kern seiner Aussage war politisch ganz konkret die Perspektive einer Konföderation verschiedener italienischer Staaten unter der Führung des Papstes, die in Rom ihre

„Heilige Stadt" und in Piemont ihre militärische Basis erhalten sollte. An die Stelle der Einheit trat somit die „Vereinigung", und dies bedeutete einen großen Schritt vorwärts.

Das Buch stieß beim italienischen Publikum auf reges Interesse. Neben enthusiastischem Lob wurden jedoch auch Zweifel und Kritik laut. Insbesondere fragte man sich, ob nicht auch die von Gioberti vorgeschlagene Konföderation italienischer Fürsten unrealistisch sei, da der bedeutende Einfluß Österreichs, dessen Widerstand gegen jede Änderung des Status quo unausweichlich schien, unterschätzt werde. Gioberti hatte dieses Problem wohl erkannt und nur aus Gründen der Opportunität seine Hoffnung nicht ausgesprochen, daß der „verhaßte Österreicher" eines Tages aus Italien hinausgeworfen werde. Er war im übrigen der Meinung, daß ein Bündnis der italienischen Fürsten gegen Österreich wohl kaum möglich sei, und hegte deshalb die Hoffnung, daß Österreich auf diplomatischem Weg für den Verlust seiner italienischen Besitzungen auf dem Balkan entschädigt werden könne. Diese Idee wurde dann ein Jahr später von Cesare Balbo in den „Speranze d'Italia" weiterentwickelt. Balbos Beitrag kann als eine Ergänzung der Gedankengänge Giobertis gelten.

Im Gegensatz zu Balbo, der dem savoyischen Königshaus loyal ergeben war, war sich Gioberti einer weiteren Problematik bewußt, die er ebenfalls vorsichtig verschwieg. Die Fürsten der konföderierten italienischen Staaten, allen voran der Papst, mußten in ihren Staaten Reformen durchführen, um die Öffentlichkeit für sich zu gewinnen. Der Kirchenstaat vor allem konnte unter keinen Umständen die Anziehungskraft ausüben, die Gioberti ihm zugedacht hatte, solange er der am schlechtesten regierte Staat Italiens blieb, in dem die meiste Unterdrückung herrschte. Das wußte der piemontesische Abt sehr gut, und 1845 brach er sein Schweigen mit der Veröffentlichung der „Prolegomeni del Primato", in denen er offen gegen die päpstliche Mißregierung und gegen die Jesuiten Stellung bezog. Deutlich ließ er seine Sympathie für eine Reformpolitik durchscheinen und ging so weit, die Ängstlichkeit der piemontesischen Regierung in dieser Hinsicht zu kritisieren. Damit war ein neuer Schritt auf dem Wege zur Ausarbeitung eines gemäßigt liberalen Programms für Italien getan. Es fehlte jetzt nur noch eine genauere Konkretisierung und Artikulierung der einzelnen Schritte.

Die Lösung dieser Aufgabe übernahm Massimo d'Azeglio, ein brillanter Patrizier aus Piemont, der durch den Mut, mit dem er – als Gemäßigter und Vertrauter Carlo Albertos – die päpstliche Mißwirtschaft in der Romagna öffentlich verurteilt hatte, große Popularität gewann. 1847 veröffentlichte er seinen Vorschlag eines „Programma per l'opinione nazionale italiana", das als das Manifest der gemäßigten Partei am Vorabend der Revolution von 1848 gelten kann, und das hatte D'Azeglio auch beabsichtigt, denn seine Schrift war Ergebnis der Beratung mit anderen Exponenten der piemontesischen Liberalen. Die Fürsten des „italienischen Teils Italiens" wurden aufgefordert, sich über ein gemeinsames Reformprogramm für die jeweiligen Staaten zu einigen: Reform der Gesetzbücher, Einführung von Geschworenen, größere Pressefreiheit und schließlich Abschaffung der Zollschranken und Schaffung einer Art Zollverein in Italien. In den Schlußfolgerungen seiner Schrift pochte er darauf, daß die Unabhängigkeit eine prinzipielle Frage sei, wobei er selbst deutlich seine Abneigung gegen jede übereilte Lösung zu erkennen gab und statt dessen die Tugend der Geduld predigte. Das politische Schema Giobertis gewann auf diese Weise konkrete Züge, die den Bedürfnissen einer Gesellschaft auf dem Wege der bürgerlichen Entwicklung entsprachen, und er konnte damit neue Anhänger um sich scharen.

Dem Vorschlag D'Azeglios schlossen sich die gemäßigten Liberalen in der Toskana um die Zeitschrift „Antologia" unter der Führung Gino Capponis an, die Patrioten in Bologna und im Kirchenstaat um Marco Minghetti und auch zahlreiche Patrioten aus Sizilien und dem süditalienischen Festland. Den eigentlichen Kern der gemäßigten Partei bildete aber die piemontesische Gruppe, zu der Balbo, D'Azeglio und Gioberti gehörten, auch der junge Cavour, der gerade in diesen Jahren die politische Bühne betrat. Obwohl sie keinerlei Sympathie für die Revolution hegten, hatten alle diese Männer definitiv mit dem unnachgiebigen Legitimismus Carlo Felices gebrochen. Von der alten politischen Elite der Savoyen hatten sie jedoch die besten Eigenschaften bewahrt: ein ausgeprägtes Verantwortungsbewußtsein gegenüber dem Staat und der Öffentlichkeit neben Leitungs- und Führungsqualitäten. Nur das Königreich Neapel, das bis zu einem gewissen Grad eine mit Piemont vergleichbare historische Entwicklung erlebt hatte, konnte sich einer politischen Führungsschicht rühmen, die ähnliche Voraussetzungen erfüllte und einen ähnlichen „Stil" besaß. In der Lombardei dagegen mangelten diese Fähigkeiten sowohl dem Bürgertum als auch dem Patriziat, die schon zu lange jeder politischen Verantwortlichkeit entwöhnt waren. Ähnliches gilt für den toskanischen *hobereaux*, der, obschon Erbe der Tradition seiner Stadtstaaten, weder auf die militärischen noch politischen Aufgaben vorbereitet war. Über die gemäßigte Partei mit ihrem führenden Kern meldete daher das Piemont Carlo Albertos seine Kandidatur als leitende Kraft der Bewegung des Risorgimento an.

Wirtschaft und Politik im italienischen Vormärz

In der Zwischenzeit hatte sich seit der Restauration, vor allem auf wirtschaftlichem Gebiet, vieles geändert.

Symbol und Emblem der neuen kapitalistischen Wirtschaft und ihrer außerordentlichen Dynamik waren die Eisenbahnen, denen Cavour eine seiner ersten Schriften gewidmet hatte. Auch Italien hatte seine Eisenbahnen: die Linie Florenz-Pisa wurde 1848 fertiggestellt, der erste Abschnitt der Strecke

Turin-Genua zwischen Turin und Moncalieri wurde 1845 eröffnet, ebenso die Strecke zwischen Mailand und Venedig, für die nur die Verbindung Treviglio-Vicenza noch fehlte, und andere kleinere Linien. Neben der Eisenbahn steht als weiterer tragender Sektor des neuen „Industrialismus" das Bankwesen, und auch auf diesem Gebiet hatte es in Italien nicht an wichtigen Initiativen gemangelt. 1823 wurde die Sparkasse der lombardischen Provinzen eröffnet, 1844 die Diskontbank in Genua, 1847 diejenige von Turin. In Florenz existierte eine Diskontbank seit 1817. Bank und Eisenbahn verweisen beide von unterschiedlichen Seiten her auf die Entwicklung der verarbeitenden Industrie mit ihren mächtigen revolutionären Maschinen. Auf diesem Gebiet waren in Italien die größten Fortschritte in der Textilindustrie erzielt worden. Allein in der Lombardei war die Seidenherstellung von 2,2 Millionen Kilogramm (1815) auf 3,5 Millionen (1841) gestiegen, die Zahl der Webstühle in der Baumwollindustrie stieg im selben Zeitraum von 15 000 auf 101 644. Diese Daten geben zwar kein umfassendes Bild, aber sie genügen, um zu zeigen, daß die kapitalistische Entwicklung zwar nicht im ganzen Land, aber doch in den bereits am weitesten entwickelten Teilen eingeleitet war. Der kraftvolle Rhythmus der wirtschaftlichen Entwicklung läßt sich am besten am Außenhandel ablesen, der von 275 Millionen Lire (1830) auf 650 Millionen (1850) anstieg.

Die Wirtschaftsentwicklung Italiens hielt freilich nicht mit der der anderen europäischen Länder Schritt. Das Eisenbahnnetz stand erst am Anfang, der Handel zwischen den italienischen Staaten war weniger entwickelt als der Außenhandel, und feudale Relikte bildeten vor allem im Süden noch schwerwiegende Hindernisse. Die vom Bürgertum in Industrie und Handel getragene Entwicklung war jedoch schon so weit vorangeschritten, daß sie nicht mehr rückgängig gemacht werden konnte: Die Einbindung Italiens in den internationalen Markt und in das europäische Freihandelssystem war als Weg vorgezeichnet.

Dies bedeutete allerdings auch, daß Italien den Konjunkturschwankungen der kapitalistischen Wirtschaft unterworfen war. Die schwächsten Zweige der italienischen Wirtschaft waren auf dem Markt einer Konkurrenz ausgesetzt, die mit dem Weizen aus Rußland, der Seide aus Bengalen und der Wolle aus Australien der italienischen Wirtschaft als Ganzes schwere Schläge versetzte. Dies gilt vor allem für die Landwirtschaft, denn während des Zeitraums von 1818 bis 1846 sanken die Preise, vor allem für Getreide, ständig. Dieser negativen Tendenz suchten die kapitalistisch organisierten Landwirtschaftsbetriebe und diejenigen, die besser ausgerüstet oder günstiger gelegen waren, durch Umstellung auf gewinnträchtigere Kulturen und höhere Produktivität zu begegnen. Immer mehr Lohnarbeiter wurden eingesetzt, die durch die Krise der Kleinbetriebe in großer Zahl billig zur Verfügung standen. Dieser Prozeß vollzog sich vor allem in der lombardischen Ebene und in der Emilia, wo sich die Viehzucht und die industrielle Verarbeitung ihrer Produkte in beträchtlichem Ausmaß entwickelten. 1845 gab es in der Gegend um Bologna bereits 45 000 Tagelöhner, also fast soviele Tagelöhner wie Halbpächter. Anderswo versuchte man, wie schon in der zweiten Hälfte des 18. Jahrhunderts, die Anpassung an die neuen Marktbedingungen durch die Verschärfung der Ausbeutung und des Raubbaus zu erreichen. Dies gilt vor allem für die ärmeren Gegenden der Halbinsel, und in erster Linie für den Süden, wo die Almendeflächen gewaltsam aufgeteilt und Weideflächen zu extensivem Weizenanbau genutzt wurden, zum Beispiel in der Gegend des Tavoliere in Apulien. In diesem Zusammenhang sind auch die wahllosen Abholzungen zu nennen, die der Wirtschaft des Südens durch die Zerstörung des hydrologischen Gleichgewichts unvorstellbaren Schaden zugefügt haben.

Schon im Vormärz zeichnen sich also die grundlegenden Merkmale der Wirtschaftsprobleme des geeinten Italien zumindest im Ansatz ab: eine Wirtschaftsentwicklung, die durch starke ,,Verzerrungen" zwischen verschiedenen Sektoren und verschiedenen Gebieten gekennzeichnet, wenn nicht sogar bestimmt war. Daraus erwuchsen tiefe Widersprüche und Spannungen, die sich teilweise in den Erhebungen von 1848 widerspiegelten.

Die Revolution von 1848 in Italien ist einerseits Ausdruck der ungeduldigen Fortschrittshoffnungen der bürgerlichen Schichten und der Intelligenz; andererseits machte sich auch die dumpfe Wut der Bauern Luft, die zu Landarbeitern und Tagelöhnern geworden waren. Der Unmut breiter Schichten, die noch nicht Proletarier, aber auch nicht mehr wirklich Handwerker und Bauern waren, äußerte sich unter dem Druck der Hungersnot und Arbeitslosigkeit in Revolten, in denen teilweise erste Elemente eines revolutionären Bewußtseins zutage traten. Obwohl die ,,Furcht vor dem Kommunismus", die sich in dieser Zeit unter den privilegierten Schichten ausbreitete, mehr ein Produkt ihrer geistigen Beschränktheit als der wirklichen Ereignisse war, fehlten dennoch Symptome nicht, die in diese Richtung deuteten. In der Lombardei kam es im Februar und März 1847 zu Hungeraufständen in den Städten und auf dem Land; in der Toskana fanden kommunistische und sozialistische Ideen Verbreitung, ebenso wie in dem spannungsgeladenen Klima Livornos und teilweise auch auf dem Land; in Rom kam es zu Fällen von Maschinenstürmerei, und in Süditalien wurden die Forderungen der Bauern nach Aufteilung der Staatsgüter immer lauter. In verschiedenen Teilen des Landes traten Arbeiter und Tagelöhner in den Streik. Warum auch hätten die Arbeiter und das einfache Volk nicht auf die Straße gehen sollen, wenn die *signori* selbst sich nicht zu schade dafür waren? Die allgemeine politische Gärung des Augenblicks begünstigte jede Form von Protest und jede Hoffnung, auch die der ewig Erniedrigten und Beleidigten. Italien ging der europäischen Revolution von 1848 nicht nur mit der Unruhe seiner Bürger und Intellektuellen entgegen, sondern auch mit der Wut und den Hoffnungen seines Volkes.

Die Propaganda der Mazzinianer und der Gemäßigten ließ die politische Temperatur des Landes bis zu jenem Siedepunkt ansteigen, der revolutionäre Massenbewegungen meistens auszeichnet. In einer solchen Situation herrscht die allgemeine Überzeugung, daß das Maß voll ist, und jedes Ereignis, das die allgemeinen Erwartungen bestätigt oder zu bestätigen scheint, wird wie ein Zeichen der Zeit verstanden. Dieses Klima herrschte in Rom, als sich im Juni 1846 die Kardinäle zum Konklave versammelten, um den Nachfolger Gregors XVI. zu wählen. Die aussichtsreichsten Kandidaten waren Kardinal Lambruschini, der die reaktionäre Politik seines Vorgängers fortzusetzen versprach, und der im Ruf der Liberalität stehende Kardinal Gizzi. Keiner von beiden konnte sich durchsetzen, und man einigte sich als Kompromißlösung auf den Bischof von Imola, Kardinal Mastai-Ferretti, eine zweitrangige Figur. Zunächst hatte sich in der Nacht vom 16. zum 17. Juni die Nachricht von der Wahl des liberalen Kandidaten verbreitet und sofort zu unaufhaltsamen Freudendemonstrationen Anlaß gegeben. Um so größer war die Enttäuschung über den Mißerfolg, die aber die allgemeine Überzeugung nicht zerstören konnte, daß etwas Außerordentliches geschehen *mußte*. Das erwartete außerordentliche Ereignis sah man dann in der weitgehenden Amnestie für politische Häftlinge, die der Papst einen Monat nach seiner Wahl verkündete — eine Tatsache, die an sich, da sie den Gepflogenheiten entsprach, zu erwarten war. In ganz Italien fanden überschwengliche Demonstrationen für den neuen Papst Pius IX. statt, in dem man die Personifizierung des liberalen Papstes aller Italiener sah, von dem Gioberti gesprochen hatte.

An diesen Zustand allgemeiner Euphorie knüpfte die verstärkte politische Tätigkeit der Gemäßigten und vor allem der Mazzinianer an. Sie waren davon überzeugt, daß die Bewegung, die durch die in den neuen Papst gesetzten Hoffnungen ausgelöst worden war, auch dann nicht mehr zum Stillstand kommen würde, wenn sich herausstellte, daß weder der Papst noch die anderen italienischen Fürsten darauf eingehen wollten. Die Demonstrationen für den Papst nahmen daher einen organisierteren und politischeren Charakter an. Angesichts der wachsenden Bewegung mußten einige Konzessionen gewährt werden. Im März 1847 ließ Pius IX. eine Lockerung der Zensur zu und verkündete die Bildung eines aus Laien zusammengesetzten beratenden Staatsrates.

Zur gleichen Zeit schaffte auch die Regierung des Hauses Lothringen in der Toskana die Zensur ab und machte damit den Weg für das Entstehen eines kämpferischen Journalismus frei. Im Frühjahr 1847 wurde in Mailand wie auch in anderen italienischen Städten dem Apostel des Freihandels, Cobden, ein triumphaler Empfang bereitet. Im Oktober folgte die Regierung in Turin mit der Ankündigung einer Reihe von Verwaltungsreformen und der spürbaren Einschränkung der Zensur dem Beispiel von Rom und Florenz. Diesen Maßnahmen war die Entlassung des Außenministers Solaro della Margarita vorausgegangen, der für seine reaktionäre und österreichfreundliche Haltung bekannt war. Zur gleichen Zeit kamen die im August begonnenen Verhandlungen für ein prinzipielles Zollabkommen zwischen dem Kirchenstaat, der Toskana und Piemont zum Abschluß, ohne daß jedoch konkrete Modalitäten darin festgeschrieben worden wären. Das Programm Giobertis, eine Konföderation der italienischen Staaten unter der Führung eines reformfreudigen Papstes, schien sich glänzend zu verwirklichen. In der Zwischenzeit war freilich das über die Wendung der Dinge beunruhigte Österreich nicht untätig geblieben und hatte im Juli 1847 die Festung von Ferrara durch eine Garnison besetzen lassen. Die Antwort ließ nicht auf sich warten. Im September fanden in Mailand blutige antihabsburgische Demonstrationen statt, und in ganz Italien wurden die Stimmen gegen Österreich immer lauter, wobei man bereits offen von Krieg sprach. In diese Richtung drängten, aktiver denn je, vor allem die Mazzinianer. Mazzini selbst, der sich als „Schlachtroß, das den Kampf wittert" fühlte, war sogar bereit, Carlo Alberto zu unterstützen, sofern dieser sich offen gegen Österreich erklärte und die Einheit und Unabhängigkeit Italiens zu seiner Sache machte.

Die Ereignisse überstürzten sich derart, daß eine Entscheidung unmittelbar bevorzustehen schien.

1848 in Italien

Der einzige Staat in Italien, der von der Reformwelle der Jahre 1846/47 unberührt geblieben war, war das Königreich Neapel. König Ferdinando II. bekam jedoch bald die Folgen dieser unnachgiebigen Haltung zu spüren. Er, der keine Reformen gewährt hatte, sah sich der offenen Revolution gegenüber. Ausgangspunkt war Palermo, wo am 12. Januar 1848 ein spontaner Volksaufstand ausbrach. Auch das Bürgertum und die Aristokratie nahmen bald daran teil und traten – trotz der Interessen- und Richtungsunterschiede – wegen des traditionellen gemeinsamen Autonomiestrebens auf die Seite des aufständischen Volkes. In den ersten Februartagen war bis auf die Festung von Messina die ganze Insel in der Hand der Aufständischen. Eine provisorische Regierung wurde eingerichtet, und die Bourbonen wurden für abgesetzt erklärt. Inzwischen hatte die Aufstandsbewegung auf das süditalienische Festland übergegriffen und sich vor allem auf der Landzunge des Cilento ausgebreitet. Am 29. Januar mußte Ferdinando II. sich schriftlich zur Gewährung einer Verfassung verpflichten, eine Konzession, die weit über die von den anderen italienischen Fürsten gewährten hinausging. Unter dem Druck der Öffentlichkeit jedoch mußten auch diese auf die neugeschaffene Situation eingehen: in Florenz, Turin und sogar in Rom wurden Verfassungen oder „Statute" gewährt, die in allen Fällen nach dem Muster der französischen Verfassung von 1830 – Zweikammersystem, Zensuswahlrecht, Einrichtung einer Nationalgarde und einer Bürgermiliz – geschnitten waren. Nur die späteren Verfassungen in Sizilien und in der Republik Rom, von denen noch die Rede sein wird, hatten einen radikaleren demokratischen Charakter.

Die Nachrichten über die Februarrevolution in Paris hatten die italienischen Souveräne zur Beschleunigung angetrieben. Die Märzereignisse in Wien und Budapest bedeuteten einen neuen Schlag für das bestehende System und wirkten als weiterer Ansporn für die italienischen Revolutionäre. Ungarn in Revolte, Aufruhr in Wien selbst, Metternich zum Rücktritt gezwungen: jene *grande commotion*, von der Cavour ohne eigentliche Überzeugung gesprochen hatte, war nun tatsächlich Wirklichkeit geworden.

Am 18. März kam in Mailand die lange unterdrückte revolutionäre Gärung zum Ausbruch. Die zögernde Stadtverwaltung wurde überrannt, und es kam zu einem allgemeinen Aufstand, der in dem Kriegsrat sein organisatorisches Zentrum besaß, an dem auch Carlo Cattaneo teilnahm. Gegen die 14000 Mann starke österreichische Garnison unter dem Kommando Radetzkys gewannen die Aufständischen nach fünftägigen Straßenkämpfen schließlich die Oberhand, und am 23. März war Mailand befreit. Der Sieg war nicht nur der äußersten Entschlossenheit der Mailänder Bevölkerung zu danken, sondern auch der Unterstützung der Bauern und der Bewohner der umliegenden Städte, die, mit Hilfe von Ballons über die Ereignisse in Mailand informiert, in bewaffneten Kolonnen zu Hilfe geeilt waren. Inzwischen hatte auch in Venedig die österreichische Garnison vor den Aufständischen kapituliert, und eine provisorische Regierung unter der Führung Daniele Manins stellte die alte Republik wieder her.

An dem Tag, an dem die Aufständischen in Mailand den Sieg errungen hatten, überschritten die piemontesischen Truppen Carlo Albertos unter der Trikolore die piemontesische Grenze am Tessin, und in den folgenden Tagen erhielten sie durch Kontingente aus der Toskana, dem Kirchenstaat und Neapel Verstärkung. Der erste Unabhängigkeitskrieg hatte begonnen, und die kühnsten Hoffnungen des italienischen Guelfentums und der Gemäßigten schienen kurz vor dem Ziel zu stehen. Aber die Enttäuschungen ließen nicht lange auf sich warten, und die eigentlichen Schwierigkeiten kamen zum Vorschein. Am 29. April erklärte Pius IX., der noch zwei Monate zuvor die Patrioten mit der Anrufung des göttlichen Segens für Italien zu Begeisterungsstürmen hingerissen hatte, daß er als Hirte *aller* Völker mit dem gegenwärtigen Konflikt nichts zu tun habe. Damit brach der neoguelfische Mythos von der Befreiung Italiens unter der Führung der Kirche wie ein Kartenhaus zusammen. Wenige Tage später, am 15. Mai, gelang es Ferdinando II., im Laufe eines Tages voller widersprüchlichster Ereignisse, die Situation wieder in die Hand zu bekommen und den Liberalen einen schweren Schlag zu versetzen.

Die ganze Bürde des Krieges lastete nun praktisch auf den Schultern Piemonts und der provisorischen Regierung in Mailand – zweier Partner, die von wirklicher Übereinstimmung weit entfernt waren. Wie Cattaneo und die lombardischen Demokraten gefürchtet hatten, verfolgte Carlo Alberto, dessen Eingreifen vielen schon als verspätet erschien, eher die traditionellen Ziele der savoyischen Politik als die Idee des Kreuzzuges für die Befreiung Italiens. Das zeigte sich in den Monaten Mai bis Juli an der diplomatischen Tätigkeit, die Piemont gegenüber der Regierung in Mailand und gegenüber den anderen italienischen Staaten entfaltete. Piemont setzte durch, daß die provisorischen Regierungen in Mailand und Venedig im Mai durch Dekret zu einer Volksabstimmung über den Anschluß dieser Staaten an das Königreich Sardinien aufriefen. Die Frage der zukünftigen Gestaltung des so entstandenen italienischen Staates wurde auf die Zeit nach dem siegreichen Abschluß des Krieges vertagt.

Diese Entscheidung wurde damit begründet, daß zunächst alle Anstrengungen auf die siegreiche Beendigung des Krieges zu richten seien. Dem wäre nichts entgegenzusetzen gewesen, wenn Piemont den Krieg wirklich mit Nachdruck geführt hätte. Dem war aber nicht so. Zweimal ließen sich die Truppen unter Carlo Alberto günstige Gelegenheiten zur Entscheidung des Kampfes entgehen: nach Überschreiten der Grenzen nahmen sie nicht die Verfolgung der Truppen Radetzkys auf, dessen Rückzug zu dem Festungsviereck von Mantua, Verona, Peschiera und Legnano durch ungesichertes Gebiet führte. Später, nach dem glänzenden Erfolg von Goito am 30. Mai und der Kapitulation der Festung Peschiera, nutzten die piemontesischen Truppen den Sieg nicht aus, sondern ließen Radetzky Zeit, seine Kräfte zum Gegenangriff und zur Eroberung Vicenzas zu sammeln. Damit war die Kriegsentscheidung gefallen. Die Initiative lag wieder in der Hand der Österreicher, die am 25. Juli den wichtigen Sieg von Custoza erringen konnten. Carlo Alberto zog sich nach Mailand zurück, nicht so sehr um die Stadt zu verteidigen, sondern eher um die Verteidigung durch die Bevölkerung selbst zu verhindern. Sofort nach dem Einzug in Mailand vereinbarte Carlo Alberto gegen den Willen der Mailänder mit Radetzky die Feuereinstellung, woraufhin von General Salasco am 9. August der Waffenstillstand unterzeichnet wurde.

Vom Standpunkt Piemonts und dem des Hauses Savoyen, vertreten durch Carlo Alberto, blieb, um das Gesicht zu wahren, als einzige mögliche Lösung ein Friedensschluß, durch den Piemont in der Lombardei oder in den Herzogtümern kleinere territoriale Gewinne erhalten würde. Mit diesem Ziel suchte die piemontesische Diplomatie in den folgenden Monaten französische und englische Vermittlung und setzte sich immer deutlicher von den italienischen Patrioten ab. So erklärt sich die Ablehnung der sizilianischen Krone, die vom sizilianischen Parlament dem zweitältesten Sohn Carlo Albertos, dem Herzog von Genua, angeboten worden war. Dennoch erzielte die Diplomatie Piemonts, selbst mit der französisch-englischen Vermittlung keinerlei Erfolge. Angesichts der Niederlage der ganz auf die politischen und dynastischen Interessen Piemonts beschränkten Politik Carlo Albertos und des Scheiterns der neoguelfischen Hoffnungen gewann die demokratische Alternative wieder neue Anziehungskraft. Mazzini hatte schon vorher zur Wahl einer italienischen konstituierenden Versammlung aufgerufen, von der die Initiative zum Kampf gegen Österreich und zur Beschleunigung der italienischen Einigung ausgehen sollte. In der Toskana wurde dieser Vorschlag im Oktober 1848 von der neuen Regierung aufgegriffen, die von dem Livornesen Guerazzi und von Montanelli, dem eigentlichen Theoretiker der konstituierenden Versammlung, geführt wurde. Auch in Rom entwickelten sich die Ereignisse in Richtung Demokratie. Am 15. Oktober ermordeten Mitglieder einer Geheimgesellschaft den Minister Pellegrino Rossi, und wenige Tage später floh Pius IX. nach Gaeta, wohin ihm bald auch der toskanische Großherzog Leopold II. folgen sollte. Damit war der Weg für die Männer der radikaleren Strömungen in der Hauptstadt und vor allem auch in den Provinzstädten frei. Aus den Wahlen ging eine hauptsächlich aus Demokraten zusammengesetzte konstituierende Versammlung hervor, die im Februar 1849 den Papst für abgesetzt erklärte und die römische Republik proklamierte. Nach Florenz erreichte die Welle der Demokratie auch Turin, wo im Dezember 1848 Gioberti mit der Bildung einer neuen Regierung beauftragt wurde. Dieser hatte sich in den vorausgegangenen Monaten gegen die „Kirchturmpolitiker" gewandt und sich den demokratischen Elementen angeschlossen. Seine Regierungstätigkeit war aber alles andere als eindeutig. Nachdem er zunächst mit Florenz und Rom über die Einberufung einer italienischen konstituierenden Versammlung verhandelt hatte, setzte er sich dafür ein, dem Großherzog von Toskana mit Hilfe piemontesischer Waffen wieder auf seinen Thron zu verhelfen. Dies führte sowohl zum Zusammenstoß mit Carlo Alberto, dem er den Oberbefehl streitig machen wollte, als auch zum Zusammenstoß mit den Demokraten, so daß er schließlich im Februar 1849 zurücktreten mußte. Wenige Tage später kündigte Carlo Alberto den im August mit Österreich geschlossenen Waffenstillstand und nahm die Feindseligkeiten wieder auf. Für dieses Unternehmen bestand freilich angesichts der ungünstigen politischen Lage in ganz Europa wenig Aussicht auf Erfolg. In Wien und in Paris hatte die Reaktion gesiegt, und die allgemeine revolutionäre Begeisterung war im Abklingen. Die, wie man sagen könnte, zur Ehrenrettung wiederaufgenommenen militärischen Aktionen, die auch diesmal ohne Entschiedenheit geführt wurden, verliefen von vorneherein ungünstig für das piemontesische Heer, das schließlich am 23. März 1849 bei Novara die endgültige Niederlage erlitt. Angesichts der schweren politischen und militärischen Niederlage zog Carlo Alberto es vor, zugunsten seines Sohnes Vittorio Emanuele (II.) abzudanken. Dieser nahm sofort Friedensverhandlungen mit Wien auf, die am 6. August zum Abschluß kamen. Piemont mußte auf jeglichen territorialen Gewinn und auf die Unterstützung der revolutionären Bewegung Italiens verzichten. In der Zwischenzeit hatte der neue König schon die offene Erhebung Genuas, der Hochburg der demokratischen Bewegung, die sich gegen die Bedingungen des Vertrages erhoben hatte, niedergeschlagen.

Anfang Frühjahr 1849, kaum ein Jahr nach jenem März 1848, der zu den schönsten Hoffnungen Anlaß gegeben hatte, schien die Sache der italienischen Einheit so gut wie verloren. Piemont war geschlagen, die Lombardei und die venezianische Terraferma waren wieder in österreichischer Hand, Sizilien stand nach einem langen Kampf von Mai 1848 bis März 1849 wieder unter bourbonischer Herrschaft, und auch in Florenz hatte der Großherzog mit Hilfe eines österreichischen Expeditionskorps die Macht wieder zurückerobert. Die letzten Bastionen der italienischen Freiheit blieben Rom und Venedig. Gegen die päpstliche Stadt entsandte die republikanische Regierung Frankreichs unter dem scheinheiligen Vorwand der Vermittlung zwischen den römischen Liberalen und dem Papst ein Expeditionskorps. Unter der politischen Führung Mazzinis und der anderen „Triumvirn" – und unter der militärischen Leitung Garibaldis – leistete die ganze Bevölkerung verzweifelten Widerstand. Nach einem ersten Mißerfolg am 30. April konnten die französischen Truppen unter Oudinot jedoch am 3. Juli in die Stadt eindringen. Zwei Tage zuvor hatte die konstituierende Versammlung die Verfassung der Republik verabschiedet, die die fortschrittlichste aller italienischen Verfassungen war und als einzige in einigen Artikeln ein Verständnis für soziale Fragen zum Ausdruck brachte.

Schließlich fiel auch Venedig, das Garibaldi in einem Gewaltmarsch, der zur Legende des Risorgimento gehört, vergeblich zu erreichen versucht hatte. Venedig ergab sich am 24. August nach langer erschöpfender Belagerung, die die alte Republik mit Würde und Mut ertragen hatte.

Dies ist die Chronik der italienischen Revolution von 1848. Mancher Leser mag sie als etwas konfus empfinden, aber die Konfusion liegt nicht nur in der Darstellung, sondern in den Ereignissen selbst. Nicht umsonst ist der Ausdruck „ein 48 veranstalten" *(fare un quarantotto)* zum Synonym für ein vollständiges Durcheinander geworden. Das revolutionäre Italien von 1848 gleicht einem Mosaik, dessen Steinchen nicht zusammenpassen. Entgegen den Hoffnungen der Föderalisten Giobertis hatten die italienischen Fürsten, allen voran Carlo Alberto, wiederum in erster Linie im Interesse ihrer jeweiligen Staaten gehandelt; wiederum waren die Gegensätze zwischen den einzelnen Regionen Italiens zum Vorschein gekommen: die Lombarden hatten den Piemontesen ebenso mißtraut, wie die Bewohner der venezianischen Terraferma der Stadt Venedig; die Sizilianer hatten sich gegen Neapel erhoben; zwischen Turin und Genua, zwischen Florenz und Livorno waren die alten Antagonismen wieder aufgebrochen. Vor allem aber hatten die führenden Klassen nicht die Fähigkeit – oder nicht den Willen – besessen, das Aufbegehren des Volkes zu nutzen und zu kanalisieren.

An den Aufstandsbewegungen von 1848 war das einfache Volk wesentlich beteiligt, viel mehr jedenfalls als 1821 und 1831. In den Städten, in Mailand, Venedig, Rom, Livorno und Palermo hatte das Volk aktiv am Aufstand teilgenommen und mutig gekämpft. Die Bauern hatten sich in der Lombardei der allgemeinen Bewegung angeschlossen, im Süden und in Sizilien hatten sie innerhalb der Bewegung mit Nachdruck ihre Forderungen nach Aufteilung des Staats- und Kirchengutes vertreten. Mit Ausnahme der Toskana fanden selbst beim Abklingen der revolutionären Welle kaum loyalistische Bauernbewegungen statt, wenngleich Österreich aufgrund der jüngsten Erfahrung in Galizien mit allen Mitteln etwas Ähnliches zu entfachen versucht hatte. Dieser Beteiligung oder zumindest Bereitschaft der Volksmassen war jedoch nur Indifferenz oder in vielen Fällen sogar Angst entgegengebracht worden. Die Wahlen in einigen Staaten fanden fast alle nach einem strengen Zensuswahlrecht statt. Wo dies, wie in Sizilien, nicht der Fall war, bildete das Erfordernis, lesen und schreiben zu können, allein schon eine unüberwindliche Barriere für die große Mehrheit der Bevölkerung. Dort, wo Volksmilizen eingerichtet worden waren, verhielten sie sich häufig wie eine Klassenmiliz. Wenig, allzu wenig, wurde gegen die wirtschaftliche Misere und die Hungersnot unternommen: einige öffentliche Bauvorhaben und geringe Steuererleichterungen, die noch dazu weitgehend durch die Geldentwertung zunichte gemacht wurden. Nur die Römische Republik ordnete im Februar 1849 durch ein Dekret die Aufteilung der vielen eingezogenen Kirchengüter unter die ärmsten Bauern an. Diese Dekrete des Ventôse (Ventôse, ,,der Windige", der Monat zwischen dem 19./21. Februar und dem 19./21. März nach dem französischen Revolutionskalender, A. d. Ü.) konnten aufgrund höherer Gewalt nicht mehr durchgeführt werden.

Durch die Niederlage der 48er Revolution erhielt die Sache der Unabhängigkeit und Freiheit Italiens zwar einen schweren Schlag, aber sie war schon zu weit gediehen, als daß ihre Vollendung noch wirklich hätte verhindert werden können.

12. Die Siege des Risorgimento

Die italienischen Demokraten von 1849 bis 1857

Die Erfahrung von 1848 hatte die politischen Überzeugungen Giuseppe Mazzinis nicht wesentlich verändert. Trotz der erlittenen Niederlage blieb er der festen Meinung, daß die Lage in Italien im höchsten Grade explosiv sei und daß das Wiederaufflammen der Revolution unmittelbar bevorstehe. Diese Illusion wurde im übrigen von der Mehrheit der italienischen Demokraten geteilt. Damit sich das Scheitern von 1848 nicht noch einmal wiederholte, erschien es ihnen ausreichend, die Erhebung der unterdrückten Völker Europas – der Italiener, der Ungarn, der Polen – besser zu koordinieren, und der Heiligen Allianz der Fürsten die Heilige Allianz der Völker entgegenzustellen. Mit diesem Ziel gründete Mazzini 1850 in London das Zentralkomitee der Demokraten Europas, an dem neben anderen für Deutschland Arnold Ruge teilnahm und Darasz für Polen. Frankreich war durch Ledru-Rollin vertreten, den Mazzini zum allgemeinen Erstaunen Blanc vorgezogen hatte. Letzterer war in den Augen des genuesischen Agitators die Inkarnation jener sozialistischen „Systeme", die seiner Meinung nach den Keim der Spaltung in die Reihen der demokratischen Patrioten brachten und deren Schlagkraft schwächten. Die Sache des Volkes und die Befreiung der unterdrückten Nationen konnten keine Spaltungen ertragen: mehr als auf Frankreich war der Blick des Genuesen auf Ungarn, Polen, Deutschland und natürlich Italien gerichtet.

Bestand aber dadurch nicht die Gefahr, der geplanten revolutionären Bewegung diejenigen Kräfte des Volkes zu entfremden, die gerade den Erfolg hätten sichern können? Für diese aber war das Recht auf Arbeit, über das Mazzini hinwegsah, die entscheidende Frage. War es legitim, die soziale Frage einfach in der nationalen Frage aufgehen zu lassen, wie Mazzini es tat? Auf diese beunruhigenden Fragen ging die Broschüre „La Federazione repubblicana" des Mailänders Giuseppe Ferrari ein. Ursprünglich Professor an der Universität Straßburg, war der Autor wegen seiner scharfen Polemik gegen die Jesuiten und wegen seiner Beteiligung an der Revolution von 1848 und ganz allgemein wegen seiner manchmal bizarren und paradoxen, aber immer scharfsinnigen Gedankengänge bekannt geworden. In dem genannten Pamphlet vertrat er die Ansicht, daß im Gegensatz zu den Ereignissen von 1848 die Revolution in den einzelnen Staaten dem Kampf um die äußere Unabhängigkeit vorausgehen müsse. Diese Revolution müsse entschieden sozialen, ja sozialistischen Charakter haben, und man dürfe daher nicht zögern, ein Agrargesetz zu erlassen. Diesen Gedankengängen lag deutlich das Modell der Pariser Revolution zugrunde, insbesondere die Vorgänge zwischen Februar und Juni 1848. Wiederum mußte das Zeichen zum Aufstand und die Unterstützung desselben aus Paris kommen. Ferrari verwarf Mazzinis Konzept einer italienischen Initiative als provinziell und utopisch.

Der Versuch, auf dieser programmatischen Basis in Konkurrenz zur Bewegung Mazzinis eine Vereinigung italienischer Demokraten aufzubauen, mißlang. Die Ideen Ferraris erregten aus verschiedenen Gründen Kritik und Mißtrauen. Einige, wie Ferraris Freund und Landsmann Cattaneo, der wesentlich an der provisorischen Regierung in Mailand beteiligt gewesen war, lehnten aufgrund ihrer bürgerlichen Anschauungen über die Entwicklung der italienischen Gesellschaft die sozialistischen Ideen ab. Andere, wie Carlo Pisacane, ein junger, hervorragender ehemaliger Offizier aus Neapel, der sich bei der Verteidigung der Römischen Republik hervorgetan hatte, wandten sich gegen den Primat der Französischen Revolution, der die italienischen Revolutionäre in eine abwartende Rolle drängte. In der Frage des Sozialismus dagegen war Pisacane nicht nur mit Ferrari einverstanden, sondern ging noch weiter: gerade weil Italien Frankreich gegenüber ein rückständiges Land sei, in dem sich die Agrarfrage als ein Problem des Ancien régime stellte, könnte Italien um so schneller die bürgerliche Phase der Revolution überwinden. Gerade deshalb könne und müsse in Italien die Revolution einen ganz eigenständigen Charakter annehmen. Pisacane fühlte sich einerseits von Ferrari intellektuell angezogen, andererseits brachte ihn seine Überzeugung, daß die Bewegung notwendig von den inneren Bedingungen der italienischen Gesellschaft auszugehen habe, schließlich wieder auf die Seite Mazzinis.

Mazzini blieb trotz des ,,Formalismus" seines Programms durch die Faszination seiner Person, wegen seiner taktischen und politischen Fähigkeiten und schließlich durch das Prestige, das er sich bei der Verteidigung der Römischen Republik erworben hatte, der einzige unter den Demokraten, der über eine Anhängerschaft bei den Emigranten und im Lande selbst verfügte. Zwischen 1850 und 1853 war es ihm gelungen, viele der nach 1849 zerrissenen Verbindungen wieder herzustellen und ein bedeutendes Organisationsnetz im Kirchenstaat, in der Toskana, in der Lombardei und Ligurien aufzubauen, wo er Verbindung mit den ersten Arbeiterselbsthilfeorganisationen aufnahm. Besonders in Mailand hatten die Mazzinianer erfolgreich enge Verbindung mit den Arbeiter- und Handwerkerbrüderschaften und mit Kreisen aus dem Volk aufgenommen. Nur im Süden und in Sizilien war die Organisation Mazzinis kaum vertreten. Obwohl das konspirative Netz in Ligurien durch die Polizei angegriffen und stark durchlöchert war, rief Mazzini im Februar 1853 wiederum zum Aufstand auf. Die Erhebung sollte am 6. Februar in Mailand beginnen und von da aus auf die anderen Städte und Regionen übergreifen. Nach dem Sieg hätten die Revolutionäre auf

Turin Druck ausüben sollen, damit von dort aus der Unabhängigkeitskrieg gegen Österreich neu eröffnet würde. Die einzigen, die an dem bestimmten Tag wirklich auf die Straße gingen, waren Gruppen von Arbeitern und Handwerkern in Mailand, die sogenannten *barabba*, deren Aufstandsversuch natürlich schnell niedergeschlagen war.

Obwohl er weiterhin Anhänger verlor und heftigste Kritik einstecken mußte, gab sich Mazzini auch diesmal nicht geschlagen. Vom heimatlichen Genua aus, wo er drei Jahre lang im Untergrund lebte, gründete er eine neue Organisation, die sogenannte Aktionspartei, *partito d'azione*. Wie schon der Name ausdrückt, sollte damit eine Avantgardeorganisation aus militärisch und politisch agierenden Berufsrevolutionären entstehen. Von den Volksmassen abgeschnitten, zog sich Mazzini ganz auf eine revolutionäre Elite zurück. Durch ihr militantes Vorbild, so hoffte er, würden sich dann die Volksmassen mitreißen lassen. Auf dieser Basis entwickelte sich die Zusammenarbeit zwischen Mazzini und Pisacane.

Pisacane besaß, wie gesagt, ein historisch-politisches Konzept der italienischen Revolution, das von dem Mazzinis gänzlich verschieden und ihm überlegen war. Er stimmte jedoch mit Mazzini in der Überzeugung überein, daß eine militärische Aktion notwendig und jedes Abwarten abzulehnen sei. Seiner Meinung nach genügte es, den richtigen Ansatzpunkt für den Aktivismus Mazzinis zu finden, um das ganze System zum Einsturz zu bringen. Die schwächsten Glieder in der Kette waren für ihn nicht, wie Mazzini glaubte, die Städte des Nordens, das einfache Volk und das Bürgertum in Mailand, Genua und Livorno, sondern der Süden mit seinen nach Land und Gerechtigkeit dürstenden Bauern. Dort sah Pisacane die revolutionären Kräfte Italiens. Die Revolution in Italien konnte nicht als Eroberung des elenden Südens durch den bürgerlichen Norden stattfinden, sondern als revolutionäre Explosion des Südens selbst, die sich dann dem ganzen Land mitteilen würde: eine Revolution „von unten" nicht nur im sozialen, sondern auch im geographischen Sinn. Damit war eine Idee geboren, die von Bakunin, aber auch von vielen italienischen Demokraten aufgenommen wurde. Die widerspruchsvolle Zusammenarbeit zwischen Pisacane und Mazzini führte zu dem Unternehmen von Sapri im Juni 1857, dem in gewisser Weise letzten revolutionären Aufstandsversuch der Mazzinianer. Pisacane war mit einer kleinen Gruppe von Patrioten von Genua aus aufgebrochen und hatte durch die Befreiung von Gefangenen auf der Insel Ponza Verstärkung erhalten. Am Abend des 28. Juli landete er in Sapri. Die *jacquerie*, die er zu entfachen gehofft hatte, fand jedoch nicht statt. Im Gegenteil: die Bauern stellten sich auf die Seite der Bourbonen, und Pisacane fand mit fast allen seinen Getreuen den Tod. Wenige Monate nach seinem tragischen Ende wurde in den Zeitungen das politische Testament Pisacanes veröffentlicht. Daraus war zu erkennen, daß er in vollem Bewußtsein der Risiken und der geringen Erfolgsaussichten zu seinem abenteuerlichen Unternehmen aufgebrochen war, das er dennoch für seine unausweichliche revolutionäre Pflicht gehalten hatte.

Das unmittelbare Ergebnis der Katastrophe von Sapri war die neuerliche Isolierung Mazzinis. Zu oft schon, so meinten viele, hatte man ihm sein Abenteurertum verziehen. Im Gegensatz zu 1848 jedoch schlugen diejenigen, die von Mazzini abfielen, nicht eine radikalere, sondern eine gemäßigte Richtung ein. Diese Entwicklung hatte Mazzini im übrigen selbst begünstigt, da er – wie schon einmal 1848 – als politische Losung die sogenannte „neutrale Flagge" vorschlug. Darunter war zu verstehen, daß alle Fragen, auch die der künftigen Regierungsform, der Vollendung der Einheit und der Unabhängigkeit untergeordnet werden müßten. Während es unter der unentschlossenen Regentschaft Carlo Albertos kaum denkbar erschienen war, daß Piemont den Sieg der italienischen Sache ermöglichen würde, hatte sich die Lage nun grundlegend gewandelt. Etwas vollständig Neues war in Piemont im Entstehen.

Cavour und Piemont

Zu den Legenden der Geschichtsschreibung des Risorgimento gehört die Darstellung der Unterredung zwischen Radetzky und dem neuen König Vittorio Emanuele II. nach der Niederlage von Novara in Vignale. Es hieß, König Vittorio Emanuele II. habe sich geweigert, das Statut zurückzunehmen und habe deshalb auf mögliche territoriale Kompensationen verzichtet. In Wirklichkeit wurde dieser Vorschlag nie gemacht und Vittorio Emanuele II. verpflichtete sich im Gegenteil zur Verfolgung der Demokraten, wie dies auch seiner persönlichen Einstellung entsprach. Nach der Niederschlagung des Aufstandes von Genua löste er ohne Zögern im November 1849 die Kammer auf, die den Friedensvertrag nicht annehmen wollte. Das Auflösungsdekret war von einer ziemlich eindeutigen Erklärung des Ministerpräsidenten d'Azeglios begleitet, in der die Rücknahme des Statutes als Möglichkeit angedeutet wurde, falls die Wahlen für die Gemäßigten ungünstig ausfallen sollten. Der Wahlsieg der Gemäßigten und die feste Haltung d'Azeglios konnten in Piemont eine absolutistische Restauration verhindern, und so blieb Piemont der einzige konstitutionelle Staat Italiens. Sobald der kritische Moment nach dem Krieg vorüber war, nahm die piemontesische Regierung die Reformpolitik wieder auf, die auch die anderen italienischen Regierungen in den Jahren 1846 bis 1848 begonnen hatten. Sie mußte sich dabei gegen die Interessen der Städte, gegen die Konservativen und gegen den König selbst durchsetzen. Im Februar 1850 legte der Justizminister im Kabinett d'Azeglio ein Gesetzespaket über die Einschränkung der kirchlichen Privilegien vor, durch das die kirchliche Gerichtsbarkeit, die Reste des Asylrechts und einige kirchliche Festtage aufgehoben werden sollten. Dadurch sollte die piemontesische Gesetzgebung auf einem Gebiet, auf dem sie besonders rückständig war, den anderen italienischen Staaten angeglichen werden. Während die Gesetzesvorlage Siccardis ohne wesentliche Schwierigkeiten angenommen wurde, stieß d'Azeglio mit einer Gesetzesvorlage über die Einführung der Zivilehe in der Kammer und beim König auf um so entschiedenere Ablehnung, so daß die Regierung im Oktober 1852 zurücktreten mußte. Nach einer schweren Krise wurde Camillo Graf Benso di Cavour mit der Regierungsbildung beauftragt, der im vorangegangenen Kabinett das Landwirtschaftsministerium geleitet und sich dafür eingesetzt hatte, wegen der Zivilehe nicht die Vertrauensfrage zu stellen.

Damit kam der Mann an die Macht, dessen Name mit der Verwirklichung der italienischen Einigung verknüpft ist und der als einer der wenigen Männer der neueren italienischen Geschichte der Nachwelt als Sieger und nicht als Besiegter erschienen ist. Als Sproß einer alten Adelsfamilie war ihm von seinem Vater die militärische Laufbahn bestimmt worden, die der Sohn jedoch bald aufgab, um sein Leben mit Reisen, Geschäften, Spekulationen, Studien und Liebesaffären zu verbringen. Erst in reiferen Jahren widmete er sich der Politik. In einer Gesellschaft, in der der Adel oft in kleinlicher Weise bürgerlich war und das Bürgertum sich in adeliger Pose gefiel, besaß Cavour gleichzeitig die Tugenden des Bürgers und des Aristokraten: geistige Beweglichkeit und sichere Fähigkeit des Befehlens, Geschäftssinn und Freude am Geldausgeben, die unverbrauchten Energien einer neuen und den Stil einer alten Klasse. Politisch gemäßigt liberal, ohne jegliche Sympathie für die Revolution und den Romantizismus Mazzinis, war er sich doch darüber klar, nicht gegen die weitverbreiteten demokratischen Hoffnungen des Bürgertums und des Kleinbürgertums regieren zu können. Noch vor der Regierungsbildung sicherte er sich durch ein Bündnis – das sogenannte *connubio* (Ehebund) – mit dem gemäßigten Flügel der Linken und vor allem mit ihrem wichtigsten Exponenten, Urbano Rattazzi, eine Mehrheit im Parlament. Durch diese Absicherung sowohl gegen die Ungeduld der Mazzinianer als auch gegen das kleinstaatlich-dynastische Denken des Hofes, konnte er in Ruhe die Liberalisierung und Modernisierung der piemontesischen Gesellschaft, die er sich vorgenommen hatte, verwirklichen.

Vor allem auf wirtschaftlichem Gebiet. Als eifriger Leser von Adam Smith und aufgeklärter landwirtschaftlicher Unternehmer folgte Cavour den Prinzipien des Wirtschaftsliberalismus. Der Weg zur Modernisierung der piemontesischen Gesellschaft mußte seiner Meinung nach über den Sieg der schon vorhandenen kapitalistischen Tendenzen führen. Zu ihrer Freisetzung erschien ihm vor allem die vollständige Liberalisierung des Marktes und die Einfügung Piemonts in den europäischen Wirtschaftskreislauf notwendig. Aufgrund dieser Überzeugungen hatte er schon während der 18 Monate im Landwirtschaftsministerium eine Reihe von Freihandelsabkommen mit Frankreich, England, Belgien und Österreich abgeschlossen. Für Cavour war die Durchsetzung des Kapitalismus nur „von unten" her möglich, also durch die mutige Initiative der einzelnen Produzenten, wie dies in den entwickelten Wirtschaftsnationen Westeuropas, in England und Frankreich, der Fall gewesen war. Dieser Prozeß konnte sich natürlich nicht von heute auf morgen vollziehen. Cavour, der kein Dogmatiker war und den Unterschied zwischen theoretischer Ökonomie und Wirtschaftspolitik wohl verstanden hatte, schloß deshalb nicht aus, daß für die piemontesische und italienische Wirtschaft neue Wege gefunden werden konnten, auf denen der Entwicklungsrückstand schneller aufzuholen war. In diese Richtung, mit dem Ziel, die kapitalistische Wirtschaft anzuregen und zu erleichtern, sollte der Staat wirken. Deshalb plante und verwirklichte Cavour während seiner Regierungszeit in großem Stil Arbeiten zum Ausbau der Infrastruktur: den Kanal, der seinen Namen trägt und der die rationelle Bewässerung der Felder um Novara und Vercelli ermöglichte, den Tunnel von Fréjus, die Eisenbahnen. In diesen Rahmen ist auch die Einrichtung der großen staatlichen Zentralbank der *Banca Nazionale*, der Vorläuferin der späteren *Banca d'Italia* zu stellen. Die Früchte dieser Wirtschaftspolitik wurden bald sichtbar: Anfang 1859 verfügte Piemont über 850 Eisenbahnkilometer gegenüber den 986 km im ganzen übrigen Italien. Der Außenhandel Piemonts lag beträchtlich über dem des wirtschaftlich blühenden Nachbarstaates Lombardo-Venetien. Während in ganz Italien nach dem Wirtschaftsaufschwung der Jahre 1830/46 deutliche Krisenerscheinungen zu spüren waren, blieb Piemont als einziger Staat Italiens einigermaßen in der Lage, mit dem schwindelerregenden Wachstum der europäischen Wirtschaft mitzuhalten.

Wirtschaftliche Freiheit aber war undenkbar ohne politische Freiheit, die Freiheit des *bourgeois* undenkbar ohne die Freiheit des *citoyen*. Cavour wußte dies sehr wohl und verfolgte deshalb mit großer Festigkeit die von d'Azeglio begonnene Politik gegen den Einfluß der Kirche im Staat. 1855 riskierte er sogar eine schwere Regierungskrise – die sogenannte Calabiana-Krise –, um nicht einen Gesetzentwurf zur Auflösung zahlreicher Klöster zurücknehmen zu müssen. In diesem Konflikt setzte er sich auch gegen den König durch, der sich dem Papst gegenüber verpflichtet hatte, das Gesetz zu verhindern. Unter der Regierung Cavour war Piemont damit nicht nur der einzige italienische Staat, in dem sich das politische und parlamentarische Leben nach den Regeln der konstitutionellen Monarchie abspielte, sondern auch der einzige Staat, in dem wirklich Presse-, Versammlungs- und Lehrfreiheit herrschten. Deshalb wurde Piemont immer mehr zum Anziehungspunkt für politische Emigranten, die immer zahlreicher nach Turin strömten und dort im Unterrichtswesen und in der Verwaltung wichtige Posten übernehmen konnten. Bald erreichte die Zahl der politischen Flüchtlinge mehrere Zehntausende, so daß sich sogar ernsthafte Schwierigkeiten im Verhältnis zur einheimischen Bevölkerung ergaben. Die Flüchtlinge kamen nicht nur aus allen Teilen Italiens, sondern vertraten auch die verschiedensten politischen Richtungen. Unter ihnen waren klingende Namen wie Luigi Carlo Farini aus der Romagna, Cesare Correnti aus der Lombardei, Manfredo Fanti aus Modena, der General des piemontesischen Heeres wurde, der Sizilianer Francesco Ferrara, der mit der Herausgabe der ,,Biblioteca dell'economista" in Italien die Klassiker der modernen politischen Ökonomie bekannt machte; aus Neapel schließlich stammten der Hegelianer Bertrando Spaventa und Francesco de Sanctis, der wichtigste Literaturkritiker und -historiker des 19. Jahrhunderts in Italien. Einige Immigranten – wie Mamiani, Bonghi und Bianchi – standen mehr oder weniger der gemäßigt liberalen Politik Cavours nahe, andere – wie die starke Gruppe in Genua um Rosolino Pilo, Agostino Bertani und Pisacane – waren noch oder nicht mehr Mazzinianer.

Nach dem Scheitern des Unternehmens von Sapri schwenkten jedoch immer mehr politische Flüchtlinge auf die Linie Cavours ein. So entstand auf die Initiative La Farinas und Daniele Manins die *Società Nazionale* mit dem Ziel, alle patriotischen Kräfte unter dem Banner der unitarischen Monarchie zu sammeln. Auch Giuseppe Garibaldi wurde Mitglied, und Mazzini war schließlich vollständig isoliert.

Zunächst stillschweigend toleriert, später öffentlich und offiziell unterstützt, spielte die *Società nazionale*, wie wir im folgenden Kapitel sehen werden, in der Innen- und Außenpolitik Cavours eine hervorragende Rolle.

Die Außenpolitik Cavours
und der zweite Unabhängigkeitskrieg

Cavour wird sehr häufig als der gewiefte Außenpolitiker dargestellt, der das kunstvolle Gewebe der Einheit Italiens geknüpft hat. Dies darf jedoch nicht so verstanden werden, daß der piemontesische Staatsmann von Anfang an das Ziel der Einigung Italiens vor Augen gehabt und seine ganze Tätigkeit diesem großen Ziel untergeordnet hätte. In Wirklichkeit sah Cavour bis zu einem bestimmten Zeitpunkt die Einigung Italiens unter der Krone Savoyens als praktisch unmöglich an. Seine Fähigkeit bestand nicht so sehr in der Geduld dessen, der abwarten kann, bis die Dinge zur Entscheidung reif sind, als vielmehr in der Wachheit dessen, der aus den sich bietenden Gelegenheiten das Beste zu machen weiß. Diese Handlungsweise entsprang dem Bewußtsein, daß für eine italienische Initiative nur so lange Raum blieb, solange auf dem politischen Schachbrett Europas Bewegung herrschte.

Unter diesem Gesichtspunkt war die Entwicklung der 50er Jahre noch günstiger als die Zeit nach der Julirevolution. Cavour hatte als einer der ersten begriffen, daß die Politik des bonapartistischen Kaiserreiches trotz der Maxime *l'empire c'est la paix* keineswegs die Rückkehr zu einer isolationistischen oder schlimmer noch legitimistischen Politik bedeutete. Die dynamisch-fortschrittliche Politik Englands auf dem Kontinent war unverändert, und als neuer Trumpf für die Diplomatie Piemonts erwies sich die Verschlechterung der österreichisch-russischen Beziehungen. Durch die Ereignisse von 1848 hatte sich nämlich das Verhältnis der beiden Länder, aufgrund der sogenannten Orientalischen Frage, so zugespitzt, daß es schließlich zum Ausbruch des Krimkrieges (1853–1856) kam. Der Krimkrieg bot für Piemont, dessen Expeditionskorps zusammen mit den französischen und englischen Truppen vor Sewastopol kämpfte, die Gelegenheit, sich ins Konzert der europäischen Mächte einzureihen und 1856 am Pariser Kongreß teilzunehmen. In Wirklichkeit war es nicht so sehr Cavour, als vielmehr Vittorio Emanuele II. gewesen, der auf ein militärisches Eingreifen gedrängt hatte. Cavour jedoch gebührt ohne Zweifel das Verdienst, aus dem militärischen Beitrag Piemonts beträchtlichen politischen Nutzen gezogen zu haben. Der Pariser Kongreß, an dem Cavour als Vertreter Piemonts teilnahm, brachte zwar nicht die erhofften territorialen Gewinne; man hatte an die Annexion der Herzogtümer Modena und Parma gedacht. Die Behandlung der von Cavour aufgeworfenen italienischen Frage fand lediglich auf der letzten Sitzung statt und erschöpfte sich im wesentlichen in einer Anklage des englischen Vertreters, Lord Clarendon, gegen die Innenpolitik des Kirchenstaates und des Königreiches Neapel. Es kam zu keinem gemeinsamen Beschluß. Damit blieb der Pariser Kongreß für Italien zwar zunächst praktisch ergebnislos, aber die rastlose diplomatische Tätigkeit Cavours und vor allem die Festigung der guten persönlichen Beziehungen zu Napoleon III. sollten bald politische Früchte tragen. Überdies brachte gerade die Ergebnislosigkeit des Pariser Kongresses Cavour zu der Überzeugung, daß die italienische Sache nicht auf diplomatischem Wege zu lösen sei, sondern daß man mutig der Möglichkeit einer kriegerischen Auseinandersetzung ins Auge sehen müsse. ,,Le canon seul", schrieb Cavour an Emanuele d'Azeglio, ,,peut nous tirer d'affaire." (Nur die Kanone kann uns aus der Affäre ziehen.)

Wer aber konnte der Verbündete in einem neuen Unabhängigkeitskrieg gegen Österreich sein? Die begründete Hoffnung, die man in das Frankreich Napoleons III. setzte, schien zunichte zu werden, als am 14. Januar 1858 die Nachricht durch Europa ging, daß Napoleon nur durch einen glücklichen Zufall einem Attentat entgangen war. Der Attentäter, Felice Orsini, war Italiener, der mit seiner Tat den Mann des 2. Dezember und den Totengräber der Römischen Republik hatte treffen wollen. Aber es geschah das Unvorhersehbare: die Würde, mit der Orsini Prozeß und Hinrichtung entgegenging, und der Brief, den er vom Kerker aus an Napoleon richtete und dessen Veröffentlichung wahrscheinlich von Napoleon selbst veranlaßt war, überzeugten den Kaiser von der Notwendigkeit, die italienische Frage unverzüglich zu lösen. In seinem Brief hatte Orsini Napoleon III. aufgefordert, sich zum Befreier Italiens zu machen. Sechs Monate nach dem Attentat traf

Napoleon III. in Plombières mit Cavour zusammen. Bei diesem Gespräch wurden die Grundlinien für das künftige Bündnis und die Gestaltung Italiens festgelegt. Piemont sollte Nizza und Savoyen an Frankreich abtreten und dafür ganz Oberitalien nördlich des Apennin erhalten; Mittelitalien sollte mit der Ausnahme Roms und seiner unmittelbaren Umgebung als Ganzes einem noch zu bestimmenden Souverän übertragen werden, während Süditalien in seiner bisherigen Gestalt verbleiben und nur einer anderen Dynastie zugewiesen werden sollte (Napoleon dachte dabei an den Sohn Joachim Murats). Diese drei Staaten hätten dann unter dem Vorsitz des Papstes eine Konföderation gebildet. Diese Abmachungen, von denen nur der erste Teil, der das zu bildende oberitalienische Reich ohne Nizza und Savoyen betraf, in dem Vertrag vom Januar 1859 schriftlich fixiert wurde, wurde durch die Hochzeit der Tochter Vittorio Emanueles, Prinzessin Clotilde, mit dem Fürsten Jérôme Bonaparte besiegelt.

Für Cavour folgten lange Monate entnervenden Wartens, in der ständigen Furcht, daß die englische Vermittlung das Gelingen seines Plans verhindern könnte. Das österreichische Ultimatum, das den vertraglich vorgesehenen casus belli lieferte, befreite ihn schließlich von den Schwierigkeiten. Die Feindseligkeiten begannen am 29. April 1859 und nahmen schnell einen für die französisch-piemontesischen Truppen günstigen Verlauf. Der französische Sieg von Magenta öffnete den Zugang nach Mailand, und die Siege von Solferino und San Martino ließen einen raschen, siegreichen Abschluß des Feldzuges in greifbare Nähe rücken. Die Gelegenheit wurde aber wegen einer Reihe – wenigstens von Napoleon – nicht vorhergesehener Ereignisse nicht ergriffen.

In der Zwischenzeit hatten unblutige Aufstände in Mittelitalien die jeweiligen Souveräne verjagt, und auf Betreiben der *Società nazionale* setzte sich immer mehr die Idee des Anschlusses an Piemont durch. Neben der Furcht vor einem preußischen Eingreifen waren es vor allem diese Ereignisse, die Napoleon dazu veranlaßten, in aller Eile mit Österreich in Villafranca einen Präliminarfrieden abzuschließen (11. Juli). Darin erhielt Piemont lediglich die Lombardei ohne die Festung Mantua, und außerdem wurde, abgesehen von der vagen Andeutung einer möglichen italienischen Konföderation, die Erhaltung des Status quo festgelegt. Angesichts dieses *fait accompli*, durch den Österreich nach wie vor einen Fuß fest auf der Halbinsel behielt, reichte Cavour in äußerster Verbitterung seinen Rücktritt ein. Mit der Bildung der neuen Regierung wurde La Marmora beauftragt. Wenn auch Cavour nicht mehr an der Regierung war, so blieben doch seine Anhänger und die *Società nazionale* weiterhin aktiv. In Bologna, in Florenz und in den Legationen des Kirchenstaates drängten sie immer mehr auf einen Anschluß an Piemont. Napoleon III., der sich in Villafranca entschieden dagegen gewehrt hatte, daß die verjagten Souveräne mit österreichischer Waffenhilfe wiedereingesetzt würden, sah sich nun einer äußerst unangenehmen und schwierigen

Lage gegenüber, denn er riskierte, alle vor den Kopf zu stoßen: die Österreicher, die die Rückkehr zum Status quo ante wünschten, die Italiener, die die Abmachungen von Villafranca als Verrat betrachteten und schließlich die Franzosen, die auf den Erwerb von Nizza und Savoyen hatten verzichten müssen. Napoleon war zwar geneigt, aus dieser Sackgasse mit einer Lösung zugunsten der Italiener herauszukommen. Dies wurde aber erst möglich, als Cavour wieder an die Regierung kam und nun auf dem Verhandlungsweg die einzige noch mögliche realistische Lösung erreichte: die Annexion der Toskana und der Emilia durch Piemont auf dem typisch napoleonischen Weg der Plebiszite. Diese fanden am 11. und 12. März in der Emilia und in der Toskana, und am 15. und 22. April in Nizza und Savoyen statt. In allen Fällen wurde eine überwältigende Mehrheit für den vorgeschlagenen Anschluß an Italien beziehungsweise an Frankreich erzielt. Aber das *annus mirabilis* des italienischen Risorgimento war noch nicht vorüber. Noch vor Jahresende ereigneten sich große Dinge, durch die das Ziel der italienischen Einheit, das noch so weit entfernt erschienen war, plötzlich Wirklichkeit wurde.

Der Zug der Tausend und die Einheit Italiens

Bis zum Frühjahr 1860 hatte die politische Initiative ganz bei Cavour und den Gemäßigten gelegen. Die Demokraten, und in erster Linie Mazzini, waren in eine Rolle gedrängt, in der sie nur mehr als Werkzeug für die Ziele anderer dienten. Nach den Plebisziten trat eine gewisse Pause ein, und man war allgemein der Überzeugung, daß Piemont und Frankreich die äußerste Grenze ihres Handlungsspielraums erreicht hatten. Damit erhielt das unitarische Programm der Demokraten wieder neue Anziehungskraft. Die Einigung Italiens durfte nicht auf halbem Wege steckenbleiben, und wenn der König und seine Diplomaten zu ihrer Vollendung nicht in der Lage waren, dann mußte das Volk wiederum die Initiative ergreifen. Sizilianische Emigranten wie Pilo und Crispi griffen die einst von Mazzini und Pisacane entwickelte Idee eines Zuges in den Süden wieder auf. Dieser Zug sollte sich auf Sizilien richten, wo die antibourbonische Revolte inzwischen endemischen Charakter angenommen hatte, und von dort aus sollte er nach Rom und vielleicht auch nach Venedig vordringen. Garibaldi, dessen Beziehungen zu Cavour sich erheblich verschlechtert hatten, ließ sich dazu bewegen, die Führung zu übernehmen. Weder Vittorio Emanuele II., der das angeforderte Regiment verweigerte, noch Cavour unterstützten die Vorbereitung des Unternehmens, dessen Verwirklichung einige Zeit kaum zu gelingen schien und an dessen Erfolg nur die wenigsten glaubten. Am 6. Mai stach der Zug der Tausend mit einer Bewaffnung, die für ein Militärmuseum reif war und mit der lächerlichen Summe von 94000 Lire in See. Cavour erließ Befehl, das

Unternehmen zu stoppen, falls die Schiffe in Cagliari, im piemontesischen Sardinien, vor Anker gingen, andernfalls sollte man sie weiterfahren lassen. Der Umweg über Talamone auf dem Festland, den die beiden Dampfschiffe Garibaldis und seiner Freiwilligen machen mußten, um sich weitere Waffen zu beschaffen, führte die Schiffe weit von der sardischen Küste ab, und die Expedition konnte ungestört bis Marsala in Sizilien vordringen. Die Garibaldiner landeten dort am 11. Mai; Fischer, denen sie auf See begegnet waren, hatten ihnen den Hinweis gegeben, daß die Stelle ohne bourbonische Besatzung sei. Italien stand offensichtlich unter einem guten Stern.

Am 15. Mai fand bei Calatafimi die erste erbitterte Auseinandersetzung mit den bourbonischen Truppen statt. Der Sieg, den Garibaldi schließlich davontrug, wirkte auf seine Anhänger selbst elektrisierend und auch auf die Gruppen von Einheimischen, die sich ihnen angeschlossen hatten. Nach einem glänzenden Manöver, mit dem Garibaldi der Hauptmacht der bourbonischen Truppen auswich, und nach dreitägigen Straßenkämpfen war am 30. Mai Palermo erobert. Ganz Europa wohnte sprachlos dem ungewohnten Schauspiel bei, daß eine Handvoll miserabel bewaffneter Männer sich gegen ein großes reguläres Heer durchsetzen und die Existenz eines Königreiches in Frage stellen konnte.

Cavour befand sich, wie er selbst zugab, in größter Verwirrung. Garibaldi hatte zwar in Sizilien den Titel „Diktator" als Vertreter Vittorio Emanueles angenommen, und seine Loyalität zur Monarchie schien unerschütterlich. Zugleich aber hatte Garibaldi beschlossen, gegen Rom zu marschieren, wo seit 1849 eine französische Schutztruppe stationiert war. England schien zwar dem Unternehmen mit Sympathie gegenüberzustehen, aber man konnte weitere diplomatische Komplikationen nicht ausschließen. Die größte Beunruhigung Cavours bestand jedoch vielleicht darin, daß er ahnte, ja sich dessen fast sicher war, daß durch die Annexion des Südens für die zukünftigen italienischen Regierungen neue, unbekannte Probleme auftauchen würden. Der Süden Italiens mit seinen „edlen Herren", mit den weiten von der Sonne verbrannten Landstrichen, mit seinen Bauern, die Gerechtigkeit verlangten – dieser Süden war etwas ganz anderes als sein Piemont und die Lombardei mit ihren Agrarunternehmern, ihren Kanälen und ihrem relativen Wohlstand. Für den Süden konnte nicht die Perspektive einer schrittweisen kapitalistischen Entwicklung von unten gelten, die für das Italien der Po-Ebene Gültigkeit besaß. Solche Befürchtungen tauchen in dieser Zeit häufig in den Papieren Cavours und im Briefwechsel mit Adressaten im Süden auf.

Als guter Spieler, der er war, nahm Cavour jedoch auch diesmal die Herausforderung an. Rückgängig machen oder aufhalten konnte man das Unternehmen Garibaldis zwar nicht mehr, wohl aber bestand die Möglichkeit, Garibaldi und den Demokraten die Initiative aus der Hand zu nehmen. Diesen Weg wählte Cavour. Zwischen ihm und Garibaldi entspann sich ein zähes, verdecktes Ringen, in dem der piemontesische Staatsmann zwar einige Schlappen erlitt, am Ende aber dennoch Sieger blieb. Es gelang ihm nicht, Garibaldi sofort zum Anschluß Siziliens an Italien zu bewegen, sondern die Insel blieb nach wie vor unter der Herrschaft einer provisorischen Regierung, deren Führung Francesco Crispi innehatte. Auch konnte er Garibaldi nicht davon abbringen, auf den Kontinent überzusetzen. (Ob Cavour dies tatsächlich versucht hat, bleibt umstritten.) Und schließlich gelang es Cavour auch nicht, in Neapel Unruhen zu inszenieren, die noch vor Garibaldis triumphalem Einzug am 7. September zur Errichtung einer gemäßigten Regierung hätten führen können. Dagegen gelang es, Napoleon III. die Zustimmung abzuringen, daß reguläre piemontesische Truppen durch die Marken und Umbrien in Richtung Süden marschieren konnten.

In den ersten Septembertagen, nach dem Einzug Garibaldis in Neapel, erreichte das subtile Spiel zwischen dem ungestümen, ruhmreichen General und dem umsichtigen piemontesischen Staatsmann seinen Höhepunkt. Am 11. September forderte Garibaldi in einem Brief von Vittorio Emanuele II., dessen Antipathie – oder Minderwertigkeitskomplex – gegenüber seinem Ersten Minister er kannte, die Entlassung Cavours. Dieser jedoch hatte, da er den Schachzug vorausahnte, dem König in einem Gespräch in Anwesenheit Farinis die volle Unterstützung seiner Politik abgerungen. Dadurch gedeckt, konnte er am 11. Oktober im Parlament durchsetzen, daß, ähnlich wie in der Emilia und der Toskana, im Süden und in Sizilien Plebiszite abgehalten würden. Damit waren die Hoffnungen Garibaldis und der Demokraten, die militärischen Erfolge politisch ummünzen zu können, zunichte gemacht. Die Plebiszite wurden am 21. Oktober abgehalten und ergaben sowohl in Süditalien als auch in Sizilien eine überwältigende Zustimmung zum Anschluß. Die Kraftprobe endete also auch diesmal mit dem vollständigen Sieg Cavours. Garibaldi, der schon vorher den geplanten Romzug aufgegeben hatte, blieb nichts anderes übrig, als sein Werk in die Hände Vittorio Emanueles zu legen. Der König hatte inzwischen an der Spitze der piemontesischen Truppen den Widerstand im Kirchenstaat überwunden und war bis in den Süden vorgestoßen, um sich mit den Truppen Garibaldis zu vereinigen, die am Volturno den Bourbonen die letzte entscheidende Niederlage beigebracht hatten. Das Treffen zwischen dem nunmehrigen König von Italien und Garibaldi fand am 27. Oktober in Teano statt und war weit von der Herzlichkeit und Feierlichkeit entfernt, die ihm die Legende des Risorgimento verliehen hat.

Die Gründe für die Niederlage Garibaldis und der Demokraten sind jedoch nicht allein im diplomatischen Geschick Cavours zu suchen, sondern auch – und vor allem – in der inneren Entwicklung in Sizilien und im Süden. Bei seiner Landung in Marsala und während seines Vordringens in Sizilien und im Süden des Festlandes war Garibaldi den Bauern als eine Art mythischer Befreier und Rächer ihrer Leiden erschienen – beinahe ein Messias.

Einige der ersten Maßnahmen seiner provisorischen Regierung schienen diese Hoffnungen zu bestätigen, so die Abschaffung der drückenden Mahlsteuer und das Dekret vom 2. Juni über die Verteilung der Gemeindegüter. Die Enttäuschung folgte jedoch auf dem Fuße: am 4. August ließ Nino Bixio, der ergebene Leutnant des legendären Generals mit Verhaftungen und Massenerschießungen in der Grafschaft Bronte eine der zahlreichen Bauernerhebungen niederschlagen, die in den Tagen der euphorischen Hoffnungen überall stattfanden. Die Enttäuschung der Volksmassen äußerte sich nicht nur darin, daß immer weniger Freiwillige Garibaldi folgten, sondern in regelrechten Revolten. Im September brach in Irpinia ein allgemeiner Bauernaufstand aus, in dem 140 Liberale ermordet wurden; nur durch die Entsendung einer Garibaldi-Truppe unter der Führung des Ungarn Türr konnte der Aufstand niedergeschlagen werden. Es waren dies die ersten Anzeichen des Brigantentums, eines Phänomens, das in weiten Teilen des Südens die ersten Jahre des italienischen Staates begleiten sollte, eine Mischung aus Guerilla und *jacquerie*.

Garibaldi hatte die bäuerlichen Massen des Südens enttäuscht. Auf der anderen Seite war es ihm aber auch nicht gelungen, den besitzenden Schichten und „edlen Herren" Vertrauen einzuflößen. Die Wiederherstellung von Ruhe und Ordnung auf dem Lande wäre – so war ihre feste Überzeugung – viel besser in der Hand eines legitimen Herrschers und eines regulären Heeres (wie dem der Piemontesen) aufgehoben als bei einem Volksaufwiegler, der sich selbst zum General erklärt hatte und von einem Kreis gefährlicher demokratischer Agitatoren umgeben war. Mochten sie auch je nach den Umständen Anhänger der Autonomie oder der Einheit Italiens sein, so blieben die Notabeln und Aristokraten Siziliens doch immer in erster Linie Konservative. Deshalb riefen sie, ebenso wie ihresgleichen auf dem Kontinent, nach dem Eingreifen Piemonts und begrüßten mit Freude Cavours Programm eines Anschlusses durch Plebiszit. Unter dem wachsamen Auge der Notabeln oder der Gutsverwalter gingen die Bauern des Südens zur Urne, um ihr Ja zur Einheit Italiens abzugeben. Man erinnere sich an die eindringliche Darstellung des Wahlgangs in einem sizilianischen Dorf in Lampedusas Roman „Der Leopard". Dieses Italien freilich gewann damit nicht nur neue Staatsangehörige, sondern mußte auch deren Leiden und deren tiefen Groll übernehmen, das schwere „Problem des Südens".

Das kulturelle Leben des Risorgimento

Der „Geist" des Risorgimento, von dem schon andeutungsweise gesprochen wurde, war durch die Romantik geprägt, und trug mit seiner historisch-nationalen Ausrichtung wesentlich zur Formung des italienischen Nationalbewußtseins bei.

In den Augen der sogenannten Neoguelfen war Italien die Nation, die in der Zeit der freien Stadtstaaten unter dem Banner des Papstes als erste gegen den kaiserlichen Universalismus und die Lehnshierarchie der mittelalterlichen Welt rebelliert hatte. In den Augen der Neoghibellinen war Italien diejenige Nation, die Arnold von Brescia und die anderen Häretiker hervorgebracht und mit Machiavelli gegen die weltliche Macht des Papstes Anklage erhoben hatte. Italien war nicht nur die Heimat von Dichtern und Kaufleuten, sondern auch von mutigen Kämpfern gegen die ausländischen Mächte: von Alberto da Giussano, dem Sieger im Kampf gegen Barbarossa, über Francesco Ferrucci, den heroischen Verteidiger der florentinischen Freiheit und Helden eines historischen Romans von Guerrazzi, bis hin zu jenem Ettore Fieramosca, der 1503 die Ehre der Italiener gegen den Vorwurf der Feigheit des Franzosen La Motte verteidigt hatte. Diesem ,,Duell von Barletta" widmete d'Azeglio einen historischen Roman. Abgesehen von diesen auffallenden, aber mehr naiven Aspekten, die vor allem die Literatur der Zeit prägen, brachte die Suche nach einer nationalen Tradition auch bedeutende Leistungen hervor. Die wichtigste, die ,,Storia della letteratura italiana" von Francesco De Sanctis, hat Generationen von Italienern geprägt. In diesem Werk wird Literaturgeschichte zum ersten Mal nicht als eine Sammlung schöner Passagen aus den Werken guter Schriftsteller verstanden, sondern als Darstellung der historischen Entwicklung der italienischen Literatur und des geistigen Lebens überhaupt. Deshalb stellt De Sanctis' Literaturgeschichte zugleich die beste Annäherung an eine allgemeine Geschichte Italiens dar, die das 19. Jahrhundert hervorgebracht hat. Neben De Sanctis ist an Ferrari zu erinnern, der nach dem Vorbild Sismondis und Quinets äußerst anregend über die Geschichte der Städte und Revolutionen Italiens geschrieben hat. Michele Amari verfaßte eine beispielhafte historische Untersuchung über das muselmanische Sizilien und Niccoli stellte ein großes italienisches Wörterbuch zusammen. Die geisteswissenschaftliche Gesamtleistung der Romantik ist imponierend und bildet noch heute die Grundlage für die Ausbildung an den höheren Schulen. Dennoch blieben einige große Lücken: die Renaissance als historische Epoche wurde beispielsweise von Ausländern wie Michelet und Burckhardt entdeckt.

Viel schwieriger ist es, von einer literarischen Leistung des Risorgimento zu sprechen. Natürlich wurden Bücher geschrieben, in denen sich das Zeitgefühl des Risorgimento ausdrückt. Der literarische Wert dieser Werke bleibt jedoch gering. Dies gilt für die zahllosen historischen Romane, von denen wir einige erwähnt haben, die alle das große Vorbild Manzoni nachzuahmen versuchten. Gering ist vor allem der literarische Wert der patriotischen Lyrik Berchets und seiner Schüler. Dichtungen, wie die über die Belagerung Venedigs von Fusinato oder über Sapri von Mercantini, geben in unecht elegischem Licht Ereignisse von weit tieferer Dramatik wieder. Unter den Dichtern der Zeit besitzt nur Giusti mit seinen Satiren und Burlesken eine gewisse, wenn auch nicht hervorragende, Persönlichkeit. Unter den Prosaschriftstellern ist allein Ippolito Nievo erwähnenswert, ein Demokrat mit äußerst fortschrittlichen Ideen, der am Zug der Tausend teilgenommen hatte. Seine „Confessioni di un italiano" besitzen auch künstlerischen Wert. Gerade das Theater, diese politisch wirksamste Literaturgattung, gibt es in der Zeit des Risorgimento praktisch überhaupt nicht. Ein Theaterkenner wie Gogol, der Italien in den ersten Jahrzehnten des Jahrhunderts bereiste, nannte die Theaterlandschaft „trocken und leer", nur in der Lage „den ewigen alten Goldoni" zu wiederholen. Die historisch-patriotischen Dramen eines Niccolini oder Silvio Pellico konnten diese Leere nicht füllen.

Der einzige Künstler des Risorgimento, dessen Originalität und Authentizität ein breites Publikum ansprach, und der deshalb wirklich als *der* Künstler des Risorgimento angesehen werden kann, ist Giuseppe Verdi. Mit seinen Werken und Textvorlagen im Stile Victor Hugos, mit seinem musikalischen Romantizismus und seinem Populismus riß er das Publikum zu Begeisterungsstürmen hin. In Verdis Kunst spielt der natürliche und historisch gewachsene Nationalcharakter der Italiener eine hervorragende Rolle. Als konkrete historische Epoche aber ist das Risorgimento ohne großen künstlerischen Ausdruck geblieben.

13. Ein schwieriger Start

Der Preis der Einigung

Wer im Frühjahr 1859, als die französisch-piemontesischen Truppen den Tessin überschritten, vorausgesagt hätte, daß kaum ein Jahr später die ganze Halbinsel bis auf Venetien und Latium vereinigt sein würde, hätte bei ganz wenigen – vielleicht nicht einmal bei Cavour – Glauben gefunden. Und doch wurde daraus Wirklichkeit. Nach dem Fall der letzten Festung der Bourbonen in Gaeta trat am 4. März 1861 das Parlament des Königreiches Sardinien zusammen und erklärte feierlich die Einheit Italiens. Möglich geworden war dies durch eine besonders günstige internationale Lage, die Cavour mit großem Geschick auszunutzen verstanden hatte, durch die abenteuerliche Kühnheit und den „guten Stern" Garibaldis, durch das Blut der auf den Schlachtfeldern der Lombardei gefallenen Soldaten und der Bauern vor den Hinrichtungspelotons in Bronte; durch eine Verknüpfung von gegensätzlichen Elementen schließlich, wie sie sich selten in der Geschichte findet, wodurch dem Betrachter der Eindruck vermittelt wird, daß der normale Rhythmus der historischen Entwicklung gewaltsam beschleunigt wurde.

Aber jeder Zwang und jede Beschleunigung hat einen Preis, und dies gilt auch für die Einigung Italiens.

Zunächst im banal wörtlichen Sinn; die ersten Ministerpräsidenten und Finanzminister des neuen Königreichs sollten sich dessen schnell bewußt werden. Aber der Preis für die Einigung war vor allem ein politischer und ist ein Ergebnis der Art und Weise, wie die Einigung zustande kam. Wie wir gesehen haben, hatten sich die verschiedenen Staaten nach und nach Piemont angeschlossen. Der Wunsch, den Gang der Dinge zu beschleunigen und Europa vor vollendete Tatsachen zu stellen, vor allem aber der feste Wille Cavours und der Gemäßigten, der Initiative Garibaldis und der Demokraten entgegenzuarbeiten und sie auszuschalten, hatten dem neuen Staat eine Struktur gegeben, die, statt einen neuen politischen Organismus zu schaffen, nur Piemont auf ganz Italien ausdehnte. Bis 1864 blieb Turin Hauptstadt, eine Hauptstadt, die völlig außerhalb des Zentrums lag. Um sie zu erreichen, mußten die Abgeordneten aus dem Süden mit der Eisenbahn eine Reise von mehreren Tagen auf sich nehmen. Der erste König Italiens ließ sich unbeirrt weiterhin Vittorio Emanuele II. nennen. Am meisten Gewicht hat jedoch die Tatsache, daß die von Farini und Minghetti ausgearbeiteten Pläne für die administrative Gestaltung des neuen Reiches auf der Basis autonomer Regionen fallengelassen wurden. Statt dessen wurde ein rigider Zentralismus, mehr nach napoleonischem als nach altfranzösischem Muster, eingeführt, in dem der Präfekt die alleinige Entscheidungsgewalt auf lokaler Ebene innehatte. Auch das für das neue Königreich gültige Wahlrecht war lediglich eine Nachahmung des seit 1848 in Piemont gültigen Wahlrechts. Angesichts des Entwicklungsrückstandes der anderen Regionen und namentlich des Südens wurde die einschränkende Wirkung des Zensuswahlrechts noch verstärkt, so daß das Wahlrecht in einigen Teilen Italiens zum Privileg weniger Honoratioren wurde. Bei den ersten Wahlen des neuen Königreiches 1861 zählte man 167000 Wahlberechtigte in Norditalien, 55000 in Mittelitalien, 129000 in Süditalien und 66000 auf den Inseln. Und nicht einmal alle nahmen ihr Recht wahr: nicht selten wurden Abgeordnete mit weniger als hundert Stimmen gewählt. Der neue Staat erhielt so einen stark bürokratischen, von den großen Vermögen beherrschten Charakter. Der großen Mehrheit erschien der Staat lediglich in der Gestalt des Steuereintreibers verkörpert und bestand im wesentlichen aus der Verpflichtung zum Militärdienst. Der neue Staat wurde bald unpopulär, und zwar um so mehr, je größer die Hoffnung gewesen war, die man in die allgemeine Neugestaltung gesetzt hatte. Die Unpopularität und die Distanz zwischen Regierenden und Regierten waren der eigentliche Preis der Einigung. Auch heute noch hat Italien dafür zu bezahlen.

Die Distanz zwischen Regierenden und Regierten, zwischen Elite und Massen, die sich von den ersten Lebensjahren an in dem neuen Staat erkennen ließ, hätte vielleicht gemildert oder rückgängig gemacht werden können. Dazu hätte es einer oppositionellen Bewegung bedurft, die sich glaubhaft zum Träger der allgemeinen Unzufriedenheit gemacht und realistische Alternativen entwickelt hätte. Aber Garibaldi hatte sich auf sein Inselchen Caprera zurückgezogen, Mazzini war noch immer im Exil. Beide waren alt, abgekämpft und bitter enttäuscht. Für einen Revolutionär gibt es wohl kaum etwas Schlimmeres als einen wesentlichen Bestandteil seines Programms vom Gegner verwirklicht zu sehen. Die beiden waren zwar noch in der Lage, sich für die Vereinigung Roms und Venedigs mit Italien einzusetzen. Es gelang ihnen auch zum Teil durch den Anschluß an die Erste Internationale und die Begeisterung für den aufgehenden Stern des Sozialismus, einen engeren Kontakt als früher mit den Massen herzustellen. Garibaldi, Mazzini und die wenigen ihnen verbliebenen Anhänger hielten jedoch an einer überlebten Sache fest. Die Ideen Mazzinis konnten zwar unter dem Kleinbürgertum der großen Städte immer noch Anhänger finden, für die Massen der Städte und auf dem Land aber hatten sie keinerlei Anziehungskraft mehr. Unter den veränderten Bedingungen sahen sich vor allem die bäuerlichen Massen auf sich selbst zurückgeworfen, und ihre verzweifelte Wut konnte sich nicht anders als in den elementarsten Formen ausdrücken.

Im rückständigsten Teil Italiens, im Süden, nahm der Protest die traditionelle Form des Brigantenunwesens an. Die Banden, die sich in Süditalien schon seit den Zeiten Garibaldis zum größten Teil aus Bauern und Fahnenflüchtigen gebildet hatten, erhielten zwar durch Agenten der Bourbonen und des Papstes Unterstützung, das allein aber erklärt keineswegs die Verbissenheit, mit der die Banden vier Jahre lang gegen bis zu 100000 Mann starke reguläre Truppen kämpften und diesen größere Verluste beibrachten, als alle Kriege des Risorgimento zusammen gekostet hatten. Der Bauer, der zum Banditen geworden war, wollte damit nicht seine Bindung an die alte Ordnung ausdrücken, sondern seine Ablehnung gegenüber der neuen; er wollte seiner Enttäuschung und Verzweiflung ein Ventil verschaffen. Der Kampf wurde von den Bauern blutig und mit äußerster Grausamkeit geführt. Die Repression, die schließlich die Oberhand gewann, stand ihnen darin allerdings in keiner Weise nach.

Im Süden kam es auch in den Städten zu Ausbrüchen der Volkswut, man denke an die Revolte in Palermo von 1866. Im Norden dagegen breiteten sich 1869, anläßlich der Einführung der äußerst unpopulären Mahlsteuer, heftige Bauernunruhen aus. Auch in diesem Fall wurden Truppen eingesetzt, Tausende wurden verhaftet. Die Massenproteste wurden ein ständiger Bestandteil des sozialen und politischen Lebens im neuen Italien.

Vor diesem Hintergrund von tiefer Unzufriedenheit ist die besondere Form zu verstehen, in der sich die Ansätze einer organisierten revolutionären Opposition des Volkes bildeten. Der Mann, der mit der größten Zielstrebigkeit daran arbeitete, war Michail Bakunin. Nach einem stürmischen Leben als Revolutionär in Rußland und Europa kam er schließlich nach Italien in der Überzeugung, hier das schwächste Kettenglied der europäischen Reaktion zu finden, das die größten revolutionären Zukunftsaussichten besaß. Der Einfluß Bakunins war entscheidend für die Hinwendung vieler der in Italien bereits bestehenden Arbeiterzirkel zu radikaleren revolutionären Auffassungen. Der noch vorhandene Einfluß Mazzinis wurde verdrängt. Besonders groß war die Anhängerschaft Bakunins in Neapel und im Süden, also dort, wo die Idee, daß die bäuerlichen Massen die treibende Kraft der künftigen Revolution sein würden, schon seit der Zeit Pisacanes vorhanden war. Mazzinis Verdammung der Pariser Kommune trug noch weiter dazu bei, Bakunins Ansehen zu steigern. Seine revolutionäre Unnachgiebigkeit erschien vielen als Symbol jener geheimnisvollen und mächtigen „Internationale", unter deren Fahne die Kommunarden gekämpft hatten. In Italien wußte man so gut wie nichts über die heftigen Auseinandersetzungen, die sich gerade in jenen Jahren zwischen den Anhängern von Marx und denjenigen Bakunins innerhalb der Ersten Internationale abspielten. Auch wußte man nicht, daß der Generalrat der Internationale der Pariser Kommune zunächst ziemlich unsicher gegenübergestanden hatte. Um 1871 waren in Italien Begriffe wie Anarchismus, Sozialismus und Internationalismus praktisch Synonyme, und der Name Bakunins war wesentlich bekannter als der Marx'. Unter Bakunins Einfluß wuchs die Zahl der italienischen Sektionen der Internationale, die eine immer intensivere Aktivität entfalteten. Im August 1874 fand in der Romagna ein Aufstandsversuch statt, der freilich schon im Entstehen scheiterte. Während im übrigen Europa die internationalistische Bewegung nach der Niederschlagung der Kommune bereits in Auflösung begriffen war, erreichte sie in Italien erst ihren Höhepunkt. Wichtig aber ist vor allem, daß die Anfänge einer im Volk verankerten Arbeiteropposition ideologisch im Zeichen des Anarchismus standen, der – mit der Ausnahme Spaniens – in den anderen europäischen Ländern immer mehr an Einfluß verlor.

Dies hängt natürlich mit der Rückständigkeit der sozioökonomischen Strukturen Italiens zusammen, insbesondere mit der mühsamen Bildung einer modernen Industrie und der damit verbundenen Entstehung eines Proletariats. Die Mitglieder der italienischen Sektionen der Internationale waren in ihrer großen Mehrzahl Handwerker und Kleinbürger, Anwälte ohne Mandanten und Studenten, die ihre Zeit mit Billardspielen verbrachten, wie Friedrich Engels mit Sarkasmus bemerkte. Gleichzeitig muß man jedoch daran erinnern, daß in einem Land, in dem der Abstand zwischen den Regierenden und Regierten so groß und der Staat so unpopulär war wie in Italien, der Anarchismus eine fast unvermeidliche Etappe auf dem Weg zu einer im Volk verankerten Opposition bildete. Die Ablehnung des Staates bedeutete ein erstes Bewußtwerden von dessen Existenz und der Notwendigkeit, ihn zu verändern.

Die „liberale" Rechte und die römische Frage

Im Juni 1861, wenige Monate nach der Proklamation des neuen Königreichs, starb unerwartet Graf Cavour, und Italien sah sich damit seines international anerkannten Staatsmanns beraubt. Er hatte jedoch der Politik des neuen Staates einen bestimmten Stil gegeben, den seine unmittelbaren Nachfolger nicht ohne weiteres aufgeben konnten. Die Männer der sogenannten „liberalen" Rechten, die das schwierige Erbe antraten, setzten alles daran, sich nicht allzu weit von dem Weg zu entfernen, den der große Staatsmann aus Piemont vorgezeichnet hatte: ein gemäßigter Liberalismus, peinlich genaue Einhaltung des Statuts und ein ausgeprägtes Staatsbewußtsein waren die charakteristischen Grundzüge dieser Politik. Viele unter diesen Politikern wie Rattazzi, der zweimal Ministerpräsident war, oder Lanza, der von 1869 bis 1873 dies Amt innehatte, und der unbeugsam-integre Finanzminister Sella, waren Piemontesen und standen schon deshalb in der Tradition Cavours. Die Nichtpiemontesen wie Ricasoli aus der Toskana, Minghetti und Farini aus der Emilia, hatten in der schwierigen Zeit der Anschlüsse mit Cavour zusammengearbeitet und wurden deshalb von der Opposition als „piemontisiert" bezeichnet. Piemontesen und „Piemontisierte" bildeten trotz unvermeidlicher Reibereien im großen und ganzen eine homogene politische Führungsschicht mit einem politischen Stil, wie sich dessen keine andere Équipe, die bis heute in Italien an die Macht gekommen ist, rühmen kann. Diese Männer – integer bis zur Askese – waren zu aristokratisch, um allzusehr an der Macht zu kleben und jene billige Popularität zu suchen, wie sie Parvenus eigen ist. Es fehlte ihnen allerdings jene Tatkraft, die Cavour in so hohem Maß besessen hatte. Seine Nachfolger erwiesen sich als gute Verwalter des Erbes, aber auch nicht mehr.

Die wichtigsten Probleme der nationalen Frage, die sich der Führungsschicht des Landes unmittelbar nach der Einigung stellten, waren die Vereinigung Venetiens und Roms mit dem neuen italienischen Staat. Das erste Ziel wurde 1866 in dem sogenannten dritten Unabhängigkeitskrieg – eine etwas euphemistische Bezeichnung – errungen. In militärischer Hinsicht verlief der Feldzug katastrophal für die italienischen Truppen, die zu Lande bei Custoza und bei Lissa zu Wasser geschlagen wurden. Das war für das neue Heer und den neuen Generalstab ein äußerst unglücklicher Anfang. Der Erwerb Venetiens wurde nur durch den Sieg des verbündeten Preußen über Österreich bei Königgrätz (Sadowa) ermöglicht.

Als wesentlich schwieriger erwies sich das Erreichen des zweiten Zieles, die Befreiung Roms. Es ging nicht nur um den Anschluß einer weiteren Provinz an den italienischen Staat, sondern vor allem um die Abschaffung der weltlichen Macht der Päpste. Die Frage, ob das Königreich Italien mitten auf seiner Halbinsel ein letztes Eckchen Territorium annektierte oder nicht, konnte kaum auf großen außenpolitischen Widerstand stoßen. Die Tatsache aber, daß der Papst nach Jahrhunderten einen zweiten Schlag wie Anagni erhalten sollte, erregte den empörten Widerstand des katholischen Europa. Insbesondere in Frankreich war der Widerstand, von Napoleon III. aus vielerlei Gründen geschürt, groß. In Rom war ja immer noch eine französische Schutztruppe stationiert, und das zweite Kaiserreich hatte sich gegenüber dem Papst zur Verteidigung seiner weltlichen Macht moralisch verpflichtet. Dies wurde deutlich, als Garibaldi mit neuen Freiwilligen, die er immer zu finden wußte, wiederum über die Meerenge von Messina übersetzte, um seinen Befreiungsfeldzug von 1860 nun bis Rom fortzusetzen. Die Haltung der Regierung Rattazzi schwankte zunächst zwischen Komplizenschaft und Zweideutigkeit. Der diplomatische Druck der Franzosen und die Aussicht auf einen direkten Zusammenstoß zwischen Garibaldinern und regulären französischen Truppen führten schnell zu einer Kehrtwendung. Gegen Garibaldi wurden reguläre Truppen nach Kalabrien entsandt, die bei Aspromonte einen Sieg über ihn errangen. Garibaldi selbst, der in der Schlacht durch einen Schuß am Bein verwundet worden war, wurde verhaftet.

Nach dem Rücktritt Rattazzis und einer kurzen Regierung Farini beeilte sich die neue Regierung Minghetti, mit Frankreich eine Verhandlungslösung der römischen Frage zu finden, und zwar nicht zuletzt deshalb, um den unkontrollierbaren Initiativen Vittorio Emanueles II. zuvorzukommen, der während der schmerzlichen Tage von Aspromonte eine nicht unbedeutende Rolle gespielt hatte. Man einigte sich auf die sogenannte September-Konvention von 1864, in der Frankreich sich verpflichtete, innerhalb von zwei Jahren seine Truppen aus dem Kirchenstaat abzuziehen, während Italien den Kirchenstaat gegen alle Angriffe von außen zu verteidigen versprach. Ein Zusatzprotokoll legte fest, daß die Hauptstadt Italiens von Turin nach Florenz verlegt werden sollte. Entgegen allen Versicherungen handelte es sich bei dem Abkommen nur um eine Zwischenlösung: es war klar, daß die Verlegung der Hauptstadt nach Florenz eine Annäherung an Rom bedeutete und daß die „römische Frage" keineswegs gelöst, sondern nur aufgeschoben war. Kaum zwei Monate später brach das Problem mit all seinen weitreichenden Konsequenzen durch die Veröffentlichung der päpstlichen Enzyklika „Syllabus errorum" neu auf. Die Enzyklika enthielt eine wahre Kriegserklärung gegen den Liberalismus und kündigte das Unfehlbarkeitsdogma an, das dann vom Vatikanischen Konzil 1869 verkündet wurde. Als Reaktion darauf bekam die italienische Regierung zu spüren, daß es nicht nur ein legitimistisches Europa, sondern auch ein antiklerikales, laizistisches gab und daß eine katholische, aber auch eine liberale Öffentlichkeit existierte. Besonders in Italien gingen die Wellen des Antiklerikalismus hoch. Daraufhin wurde 1866 im Parlament eine Reihe von Maßnahmen verabschiedet, die deutlich gegen die Kirche gerichtet waren, so die Auflösung vieler religiöser Orden, die Einziehung ihres Besitzes, die Pflichtmäßigkeit der Zivilehe und die Wehrpflicht für Priesterschüler. 1867 versuchte Garibaldi das gescheiterte Unternehmen von Aspromonte zu wiederholen. Ministerpräsident war wiederum Urbano Rattazzi, der in der Hoffnung auf einen Volksaufstand gegen den Papst in Rom die Vorbereitungen Garibaldis nicht nur zuließ, sondern sogar ermutigte. Wiederum aber widersetzte sich Frankreich, das die nach der Septemberkonvention bereits zurückgezogenen Truppen nach Rom zurückschickte. Ohne Hilfe von außen wurden die Garibaldiner am 3. November bei Mentana von den französischen Truppen geschlagen. Die „römische Frage" war also wieder am Ausgangspunkt angelangt. Die Regierung wurde auf der einen Seite von der demokratischen Öffentlichkeit angegriffen, die nach Mentana nunmehr Rattazzi zum Rückzug zwang. Auf der anderen Seite wurde sie durch Frankreich und den europäischen Legitimismus gebremst und fand sich so in einer ausweglosen Situation. Und wieder brachte nur ein unvorhergesehenes und unvorhersehbares Ereignis die Losung, nämlich der Deutsch-Französische Krieg und die Katastrophe von Sedan. Zwei Wochen nach der französischen Niederlage von Sedan (1. 9. 1870) drangen italienische Truppen durch die Bresche an der Porta Pia in die Stadt Rom ein. Wie Königgrätz Italien Venetien eingebracht hatte, so gab Sedan Italien seine Hauptstadt zurück.

Abgesehen von dem Glück, das ihr zur Erlangung ihres Zieles zu Hilfe gekommen war, und trotz aller Unsicherheiten und Fehler hatte die Regierung doch hartnäckig das Ziel der vollständigen Einigung Italiens verfolgt. Wiederum mußten Garibaldi und die Demokraten der Aktionspartei zusehen, wie der Gegner ihre eigenen Ziele verwirklichte. Rom war italienisch geworden, und zwar ohne Paktieren mit dem Papst, durch bloße Waffengewalt. Kaum ein Jahr nach Verkündigung des Unfehlbarkeitsdogmas erschien die Bresche der Porta Pia wie eine Revanche des demokratischen Liberalismus und gab dem Risorgimento einen Hauch von internationaler Bedeutung.

Für den italienischen Staat stellte sich nun, nachdem das Statut die katholische Religion zur Staatsreligion erklärt hatte, das höchst delikate Problem der Beziehungen zum Vatikan. Unmittelbar nach der Einnahme Roms verabschiedete das Parlament das sogenannte Garantie-Gesetz, in dem sich der Staat zum Schutz der Unverletzlichkeit und Freiheit des Papstes sowie zur Zahlung von drei Millionen jährlich verpflichtet, während gleichzeitig die Trennung von Kirche und Staat festgelegt wurde. Dieses Gesetz wurde jedoch nicht von Papst Pius IX. akzeptiert, der statt dessen jeden Kompromißvorschlag zurückwies und sich im Vatikan einschloß. Für die Italiener erhob sich so das Problem, ihre Pflichten als Bürger und Gläubige miteinander zu vereinbaren. Sollten sie an den Wahlen teilnehmen und damit das „Usurpatoren-Regime" unterstützen? Die Antwort des Vatikan war radikal: weder wählen noch gewählt werden. Diese völlig intransigente Haltung änderte sich allerdings schon mit den Wahlen von 1874. Von den 500000 hauptsächlich bürgerlichen Wählern standen zudem nicht viele auf der Seite der Intransigenten, und es gab wenig „Klerikale" in dieser sozialen Schicht. Man könnte deshalb meinen, daß das päpstliche *non expedit* in Wirklichkeit ein schlauer Ausweg war, um die katholischen Kandidaten vor der sicheren Niederlage zu bewahren. Kirche und Klerus hatten in den Tagen des *Syllabus errorum* und des Vatikanischen Konzils auch keine Veranlassung, sich zum Sprachrohr der Unzufriedenheit der bäuerlichen Massen zu machen: „Kommunismus" und „Sozialismus", die auch von dieser Enzyklika verurteilt wurden, bedeuteten in ihren Augen keine geringere Gefahr als der siegreiche bürgerliche Liberalismus. Und schließlich war die Kirche nicht so kurzsichtig, um der Theorie des „je schlechter, desto besser" zu huldigen. Einige der weitsichtigen militanten Katholiken waren sich im Gegenteil schon damals darüber klar, daß der bürgerliche Staat sie brauchen würde: dann würde man als gleichberechtigter Partner behandelt werden. Für den Augenblick allerdings wurde die intransigente Haltung offiziell beibehalten, während die Kirche gleichzeitig die ihr vom italienischen Staat gewährte Freiheit nutzte, um das katholische Gewissen der Gläubigen lebendig zu erhalten.

Die Wirtschaftspolitik der Rechten

Die außenpolitische Bilanz der 15 Jahre, in denen die ,,liberale Rechte" die Regierungen stellte, ist durch die Vollendung der nationalen Einheit positiv zu nennen. Komplexer dagegen ist das Problem der Wirtschaftspolitik. Das A und O der einander abwechselnden Regierungen in den Jahren 1861 bis 1876 war die Sanierung des erschreckenden Defizits und ein ausgeglichener Staatshaushalt. Auf den italienischen Finanzen lasteten die riesigen Schulden Piemonts aus der letzten Phase des Risorgimento, die der neue Staat abzutragen hatte. Allein die Teilnahme an dem kurzen Krimkrieg hatte 50 Millionen gekostet. Der Kampf für die Befreiung Venedigs verschlang noch weitere beträchtliche Summen, die das Ziel des Haushaltsausgleichs in weite Ferne rücken ließen. 1866 überstieg das Defizit 60% des Gesamthaushaltes, und man mußte für die von der Banca nazionale ausgegebenen Banknoten einen Zwangskurs einführen, weil niemand mehr Vertrauen in die staatlichen Wertpapiere besaß. Damit war der Tiefpunkt der italienischen Finanzlage erreicht: im Januar 1869 wurde unter Sella die Steuerschraube mit der erwähnten Einführung der Mahlsteuer aufs äußerste angezogen. Seitdem verbesserte sich die finanzielle Situation des Staates zunehmend, bis 1876 der Haushaltsausgleich endlich erreicht wurde.

Obwohl die Finanzpolitik der Rechten als ,,Knauserpolitik" in die Geschichte eingegangen ist, wurde der von Cavour eingeschlagene Weg des Ausbaus der Infrastrukturen nicht verlassen. Besonders eindrucksvoll ist die Leistung auf dem Gebiet des Eisenbahnbaus: das italienische Eisenbahnnetz wuchs von 2175 km im Jahre 1870 auf 8713 km 1880. An dem Ausbau der Eisenbahn war zwar in erster Linie ausländisches Kapital beteiligt, aber auch der Staat leistete dazu einen beträchtlichen Beitrag.

Der Ausbau der Infrastruktur und der Ausgleich des Haushalts, dessen Ausgabenseite zu mehr als der Hälfte aus Militärausgaben und Schuldendienst bestand, war in einem Land begrenzter wirtschaftlicher Ressourcen nur über eine äußerst drückende Besteuerung vor allem auf dem Wege der Erhöhung der indirekten Steuern möglich. In ganz Europa wurde der italienische Steuerzahler am meisten ausgepreßt: zwischen 1862 und 1880 verdoppelten sich die ordentlichen Staatseinnahmen. Die Wirkungen dieser Politik machten sich natürlich im Konsum bemerkbar, der praktisch stagnierte. Dies wiederum mußte auf die Produktion zurückschlagen. Die außerordentlich geringe Kaufkraft der großen Masse der Verbraucher konnte natürlich keine anregende Wirkung für die vorhandene Industrie haben. Zudem war die Industrie nicht in der Lage, der Konkurrenz der ausländischen Produkte standzuhalten, denen die Freihandelspolitik der Rechten die Grenzen geöffnet hatte. Vor allem im Süden führte diese Kombination von Steuerdruck und ausländischer Konkurrenz zum völligen Verschwinden der weitverbreiteten Heimindustrie. Die Landwirtschaft konnte zwar von der allgemeinen Preissteigerung profitieren, so daß die vor allem auf der Landwirtschaft liegende Steuerlast einen gewissen Ausgleich erfuhr. Insbesondere in Süd- und Mittelitalien fanden aber keine Veränderungen statt, die zur Modernisierung der Landwirtschaft und zur Reduzierung des Gewichts der absoluten Grundrente hätten führen können. Der Staat veräußerte etwa eine Million Hektar Land der aufgehobenen Orden, ohne daß sich dadurch die vorhandene Eigentumsstruktur wesentlich änderte. Die Agrarlandschaft in weiten Teilen des Landes blieb charakterisiert durch das Nebeneinanderbestehen von Kleinbesitz, der nur für den Eigenbedarf produzierte, und dem Großgrundbesitz, der, vielleicht nicht mehr feudal, aber zumindest vorkapitalistisch organisiert war.

Einige Historiker haben die beschriebene Wirtschaftspolitik als eine notwendige Vorstufe der kapitalistischen Entwicklung dargestellt, die dem eigentlichen *take-off* vorausgeht. In der „vorindustriellen" Phase handelte es sich darum, die „ursprüngliche Akkumulation" des Kapitals und den Ausbau der Infrastrukturen zu leisten. Genau darin habe die Politik der Rechten mit ihrer Steuerpolitik und den Staatsaufträgen, vor allem für den Eisenbahnbau, bestanden. Nach dieser Interpretation wäre es verfrüht gewesen, die industrielle Produktion zu ermutigen und ebenso verfehlt, die Besitzstrukturen auf dem Land zu ändern, da das Entstehen einer Schicht von kleinen Eigentümern negative Auswirkungen auf die Akkumulation hätte haben müssen, während im Gegenteil genau diese Akkumulation angeregt werden mußte, um das nachfolgende „Abheben" der Wirtschaft zu ermöglichen.

Gegenüber dieser Argumentation sind von anderer Seite Einwände erhoben worden. Auf der Basis aller zur Verfügung stehenden, auch methodisch unterschiedlich erstellten Indexberechnungen erhält man demnach „insgesamt den Eindruck, ... daß der ökonomische Transformationsprozeß in diesen ‚vorbereitenden' Jahrzehnten, wie immer er ausgesehen hat, nicht die Wirtschaft als Ganzes entscheidend beeinflußt hat." (Alexander Gerschenkron) Um nur ein Beispiel solcher gesamtwirtschaftlich signifikanter Daten herauszugreifen, sei erwähnt, daß das Volkseinkommen pro Kopf in den Jahren von 1860 bis 1880 in Italien praktisch unverändert geblieben ist. Mit anderen Worten: die Tatsache, daß in den letzten Jahrzehnten des Jahrhunderts wirklich der *take-off* stattgefunden hat, muß nicht notwendig bedeuten, daß alles Vorausgegangene als zielstrebige Vorbereitung darauf anzusehen ist, wenn anders die historische Analyse zur Entwicklung kritischer Unterscheidungen dienen soll. Um das langsame Entwicklungstempo der italienischen Wirtschaft in den ersten 20 Jahren nach der Einigung zu erklären, genügt auch nicht der Hinweis auf das starke Bevölkerungswachstum. Auch dies ist eine abhängige Variable in einem Gesamtprozeß: derart hohe Geburtenraten finden sich häufig gerade in den Ländern, deren bäuerliche

Bevölkerung - in Italien mehr als 60% der Erwerbstätigen - noch an ein Leben gefesselt ist, das von Überarbeitung und Unterernährung charakterisiert ist, denn zwei zusätzliche Hände schaffen mehr als ein zusätzlicher Esser verzehrt. Auch die Wirtschaftspolitik der Rechten führt zu dem zurück, was insgesamt über die Politik der Zeit gesagt wurde. Die Rechte beschränkte sich darauf, die Erbschaft Cavours zu verwalten und Italien so zu regieren, wie Cavour einst Piemont regiert hatte. Aber Italien war nicht Piemont, sondern etwas Komplexeres, Widersprüchlicheres. Die Politiker der Rechten sollten dies bald zu spüren bekommen.

Beginnende Konsolidierung

Das Jahrzehnt zwischen 1861 und 1870 kann in gewisser Hinsicht als „Anhängsel" des Risorgimento gelten. Das Problem der Vollendung der Einheit mit dem Erwerb Venetiens und die Krönung durch die Vereinigung Roms mit Italien mußte der politischen Führungsschicht, die von den Kämpfen des Risorgimento geformt worden war, als der wichtigste Prüfstein einer Regierung erscheinen. Die Tatsache, daß die Politiker der Rechten sich dieser Aufgabe im großen und ganzen gewachsen zeigten, trug dazu bei, daß sie von der Öffentlichkeit und den Wählern akzeptiert wurden, obwohl in anderer Hinsicht viel Unzufriedenheit herrschte. Mit der Einnahme Roms ging jedoch die heroische Zeit des Risorgimento endgültig zu Ende, und die Aufmerksamkeit der Öffentlichkeit wurde notwendig auf die innenpolitischen und wirtschaftlichen Probleme des Landes gelenkt.

Man entdeckte, daß 78% der italienischen Bevölkerung Analphabeten waren, daß die Lebensbedingungen auf dem Lande oft nicht einmal zur Sicherung des Existenzminimums ausreichten. Vor allem aber erkannte man, daß ein großer Teil Italiens, nämlich der Süden, von äußerster Rückständigkeit charakterisiert war. Im Jahre 1874 untersuchte Franchetti die Lebensbedingungen der Bauern im Süden der Halbinsel, 1876 erarbeiteten Franchetti und Sonnino eine weitere Enquête über die Lage der Bauern in Sizilien. Damit entstand eine neue politische Literatur, die sogenannte *letteratura meridionalistica*, die die ganze neueste Geschichte Italiens begleitet und berühmte und leidenschaftliche Vertreter gefunden hat. Einer der bedeutendsten dieser „Meridionalisten" war Giustino Fortunato, dessen Schriften besonders dazu beigetragen haben, das idyllische Bild des Südens als reicher Kornkammer des Landes zu zerstören. So unglaublich es klingen mag, aber diese Vorstellung war immer noch in der Öffentlichkeit weit verbreitet. Fortunato stellte dem die bittere Wirklichkeit eines Südens ohne Wasser und ohne Zivilisation entgegen.

Je mehr sich die Öffentlichkeit dieser Probleme bewußt wurde, desto mehr setzte sich die Überzeugung durch, daß die heroisch-spartanische Politik, die die Rechte dem Land aufgezwungen hatte, nicht mehr sinnvoll war. Das Land brauchte Luft zum Atmen, weniger Steuern und mehr Freiheit. An die Stelle der alten Opposition der Mazzinianer und Garibaldiner – Mazzini war 1872 gestorben, Garibaldi starb zehn Jahre später – trat eine neue Gruppe, die in grundsätzlichen Fragen weniger intransigent war, dafür aber realitätsbezogener dachte und handelte. Im Gegensatz zur „historischen Linken" nannte man sie die „junge Linke". Bereits 1865 zeichnete sich bei den Wahlen im Süden für die Kandidaten der Regierung ein Stimmenrückgang ab, und nach einer Phase der Stagnation, die bis 1870 dauerte, bildete sich 1874 endgültig ein neues Oppositionskartell heraus.

Wir haben hier absichtlich den Begriff „Kartell" gewählt, weil in den „jungen Linken" unterschiedliche politische Richtungen und soziale Kräfte zusammenkamen. Beteiligt waren vor allem breite Teile des Bürgertums und des Kleinbürgertums aus dem Norden, die, abgesehen von Steuererleichterungen, auch die Ausweitung des Wahlrechts auf die qualifizierten Arbeiter, eine Dezentralisation der Verwaltung und, ganz allgemein, mehr „Demokratie" verlangten. Eine Art Manifest dieser politischen Richtung war die Wahlrede, die der Abgeordnete Agostino Depretis am 5. Oktober 1875 in Stradella hielt. Depretis war vor 1871 Vertreter der Linken im Parlament in Turin gewesen und hatte in Sizilien an der Seite Garibaldis gestanden. Neben den Bürgern Mailands und des Nordens wurde die „junge Linke" auch zur Partei vieler „edler Herren" und großer Teile des gebildeten Bürgertums aus dem Süden. Sie interessierten sich nicht besonders für Reformen, wie die allgemeine Schulpflicht, die Ausdehnung des Wahlrechts – sofern sie nicht sogar dagegen waren. Was ihnen am Herzen lag, und was sie mit Nachdruck forderten, war die Verminderung des Steuerdrucks und höhere Staatsausgaben für den Süden. Unter „Süden" waren natürlich ihre eigenen Interessen und Privilegien zu verstehen. Sie wollten einen „weniger piemontesischen" Staat, der sich gegenüber dem Süden großzügiger zeigte, waren jedoch weit davon entfernt zu glauben, daß die Probleme der südlichen Provinzen durch eine größere Demokratisierung des Staates zu lösen wären. In falsch verstandenem Patriotismus verschlossen sie sogar gern die Augen vor der wirtschaftlichen und sozialen Realität und schrieben all die uralten Übel ihres Landes der Politik der Regierungen seit der Einigung zu.

Bei den Wahlen von 1874 konnte sich die Linke vor allem im Süden deutlich durchsetzen, obwohl sie nicht die absolute Mehrheit der Sitze gewann. Damit konnte sie ernsthaft die Übernahme der Regierung beanspruchen. Daß die Zeit für eine Änderung der allgemeinen politischen Richtung reif war, zeigte sich, als am 18. März 1876 die Regierung Minghetti über eine banale Verfahrensfrage zu Fall kam. Die Öffentlichkeit erkannte sofort, daß etwas Definitives geschehen war, und man sprach von einer „parlamentarischen Revolution". Die folgenden allgemeinen Wahlen brachten einen

Triumph der Linken. Daran waren freilich die Einschüchterungen und Wahlmanipulationen des neuen Innenministers Giovanni Nicotera nicht ganz unschuldig, der einst mit Pisacane an dem Unternehmen von Sapri teilgenommen, inzwischen aber viel Wasser in den Wein seines demokratischen Radikalismus gemischt hatte.

Die Regierungsübernahme durch die Linke brachte nicht jene radikale Richtungsänderung, die viele gefürchtet und manche erhofft hatten. Die Bilanz der Reformen in den ersten Jahren ist zwar nicht ganz negativ, aber auch nicht beeindruckend: ein Gesetz legte die allgemeine Schulpflicht und die kostenlose Schulbildung vom 6. bis zum 9. Lebensjahr fest. Das bestehende Gesetz von Casati aus dem Jahre 1859 hatte die Schulpflicht auf ganze zwei Jahre beschränkt. Das neue Gesetz wurde nicht einmal mit Nachdruck verwirklicht. 1879 wurde die verhaßte Mahlsteuer abgeschafft. In der Reform des Strafgesetzes fand eine begrenzte Anerkennung des Streikrechts Platz. Schließlich folgte 1882 eine Wahlrechtsreform, von der noch die Rede sein wird. Eine wesentliche, von allen bemerkte Veränderung vollzog sich im Regierungsstil und im allgemeinen Klima des politischen öffentlichen Lebens: es begann die Zeit des sogenannten *trasformismo*. Mit diesem Begriff bezeichnet man eine parlamentarische Praxis zur Sicherung einer soliden Mehrheit im Parlament, und zwar entweder durch vorherige Absprache mit den bekanntesten Oppositionellen und eventuell ihrer Beteiligung an der Regierung oder durch Favorisierung und auch Korrumpierung der weniger einflußreichen Hinterbänkler. Natürlich konnten auch beide Wege gleichzeitig beschritten werden. Damit begann ein Prozeß der „Transformation" der traditionellen Parteien zur Herstellung einer stabilen Mehrheit, die derjenigen ähnelte, die Cavour im *connubio* mit der verfassungstreuen Linken im Turiner Parlament geschaffen hatte. Ein Meister dieser Kunst war vor allem Depretis. Man darf sich nicht durch die Häufigkeit der Regierungskrisen täuschen lassen: in den meisten Fällen waren sie von Depretis provoziert, um eine Umgestaltung der Regierung zu erreichen. Von 1876 bis zu seinem Tode (1887) blieb Depretis die bestimmende Gestalt des politischen und parlamentarischen Lebens in Italien. Trotz der heftigen Verurteilung des *trasformismo* als Quelle der Korruption und des Verfalls der politischen Moral durch Schriftsteller wie Carducci wurde er von der Mehrheit stillschweigend akzeptiert. Abgesehen von der kleinen Gruppe der extrem republikanischen Linken ging man von der Linken bis zur Rechten darauf ein, und auch nach Depretis' Tod blieb das politische Leben davon geprägt. Giovanni Giolitti, der größte italienische Staatsmann nach Cavour, benützte dieselbe Taktik für seine lange parlamentarische Hegemonie.

Die Gründe für den Erfolg dieses neuen politischen Kurses sind nicht nur in den inzwischen geänderten parlamentarischen Regeln zu suchen, in der Tatsache also, daß die Minister nach einer stillschweigenden Übereinkunft nicht mehr nur dem König, wie es das Statut vorsah, sondern auch dem

Parlament verantwortlich waren. Schon die Regierungen der Rechten waren parlamentarische Regierungen gewesen und daher praktisch vom Vertrauensvotum des Parlaments abhängig. Der Erfolg des *trasformismo* erklärt sich in erster Linie aus der Zusammensetzung und der politischen Orientierung der politischen Führungsschicht, die mit der Linken an die Macht gekommen war.

Wir haben bereits gezeigt, daß die Opposition, die sich bei den Wahlen 1874 durchsetzte und 1876 an die Macht kam, keine homogene Partei, sondern ein Kartell von sozialen Kräften und politischen Richtungen, eine Koalition aus teilweise sogar einander widersprechenden Interessen war. Der *trasformismo* diente im wesentlichen dazu, auch auf Regierungsebene diese Koalition zusammenzuhalten. Es war damit – kurz gesagt – ein Bündnis zwischen den bürgerlichen Schichten Norditaliens und den „edlen Herren" des Südens hergestellt, das auf einem für beide Seiten vorteilhaften Kompromiß beruhte. Das Bürgertum erhielt freie Hand: für eine demokratische Reformpolitik unter der Bedingung, daß die Interessen der herrschenden Schichten des Südens davon nicht berührt wurden. Letztere erhielten als Garantie eine angemessene Vertretung in der Regierung – seit der Machtübernahme der Linken nahm die Zahl der Minister aus dem Süden erheblich zu –, und aus dieser Zeit datiert die Eroberung der gesamten Verwaltung durch die Süditaliener, die für Italien bis auf den heutigen Tag charakteristisch ist.

Eine Art „notarielle Beglaubigung" dieses Abkommens war die schon erwähnte Wahlrechtsreform von 1882, die nach einer jahrelangen Debatte in der Öffentlichkeit und im Parlament durchgesetzt wurde. Von den verschiedenen Reformvorschlägen wurde das allgemeine Wahlrecht als zu radikal und zu gefährlich abgelehnt, obwohl dieser Vorschlag von angesehenen Parlamentariern nicht nur der Linken, wie Crispi, sondern auch von denen der Rechten, wie Sonnino, vertreten wurden. Es setzte sich vielmehr eine Lösung durch, die auf der Herabsetzung des erforderlichen Vermögens, des Alters und der Bildung der Wähler sowie der Einführung der Listenwahl basierte.

Die Zahl der Wähler stieg von 500000 auf 2 Millionen, d.h. von 2 auf 7% der Bevölkerung. Es bleibt jedoch zu unterscheiden, daß durch die Reform die Städte gegenüber dem flachen Land begünstigt wurden. Die eigentlichen Nutznießer der Erweiterung des Wahlrechts waren die Kleinbürger und die bessergestellten Schichten der Arbeiter und Handwerker. Nicht umsonst änderte gerade in dieser Zeit ein Teil der anarchistischen Bewegung seine bislang intransigente Haltung gegenüber der parlamentarischen Politik, um realistischere Positionen einzunehmen und sich den Sozialisten anzunähern. Der wichtigste Exponent dieser neuen Richtung war der aus der Romagna stammende Andrea Costa, der noch 1874, nach den Aufstandsversuchen der Internationale, verhaftet worden war, bevor er 1882 im Wahlkreis Imola als erster und bis dahin einziger sozialistischer Abgeordneter ins Parlament einzog. Die Klassengrenze der Wahlrechtsreform trat natürlich im Süden deutlicher hervor, wo die Zunahme der neuen Wähler geringer war. Hier war auch das relative Gewicht der Städte nach dem neuen Wahlrecht noch ausgeprägter. Das politische Leben des Südens blieb deshalb beherrscht von den ,,edlen Herren" und ihrer Klientel, den Scharen von Winkeladvokaten, dilettantischen Journalisten, Karrieristen und lebenslänglichen Studenten.

Der Kompromiß, der sich im Trasformismo niederschlug und mit der Wahlrechtsreform von 1882 besiegelt wurde, führte ohne Zweifel zu einem Ausgleich der sozialen und regionalen Kontraste, die durch das Zustandekommen der italienischen Einheit aufeinandergestoßen waren. Von nun an sollte die Bourgeoisie, und in erster Linie die Unternehmer der Lombardei, freie Hand und freie Entfaltungsmöglichkeiten für ihre Initiativen haben, während sich für die Söhne der ,,edlen Herren" des Südens die Pforten der öffentlichen Verwaltung, der Gerichte und der Regierungsgebäude auftaten. Der Süden sollte den größten Anteil der öffentlichen Bauvorhaben erhalten. Dieser Kompromiß bedeutete aber in Wirklichkeit keine Lösung, sondern das Aufschieben der großen Probleme des Landes, und er trug damit letztlich zu ihrer Verschärfung bei. Die Annahme, daß die rückständigsten Teile des Landes nicht reif für die Demokratie waren, wie sie in den Städten und in den weiterentwickelten Landesteilen existierte, schuf die Voraussetzungen für Ungleichgewichte und die Verschärfung der Gegensätze zwischen Stadt und Land und zwischen Nord und Süd. Im folgenden wird sich deutlich zeigen, daß die wirtschaftliche und politische Entwicklung Italiens seit den 80er Jahren des 19. Jahrhunderts genau diesen Voraussetzungen entspricht.

14. Anfänge und Charakter des italienischen Kapitalismus

Agrarkrise und bäuerliche Welt

Während der 15 Jahre der Regierung der Rechten hatte die Landwirtschaft eine im ganzen günstige Entwicklung erlebt, die sich in dem andauernden Preisanstieg und der Ausdehnung der Nachfrage spiegelte. In den Jahren, in denen die Linke an die Macht kam, trat eine radikale Änderung ein. Die Überschwemmung der europäischen Märkte mit amerikanischem Weizen, die durch die Verbilligung der Seefrachttarife möglich geworden war, hatte in anderen Ländern schon die ersten Symptome der großen Agrarkrise des letzten Jahrhundertviertels hervorgerufen. Die Auswirkungen in Italien waren um so schwerwiegender, als die an Kapital arme Landwirtschaft strukturell schwach und unvorbereitet war.

Der Import von amerikanischem bzw. russischem Weizen stieg von 1,5 Millionen Doppelzentnern im Jahre 1880 auf 10 Millionen Doppelzentner im Jahre 1887. Dadurch sank der Weizenpreis um 30%, so daß der Anbau auf ärmeren Böden nicht mehr lohnte und die einheimische Produktion drastisch zurückging. Der Weizenanbau war der wichtigste Zweig der italienischen Landwirtschaft, und er wurde von der großen Agrarkrise am härtesten betroffen; aber auch die Ölbaumkultur, der Gemüseanbau und die Viehzucht wurden schwer geschädigt. Der einzige Bereich, der sich günstig entwickelte, war der Weinbau, wo die Produktion von 27 Millionen Hektolitern in den Jahren 1879/80 auf 36 Millionen in den Jahren 1886/87 anstieg. Der italienische Weinbau konnte darüber hinaus davon profitieren, daß der französische Rebenbestand durch Reblausbefall (Phyloxera) weitgehend zerstört war. Der Bedarf an landwirtschaftlicher Produktion insgesamt sank im Wert von 28,3 Milliarden Lire im Jahre 1880 auf 25,9 Milliarden im Jahr 1887.

Den Preis der Krise mußten natürlich wiederum die ärmsten Schichten der bäuerlichen Bevölkerung zahlen. Das durchschnittliche Pro-Kopf-Einkommen erreichte im Jahr 1881 mit 1837 Lire den absoluten Tiefpunkt in der Geschichte des italienischen Einheitsstaates, aber auch diese Summe war, wie kaum betont zu werden braucht, noch von astronomischer Höhe für die große Masse der Bauern. Mitten in der Agrarkrise wurde die 1877 von Stefano Jacini begonnene Enquête über die Lebensbedingungen der Bauern veröffentlicht; sie warf ein grelles Licht auf die Lage, in der sich die Mehrheit der italienischen Bevölkerung befand. Hier wurde offiziell dokumentiert, daß in großen Teilen des Landes Unterernährung an der Tagesordnung war, daß auf dem flachen Land im Süden die Malaria immer mehr zunahm, im Norden die Pellagra, eine Vitamin-B$_6$-Mangelerkrankung, die durch einseitige Ernährung mit Mais entsteht, und deren Opfer jährlich Tausende wurden.

Man erfuhr von den Wohnhöhlen, von Kindern, die zur Arbeit gezwungen wurden, vom Analphabetismus, von körperlicher und geistiger Zerrüttung.

Aber es ist nur allzu bekannt, daß parlamentarische Untersuchungen oft vergessen sind, bevor die Maßnahmen zur Abhilfe, die ihre sorgfältigen Verfasser vorschlugen, überhaupt zur Anwendung hätten kommen können. In Italien kann dies als die Regel bezeichnet werden: die parlamentarische Geschichte ist reich an Enquêten, die mit großem Ernst durchgeführt wurden. Sie reichen von den Untersuchungen Jacinis über die unter Giolitti durchgeführten Erhebungen über den italienischen Süden bis hin zu den neuesten Untersuchungen über Arbeitslosigkeit und Armut. Die vielen Bände, in denen die Ergebnisse veröffentlicht sind, werden zwar vielleicht von Historikern gelesen, aber nicht von den Politikern, die daraus Entscheidungen hätten ableiten sollen.

Aber alle die, die Opfer der großen Krise geworden waren, konnten nicht abwarten, und in vielen von ihnen setzte sich der Wille durch, ein für allemal aus dem Bannkreis von Hunger und Elend auszubrechen, der sie seit eh und je gefangen hielt. Daher begann, zunächst zögernd, dann in immer schnellerem Tempo, die Massenauswanderung, die Italien in der zweiten Hälfte des 19. Jahrhunderts mit den ärmsten Völkern und Gegenden Mittel- und Osteuropas verbindet. In den armseligen Nestern Süditaliens eröffneten, als einsames Symbol einer fernen Zivilisation, die Agenturen der großen Schiffahrtsgesellschaften ihre Schalter, die die Massen der Emigranten in die untersten Decks der Überseedampfer pferchten. Die Emigranten warfen sich als Arbeiter in den großen Schmelzkessel Nordamerikas, andere versuchten ihr Glück als Bauern in den Weiten Südamerikas. Wieder andere, vor allem aus dem Norden, zogen die saisonale oder permanente Auswanderung innerhalb Europas vor, sei es nach Frankreich, Belgien, in die Schweiz und vor allem nach Deutschland. Die Akklimatisierung dieser ,,Gastarbeiter" vollzog sich keineswegs immer problemlos, und manchmal kam es zu Konflikten zwischen den einheimischen Arbeitern und den italienischen Immigranten, so zum Beispiel 1892 in Aigues-Mortes, wo die italienischen Arbeiter als ,,europäische Chinesen" angegriffen wurden, weil sie ihre Arbeitskraft unter dem ortsüblichen Preis verkauften. Aber diejenigen, die aus Deutschland nach Italien zurückkehrten, hatten wenigstens gelernt, was eine Gewerkschaft ist, wie man einen Streik organisiert, und wußten diese Erfahrungen in ihrer Heimat zu nutzen.

Die italienische Emigration nahm bald erschreckende Ausmaße an: in den Jahren 1886 bis 1890 wanderten jährlich im Durchschnitt 222 000 Personen aus. Die Tragweite dieses Phänomens läßt sich daran ermessen, daß der Unterschied zwischen der natürlichen und der tatsächlichen (d. h. die Auswanderung berücksichtigenden) Bevölkerungsentwicklung, von 36000 Personen in dem Zeitraum zwischen 1872 und 1882 auf 114000 in den Jahren 1882 bis 1900 hochschnellte, so daß die italienische Bevölkerung, die bei der Volkszählung 1901 ca. 34 Millionen Einwohner betrug, ohne Emigration 36 Millionen betragen hätte; 1914 lebte bereits jeder vierte Italiener im Ausland. Natürlich wanderten nicht alle aus, und nicht alle die blieben, waren bereit, sich resigniert in ihr Schicksal zu ergeben. Aus der großen Agrarkrise der 80er Jahre ging nicht nur das Phänomen der Auswanderung hervor, sondern auch die ersten Ansätze der italienischen Bauernbewegung, auch dies eine typische Erscheinung im Italien des 19. und 20. Jahrhunderts, die ganz eigenständige Züge trägt. Ausgangspunkt war die ländliche Umgebung Mantuas, wo 1884 große Bauernunruhen und Streiks von beträchtlichem Ausmaß stattfanden. Die Bewegung erfaßte auch das Polesine am Mittellauf des Po und die Gegend um Ferrara und Ravenna in der unteren Po-Ebene, das Gebiet der großen Eindeichungs- und Bewässerungsarbeiten, wo in den rasch entstandenen Siedlungen oft sogar die gewohnte Kirche fehlte. Die Tagelöhner, die dort arbeiteten und häufig von den umliegenden Gegenden zugewandert waren, sind in ihrem Sozialcharakter nicht mit dem ländlichen Proletariat anderer europäischer Länder zu vergleichen. Im Gegensatz zu den ehemaligen Leibeigenen im ostelbischen Deutschland lag hinter diesen Landarbeitern nicht eine Vergangenheit von Unterordnung und Resignation. Sie bildeten eine neue soziale Schicht, deren Mentalität in mancher Hinsicht der des Industrieproletariats mehr ähnelte als der des Bauern. Die andauernde Umgestaltung der Landschaft selbst trug zu der Erkenntnis bei, daß jeder Versuch der Wiederherstellung des alten Gleichgewichts der bäuerlichen Gemeinschaft nutzlos sein mußte. Die Hoffnung konnte nicht in der Rückkehr zur Vergangenheit liegen, sondern im Gegenteil in der Zukunft, im Fortschritt, im Sozialismus. Unter den Landarbeitern der Po-Ebene fand die sozialistische Propaganda, die bis dahin auf einen kleinen Kreis von Intellektuellen und auf die mehr gebildeten Teile des städtischen Proletariats beschränkt geblieben war, eine breite Bresche, durch die der Sozialismus auf dem Land Fuß fassen konnte.

Den Namen Andrea Costa haben wir bereits erwähnt; ihm zur Seite sind Namen wie Camillo Prampolini in Reggio Emilia, der Arzt Nicola Badaloni im Polesine, Egidio Bernaroli in Mantua, Nullo Baldini in Ravenna und Bisolati in Cremona zu stellen. Mit unermüdlicher Hartnäckigkeit organisierten diese Männer die ersten Landarbeitervereinigungen in der Emilia und in der unteren Po-Ebene, setzten sich für die Schaffung der ersten Kooperativen ein, verbreiteten sozialistische Ideen und standen an der Spitze der ersten Streiks. Italien war das einzige europäische Land, in dem die Entwicklung der sozialistischen Arbeiterbewegung in den folgenden Jahren nicht mit dem dumpfen Mißtrauen der bäuerlichen Massen zu kämpfen hatte, oder wo zumindest das Problem der „Eroberung des flachen Landes" durch die proletarische und intellektuelle Avantgarde der Städte geringere Schwierigkeiten bot. In einigen Fällen – wie etwa in der Emilia – war es im Gegenteil das „rote" Land, von dem aus die „weiße" Stadt umlagert und gewonnen wurde.

Kapitalistische Entwicklung und preußischer Weg

Für Männer wie Camillo Cavour, Carlo Cattaneo und Francesco Ferrara, die den Siegeszug des Kapitalismus und des Freihandels erlebt hatten, war der Weg, den Italien einschlagen mußte, um ein moderner bürgerlicher Staat zu werden, die restlose Eingliederung in die europäische Wirtschaft. Im rauhen, aber belebenden Wind der Konkurrenz sollten die Landwirte und Unternehmer in Italien aus der Not eine Tugend machen, die Ärmel hochkrempeln und ihre Betriebe in moderne Unternehmen verwandeln, die auf den internationalen Märkten konkurrenzfähig sein konnten. Auf diesem Weg würden sie natürlich an die Mauer der Privilegien, Widersprüche und Partikularismen des italienischen Ancien régime stoßen und damit das politische Schlachtfeld betreten: wirtschaftliche und politische Erneuerung mußten gleichermaßen von unten her beginnen, aus der freien Initiative der einzelnen Produzenten, wie es in den anderen Ländern geschehen war. Dies alles konnte sich natürlich nur in einem langsamen Prozeß vollziehen, aber gerade darin lag die Garantie für Ernsthaftigkeit und Erfolg.

Die Regierungen der ersten 20 Jahre nach der italienischen Einigung waren im wesentlichen diesen Prinzipien und besonders dem des Freihandels gefolgt. Die Handelsverträge dieser Zeit, von denen der mit Frankreich aus dem Jahr 1863 besonders wichtig war, basierten, wie schon die von Cavour abgeschlossenen, ganz auf der Doktrin des Freihandels. Die phantasielosen Testamentsvollstrecker der Politik Cavours unternahmen jedoch nichts, um die Hindernisse, die sich der freien Entfaltung der bürgerlichen Kräfte entgegenstellten, zu beseitigen.

Im Lauf der Jahre ließ die andauernde Stagnation allmählich Zweifel an der Möglichkeit eines von unten getragenen Entwicklungsprozesses aufkommen. In der Öffentlichkeit wurden kritische Stimmen laut, die die Anwendbarkeit dieses Modells in einem Land in Zweifel stellten, das, wie Italien, viel verlorene Zeit aufzuholen hatte und von unaufschiebbaren Problemen bedrängt war. Man begann sich zu fragen, ob nicht auch für Italien eine Abkürzung des Prozesses möglich sei, wie in Deutschland, das nach der nationalen Einigung in wenigen Jahren zu einer großen unabhängigen Wirtschaftsmacht aufgestiegen war, deren Waren in aller Welt Absatz fanden und deren Technik den Neid der Konkurrenz erregte. Noch undeutlich zwar begann sich auf diese Weise die Perspektive eines „preußischen Weges" der kapitalistischen Entwicklung abzuzeichnen, also einer wirtschaftlichen Transformation „von oben" unter wesentlicher Beteiligung des Staates. Protektionismus und Stärkung des internationalen Ansehens erschienen als die Hebel dazu. Um das Jahr 1874, also in der Zeit, in der die Linke an Boden gewann, begann man in Italien von „Wirtschaftsgermanismus" zu sprechen. Eine Gruppe von Ökonomen um Luigi Luzzatti hatte eine neue Zeitschrift unter dem Titel „Giornale degli Economisti" gegründet, um die Notwendigkeit einer Änderung der bisherigen Wirtschaftspolitik zu propagieren. Ihre Vorstellungen fanden Beifall unter den Intellektuellen und, was noch mehr zählt, bei den Unternehmern, weil sie der konkreten Situation in Italien tatsächlich entsprachen. Daß der Staat durch den Eisenbahnbau und durch Rüstungsaufträge eine beschleunigende Wirkung auf die wirtschaftliche Entwicklung ausüben konnte, war nicht nur theoretisch möglich, sondern entsprach auch der Praxis aller italienischen Regierungen, auch der Cavours in Piemont. Eine andere Voraussetzung für die Wirtschaftsentwicklung auf dem „preußischen Weg" war durch die Herstellung eines Modus vivendi zwischen den einflußreichsten Gruppen – der Wirtschafts- und Handelsbourgeoisie des Nordens und den Groß-Agrariern des Südens – geschaffen worden. Auch darin lag eine weitgehende Analogie zur Entwicklung in Deutschland mit seinen „Krautjunkern" und seinen „Schlotbaronen". Auf diese Einheit gestützt, konnten die herrschenden Klassen Italiens mit Ruhe den unvermeidlichen Reaktionen des Volkes entgegensehen, die eine durch die Wirtschaftspolitik von oben forcierte Entwicklung hervorrufen mußte. Keiner der beiden Partner konnte daran interessiert sein, das Spiel zu verderben oder im trüben zu fischen, um die Empörung und die Proteste, die aus der Tiefe der Gesellschaft kamen, gegen den anderen Partner zu nutzen.

Die ersten Anzeichen des neuen Wirtschaftskurses begannen sich seit 1878 abzuzeichnen, als die Industriellen der norditalienischen Textil- und Maschinenindustrie eine erste protektionistische Zollreform durchsetzen konnten. Seitdem nahm das Entwicklungstempo der italienischen Wirtschaft zu, und der Kapitalmarkt belebte sich. Dazu trug auch die Einführung neuer Kreditmöglichkeiten nach dem Beispiel der Gebrüder Péreire in Frankreich bei, durch die gezielte industrielle Investitionen gefördert wurden. In diese Richtung bewegten sich die neuen Kreditinstitute des *Credito mobiliare* und der *Banca generale*. Ein Teil der Kapitalien wurde allerdings für rein spekulative Investitionen verwendet: in den 80er Jahren fand ein erster Rush in die Bauspekulation statt. Der Abriß und Neubau ganzer Viertel in Rom gab der Hauptstadt ein anspruchsvoll weltstädtisches Aussehen und hinterließ einige Scheußlichkeiten, unter denen der sogenannte „Altar des Vaterlandes" – nach einem Modell von 1884 – wohl die monumentalste ist. In Florenz wurde das alte Viertel der Calimara dem Erdboden gleichgemacht, um für einen Platz Raum zu schaffen, der heute den einzigen Schandfleck in der unvergleichlichen Geschlossenheit und Harmonie des Stadtbildes ausmacht. Auch in Neapel wütete die Spitzhacke, ohne daß dadurch in irgendeiner Weise die bestehenden Probleme der Überbevölkerung und der sanitären Versorgung gelöst wurden, wie das tragische Ausmaß der Choleraepidemie von 1885 bewies. Ein beträchtlicher Teil der Kapitalien wurde jedoch auch langfristig in der Industrie investiert. In den Jahren 1881 bis 1887 zeigen die Indexziffern der verschiedenen Industriesektoren einen klaren, ununterbrochenen Aufschwung an. In der Baumwollindustrie nahm der Import von Rohbaumwolle von 218000 Doppelzentnern (1881) auf 617000 Doppelzentner (1887) zu. In der metallverarbeitenden Industrie war der Zuwachs noch eindrucksvoller, vor allem wenn man das niedrige Ausgangsniveau berücksichtigt. Auch die chemische und die mechanische Industrie sowie der Bergbau entwickelten sich stetig. Die elektrotechnische Industrie unternahm ihre ersten Gehversuche: Mit dem Bau der Elektrizitätszentrale Radegonda im Jahre 1884 wurde in Mailand als einer der ersten Städte Europas die städtische Beleuchtung erprobt.

Nach einem von Gerschenkron erstellten Index erlebte die italienische Industrie als ganzes in den Jahren 1881 bis 1887 einen Produktionszuwachs von 37%, was einer durchschnittlichen jährlichen Wachstumsrate von 4,6% entspricht. Entscheidendes Gewicht und beschleunigende Wirkung hatte in diesem Prozeß das Eingreifen des Staates: die Aktiengesellschaft Terni, die unter der Leitung Vincenzo Stefano Bredas 1884 mit dem Bau des ersten italienischen Stahlwerkes begann, genoß von Anfang an umfangreiche staatliche Unterstützung. Die Kriegsmarine war ihr wichtigster, wenngleich nicht ihr einziger Kunde. Auch der Schiffbau, dessen wichtigster Exponent Luigi Orlando war, wurde vom Staat durch ein Gesetz von 1885 mit 53 Millionen Lire kräftig subventioniert, ebenso die beiden großen Schiffahrtsgesellschaften Florio und Rubattino, die sich 1881 zur *Navigazione generale italiana* zusammenschlossen. Es verdient erwähnt zu werden, daß nicht wenige der neuen Wirtschaftskapitäne eine politische Vergangenheit in den Reihen der Mazzinianer und anderer Demokraten hinter sich hatten: Luigi Orlando hatte zum *Giovine Italia* gehört, Giovanni Pirelli, der Gründer der italienischen Gummiindustrie, hatte in den Reihen Garibaldis gekämpft, Vincenzo Florio, eine der wichtigsten Führungspersönlichkeiten der *Navigazione generale*, hatte aktiv an der patriotischen Bewegung in Sizilien teilgenommen. Der genuesische Reeder Raffaele Rubattino war selbst auf einem seiner beiden Dampfschiffe mitgefahren, auf denen die Tausend nach Sizilien aufgebrochen waren. Unter den Garibaldi-Anhängern war auch Erasmo Piaggio, später Reeder und Unternehmer in der mechanischen Industrie.

Der erste bescheidene Boom der italienischen Industrie fiel mit der Agrarkrise, von der oben die Rede war, zusammen, und daraus ergab sich eine „Schere" in der Entwicklung. Dem Preisanstieg für die durch den Schutzzoll verteuerten Industrieprodukte entsprach das Sinken der Agrarpreise und der immer schnellere Abfluß von Kapital aus der Landwirtschaft in die Städte, vom Süden nach dem Norden. Wenn man die eingeschlagene Entwicklungsrichtung weiterverfolgen wollte, mußte man, so wurde bald klar, die ländlichen Eigentümer in irgendeiner Weise entschädigen, um ein neues Gleichgewicht zwischen den herrschenden Klassen des Landes zu finden. So kam es zur Zollreform von 1887, die eine entscheidende Etappe in der Entwicklung des italienischen Kapitalismus bezeichnet. Das Jahr 1887 war die Geburtsstunde für das, was Antonio Gramsci den „agrarisch-industriellen Block" der herrschenden Klassen Italiens genannt hat. Die Auswirkungen auf die italienische Zeitgeschichte sind ebenso tiefgreifend wie die der konservativ-protektionistischen Wende, die Bismarck 1878 der deutschen Politik gab.

Durch die Zollreform wurden nicht nur die Zollmauern für die junge italienische Industrie noch spürbarer erhöht, die Protektion wurde jetzt auch auf bestimmte Bereiche der Landwirtschaft ausgedehnt. Geschützt wurden Zucker, Hanf und Reis, die fast ausschließlich im Norden angebaut wurden, und ganz besonders der Weizen. Damit wurden die massiven Getreideimporte aus Übersee gestoppt und wiederum die Trägheit und das Desinteresse der Großgrundbesitzer des Südens prämiert, die aus dem extensiven Getreidebau einen großen Teil ihrer Einkommen zogen. Die Produkte des Nordens – die Wolle aus Biella und Valdagno, die Baumwolle aus der Lombardei – eroberten sich nun endgültig den einheimischen Markt, und die ganze italienische Industrie trat endgültig in die Phase des ökonomischen *take-off*, wobei der Süden in seiner Rückständigkeit und Abhängigkeit an den Norden gefesselt blieb. Statt eine Einebnung der Entwicklungsunterschiede und eine Erneuerung von unten zu bewirken, vertiefte die Industrialisierung Italiens die bestehenden sozialen und regionalen Ungleichgewichte des Landes. Daraus entstand eine Gesellschaftsstruktur, in der Altes und Neues nebeneinander bestand und sich miteinander verflocht. Es gewann ein Kapitalismus Gestalt, der alle Charakterzüge der Leninschen Imperialismus-Analyse an sich hat: die hohe monopolistische Konzentration, die Verflechtung von Banken und Industrie sowie staatliche Intervention. Daneben stand die noch halbfeudale Landwirtschaft und ein weitverbreitetes Kleinhandwerk.

„Ein moderner Staat", schrieb Antonio Labriola 1896, „in einer fast ausschließlich agrarischen Gesellschaft mit zum großen Teil veralteten Agrarstrukturen schafft ein allgemeines Unbehagen, und das wiederum führt zu dem Gefühl der Unstimmigkeit von allem und jedem." Unstimmigkeit: dieser Begriff kommt einem geradezu spontan über die Lippen, je weiter man den Weg des modernen Italien verfolgt.

Dreibund und koloniale Ambitionen

Der Dreh- und Angelpunkt der piemontesischen und dann der italienischen Außenpolitik war stets das gute Einvernehmen mit England und Frankreich gewesen. Zu England blieben die Beziehungen während der ganzen italienischen Geschichte, mit Ausnahme der Zeit des Faschismus, unverändert freundschaftlich. Ganz anders dagegen entwickelten sich die Dinge im Verhältnis zu Frankreich: Mentana war der Ausgangspunkt für eine zunehmende Abkühlung, die schließlich am Ende der 8oer Jahre in offene Auseinandersetzung mündete. Parallel zu der Loslösung von Frankreich vollzog sich die zunehmende Annäherung an Deutschland – die an das Bündnis von 1866 anknüpfte – und später auch an Österreich. 1873 besuchte Vittorio Emanuele II. Wien und Berlin, zwei Jahre später folgte der Staatsbesuch Franz Josephs in Venedig. Die beiden Kaiserreiche, und vor allem Bismarck, ließen es nicht an Bemühungen fehlen, diese Richtung der italienischen Politik zu unterstützen und die Kluft zwischen Frankreich und Italien zu vertiefen. In den Jahren 1876 und 1877 wurde Italien von Wien und Berlin mehrmals zur Besetzung von Tunis ermuntert, wo seit langem eine starke italienische Minderheit ansässig war. Man hoffte, auf diesem Wege einmal die von den „Irredentisten" laut erhobenen Ansprüche auf Trient abzulenken und zum anderen neue Reibungsflächen mit Frankreich zu schaffen.

Zunächst schien die italienische Politik diesen Ermunterungen gegenüber taub zu bleiben. Auf dem Berliner Kongreß 1878 verhielt sich Italien neutral, was man als „Politik der sauberen Hände" bezeichnete. In Italien fehlte es nicht an ziemlich lautstarken Protesten, die der Regierung Cairoli vorwarfen, gegen die österreichische Besetzung von Bosnien und der Herzegowina nicht für Italien die Besetzung von Trient eingehandelt zu haben und überhaupt eine schwächliche Verzichtpolitik zu betreiben. Diese Proteste nahmen an Lautstärke zu, als im April/Mai 1881 Frankreich Tunesien besetzte und zum Protektorat erklärte. Die Vorstellung einer endgültigen Abnabelung von Frankreich und einer Annäherung an die Mittelmächte gewann – außer in den hartnäckig „irredentistischen" Kreisen – immer mehr an Popularität. Man gelangte so zu dem Vertrag zwischen Deutschland, Österreich-Ungarn und Italien, der in die Geschichte als der „Dreibund" eingegangen ist.

Der Vertrag bestand im wesentlichen aus gegenseitigen Garantien der Signatarmächte gegen einen möglichen französischen Angriff und in der gegenseitigen Verpflichtung zu wohlwollender Neutralität im Falle eines kriegerischen Vorgehens von deutscher, österreichischer oder italienischer Seite gegen Frankreich. Der Vertrag war also ein ausschließlich gegen Frankreich gerichteter Defensivvertrag. Auf Betreiben Italiens enthielt der Vertrag ausdrücklich eine Klausel, daß die Bestimmungen in keinem Fall gegen England gerichtet seien. Bei der Erneuerung des Vertrages 1887 wurde vom italienischen Außenminister Graf Robilant darüber hinaus durchgesetzt, daß Italien das Recht auf Kompensationen habe, falls der Status quo auf dem Balkan zugunsten Österreich-Ungarns geändert würde. Damit wurde die Frage der noch unter österreichischer Souveränität stehenden italienischen Gebiete offengehalten.

Abgesehen von diesen rein außenpolitischen Aspekten hatte der Dreibundvertrag auch große innenpolitische Bedeutung. Der Beitritt Italiens ist auch als eine Demonstration der Wahlverwandtschaft mit Bismarck-Deutschland zu betrachten, das bewiesen hatte, daß der Respekt gegenüber den bestehenden gesellschaftlichen Hierarchien und Machtpolitik nach außen die besten Voraussetzungen für die wirtschaftliche und kulturelle Entwicklung eines Landes bildeten. Diese konservativ-hierarchische Lesart des Vertrages entsprach nicht nur den Anschauungen des neuen Königs Umberto I. – Vittorio Emanuele II. war 1878 gestorben – und seiner Gemahlin Margherita, die deutscher Abstammung war. Auch weite Kreise der Öffentlichkeit waren davon überzeugt, daß Italien nun endlich nicht mehr unter Vormundschaft stand und nicht bloß eine Macht zweiten Ranges war und daß ein Teil des in dem katastrophalen Feldzug von 1866 verlorenen Ansehens wieder zurückgewonnen war. In diesem Sinne hat der Dreibund wesentlich zur Bewußtwerdung und Sammlung der nationalistischen Tendenzen beigetragen, die im Lande keimten. Der Kampf zwischen den Nationen – so lehrte die in Mode stehende positivistische Philosophie – war ebenso unvermeidlich wie der Kampf ums Dasein und die natürliche Auslese in der Evolution der Lebewesen. Italien konnte sich diesem „ehernen Naturgesetz" natürlich nicht entziehen.

Der Nationalismus ist jedoch *per definitionem* immer gegen jemanden gerichtet, und dieser jemand konnte für viele niemand anderes sein als Österreich-Ungarn, der „Erbfeind", der noch die uritalienischen Städte Trient und Triest besetzt hielt. Der Dreibundvertrag ließ in dieser Hinsicht nur wenig Hoffnung. Als 1882 der Irredentist Guglielmo Oberdan von den Österreichern gehängt wurde, kam die italienische Regierung, die wenige Monate zuvor ihre Unterschrift unter den Dreibundvertrag gesetzt hatte, in eine außerordentlich peinliche Lage und mußte heftige studentische Demonstrationen zum Schweigen bringen. Das Ziel, den Brenner und den Golf von Quarnero als Grenze zu erreichen, ließ sich vorläufig nicht verwirklichen. Dafür gab es jedoch genügend andere Gebiete, auf denen Italien seinen wiedergewonnenen Nationalstolz beweisen konnte. Warum sollte Italien als Mittelmeernation mit einer großen kolonialen Vergangenheit nicht an der kolonialen Expansion der anderen europäischen Staaten teilnehmen? Die Vorstellung einer zivilisatorischen Mission Italiens im Mittelmeer fand zunächst auch in den Kreisen der Linken und bei einigen der ersten Sozialisten Anklang. Sie hofften, daß die Kolonien einen Teil jener Emigranten, die jetzt nach Übersee gingen, aufnehmen und jungfräulichen Boden für kühne Experimente mit landwirtschaftlichen Kooperativen bieten würden. Deshalb ist es kein Zufall, daß der Kommandant des ersten Expeditionskorps nach Afrika, General Baratieri, ein ehemaliger Garibaldi-Anhänger war. Die Aussicht auf koloniale Expansion fand aber natürlich vor allem in konservativ-nationalistischen Kreisen Anklang. Ob demokratisch oder nationalistisch, humanitär oder anmaßend, der italienische Imperialismus trug in jeder Form das Merkmal des Wunschdenkens oder, nach einer Definition Lenins, des „Lumpenimperialismus": man könnte sagen, daß es sich um einen Kolonialismus zum internen Gebrauch handelte. Er sollte die Italiener selbst davon überzeugen, daß Italien eine große Macht sei und dem Staat damit ein Ansehen verschaffen, das er sonst kaum finden konnte.

Die Anfänge des italienischen Imperialismus waren so unglücklich und voller Mißklänge wie seine ganze weitere Entwicklung. Dem englischen Angebot, an der Besetzung Ägyptens teilzunehmen, setzte Italien ein *fin de non-recevoir* entgegen und ließ sich dann zur Besetzung Massauas in Eritrea verleiten. Nach der Niederlage des Generals Gordon gegen die sudanesischen Derwische sah sich Italien in militärische Operationen gegen Äthiopien verwickelt. Im Januar 1887 wurde ein Kontingent von 500 Mann bei Dogali von einer Übermacht unter dem Ras Alula angegriffen und völlig aufgerieben. Die Bestürzung über diese Niederlage war so groß, daß der Außenminister Robilant, der mit Erfolg die Erneuerung des Dreibundes durchgesetzt hatte, seinen Rücktritt einreichen mußte. Was ein Unfall unbedeutenden Ausmaßes hätte sein können, wurde zu einer Frage der nationalen Ehre, und Italien hielt sich für moralisch verpflichtet, den Weg einer Kolonialpolitik weiterzugehen, auf dem nur Enttäuschungen zu ernten waren.

Literatur und Wissenschaft

Die literarische Landschaft Italiens war in den 80er Jahren des 19. Jahrhunderts durchaus lebendig: von den Mailänder Bohemiens nach Pariser Vorbild, die Avantgarde als Programm verstanden, über die „Veristen" und Bewunderer Zolas, über die Epigonen Manzonis bis hin zu dem nie versiegenden Strom der Anhänger der Dialektdichtung bot sich ein breiter Fächer von literarischen Strömungen und Experimenten. Die meisten dieser Schriftsteller und Dichter hatten jedoch keinen langen Atem. Ihre Werke liest heute niemand mehr, und ihre Namen finden sich nur noch in Literaturgeschichten und auf Straßenschildern. Der einzige Name, der hier vielleicht Erwähnung verdient, ist Edmondo de Amicis, nicht so sehr wegen seiner literarischen Qualitäten, sondern weil er mit seinen Büchern und Reportagen ein zutiefst ehrliches Zeugnis vom Lebensgefühl des italienischen Kleinbürgertums gibt und weil er mit seinem Buch „Cuore" eines der wenigen guten Kinderbücher in der italienischen Literatur hinterlassen hat.

Nur zwei Namen haben ihre Zeit wirklich überlebt: Giovanni Verga (1840–1922) und Giosue Carducci (1835–1907). Verga verbrachte den größten Teil seines Lebens in Mailand, kehrte aber dann in das heimatliche Catania zurück, wo er bis zu seinem Tod keine Zeile mehr schrieb. Er fand nach mittelmäßigen bürgerlichen Romanversuchen seine eigentliche literarische Berufung in Romanen und Novellen über seine Heimat Sizilien. Der *Mezzogiorno* Vergas mit seinen hochfahrenden und verschwenderischen Adeligen, seinen raffgierigen Großbauern und der Resignation des armen Volkes besitzt eine Authentizität, oder besser eine innere Wahrheit, die nur die wirklich anteilnehmende Literatur erreicht. Er schuf Gestalten wie den Mastro Gesualdo, einen Selfmademan, der eine Adelige heiratet und dann in völliger Apathie ein Leben beendet, das mit dem verzweifelten Willen zum Erfolg begonnen hatte; oder den *padron* 'Ntoni, das alte Oberhaupt einer zum Ruin verurteilten Fischerfamilie. Diese Gestalten sind geradezu Symbolfiguren der Wirklichkeit des *Mezzogiorno*.

Die Entdeckung und Hochschätzung Vergas ist relativ jungen Datums. Zu seinen Lebzeiten hat der Autor von „Mastro don Gesualdo" und „Malavoglia" wesentlich weniger Leser und Bewunderer gefunden als heute. Seine Geschichten von Bauern und Fischern konnten von einem bürgerlichen Publikum, das sich bald für die Übermenschen und Ästheten der Romane D'Annunzios begeistern sollte, wenig Interesse erhoffen.

Ganz anders war das persönliche und literarische Schicksal Carduccis. Zu Lebzeiten wurde er als Dichterfürst des neuen Italien begrüßt, oder wie er sich selbst bezeichnete, als „vate d'Italia alla stagion più bella" (Prophet der schönsten Zeit Italiens). Sein an Ehrenbezeugungen reiches Leben wurde 1906 durch die Verleihung des Nobelpreises gekrönt. Die Entwicklung Carduccis spiegelt mit großer Treue diejenige der öffentlichen Meinung Italiens vom Ende des Risorgimento bis zu den Anfängen des Nationalismus wider. In seiner Jugend war er Republikaner und Jakobiner, besang mit der Sonettsammlung „Ca ira" die Französische Revolution und verfaßte einen „Inno a Satana", der 1863, also sieben Jahre vor der Bresche der Porta Pia, vielen seiner Leser als Schlachtruf des neuen Italien gegen den Klerus und die weltliche Macht des Papstes erschienen war. In den Jahren der Reife und des Alters nahm seine Dichtung feierlich-offizielle Töne an. Er sah in der Königin Margherita „l'eterno femminino regale" (die königliche Würde des ewig Weiblichen), beweinte die Gefallenen von Dogali, feierte den Mythos Roms und die Glorie des savoyischen Piemont. Das jugendliche Jakobinertum Carduccis war ebenso wie sein späterer Patriotismus für das offizielle Italien ein Schreibtischprodukt, das Werk des brillanten Universitätsprofessors, der er war. Das einzige, was man heute noch mit Genuß lesen kann, sind die Gedichte über sein persönliches und familiäres Leben.

Der Vielfalt der literarischen Strömungen der 8oer Jahre stand die fast vollständige Öde der wissenschaftlichen und theoretischen Landschaft gegenüber, die von der neuen positivistischen Philosophie beherrscht wurde. Während die realistischen Schriftsteller ihre Romane mit Prostituierten und an Erbkrankheiten Leidenden bevölkerten, widmeten sich die Soziologen der Ausmessung von Schädeln, um die Veranlagung zur Kriminalität zu beweisen. Einer dieser Wissenschaftler, Niceforo, brachte heraus, daß der Entwicklungsunterschied zwischen dem Süden und Norden Italiens von der unterschiedlichen Schädelgestaltung der jeweiligen Bewohner herrühre. Die Philosophen diskutierten über die natürliche ,,Auslese" und den Überlebenskampf, die Theoretiker der Politik sprachen von Eliten und der ,,politischen Klasse", die Literaturkritik in der Nachfolge De Sanctis' mußte der historischen Philologie weichen.

,,Wissenschaft" und ,,Fortschritt" waren die Schlagworte der Zeit, und die Sympathien der Intellektuellen wandten sich zunehmend den Ländern zu, in denen sich diese Begriffe lebendig verwirklicht zu haben schienen. In den Buchhandlungen nahm die Zahl der deutschen Bücher zu, und in den Bibliotheken der Gelehrten trat der deutsche Einfluß siegreich gegen den traditionellen französischen an. Auch auf geistigem Gebiet war, wie in Politik und Wirtschaft, die Stunde Deutschlands angebrochen.

Die einzige Gruppe, die sich gegen das Umsichgreifen eines platten Positivismus wehrte, waren die neapolitanischen Hegelianer, die radikalen Vertreter jenes historischen Idealismus, der das Risorgimento geistig geprägt hatte. Die Vertreter dieser Schule blieben zwar weitgehend isoliert, aber hier erhielt Antonio Labriola seine Ausbildung, der einzige große Denker, dessen sich Italien in der zweiten Hälfte des 19. Jahrhunderts rühmen kann.

Labriola war zunächst Schüler Bertrando Spaventas, des wichtigsten Vertreters der neohegelianischen Schule in Neapel. Später stand er unter dem Einfluß Herbarts und ,,entdeckte" schließlich in reifem Alter den Marxismus, den er in den Jahren 1895 bis 1900 durch eine Reihe von Texten in Italien bekannt machte. ,,Entdecken" ist vielleicht nicht ganz der richtige Ausdruck: in den 8oer Jahren war Marx in Italien kein ganz Unbekannter mehr, und einige seiner Werke waren bereits ins Italienische übersetzt. Carlo Cafiero, ein Anhänger Bakunins in den Zeiten der Ersten Internationale, hatte eine Zusammenfassung des ,,Kapital" herausgegeben, und eine in Lodi erscheinende sozialistische Zeitschrift mit dem Titel ,,La Plebe" bemühte sich um die Verbreitung des Marxschen Gedankenguts. Aber auch die Marx-Rezeption stand in Italien im Zeichen des Positivismus. Marx wurde in erster Linie als ,,Sozialdarwinist" und ,,ökonomischer Determinist" verstanden. Seine Theorie erschien als eine Art Kalender, in dem die Etappen des Verfalls des Kapitalismus und seines unvermeidlichen Übergangs zum Sozialismus vorgezeichnet waren. Diese Version einer positivistischen Vulgata des Marxismus war freilich nicht bloß eine italienische Erscheinung, sondern war bei den Theoretikern der Zweiten Internationale in ganz Europa anzutreffen, so unter anderen bei Kautsky, Lafargue oder Plechanow. Labriola war der einzige Marxist – sofern es überhaupt legitim ist, ihn gegen seinen Willen als solchen zu bezeichnen –, der dem historischen Materialismus eine von der herrschenden Auffassung abweichende Interpretation gab. Für ihn war der Marxismus nicht ein kompakt-enzyklopädisches System, sondern selbst eine historische Ideologie, eine ,,Philosophie der Praxis", d. h. das Konzentrat der politischen und geistigen Erfahrung eines bestimmten historischen Subjekts, nämlich des Industrieproletariats in seinem Emanzipationskampf. Die Wahrheit dieser Ideologie muß deshalb dort enden, wo diese Erfahrung aufhört. Die materialistische Geschichtsauffassung bleibt als System für neue Elemente und Interpretationen offen. Daher erklärt sich, warum Labriola um die Jahrhundertwende im Gegensatz zu seinem jüngeren Freund Benedetto Croce nicht dem an Bernstein und Sorel orientierten Revisionismus folgte, sondern an seinen sozialistisch-marxistischen Überzeugungen festhielt. Die Tatsache, daß die konkrete gesellschaftliche Entwicklung von den Voraussagen, die nicht Marx, sondern die positivistischen Marxisten gegeben hatten, abwich, bewies für Labriola lediglich die Fehlerhaftigkeit dieser Schemata, nicht aber die Sinnlosigkeit der Kämpfe des Proletariats. Das Proletariat würde weiterkämpfen, weiterdenken, neue Erfahrungen sammeln, den Sozialismus aufbauen und nicht abwarten.

In Übereinstimmung mit diesem Konzept des Marxismus als ,,Philosophie der Praxis" fühlte sich Labriola moralisch und intellektuell zum politischen Kampf verpflichtet und beteiligte sich aktiv am Aufbau der jungen sozialistischen Arbeiterbewegung Italiens. Darauf werden wir noch zurückkommen. Hier geht es vor allem darum, die eigenständige Interpretation zu unterstreichen, die Labriola dem Marxismus gegeben hat. Gerade darin wurde er nicht verstanden und blieb isoliert.

15. Die Krise der Jahrhundertwende

Francesco Crispi

Im Juli 1887, im gleichen Jahr, in dem der neue Zolltarif in Kraft trat, der Dreibund erneuert wurde und die italienischen Truppen bei Dogali geschlagen wurden, starb Agostino Depretis, der Mann, der zehn Jahre lang als die wichtigste Persönlichkeit im politischen Leben Italiens gegolten hatte. Nach seinem Tode wurde das Amt des Ministerpräsidenten von Francesco Crispi übernommen. In seiner Jugend war Crispi Republikaner und Mazzinianer gewesen, dann war er in Sizilien als „rechte Hand" Garibaldis gestanden. In seinen ersten Parlamentsreden hatte er das allgemeine Wahlrecht und die Abschaffung des vom König ernannten Senats gefordert. Aber von der radikalen Demokratie des 19. Jahrhunderts hatte er in Wirklichkeit mehr die radikale Rhetorik als die Substanz übernommen, und ein temperamentvoller und leicht entzündbarer Extremist blieb er auch später. Mit dem gleichen Feuer und der gleichen Unerbittlichkeit vertrat er seine neuen Überzeugungen, als er sich nach dem Einschwenken auf die Monarchie der neuen in Parlament und Öffentlichkeit tonangebenden Linie angeschlossen hatte. Der Triumph der Deutschfreundlichkeit in den 80er Jahren, die plötzliche koloniale „Berufung" Italiens, die unternehmungsfreudige Skrupellosigkeit der neuen Industriekapitäne und das traditionelle Unverständnis der sizilianischen Großgrundbesitzer gegenüber den rebellischen Bauern, mit einem Wort, alle Elemente des entstehenden industriell-agrarischen Blockes waren bei ihm in ausgeprägter Form vorhanden. Nicht umsonst hat der Faschismus ihn später zu einem seiner Vorgänger erklärt.

Crispis Regierungsantritt gab der italienischen Politik sofort eine neue Richtung und einen ungewohnt rasanten Rhythmus. Im Lauf von nur zwei Jahren wurde der Handelsvertrag mit Frankreich aufgekündigt, das eine Revision des neuen Zolltarifs verlangt hatte; mit Deutschland wurde eine Militärkonvention geschlossen, die Crispi in seiner Eigenschaft als Außenminister mit Bismarck persönlich ausgehandelt hatte; das Kolonialabenteuer wurde mit der Besetzung Asmaras und der Proklamierung Eritreas als italienischer Kolonie wiederaufgenommen, und schließlich kam es sogar fast zur kriegerischen Auseinandersetzung mit Frankreich. Die französische Kriegsdrohung existierte freilich eher in der Einbildung Crispis als in Wirklichkeit. Die Schiffe Englands, die in den Golf von Genua geeilt waren, wo angeblich die französische Flotte zum Angriff auf die italienischen Küsten bereitlag, fanden zu ihrer Überraschung kein einziges Kriegsschiff vor. Die Beziehungen zwischen Frankreich und Italien erreichten jedenfalls einen Grad äußerster Spannung: das Aufeinanderprallen von Crispis Nationalismus und der Welle des Boulangerismus in Frankreich ließen Europa angstvolle Augenblicke erleben.

Auch in der Innenpolitik versuchte Crispi das Ansehen des Staates zu stärken. Durch die Vermittlung des Abtes Tosti wollte er mit Papst Leo XIII. Anknüpfungspunkte für eine Aussöhnung finden. Das Scheitern dieses Versuches führte ihn dann wieder zu seinem alten Antiklerikalismus zurück, und deshalb ließ er ein Standbild Giordano Brunos am Ort seiner Verbrennung auf dem *Campo dei Fiori* in Rom errichten. Abgesehen von diesen und anderen plötzlichen Launen war Crispis Innenpolitik vor allem auf die Stärkung der Exekutive gegenüber der Legislative gerichtet. Das Autoritäre dieser Politik wurde als Streben nach mehr Effizienz ausgegeben. Die Bürgermeister und Präsidenten der Provinzverwaltung wurden nicht mehr ernannt, sondern gewählt, aber als Vorsichtsmaßnahme gegen eine mögliche Dezentralisierung wurde ein Provinzverwaltungsausschuß als die *longa manus* des Präfekten gegenüber den lokalen Institutionen eingerichtet. Der Verwaltungsapparat wurde durch die Einrichtung eines Verwaltungsgerichts rationalisiert, gleichzeitig aber wurde die Sicherheitsgesetzgebung verschärft, so daß die ohnehin großen Ermessensspielräume der Polizei sich noch erweiterten. Das Parlament arbeitete mehr, dies aber auch deshalb, weil Crispi die Machtbefugnisse des Parlaments einzuschränken, diejenigen der Regierung – und vor allem des Ministerpräsidenten – zu erweitern suchte. Die Befugnisse des Ministerpräsidenten wurden durch ein Dekret 1887 erweitert, so daß dieses Amt unter Crispi, der gleichzeitig Außen- und Innenminister war, in seiner Machtfülle sehr jener Kanzlerschaft Bismarcks ähnelte, den er so sehr bewunderte.

Die Wende zum autoritären Regierungssystem preußischer Prägung, dessen Ursprünge wir in den vorausgegangenen Kapiteln zu analysieren versucht haben, konnte sich nun unter Crispi voll entfalten. Zu seinem Unglück waren jedoch die Umstände für ihre Verwirklichung keineswegs günstig, und Crispis ungestümer Charakter trug nicht gerade zur Überwindung der Schwierigkeiten bei. In einer Konjunkturphase, die bereits die Zeichen des Abschwungs trug, beraubte die Kündigung des Handelsvertrages und der darauf folgende Zollkrieg mit Frankreich Italien um 40% seines Exports. Ganze Sektoren der Wirtschaft – wie die Seidenindustrie des Nordens und die Weinproduktion des Südens – wurden in eine schwere Krise gestürzt, so daß man bereits 1890 wieder zu einer versöhnlicheren Haltung gegenüber Frankreich Zuflucht nehmen mußte. Beinahe gleichzeitig ließ der spekulative Bauboom nach, der in den vorausgegangenen Jahren fast alle Städte Italiens erfaßt hatte, und es begann eine Serie von Bankskandalen, die vier Jahre lang ein Gestrüpp von Korruption und Begünstigung zutage förderte. Zunächst drang davon kaum etwas an die Öffentlichkeit: der Bericht der parlamentarischen Untersuchungskommission, der schwerste Anklagen gegen die Geschäftspraktiken einiger der größten Geldinstitute enthielt, wurde nicht veröffentlicht. Die am meisten gefährdeten Banken versuchte man dann in allerletzter Minute zu retten. So wurde der *Banca tiberina* auf die persönliche Initiative Crispis hin, der sich in dieser Affäre keineswegs unzweideutig verhielt, ein beträchtlicher Kredit zur Verfügung gestellt. Damit war jedoch nur Zeit gewonnen, und die latente Krise kam nach einigen Jahren um so dramatischer zum Ausbruch. Zu diesem Zeitpunkt aber war Crispi nicht mehr an der Macht: Im Februar 1891 hatte der umstrittene Ministerpräsident den Rücktritt eingereicht. Den Vorwand für seinen Sturz lieferte ein weiterer seiner kopflosen parlamentarischen Auftritte, als er alle Regierungen vor 1876 en bloc beschuldigte, eine Außenpolitik der sklavischen Unterordnung unter ,,das Ausland" (gemeint war Frankreich) betrieben zu haben. Die parlamentarische Mehrheit, die ahnte, wie teuer dem Land die neue Prestige-Politik unter Crispi zu stehen kam, nutzte diesen Faux pas, um sich des unbequemen und autoritären Ministerpräsidenten zu entledigen. Aber Crispi sollte nicht für lange Zeit den Schalthebeln der Macht entrückt sein. Trotz seiner Sprunghaftigkeit und seines Mangels an diplomatischem Geschick war er letztlich der einzige italienische Politiker, der die Grundtendenzen des entstehenden Kapitalismus zu repräsentieren verstand. Er war zwar kein Bismarck, aber der italienische war eben auch nicht der deutsche Kapitalismus.

Die Anfänge der sozialistischen Bewegung

Die Wende, die Crispi der italienischen Politik gegeben hatte, beschleunigte auch die Bildung einer Opposition im Volk, die schon seit dem Machtantritt der Linken im Gange war. Um 1885 bot diese Opposition noch ein unklares und zerrissenes Bild. Nur in zwei Gebieten, in der Romagna und der Lombardei, hatten die verschiedenen Strömungen und Gruppierungen der Oppositionsbewegung wirklich eine solide Basis. In der Romagna waren durch die Entstehung einer großen Landarbeiterschaft im Jahre 1881 die Voraussetzungen für die Verbreitung sozialistischer Ideen und die Gründung einer revolutionären sozialistischen Partei vorhanden. Unter der Führung Andrea Costas hatte die Partei ihren Einfluß auch auf die angrenzende Emilia bis Mantua ausgedehnt, wo 1884 die ersten Bauernunruhen stattfanden. In der Romagna war auch die republikanische Bewegung sehr stark, die in Andrea Saffi, einem der Triumvirn der Römischen Republik von 1848, ihren bekanntesten Führer besaß. Auch in der Lombardei und ihrer dynamischen Hauptstadt war die demokratische Tradition der Fünf Tage und des Aufstandes vom 6. Februar 1853 nicht erloschen. Mailand war die Stadt in Italien mit der stärksten linken Wählerschaft. Das Organ der Radikalen war das

„Secolo", eine der meistgelesenen Zeitungen. Ihr Führer, Felice Cavallotti, war ein Mann von überschäumendem romantischem Temperament, dessen Anhängerschaft vor allem aus der Bourgeoisie und den Schichten der qualifizierten Arbeiterschaft kam. Mit der Entwicklung der Industrie und dem Entstehen eines Industrieproletariats begannen sich jedoch die politisch aktivsten Arbeiter aus der Vormundschaft der Demokraten zu befreien, um sich als eigenständige Kraft zu organisieren. 1882 wurde die italienische Arbeiterpartei *(Partito operaio italiano)* gegründet, die in Mailand und in der ganzen Lombardei sehr schnell zu einer so bedeutenden politischen Kraft wurde, daß Depretis sie 1886 auflösen ließ. Bald danach aber konnte die Partei ihre organisatorische Tätigkeit unter den Arbeitern wieder aufnehmen: 1891 entstand auf Initiative von Osvaldo Gnocchi-Viani die erste Arbeiterkammer *(Camera del lavoro)*. Diese Organisation auf territorialer Basis ähnelte in gewisser Weise den französischen *bourses du travail*, hatte aber doch ganz eigenständige Züge, auf die wir noch zurückkommen werden. Die Mitglieder der italienischen Arbeiterpartei nannten sich selbst „Handarbeiter" *(operai manuali)* und bis auf wenige Ausnahmen waren sie es auch: Maurer wie Silvio Cattaneo, Handschuhmacher wie Croce, Drucker wie Lazzari. Das tiefe Mißtrauen gegen die bürgerlichen Politiker, von denen sie sich mit Mühe losgemacht hatten, führte nicht selten zu einem Mißtrauen in die Politik an sich. Einen Streik zu organisieren, eine Liga zu bilden, Lohnerhöhungen und Arbeitszeitverkürzungen durchzusetzen – das waren die konkreten und ernsthaften Dinge, für die sich die Arbeiter einsetzen mußten. Hochtrabende Worte wie Demokratie, Republik und auch Sozialismus konnte man denen überlassen, die sie ständig im Munde führten, oft ohne genau zu sagen, was damit eigentlich gemeint sein sollte: so die alten Anarchisten oder aber die ehemaligen Anarchisten wie Andrea Costa, die Republikaner und auch einige Konservative, die sich für die Entwicklung in Deutschland begeisterten.

Zu der Oppositionsbewegung in der Lombardei und der Romagna gesellte sich im letzten Jahrzehnt des Jahrhunderts in Sizilien die sogenannte Bewegung der *Fasci*. Die Auswirkungen der Agrarkrise und des Zollkrieges gegen Frankreich hatten die Insel besonders stark getroffen. Einige der wichtigsten Wirtschaftszweige, wie die Schwefelindustrie und der Export von Südfrüchten und Wein, hatten schwer gelitten. Die einzigen, die von der Krise profitiert hatten, waren die Großgrundbesitzer, die in der Stadt lebten und deren Einfluß den Ausschlag zur Einführung des Weizenzolls gegeben hatte. Von der Bourgeoisie der Hauptstadt und der Städte an der Ostküste über die bitterarmen Schwefelarbeiter bis zu den Bauern im Landesinneren machte sich in der ganzen Bevölkerung tiefe Verbitterung breit. Jede dieser sozialen Gruppen trug ihre eigenen Probleme in die *Fasci*, und, wie schon 1820, 1848 und 1860, wurde auch diesmal die Bewegung hauptsächlich durch das sizilianische Autonomiestreben zusammengehalten. Anläßlich des XVIII. Kongresses der italienischen Arbeitergesellschaften *(Società operaie italiane)*, der im Mai 1892 in Palermo stattfand, stellten die *Fasci* zum ersten Mal ihre Stärke durch die Entsendung großer Delegationen aus allen Teilen der Insel unter Beweis. Bald wuchs die Bewegung noch weiter an.

Die *Operaisten* (als *operaismo* bezeichnet man die auf die Tradition des 1882 gegründeten *Partito operaio italiano* zurückgehende Strömung innerhalb der italienischen Arbeiterbewegung, A. d. Ü.) und Demokraten in der Lombardei, die sozialistische und republikanische Bewegung in der Romagna und schließlich die autonomistischen *Fasci* in Sizilien waren als regionale Gruppierungen entstanden, die sich um ihre nur lokal bekannten Führer scharten. Es erhob sich das Problem, wie und um welchen Kern sich diese verschiedenen Strömungen der Opposition vereinigen ließen. Wie die Erfahrung des Auslandes, vor allem Deutschlands zeigte, wo die Sozialdemokratie gerade siegreich aus der langen Schlacht der Ausnahmegesetze hervorgegangen war, konnte als Kernschicht nur das Industrieproletariat in Frage kommen. Das bedeutete aber, daß die italienischen „Handarbeiter" und Lohnabhängigen über bloß „operaistische" Ziele hinausgehen und ein umfassend politisches, ein sozialistisches Bewußtsein entwickeln mußten. Das Verdienst, diese Aufgabe begriffen und ihre Lösung, die ohne bewußten Anstoß viel mehr Zeit gekostet hätte, aktiv vorangetrieben zu haben, gilt vor allem zwei Männern: Antonio Labriola und Filippo Turati.

Antonio Labriola, der politische Denker und Philosoph, von dessen Werk schon die Rede war, erkannte wie kein anderer, daß die Oppositionsbewegung mit der ziellosen, oft bloß folkloristischen Tradition des Anarchismus ebenso brechen mußte wie mit der unverbindlichen Rhetorik der radikalen Demokratie. In einem Land, in dem das politische Leben durch die Vorliebe für großartige Gesten und Worte oft auf Operettenniveau herabsank, würde der Sozialismus, so hoffte Labriola, mit seinen Gewerkschaften, mit der strengen Logik des Klassenkampfes und dem gesunden Realismus der Arbeiter Modernität und Ernsthaftigkeit in die Politik bringen. Auch Labriola stand als Modell die deutsche Sozialdemokratie vor Augen, und er setzte sich mit allen seinen Energien für die Angleichung der entstehenden sozialistischen Bewegung an dieses Modell ein. Er unterhielt umfangreiche Kontakte zu den Führern des europäischen Sozialismus, zu Engels, Kautsky, Bernstein und Sorel. Darüber hinaus aber stürzte er sich – als Universitätsprofessor und obwohl er von Natur aus schüchtern war – aktiv in die Propaganda- und Organisationsarbeit. Die Demonstration zum 1. Mai 1891 in Rom war von ihm organisiert worden.

Filippo Turati, ein Rechtsanwalt aus der Lombardei, der sich allmählich vom Demokraten zum Sozialisten entwickelt hatte, besaß nicht die intellektuelle Schärfe Labriolas. Sein Marxismus enthielt positivistische und radikaldemokratische Elemente. In der Einigungsbewegung der verschiedenen Ansätze der italienischen Oppositionsbewegung spielte er jedoch keine geringere Rolle als Labriola. Als Herausgeber der 1891 gegründeten Zeitschrift „Critica sociale" trug er in erster Linie zur Verbreitung der sozialistischen Ideen unter der italienischen Intelligenz bei. Seiner hartnäckigen und fähigen Organisationsarbeit ist es zu danken, daß im August 1892 in Genua ein Kongreß stattfand, an dem Delegationen der wichtigsten Tendenzen und Gruppierungen der Opposition teilnahmen. Der Kongreß vollzog den endgültigen Bruch mit dem Anarchismus und führte zur Gründung einer neuen Organisation mit dem Namen *Partito dei lavoratori italiani* (Partei der italienischen Arbeiter), die bald in *Partito socialista dei lavoratori italiani* umbenannt werden sollte, um schließlich den auch heute noch gültigen Namen *Partito socialista italiano* anzunehmen.

Die Zugeständnisse, die Turati um der Einheit willen an die ökonomistische Richtung der bestehenden Organisationen gemacht hatte, und der daher rührende Eklektizismus des Programms stießen auf die Ablehnung Labriolas. Er sah viel klarer als Turati die großen Schwierigkeiten, die der Aufbau einer sozialistischen Bewegung in einem rückständigen Land wie Italien mit sich bringen mußte. Schließlich entschied er sich dennoch für eine Mitarbeit und setzte sich für die Unterstützung der sizilianischen *Fasci* ein, die in der Zwischenzeit immer stärker und immer offensiver geworden waren. Auch Turati arbeitete in dieser Richtung, und so stellte sich zum ersten Mal in der italienischen Geschichte dem herrschenden industriell-agrarischen Block ein Oppositionsblock der Arbeiter und Bauern entgegen. Damit war jedoch nur ein erster, noch unsicherer Schritt getan. Der Weg, den die in Genua entstandene sozialistische Bewegung zurückzulegen hatte, bevor sie eine Partei auf nationaler Basis wurde, war noch weit. Der dramatische Verlauf der politischen Ereignisse um die Jahrhundertwende trug jedoch wesentlich zur Beschleunigung dieses Prozesses bei.

Noch einmal Crispi

Nach dem Sturz Crispis hatte der sizilianische Marquis Di Rudinì die Regierungsbildung übernommen. Aus der Erkenntnis, daß die Prestige-Politik seines Vorgängers in weiten Kreisen der Öffentlichkeit Verdrossenheit erregt hatte, kümmerte er sich vor allem um die Wiederannäherung an Frankreich und um eine sparsame Finanzpolitik. Die Instabilität der ihn unterstützenden Mehrheit führte jedoch zum baldigen Sturz seiner Regierung. Schon im Mai 1892 mußte Di Rudinì sein Amt an Giovanni Giolitti abgeben. Damit trat der Mann in den Vordergrund, der das politische Leben in Italien fast 15 Jahre lang bestimmen sollte, und der als einziger Staatsmann der italienischen Zeitgeschichte mit Cavour verglichen werden kann.

Ein solcher Vergleich bietet sich geradezu an. Auch Giolitti war wie Cavour Piemontese und wollte ein Italien nach dem Bild und Gleichnis seines

Piemont mit seinen Grundbesitzern, seinen Sparkassen, seinen ehrlichen und fleißigen Beamten und mit seinem verhaltenen Patriotismus. Giolittis politisches Konzept orientierte sich noch an dem Modell der Erneuerung der italienischen Gesellschaft von unten, durch Vermehrung des kleinen Eigentums und durch Verbesserung des Schulwesens. Genau diese Ideale hatten, wie wir gesehen haben, auch Cavour vorgeschwebt. Giolitti war, wie er in einer Wahlrede 1886 ausführte, grundsätzlich gegen jede „imperiale" Politik, die hohe Militärausgaben mit sich bringen würde. Die Zeit seiner ersten, nur 18 Monate dauernden Regierung war allerdings zu kurz und zu bewegt, als daß er etwas von seinen politischen Plänen hätte verwirklichen können. Das wichtigste Ereignis dieser Zeit war der Ausbruch des Bankskandals, den Crispi nur provisorisch hatte abbiegen können. Die italienische Öffentlichkeit wohnte sprachlos dem Zusammenbruch der wichtigsten italienischen Kreditinstitute bei, durch den ein unerfreulicher Hintergrund von Intrigen und politischer Korruption erhellt wurde. Das große Aufsehen erzwang die Einsetzung einer parlamentarischen Untersuchungskommission, die nach achtmonatiger Arbeit einen Bericht vorlegte, der trotz einer gewissen Zurückhaltung doch die unsauberen Verbindungen zwischen Politik und Finanzwelt erkennen ließ. Giolitti, der Beziehungen zum Direktor der *Banca romana* unterhalten und ihn zum Senator ernannt hatte, konnte nicht ungeschoren davonkommen. Seine politische Stellung wurde immer schwieriger und schließlich unhaltbar. Giolitti war der erste, dies zu erkennen, und statt sich zu versteifen, suchte er die Basis für eine spätere Rückkehr an die Macht zu legen. In seinem Wahlkreis Dronero hielt er im Oktober 1893 eine vielbeachtete Rede, in der er die „wahnsinnige Bauspekulation" der Jahre der Wirtschaftseuphorie als die eigentliche Ursache der Bankenzusammenbrüche anprangerte und zur Wiederherstellung geordneter Finanzverhältnisse die Einführung einer progressiven Steuer vorschlug. Einen Monat später reichte er den Rücktritt ein.

Hinzu kam, daß in der Zwischenzeit die *Fasci* in Sizilien immer stärker geworden waren und daß sich die soziale Spannung unerträglich verschärft hatte. Zur Wiederherstellung der Ordnung war Giolitti, der ebenso wie Cavour nicht gern mit dem Belagerungszustand regierte, nicht mehr der richtige Mann. Seine Weigerung, Repressionsmaßnahmen zu ergreifen, war ein Grund mehr, ihn von seinem Posten zu entfernen. Francesco Crispi bot da mehr Sicherheit, obwohl er nicht weniger als Giolitti durch den Bankskandal kompromittiert war.

Aus der früheren Regierungserfahrung und dem Scheitern seiner Politik hatte der alte sizilianische Politiker keinerlei Lehren gezogen; er war im Gegenteil mehr denn je davon überzeugt, als einziger in der Lage zu sein, Italien zu seiner alten Größe zu verhelfen. Obwohl er als Sizilianer und Ex-Garibaldiner mehr als jeder andere die sozialen Ursachen der *Fasci*-Bewegung hätte verstehen müssen, griff er zur Politik der Härte. Er ließ den

Belagerungszustand verhängen und schickte einen General an der Spitze eines 50000 Mann starken Expeditionskorps zur Wiederherstellung der Ordnung auf die Insel. Wenige Tage später wurde der Ausnahmezustand auch über die Lunigiana in der Toskana verhängt, wo es in den Marmorbrüchen von Carrara zu gewaltsamen Auseinandersetzungen mit Todesopfern gekommen war. Massenverhaftungen und Militärgerichtsprozesse, die härteste Strafen aussprachen, folgten. Die Führer der *Fasci* – Barbato, Rosario Garibaldi Bosco und Bernardino Verro, die unerschrocken für die Befreiung der Bauern und gegen die Mafia gekämpft hatten –, erhielten zwölf Jahre Gefängnis. Der Abgeordnete aus Catania, De Felice, ein persönlicher Feind Crispis, bekam sogar achtzehn Jahre. Auch die sozialistische Partei wurde nicht ausgespart, sondern im Oktober 1894 mit allen Zirkeln und Arbeiterkammern, die ihr angeschlossen waren, verboten. Um dies autoritäre Vorgehen gegen eventuelle Rückwirkungen auf die Wahlen abzusichern, sorgte Crispi für eine kräftige Säuberung der Wahllisten. Gegenüber dem Parlament war Crispis Politik fast ebenso autoritär. Zwischen Januar 1894 und Mai 1895 trat das Parlament nur zu ganz kurzen Sitzungen zusammen, bis schließlich im selben Jahr entsprechend manipulierte Wahlen eine solide Mehrheit für Crispi brachten.

In der Finanz- und Wirtschaftspolitik bildeten die Verhandlungen mit der Finanzwelt und der Regierung Deutschlands das herausragendste und folgenreichste Geschehnis dieser Jahre. Ergebnis dieser Verhandlungen war die Gründung der *Banca commerciale italiana* mit hauptsächlich deutscher Kapitalbeteiligung und nach dem – ebenfalls deutschen – Vorbild der Universalbank. Der Zusammenbruch der Institute *Credito mobiliare* und *Banca generale* wenige Jahre zuvor und das Bankengesetz der Regierung Giolitti, das die Zahl der Emissionsbanken auf drei beschränkte (*Banca d'Italia, Banco di Napoli, Banco di Sicilia*) und deren Funktion im Kreditbereich weitgehend einschränkte, erleichterten die Entwicklung der neuen Bank, die bald eine beherrschende Rolle im Wirtschaftsleben des Landes spielen sollte. Die bereits bestehende Abhängigkeit der Industrie von der Finanzwelt wurde auf diese Weise noch verstärkt und die Bindung an deutsches Kapital noch enger.

Nach den Wahlen von 1895 fühlte sich Crispi sicher genug, um die koloniale Expansionspolitik wieder aufnehmen zu können, die er 1891 durch seinen Rücktritt auf halbem Wege verlassen hatte. Er wußte, daß das afrikanische Unternehmen nicht nur bei denjenigen unpopulär war, die auf der Straße mit dem Ruf „viva Menelik" demonstrierten, sondern auch in weiten Kreisen der Bourgeoisie, vor allem in Mailand, wo man in dieser Politik nur eine unnötige Geldverschwendung erkennen konnte. Crispi war jedoch der festen Überzeugung, daß ein Erfolg in Afrika sein Prestige und seine Führungsrolle enorm stärken würde. Die optimale Lösung hätte deshalb ein militärischer Erfolg ohne große Ausgaben geboten. Die Militärs teilten natürlich diesen Gesichtspunkt nicht, und daraus entstanden schwere Reibungen, die schließlich zum katastrophalen Ende des afrikanischen Unternehmens führten. Am 1. März 1896 wurde ein italienisches Kontingent von 15 000 Mann bei Adua von übermächtigen abessinischen Truppen nahezu vollständig aufgerieben. Crispi war am Ende, als er die Nachricht erfuhr. Fünf Tage später reichte er seinen Rücktritt ein, diesmal ohne jede Chance für eine Rückkehr an die Macht.

Der Sturz Crispis wurde von vielen als Sieg der Demokratie begrüßt, und die Niederlage von Adua wurde als Nemesis der Geschichte gegen den Mann der Ausnahmegesetze angesehen. Bald aber mußte man erkennen, daß nur ein Teilsieg errungen war. Crispi verschwand zwar von der politischen Bühne, es blieben aber die gesellschaftlichen Kräfte, die ihm zweimal ihr Vertrauen geschenkt hatten. Es blieb der Hof mit den Intrigen der ehrgeizigen Königin; es blieb das Heer mit seinen Generälen, die die Afrikapolitik vorangetrieben hatten; es blieb die Industrie, die fest an die Staatsaufträge und an das Kriegsministerium gebunden war; es blieben die Großgrundbesitzer des Südens, die 1892 auf einem Kongreß die Abschaffung der Schulpflicht gefordert und verbissen den Einfuhrzoll auf Getreide verteidigt hatten; es blieb mit einem Wort jener „preußische Block", der sich in den letzten Jahrzehnten immer mehr stabilisiert hatte.

Gegen diesen Block bildete sich jedoch immer erkennbarer ein anderer Block von gesellschaftlichen und politischen Kräften heraus, der von der Industriebourgeoisie, die weniger an protektionistische Interessen gebunden war, über das Kleinbürgertum des Südens, über das Proletariat, die Radikalen, die Republikaner bis hin zu den Sozialisten reichte. Vor allem die Sozialisten hatten bei den Wahlen von 1895 einen beachtlichen Erfolg erzielt und das Fähnlein ihrer Abgeordneten verstärken können.

Sie hatten damit bewiesen, daß der bloß berufsständische und ökonomistische Horizont überwunden war und damit auch das Mißtrauen gegen „Politik", das typisch für viele von ihnen war. Es bedurfte keines Jaurès, um sie davon zu überzeugen, daß eine demokratisch-bürgerliche Regierung einer autoritären vorzuziehen sei, und keines Marx-Exegeten, um ihnen klar zu machen, daß die bürgerlichen Klassen nicht eine „einheitliche reaktionäre Masse" waren. Diese Aufgabe hatte Crispi mit der Auflösung der sozialistischen Zirkel und der Verurteilung sozialistischer Abgeordneter erledigt.

Als das dringendste Problem erschien die Verhinderung einer neuen Reaktion à la Crispi. Angesichts dieser vorrangigen Aufgabe traten die Differenzen zwischen Sozialisten und Radikalen, zwischen den Befürwortern des „Klassenkampfes" und denjenigen, die dem Grundsatz Mazzinis von der Vereinigung von Kapital und Arbeit treu geblieben waren, in den Hintergrund. Vor dem entscheidenden Zusammenprall im Klassenkampf hatten die aufgeklärte Bourgeoisie und das Proletariat noch einen langen Weg gemeinsam zurückzulegen. Für den Augenblick beschränkten sich die sozialistischen Forderungen auf ein Minimalprogramm, das auf dem Kongreß von Reggio Emilia 1893 verabschiedet wurde. Neben den Forderungen für das Industrieproletariat (Sozialgesetzgebung, Acht-Stunden-Tag) standen andere, die jeder Radikale oder Demokrat unterschreiben konnte, so das allgemeine Wahlrecht, die Abschaffung des stehenden Herres, vor allem aber die Verteidigung der von der Verfassung garantierten Rechte. Diese Entwicklung des italienischen Sozialismus in Richtung auf realistischere Forderungen entsprach der Entwicklung des internationalen Sozialismus in der Stunde des Revisionismus eines Bernstein und Millerand. Während jedoch in Frankreich – und besonders in Deutschland – die neue revisionistische Richtung einen Rückzug und die Anerkennung der bestehenden Ordnung bedeutete, entwickelte sich der Revisionismus in Italien zur Waffe in den Händen einer Opposition, die voll zum Angriff auf ein diskreditiertes System überging.

Nach den Jahren des Trasformismo, der parlamentarischen Manöver und Regierungsumbildungen war endlich zwischen den politischen Parteien in Italien ein klarer Trennungsstrich gezogen: hier die „Befürworter einer starken Regierung", dort die „Verteidiger der Freiheit". Die Stunde der Abrechnung konnte nicht mehr fern sein.

Ende eines Jahrhunderts – Anfang eines neuen

So dramatisch bewegt wie die vier Jahre von 1896 bis 1900 war kaum ein anderer Abschnitt der italienischen Geschichte nach der Einigung. In Blut erstickte Volksaufstände, Parlamentarier, die Abstimmungsurnen zerstören, anarchistische Attentate, Duelle zwischen führenden Politikern und schließlich ein Königsmord – nichts fehlt im Bild dieses Jahrhundertausgangs voller apokalyptischer Ängste und großer Hoffnungen. Den komplizierten Verlauf der verschiedenen Ereignisse auch nur summarisch nachzuvollziehen, gleicht der Auflösung einer verknoteten Schlinge und vermittelt den Eindruck, daß sich die italienische Gesellschaft mit verzweifelter Anstrengung aus ihren inneren Widersprüchen, aus jener „Unstimmigkeit", von der Labriola gesprochen hat, herauszuwinden bemühte. Aber kommen wir zur Sache.

Auch für einen Mann von so ausgeprägt konservativen Überzeugungen wie den Nachfolger Crispis, Marquis Di Rudinì, war ohne ein Übermaß an politischer Kurzsichtigkeit kaum zu übersehen, daß die Öffentlichkeit den Sturz seines Vorgängers als das Ende der politischen Abenteuer nach außen und der Repressionspolitik nach innen begrüßte. Als eine ihrer ersten Maßnahmen erließ die neue Regierung deshalb eine Amnestie, die für viele der Verurteilten aus dem Jahre 1894 die Gefängnistore öffnete und den Führern der *Fasci* eine triumphale Rückkehr auf die Insel ermöglichte. Sie erreichten

Sizilien noch rechtzeitig, um dem von der Regierung ernannten außerordentlichen Kommissar ein Memorandum zu übergeben, in dem sie ihren Standpunkt hinsichtlich notwendiger Reformen zur Lösung der schweren sozialen Probleme Siziliens darlegten. Die Regierung gab damit explizit zu, daß die Revolte von 1893 ganz andere Gründe gehabt hatte als die von Crispi behauptete ausländische Aufhetzung. Viel weiter als bis zu diesem allgemeinen Zugeständnis aber ging man nicht: man sprach von innerer Kolonisation, man errichtete ein Konsortium der Schwefelproduzenten, man erleichterte diese oder jene Steuer. Der Dreh- und Angelpunkt des sizilianischen Problems, der Getreidezoll, der eine Prämie für den extensiven Großgrundbesitz und als solche ein Hindernis für eine Erneuerung der Landwirtschaft und der sizilianischen Gesellschaft bildete, wurde nicht angerührt.

In der Außenpolitik beeilte sich die Regierung, das afrikanische Problem durch den Abschluß eines Friedensvertrages mit dem Negus zu bereinigen. Italien verzichtete endgültig auf jeden Souveränitätsanspruch gegenüber Äthiopien und beschränkte sich auf den Besitz Eritreas. Darüber hinaus wurde die schon in der ersten Regierung Di Rudinì eingeleitete Wiederannäherung an Frankreich durch die Berufung des Grafen Visconti-Venosta zum Außenminister vorangetrieben. Visconti-Venosta hatte schon in den ersten 15 Jahren nach der Einigung die italienische Außenpolitik geleitet und handelte nun mit Frankreich eine Regelung der Tunesien-Frage aus, die eine grundsätzliche Anerkennung des französischen Protektorats unter Berücksichtigung der besonderen Interessen der dort ansässigen Italiener beinhaltete.

In der Zwischenzeit begann sich jedoch das politische Klima Italiens spürbar zu erhitzen. Das Steigen der Brotpreise aufgrund schlechter Ernten und die Einschränkung der amerikanischen Weizenimporte nach dem Kuba-Krieg (1898) waren die Ursache für eine Reihe von Demonstrationen und Streiks im ganzen Land. Dies ließ in den konservativen Kreisen die Versuchung zu einer autoritären Lösung, zu einer Politik nach der Manier Crispis – aber ohne koloniale Abenteuer – wieder aufkeimen. ,,Torniamo allo statuto" (Kehren wir zum Statut zurück) lautete der Titel eines von Sidney Sonnino am 1. Januar 1897 in der ,,Nuova Antologia" veröffentlichten Artikels, der weiteste Beachtung fand. In diesem Artikel schlug Sonnino eine Reform des parlamentarischen Systems vor, und zwar als Rückkehr zu den Anfängen, d. h. zu den Zeiten, als die Minister nur dem König und nicht dem Parlament verantwortlich waren. Die Wahlen im März 1897, die mehr als 20 Abgeordnete der Sozialisten und eine beträchtliche Zahl weiterer Vertreter der sogenannten Extremen ins Parlament schickten, zeigten deutlich, daß der aktivste und wachste Teil der Öffentlichkeit nicht zu einer antiliberalen Lösung bereit war. Die Spannung nahm weiter zu und erreichte ihren Höhepunkt, als im März 1898 Felice Cavallotti, der ,,Barde" der Demokratie und die Symbolfigur des italienischen Radikalismus, bei einem Duell von der

Kugel eines Abgeordneten der Rechten tödlich getroffen wurde. Die zunehmend schärferen Auseinandersetzungen zwischen Regierung und Opposition standen vor dem Hintergrund des immer drohenderen Aufbegehrens der Volksmassen, das, wie in Apulien Anfang 1898 bisweilen in offenen Aufruhr umschlug. Als die Brotpreise weiter stiegen, kam die Wut des Volkes in spontaner Gewalt zum Ausbruch, ähnlich der Erhebungen unter dem Ancien régime. In Mailand, wo die Menge zwei Monate zuvor in einem riesigen Trauerzug dem Sarg Cavallottis gefolgt war, in Florenz und fast überall im Lande gingen die Massen auf die Straße, erregten Tumulte und protestierten. In keinem Augenblick aber bestand die Gefahr einer Revolution, und die Sozialisten waren die ersten, die von der Bewegung unvorbereitet überrollt wurden. Die Regierung verhielt sich jedoch so, als ob diese Gefahr wirklich bestünde und ließ den Aufstand in Mailand niederschießen. Unter der Zivilbevölkerung gab es 50 Tote, wofür der verantwortliche General, Bava Beccaris, vom König eine Auszeichnung erhielt. Hunderte von Personen wurden verhaftet, unter ihnen die führenden Vertreter der Sozialisten Costa, Bisolati, Turati und seine Freundin Anna Kulischoff, ebenso der Führer der mailändischen Republikaner De Andreis und der Direktor des *Secolo* Romussi. Auch ein Priester wurde verhaftet, Don Albertario, der aus Ergebenheit gegenüber der kirchlichen Sache alle Mittel, auch das der Demagogie, einsetzte, nur um dem verhaßten italienischen Staat zu schaden.

Durch den gleichzeitigen Schlag gegen die „Roten" und die „Schwarzen", durch die Unterdrückung nicht nur der radikalen und sozialistischen, sondern auch der katholischen Blätter, wollte die Regierung in den Augen der Öffentlichkeit als Hüterin der liberalen Tradition gegen jede Form von Extremismus erscheinen und diejenigen in den eigenen Reihen zum Schweigen bringen, die, wie Zanardelli, die Verantwortung für die Verhaftungen und die Angriffe auf die Pressefreiheit nicht übernehmen wollten. Das Spiel war aber zu leicht durchschaubar, um gelingen zu können, so daß die Auseinandersetzungen zwischen den Ministern und die Weigerung des Königs, Neuwahlen auszuschreiben, schließlich zum Sturz der zweiten Regierung Di Rudinìs führte. Der Eindruck, daß man mit der brutalen Unterdrückung der Mailänder Unruhen über das Ziel hinausgeschossen war, trug wahrscheinlich dazu bei, daß die neue Regierung aus den Reihen der „historischen Linken" um Depretis gebildet wurde. Zur Sicherheit wurde jedoch mit Pelloux ein General an die Spitze berufen. Er stand im Ruf der Liberalität, weil er nicht das Kriegsrecht verhängt hatte, als er im Februar zur Eindämmung der Unruhen nach Apulien gesandt worden war. Die ersten Monate der neuen Regierung brachten eine Ruhepause in der harten politischen Auseinandersetzung. Der Belagerungszustand wurde aufgehoben, die politischen Häftlinge wurden amnestiert und konnten die Gefängnisse verlassen. Es handelte sich aber nur um die Ruhe vor einem noch bedrohlicheren Sturm.

Am 4. Februar 1899 legte Pelloux der Kammer ein Gesetzespaket vor, das

Ende eines Jahrhunderts – Anfang eines neuen 317

mit dem Streikverbot im öffentlichen Dienst und der Einschränkung der Presse-, Versammlungs- und Koalitionsfreiheit insgesamt das Ende des liberalen Staates bedeutet hätte. Gegen diese Gesetzesvorlage kämpfte die extreme Linke, der sich später auch die konstitutionelle Linke Giolittis und Zanardellis anschloß, erbittert an. Die Auseinandersetzung erreichte ihren Höhepunkt, als in der Sitzung vom 29. Juni einige sozialistische Abgeordnete aus Protest gegen die angedrohte Schließung der Sitzung, die sie durch Obstruktion in die Länge gezogen hatten, die Abstimmungsurnen zertrümmerten. Ebenso hartnäckig verhielt sich Pelloux, der inzwischen durch eine Regierungsumbildung die liberaleren Persönlichkeiten aus seiner Regierung entfernt hatte. Er blieb bei seinen Gesetzesvorlagen und zeigte sich entschlossen, die geplanten Maßnahmen auch ohne parlamentarische Zustimmung, nämlich durch die Umwandlung in Dekretgesetze wirksam werden zu lassen. Dieses Vorgehen erklärte jedoch der Kassationsgerichtshof als mit der Verfassung nicht vereinbar. Der Spruch der höchsten richterlichen Autorität des Landes und der offene Übergang der konstitutionellen Linken ins Lager der Gegner Pelloux' zwangen diesen schließlich zum Nachgeben und zur Ausschreibung von Neuwahlen. Diese Wahlen – die vierten in dem kurzen Zeitraum von nur zehn Jahren – spielten sich in einer äußerst erbitterten Atmosphäre ab und führten zu einem klaren Erfolg der Extremen und der Linken Zanardellis und Giolittis. Pelloux war zum Rücktritt gezwungen, und an seine Stelle trat ein Übergangskabinett unter der Leitung des altgedienten Parlamentariers Saracco.

Aber die Normalität wollte nicht einkehren. Einen Monat nach der Einsetzung des Kabinetts Saracco, am 29. Juli 1900, fiel König Umberto einem anarchistischen Attentat zum Opfer. Der Schock in der Öffentlichkeit war natürlich groß und ließ den Wahlerfolg der Linken bei den letzten Wahlen vergessen. Wiederum entstand ein Klima unsicherer Spannung, denn Italien schien einfach nicht den eigenen Weg und sein inneres Gleichgewicht finden zu können. Jetzt, nachdem die Opposition siegreich die verfassungsmäßige Ordnung verteidigt hatte, wurde diese Ordnung wiederum von einem Aufleben des alten, in den Tiefen der italienischen Gesellschaft gärenden Anarchismus erschüttert. Ebenso leicht schien eine Rückkehr der Reaktion des 19. Jahrhunderts möglich.

Das Aufklaren der Atmosphäre war jedoch näher als diejenigen denken konnten, die im bewegten Verlauf der Tagesereignisse nicht die Ruhe und Distanz hatten, um die tieferliegenden Veränderungen zu erkennen. Im Widerstand gegen Crispi und Pelloux waren die Massen vielleicht zum ersten Mal wirklich aktiv und in vollem Bewußtsein der Tragweite des Kampfes der politischen und parlamentarischen Auseinandersetzung gefolgt. Damit setzte sich die Überzeugung durch, daß ein Rückfall unter allen Umständen vermieden werden und daß Italien erneuert ins 20. Jahrhundert treten müsse. Dies wurde deutlich, als der Präfekt in Genua im Dezember 1900 die örtliche *Camera del lavoro* schließen ließ. Die Arbeiter des großen ligurischen Hafens und der Stadt Mazzinis schritten nicht zu Straßentumulten, wie dies noch zwei Jahre vorher in dem bürgerlichen Mailand geschehen war, sondern sie verschränkten bloß die Arme. Es war der erste „Generalstreik", wenn auch nur auf Stadtebene, in der langen Reihe derer, die in den folgenden Jahrzehnten noch folgen sollten, und er vollzog sich ohne jeden Zwischenfall in eindrucksvoller, geradezu ostentativ zur Schau getragener Ruhe. Angesichts der ungewohnten Tatsache, daß eine ganze Stadt mit Entschiedenheit und Ruhe einem Willkürakt ihr Nein entgegensetzte, mußte die Regierung Saracco, die zunächst die Entscheidung des Präfekten gutgeheißen hatte, die Auflösung der Arbeiterkammer widerrufen.

Von der Rechten wegen des schließlichen Nachgebens und von der Linken wegen der anfänglichen Willkür kritisiert, reichte Saracco den Rücktritt ein. Als Nachfolger setzte der neue König Vittorio Emanuele III. Zanardelli ein, den bekanntesten Vertreter der konstitutionellen Linken, die auf der Seite der Gegner Pellouxʼ gestanden hatte. Innenminister wurde Giovanni Giolitti, der in der Debatte, die zum Rücktritt Saraccos führte, zu den Streiks in Genua folgendes äußerte: „Lange hat man versucht, die Organisierung der Arbeiter zu verhindern. Wer heute die Situation in unserem Land, wie in allen anderen zivilisierten Ländern, kennt, muß zu der Überzeugung kommen, daß dies vollständig unmöglich ist ... Wir stehen am Anfang einer neuen historischen Epoche. Jeder, der nicht ganz blind ist, kann das erkennen. Neue Schichten des Volkes nehmen am öffentlichen Leben teil, jeden Tag stellen sich neue Probleme, neue Kräfte kommen zum Vorschein, mit denen sich jede Regierung auseinandersetzen muß. Die Bewegung der Arbeiter und der Bauern gewinnt täglich an Stärke, und sie ist nicht zu unterdrücken, weil sie allen zivilisierten Ländern gemeinsam ist, und weil sie auf dem Prinzip der Gleichheit unter den Menschen basiert. Niemand kann sich einbilden, verhindern zu können, daß die unteren Volksklassen ihre Beteiligung an den wirtschaftlichen und politischen Entscheidungen des Landes durchsetzen. Die Freunde der Verfassung haben vor allem die Pflicht, diese Klassen davon zu überzeugen, und zwar mit Fakten davon zu überzeugen, daß sie von den bestehenden Institutionen mehr zu erwarten haben, als von Zukunftsträumen."

Dies waren neue Begriffe und neue Akzente, deren Abgewogenheit und unwiderlegliche Klarheit einen langen Reifungsprozeß erkennen ließen. Die lange Schlacht gegen die Reaktion war wirklich gewonnen, und das neue Jahrhundert begann mit dem Versprechen auf Fortschritt.

16. Die Belle Époque dauert fünfzehn Jahre

Die Stunde des Sozialismus

Der siegreiche Abschluß des Streiks in Genua und der Regierungsantritt des Kabinetts Zanardelli-Giolitti war für die arbeitenden Klassen wie ein lange erwartetes Zeichen. Die Gewerkschaften und die Arbeitskammern nahmen an Zahl und Mitgliedern unerwartet schnell zu, und die Anzahl der Streiks, die sich bisher auf einem bescheidenen Niveau gehalten hatte, schnellte plötzlich hoch. Im Jahre 1901 fanden 1034 Streiks mit 189 271 Streikenden statt, 1902 waren es 801 Streiks mit 196 699 Teilnehmern: Zahlen, die mit denen der vorausgegangenen Jahre nicht zu vergleichen waren, als die Zahl der Streikenden selten einige tausend überstiegen hatte. Von der Baustelle des Simplontunnels im Norden bis zu den Schwefelgruben im äußersten Süden, von den Schneiderinnen in Mailand, den Hafenarbeitern in Genua und Neapel bis zu den Metallarbeitern in Terni erlernten Tausende und Abertausende von Arbeitern in der erhitzten Atmosphäre des Jahrhundertanfangs die Grundelemente der modernen Gewerkschaftsbewegung. Manchmal breitete sich der Kampf, der am Arbeitsplatz begonnen hatte, auf die ganze Stadt aus: Generalstreiks, wie den von Genua 1900, gab es in Turin im Februar 1902, in Florenz im August desselben Jahres und in Rom im April 1903.

Auch das flache Land stand nicht zurück. Im Gegenteil: die ganze Po-Ebene, von den Reisfeldern der Lomellina und Vercelli bis zu dem neugewonnenen Land um Ferrara und im Polesine spannte sich ein dichtes Netz von Kooperativen und Bauernligen, und jedes kleine oder große Zentrum erlebte seinen Streik der Tagelöhner, der Landarbeiter und *mezzadri*. In den Teilen der Po-Ebene, wo die Bauernligen schon lange bestanden, nahm die Bewegung in den Jahren 1901 und 1902 das Ausmaß eines reißenden und unaufhaltsamen Stromes an. Aber die Unruhe beschränkte sich nicht auf die Bauern im Norden. Die von den *Fasci* in Sizilien organisierten Ligen wurden wieder stark, und es kam zu umfangreichen Streiks in der Gegend von Corleone, Trapani und später auch Syrakus. In Apulien, wo die Bewegung später besonders revolutionäre Züge annahm, entstanden die ersten Ligen, die die ersten Streiks organisierten. Unter größeren Schwierigkeiten entwickelte sich die Bauernbewegung in den mittelitalienischen Gebieten der *mezzadria;* hier kam es lediglich zu sporadischen und lokal begrenzten Demonstrationen. Auf dem Land waren im Jahr 1901 insgesamt 222 283 Personen an Streiks beteiligt, 1902 waren es 189 271, damit waren auch die an sich schon hohen Zahlen der Streikenden in der Industrie übertroffen. Das Italien der Erniedrigten, der Emigration und des Hungers ließ endlich seine Stimme hören, warf sein Gewicht in die Waagschale der Politik.

Dieses unerwartete allgemeine Erwachen des demokratischen Bewußtseins der Massen kam natürlich der sozialistischen Partei, die den Klassenkampf auf ihre Fahnen geschrieben hatte, zugute. Die großen Mühen der sozialistischen Organisatoren und Propagandisten in den Jahren der Reaktion Crispis waren keineswegs vergeblich gewesen: die Arbeiter und Bauern, die sich zu Tausenden in die Ligen und Arbeitskammern einschrieben, machten keine allzu kleinliche Unterscheidung zwischen gewerkschaftlichem und politischem Bewußtsein. Für sie waren die Ligen, die Kooperativen und der Sozialismus ein und dieselbe Sache. Aber nicht nur Arbeiter und Bauern stärkten die Reihen der Partei: auch auf weite Teile der kleinen und mittleren Bourgeoisie übte die Partei große Anziehungskraft aus. Ihr Einfluß reichte von den kleinen Industriellen und Handwerkern des Nordens bis zu den freien Berufen, den Beamten und Angestellten des Südens, die wie nie zuvor gegen die in den großen Städten herrschenden Cliquen und gegen die verschiedenen Formen der *mafia* ankämpften. Schließlich war vor allem die jüngere Intelligenz weitgehend für den Sozialismus gewonnen. Als Sozialisten bekannten sich Edmondo De Amicis, der damals meistgelesene Schriftsteller in Italien, der Dichter Giovanni Pascoli, der Psychiater und Kriminologe Giuseppe Lombroso und Enrico Ferri, der durch seine funkelnde Rednergabe bald zum mitreißendsten Redner der sozialistischen Kundgebungen wurde. Die deutschen „Genossen" fragten sich verwundert, wie man zugleich Sozialist und Universitätsprofessor sein konnte.

Die Breite und Vielschichtigkeit der sozialistischen Bewegung Italiens unterschied sich zutiefst von dem schroffen und entschieden proletarischen Äußeren der deutschen Sozialdemokratie und der anderen europäischen sozialistischen Bewegungen. Darin lag eine Stärke, ein Schwung- und Expansionsmoment des italienischen Sozialismus, aber in den Zeiten des Rückzugs und des Abwartens auch ein Moment der Schwäche. In einer solchen Situation tendierten die verschiedenen sozialen Kräfte und geistigen Komponenten, die in der sozialistischen Partei vereinigt waren, zum Auseinanderbrechen. Der proletarische Kern der Arbeiter und Tagelöhner der Po-Ebene neigte dann dazu, in den alten Korporativismus – entweder in der gemäßigten Form des Reformismus oder der radikaleren des Anarchosyndikalismus – zu verfallen, während die bäuerlichen, plebeischen und bürgerlichen Schichten zu den ursprünglichen demokratischen Ideen zurückkehrten, oder, wie es häufiger der Fall war, in völlige politische Apathie verfielen. Man darf natürlich nicht vergessen, daß das Industrieproletariat nur einen äußerst begrenzten Teil der arbeitenden Bevölkerung ausmachte. Nach den Ergebnissen der Volkszählung von 1901 waren bei einer Gesamtzahl von 25 Millionen Erwachsenen und Kindern über 9 Jahre nur 3 989 816 Personen in der Industrie beschäftigt, und auch diese waren nur zum Teil – und nicht einmal zum größeren Teil – wirkliche Lohnarbeiter, sondern Handwerker und unabhängige Arbeiter. Unter den Lohnarbeitern kam der größte Prozentsatz, etwa 60%, aus der Textil- und Bauindustrie, also aus Sektoren, wo ein guter Teil der Arbeitskräfte bäuerlicher Herkunft war und nur saisonweise eingesetzt wurde. Die kämpferischsten Mitglieder der italienischen Arbeiterbewegung, die Drucker, die Eisenbahner und Metallarbeiter, blieben nicht sehr zahlreich. Einige – wie die Drucker – hielten zudem eifersüchtig an ihren berufsständischen Traditionen fest. Daher konnte die moderne Form der gewerkschaftlichen Organisation nach Wirtschaftsbereichen erst relativ spät und nicht wirklich tiefgreifend Fuß fassen. 1902 zählten die verschiedenen Vereinigungen nur 238 980 Mitglieder. Die Zahl der Mitglieder der Arbeitskammern dagegen war um die gleiche Zeit mit 270 376 etwas höher. Diese Organisationsform auf territorialer Basis vereinigte die Funktionen der Gewerkschaft mit denen der weiter gefaßten Interessenvertretung der Arbeiter als Staatsbürger. Sie stellten, wie man damals zu sagen pflegte, eine Art „Gemeinden der Arbeiter" mit allem Lokalpatriotismus der mittelalterlichen Stadtstaaten dar. Gerade deshalb aber wurden die Arbeitskammern von den italienischen Arbeitern als eine Organisationsform empfunden, die am meisten ihren Bedürfnissen und Vorstellungen entsprach. Solidarität unter den Arbeitern ein und derselben Stadt, zwischen ihnen und handwerklichen und kleinbürgerlichen Volksschichten, das war als Begriff und Empfindung leichter nachzuvollziehen als die nationale Solidarität einer Kategorie. Der Metallarbeiter aus Mailand fühlte sich einfach dem Schreiner oder auch dem Angestellten der eigenen Stadt näher als dem Metallarbeiter in Neapel oder Livorno. Diese lokale Beschränktheit bildete ebenfalls ein Moment der Stärke und der Schwäche zugleich: ohne sie wäre der Streik von 1900 in Genua nicht möglich gewesen; bei anderen Gelegenheiten dagegen erwies sie sich als ein Hindernis für die Herausbildung eines Selbstbewußtseins der sozialistischen Arbeiter. Für den Augenblick, den Augenblick des siegreichen Voranschreitens, erschienen diese inneren Beschränkungen der sozialistischen Bewegung Italiens nicht in vollem Licht, aber sie sollten nur allzubald in Erscheinung treten.

Die starke demokratische Bewegung der ersten Jahre des neuen Jahrhunderts erfaßte auch die katholischen Organisationen. Diese waren in der 1874 gegründeten *Opera dei congressi* zusammengefaßt, die ihrerseits wieder in verschiedene Sektionen unterteilt war. Die Zweite Sektion, die ihren Sitz in Bergamo hatte, beschäftigte sich mit Sozialarbeit. Bis zur Jahrhundertwende bemühte sie sich intensiv um den Aufbau von ländlichen Genossenschaftskassen nach dem Vorbild der deutschen Raiffeisenkassen. 1897 existierten 705 katholische Genossenschaftskassen auf dem Land, vor allem in den Gebieten mit überwiegendem Kleinbesitz wie in der oberen und mittleren Lombardei, in Venetien und im nördlichen Polesine. Die Leistungen der katholischen Kirche zur Verteidigung der kleinen Grundeigentümer in den Jahren der Agrarkrise trug wesentlich zur Stärkung ihres Charakters als „weiße" Gebiete bei, den sie auch heute noch bewahren, d. h. hier ist der Einfluß der christlich orientierten Parteien stark. Der Klerus in Venetien und der Lombardei entwickelte gleichzeitig Realitätssinn und enge Kontakte zur Bevölkerung. Über die Einrichtung genossenschaftlicher Sparkassen und Selbsthilfevereine jedoch ging die Tätigkeit der Zweiten Sektion der *Opera* nicht hinaus. In der Organisation hatten die „Intransigenten" das Sagen. Man bezeichnete damit diejenigen Katholiken, die im Gegensatz zu den Christlich-Gemäßigten jegliche Zusammenarbeit mit dem italienischen Staat ablehnten. Sie waren natürlich nicht bereit, Organisationsformen zu ermutigen, die, wie man damals sagte, den „Widerstand" zu ihrem Ziel erklärten, oder wie man heute sagen würde, eine Gewerkschaftsorganisation aufzubauen. Unternehmer und Arbeiter sollten zusammenarbeiten, nicht gegeneinander: so wurde die Lehre der Enzyklika „Rerum novarum" von Papst Leo XIII. im Jahre 1891 verstanden. Andere dagegen legten die Botschaft des Papstes in fortschrittlicherem Sinne aus: als eine Aufforderung zu größerem sozialen Engagement und zu einem Kampf gegen den Sozialismus, in dem sich die Katholiken nicht auf die bloße Ablehnung des Sozialismus beschränkten, sondern mit ihm in Konkurrenz traten. In diese Richtung entwickelte sich um die Jahrhundertwende in Rom die Arbeit einer Gruppe von Katholiken unter der Führung eines jungen Priesters aus den Marken, Romolo Murri. Er gründete nach dem Beispiel der sozialistischen „Critica sociale" eine äußerst kritische Zeitschrift unter dem Titel „Cultura sociale." Die Anhänger Murris, die sich bald selbst als *democratici cristiani* bezeichneten, entfalteten in den Jahren 1898 bis 1902 eine gewaltige Propaganda- und Organisationstätigkeit und gründeten zahlreiche katholische Ligen. Ihre Hochburg waren die norditalienischen Gebiete, vor allem die Lombardei mit ihren Textilfabriken, die hauptsächlich Frauen beschäftigten, und den Bauern, die unter dem Einfluß des Klerus standen. Aber auch in Sizilien, wo Luigi Sturzo, ein anderer junger Priester, der noch viel von sich reden machen sollte, seine ersten politischen Erfahrungen sammelte, hatte die christlich-demokratische Bewegung beachtliche Erfolge. Die offizielle Kirche ermutigte die Bewegung Murris allerdings keineswegs, sondern setzte durch die päpstlichen Unterweisungen vom Februar 1902 und durch die Auflösung der *Opera* im Juli 1904 der Organisationstätigkeit ein Ende. Der Eintritt der organisierten Katholiken ins politische Leben sollte nicht von links, sondern von rechts erfolgen, nicht nach den Erwartungen der christlichen Demokraten, sondern nach denjenigen der Christlich-Gemäßigten. Das Vordringen der sozialistischen Bewegung überzeugte den neuen Papst Pius X. von der Notwendigkeit, das seit der Bresche der Porta Pia bestehende Verbot der Wahlbeteiligung für Katholiken endgültig aufzuheben. Die Katholiken wurden nun dazu aufgefordert, ihre Kräfte mit denjenigen der Verteidiger der verfassungsgemäßen Ordnung gegen den Ansturm der Subversion zu vereinigen. Der von den christlichen Demokraten ausgestreute Samen blieb jedenfalls nicht gänzlich unfruchtbar. Der Jahrhundertanfang sah so nicht nur den Eintritt der Sozialisten, sondern auch den der Katholiken ins politische Leben.

Wirtschaftliche und industrielle Entwicklung

Das letzte Viertel des 19. Jahrhunderts war eine magere Zeit für das kapitalistische Europa. Erst in den letzten Jahren vor der Jahrhundertwende trat die europäische Wirtschaft wieder in eine Phase beschleunigter Expansion. Italien, das vielleicht am meisten unter den Auswirkungen der vorausgegangenen Krise zu leiden gehabt hatte, zog aus diesem allgemeinen Wiederaufbau der Wirtschaft den Schwung zu neuem Wachstum und zum endgültigen *take-off*.

Seit 1896 zeigen alle wichtigen Wirtschaftsindikatoren eine deutliche Aufwärtstendenz. In den Jahren von 1896 bis 1908 entwickelt sich die italienische Industrie als Ganzes mit beachtlich hohen Wachstumsraten von durchschnittlich jährlich 6,7%, wobei einige Leitsektoren wie die metallverarbeitende, die chemische und die mechanische Industrie Raten von über 12% aufwiesen. Vor allem die junge Autoindustrie nahm einen spektakulären Aufschwung, der einen Vorgeschmack auf die gigantische Entwicklung in den heutigen Tagen gab. Die Zahl der autoproduzierenden Fabriken nahm rasch zu, von sieben im Jahre 1904 auf die stattliche Zahl von 70 Fabriken im Jahre 1907. Die wichtigste unter ihnen war die 1899 gegründete Firma Fiat, deren Aktien von 25 Lire in wenigen Jahren auf die schwindelerregende Höhe von 1885 Lire hochschnellten. Ein anderer gänzlich neuer Industriezweig war die elektrische Industrie. In ihrer Entwicklung sahen viele mit allzu großem Optimismus die Möglichkeit, daß sich Italien von der schweren Belastung des Kohleimports freimachen könnte. Die italienische Elektrizitätsproduktion stieg von 100 Millionen kWh im Jahre 1898 auf 950 Millionen kWh im Jahre 1907 und erreichte 1914 schließlich 2575 Millionen kWh.

Von einem überwiegenden Agrarland, das Italien am Ende des 19. Jahrhunderts noch war, machte es sich rasch auf den Weg, ein agrarisch-industrielles Land zu werden. 1900 brachte die Landwirtschaft noch 51,2% des privaten Volkseinkommens auf, die Industrie 20,2%. 1908 dagegen hatte sich die Differenz spürbar auf 43,2 und 26,1% reduziert, eindeutiges Zeichen einer nicht mehr umkehrbaren Entwicklung. Erst 1930 jedoch übertraf zum ersten Mal die industrielle Produktion die landwirtschaftliche. Die industrielle Entwicklung betraf natürlich vor allem den Norden, wo Mailand seine geistige und wirtschaftliche Vorrangstellung ausbaute, und wo Turin mit seinen Automobilfabriken und -werkstätten einen Teil jener Bedeutung zurückgewann, die es durch die Verlagerung der Hauptstadt verloren hatte. Aus einer Provinzhauptstadt, die von der Aristokratie und dem Klerus beherrscht war, verwandelte sich die Stadt in ein großes industrielles Zentrum, Aktionsfeld einer unternehmerisch-dynamischen Bourgeoisie.

Im Süden hatte nur Neapel in Bagnoli ein industrielles Zentrum, wo 1905 die große Eisenhütte Ilva die Produktion aufnahm.

Die industrielle Entwicklung Italiens im ersten Jahrzehnt des neuen Jahrhunderts änderte die grundlegenden Merkmale des Produktionsapparates nicht, wie er sich in den letzten Jahrzehnten des 19. Jahrhunderts herausgebildet hatte, sondern baute diese nur mehr aus. Die Universalbank nach deutschem Vorbild, die auch in der Industriefinanzierung tätig war, prägte die Unterordnung der Industrie unter die Finanzwelt noch stärker aus. Deshalb floß der größte Teil des von den Banken investierten langfristig angelegten Kapitals in die Unternehmen, die die unmittelbarsten und höchsten Profite versprachen. Das waren natürlich die durch die Zollschranken geschützten Industriebereiche, die am meisten expandieren konnten: in erster Linie die Eisenindustrie, die durch verschiedene Übernahmen und Abkommen die Dimensionen eines regelrechten Trusts annahm, an dem sowohl die alten Anlagen der Terni und Savona, als auch die ganz neuen Anlagen in Piombino und Bagnoli zur Nutzung der Bodenschätze der Insel Elba beteiligt waren. Der Eisentrust, an dem die *Banca commerciale* großen Anteil hatte, produzierte zu Preisen, die erheblich über dem Weltmarktniveau lagen und hatte deshalb seinen Hauptauftraggeber im Staat. Andere stark durch den Protektionismus begünstigte Industrien waren die Baumwollindustrie, deren Produktion zwischen 1900 und 1908 von 118 602 Tonnen Garn auf 179 776 Tonnen anstieg und deren Kapital sich im gleichen Zeitraum verdreifachte, schließlich die Zuckerindustrie, die bis zu einer deutlichen Überproduktionskrise ebenfalls außerordentliche Wachstumsraten zu verzeichnen hatte. Die Gründe für diese Krise lagen nicht in einer Sättigung des Marktes, denn mit 3 kg Jahresverbrauch pro Kopf lag Italien in Europa an der untersten Grenze. Ursache war vielmehr der hohe Preis des Produktes. Aber statt den Preis zu senken, entschlossen sich die Zuckerproduzenten nach 1913 zu einer Halbierung der Produktion. Von der Protektion profitierte auch der Schiffsbau, der über die Firma Terni eng mit der Eisenindustrie verbunden war. Die mechanische Industrie stand zwar auf einer gesünderen Basis und konnte auf eigenen Beinen stehen, aber ohne die großen Staatsaufträge hätte sie nach der Verstaatlichung der Eisenbahnen die tatsächlichen hohen Zuwachsraten nicht erreichen können.

Die rasche Entwicklung der italienischen Industrie läßt sich jedoch nicht nur aus dem Protektionismus erklären, der den wichtigsten Industriezweigen expandieren half. Als ein weiteres Element sind die niedrigen Lohnkosten zu berücksichtigen.

Der italienische Arbeiter war am Anfang des 20. Jahrhunderts gegenüber all seinen europäischen Kollegen nicht nur am schlechtesten bezahlt, er hatte auch die längste Arbeitszeit. Kein Gesetz regelte die Arbeitszeit, so daß diese letztlich durch das Kräfteverhältnis zwischen Unternehmern und Arbeitern bestimmt wurde. Einige besonders kämpferische Berufsgruppen hatten durch Streiks eine Arbeitszeit um die acht Stunden durchgesetzt, andere hingegen, schwächere, wie die hauptsächlich weiblichen und bäuerlichen Arbeiter der Textilindustrie, arbeiteten immer noch zwölf und mehr Stunden. In einigen Fällen dauerte der Arbeitstag noch in der herkömmlichen Art von Sonnenaufgang bis Sonnenuntergang. Trotz der Lohnerhöhungen, die in den Arbeitskämpfen der ersten Jahre des 20. Jahrhunderts durchgesetzt worden waren, hielt die weite Verbreitung der Frauen- und Kinderarbeit das allgemeine Lohnniveau niedrig. Der Lohn für eine Frau oder ein Kind betrug zwischen der Hälfte und zwei Drittel des Lohnes eines erwachsenen männlichen Arbeiters. Hinsichtlich der Frauen- und Kinderarbeit existierte außer einem Gesetz von 1886 keine gesetzliche Regelung, das die Arbeit für Kinder unter neun Jahren verbot. Erst 1902 wurde das Mindestalter auf zwölf Jahre angehoben, und auch für die Frauen wurden einige Einschränkungen getroffen. Das Gesetz von 1902 war ein Kompromiß zwischen einer Gesetzesvorlage der Regierung und einem Gegenvorschlag der Sozialisten. Aber selbst diese Kompromißformel fand in den folgenden Jahren keineswegs durchgehend Anwendung.

Niedrige Löhne, lange Arbeitszeiten, Zollschutz, Staatsaufträge und staatliche Prämien: die Industrie, oder zumindest einige Industriesektoren, erschien vielen als etwas Künstliches, als eine Treibhauspflanze in einem Land wie Italien, das mit den Worten Luigi Einaudis ein Land von „Handwerkern und Bauern" war und blieb. Männer wie Einaudi, Antonio De Viti De Marco und Gaetano Salvemini verwandten als Wissenschaftler und Publizisten einen großen Teil ihrer Tätigkeit darauf, um in der Öffentlichkeit die privilegierte Rolle der Eisen-, Baumwoll- und Zuckerindustrie als eine moderne Form „feudaler" Privilegien anzuklagen, die sich nur zu Lasten der Konsumenten, vor allem aber zu Lasten der Bauern des Südens aufrechterhalten ließen.

Diese Form der wirtschaftlichen Entwicklung Italiens war jedoch schon zu weit gefestigt und die Interessenkonstellation, die davon profitierte, hatte den Staat schon zu fest darin verwickelt, als daß irgendeine Regierung sich daraus hätte befreien können. Die Enthüllungen der Freihändler und der demokratischen „Meridionalisten" erschienen deshalb trotz ihrer überzeugenden Darlegung der Fakten als *laudationes temporis acti*, als Klage über eine verpaßte Chance. Was man auch immer über die Form sagen mochte, in der sich die industrielle Entwicklung Italiens vollzog, so war sie inzwischen ein Faktum, und ein Faktum war auch die Existenz eines industriellen Proletariats und eines proletarischen Bewußtseins. Wollte man den Fortschritt und die Erneuerung des Landes, so mußte man von diesem Stand der Dinge ausgehen. Das war die Ansicht der Sozialisten, und diese Haltung fand wohlwollendes Verständnis bei dem Mann, der für mehr als ein Jahrzehnt das Zünglein an der Waage der italienischen Politik war: Giovanni Giolitti.

Das „System Giolitti"

Zwischen 1901 und 1909 war Giolitti die entscheidende Persönlichkeit des politischen Lebens in Italien und spielte damit eine Rolle wie vor ihm nur Agostino Depretis und Camillo Cavour. Graue Eminenz und Spitzenpolitiker in der Regierung Zanardelli, wurde er im November 1903 Ministerpräsident und bekleidete dieses Amt bis zum Dezember 1909 mit einer einzigen Unterbrechung von März 1905 bis Mai 1906. Während dieses Zeitraums folgte auf die kurze Regierung Fortis, der übrigens nur Statthalter Giolittis war, ein ebenso kurzlebiges Kabinett Sonnino, des Führers der parlamentarischen Opposition.

Als erfahrener und mit allen Wassern gewaschener Politiker besaß Giolitti einen ausgeprägten Realitätssinn und auch ein gutes Maß an Opportunismus. Unverfroren manipulierte er mit mehr oder weniger legalen Methoden die parlamentarische Mehrheit mit Hilfe der Stimmen von denjenigen Abgeordneten, die gegen Vorteile für ihre Wahlkreise oder die süditalienische Klientel auf einen Kuhhandel mit ihm eingingen, und ebenso skrupellos beeinflußte er die Wahlen, vor allem in den Wahlkreisen des Südens. Diese Handlungsweise trug ihm den Vorwurf des *trasformismo* ein und zwar von Gaetano Salvemini, der zu den kämpferischsten Vertretern der süditalienischen Radikalen gehörte. Er prägte für Giolitti den Namen „Minister der Unterwelt". In Wirklichkeit tat Giolitti nicht mehr, oder sogar weniger, als alle seine Vorgänger getan hatten. Im Gegensatz zu vielen von diesen besaß er jedoch feste politische Überzeugungen und verlor im Wirbel der Tagespolitik nie die politische Orientierung. Niemals verwechselte er Strategie und Taktik.

Einer der Fixpunkte seiner Politik war die Ablehnung imperialistischer Abenteuer im Stile Crispis und die Überzeugung, daß Italien zur Lösung seiner schweren inneren Probleme vor allem Ruhe und Frieden brauche. Unter seiner Führung und mit Hilfe der Außenminister Prinetti und Tittoni löste sich die italienische Außenpolitik zunehmend aus der bedingungslosen Festlegung auf den Dreibund und verfolgte den Weg einer Annäherung an die großen europäischen Mächte. Vor allem mit Frankreich wurden in den Jahren 1901 und 1902 zwei Abkommen geschlossen, in denen sowohl die französischen Interessen in Marokko als auch die italienischen Interessen in Libyen Berücksichtigung fanden. Darüber hinaus kam mit England, zu dem die außenpolitischen Beziehungen immer gut geblieben waren, ein Abkommen zustande, in dem ebenfalls der italienische Anspruch auf Libyen verankert war, und schließlich wurde auch eine Übereinkunft mit Rußland getroffen. 1904 wurde der französische Präsident Loubet mit großer Herzlichkeit zu einem Staatsbesuch empfangen, 1903 war der englische König Edward VII. Gast des italienischen Königs, und im selben Jahr hätte auch der Zar Italien besuchen sollen, aber die heftigen Kampagnen der Sozialisten und Anarchisten führten zu einer Verschiebung des Besuches auf 1909. Nach den Aufregungen der Zeit Crispis ging die italienische Außenpolitik damit zu einer Phase der Sammlung und des Appeasement über. Diese neue Richtung war durch die internationale Lage, durch die Abwesenheit von drohenden Wolken und Reibungsmomenten erleichtert. Auch der preußische Kanzler von Bülow fand nicht so viel dabei, wenn Italien einige „Runden" außerhalb des Dreibundes drehte. Nachdem in der Kolonialpolitik der Plan einer Durchdringung Abessiniens beiseitegelegt und der Anspruch auf Libyen auf die lange Bank geschoben worden war, handelte es sich nur noch um die Übernahme der Verwaltung Somalias, für das Italien schon lange als Protektoratsmacht anerkannt war.

Im Rahmen dieser entspannten außenpolitischen Lage konnte Giolitti in diesem ersten Jahrzehnt des neuen Jahrhunderts gelassen die liberale Reformpolitik im Inneren verfolgen, die sich das Land nach den Tagen von 1898 erhoffte. Auch Giolitti war, wie wir gesehen haben, geistig noch von der Vorstellung des Risorgimento geprägt, daß die gesellschaftliche Erneuerung „von unten" erfolgen und vor allem die bäuerliche Welt erfassen mußte. Er war jedoch zu wenig doktrinär und zuviel Politiker, um nicht zu wissen, daß die industrielle Entwicklung Italiens in der ihr eigenen Form nicht mehr rückgängig zu machen war, und das hieß konkret, Unternehmer und Gewerkschaften als die am besten organisierten Interessengruppen und zugleich als die eigentlichen dynamischen Kräfte der italienischen Gesellschaft ernst zu nehmen. Daraus leitete Giolitti das politische Ziel der Zusammenarbeit zwischen der liberalen Bourgeoisie und den Kreisen um die sozialistische Partei ab. Die italienischen Unternehmer mußten davon überzeugt werden, daß die ihren Arbeitern gewährten Lohnerhöhungen in ihrem eigenen Interesse lagen; die Sozialisten mußten dagegen in die Lage versetzt werden, die Ungeduld und die anarchistischen Tendenzen der Massen ihrer Anhängerschaft zu dämpfen. Unter dieser Voraussetzung konnte nach Meinung Giolittis die Hoffnung bestehen, den Ring von Rückständigkeit und Armut zu sprengen, der die am wenigsten entwickelten Zonen und Wirtschaftssektoren des Landes umklammert hielt. Dieser Ring konnte sich nur lockern, wenn der Block aus Industriellen und Arbeitern, aus Sozialisten und fortschrittlichen Liberalen durch seine Anziehungskraft dazu beitragen würde, die konservativen Elemente an der Spitze und die Unterdrückten mit ihrem Unmut am unteren Ende der gesellschaftlichen Hierarchie zu isolieren.

Zunächst schien es so, als ob dieses kühne politische Programm gute

Chancen zur Verwirklichung hätte. Angesichts der Streikwelle der Jahre 1901 und 1902 verlor der neue Innenminister nicht den Kopf. Er schenkte nicht denjenigen Unternehmern Gehör, die, wie der Graf Arrivabene, in Mantua während eines Streiks Ochsen an die Arbeitsplätze treiben ließ, denen die Namen der verhaßten Führer der Bauernliga eingebrannt waren. Statt dessen beschränkte sich die Regierung darauf, Gesetzesübertretungen der einen wie der anderen Seite zu verhindern oder zu bestrafen. Dies erschien in einem Land, in dem der Streikende oft noch als Übeltäter angesehen wurde, als ein vollständiges Novum, und es gab sogar Streiks auf dem Land unter dem Ruf „viva Giolitti". Die Arbeiter- und Bauernmassen erreichten mit ihren Streiks und Demonstrationen Lohn- und Arbeitszeitverbesserungen, die noch wenige Jahre vorher als undenkbar erschienen wären. Nicht nur sie, sondern die gesamte Öffentlichkeit hatte den Eindruck, daß in Italien ein grundsätzlicher Wandel eingetreten war. Das Parlament verabschiedete Gesetze zur Frauen- und Kinderarbeit und über die Einrichtung eines staatlichen Arbeitsbüros (*Ufficio nazionale del lavoro*). In der Presse wurden unter breitester Beteiligung die großen Fragen Italiens diskutiert: das Problem des Südens, das allgemeine Wahlrecht, die Reduzierung der Militärausgaben.

An Widerstand gegen den neuen politischen Kurs mangelte es jedoch nicht. Der heftigste und erbittertste Widerstand kam aus den Reihen der Großgrundbesitzer des Südens und auch der Po-Ebene, die von den Streiks überrascht und zu keinem Zugeständnis bereit waren. Aber natürlich waren auch nicht alle Industriellen von der Nützlichkeit von Lohnerhöhungen für ihre Arbeiter überzeugt, und ein Teil von ihnen protestierte gegen die Gesetze zur Beschränkung der Frauen- und Kinderarbeit. Schließlich existierte auch noch der Hof. Der neue König besaß zwar nicht die ausgeprägt konservative Einstellung seines Vorgängers und seiner überschwenglichen Gemahlin. Ängstlich und von verschlossenem Charakter, vermochte er sich jedoch nicht dem Einfluß der Militärs zu entziehen. Die Militärausgaben blieben ein unantastbarer Posten des Staatshaushaltes, von dem sie einen großen Teil verschlangen. In den Arbeitskämpfen griffen die Polizeitruppen, die zur Aufrechterhaltung der Ordnung eingesetzt waren, immer noch allzuoft zur Waffe. Es verging kein Jahr, ohne daß Italien nicht – wie man damals sagte – ein „Massaker unter dem Proletariat" erlebte.

In der zweiten Hälfte des Jahres 1902 genügte eine Abschwächung der Konjunktur, um die Industriellen und die Agrarier zum Gegenangriff übergehen zu lassen. Der Einsatz von ortsfremden organisierten Streikbrechern und die immer stärkere Verwendung von landwirtschaftlichen Maschinen erlaubte ihnen, einen Teil des verlorenen Terrains wiedergutzumachen. Die Arbeiterbewegung erlebte die ersten schweren Niederlagen: die Streiks in der Po-Ebene im Frühjahr und Sommer 1902 endeten ebenso mit einem Mißerfolg wie der große Streik der Textilindustrie in Como im September desselben Jahres. Im Süden schließlich, wo die Ordnungskräfte zweimal, in Candela in Apulien und in Giarratana in Sizilien, das Feuer auf die Streikenden eröffnet hatten, gewannen fast überall die alten Gruppen der *camorra* und der *mafia* wieder die Oberhand. Diese Niederlagen, die um so bitterer empfunden wurden, als sie eine lange Reihe von Siegen unterbrachen, trugen dazu bei, daß der Block der Kräfte um die Sozialistische Partei Risse zu zeigen begann. Der entwickelte Kern des städtischen Proletariats und der Bauern der Po-Ebene blieb unter der Führung seiner reformistischen Führer bei seinem Vertrauen in und seiner Unterstützung für die Politik Giolitti. Die weniger entschiedenen Schichten ließen jedoch ihrer Enttäuschung freien Lauf, es gewann wiederum das alte Mißtrauen gegen den „Staat als solchen" die Oberhand und Teile der Bewegung drängten die Arbeitskammern, eine Drohung anzuwenden, von der man damals in Deutschland und Frankreich ein großes Aufheben machte: den Generalstreik. Auch die radikale Bourgeoisie des Südens nahm immer mehr von der Sozialistischen Partei Abstand, der sie nicht ganz grundlos vorwarf, das Problem des Südens außer acht gelassen und sich nur um die Interessen der Arbeiter und der Bauern des Nordens gekümmert zu haben.

Bald tauchten innere Spaltungen und verschiedene Strömungen innerhalb der sozialistischen Partei auf. Die hauptsächlichen Gruppen waren die Reformisten um Turati, der bereit war, die indirekte Zusammenarbeit mit der Regierung Giolitti fortzusetzen und sie vielleicht sogar in eine direkte Regierungsbeteiligung umzuwandeln. Auf der anderen Seite standen die „Intransigenten" oder „Revolutionäre", die mit Nachdruck eine unerbittliche Oppositionshaltung verlangten. Die meistbeachteten Männer dieser Richtung waren Enrico Ferri und Arturo Labriola. Letzterer war ein junger Publizist aus Neapel, der sich nach einem wenig erfolgreichen Kampf gegen die Klientel, die die Verwaltung seiner Stadt beherrschte, in Mailand niedergelassen hatte und dort die Zeitschrift „L'avanguardia socialista" herausgab. Im Gewand des Arbeiters suchte er seinen kleinbürgerlichen Extremismus zu verbergen. In der zweiten Hälfte des Jahres 1902 und dann 1903 gewann diese Strömung immer mehr an Boden, obwohl sie sich noch im August 1902 auf dem Kongreß der sozialistischen Partei in Imola nicht hatte durchsetzen können. Als Turati im November 1903 von Giolitti zum Eintritt in die Regierung aufgefordert wurde, mußte er ablehnen, um sich in seiner Partei nicht vollständig zu isolieren. Wenige Monate später mußte auch sein Freund Bissolati die Redaktion des „Avanti!" verlassen, die von Ferri übernommen wurde. Im April 1904 eroberte die revolutionäre Strömung unter Labriola und Ferri schließlich auf dem Kongreß von Bologna die Mehrheit in der Partei. Wiederum einige Monate später machte sich die tiefe Enttäuschung der Massen im ersten landesweiten Generalstreik der italienischen Geschichte Luft, der von der Arbeitskammer Mailand als Antwort auf ein neues „Massaker am Proletariat" in Sardinien ausgerufen wurde. Die mailändische Arbeiterkammer war von den Männern um Labriola und Ferri beherrscht. Durch einen seltsamen Zufall war der erste Tag des Generalstreiks zugleich der Geburtstag des Thronerben. Die Jubeldemonstrationen aus diesem Anlaß wurden bald von den Streikenden zum Schweigen gebracht, die dem „glücklichen Ereignis" des offiziellen Italien ihre „proletarische Trauer" entgegensetzten.

In der richtigen Einschätzung, daß sich die Bewegung von selbst erschöpfen würde, ließ sich Giolitti auch diesmal nicht zur Verhängung des Kriegsrechts hinreißen. Als das Gewitter vorübergezogen war, beschränkte er sich auf die Auflösung der Kammer und die Ausschreibung von Neuwahlen. Die Wahlen standen im Zeichen der Empörung der Wohlgesinnten über die Exzesse der Straße und der Subversion und führten zu einem beachtlichen Erfolg der Regierungskandidaten und zu einem spürbaren Rückgang des sozialistischen Stimmenanteils. Anläßlich dieser Wahl hatte Papst Pius X. die Strenge des Non expedit gelockert, so daß eine kleine Gruppe von katholischen Abgeordneten oder, wie der Vatikan abschwächend sagte, von „abgeordneten Katholiken" ins Parlament einziehen konnte.

Giolitti jedoch gab seine politische Linie nicht auf und ließ sich auch nicht durch die Gegenströmung im eigenen Lager beirren, die er selbst mitverursacht hatte. Im März 1905 zog er sich aus der Regierungsveranwortung zurück und sah zu, wie sich seine rechten Gegner und die revolutionären Führer der Sozialistischen Partei über ein Jahr lang in dem sinnlosen Versuch, durch ein gemeinsames Programm die Mehrheit im Parlament zu erreichen, gegenseitig aufrieben. In diese Zeit fällt die Regierung Sonnino, an der auch Männer der radikalen Linken beteiligt waren und die auch einige Male die Stimmen der Sozialisten erhielt. In einer entspannteren und günstigeren Lage übernahm Giolitti im Mai 1906 wiederum die Zügel der Regierung. Damit begann das lange Ministerium Giolitti, das bis zum Dezember 1909 dauerte und in dessen Verlauf das „System Giolitti" das Optimum seiner Funktionsfähigkeit erreichte. Die Sozialisten nahmen zwar nicht an der Regierung teil und hätten das nach der kläglichen Kompromittierung mit der Regierung Sonnino auch gar nicht mehr tun können, sie standen aber der Regierung nicht grundsätzlich feindselig gegenüber und stimmten in einigen Fällen sogar für die Regierung. Die reformistischen Tendenzen Turatis und Bissolatis eroberten auf dem Kongreß von Florenz im Jahre 1908 die Mehrheit der Partei wieder zurück. Die Gründung der *Confederazione generale del lavoro* (Allgemeiner Gewerkschaftsbund) im Jahre 1906, deren Führer ausschließlich dem reformistischen Flügel angehörten, erlaubte eine bessere Kontrolle der Gewerkschaftsbewegung und eine gewisse Zügelung der Aktivitäten der einzelnen Arbeitskammern. Die günstige Konjunkturentwicklung nach der Überwindung der Stagnationsphase in den Jahren 1903/05 ließ die Arbeitskonflikte einen weniger scharfen Verlauf annehmen. Im Parlament wurden die großen Themen der Sozialgesetze – Einschränkung der Feiertagsarbeit, Regelung der Arbeit in den Reisfeldern und in gesundheitsgefährdenden Industrien, Nachtarbeit und die Arbeitsverträge – wieder aufgenommen. Für den Süden – Sizilien, Kalabrien und die Basilikata – wurden spezielle Gesetze verabschiedet, nachdem bereits 1905 ein Projekt für die Anlage eines Aquädukts in Apulien genehmigt worden war. Nach der Verstaatlichung der Eisenbahnen durch die Regierung Fortis (1905) wurden nun auch die privaten Telephonverbindungen in staatliche Verwaltung übernommen. In diesen Jahren wurde somit von der Regierung und der Verwaltung viel und gute Arbeit geleistet.

Das Ende des langen Ministeriums Giolittis war wegen seines Verlaufs jedoch, wie wir sehen werden, bereits ein Alarmsignal. Unter dem Druck verschiedener einander entgegengesetzter Kräfte kam das politische Leben Italiens wieder in Unruhe und das Land trat in eine neue, schwierige Phase seiner Geschichte. Bevor davon die Rede sein soll, bleibt noch ein Blick auf die Veränderungen zu werfen, die Italien unter der Führung Giolittis erlebte.

Italietta

Am 29. Juni 1906 erläuterte der Finanzminister Luzzatti in einer langen Rede die Verbesserung der staatlichen Finanzlage und machte den Vorschlag, aufgrund des gestiegenen Vertrauens in die staatlichen Rentenpapiere ihre Verzinsung von 5 auf 3,75% zu senken. Wie Benedetto Croce in seiner „Storia d'Italia" erzählt, erhob sich aus diesem Anlaß ein Begeisterungssturm und die Abgeordneten aller Parteien im Halbrund fielen einander vor Freude in die Arme. Der Alptraum des Staatsbankrotts, der die ersten Jahre des italienischen Staates nach der Einigung überschattet hatte und während der dunklen Tage der Bankenskandale wieder aufgetaucht war, war nun endgültig vertrieben. Italien wurde sich seines wachsenden Wohlstandes bewußt.

Im ersten Jahrzehnt des neuen Jahrhunderts erlebte tatsächlich ein großer Teil der Bevölkerung eine Verbesserung seiner Lebensbedingungen. Die bürgerlichen Unternehmer hatten von der günstigen Konjunkturentwicklung profitiert, die qualifizierten Arbeiter hatten Lohnerhöhungen und kürzere Arbeitszeit durchgesetzt, die Staatsangestellten hatten ebenfalls höhere Gehälter erreicht, die Landarbeiter der Po-Ebene hatten die Ausbreitung und manchmal auch das wirtschaftliche Aufblühen ihrer Kooperativen erzielt, die Giolitti zur Übernahme öffentlicher Aufträge zugelassen hatte. Für viele Italiener war deshalb zwar nicht der Wohlstand, aber doch eine sparsam-bürgerliche Behäbigkeit Wirklichkeit geworden, die auch Raum für kleine Genüsse bot, an denen das Italien der Belle Époque nicht geizte: die Ferien am Meer oder im Gebirge, das Theater und die Konversation. In der Musik feierte die Oper Puccinis Triumphe mit ihren bürgerlichen Gestalten und zarten Gefühlen (Bohème), mit der modischen Exotik des Orients (Madame Butterfly, 1904) und mit ihrer leichten anspruchslosen Musik. In der Dichtung besangen die *Crepuscolari* (Sänger der Abenddämmerung) die süße Melancholie des bürgerlichen Lebens. Wer stärkere Emotionen suchte, fand sie bei den Enfants terribles der Stunde, bei den Futuristen, die den Spaghetti den Krieg erklärt hatten und die Schönheit der Maschinen einer Nike von Samothrake vorzogen. Die Szene war beherrscht von dem unnachahmlichen Gabriele D'Annunzio und seiner reifen Freundin, der „göttlichen" Eleonora Duse. Eine neue verwirrende Kunstform – der Film – machte seine ersten Versuche. In Italien wurden die ungeheuren Möglichkeiten, die dieses neue Ausdrucksmittel bot, früher erkannt als in anderen Ländern, und auch die Filmindustrie entstand mit einigem Vorsprung. In den Studios in Rom, Mailand und Turin wurden die ersten großen historischen Filme gedreht *(Cabiria, Gli ultimi giorni di Pompei, Quo vadis?)*, und es wurden die ersten Vamps der Filmgeschichte, wie Francesca Bertini und Lydia Borelli, „gemacht". Eine andere Mode des Augenblicks war der Sport. Im Automobilsport, auf den sich die Sprößlinge der angesehensten Familien stürzten, eroberten die italienischen Wagen, die Fiat, Maserati und Alfa Romeo, Sieg auf Sieg. Beim großen Publikum dagegen gewannen der Fußball und der Radsport mit seinem aufreibenden *Giro d'Italia* schnell ungeheure Popularität.

Dieses bürgerliche Italien, die *Italietta*, wurde von vielen – und dies werden wir im nächsten Kapitel noch genauer sehen – als unbefriedigend und abstoßend empfunden, als engstirnig und ohne Schwung. Es bedurfte erst der Erschütterung des Ersten Weltkrieges, der Nachkriegszeit und der Anfänge der faschistischen Diktatur, um viele Italiener mit Sehnsucht an die Ära Giolitti zurückdenken zu lassen als an eine Zeit bescheidenen häuslichen Glücks, in der der Wert der Lira hoch stand, in der die Gefühle freundlicher und gemäßigter und die Staatsbeamten ehrlicher waren.

Niemand hat die Bescheidenheit und den Glanz dieses Italien vor dem Sturm besser beschrieben als Benedetto Croce in seiner „Storia d'Italia", deren erste Ausgabe 1927 erschien. Niemand hätte dies auch besser tun können als er, der in dieser Zeit aufgewachsen war und die lebendigsten Eindrücke in sich aufgenommen hatte. Seine Einstellung und seine Philosophie sind im wesentlichen eklektisch, wenn auch auf höchstem Niveau. Er stand in der Tradition des Historismus und der Hegelschen Philosophie, die er durch die Einführung des Kriteriums des Unterschiedenen *(distinti)* erneuert hatte. Darin fanden sowohl der strenge Idealismus der Generation des Risorgimento als auch Elemente des marxistischen Materialismus, den er in seiner Jugend studiert hatte, in glücklicher Verbindung Platz. Croces Lektüre und sein literarischer Geschmack, die sich in seiner umfangreichen literarkritischen Tätigkeit widerspiegeln, blieben im Rahmen des Traditionellen. In der Ästhetik jedoch gab er mit der Theoretisierung der Kunst als Intuition gegen seinen Willen der Zersplitterung und der Unruhe in der neuen italienischen Literatur eine Rechtfertigung. Sein Kampf gegen die positivistischen

Tendenzen in der italienischen Kultur waren sowohl ein Vorhuts- als auch ein Nachhutsgefecht. Durch die Bloßlegung des Dilettantismus und der Oberflächlichkeit dieser Richtung negierte er letztlich die Erneuerungstendenzen, die er selbst angeregt hatte. Wie kein anderer beherrschte Croce die Kunst des Bewahrens in der Erneuerung, und sein Werk trug entscheidend zur Bewußtwerdung der eigenen Wurzeln und der eigenen Kontinuität im kulturellen Leben Italiens bei. In Croces „Storia d'Italia" bildete die Betonung der Kontinuität und das Lob der Mäßigung im Rahmen eines irenischen Geschichtsbildes den beherrschenden Ton. Die darin enthaltene Aufforderung zur Selbstgenügsamkeit führte bei seinen Epigonen an die Grenze des Provinzialismus.

In Wirklichkeit war das neu entstehende Italien nur eine Art spanische Wand vor dem alten Italien, vor dem Italien der Bauern und des einfachen Volkes. Der große Schattenring der Armut, der die Inseln des Fortschritts umklammert hielt, hatte sich nur wenig gelockert. Zwischen der Volkszählung von 1901 und 1911 hatte sich die soziale Zusammensetzung der Bevölkerung nur geringfügig geändert. 34% der erwerbstätigen Bevölkerung waren im Jahre 1911 nach wie vor in der Landwirtschaft beschäftigt, gegenüber nur 16,94% in der Industrie im weitesten Sinn des Wortes, also auch unter Einschluß des Handwerks. 1901 hatte der Prozentsatz der in der Industrie Beschäftigten 15,57% betragen, ein Zeichen dafür, daß die produktive Entwicklung schneller vorangeschritten war als die Heranbildung eines industriellen Proletariats. Italien blieb nach wie vor ein Land der Bauern, der Analphabeten – der Anteil war mit 38% immer noch sehr hoch – und der Emigration. Im ersten Jahrzehnt des Jahrhunderts stieg die Zahl der jährlichen Auswanderungen ohne Unterbrechung bis zu der Rekordziffer von 873 000 im Jahre 1913 an. Die Zahl derjenigen, die seit den Zeiten der Agrarkrise Italien verlassen hatten, betrug bereits fünf bis sechs Millionen, die in erster Linie aus dem Süden kamen. Das Problem des Südens war, wie eine große Enquête der Regierung Giolitti über die Lebensbedingungen der Bauern deutlich machte, ganz und gar ungelöst. Der wirtschaftlich-soziale Fortschritt des Nordens hatte sogar zu einer Verschärfung der Situation beigetragen und den Süden zu einer Art Halbkolonie des Kapitals aus dem Norden werden lassen. Mit dem Problem des Südens, das selbst nur eine Zusammenfassung aller anderen Probleme war, mußten diese selbst ungelöst und unlösbar bleiben.

Vielleicht hätte eine Weiterführung der Politik Giolittis Fortschritte und Veränderungen bringen können, die die auf dem Land lastenden Verkrustungen der Rückständigkeit aufzubrechen in der Lage gewesen wären. Aber von neuem begann sich der innenpolitische Horizont zu verdunkeln, und die Anzeichen dafür, daß die fetten Jahre für die italienische Wirtschaft vorbei waren, häuften sich. Die Kräfte, die das Experiment Giolittis von Anfang an bekämpft hatten, sahen eine Chance zur Revanche.

Die Gegner Giolittis auf der Linken und Rechten

Das Jahr 1908, in dem ein schreckliches Erdbeben die Städte Reggio di Calabria und Messina zerstörte, ist in vieler Hinsicht ein Wendepunkt in der Geschichte Italiens. Die Annexion Bosniens und der Herzegowina durch Österreich mit ihren außenpolitischen Folgen und der Empörung in den Kreisen der italienischen Irredentisten ließ in der Öffentlichkeit das deutliche Gefühl entstehen, daß die internationalen Beziehungen wiederum in ein kritisches Stadium traten. Für die italienische Außenpolitik mußte sich bald das Problem stellen, welche Rolle Italien in der neuen Mächtekonstellation im Zeitalter des Imperialismus einnehmen wollte.

Die Verschlechterung der Beziehungen der Staaten untereinander war von einer Verschlechterung der wirtschaftlichen Entwicklung begleitet. Die Krise von 1907 erfaßte die Eisen- und Automobilindustrie und führte zu spektakulären Kursstürzen an den Aktienmärkten und zum übereilten Eingreifen der Banken. 1908 war auch die Baumwoll- und Zuckerindustrie an der Reihe. Die Rettungsmaßnahmen der Banken und die Übereinkünfte zwischen den verschiedenen Industrie- und Bankengruppen, die zur Bildung zahlreicher Trusts und Konsortien führten (Eisentrust, Italienisches Baumwollinstitut, Schwefelkonsortium), halfen die Schärfe der Krise zwar abzuschwächen; dennoch blieb die Wachstumsrate der gewerblichen Produktion in den folgenden Jahren wesentlich hinter der des vorausgegangenen Jahrzehnts zurück: für die Jahre 1908 bis 1913 hat man eine durchschnittliche Wachstumsrate von 2,4% errechnet. Vor allem aber trug – was von kaum zu unterschätzender Bedeutung ist – der Engpaß von 1907/8 wesentlich zur Beschleunigung des monopolistischen Konzentrationsprozesses in der Industrie bei. Der Staat wurde damit immer mehr dem Druck der großen Trusts und der geschützten Industrie ausgesetzt.

Dieses Klima von Unruhe und Unsicherheit bot der Opposition gegen Giolitti günstige Voraussetzungen.

Vor allem der Opposition von links. 1908 fand mit dem Landarbeiterstreik, der für Monate das flache Land um Parma in Atem hielt, einer der härtesten Kämpfe in der Geschichte der italienischen Gewerkschaftsbewegung statt. Dieser Streik war eine Art Generalprobe für die neue Strömung des revolutionären Syndikalismus, die innerhalb der italienischen sozialistischen Bewegung immer mehr an Boden gewonnen hatte. Die führenden Persönlichkeiten dieser neuen Richtung waren Arturo Labriola, der 1904 zum Generalstreik aufgerufen hatte, und Alceste De Ambris, der als Sekretär der Arbeitskammer von Parma der Protagonist des Streiks von 1908 war. Die revolutionären Syndikalisten beriefen sich auf die Theorien Pelloutiers und Sorels, dessen Buch „Réflexions sur la violence" von Benedetto Croce in Italien bekanntgemacht worden war. Die neue Strömung ging davon aus, daß eine engere Verbindung zwischen den Massen der Produzenten und der sozialistischen Bewegung, zwischen Gewerkschaft und Partei notwendig sei. Deshalb unterzog sie die reformistische „Bürokratie", die die Sozialistische Partei und die Gewerkschaft beherrschte, einer grundsätzlichen Kritik. Zwischen 1906 und 1908 hatte die syndikalistische Bewegung unter den Arbeitern von Turin, bei den Bauern in Mantua und Parma und bei den Landarbeitern in Apulien immer mehr Anhänger gefunden. Die vollständige Niederlage des Streiks in Parma bedeutete zwar einen schweren Schlag für diese Strömung, weil sie die reformistische Vorherrschaft in der Partei und in der Gewerkschaft sicherte. Dennoch hatte Sorels Schlagwort der „direkten Aktion" seine Spuren hinterlassen, da in dem eher plebejischen als proletarischen Italien der Keim des Anarchismus immer noch lebendig war und da sich die ruhelosen Intellektuellen auf jede neue Anregung stürzten. Unter den Mitarbeitern der syndikalistischen Blätter war auch ein junger Volksschullehrer aus Forlì, Autor eines aufreizenden Gedichts über Johannes Hus: Benito Mussolini. Er war aus der Emigration zurückgekehrt, wo er allerdings mehr das Bohémienhafte als die bittere Realität kennengelernt hatte. Vier Jahre später sollte er dank seines großen Durchsetzungsvermögens Chefredakteur des offiziellen Organs der Sozialistischen Partei, des „Avanti!", werden. Was er danach wurde, wissen alle; aber vielleicht wissen nicht alle, daß seinem Sturmlauf von der extremen Linken zur extremen Rechten viele der überzeugtesten Anarchosyndikalisten gefolgt sind.

Die Austauschbarkeit der Opposition, der maximalistischen Sozialisten auf der einen Seite und der rechten Nationalisten auf der anderen, ist eines der herausragendsten Merkmale des politischen Lebens in Italien in den letzten Jahren vor dem Ersten Weltkrieg. Unter den Nationalisten, die ihren ersten Kongreß 1910 in Florenz abhielten, waren nicht wenige, die zumindest mit den Vorstellungen von einer nationalen Erneuerung sympathisiert hatten, wie sie in der Zeitschrift „La voce" von Giuseppe Prezzolini ihren Ausdruck fand, oder sogar mit der sozialistischen Bewegung selbst. Auch der Nationalismus war aus dem Abscheu gegen die *Italietta* der Giolitti-Ära entstanden, und erst später sollten sich daraus deutlich autoritäre und imperialistische Positionen entwickeln. Für den Augenblick gefielen sich die Nationalisten darin, der *Italietta* des öffentlichen Lebens mit seinen Politikastern und Freimaurern die lebendigen Energien der Arbeit und der Produzenten entgegenzuhalten. Mit diesen letzteren waren im wesentlichen die Eisenindustriellen gemeint, die die Bewegung zum größten Teil finanzierten. Dennoch konnte man durchaus die Behauptung aufrechterhalten, daß Arbeiter-Produzenten und Unternehmer-Produzenten ähnliche Interessen hatten, wenn es gegen die Engstirnigkeit der Politiker und der Kleinbürger ging. Die ersten Ausdrucksformen dieses Korporatismus, der zur offiziellen Ideologie des Faschismus werden sollte, schufen die Möglichkeit eines Übereinkommens zwischen linker und rechter Opposition. Natürlich gab es auch Divergenzen, und kein Anarchosyndikalist hätte jedenfalls für den Augenblick das von den Nationalisten verkündete Programm der kolonialen Expansion und Großmachtpolitik akzeptiert. Mehr als politische und programmatische Differenzen zählte jedoch die gemeinsame Unzufriedenheit und die gemeinsame Abscheu vor der prosaischen Italietta Giolittis und der Reformisten, dieses „gemeine Italien", gegen das Gabriele D'Annunzio, der Dichter des „neuen Italien" par excellence, seinen Bannstrahl schleuderte.

Mit seiner Attitüde des Aristokraten und Parvenü, mit der Gewähltheit seiner Sprache und mit dem Kult des Übermenschen und Ästheten erscheint uns D'Annunzio heute als Personifikation einer dekadenten und reaktionären Intelligenz. In den Augen der Zeitgenossen jedoch erschien sein Exhibitionismus als Vorurteilslosigkeit, sein Kult der Mode als Modernität, sein Alter als Jugend, *giovinezza*, wie die Faschisten sangen. Bewunderer D'Annunzios waren nicht nur die Nationalisten, die nach einem größeren Italien riefen und sich an den *Canzoni d'oltremare* begeisterten, sondern auch Menschen verschiedenster und manchmal sogar entgegengesetzter politischer Richtungen, Republikaner, Radikale, ja selbst Sozialisten. Anhänger D'Annunzios war, so kann man sagen, ein großer Teil der Bourgeoisie und der Intellektuellen Italiens, die 1915 mit dem Ruf nach dem Kriegseintritt Italiens auf die Straße gingen, die jenen Krieg wollten, den die Futuristen in ihrem Manifest als die „Hygiene der Welt" bezeichnet hatten. Von ihm erwarteten sich einige die Wiederherstellung der alten Werte und der traditionellen Hierarchien, andere Umsturz und totale Revolution, alle aber das Ende der ruhmlosen *Italietta* Giolittis.

Krieg gegen Libyen und allgemeines Wahlrecht

Giovanni Giolitti hatte rechtzeitig das Aufkommen des widrigen Windes erkannt, seit Wirtschafts- und Bankkreise seinen Versuch verhindert hatten, das Monopol der *Società di navigazione generale* (Allgemeine Schiffahrtsgesellschaft) durch die Einrichtung einer vom Staat subventionierten Konkurrenzgesellschaft zu brechen. Er hatte auch verstanden, daß es sich für ihn nur noch darum handeln konnte, in Schönheit unterzugehen: er wiederholte deshalb noch einmal die Taktik, die er schon bei seinem ersten Rücktritt angewandt hatte, d. h. er legte noch einmal die Gesetzesvorlage über die Einführung einer progressiven Steuer vor, die er immer in seiner Schreibtischschublade – und in seinem Herzen – bewahrt hatte. Natürlich kündigten das Abgeordnetenhaus und die Wirtschafts- und Finanzwelt einen harten Waffengang an, und Giolitti reichte unverzüglich den Rücktritt ein. Diesmal verschwand er länger aus dem politischen Rampenlicht als in den Jahren 1905/06, aber die Rückkehr war um so triumphaler. Auf Giolitti folgte eine weitere kurzlebige Regierung unter Sonnino, die dann von einem

Kabinett unter dem fähigen und intelligenten Wirtschaftsfachmann Luzzatti abgelöst wurde, bevor Giolitti selbst im März 1911 wieder an die Macht kam. Er war sich darüber im klaren, daß in der Zwischenzeit das Klima umgeschlagen war und daß er, um weiterhin die Macht ausüben zu können, viel riskieren mußte.

Giolitti setzte alles auf eine Karte. Wie schon im November 1903, als er zum erstenmal Ministerpräsident geworden war, wandte er sich an die Sozialisten in der Person Bissolatis mit dem Angebot der Regierungsbeteiligung. Bissolati war inzwischen Leiter des „Avanti!" geworden, und seine reformistische Ausrichtung war allgemein bekannt. Auch diesmal erhielt Giolitti eine Abfuhr, aber das hinderte ihn nicht daran, dem Programm seiner Regierung einen ausgesprochen reformistischen Charakter zu geben. Von der vorausgegangenen Regierung Luzzatti übernahm er eine Gesetzesvorlage über die Erhöhung der Staatsausgaben für Volksschulen und die Gehälter der Lehrer, die auch angenommen wurde. Dann legte er ein Gesetz vor, das dem Staat das Monopol für die Lebensversicherungen gab, und er konnte auch dieses gegen den harten Widerstand der Wirtschaftsliberalisten und Konservativen im April 1912 durchs Parlament bringen. Die wichtigste Reform dieser Zeit war jedoch ohne Zweifel die Wahlrechtsreform. Zu diesem Problem existierte bereits eine Gesetzesvorlage Luzzattis, die das Wahlrecht auf alle diejenigen ausdehnen wollte, die lesen und schreiben konnten. Giolitti ging noch weiter und wollte auch den Analphabeten über 30 Jahre, sofern sie den Militärdienst absolviert hatten, das Wahlrecht zugestehen. Darin steckte sicher die Berechnung, daß gegen den vorhersehbaren Stimmenzuwachs der Sozialisten im Norden und in den Städten ein Gegengewicht geschaffen werden müsse durch die Stimmen der Bauern, die im Süden unter dem wachsamen Auge des Vertrauensmannes des Großgrundbesitzers, des sogenannten *mazziere*, zur Urne gingen, ebenso wie die Bauern in Venetien und in der Lombardei, die unter der Kontrolle des Priesters wählten. Trotzdem bedeutete die Wahlrechtsreform, die am 25. Mai 1912 vom Parlament verabschiedet wurde und das allgemeine Wahlrecht für Männer einführte, auch die Erfüllung einer alten Forderung der Demokraten und Sozialisten Italiens.

Diese Linksschwenkung mußte jedoch in irgendeiner Weise ein Gegengewicht durch Zugeständnisse an den Nationalismus der rechten Opposition gegen Giolitti erhalten. Auf dem Kongreß in Florenz hatten die Nationalisten unter Führung Luigi Federzonis die italienische Regierung aufgefordert, ihren seit langem aufrechterhaltenen Anspruch auf Libyen in die Tat umzusetzen. In diese Richtung drängten auch starke Finanzkreise, wie der dem Vatikan nahestehende *Banco di Roma*, der große Interessen in Libyen hatte. Präsident des *Banco* war Ernesto Pacelli aus der gleichen Familie, aus der der spätere Papst Pius XII. stammte.

Es bestand auch Anlaß zu der Befürchtung, daß nach der französischen

Besetzung Marokkos eine andere europäische Macht auf Libyen Anspruch erheben könnte. Deshalb erklärte Giolitti in engstem Einvernehmen mit seinem Außenminister San Giuliano, einem Konservativen alter Schule, der Türkei den Krieg. Ein Jahr später wurde in dem Vertrag von Ouchy die italienische Hoheitsgewalt über Libyen und die Dodekanes anerkannt.

Im Gegensatz zu den früheren kolonialen Unternehmungen war der Krieg gegen Libyen in weiten Teilen der Öffentlichkeit populär. Die Nationalisten begrüßten in ihm die Rückkehr Italiens zu der Mittelmeerpolitik des antiken Rom, die Katholiken sahen darin einen neuen Kreuzzug gegen den Islam, ein großer Teil der Öffentlichkeit, vor allem im Süden, erhoffte sich von der neuen Kolonie Land für viele tausend Bauern, um der Emigration auf diesem Wege ein Ende zu setzen. Unter den Nicht-Sozialisten waren nur wenige, die, wie Gaetano Salvemini, warnend darauf hinwiesen, daß Libyen nicht das Land der Verheißung war, wie es von vielen vorgestellt oder von interessierter Seite ausgemalt wurde, sondern lediglich ein riesiger „Sandkasten", der Italien mehr kosten als einbringen würde. Die Sozialistische Partei dagegen war gegen den Libyenkrieg, und der junge Benito Mussolini organisierte sogar Demonstrationen gegen die Abreise der Soldaten, bei denen sich die Demonstranten auf die Gleise legten. Aber selbst unter den Sozialisten waren vor allem im Süden Befürworter des Unternehmens. Im großen und ganzen genoß der Krieg Popularität, und erst nach der Rückkehr der Soldaten setzte sich allmählich die Erkenntnis durch, daß Libyen tatsächlich nur ein armes Land voller Sand und ohne Wasser war.

Erst nach Kriegsende wich die Euphorie allmählich der Einsicht, daß der Konflikt, der sich weit über die vorgesehene Dauer hingeschleppt hatte, den italienischen Staat mehr gekostet hatte, als aus den neuen Erwerbungen wieder herauszuholen war; offiziell sprach man von 512 Millionen Lire. Darüber hinaus führten die arabischen Stämme im Landesinneren den Guerillakrieg weiter, und das bedeutete die Unterhaltung einer Truppe und damit weitere Ausgaben. In der Zwischenzeit mußten die Bauern, denen man billiges Land versprochen hatte, abwarten.

Die revolutionären Sozialisten erfaßten schnell die allgemeine Enttäuschung. Auf dem Kongreß von Reggio nell'Emilia im Juli 1912 wurde die reformistische Richtung, die seit 1908 die Führung der Partei innehatte, in die Minderheit gedrängt. Diejenigen Exponenten, die sich wie Bissolati und Bonomi für den Krieg ausgesprochen hatten, wurden aus der Partei ausgeschlossen, und die Redaktion des „Avanti!" ging an Mussolini. Er entfaltete in dieser neuen Funktion all seine beachtlichen Fähigkeiten als Volkstribun und erreichte in kürzester Zeit die Verdreifachung der Auflage.

Die Welle des Radikalismus und der Ungeduld, die aus der Tiefe der Gesellschaft aufstieg, und die Ungewißheit über den Ausgang der bevorstehenden Wahlen nach dem neuen Wahlgesetz erregten Giolittis Beunruhigung. Er setzte deshalb den zahlreichen Wahlabkommen zwischen den liberalen und katholischen Kandidaten kein Hindernis entgegen. Diese Abkommen sahen vor, daß die Katholiken in den Wahlkreisen, in denen sich ein möglicher Sieg des sozialistischen Kandidaten abzeichnete, für die liberalen Kandidaten stimmen sollten. Als Gegenleistung erhielten sie die Zusicherung, daß die Liberalen im Parlament nicht für Gesetzesvorlagen wie die Einführung der Scheidung und die Abschaffung des Religionsunterrichtes in den öffentlichen Schulen eintreten würden. Dies war der sogenannte „Gentiloni-Pakt", benannt nach dem Präsidenten der Katholischen Wählerunion. Nach den Wahlen konnten sich die Katholiken rühmen, daß 228 Kandidaten der Regierungslisten nur mit ihrer Hilfe gewählt worden waren. Im Norden, wo die Sozialisten stark waren und der Einfluß der Kirche auf die Massen noch beträchtlich war, hatte die Unterstützung der Katholiken tatsächlich eine große Rolle gespielt. Im Süden dagegen hatte man zu einfacheren, traditionelleren Methoden gegriffen, und es stellte sich heraus, daß das alte System der Klientel und der Einschüchterungen auch unter dem allgemeinen Wahlrecht bestens funktionierte.

Giolitti ging aus dieser schwierigen Wahl mit einer sicheren Mehrheit hervor. Auf seiner Seite standen mehr als 300 Abgeordnete gegen die 160 der linken Parteien, davon 78 Sozialisten. Die Nationalisten hatten nur drei Mandate errungen, und die Katholiken schickten 30 Abgeordnete ins Parlament. Die Regierungsmehrheit war aber nur zahlenmäßig stark, denn ihr fehlte die innere Geschlossenheit. Sie war zusammengewürfelt aus Abgeordneten, die ihre Wahl mit den Katholiken ausgehandelt hatten, aus alten, unbeugsamen Antiklerikalen, aus Liberalen, die wie Giolitti zum Kompromiß mit den Sozialisten neigten, aus „jungen Liberalen", die sich als neue Strömung mit starken Sympathien für den Nationalismus und seine autoritären Tendenzen konstituiert hatten und schließlich aus den gewohnten regierungstreuen Hinterbänklern, die heute Giolitti folgten und morgen seinem Nachfolger. Giolitti erkannte diese Lage sofort, als er sich nach Bekanntwerden des bis dahin geheimgehaltenen Gentiloni-Paktes einem empörten Aufruf der Radikalen und dem Wiederaufleben des Antiklerikalismus stellen mußte. Überzeugt, daß man sich wie immer schließlich doch wieder an ihn wenden würde, zog er auch diesmal den Rücktritt der offenen Schlacht vor.

Diesmal aber ging die Rechnung nicht auf, denn der alte piemontesische Staatsmann konnte erst sieben Jahre später in einem von Krieg und Parteiauseinandersetzungen aufgewühlten Land unter vollständig gewandelten Bedingungen, die er nicht mehr verstand, für eine kurze und dramatische Regierungszeit an die Schalthebel der Macht zurückkehren. Aber schon vor dem Krieg hatte Giolitti den Kontakt zur wirklichen Entwicklung verloren, da er zuviel auf sein taktisches Geschick vertraute. Er hatte gehofft, durch das allgemeine Wahlrecht die Sozialisten für sich zu gewinnen; in Wirklichkeit aber hatte er bloß endgültig die Unterstützung der Konservativen und

Nationalisten verloren, die er auch durch den Libyenkrieg nicht mehr auf seine Seite ziehen konnte. Zur Rechten und zur Linken Giolittis wuchs die angeekelte Ablehnung der *Italietta,* und der alte Hexenmeister konnte die Kräfte aus der Tiefe, die er selbst entfesselt hatte, nicht mehr bändigen. Das ,,System Giolitti" war restlos am Ende. Daß sein Schöpfer dies nicht merkte, ist nur ein Beweis mehr dafür, daß der Bruch irreparabel war.

17. Vom Krieg zum Faschismus

Der Kriegseintritt

Die erste große Prüfung, die die neue Regierung unter Antonio Salandra zu bestehen hatte, war die „rote Woche" im Juni 1914. Mit diesem etwas zu anspruchsvollen Namen bezeichnet man gewöhnlich die Unruhen, die improvisiert und spontan das Land für acht Tage in Bewegung hielten. Ihren Schwerpunkt hatte die Bewegung in der Romagna und in den Marken, wo die republikanische, sozialistische und anarchistische Opposition fest verwurzelt war. Das Ganze war eine Revolution der Provinz, die, von lokalen Konflikten und Leidenschaften ausgelöst, unter der Führung der lokalen Oppositionsführer vom Schlag Benito Mussolinis und Pietro Nennis aus der Romagna und dem Anarchisten Enrico Malatesta stand. Es schien sich fast, diesmal unter proletarischem Vorzeichen, die Bewegung zu wiederholen, die 1830/31 den Kirchenstaat erschüttert hatte. Die großen industriellen Zentren und die Arbeiter des Landes folgten nur zum Teil dem Aufruf der sozialistischen Partei und der Gewerkschaft zum Generalstreik und nur aus Solidarität mit den Aufständischen in Ancona und der Romagna.

Die „rote Woche" war keine Revolution und in gewisser Hinsicht eher deren Karikatur. Sie genügte jedoch als bedrohliches revolutionäres Symptom für diejenigen Konservativen, die von einer Revolution eine ähnlich verschwommene Vorstellung hatten wie viele der Revolutionäre der Zeit. Zu diesen Konservativen gehörte Salandra, der 100000 Mann in die Romagna einrücken ließ, und auch der König, der tief beunruhigt war von den republikanischen Losungen der „roten Woche". Beide, der Ministerpräsident und der König, waren der Überzeugung, daß in diesem Falle weit energischere Mittel eingesetzt werden müßten als seinerzeit unter der Regierung Giolitti und daß es außerordentlich gefährlich wäre, weiterhin dessen Taktik zu folgen und einfach abzuwarten, daß die revolutionäre Welle von selbst verebbte. Man glaubte, einer tödlichen Bedrohung gegenüberzustehen und sie mit allen zur Verfügung stehenden Kräften bekämpfen zu müssen. Die nie ganz überwundene Versuchung einer autoritären Lösung, wie sie 1898 Di Rudinì vorgeschwebt hatte, wurde immer verführerischer.

In diese innenpolitische Entwicklung Italiens platzte Ende Juni 1914 die Nachricht von dem Attentat von Sarajewo, dem das österreichische Ultimatum an Serbien folgte. Italien war noch immer Mitglied des Dreibundes, der erst im Dezember 1912 erneuert worden war. Von verschiedenen Seiten, beispielsweise von den Nationalisten, wurde der Kriegseintritt Italiens auf der Seite der Verbündeten gefordert, damit die für diesen Fall im Vertrag vorgesehenen Kompensationen auf dem Balkan realisiert werden könnten. Giolitti dagegen telegraphierte eilends aus Paris, daß das österreichische Ultimatum gegen Serbien keinen Casus foederis entsprechend den Vertragsbestimmungen bedeute. Die Regierung hielt sich an diese Interpretation und erklärte in dem sich inzwischen abzeichnenden Krieg Italien für neutral.

Dies geschah im Juli 1914. Neun Monate später, im April 1915, schloß der italienische Außenminister Sidney Sonnino als Vertreter seiner Regierung ohne Wissen des italienischen Parlaments in London ein Abkommen mit der Entente ab. Darin verpflichtete sich Italien zum Kriegseintritt innerhalb eines Monats gegen die Zusicherung, daß es nach dem Sieg Trient, Südtirol, Triest und Dalmatien ohne die Stadt Fiume erhalten würde. Einen Monat später, am 24. Mai 1915, trat Italien gegen Österreich in den Krieg.

Auf österreichischer Seite sprach man von „Verrat". Zwar ist diese Anklage nicht haltbar, und Giolittis Interpretation ist durchaus korrekt. Dennoch ruft die italienische Politik in den Monaten zwischen Juli 1914 und Mai 1915 den Eindruck einer brüsken Umkehrung der politischen Orientierung hervor, und es stellt sich spontan die Frage, wie man in einem Land, das nach 15 Jahren Friedenspolitik auf einen Krieg gänzlich unvorbereitet war, plötzlich die Entscheidung zum Kriegseintritt fassen konnte. Diese Frage ist um so berechtigter, als feststeht, daß das Land selbst den Krieg nicht wollte: die von Sozialisten und Katholiken beeinflußten Massen und die Mehrheit des Parlaments wollten ihn nicht, und auch Giolitti, der immer noch einflußreichste Politiker des Landes, wollte ihn nicht. Auch das Gewicht interessierter Wirtschaftskreise wie der Schwerindustrie, deren enge Verbindungen zu den Nationalisten allgemein bekannt waren, darf nicht überschätzt werden. Abgesehen davon, daß es eine grobe Vereinfachung ist, den Krieg mit den Interessen der Kanonenfabrikanten zu erklären, ist nachgewiesen, daß nicht weniger einflußreiche Kreise in die entgegengesetzte Richtung drängten: zu den Anklagen, die von seiten der „Interventionisten" gegen Giolitti geschleudert wurden, gehörte die, daß er im Sold der *Banca commerciale* und des deutschen Kapitals stehe und entsprechend handle.

Das Lager der Interventionisten hatte freilich illustre Namen aufzuweisen: von Luigi Albertini, dem einflußreichen Herausgeber des „Corriere della sera", über Cesare Battisti, einen Sozialisten aus Trient, der nach Italien geflohen war, bis hin zu Bissolati und Salvemini. Auch Gabriele D'Annunzio war von Paris nach Italien, wo er plötzlich nicht mehr von seinen Schuldnern verfolgt wurde, zurückgekehrt, um auf dem Quarto-Felsen (Ort nahe Genua, von wo aus Garibaldis „Zug der Tausend" in See stach, A. d. Ü.) und auf dem Kapitol flammende Kriegsreden zu halten. Besonders lautstark setzte sich der jüngste der Interventionisten für den Krieg ein: Benito Mussolini. Er hatte im November 1914 die Sozialistische Partei verlassen und – offensichtlich mit französischen Geldern – eine eigene Zeitschrift unter dem Titel „Popolo d'Italia" gegründet, in der er mit dem Eifer des Konvertiten von den erneuernden und revolutionären Tugenden des Krieges predigte. Die Massen der Studenten und Kleinbürger, die in den „strahlenden Tagen" des Mai 1915 auf die Straßen gingen, um gegen Giolitti zu schreien und den Krieg zu feiern, wären von der Polizei ebenso leicht zu zerstreuen gewesen wie die Arbeiter und Bauern, die in zahlreichen Städten Italiens gegen den Kriegseintritt Italiens demonstrierten. Wenn dies nicht geschah, so deshalb, weil die Regierung und der Hof längst beschlossen hatten, sich ihrer zu bedienen, um der Entscheidung, die durch das Abkommen von London ohne Wissen des Parlaments bereits unwiderruflich war, das Charisma des Volkswillens zu geben.

Warum aber dann diese Entscheidung? Der französische Widerstand an der Marne hatte sicherlich ein bedeutsames Gewicht für die italienische Entscheidung. Trotz der Erfahrung des ersten Kriegsjahres war man nach wie vor der Überzeugung, daß der Krieg von kurzer Dauer sein werde. Selbst der äußerst pessimistische Giolitti behauptete, daß der Krieg zwar nicht nur drei Monate, aber auch nicht mehr als drei Jahre dauern werde. Diese Argumente liefern jedoch allein noch keine gültige Begründung. Den Ausschlag gab wahrscheinlich die Überzeugung, daß ein kurzer, siegreicher Krieg durch die Einführung einer stärkeren Disziplin im Lande eine autoritäre Entwicklung im Sinne des Versuches von 1898 ermöglichen und den konservativen Kräften durch die Ausschaltung der revolutionären Bedrohung neuen Spielraum geben würde. Der Kriegseintritt war deshalb auch – und man ist versucht zu sagen: vor allem – eine innenpolitische Maßnahme, eine Art kleiner Staatsstreich mit dem Anschein der Legalität. Schließlich stimmte im Parlament eine breite Mehrheit den außerordentlichen Vollmachten für die Regierung zu. Unter dem Druck der Exekutive einerseits und dem der Straße andererseits hatte das Parlament freilich seine Freiheit bereits verloren. Vermutlich aufgrund innenpolitischer Erwägungen verzichtete auch Giolitti seit Mai 1915 darauf, seinen immer noch möglichen Kampf für die Neutralität fortzuführen. Obwohl er dies in seinen Memoiren leugnet, kannte er wahrscheinlich den Inhalt des Abkommens von London und war sich bewußt, daß dessen Bekanntwerden die Entmachtung des Königs, der es unterzeichnet hatte, bedeutet hätte. Soweit konnte er als Piemontese und treuer Diener seines Königs nicht gehen.

So ging Italien psychologisch und militärisch unvorbereitet in den Krieg. Der Lärm der interventionistischen Demonstrationen und der Rhetorik D'Annunzios wurde bald schwächer, als die ersten Lazarett-Züge von der Front heimkehrten.

Italien im Krieg

Unter militärischen Gesichtspunkten war der Krieg, der drei Jahre lang gegen Österreich und nach der Kriegserklärung im August 1916 zwei Jahre gegen Deutschland geführt wurde, in erster Linie ein Stellungs- und Ermüdungskrieg. Trotz der Offensivanstrengungen von beiden Seiten, d. h. von seiten der Italiener am Isonzo und von seiten der Österreicher im Etsch-Tal und auf der Hochebene von Asiago, verlagerte sich die Frontlinie bis zum Oktober 1917 nur geringfügig. Die einzig nennenswerte Veränderung war die Einnahme der Stadt Gorizia durch die Italiener im August 1916. Nach dem Zusammenbruch der russischen Front gelang es jedoch den österreichischen und deutschen Truppen bei Caporetto, die italienische Front zu durchbrechen und in die Ebene von Venetien bis zum Piave vorzustoßen. Dort leisteten die italienischen Truppen so lange Widerstand, bis sie im November 1918 durch den Zusammenbruch des Kaiserreiches Österreich-Ungarn wieder die Offensive ergreifen und siegreich in Trient und Triest einziehen konnten. Im ganzen gesehen hatte sich das italienische Heer, das 600000 Tote auf den Schlachtfeldern zurückließ, gut geschlagen, und die Bauern, die man in die Schützengräben geschickt hatte, hatten mit der gleichen resignierten Entschlossenheit wie in Friedenszeiten ihre Pflicht getan. Wenn man bedenkt, daß das italienische Heer wenigstens in den ersten zwei Kriegsjahren das am schlechtesten vorbereitete und am schlechtesten geführte aller an den europäischen Fronten kämpfenden Heere war, verdienen die italienischen Soldaten sogar alle Hochachtung. Zu Kriegsbeginn fehlten den italienischen Truppen Kanonen, Maschinengewehre, Lastwagen und Offiziere. Die Ernennung von Offizieren geschah in aller Eile mit allen leicht vorstellbaren Konsequenzen. Der Generalstab unter Führung des Generals Cadorna, der nach Caporetto seinen Posten verlor, war häufig seinen Aufgaben nicht gewachsen, und das mangelnde Einvernehmen zwischen seinen wichtigsten Mitgliedern trug nicht gerade zu seiner Effizienz bei. Die Niederlage von Caporetto, für die Cadorna den von den „Roten" und „Schwarzen" in den Reihen des Heeres gesäten „Defätismus" verantwortlich machte, war in erster Linie ein Ergebnis des Mangels an Koordination zwischen den verschiedenen Heeresteilen.

Die tiefgreifenden innenpolitischen Auswirkungen des Krieges, dessen Dauer die Voraussagen der ärgsten Pessimisten übertroffen hatte, sind in ihrer ganzen Tragweite kaum abzusehen. Dabei ist im Auge zu behalten, daß der italienische Staat 1914 noch ein junges und zerbrechliches Gebilde war, das erst drei Jahre vor Kriegsbeginn sein 50jähriges Bestehen gefeiert hatte. Deshalb mußte eine Belastungsprobe wie die des Ersten Weltkrieges unausweichlich zu schwerwiegenden Erschütterungen führen. Die Kriegsanstrengungen hatten in erster Linie eine entsprechende Anstrengung des industriellen Produktionsapparates gefordert. Dem Heer mußten die fehlenden Kanonen, Waffen und Transportmittel zur Verfügung gestellt werden; die Millionen von Soldaten, die in den Schützengräben überwinterten, mußten bekleidet werden und Schuhe bekommen. Alle wichtigen Sektoren der italienischen Industrie arbeiteten auf vollen Touren: die Autoindustrie, die 1914 nur 9200 Einheiten produziert hatte, kam 1920 auf 20000 Einheiten; in der gleichen Zeit verdoppelte sich die zur Verfügung stehende Elektrizität. Auch die Eisenindustrie verzeichnete enorme Steigerungsraten. In der Kriegswirtschaft, in der der Markt- und Preismechanismus praktisch außer Kraft gesetzt war, blieben natürlich die Profite nicht aus, und es fanden spektakuläre Kapitalerhöhungen statt: Fiat erhöhte, um nur ein Beispiel zu nennen, sein Kapital von 17 Millionen 1914 auf 200 Millionen 1919, eine außerordentliche Steigerung, auch wenn man der starken inflationären Entwicklung Rechnung trägt. In diesem Prozeß wurden alle grundlegenden Merkmale des italienischen Kapitalismus gigantisch vergrößert: der hohe Konzentrationsgrad, die gegenseitige Durchdringung von Banken und Industrie, die Abhängigkeit von Staatsaufträgen, die Marktabsprachen in wichtigen Sektoren. Die großen Trusts der Ilva und Ansaldo und der Banken an ihrer Spitze – der *Banca commerciale*, der *Credito italiano*, der *Banco di Roma* und der *Banca di sconto* – brachten ganze Bereiche der Volkswirtschaft unter ihre Kontrolle. Der liberale Ökonom Riccardo Bachi schrieb 1919 zu Recht, daß die italienische Wirtschaft „von einem kleinen Kommando von großen Finanziers und wenigen großen Industriellen beherrscht" war. Der Staat kam nicht mehr umhin, sich bei jeder Entscheidung mit diesen „Schlotbaronen" auseinanderzusetzen.

Auch der Staat selbst erfuhr einen tiefgreifenden Wandlungsprozeß. In erster Linie bildete sich eine autoritärere Staatsform heraus, in der die exekutive Gewalt deutlich über die gesetzgebende dominierte. Das Parlament trat zwar, wenn auch seltener, zusammen, die Regierung mußte die Vertrauensfrage stellen, und es gab Regierungskrisen: so mußte im Juni 1916, nach dem österreichischen Angriff auf der Hochebene von Asiago, die Regierung Salandra zurücktreten und einer Koalitionsregierung unter Boselli weichen; nach Caporetto trat im Oktober 1917 an deren Stelle eine neue Regierung unter Vittorio Emanuele Orlando. Bis auf diese wenigen feierlichen Gelegenheiten, in denen das Parlament Solidarität und Patriotismus zu beweisen hatte, arbeitete es in den Kriegsjahren jedoch wenig und hatte praktisch alle wirklichen Kontrollmöglichkeiten verloren. Als Augenzeuge beschrieb Giolitti in seinen Memoiren diesen Prozeß folgendermaßen: „Die Macht der Regierung hatte die Handlungsfähigkeit des Parlamentes mehr als in allen verbündeten Ländern ausgehöhlt." Es fand „keine Haushaltsdebatte und keinerlei Kontrolle über die Staatsausgaben mehr statt", so daß „das Parlament über die Verwendung der finanziellen Mittel völlig im unklaren gelassen wurde". Der Presse, vor allem der der Opposition und der der Sozialisten, erging es nicht wesentlich besser. Die Blätter mußten wegen der Zensur oft mit unbedruckten Spalten erscheinen. Für Elemente, die als subversiv und defätistisch galten, gab es den Zwangsaufenthalt in abgelegenen Orten und den Hausarrest.

Der italienische Staat war während des Krieges zwar ein autoritärer Staat, aber kein starker Staat im gewöhnlichen Sinn des Wortes, wenn man darunter streng, aber auch effizient versteht. Die Erfordernisse des Krieges hatten dazu geführt, daß die bestehenden Strukturen, die Einteilung in wenige Ministerien nach dem klassischen Vorbild des liberalen Staates, ergänzt und weitgehend verändert werden mußten. Man schuf neue Ministerien, eine Menge von Ämtern und Kommissariaten und vor allem das komplexe Gebilde des *Comitato per la mobilitazione industriale* (Komitee für die Mobilisierung der Industrie), das unter Vorsitz eines Generals die Aufgabe hatte, alle 1992 Betriebe, die mit der Kriegsproduktion befaßt waren, zu überwachen. Die Hast, mit der diese Umwandlung des Staatsapparates realisiert wurde, führte zu Kompetenzüberschneidungen und trug zur Aufteilung in eine Reihe von persönlichen Herrschaftssphären und nutzlosen Verwaltungszweigen bei. Dort, so schrieb Antonio Gramsci, ,,findet eine ununterbrochene Selbstvermehrung von Autokraten statt", von denen jeder ,,aufbaut, abbaut, dazubaut, zerstört". Auch die durch den Krieg an die Spitze gelangte Führungsschicht war durchaus heterogen, zusammengewürfelt aus alten Bürokraten, Militärs und Industriekapitänen, die von heute auf morgen hohe Posten in der öffentlichen Verwaltung erhielten. Aus diesen Kontakten und Beziehungen entstand eine neue Mentalität der Führungskräfte: die Industriellen lernten von den Militärs, eiserne Methoden anzuwenden, die Militärs lernten von den Industriellen, neue Initiativen zu ergreifen, die Politiker lernten von beiden. Es vollzog sich eine grundlegende Transformation des Staates, die ihn zugleich autoritärer und ineffizienter werden ließ, ,,kollektiver" und zugleich mehr dem Druck großer privater Interessen ausgesetzt. Dies muß im Auge behalten werden, will man die schützende Komplizenschaft und den Mangel an staatlicher Kontrolle verstehen, die Geschehnisse wie die Einnahme Fiumes durch D'Annunzio oder die ungestraften Gewaltakte der Faschisten deckten. Der Krieg hatte, mit einem Wort, den liberalen Staat aus den Angeln gehoben und ihn seiner noch verbliebenen Autorität beraubt. Dies geschah genau in dem Augenblick, in dem breite Schichten der Gesellschaft, deren Horizont bisher auf ihre unmittelbare Umgebung beschränkt war, durch den Zwang der Umstände zum Bewußtsein der Existenz der Nation und ihrer eigenen Zugehörigkeit zu dieser größeren Gemeinschaft gelangt waren.

Das Italien des gemeinen Mannes der Provinz, das Italien derjenigen, deren erste und einzige Sorge es war, den Alltag zu meistern und die ihren Heimatort nur verließen, um nach Amerika auszuwandern, dieses Italien sah sich in einen Weltkrieg verwickelt, und seine armen Söhne erfuhren erst durch die Uniform und den Kampf in den Schützengräben, daß sie Bürger Italiens waren. Man kann sogar sagen, daß sich ein Nationalbewußtsein im weiteren Sinne erst mit dem Ersten Weltkrieg, mit der ersten kollektiven Erfahrung des italienischen Volkes herausbildete, damit aber in einem Augenblick der Zerrissenheit und der Erbitterung: von nun an war der Gedanke an das „Vaterland" für den Bauern verbunden mit dem, was er davon im Krieg erlebt hatte, mit Rangabzeichen und Schützengräben, mit Opfer und Erniedrigungen. Auch beim Kleinbürger, beim Offizier der Reserve, war der Begriff des Vaterlandes mit dem Krieg verbunden, allerdings unter umgekehrtem Vorzeichen: Italien wurde für ihn das mit allem Schwulst der Rhetorik D'Annunzios gefeierte Italien von Vittorio Veneto. So formten sich zwei entgegengesetzte Einstellungen: Italiener und Patriot zu sein hieß für die einen zugleich soviel wie Anhänger D'Annunzios und Interventionist zu sein, für die anderen beinhalteten Begriffe wie Demokratie, Revolution, Republik soviel wie „Verzichtpolitik" und „Caporetto". Die bitteren Früchte dieser inneren Zerrissenheit sollten bald nach dem Krieg zutage treten.

Der siegreiche Kriegsausgang hatte keines der drängenden Probleme der italienischen Gesellschaft gelöst, im Gegenteil, er hatte alle nur verschlimmert. Ein extrem konzentrierter und ungleichgewichtiger Produktionsapparat; eine zu hastig aufgeblähte Staatsmaschinerie, die improvisiert und ohne festes Gerüst dem Druck der privaten Interessen ausgesetzt war; eine weitgehend unerfahrene und heterogene Führungsschicht, die vor allem durch ihre gemeinsame Neigung zu autoritären Lösungen zusammengehalten wurde; ein Nationalbewußtsein, das sich im Zeichen des Krieges und der Verbitterung herausgebildet hatte; die alte „Unvereinbarkeit" Italiens wiederholte sich auf einem höheren Niveau und erreichte ein tragisches Ausmaß.

Eine versäumte Revolution?

Die Euphorie des Sieges verflog schnell. Im April 1919 verließen Ministerpräsident Orlando und sein Außenminister Sonnino aus Protest gegen die Nichtberücksichtigung der italienischen Interessen durch die anderen Siegermächte die Pariser Friedenskonferenz. Rasch verbreitete sich ein Gefühl von Enttäuschung, das seit langem latent im Lande vorhanden war, und die Regierung sah sich zum Rücktritt gezwungen.

Damit war das Schlagwort vom „verstümmelten Sieg" geboren. In Wirklichkeit übertrugen die danach von der neuen italienischen Regierung unterzeichneten Friedensverträge Italien nicht nur das von den Nationalisten immer wieder geforderte Trient und die Stadt Triest, sondern auch Südtirol mit seiner starken deutschsprachigen Minderheit und Istrien mit einer noch größeren slawischen Minderheit. Zwischen Italien und dem neuen jugoslawischen Staat blieben aber zwei Fragen offen: das Problem Dalmatiens, das der Londoner Vertrag Italien versprochen hatte, und das Problem der Stadt Fiume, die aufgrund des gleichen Abkommens und nach dem Willen der Verbündeten und Wilsons zur Freien Stadt werden sollte. Das Beharren der italienischen Seite auf Erfüllung dieser beiden Ziele nahm die Verbündeten natürlich nicht für die italienische Sache ein und erklärt auch den schließlichen Mißerfolg der italienischen Diplomatie in beiden Punkten. Dabei waren in Italien selbst viele Politiker wie etwa Bissolati der Ansicht, daß es in Beachtung des Nationalitätenprinzips besser sei, auf Dalmatien überhaupt zu verzichten. Im ganzen war der Ausgang der Pariser Konferenz für Italien keineswegs ein Mißerfolg, ein „diplomatisches Caporetto", obwohl die Verträge für Italien noch günstiger hätten ausfallen können, wenn die Regierung eine geradlinigere und weniger ehrgeizige Politik verfolgt hätte. Das Gefühl der Enttäuschung, das sich dennoch zwischen April und Juni 1919 ausbreitete, ging soweit, daß man sogar die Erinnerungsfeiern an den italienischen Kriegseintritt fallen ließ. Die Enttäuschung und das Schlagwort vom „verstümmelten Sieg" haben aber noch tiefere Wurzeln als die diplomatischen Mißerfolge der unmittelbaren Nachkriegszeit; sie waren vielmehr nur der sprichwörtliche Tropfen, der das Faß zum Überlaufen bringt.

Als der Frieden den Blick auf die Realität freigab, mußte man erkennen, daß das Land nach wie vor arm, und dazu noch gegenüber den Verbündeten schwer verschuldet war. Die aus dem Krieg heimgekehrten Bauern fanden zu Hause das alte Elend vor, noch mehr heruntergekommene Felder und Ställe mit noch weniger Vieh als vor dem Krieg. Für die glänzenden Reserveoffiziere, die drei Jahre in den Schützengräben gelegen hatten, war die Aussicht auf ein durch die Inflation aufgezehrtes Gehalt auch nicht gerade verlockend. Dafür also hatte man gekämpft? Dafür hatten 600000 Italiener ihr Leben gelassen? Viele zogen aus solchen und ähnlichen Überlegungen die Schlußfolgerung, daß der Krieg mit seinen Verlusten, seiner Verschwendung und Spekulation ein Wahnsinn gewesen war. Hatte nicht selbst der Papst in dem schrecklichen Jahr 1917 einen Appell an die Regierungen gerichtet, daß sie dem „sinnlosen Blutvergießen" ein Ende setzen sollten? Als genau dies erwies sich der Krieg nun am Ende tatsächlich. Staat und Führungsschicht wurden von einer machtvollen Welle der Unruhe erfaßt, und diejenigen, die gehofft hatten, durch den Kriegseintritt die Revolutionsgefahr abgewendet zu haben, mußten mit Schrecken das Anwachsen einer revolutionären Gärung erleben, die von Tag zu Tag bedrohlichere Ausmaße annahm.

Kaum ein anderes Jahr der italienischen Zeitgeschichte – und vielleicht ist überhaupt nur 1943 vergleichsweise zu nennen – erlebte eine so tiefe, allumfassende Krise und revolutionäre Spannung wie das Jahr 1919.

Die gesamte Arbeiterwelt war in Bewegung: die Zahl der Gewerkschaftsmitglieder, die vor dem Krieg nur nach Hunderttausenden gezählt hatte, ging nun in die Millionen, und die Zahl der Streiks und der Streikenden

Eine versäumte Revolution? 349

überstieg bei weitem die höchsten Zahlen von 1901/1902. Es streiken die Arbeiter der Fabriken, die spürbare Lohnerhöhungen und den Acht-Stunden-Tag durchsetzen konnten, es streiken die Beschäftigten der Eisenbahn und der öffentlichen Betriebe im Post-, Telegraphen- und Telephonwesen, es streiken die Tagelöhner der Po-Ebene und die *mezzadri* in Mittelitalien, es streiken sogar die treuergebenen Staatsdiener in den Ministerien. In Latium und Mittelitalien hatten sich unter den aus dem Krieg heimgekehrten Bauern Vereinigungen der ehemaligen Frontkämpfer gebildet. Dadurch ermutigt, besetzten die Bauern die Ländereien der Großgrundbesitzer und zwangen die Regierung, die vollendeten Tatsachen in irgendeiner Weise zu legalisieren. Im Juni waren mehrere Städte Schauplatz gewalttätiger Demonstrationen gegen die steigenden Preise, die in einigen Fällen den Charakter offenen Aufstandes annahmen. Im Juli wurde, wenn auch ohne Erfolg, ein Solidaritätsstreik für das revolutionäre Rußland ausgerufen. Im September kam dann unter Mitwisserschaft der Militärs der Handstreich D'Annunzios gegen Fiume, der heute als erster Schritt jener Unterwanderung des Staates von rechts erscheint, die mit dem Marsch Mussolinis auf Rom enden sollte. Das hinderte aber nicht daran, daß der Handstreich D'Annunzios auch von links als ein weiteres Zeichen der revolutionären Entwicklung und als Beweis dafür begrüßt wurde, daß der Keim des Ungehorsams auch in die höheren Ränge des Heeres Eingang gefunden hatte. Es gab sogar Projekte für eine Vereinigung der nationalistischen Umsturzbewegung D'Annunzios mit der revolutionären Bewegung, und mit diesem Ziel kam es zu Kontakten zwischen dem Dichter-Soldaten und Exponenten des Sozialismus und Anarchismus in Italien. Allgemein war das Gefühl verbreitet, daß die Stunden des liberalen Staates gezählt seien, ja, daß er sich schon in voller Auflösung befinde. Als im November 1919 Wahlen stattfanden – die ersten der italienischen Geschichte nach dem Verhältniswahlrecht – war ein Teil der Wählerschaft, der gewöhnlich für die Kandidaten der Mitte und der Regierung stimmte, so sehr davon überzeugt, daß ohnehin alle Mühe umsonst sei, und so voller Furcht vor dem bevorstehenden Zusammenbruch, daß er den Wahlurnen fernblieb. Die Wahlen bestätigten zumindest teilweise diese Ängste: als Sieger ging die sozialistische Partei mit 1756344 Stimmen und 156 Abgeordneten hervor, mit Abstand gefolgt von der erst kurz zuvor gegründeten katholischen Volkspartei *(Partito popolare italiano)*, die 1121658 Stimmen und über 100 Abgeordnete erhielt – ein Wahlergebnis, das als Anerkennung der Haltung der katholischen Kirche während des Krieges angesehen werden kann. Wenn nicht wiederum der Süden mit seiner Klientel und seinen Notabeln eine beträchtliche Zahl von Stimmen für die Regierungskandidaten gebracht hätte, wäre die Niederlage der alten politischen Führungsschicht von katastrophalem Ausmaß gewesen. In den großen industriellen Zentren des Nordens und in den fruchtbaren Gegenden der Po-Ebene hatte die Sozialistische Partei einen überwältigenden Sieg errungen.

Der Partei fehlte jedoch eine klare Beurteilung der Lage und ihrer Entwicklungsmöglichkeiten. Gewöhnlich wird als das Hauptproblem der Sozialistischen Partei in der unmittelbaren Nachkriegszeit ihre innere Spaltung angesehen: auf der einen Seite der maximalistische Flügel, der die Mehrheit innehatte und offen für die Revolution eintrat, auf der anderen Seite der reformistische Flügel, der weiterhin zu einer Politik der Reformen und der Zusammenarbeit mit den fortgeschrittenen Teilen der Bourgeoisie bereit war. Je nach dem Standpunkt wird daraus entweder abgeleitet, daß in Italien die Revolution hätte stattfinden können, wenn sie nicht durch den „Verrat" der Reformisten verhindert worden wäre, oder, die umgekehrte Interpretation, daß eine ernsthafte Reformpolitik und die Verhinderung des Faschismus in Italien möglich gewesen wären, wenn nicht die Ungeduld und Demagogie der Maximalisten dazwischengekommen wäre.

In Wirklichkeit wurde die Handlungsfähigkeit der Sozialistischen Partei nicht durch das Aufeinanderprallen zweier möglicher politischer Richtungen behindert, sondern durch das völlige Fehlen einer konkreten Orientierung. Weder trieben die Maximalisten ernsthaft die Revolution voran, noch setzten sich die Reformisten wirklich für konkrete Reformen ein. Dem Wunschdenken eines Bombacci, Lazzari und Serrati, die die als so unvermeidlich ausgegebene Revolution von einem Tag auf den anderen verschoben, entsprach auf der anderen Seite das Zögern der Reformisten und vor allem Turatis, wenn es darum ging, präzise Verantwortung zu übernehmen. Vor allem herrschte bei den Reformisten die Angst vor, durch eine Regierungsbeteiligung in den Bankrott des liberalen Staates mit hineingezogen zu werden. Insgesamt hatte die Sozialistische Partei keinerlei Gespür für die Veränderungen, die sich auf dem Lande vollzogen hatten. Durch die Blokkierung des Pachtzinses und das gleichzeitige Steigen der Agrarpreise war es für viele Bauern möglich geworden, sich endlich ihren jahrhundertealten Traum vom eigenen Land zu erfüllen. Zwischen der Volkszählung von 1911 und der von 1921 war die Zahl der Eigentümer von 21 auf 35,6% gestiegen. Durch die Losung der allgemeinen Enteignung und Sozialisierung des Landes entfremdeten sich die Sozialisten einen großen Teil der bäuerlichen Bevölkerung. Kein Sozialist wußte wahrscheinlich, daß der so vielbewunderte Lenin nicht einen Augenblick gezögert hatte und im Namen der Revolution das Programm der Sozialrevolutionäre zur Vervielfachung des kleinen Grundbesitzes übernahm. An die Seite des Unverständnisses für die bäuerliche Welt trat bei den Führern der Sozialistischen Partei eine vorgefaßte negative Meinung über die Volkspartei und ihre gewerkschaftlichen Organisationen, die gerade auf dem Land ihre Basis und ihre Stärke besaßen. Die Sozialisten machten keinen Versuch, die fortgeschrittensten Organisationen und Individuen der katholischen Welt ins revolutionäre Lager zu ziehen und dadurch das Band des religiösen Bekenntnisses zu zerreißen, das in der Volkspartei unterschiedlichste soziale und politische Kräfte zusammenhielt.

Der traditionelle Antiklerikalismus der Sozialisten dagegen knüpfte dieses Band nur immer enger und ließ eine Zusammenarbeit zwischen Gewerkschaften und Arbeitern der sozialistischen und katholischen Organisationen nahezu unmöglich werden.

Die einzige Gruppe, die sich wirklich ernsthaft das Problem jener italienischen Revolution stellte, die die anderen immer nur als unmittelbar bevorstehend und unvermeidlich voraussagten, war der Kreis um die Turiner Zeitschriften „L'ordine nuovo", zu dem Antonio Gramsci, Angelo Tasca und Palmiro Togliatti gehörten. Turin besaß ein größeres Industrieproletariat als alle anderen Städte Italiens; es war auch politisch am wachsten und bewußtesten. Im April 1917 waren menschewistische Abgeordnete, die die Notwendigkeit der Fortführung des Krieges predigen wollten, mit dem Ruf „viva Lenin!" empfangen worden. Im August desselben Jahres gingen die Turiner Arbeiter gegen die hohen Preise und gegen den Krieg auf die Straße und konnten nur mit Waffengewalt zurückgedrängt werden. In einigen der größten Betriebe Turins, vor allem bei Fiat, hatten sich nach dem Modell der Sowjets Fabrikräte gebildet, in denen die Männer von „L'ordine nuovo" schnell ein geeignetes Kampfinstrument für die Revolution und für die Selbstverwaltung nach dem Sieg der Revolution erkannten. Diese Räte wurden als Modell für das Proletariat im ganzen Land angesehen. Die Bewegung der Fabrikräte in Turin war zwar die Avantgarde der revolutionären Bewegung Italiens, sein am weitesten vorangeschrittener und bewußtester Teil, aber wie alle Avantgarden konnte sie leicht isoliert und damit geschlagen werden. Die Industriellen hatten sich seit Ende 1919 von den erlittenen Niederlagen erholt und ihren Verband – die *Confindustria* – in eine Art Generalstab der Konterrevolution verwandelt. Sie erkannten die Rolle Turins und wählten die Stadt als Schlachtfeld für den Beginn der konterrevolutionären Gegenoffensive. Aus dem großen Streik vom April 1920, zu dem sie sich von den Unternehmern hatten provozieren lassen, gingen die Metallarbeiter Turins geschlagen hervor. Gramsci mußte feststellen, daß sich die Hoffnung, Turin zum Petersburg Italiens zu machen, als unhaltbar erwiesen hatte. Der Rhythmus des italienischen Lebens stimmte mit dem seiner Avantgarde nicht überein. Damit war der erste Schritt jener langen, schwierigen politischen Reflexion geleistet, die dann in den Kerkern des Faschismus in den *Quaderni* zur Ausarbeitung der Grundlinien für eine revolutionäre Politik in Italien führen sollte, eine Politik, die der vielfältigen und widersprüchlichen Wirklichkeit dieses unausgeglichenen und kontrastreichen Landes entsprach.

Mit der Niederlage der Turiner Metallarbeiter begann die revolutionäre Welle, die die italienische Gesellschaft überrollt hatte, zu verebben. Der revolutionäre Elan war zwar noch vorhanden, aber die konservativen Kräfte konnten sich wieder neu formieren und ließen klar erkennen, daß sie zum Gegenangriff vorgehen wollten. Es begann eine Zeit der Unsicherheit und des prekären Gleichgewichts: eine Zeit, die – wie Gramsci als einer der wenigen erkannte – nur mit einer eindeutigen Lösung enden konnte: entweder mit der Revolution oder mit einer nicht weniger radikalen und gewaltsamen Reaktion.

Die Wirtschaftskrise und die Anfänge des Faschismus

Im Laufe des bewegten Jahres 1919 und der ersten Monate von 1920 stand an der Spitze der italienischen Regierung Francesco Saverio Nitti, ein Politiker aus dem Süden von bemerkenswerter geistiger Offenheit und profunder Bildung, der darüber hinaus für einen italienischen Ministerpräsidenten ungewöhnlich gute Kenntnisse der Ökonomie besaß. Dagegen mangelte es ihm an Sensibilität und auch an der Energie, die der Ernst der Stunde verlangt hätte.

Als überzeugter Demokrat versuchte Nitti die Unterstützung der Linken zu gewinnen, aber es gelang ihm lediglich, sich die Rechte und die Militärs zum Feind zu machen, die in ihm in erster Linie den Mann sahen, der eine Amnestie für Deserteure gewährt hatte. Nittis Schwäche trat deutlich bei dem Handstreich gegen Fiume zutage, als er sich unentschieden und zweideutig verhielt. Nachdem Nitti im Juni 1920 zurückgetreten war, blieb als einziger Mann, der genügend Autorität besaß, um das Land in einem so schwierigen Augenblick zu führen, der alte Giolitti, der aus seiner Ablehnung gegen den Kriegseintritt kein Hehl gemacht und sich fünf Jahre lang in Erwartung der Möglichkeit zur Revanche im Hintergrund gehalten hatte. Zu Giolitti zurückkehren hieß, nach vielen Irrwegen und Abenteuern, zur Klugheit und Normalität des Vorkriegsitalien zurückzukehren. Für einen Augenblick wollte es scheinen, als ob der alte Staatsmann aus Piemont wirklich das Wunder der Wiederbelebung der Vergangenheit würde vollbringen können.

Getreu seiner alten Abneigung gegen jede Form einer imperialistischen oder riskanten Außenpolitik bemühte sich Giolitti vor allem um die Lösung der noch offenen adriatischen Frage. Im November wurde mit Jugoslawien ein Vertrag geschlossen, in dem Italien gegen die Anerkennung seiner Souveränität über ganz Italien und die Stadt Zara auf seine Ansprüche gegen Dalmatien verzichtete, während Fiume zum unabhängigen Staatswesen erklärt wurde. D'Annunzio mußte wohl oder übel die vollendeten Tatsachen akzeptieren und im Dezember mit seinen „Legionären" die Stadt in Istrien verlassen. Ein gefährlicher Herd des Nationalismus, der entscheidend zur Überhitzung und zur Vergiftung des politischen Klimas in Italien beigetragen hatte, war damit ausgeschaltet. Diesem außenpolitischen Erfolg ging ein anderer, noch spürbarerer im innenpolitischen Bereich voraus. Im September hatten die Metallarbeiter nach einer längeren gewerkschaftlichen Auseinandersetzung mit den Arbeitgebern die Fabriken besetzt, die roten Fahnen gehißt und bewaffnet die Fabriktore bewacht, so daß für einige Tage wirklich die Stunde der Revolution gekommen zu sein schien. Wie schon während des Generalstreiks von 1904 erkannte Giolitti, daß die sozialistischen und gewerkschaftlichen Führer die Bewegung nicht bis zur äußersten Konsequenz treiben konnten, da keinerlei reale Chance für eine revolutionäre Lösung bestand. Er wußte deshalb Zeit zu gewinnen, bis die beiden streitenden Parteien schließlich seine Vermittlung und ein Abkommen akzeptierten, das beiden das Gesicht zu wahren erlaubte.

Es schien tatsächlich so, als ob die Erschütterungen der Nachkriegszeit vorüber seien und als ob Italien unter der Führung seines weisen alten Staatsmannes wieder auf den Weg zurückgefunden hätte, den es mit so großem Erfolg im ersten Jahrzehnt des Jahrhunderts beschritten hatte.

Dem war nicht so. Nach der bewegten und euphorischen Entwicklung der Kriegsjahre trat die Wirtschaft mit der zyklischen Abschwungphase der unmittelbaren Nachkriegszeit in eine schwere strukturelle Krise. Die Produktion stagnierte, und in die Schwierigkeiten einiger der größten Industrien wurden bald auch die Banken mit hineingezogen. Im Dezember 1921 mußte die *Banca di sconto* Konkurs anmelden, von dem Tausende kleiner Sparer betroffen waren. Es entstand der Eindruck, daß man wieder zu den Zeiten der Bankkräche der Jahrhundertwende zurückgekehrt sei. Gleichzeitig stiegen die Arbeitslosenziffern unaufhörlich an, die Zahl der Streiks ging zurück. Der Krise fiel in erster Linie die Gewerkschaftsbewegung zum Opfer, die ihren Einfluß und ihren Bewegungsspielraum enorm eingeschränkt sah. Die Stagnation verschärfte natürlich die inneren Auseinandersetzungen und Reibungen im sozialistischen Lager, die schon während der Fabrikbesetzungen und während des April-Streiks in Turin zum Vorschein gekommen waren. In diesem Klima kam es zu mehreren Spaltungen. Die erste und folgenreichste war die Abspaltung des linken Flügels, der sich im Januar 1921 als Kommunistische Partei neu formierte und als kleines Häuflein extremistischer Radikaler kaum den künftigen Erfolg voraussahnen ließ. Der Abspaltung der Kommunisten folgte im Oktober 1922 die der Reformisten, so daß die ruhmreiche Sozialistische Partei beim Machtantritt des Faschismus in drei Rumpfparteien zersplittert war.

Während die Wirtschaftskrise für die sozialistische Arbeiterbewegung eine große Schwächung bedeutete, wirkte sie stärkend auf die ,,italienische Reaktion". Darunter sind die verschiedenen Gruppen – Militärs, Industrielle und Agrarier – zu verstehen, die der Umsturzwelle des Jahres 1919 ohnmächtig zusahen und von der Rückkehr zu Recht und Ordnung, wie sie während des Krieges geherrscht hatten, träumten. Die Krise der Gewerkschaften und der sozialistischen Bewegung, die Enttäuschung und Orientierungslosigkeit, die sich bereits unter den Massen breitmachten, ließen für diese Kreise die Möglichkeit einer definitiven autoritären Lösung am Horizont auftauchen. Die

Politik des Ausgleichs, wie sie Giolitti betrieb, war nun überholt. Aber es fehlte ein Mann mit starker Hand, mit kühner Perspektive, der an die Stelle eines labilen Gleichgewichts eine dauerhafte Lösung zu setzen vermochte.

Dieser Mann wurde bekanntlich in der Person Mussolinis gefunden. Nach seinem aufsehenerregenden Austritt aus der Sozialistischen Partei und dem Übergang zu den Interventionisten war der impulsive Mann aus der Romagna Soldat geworden und blieb gerade solange im Krieg, um sich mit dem Titel eines Frontkämpfers und Kriegsverwundeten schmücken zu können, obwohl gesichert scheint, daß er selbst nie an der Front war und sich die Verletzung bei einer Übung zugezogen hatte. Danach war Mussolini zu der Zeitschrift „Popolo d'Italia" zurückgekehrt und hatte 1919 die faschistische Bewegung gegründet. Diese neue politische Gruppierung, die, aus entwurzelten Elementen und Abenteurern zusammengewürfelt, ein zusammenhangloses demagogisches Programm vertrat, war ein typisches Abfallprodukt der politischen Desorientierung der Nachkriegszeit. Das Ansehen, das Mussolini genoß, war ein Reflex der Unternehmung D'Annunzios gegen Fiume, zu dessen lärmendem Sprachrohr er sich gemacht hatte. Bei den Wahlen im November 1919 brachten die Faschisten nur im Wahlkreis Mailand eine eigene Liste zustande und erhielten einen lächerlich geringen Stimmenanteil – wenig mehr als 4000 Stimmen. Zu diesem Zeitpunkt dachte Mussolini daran, die Politik aufzugeben und sich einer seiner zahlreichen anderen Aktivitäten – von der Fliegerei bis zum Theater –, für die er sich begabt hielt, zu widmen.

Auch im ersten Halbjahr 1920 blieb die faschistische Bewegung zahlenmäßig und politisch bedeutungslos. Die einzige Stadt, in der sie einen durchschlagenden Erfolg verbuchen konnte, war Triest, eine Stadt, die in vieler Hinsicht eine Ausnahme bildete durch die Nähe Fiumes, durch die Militärverwaltung, der sie unterstand, vor allem aber durch die starken Spannungen zwischen der slawischen und der italienischen Bevölkerung, die durch das Ende der österreichischen Herrschaft verschärft worden waren. All diese Elemente machten Triest zu einem geeigneten Terrain für eine ausgesprochen nationalistische Bewegung wie die faschistische. In der Erwartung, daß sie bald auch gegenüber dem ganzen Land so würden handeln können, verwüsteten die ersten faschistischen Stoßtrupps mit der wohlwollenden Komplizenschaft der lokalen Verwaltung die Versammlungslokale der slawischen Bevölkerung, stürmten die Arbeiterkammern und umzingelten die Arbeiterviertel.

Die Hoffnungen und Erwartungen der Faschisten wären sicher enttäuscht worden, wenn nicht die Wirtschaftskrise ein äußerst günstiges Klima für die Entwicklung einer faschistischen Bewegung geschaffen hätte. Die geschwächte Widerstandskraft der Arbeiterbewegung, die wachsenden autoritären Neigungen der führenden Schichten und privilegierten Klassen, die Entwurzelung und Manipulierbarkeit großer Massen von Arbeitslosen, die

Abneigung des Kleinbürgertums gegen die Arbeiterbewegung und die Sozialisten – alles trug dazu bei, die ersten Schritte und die ersten Erfolge des Faschismus zu erleichtern. Die unzweifelhaften politischen Fähigkeiten und der politische Instinkt Mussolinis, die tiefe Erschütterung des Staates und der liberalen politischen Führungsschicht taten ein übriges. Statt, wie einige gehofft hatten, die Revolution hervorzubringen, brachte die Krise die Reaktion. Die Entwicklung in Italien zwischen 1921 und 1922 nimmt in vieler Hinsicht die Entwicklung der Ereignisse vorweg, die Anfang der dreißiger Jahre in Deutschland die Nationalsozialisten an die Macht bringen sollten.

Der Weg des Faschismus an die Macht

Das eigentliche Debut der faschistischen Stoßtrupps fand am 21. November 1920 in Bologna, der Hochburg der Sozialisten, statt. Anläßlich der Amtsübernahme der neuen sozialistischen Stadtverwaltung provozierten die Faschisten schwere Zusammenstöße und schufen ein Bürgerkriegsklima in der Stadt. Danach begann auf dem Land in der Emilia und in der Toskana ein regelrechter Guerillakrieg gegen die sozialistischen und sonstigen Arbeiterorganisationen, der sich allmählich in ganz Italien ausbreitete. In den ersten Monaten des Jahres 1921 verging praktisch kein Tag, ohne daß die Presse über Brandanschläge auf Arbeitskammern und die Plünderung von Kooperativen berichtete oder darüber, daß sozialistische Politiker, auch Republikaner und Volksparteianhänger, gezwungen worden waren, Rizinusöl zu trinken und aus ihrer Stadt „verbannt" wurden. Mit der ganzen Parteigehässigkeit und Verbissenheit, die solche Auseinandersetzungen in der Provinz annehmen, wurde hier ein Lokalkrieg geführt. Vor allem aber handelte es sich um einen Kampf der Klassen. Der Haß, den die Grundbesitzer der Emilia, die die faschistischen Schlägertrupps finanzierten, gegen ihre Bauern hegten, war nicht geringer als der der Nationalisten von Triest gegen die slawische Bevölkerung, ein instinktiver, beinahe rassistisch zu nennender Haß.

Der Erfolg der Strafexpeditionen und der *raids* der Faschisten wäre jedoch nicht möglich gewesen ohne die Duldung, ja sogar Komplizenschaft des Heeres und der Exekutive. Viele Präfekten und Generäle übertrafen einander im Zudrücken beider Augen gegenüber den faschistischen Gewalttaten, während sie sich besonderer Strenge befleißigten, wenn es sich darum handelte, gegen die Reaktion der anderen Seite vorzugehen. Durch die Protektion der faschistischen Aktionen lud besonders der Kriegsminister des Kabinetts Giolitti, der ehemalige Sozialist Ivanoe Bonomi, der im Juli 1921 die Regierung übernahm, schwere Schuld auf sich. Die Tatsache, daß Militärs, Präfekten, Minister und Giolitti selbst die Taten der Faschisten unterstützten – oder zumindest nicht behinderten –, darf jedoch nicht als ein Zeichen dafür angesehen werden, daß die herrschende Klasse Italiens eine faschistische Entwicklung des Staates wirklich akzeptiert und daß sie den Dingen ihren Lauf gelassen hätte. Vielen Politikern der Zeit war die Überzeugung gemeinsam, daß der Faschismus wohl kaum auf ein langes Bestehen hoffen konnte. Durch die Heterogenität seines Programms und seiner sozialen Zusammensetzung – und weil es sich offenbar mehr um ein emotionales als um ein wirklich politisches Phänomen handelte –, schien es, als ob die faschistische Bewegung zum baldigen inneren Verfall verurteilt sei. Bis dahin hoffte man, sie ausnützen zu können, um sich ihrer dann im geeigneten Moment zu entledigen.

Auch Mussolini selbst war sich der inneren Schwäche und Widersprüche des Faschismus durchaus bewußt. Im Gegensatz zu D'Annunzio glaubte er nicht an die Rhetorik seiner eigenen Worte und war weit davon entfernt, seine Wünsche und sein Wunschdenken mit der Wirklichkeit zu verwechseln. Sehr schnell erkannte er, daß sich die Bewegung ohne ein konkretes und in naher Zukunft erreichbares Ziel auflösen würde, kaum daß sie durch die Gunst der Stunde die Feuertaufe überstanden hatte. Als konkretes Ziel war einzig die Übernahme der politischen Macht und die Identifizierung des Staates mit der faschistischen Bewegung möglich. Um dies zu erreichen, mußte der Faschismus allerdings „respektabler" werden, mußte er von den radikalsten Elementen befreit werden. Deshalb führte Mussolini von Sommer bis November 1921 in den Reihen der Faschisten eine erfolgreiche Kampagne gegen die „linken" Strömungen, deren führender Kopf der ehemalige Republikaner Dino Grandi aus der Romagna war; deshalb gab er auch der Monarchie Loyalitätsversicherungen, zuerst in aller Stille und dann durch öffentlichen Widerruf seiner früheren republikanischen Äußerungen; deshalb suchte er die Gunst der Industrie durch rundherum freihändlerische Äußerungen zu gewinnen; deshalb gab er schließlich den alten Antiklerikalismus auf und sprach von der universalen Mission Roms und des Katholizismus. Auf seiten des Vatikans war man durchaus empfänglich für diese Lockungen: der im Februar 1922 neue gewählte Papst Pius XI. trug durch den Entzug der Unterstützung für die Volkspartei und ihren kämpferischen Führer Don Sturzo zum schließlichen Sieg des Faschismus nicht wenig bei.

Je respektabler der Faschismus sich in den Augen von Leuten mit „gesunden Ansichten" präsentierte, desto mehr fielen die gegen ihn errichteten Barrieren: die Männer der alten liberalen Führungsschicht streckten einer nach dem anderen die Waffen, allen voran Ministerpräsident Salandra, der den Kriegseintritt befürwortet hatte – oder sie gingen sogar ganz auf die Seite des Faschismus über. Einige, wie Giolitti, gaben sich bis zuletzt der Illusion hin, die Situation beherrschen zu können. Sie ließen sich in ein undurchsichtiges Spiel aus Scharmützeln, Verhandlungen, Tauschgeschäften usw. ein, in dem Mussolini geschickt die Fäden in der Hand behielt: bei jedem „Sieg" seiner Schlägertrupps, bei jedem gelungenen Coup schraubte er seine Forderungen höher. Die Monate verliefen in einem aufgeregten und aufgewühlten Klima, wie es für Zeiten vor einer endgültigen Neuordnung typisch ist. Dem flüchtigen Beobachter mochte die Lage noch im Fließen, mochten verschiedene Lösungsmöglichkeiten noch offen erscheinen, in Wirklichkeit aber war das Spiel gelaufen, und es handelte sich nur noch darum, den Preis zu kassieren. Im Oktober 1922 wurde dieses Spiel der Zweideutigkeiten endlich aufgedeckt: während der Vatikan immer mehr auf Distanz gegenüber der Volkspartei ging und die Sozialistische Partei die Aktionseinheit mit der Gewerkschaft aufkündigte, in einem Augenblick also, in dem die Feinde gespalten und geschlagen waren, ging Mussolini mit der Drohung des Aufstandes zur offenen Erpressung von Monarchie und Staat über. Nach einer Faschistenversammlung in Neapel beschlossen die faschistischen „Quadrumvirn" mit der Zustimmung Mussolinis auf Rom zu marschieren. Ministerpräsident Luigi Facta, ein Vertrauensmann Giolittis, schlug dem König vor, den Belagerungszustand zu verhängen. Nach einigem Zögern lehnte der König jedoch ab. Mussolini, der in Mailand die Entwicklung der Dinge abwartete, um gegebenenfalls in die Schweiz zu flüchten, konnte danach gelassen in einen Schlafwagenzug steigen, um nach Rom zu fahren. Dort nahm er vom König den Auftrag zur Regierungsbildung entgegen und erklärte dem Parlament, es sei nur ihm zu danken, daß das Parlament nicht schon längst in ein „Feldlager seiner Leute" verwandelt worden sei. Trotz dieser Unverfrorenheit sprach die Versammlung der neuen Regierung, an der auch Minister der Volkspartei und der Liberalen beteiligt waren, mit 306 zu 116 Stimmen das Vertrauen aus. Unter den Ja-Stimmen waren Namen wie Bonomi, Giolitti, Orlando, Salandra und Alcide de Gaspari.

Die „faschistische Revolution" wurde so mit der Zustimmung und dem Siegel der verfassungsgemäßen Ordnung zu Ende gebracht. Nach vier Jahren des Zauderns und der großen Erschütterungen fand Italien endlich eine neue Ordnung. Denn, trotz allem, war der Faschismus wie jede Restauration in gewisser Hinsicht eine Lösung, denn sie ermöglichte die Herstellung eines neuen Gleichgewichts. Es handelte sich jedoch um die einfachste und damit historisch schlechteste Lösung. Die Kräfte der italienischen Revolution mußten ihre mangelnde Reife und ihre Fehler mit einer schweren, folgenreichen Niederlage bezahlen. Mit den letzten verzweifelten Rückzugsgefechten aber, die in Parma, in den ärmeren Vierteln von Rom, im alten Bari und in Turin mit dem großen Streik vom August 1922 stattfanden und die alle von Anfang an zum Scheitern verurteilt waren, rettete das italienische Proletariat seine Ehre und legte die Voraussetzungen für seinen langen antifaschistischen Kampf.

18. Vom Faschismus zum Krieg

Der Faschismus: Von der Regierung zum Regime

Wie der Weg des Faschismus an die Macht durch die Wirtschaftskrise begünstigt worden war, so erleichterte die günstige Konjunktur, die zwischen 1922 und 1929 in Europa und Amerika herrschte, seine Konsolidierung. Die neue faschistische Regierung brauchte deshalb nichts anderes zu tun, als die vorhandenen Tendenzen zu unterstützen und den Kräften und Persönlichkeiten, die das Wirtschaftsleben lenkten, freie Hand zu lassen. Schon in seiner Rede in Udine am Vorabend des „Marsches auf Rom" hatte Mussolini gegen den „Eisenbahnstaat, den Poststaat, den Versicherungsstaat" gewettert. Einmal an der Regierung setzte er diese Richtlinien in die Tat um, indem er Alberto De Stefani zum Finanzminister machte, der als Anhänger des *laissez-faire* in der Wirtschaftspolitik bekannt war. Die namentliche Registrierung des Aktienbesitzes, die Giolitti eingeführt hatte, wurde aufgehoben, die Erbschaftssteuer verringert, die Telephongesellschaft reprivatisiert und die Löhne gekürzt. Diese extrem liberalistische Wirtschaftspolitik nach innen hinderte den Faschismus nicht daran, die traditionelle protektionistische Politik nach außen fortzusetzen, an die schon Giolitti mit der Einführung eines neuen, hohen Schutzzolles im Jahre 1921 Konzessionen gemacht hatte. In diesem Rahmen ist auch die Politik zur Kursstabilisierung der Lira seit 1925 zu sehen, die von Graf Giuseppe Volpi, der als Vertrauensmann der Industrie nach De Stefani das Finanzministerium übernahm, zu Ende geführt wurde. Eine ähnliche Rolle spielte die sogenannte „Getreideschlacht", die die Wiederherstellung des Getreideeinfuhrzolls begleitete: beide Maßnahmen dienten zur Verringerung des Zahlungsbilanzdefizits und zur Schaffung beträchtlicher Devisenreserven.

Diese Wirtschaftspolitik erwies sich während der günstigen Konjunkturphase bald als fruchtbar. 1929 hatte die Industrieproduktion gegenüber 1922 um 50% zugenommen. Besonders eindrucksvoll waren die Erfolge der Chemieindustrie. Führend war die Firma Montecatini, der größte Lieferant von Düngemitteln. In Verbindung mit der chemischen Industrie entwickelte sich die neue vielversprechende Kunstseiden- und Rayonindustrie, besonders die führende *Snia Viscosa*. Auch die Automobilproduktion nahm ständig zu und erreichte 1926 60 500 Einheiten, die Mehrzahl davon waren Fiats. Als Folge der gesteigerten Industrieproduktion nahm auch die Arbeitslosigkeit ab, die während der Krise ein ziemlich hohes Niveau erreicht hatte. Damit wurde verhindert, daß die Unzufriedenheit und die eindeutige Opposition gegen den Faschismus unter den Arbeitern sich in einen ausgedehnten und organisierten Kampf verwandelte. Auch die Landwirtschaft verzeichnete im großen und ganzen steigende Produktionsziffern, wiewohl dies vor allem der in der „Getreideschlacht" angekurbelten Getreideproduktion zuzuschreiben war. Das von der vorigen Regierung übernommene Projekt der Aufteilung des Großgrundbesitzes in Sizilien wurde absichtlich fallengelassen.

Die verbesserte Wirtschaftslage und die Unterstützung der Regierung durch gesellschaftliche Gruppen, die davon am meisten profitierten, erleichterten die Zerstörung der noch vorhandenen Strukturen des liberalen Staates und die Errichtung eines autoritären Regimes. Den Anfang bildete die Einrichtung einer freiwilligen Miliz im Januar 1923, in die alle ehemaligen Stoßtruppmitglieder zusammenströmten, um dort ein Auskommen zu finden. Darauf folgte die Umwandlung des „Großen Faschistischen Rates" *(Gran Consiglio del fascismo)* in ein Organ des Staates. Neben dem regulären Heer existierte damit ein faschistisches Heer und neben dem gewählten Parlament ein von Mussolini ernanntes Beratungsorgan. Im April 1923 wurden dann die Minister der Volkspartei aus der Regierung ausgeschlossen, und im Juli wurde ein neues Wahlgesetz veröffentlicht, das darauf ausgerichtet war, der Liste der Regierungskoalition und der Faschisten – dem sogenannten *listone* – eine breite Mehrheit zu verschaffen. Die Wahlen fanden im April 1924 in einem Klima der Einschüchterung und Gewalt gegen die Opposition durch die neu mobilisierten faschistischen Stoßtrupps statt. Trotzdem entsprachen die Wahlergebnisse nicht den Erwartungen Mussolinis. Der *listone* erhielt zwar die Stimmen- und Sitzmehrheit, aber im Norden und in den großen Arbeiterstädten überwog der Stimmanteil der Opposition.

Gegen das Klima der Gewalttätigkeit während des Wahlkampfes erhob der sozialistische Abgeordnete Giacomo Matteotti am 30. Mai 1924 im Parlament leidenschaftliche Anklage. Wenige Tage später wurde er entführt, und seine Leiche wurde am 16. August in einem Gebüsch in der Romagna gefunden. Für einen Augenblick schien es, als ob alle von der Regierung abrücken würden, deren Komplizenschaft mit dem Verbrechen kaum jemand in Zweifel zog. Viele Abzeichen der faschistischen Organisationen verschwanden von den Rockaufschlägen, und Mussolini selbst bekam die Isolierung zu spüren. Schnell jedoch gewann er seine Dreistigkeit zurück, denn der von Giovanni Amendola geführte Teil der Opposition, der mit dem sogenannten Auszug auf den Aventin das Parlament verlassen hatte, war nicht in der Lage, das Land aufzurütteln und eine reale Alternative aufzuzeigen. Wiederum siegte die Angst vor der Revolution, und außerdem konnte Mussolini auf die Unterstützung des Königs und auf die Neutralität des Vatikans rechnen. Am 3. Januar 1925 übernahm er vor dem Parlament die volle Verantwortung für die Ermordung Matteottis und forderte die

Abgeordneten provokativ dazu auf, ihn unter Anklage zu stellen. Die Abgeordnetenkammer, die den Fehdehandschuh nicht aufnahm, akzeptierte damit ihr eigenes Todesurteil und das Ende des liberalen Staates.

Wie Mussolini in seiner anmaßenden Rede vom 3. Januar angekündigt hatte, folgten auf die Worte auch Taten. Die folgenden Monate waren durch Dekrete und Gesetze gekennzeichnet, die, wie man sagte, *fascistissime* waren. Die Tätigkeit der Parteien wurde durch ein Koalitionsgesetz unterbunden, die Pressefreiheit aufgehoben, die Dissidenten des Aventin aus dem Parlament ausgeschlossen, des Antifaschismus verdächtige Beamte aus der Verwaltung entfernt, die Gesetzbücher geändert und schließlich wurde die Verwaltungsautonomie eingeschränkt, indem die Bürgermeister nicht mehr gewählt, sondern von oben ernannt wurden. Damit erhielt der italienische Staat den Charakter eines totalitären Staates, an dessen Spitze der *Duce* stand, dem ein Sondergesetz eine dominierende Rolle gegenüber den anderen Ministern einräumte. Gegen Oppositionelle wurde die *Ovra*, die politische Polizei des Regimes eingerichtet, und 1925, nach dem Attentat Zanibonis gegen Mussolini, wurde ein Sondergericht geschaffen. Schnell begann dieses Gericht seine rastlose Tätigkeit mit der Verhängung von Gefängnisstrafen, Zwangsaufenthalten und in einigen Fällen auch Todesstrafen. Zum ersten Mal seit der Einigung gab es in Italien wiederum politische Emigranten, oder, wie die Faschisten in Übernahme eines Begriffs aus der Zeit der Stadtstaaten sagten, *fuorusciti*. Die Arbeiteropposition wurde praktisch zum Schweigen gebracht, insbesondere durch das gesetzliche Verbot aller nichtfaschistischen Gewerkschaftsorganisationen. Die faschistischen Gewerkschaften verzichteten in dem sogenannten Palazzo-Vidoni-Pakt mit den Unternehmern auf Streiks und auf die Einrichtung von Betriebsräten in den Fabriken, die *commissioni interne*, und erhielten dafür die Anerkennung der kollektiven Tarifverträge. In der Zwischenzeit hatte sich auch die *Confederazione generale del lavoro*, die letzte Bastion der freien Gewerkschaftsbewegung, selbst aufgelöst. Sie war dem faschistischen Korporatismus auf den Leim gegangen, der mit der *Carta del lavoro* am 21. April 1927, dem „Geburtstag" Roms, feierlich verkündet wurde. Dieser von den Faschisten eingerichtete Feiertag war seit längerem an die Stelle des 1. Mai getreten.

Die faschistische Regierung wandelte sich so zu einem Regime, in dem der *Duce* Gott und der Rundfunk sein Prophet war. Dieses neue, mächtige Kommunikationsinstrument wurde in Italien, wo die Zeitungsauflagen immer noch relativ niedrig waren, zu einem entscheidenden Faktor der öffentlichen Meinungsbildung. Nicht umsonst hatte der faschistische Staat das Radio durch Einrichtung einer staatlichen Rundfunkanstalt unter besondere Kontrolle gestellt. Durch das Radio wurden die Italiener täglich über die Erfolge des faschistischen Italien informiert, obwohl Mussolini selbst nicht gern am Mikrophon sprach. Er zog, wie er sagte, den direkten

Kontakt mit den Massen vor, die großen Versammlungen auf der *Piazza Venezia* in Rom, wo er von dem „historischen Balkon" zu den Massen sprach.

Mussolini war jedoch zu sehr Politiker, um seiner eigenen Rhetorik zu verfallen. Er wußte genau, daß nicht nur das Proletariat, sondern darüber hinaus auch weite Teile der Öffentlichkeit dem Regime zumindest mißtrauisch, wenn nicht direkt feindlich gegenüberstanden. Um den gesellschaftlichen Konsens um den Faschismus zu erweitern, begann Mussolini seit Anfang 1925 die Annäherung an den Vatikan, durch dessen Anerkennung seine Herrschaft im katholischen Italien beträchtlich gestärkt werden konnte. Die Verhandlungen waren lang und schwierig. Als Hindernis erwies sich vor allem die Entscheidung des Faschismus, als einzige Jugendorganisation die faschistische *Opera nazionale balilla* (Balilla war ein vierzehnjähriger Junge, der 1790 mit einem Steinwurf das Signal zum Aufstand gegen die Österreicher in Genua gegeben hatte, A. d. Ü.) zuzulassen und damit alle bestehenden Organisationen, darunter auch die der katholischen Pfadfinder, aufzulösen. Das Regime war jedoch nicht nur auf diesem, sondern auch auf anderen Gebieten zu weitreichenden Konzessionen bereit. Mit den Lateranverträgen vom 11. Februar 1929 erkannte der faschistische Staat die Souveränität des Papstes über die Vatikanstadt an, verpflichtete sich zu umfangreichen Zahlungsleistungen und setzte den alten Artikel aus dem albertinischen Statut in Piemont wieder in Kraft, der den Katholizismus zur Staatsreligion erklärte. Der Heilige Stuhl seinerseits erklärte die römische Frage für gelöst und stimmte der Regelung seiner Beziehungen zum italienischen Staat durch ein Konkordat zu, in dem die kirchliche Eheschließung zivile Gültigkeit erhielt, und in den öffentlichen Schulen der Religionsunterricht eingeführt wurde. Die „Versöhnung" mit der Kirche trug ohne Zweifel wesentlich zur Konsolidierung des faschistischen Staates bei und hatte weitreichende Auswirkungen auf die weitere historische Entwicklung, denn die Gültigkeit der Lateranverträge ist bis heute von der Verfassung der italienischen Republik ausdrücklich anerkannt.

Nach diesem Erfolg konnte Mussolini für den März 1929 Wahlen ausschreiben. Zur Wahl stand eine einzige Liste, und unter demokratischen Gesichtspunkten war das Ganze deshalb eine Farce. Von den 8 506 576 Ja-Stimmen – bei nur 136 198 Nein-Stimmen – sind letztlich jedoch viele als Ausdruck einer wirklichen Zustimmung zu betrachten.

Das Ansehen des faschistischen Staates erreichte nämlich tatsächlich seinen Höhepunkt: die Wiederherstellung der Ordnung im Inneren, der Wirtschaftsaufschwung, die Versöhnung mit dem Vatikan erschienen der bürgerlichen Öffentlichkeit als Verdienste des Faschismus, und international wurde der Faschismus trotz seiner nationalistischen Tendenzen und seiner Unberechenbarkeit als eine solide Bastion gegen den Kommunismus betrachtet. Mussolinis Debut in der Außenpolitik in seiner Eigenschaft als Außenminister wirkte freilich nicht gerade vertrauenerweckend. Aus Anlaß der Ermordung einer Militärdelegation in Janina stellte Mussolini die griechische Regierung vor ein Ultimatum und ließ Korfu besetzen. Wegen der unnachgiebigen Haltung Englands mußte er freilich die Besetzung der Insel bald wieder aufgeben. Seit diesem Zeitpunkt hielt sich die italienische Außenpolitik auch durch den Einfluß der Berufsdiplomaten in den Bahnen der traditionellen Freundschaft mit England. Und gerade von England erhielt Mussolini die wichtigste Rückendeckung. 1927 erklärte der britische Schatzkanzler Winston Churchill, daß er, wenn er Italiener wäre, vom ersten Tag an auf der Seite der Faschisten gestanden hätte. Auf eine parlamentarische Anfrage der Labour-Opposition erklärte der Ministerpräsident Baldwin seinerseits, daß er an dieser Erklärung nichts auszusetzen habe. Bei der Öffentlichkeit des Auslandes hatte sich die Überzeugung durchgesetzt, daß der Faschismus für Italien das einzig Richtige sei und daß Mussolini, wie Pius XI. nach der „Versöhnung" sagte, von der Vorsehung geschickt sei. Der Widerhall dieser Einstellung stärkte in Italien wiederum die inneren Grundlagen des Regimes.

Das faschistische und das wirkliche Italien

Jedes totalitäre Regime muß versuchen, sich eine eigene Ideologie zu schaffen. Dies zu leisten, versuchte der Philosoph Giovanni Gentile, ohne Zweifel der brillanteste Intellektuelle des Faschismus. In seiner Eigenschaft als Erziehungsminister hatte er unter anderem eine Bildungsreform nach Kriterien der idealistischen Pädagogik versucht, die aber in der Praxis nur den Primat der humanistischen Fächer und die elitäre Beschränkung der Bildungsmöglichkeiten zur Folge hatte. Unter dem Stichwort „Faschismus" in der „Enciclopedia italiana" – einer zweiten ernsthaften Leistung der faschistischen Kulturpolitik – definierte Gentile den Faschismus als „Stil" und nicht als Lehrgebäude, oder, um seine eigene idealistische Terminologie zu gebrauchen, als „Tat" und nicht als „Tatsache". Dies beinhaltete letztlich eine Anerkennung der Heterogenität und Widersprüchlichkeit der faschistischen Bewegung, einer Bewegung, in der einige – wenige – eine „im Marsch" befindliche Revolution sehen wollten, und in der andere – die meisten – eine vollendete und erstarrte Restauration sahen und damit dem wahren Gesicht des Faschismus näher kamen. Gentile selbst, an dessen Stelle als Erziehungsminister der erzkonservative Cesare Del Vecchio trat, wurde sich vielleicht darüber klar. Seine Ausführungen über den Faschismus als Willensakt, der aus der Zeit geboren ist, erscheinen in erster Linie als ein mühsamer Rechtfertigungsversuch.

Der Wirklichkeit des Faschismus entsprach in der Architektur wohl am ehesten der monumental-antikisierende Stil Piacentinis, der seinen Höhepunkt in der Aushöhlung des historischen Stadtkerns von Rom erreichte.

Andere Experimente – wie die Bahnhofsgestaltung in Florenz – orientierten sich mehr am Rationalismus des Bauhaus. In der Literatur blieb der offizielle Dichter der unnachahmliche D'Annunzio, der es allerdings nur schwer ertrug, daß sein Ruhm durch den des *Duce* verdunkelt wurde. Er zog sich deshalb in seine prächtige, von der Regierung zur Verfügung gestellte Villa zurück, um dort, praktisch ohne weiter etwas zu schreiben, sein Alter in Muße zu verbringen. Das offizielle Italien gab sich martialisch oder, wie man sagte, als Italien „der Liktoren". Seine Heroen waren die Männer, die die ersten Atlantikflüge wagten, die Pioniere der Luftfahrt, wie Balbo und De Pinedo. Der Stolz des faschistischen Italien waren die großen Transatlantikflugzeuge, die sich das blaue Band verdient hatten. Als Losungen des „neuen" Italien prangten die lapidaren Sätze des *Duce* an den öffentlichen Gebäuden. Der am meisten verbreitete Satz lautete: „Lieber einen Tag als Löwe als hundert Tage als Schaf leben."

Das war die Fassade. Die Realität war prosaischer und geprägt von der Euphorie des wiedererreichten Wohlstandes. Alles, was Italien in Zeiten des Wohlstandes charakterisiert, war vorhanden: die Bauspekulation, der Auto-Boom mit der Konstruktion des ersten „Volks"-Wagens, der *utilitaria*, die Jugendorganisation, die Massenleidenschaft für den Sport, für das Theater, für das Kino als Unterhaltung, für Chançons. In den Sommermonaten bevölkerten die bürgerlichen Familien Strände und Gebirge, während diejenigen, die sich den Luxus solcher Ferien nicht leisten konnten, die Kurzreisen der *Opera nazionale del dopolavoro* (Staatliche Freizeitorganisation) nutzten, mit deren Hilfe man vergnügliche Wochenenden, d. h. den „faschistischen Samstag", verbringen konnte. Für dieses wiedergefundene Wohlergehen war der Nationalstolz nur ein angenehmes Beiwerk. Die andere Seite waren die Witze über das Regime, die man sich unter Freunden erzählte, ohne freilich recht daran zu glauben.

Dieser neue bescheidene Wohlstand unterschied sich allerdings zutiefst von dem der glücklichen Jahre der Belle Époque und der Italietta. Es gab mehr Vulgarität, es mangelte an Sensibilität für die immer noch offenen schweren Probleme des Landes, und die Korruption wurde immer mehr zu einer Institution, je mehr sich das Regime konsolidierte. Die *homines novi*, die der Faschismus nach oben gebracht hatte, die sogenannten faschistischen Hierarchen, waren in der großen Mehrzahl Parvenüs aus der Provinz, grobschlächtig und ohne Kultur, gänzlich ohne jenen Stil und ohne jene Distanz, die alte erprobte Führungsschichten auszeichnen. Eine solche Figur war der *ras* von Cremona, Farinacci, der aus dem unteren Parteiapparat bis zum Parteisekretär aufstieg. Ähnlich auch Augusto Turati, ein anderer Parteisekretär, oder Achille Starace, eine der beliebtesten und bestgeeigneten Zielscheiben für gepfefferte Witze gegen das Regime.

Das anspruchsvolle Äußere stand in ausgesprochenem Kontrast zur trüben Hohlheit des Inneren, der große Klang der Worte zur Armut der Gefühle. Es kann infolgedessen nicht überraschen, daß gerade die wichtigsten Werke in Literatur und bildender Kunst von dem Abscheu vor diesem Kontrast und dieser Leere beherrscht sind. Der Faschismus brüstete sich zwar damit, daß Pirandello auf der Seite des Regimes stehe, aber seine Theaterstücke, die in den zwanziger Jahren übrigens wenig Anklang fanden, sind voller desillusionierter und geblendeter Figuren aus dem Bürgertum. Moravia schuf 1929 mit seinen ,,Indifferenti" ein zwingendes und eindeutiges Porträt des faschistischen Bürgertums mit all seinem Zynismus und seiner intellektuellen Armut. Montale, vielleicht einer der größten italienischen Dichter unseres Jahrhunderts, sprach von der ,,Qual des Lebens", der er das ,,Wunder der göttlichen Gleichgültigkeit" gegenüberstellt:

> Spesso il male di vivere ho incontrato
> era il rivo strozzato che gorgoglia,
> era l'incartocciarsi della foglia
> rearsa, era il cavallo stramazzato
> Bene non seppi, fuori del prodiglio
> che schiude la divina indifferenza;
> era la statua nella sonnolenza
> del meriggio, e la nuvola, e il falco alto levato

> Daß Leben Qual heißt, habe ich oft erfahren
> sie war im Stöhnen des eingedämmten Baches
> sie war im Krümmen des verbrannten Laubes
> im Sturz des Pferdes unter seiner Last. Nichts wußte ich von der
> Lust, war außerhalb des Wunders
> das die göttliche Gleichgültigkeit erschließt:
> das Standbild, das im heißen Mittag dämmert
> die Wolke, oder hoch im Blau der Falke.

(Sinngemäße Übertragung unter Verwendung der Übersetzung von H. Frenzel)

In der Malerei gab Morandi mit seinen Stilleben und seinen Flaschen ein Beispiel von asketischer Strenge, die implizit als ein Protest gegen die lärmende Rhetorik des offiziellen Italien zu entziffern ist. Im Theater schuf Petrolini, ein komisches Talent voll vitaler Unmittelbarkeit, in seinem Gastone die Karikatur des handlungsunfähigen Muttersöhnchens im faschistischen Apparat.

Die Jahre des Wohlstandes vergingen in raschem Flug, in Vulgarität und offiziellem Pathos. Die Euphorie über einen beschränkten, vorläufigen und fiktiven Wohlstand zerstob allzuschnell, und die alten Übel der italienischen Wirklichkeit klopften wieder an die Tür, wie schon im ersten Jahrzehnt des Jahrhunderts, aber diesmal mit dramatischer Dringlichkeit.

Wirtschaftskrise und korporative Wirtschaft

Die Weltwirtschaftskrise von 1929 hatte auf Italien und seine Gesellschaft geringere Auswirkungen als auf Amerika und Deutschland, dafür aber waren sie vielleicht tiefergehend und längerwirkend. Der Heilungsprozeß für die durch die Krise geschlagenen Wunden vollzog sich wesentlich langsamer und brachte Veränderungen nicht nur in der wirtschaftlichen, sondern auch in der politischen Struktur des Landes mit sich.

Seit 1930 äußerten sich die klassischen Krisensymptome auch in Italien: Preisverfall, Sturz der Aktienkurse und drastischer Produktionsrückgang. Die Automobilproduktion ging zwischen 1929 und 1932 um die Hälfte zurück, die Stahlherstellung von 2,1 Millionen Tonnen auf 1,4, die Baumwollgarnproduktion von 272000 auf 169000 t. Das Bruttosozialprodukt pro Kopf sackte von der Indexziffer 3079 für 1929 auf 2868 im Jahr 1933 ab, die Arbeitslosenziffer dagegen stieg von 300000 im Jahre 1929 auf 1019000 im Jahr 1933. Auch der Index der Konsumgüter und die Zahl der pro Kopf konsumierten Kalorien gingen drastisch zurück. Entbehrung und auch Hunger begannen wieder Massenphänomene zu werden. Die Politik der Vermehrung der Bevölkerung, die der Faschismus aus Prestigegründen betrieb, und das Verbot der Emigration trugen zur Verschärfung der Situation bei.

Zunächst versuchte die faschistische Regierung, der Situation durch die Intensivierung der schon begonnenen Politik der öffentlichen Arbeiten Herr zu werden. In diese Zeit fallen der Abriß des historischen Zentrums der Stadt Rom mit der Eröffnung der *Via dell'Impero* und der *Via della Conciliazione* und die großen Trockenlegungsarbeiten der Pontinischen Sümpfe, die 1928 begonnen wurden. In diesem Fall handelt es sich um ein wirklich imponierendes Werk, das der Faschismus allerdings über jedes Maß hinaus hochjubelte. Um der Wirtschaft wieder Perspektiven zu eröffnen, bedurfte es aber ganz anderer Anstrengungen. Eine vollständige Umkrempelung der bisher verfolgten wirtschaftspolitischen Prinzipien erwies sich als notwendig. Bis auf das kurze Zwischenspiel des Wirtschaftsministers Volpi war die Wirtschaftspolitik bisher liberalistischen Prinzipien gefolgt. Jetzt aber forderten auch die Industriellen, die in anderen Zeiten den Staat aus ihren Angelegenheiten gern heraushalten wollten, handfeste Unterstützung. Und wieder eilte der Staat ihnen zu Hilfe: die Einrichtung des *Istituto mobiliare italiano* (Imi) und dann des *Istituto per la ricostruzione industriale* (Iri) ermöglichte durch staatliche Finanzierungen die Rettung krisengeschädigter Industriebetriebe.

Mit dieser Politik wurden die Staatsausgaben aufgebläht, der private Konsum eingeschränkt, und die Schärfe der Krise zunächst gemildert, dann schließlich ganz überwunden. Während die Löhne auf einem relativ niedrigen Niveau verblieben und die indirekten Steuern Rekordhöhen erreichten, nahmen die staatlichen Finanzierungen und die Staatsaufträge ständig zu. In vielen Fällen handelte es sich um Staatsaufträge für die Rüstungsindustrie, was, wenn man die folgende Entwicklung der italienischen Geschichte bedenkt, kaum verwundern kann. Die einheimischen Produkte den ausländischen vorzuziehen, auch wenn ihre Preise über den Preisen des Weltmarkts lagen, wurde zu einem patriotischen Imperativ, und der Staat leistete dieser Aufforderung als erster Folge: die italienische Stahlindustrie produzierte zu Preisen, die zu 50% oder auch zu 100% über denen des Weltmarkts lagen. Was man als „Autarkiepolitik" bezeichnete, war in Wirklichkeit nichts anderes als eine im großen Maßstab aufgenommene und als Patriotismus maskierte Neuauflage des Protektionismus, in dessen Zeichen sich der italienische Kapitalismus herausgebildet hatte. In diesem Rahmen steht die Gründung einer ganzen Reihe von staatlichen Organisationen wie der *Anic (Azienda nazionale idrogenerazione combustibili)* und der *Agip (Azienda generale italiana petroli)* und die Entwicklung der elektrischen Industrie in der Hoffnung, das traditionelle Handelsbilanzdefizit aufgrund der notwendigen Importe von Energieträgern zu mildern. Dazu sollte auch die Wiederaufnahme der Getreideschlacht durch die Einrichtung der *Federazione dei Consorzi agrari* (Vereinigung der landwirtschaftlichen Konsortien) und durch die Getreideablieferungspflicht dienen. Um zu verhindern, daß die Landbevölkerung weiterhin auf der Suche nach Arbeit in die Städte strömte, schränkte man die Freizügigkeit ein. Die faschistische Propaganda feierte die Schönheit des Landlebens, und das Liedchen *Campagnola bella* wurde zu einer der beliebtesten Melodien.

Man kehrte also wieder zu einer organisierten Wirtschaft zurück, die in vieler Hinsicht an die Kriegszeit erinnerte und die dem oberflächlichen Beobachter tatsächlich als Kollektivismus und Planung erscheinen konnte. Durch das *Iri* kontrollierte der Staat eine große Zahl von Firmen und ganze Industriesektoren, so daß der staatliche Bereich der Wirtschaft weit größere Dimensionen besaß als in jedem anderen kapitalistischen Land. Durch die Korporationen, die in erweiterter Form 1934 in Funktion traten, erklärte der Staat seinen Willen, als Mittler zwischen den Sozialpartnern aufzutreten und die öffentlichen und privaten Leistungsansprüche zu harmonisieren. Mussolini und seine Propagandisten versäumten keine Gelegenheit, den faschistischen Korporatismus als Überwindung des Kapitalismus mit seinem grenzenlosen Liberalismus und zugleich als Überwindung des Sozialismus mit seinem alles erstickenden Staatsapparat hinzustellen. Einige, wie Giuseppe Bottai, der für einige Zeit Minister der Korporationen war, glaubte sogar selbst an diese theoretischen Gespinste, bis er selbst feststellen mußte, daß die Dinge in Wirklichkeit ganz anders aussahen.

Einerseits kontrollierte der Staat zwar tatsächlich einen beträchtlichen Teil der Industrie, andererseits aber war er seiner inneren Struktur und Entwicklung nach selbst „privatisiert", d. h. er war dem Druck der stärksten und konzentriertesten Wirtschaftsgruppen ausgesetzt: er war, so könnte man beinahe sagen, zu deren „Lehnsträger" geworden. Die Korporationen waren weit davon entfernt, wie die linken Faschisten gehofft hatten, Instrument der Vermittlung zwischen Kapital und Arbeit zu sein und der Einbettung der privaten in die öffentlichen Interessen zu dienen. In die große Industrie integriert, waren sie vielmehr das Bindeglied zwischen den Monopolgruppen – der Fiat, der Montecatini, der Snia Viscosa – und dadurch gelang es ihnen, das noch verbliebene Widerstandspotential der Arbeiter völlig zum Schweigen zu bringen und zur Stärkung ihrer eigenen Position Druck auf den Staat auszuüben. Möglichen Widerstand in der staatlichen Verwaltung konnte man leicht durch Korruption, die mit der Durchdringung von Staat, Partei und Korporationen um sich griff, ausschalten.

Die Überwindung der Krise der 30er Jahre wurde so mit einer Akzentuierung des autoritären und totalitären Charakters des faschistischen Regimes bezahlt. Die faschistische Hymne *Giovinezza* begleitete bei offiziellen Anlässen immer öfter den Königsmarsch, manchmal ging sie diesem sogar voraus. Die Mitgliedschaft in der faschistischen Partei war zunehmend eine unentbehrliche Voraussetzung für den Eintritt in Ämter, und jedweder Anlaß war recht, die Italiener im schwarzen Hemd zu Versammlungen zu beordern. 1931 wurde den Universitätsprofessoren der Treueeid auf den Faschismus abverlangt: nur elf von ihnen weigerten sich. Das Motto des Regimes lautete: „Glauben, Gehorsam, Kampf". Bisher hatte das letztere lediglich eine rhetorische Bedeutung gehabt, bald aber sollte daraus Wirklichkeit werden.

Vom Einfall in Äthiopien bis zum Kriegseintritt

Die Wirtschaftskrise hatte das politische Prestige des Regimes vor allem bei denjenigen Schichten des Volkes erschüttert, die besonders hart davon betroffen waren. Die großartigen Worte, mit denen Mussolini in seiner Rede vor mailändischen Arbeitern im Jahre 1934 die Überwindung des Kapitalismus pries, vermochten nicht Lohnkürzungen, die hohe Arbeitslosigkeit und den Kaufkraftschwund vergessen zu machen. Das Regime mußte deshalb, auch unter dem Gesichtspunkt der eigenen Popularität und des Massenkonsens, wieder aus der Talsohle herauskommen.

Als der klassische Weg bot sich eine Bestätigung auf außenpolitischem Gebiet an, zumal man damit rechnen konnte, daß die Kriegsproduktion einigen Sektoren der Industrie endgültig aus der Krise heraushelfen würde. Die Wahl fiel auf Äthiopien, den letzten unabhängigen afrikanischen Staat, dessen Aufnahme in den Völkerbund gerade von Italien unterstützt worden war. Den Vorwand zum Eingreifen fand man wie üblich in einem Grenzzwischenfall. Daß aber innenpolitische Gesichtspunkte und vor allem der erhoffte Prestigegewinn eine ausschlaggebende Rolle für das Vorgehen Mussolinis spielten, geht unter anderem daraus hervor, daß er in den fieberhaften Verhandlungen vor Kriegsausbruch auch sehr vorteilhafte Kompromißvorschläge ablehnte, weil er es zur Kraftprobe kommen lassen wollte. Am 3. Oktober 1935 wurde bereits zu den Waffen gerufen, und Italien war in die letzte koloniale Unternehmung der Zeitgeschichte verwickelt.

Nach anfänglichen Mißerfolgen ging der militärische Vormarsch schnell voran, und im Mai 1936 wurde die Hauptstadt Addis Abeba besetzt. Zurück blieb eine hartnäckig nachdrängende Guerilla. Zur Beschleunigung des Krieges trug nicht zuletzt die kaltblütige Skrupellosigkeit des italienischen Generalstabes bei, der auch vor dem Einsatz von Giftgas nicht zurückschreckte. Auf der anderen Seite tat die Lauheit der Großmächte bei der Anwendung der vom Völkerbund verhängten Wirtschaftssanktionen gegen Italien ein übriges. Trotz des Embargos erhielt Italien Erdöl geliefert, und der Suezkanal blieb für italienische Schiffe offen.

Die Kürze des Feldzuges trug zu seiner Popularität bei. Das alte Märchen aus dem 19. Jahrhundert über die fruchtbare Erde Afrikas, die für die unternehmungslustigen Bauern zur Verfügung stand, tat immer noch seine Wirkung, vor allem bei den Bauern des Südens. Für das Kleinbürgertum war ein entscheidendes Argument die Revanche für die Erniedrigung von Adua. Das Lied *Faccetta nera* war in dieser Zeit ein Riesenerfolg: es beschrieb die Tugenden eines italienischen Legionärs als Vertreter der „Zivilisation" und als Liebhaber, der einer schönen Abessinierin, nachdem er sie aus der Sklaverei befreit hat, auch in anderer Form Grund zur Zufriedenheit gibt. Als Mussolini am 5. Mai 1936 in einer seiner Reden vom Balkon des *Palazzo Venezia* die Errichtung des italienischen Kaiserreiches verkündete, war die Popularität des Regimes wieder beträchtlich gestiegen.

Der Niedergang zeichnete sich jedoch bald ab, und einmal begonnen, schritt er in rasendem Tempo voran. Das äthiopische Unternehmen hatte die außenpolitischen Beziehungen Italiens zu England und zu Frankreich sehr verschlechtert. Italien war deshalb gezwungen, sich an Hitler-Deutschland anzunähern, mit dem während des erfolglosen Nazi-Putsches in Österreich und der Anschluß-Drohung erst 1934 ernste Spannungen aufgetreten waren. Die Annäherung vollzog sich zunächst in sehr vorsichtiger Form, man sprach von der „Achse Berlin-Rom" und nicht von einem Bündnis. Im weiteren Verlauf wurden die Beziehungen jedoch immer enger und nahmen die Form eines politischen und ideologischen Bündnisses zwischen zwei Ländern an, die sich an den gleichen Prinzipien orientierten. Dieses Bündnis wurde 1936 durch das gemeinsame Eingreifen in den spanischen Bürgerkrieg zur Unterstützung General Francos besiegelt. Das trug dem Faschismus zwar die Sympathie der Kirche ein, verschlechterte aber die Beziehungen zu den westeuropäischen Großmächten, die eine Politik der Nichteinmischung verfolgten, und dadurch wurde Italien immer fester an Deutschland gebunden. Die Deutschen bemühten sich mehr darum, Italien im spanischen Bürgerkrieg gänzlich zu kompromittieren, als selbst ernsthaft einzugreifen. 1937 wurde zwischen Deutschland, Italien und Japan der Antikomintern-Pakt abgeschlossen. 1938 übernahm Italien von Deutschland die Rassengesetzgebung und die Verfolgung der Juden. Damit vollbrachte das faschistische Regime seine unentschuldbarste und sinnloseste Tat: unter den italienischen Staatsbürgern, die das Land verlassen mußten, war auch der große Physiker Enrico Fermi, der später in den Vereinigten Staaten einen wichtigen Anteil an den Forschungen zur Herstellung der ersten Atombombe hatte. Aber die Würfel waren gefallen, das Regime glitt immer weiter auf der abschüssigen Bahn abwärts und tat täglich einen neuen Schritt in Richtung auf die Katastrophe.

Für einen Augenblick freilich wollte es so scheinen, als ob der Lauf der Dinge noch aufzuhalten sei, als sich Mussolini im September 1938 tatkräftig für das Zustandekommen der Münchener Konferenz einsetzte. Im Bewußtsein der mangelnden militärischen Vorbereitung Italiens wollte er jedoch in Wirklichkeit nur Zeit gewinnen. Die Vorstellung, an der Seite Deutschlands einen Krieg führen zu können, hatte Mussolini bereits vollständig berauscht, auch wenn er, wie die Besetzung Albaniens im April 1939 zeigte, für das faschistische Italien Handlungsfreiheit wünschte. Einen Monat später, am Vorabend des Zweiten Weltkrieges, wurde der Stahl-Pakt geschlossen, der den Kriegseintritt Italiens an der Seite Deutschlands vorsah. Es scheint, daß Hitler und seine Mitarbeiter bei Vertragsabschluß Mussolini ihre Absicht, Polen sofort anzugreifen, verheimlichten und ihn statt dessen glauben machten, daß der Krieg in zwei oder drei Jahren ausbrechen würde. Erst im August in Salzburg wurde der faschistische Außenminister Ciano über den bevorstehenden Einmarsch informiert. Das erklärt, warum Mussolini angesichts der mangelnden militärischen Vorbereitung Italien zunächst als nicht im Kriegszustand befindlich erklärte. Ein Jahr später jedoch, als der Zusammenbruch Frankreichs den Kriegsausgang entschieden zu haben schien, konnte er jedes Zögern aufgeben, und am 10. Juni 1940 trat Italien in den Krieg ein.

Je mehr sich die internationale Lage zuspitzte und je deutlicher der Schatten des Krieges Italien bedrohte, desto mehr wurden im Inneren die Daumenschrauben angezogen. Das Regime überschritt die Grenze, von der an die Diktatur Charakterzüge des Grotesken annimmt. Die Rassengesetzgebung, die der angeborenen italienischen Menschlichkeit ins Gesicht schlägt, wurde von einer antisemitischen Propagandakampagne begleitet, in der sich mittelmäßige Intellektuelle und willfährige Wissenschaftler hervortaten und die ebenso abstoßend wie absurd und künstlich war. Anstelle der herkömmlichen Höflichkeitsform „Sie" wurde das „Ihr" vorgeschrieben, und an Stelle des Händedrucks sollte der faschistische Gruß treten. Die Sinnlosigkeit dieser Maßnahmen enthüllte die Schwäche und Unruhe, die sich hinter der zur Schau getragenen Allmacht des Regimes verbargen.

Italien trat so nicht nur militärisch unvorbereitet, sondern auch in einer latenten politischen Krise in den Krieg. Der allgemeine Konsens, der sich im Augenblick des Krieges gegen Äthiopien um das Regime gebildet hatte, war schnell wieder verflogen. Der immer näher rückende Krieg und die allgemeine Abneigung gegen das Bündnis mit Deutschland ließen die Kolonialerfolge des Regimes schnell vergessen, von deren Früchten ohnehin nicht viel zu sehen war. Als Mussolini im September 1938 von der Münchener Konferenz zurückkehrte, wurde er von riesigen Demonstrationen empfangen: die Gelegenheit war günstig, gleichzeitig Treue zum *Duce* und Widerstand gegen den Krieg zum Ausdruck zu bringen. Die Angst vor dem Krieg war bei vielen stärker als das Gefühl der Anhänglichkeit ans Regime; teilweise wurde daraus eine direkte Ablehnung des Faschismus selbst. In der Opposition standen nicht mehr nur die Arbeiterklasse, die niemals faschistisch gewesen war, und die Intellektuellen, die von der Vulgarität und Korruptheit des Regimes angewidert waren. Beim Kriegseintritt herrschte selbst in den faschistischen Organisationen, vor allem in den Jugend- und Studentenorganisationen Aufruhrstimmung, meist „Aufruhr" von links. Aber Widerstand kam auch von rechts: von den Industriellen, die voller Beunruhigung das wachsende Eindringen deutschen Kapitals sahen, von den Militärs, die die unzulängliche militärische Vorbereitung fürchteten, und schließlich auch von den Regierungsbeamten, die Angst hatten, daß der Krieg das mühsam erreichte gesellschaftliche Gleichgewicht zerstören und das Land in gefährliche Unordnung stürzen würde. Der wichtigste Exponent dieser Richtung war der Außenminister und Schwiegersohn Mussolinis, Galeazzo Ciano. Nach München hatte er dem aufdringlichen deutschen Verbündeten zunehmend die kalte Schulter gezeigt und mit der Ängstlichkeit einer Kreatur des Regimes versucht, den italienischen Eintritt hinauszuschieben. Sein Standpunkt wurde unter den faschistischen „Hierarchen" von Giuseppe Bottai, Dino Grandi, dem einstigen Botschafter in London, und auch von Italo Balbo geteilt, dessen späterer Absturz über Tobruk sofort begründete Zweifel erregte. Unter den Militärs war die kritische Haltung des Generalstabschefs Marschall Badoglio bekannt und in der Bürokratie die des Polizeichefs Arturo Bocchini. Mit der Unterstützung des Königs, der die Deutschen ebenfalls mit feindseligem Mißtrauen betrachtete, sollten diese Männer im Juli 1943 an der Spitze jener Palastrevolution stehen, die das faschistische Regime zu Fall brachte. Bevor wir darauf zu sprechen kommen, müssen wir noch einmal zurückblicken, um die Geschichte des Antifaschismus in Italien zu verfolgen und um diejenigen Kräfte und Menschen kennenzulernen, die nach Jahren der Niederlagen und Erniedrigungen ein völlig desorientiertes Italien endlich vom Faschismus befreiten.

Der Antifaschismus

Die international bekannteste Gestalt des italienischen Antifaschismus war Benedetto Croce. In der Zeit unmittelbar vor und nach dem „Marsch auf Rom" war seine Haltung gegenüber dem Faschismus keineswegs ganz eindeutig und nicht durchweg ablehnend. Nach dem Verbrechen an Matteotti und der Rede Mussolinis vom 3. Januar 1925 nahm Croce jedoch eine klare Oppositionshaltung ein. Am 1. Mai 1925 verfaßte er ein von insgesamt 40 Intellektuellen unterzeichnetes Manifest, mit dem der beste Teil der italienischen Geisteswelt einem Aufruf Gentiles entgegentrat, der das *De profundis* auf den liberalen Staat angestimmt hatte. Dann zog sich Croce nach Neapel in sein Arbeitszimmer zurück, um dort in würdevoller, bewußt zur Schau getragener Distanz zum Regime sein erstes großes Werk, die „Storia d'Italia" zu schreiben, die ein leidenschaftliches Lob des liberalen Italien in der Ära Giolitti enthielt. Einige Jahre später folgte die „Storia d'Europa", in der die Darstellung der europäischen Geschichte als eine Geschichte der Freiheit Croces antifaschistische Haltung zum Ausdruck brachte. Während der ganzen Zeit der faschistischen Herrschaft gab Croce mit seiner Zeitschrift „La Voce" ein Beispiel würdiger Haltung und blieb eine Symbolfigur für alle antifaschistischen Intellektuellen.

Umsonst freilich sucht man in den Werken Croces eine Erklärung für den Sieg des Faschismus und seinen Platz in der Geschichte. Croces Geschichte schloß mit 1915, gleichsam wie um zu unterstreichen, daß alles, was danach gekommen war, bloße Irrationalität und Wahnsinn war. Die Rettung konnte deshalb für ihn nur in der Rückkehr zu den Werten und zu dem Verhalten des liberalen vorfaschistischen Staates liegen. Diese Einstellung teilten auch die älteren politischen Emigranten Treves, Nitti, Modigliani und Turati, die 1927 in Frankreich die *Concentrazione antifascista* ins Leben gerufen hatten und die italienischsprachige Zeitschrift „La Libertà" herausgaben. Auch Gaetano Salvemini, der ja zu den schärfsten Kritikern Giolittis gehört hatte, revidierte in seinen historischen Schriften aus der Emigrationszeit seine Ansicht über das präfaschistische Italien. Daneben stand die jüngere Generation, beispielsweise Piero Gobetti, der durch seinen frühen Tod dem antifaschistischen Widerstand entrissen wurde, oder Carlo Rosselli, der mit Ferruccio Parri und anderen die Flucht Turatis organisiert hatte und dann selbst auf abenteuerliche Weise seinem Zwangsaufenthalt auf der Insel Lipari entfliehen konnte. Die Beantwortung der Frage nach den Ursachen des Faschismus war für diesen Kreis eine unabdingbare Voraussetzung für den erfolgreichen antifaschistischen Kampf. Die Antwort, zu der sie gelangten, lautete, daß der Sieg des Faschismus in hohem Maße von der Schwäche und Komplizenschaft der liberalen politischen Führungsschicht des Landes gefördert worden war. Deshalb müßte nach dem Ende des Faschismus ein ganz neues

Italien entstehen. An solchen Gedankengängen orientierte sich die von Rosselli in Frankreich unter dem Namen *Giustizia e libertà* gegründete politische Bewegung, die mit ihrem explizit revolutionären Programm einen freiheitlichen Sozialismus anstrebte. Ein weiterer Grund für die wachsende Distanz zwischen der älteren Emigrantengeneration um die *Concentrazione* und der jüngeren um *Giustizia e libertà* lag in den unterschiedlichen Auffassungen über die Methode des antifaschistischen Kampfes. Die Jüngeren warfen den Älteren vor, daß sie zögerten und sich auf bloß platonische Kongreßresolutionen beschränkten. Die junge Generation trat für radikalere Kampfformen ein. Die Männer von *Giustizia e libertà* organisierten den Abwurf antifaschistischer Flugblätter durch Bassanesi über Mailand und ähnliche Initiativen und spendeten dem Attentat des jungen Ferdinando De Rosa auf den piemontesischen Prinzen 1929 in Brüssel Beifall.

Diese Methoden wurden von den Kommunisten als unernster Dilettantismus verurteilt. Ihrer Meinung nach mußte der antifaschistische Kampf tagtäglich mit Propaganda, gewerkschaftlicher Arbeit und mit Streiks geführt werden. Arbeiter, Bauern und die Intellektuellen, die in Kontakt mit dem Volk in Italien geblieben waren, sollten diesen Kampf tragen. Solchen Überlegungen folgte die praktische Arbeit der Kommunisten. Die 1921 in Livorno gegründete Partei hatte nicht ohne Mühen und innere Kämpfe das Sektierertum der ersten Jahre überwunden und mit dem Blut ihrer Mitglieder die Erkenntnis bezahlt, daß nicht alle bürgerlichen Regierungen, die faschistische eingeschlossen, ein und dasselbe sind. Mit aller Energie stürzte sich die Partei in den antifaschistischen Kampf. Nach dem Auszug auf den Aventin kehrten die kommunistischen Abgeordneten, die die Schwäche des Parlaments erkannt hatten, nicht mehr zurück. Es gelang ihnen, in der Illegalität ein organisatorisches Netz aufrechtzuerhalten: „l'Unità", das Zentralorgan der Partei, erschien illegal und einigermaßen regelmäßig; die Aktivisten der Partei waren immer noch in den Fabriken und es gelang ihnen sogar in einigen Fällen, Streiks und antifaschistische Demonstrationen zu organisieren; in Turin, in der Toskana und im julischen Venetien existierten schließlich während der ganzen 20 Jahre der faschistischen Herrschaft kommunistische Organisationen. Obwohl die Umstellung auf die konspirative Tätigkeit relativ schnell gelang, waren die meisten Opfer der faschistischen Sondergerichte Mitglieder der kommunistischen Partei.

Der Antifaschismus der KPI ging aber noch weiter: die Analyse der politischen und sozialen Wirklichkeit Italiens und der Gründe für den Sieg des Faschismus, die von den Kommunisten geleistet wurde, ging tiefer als die aller anderen antifaschistischen Gruppierungen. Sie zeigte einen neuen differenzierten Weg für eine revolutionäre Entwicklung in Italien auf. Diesem Thema galten die Thesen, die Gramsci auf dem Parteikongreß 1926 in Lyon vorlegte und in denen er darlegte, daß dem agrarisch-industriellen Block, der seit der Einigung Italien beherrscht und im Faschismus seinen brutalsten Ausdruck gefunden hatte, ein Block der Arbeiter und Bauern, der Arbeiter des Nordens und der Bauern des Südens, entgegengestellt werden müsse. Das Problem des Südens, dem Gramsci auch eine andere Schrift gewidmet hat, wurde damit zu einem Problem ganz Italiens und nicht bloß des Südens selbst. Nach Gramscis Überzeugung konnten Bauern und Arbeiter nur vereint gegen die ebenfalls vereinte Reaktion vorankommen. Aus der Erfahrung von 1920, als die Arbeiter von Turin und die *Ordine-nuovo*-Gruppe geglaubt hatten, das Petersburg Italiens werden zu können, zogen die Kommunisten die Lehre, nicht den Fehler der Sozialisten zu wiederholen, die nach dem Ersten Weltkrieg die Bauernbewegung unbeachtet gelassen hatten. Das Gerüst der Thesen Gramscis orientierte sich natürlich an Lenin und an seiner Vorstellung vom notwendigen Bündnis zwischen Bauern und Arbeitern und auch an Stalins Formel von der Arbeiter- und Bauernregierung. Die konkrete Ausgestaltung dieser Grundgedanken untermauerte Gramsci jedoch durch eine historische Untersuchung, und er gab seinen Ausführungen eine spezifisch auf die italienische Situation zugeschnittene Gestalt. Mit dem häufig gebrauchten Begriff *nazionale-popolare* unterstrich er die Besonderheiten der italienischen Revolution und damit die Autonomie der Partei an ihrer Spitze. Die Entwicklung der politischen Auseinandersetzung und die Bürokratisierung in der Sowjetunion nahm Gramsci mit großer Bestürzung zur Kenntnis, die er 1926 in einem Brief an Togliatti zum Ausdruck brachte. Aus dieser Grundhaltung wird verständlich, warum er sich trotz aller Risiken zur Rückkehr nach Italien entschloß. 1926 wurde Gramsci verhaftet und vom Sondergerichtshof zu 20 Jahren Haft verurteilt. Gefängnis und Krankheit, die seinem schwächlichen Organismus zusetzten, und auch das Unverständnis seiner mitgefangenen Parteigenossen konnten aber ebensowenig wie ein ausdrücklicher Befehl Mussolinis verhindern, daß sein Kopf weiterarbeitete. Die Notizen, die *Quaderni*, die er im Gefängnis verfaßte und die erst nach der Befreiung veröffentlicht wurden, bezeugen, daß er niemals zu denken und zu arbeiten aufgehört hat; die Briefe an seine Frau und seine Kinder demonstrieren die bis zum Ende nie erloschene reiche und leidenschaftliche Menschlichkeit Gramscis.

In den Gefängnisjahren beschäftigte sich Gramsci mit einer Vielzahl von Themen: von der Philosophie Croces über die Geschichte des Risorgimento, den Charakter moderner Parteien bis hin zur Literatur und ihrer pädagogisch-politischen Funktion. Es wäre deshalb aussichtslos, hier eine Zusammenfassung geben zu wollen. Wir müssen uns auf die Feststellung beschränken, daß der Marxismus, der allen seinen Überlegungen zugrunde liegt, ähnlich wie bei Labriola als offenes System und in kritischer Auseinandersetzung mit allen mechanistischen Interpretationen verstanden wird. Exemplarisch ist in dieser Hinsicht seine Kritik an dem Handbuch von Bucharin zur Theorie des historischen Materialismus. Antonio Gramsci starb am 27. April 1937 in einer römischen Klinik, in die er vom Gefängnis aus eingeliefert worden war. Niemand folgte seinem Sarg.

An die Spitze der Partei war inzwischen Palmiro Togliatti getreten, der seit den Zeiten von *Ordine nuovo* an Gramscis Seite gestanden hatte. Auch durch seine geistige Entwicklung und durch seine Grundüberzeugungen über den Weg Italiens zur Revolution war er mit Gramsci eng verbunden. Er war jedoch skeptischer als Gramsci gegenüber der Tradition der italienischen Linken, weil er deren anarchistischen und plebejisch-maximalistischen Elementen stärkere Bedeutung beimaß. Er nahm deshalb seiner eigenen Partei gegenüber eine pädagogische Haltung ein und war davon überzeugt, daß die italienischen Kommunisten alles von den russischen lernen müßten, die die Revolution vollbracht und sie gegen alle Angriffe verteidigt hatten. Angesichts der in ganz Europa um sich greifenden Reaktion hing für Togliatti der Ausgang der politischen und sozialen Kämpfe vom bedingungslosen Zusammenschluß der kommunistischen Parteien um die Sowjetunion ab. Aus dieser Überzeugung rührte seine Treue gegenüber der Komintern und der UdSSR und die von Gramsci abweichende Einschätzung der innenpolitischen Entwicklung in der UdSSR. Für Togliatti mußte, wie er 1956 in einer Rede sagte, zwischen der Sowjetunion und der italienischen kommunistischen Partei ein „eisernes Band" bestehen, und deshalb folgte er in den Jahren 1926 bis 1945 ohne Zögern allen Wendungen der sowjetischen Politik und der Dritten Internationale. Es scheint, daß er 1928 zur Zeit des sechsten Weltkongresses der kommunistischen Internationale mit den Ideen Bucharins sympathisierte. Als aber dann in der Unruhe, die die große Krise von 1929 in allen kommunistischen Parteien hervorgerufen hatte, die Losung vom bedingungslosen Kampf gegen die Bourgeoisie und ihre „sozialdemokratischen Lakaien" ausgegeben wurde, ließ er die Vertreter der Partei-Rechten ausschließen. Unter den Ausgeschlossenen war auch der scharfsinnige und brillante Angelo Tasca, der schon seit der Zeit von *Ordine nuovo* in den Reihen der Partei gekämpft hatte. Als dann später die Internationale zur Volksfrontpolitik überging, konnte Togliatti endlich seine eigenen Überzeugungen wieder mit der Treue zur Internationale in Übereinstimmung bringen.

Diese Wendung der italienischen Kommunisten gab dem antifaschistischen Kampf großen Auftrieb und mehr Geschlossenheit. 1934 wurde zwischen der kommunistischen und der wiedervereinigten Sozialistischen Partei eine Aktionseinheit vereinbart, und später nahmen alle antifaschistischen Gruppierungen Italiens am Spanischen Bürgerkrieg teil. Als einer der ersten eilte Carlo Rosselli auf die Schlachtfelder Spaniens. Es war die hohe Zeit des italienischen Antifaschismus: 5000 italienische Freiwillige kämpften in der Brigade „Garibaldi" und in der internationalen Brigade für die Freiheit Spaniens. Im März 1937 sahen sich diese wirklichen Freiwilligen aus Italien bei Guadalajara den sogenannten Freiwilligen gegenüber, die Mussolini zur

Unterstützung Francos geschickt hatte, und brachten diesen eine Niederlage bei: der italienische Faschismus erlitt seine erste militärische Niederlage von italienischer Hand.

Aber nach Guadalajara kamen noch traurige Tage und bittere Erfahrungen: die Ermordung der Brüder Rosselli am 11. Juni 1937 in Bagnoles-sur-Orne durch französische Killer im Sold der Faschisten; der Sturz der spanischen Republik; das Wiederauftauchen der Divergenzen zwischen den antifaschistischen Parteien; der Hitler-Stalin-Pakt. Aber die Bande der Solidarität aus dem spanischen Bürgerkrieg gingen nicht gänzlich verloren, sondern sollten bald im Widerstand gegen die deutsche Besatzung wieder fester geknüpft werden.

19. Die letzten Jahrzehnte

Italien im Zweiten Weltkrieg

Beim Kriegseintritt in den Ersten Weltkrieg war Italien ungenügend vorbereitet gewesen, in den Zweiten Weltkrieg jedoch trat Italien im Sommer 1940 gänzlich ohne jede Vorbereitung ein. Mussolini rühmte zwar die Macht der acht Millionen Bajonette des italienischen Heeres, aber Italien hatte zu Beginn der Feindseligkeiten in Wirklichkeit nur eine Million Mann unter Waffen. Aber auch abgesehen von dieser zahlenmäßigen Übertreibung war der moderne Krieg nicht mehr mit Bajonetten zu führen und auch nicht mit Gewehren des Jahrgangs 1891, die das italienische Heer seit dem ersten Afrikakrieg in Benutzung hatte. Man brauchte Panzer, von denen 400 Stück im Taschenformat vorhanden waren; man brauchte Flugzeuge, aber davon waren lediglich 1400 Modelle älteren Datums mit geringer Reichweite verfügbar; man brauchte Munition und die reichte gerade für 60 Tage.

Mussolini selbst verkannte den Mangel an militärischer Vorbereitung nicht, aber er war felsenfest davon überzeugt, daß der Krieg kurz vor dem Ende stehe und England binnen kurzem das Schicksal Frankreichs teilen werde. Ihn trieb der Wunsch, bei den Friedensverhandlungen mit einigen militärischen Teilerfolgen, die man dem mächtigen deutschen Verbündeten präsentieren konnte, auf der Seite des Siegers zu sitzen. Seine Deutschfreundlichkeit beruhte zu einem guten Teil auf Opportunismus, in Wirklichkeit nährte er keine große Sympathie für die Deutschen und ihren Führer. Mussolini war Hitler gegenüber sogar von einem starken Minderwertigkeitskomplex geplagt. Die Treffen zwischen den beiden reduzierten sich häufig auf einen Monolog Hitlers, den Mussolini nur selten mit ängstlichen Einwürfen unterbrach. Die Sache wurde noch dadurch kompliziert, daß Mussolini darauf beharrte, Deutsch zu verstehen, aber Hitlers Deutsch scheint besonders schwierig gewesen zu sein. Da der deutsche Sieg jedoch unvermeidlich erschien, mußte man Sympathien und Antipathien wohl oder übel beiseite lassen. Es kam vor allem darauf an, einen gewissen Spielraum zu bewahren, um bei den Friedensverhandlungen mit guten Faustpfändern dazustehen. Italien mußte deshalb mit eigenen Kräften und eigenen Zielen einen „Parallelkrieg" führen. Diese Überlegungen führten Mussolini dazu, hundert Stunden vor dem Waffenstillstand mit Frankreich eine nutz- und ruhmlose Offensive an der Front der Westalpen zu beginnen, die im übrigen eine erste überdeutliche Demonstration der mangelnden militärischen Vorbereitung Italiens gab.

Danach wurde der Parallelkrieg in Afrika fortgesetzt, wo es den italienischen Truppen gelang, Britisch-Somaliland und Libyen zu erobern. In einer gut geplanten Offensive stießen die Truppen unter dem Befehl Grazianis bis zur Besetzung der Garnison Sidi el Barrani vor. Im Mittelmeer fanden einige Seeschlachten statt, die man teilweise gewann und teilweise verlor. Die italienische Marine, die die größte Autonomie gegenüber dem Faschismus bewahrt hatte, bestand diese Prüfung im großen und ganzen mit Würde. Angesichts der ungeheuren deutschen Übermacht bedurfte es jedoch weit größerer Erfolge, um die Eigenständigkeit Italiens unter Beweis zu stellen. Die deutsche Besetzung Rumäniens verunsicherte Mussolini derart, daß er schließlich alle Rücksichten fallen ließ und an die Verwirklichung eines lange gehegten Planes ging, gegen den die Deutschen jedoch Einwände erhoben hatten, nämlich an die Besetzung Griechenlands. Selten wohl ist ein militärisches Unternehmen mit soviel Dilettantismus und Leichtsinn vorbereitet – oder sollte man lieber sagen: improvisiert – worden. Die Ergebnisse fielen denn auch entsprechend aus: was nach Mussolinis Überzeugung ein kleiner militärischer Ausflug hätte werden sollen, wurde zu einer dramatischen Niederlage. Es war schon viel, daß es den italienischen Truppen noch gelang, die Besetzung Albaniens gegen die griechische Gegenoffensive zu halten. In den Bergen Griechenlands starben die italienischen Soldaten zu Tausenden; sie hatten häufig überhaupt keine Winterausrüstung und trugen zum Teil Schuhe mit Pappsohlen. Diese Zustände trugen zur Entstehung eines melancholischen Soldatenlieds bei, das wie das deutsche Lied von der „Lili-Marlen" einen Vorgeschmack auf die unvermeidliche Niederlage zu enthalten schien.

Auch an den anderen Fronten wandte sich die Lage zum Schlechten. Englische Torpedoflugzeuge hatten der italienischen Flotte am 11. November 1940 im Hafen von Tarent schwerste Verluste zugefügt. An der libyschen Front gingen die Engländer zur Gegenoffensive über und erreichten am 16. Februar 1941 Bengasi. Auch in Ostafrika verschlechterte sich die Lage, und es war bereits absehbar, daß Äthiopien nicht mehr lange zu halten war.

Im Lande selbst sah es nicht viel besser aus. Die Ausgabe von Lebensmitteln und lebensnotwendigen Artikeln war auf ein Minimum beschränkt. Das hinderte aber die Privilegierten nicht – und zu ihnen gehörten natürlich die faschistischen Hierarchen – die Beschränkungen zu umgehen und auf dem Schwarzmarkt zu kaufen. Während die Söhne der armen Leute nach Libyen und Griechenland geschickt wurden, um sich abschlachten zu lassen, fanden die Mamasöhnchen Mittel und Wege, um sich freistellen zu lassen. Die Abhängigkeit von Rohstofflieferungen aus Deutschland wurde täglich drückender und machte deutlich – zusammen mit den militärischen Niederlagen –, daß der Parallelkrieg nichts weiter als eine Illusion war. Italien spielte lediglich unterwürfig die bescheidene zweite Geige und war dem Verbündeten auf Gedeih und Verderb ausgeliefert.

Mit den ersten Monaten des Jahres 1941 begann ein neuer Abschnitt des Krieges, in dem Italien dem deutschen Verbündeten militärisch und politisch völlig untergeordnet war. Das Eingreifen Deutschlands und der siegreiche Abschluß des Feldzuges in Jugoslawien und Griechenland setzte den alten Ansprüchen Italiens auf die Hegemonie im Balkan ein Ende. Die italienische Annexion Ljubljanas und die Schaffung eines Königreiches Kroatien unter einem Mitglied des Hauses Savoyen, das sein Reich allerdings nie betrat, waren bloß eine magere Kompensation. Die Entsendung eines deutschen Expeditionskorps unter dem General Rommel nach Libyen und seine siegreiche Offensive bis Sollum erschienen wie eine Anerkennung der tatsächlichen Unterordnung des italienischen Kommandos unter das deutsche. Den letzten Akt der Servilität bildete die Entsendung eines italienischen Expeditionskorps nach Rußland.

Nach dem Angriff auf die Sowjetunion und durch das Eingreifen der USA im Dezember 1941 nahm der Krieg dann eine für die Achsenmächte immer ungünstigere Wendung. Im August 1942 war das Gefühl der kommenden Niederlage bereits allgemein verbreitet. Der englische Sieg bei El Alamein und die amerikanische Landung in Nordafrika im November 1942 ließen erkennen, daß der Krieg in Afrika, der sich mit wechselndem Erfolg über zwei Jahre hingezogen hatte, seinem Ende entgegenging. Die Nachschubschwierigkeiten für die Truppen in Nordafrika wurden täglich größer, und der lange Kampf um die Konvois, der ebenfalls mit wechselndem Erfolg geführt worden war, ging eindeutig zugunsten der Engländer aus. Sie hatten durch den Einsatz des Radar einen großen technischen Vorsprung und besaßen in Malta einen Stützpunkt, den die Italiener vergeblich zu erobern versuchten. Die Nachrichten aus Rußland schließlich besiegelten die Tragödie: zwischen Dezember 1942 und Januar 1943 war die 110000 Mann starke italienische Truppe aufgerieben worden; mehr als die Hälfte der Soldaten war gefallen oder den Erfrierungen erlegen. Die wenigen Heimkehrer erzählten, daß die deutschen „Kameraden" sich geweigert hatten, Transportmittel für den Rückzug zur Verfügung zu stellen.

Die seit langem angestaute Unzufriedenheit begann sich nun in Wut und organisierte Opposition zu verwandeln. Die Kontakte zwischen den Oppositionsgruppen nahmen zu, und im Dezember 1942 kam es zur Gründung des *Comitato antifascista*, dem neben Sozialisten, Liberalen und Kommunisten zwei neue Parteien angehörten. Die eine, *Partito d'azione*, hatte sich aus der Bewegung *Giustizia e libertà* entwickelt, an der der größte Teil der Intellektuellen beteiligt war; die andere, die *Democrazia cristiana*, war eine Neugründung, die im Zusammenhang damit zu sehen ist, daß der Vatikan vom faschistischen Regime Abstand zu nehmen begann. In der Arbeiterstadt Turin, wo der Antifaschismus immer am stärksten gewesen war, traten im März 1943 die Arbeiter bei Fiat und in anderen Betrieben in den Streik. Die Mailänder Arbeiter folgten dem Beispiel. Die politische Bedeutung dieses

Ereignisses entging niemandem und schon gar nicht den faschistischen Hierarchen, die nicht vergessen hatten, daß die Turiner Arbeiter nach dem „Marsch auf Rom" nur mit Gewalt zur Räson gebracht worden waren. Viele Faschisten begannen sich mit dem Gedanken anzufreunden, daß ein verlorener Krieg immer noch besser sei als eine Revolution.

Solche Überlegungen setzten sich immer mehr durch, je schneller die militärische Lage sich verschlechterte. Im Mai waren die Truppen aus Tunesien vertrieben worden, und im Juli 1943 landeten Amerikaner und Engländer in Sizilien. Hinter den Kulissen des Regimes begann die verzweifelte Suche nach einem Ausweg, der es erlaubte, sich von den Deutschen loszusagen und den Krieg gegen die Alliierten zu beenden. Der königliche Hof wurde zum Vermittler zwischen der faschistischen Verschwörergruppe – Bottai, Grandi, Ciano (letzterer hatte im Februar 1943 das Außenministerium mit dem Botschafterposten im Vatikan vertauscht) –, den Männern der alten politischen Führungsschicht und den Militärs, deren neuer Generalstabschef Ambrosio davon überzeugt war, daß es sinnlos sei, einen bereits verlorenen Krieg weiterzuführen. Im Juli 1943 kehrte Mussolini von einem seiner unzähligen Treffen mit Hitler zurück, ohne auch nur den geringsten Versuch gemacht zu haben, für Italien einen eigenen Entscheidungsspielraum durchzusetzen. Damit war klar, daß als erstes Mussolini die Zügel der Macht aus der Hand genommen werden mußten. In einer dramatischen Nachtsitzung des Großen Faschistischen Rates am 24. Juli setzte die Opposition gegen Mussolini mit 19 zu 7 Stimmen durch, daß der König aufgefordert wurde, „den Oberbefehl über die Streitkräfte und die volle konstitutionelle Entscheidungsgewalt" zu übernehmen. Damit wurden ziemlich eindeutig Mussolini und sein Regime kaltgestellt. Dieser selbst nahm die Tragweite des Beschlusses nicht wahr und zeigte sich völlig überrascht, als der König, der von Grandi über den Ausgang der Sitzung informiert worden war, ihm mitteilte, daß sein Rücktritt angenommen und bereits eine neue Regierung gebildet sei. Beim Verlassen des königlichen Palastes wurde Mussolini von einem Krankenwagen erwartet, der ihn zunächst in eine römische Kaserne und dann auf die Insel Ponza brachte.

Die Italiener erfuhren noch zu später Nachtstunde von dem Vorgefallenen. Am nächsten Morgen spielten sich auf den Straßen und Plätzen Italiens Szenen unbeschreiblichen Jubels ab. Es herrschte die allgemeine Überzeugung, daß das Ende des faschistischen Regimes auch das Ende des Krieges und seiner Leiden bringen würde. Dem war freilich nicht so.

Die fünfundvierzig Tage und der Waffenstillstand

Die 45 Tage zwischen dem 25. Juli und der Verkündung des Waffenstillstandes am 8. September 1943 gehören zu den historischen Momenten, in denen

Farce und Tragödie eng beieinanderliegen. Die politische Führungsschicht Italiens lieferte in dieser Zeit ein im Laufe der ganzen Geschichte des Landes nicht überbotenes Beispiel politischer Unfähigkeit.

An die Spitze der neuen Regierung trat der piemontesische Marschall Pietro Badoglio, der den italienischen Angriff auf Äthiopien geleitet hatte. Nach der Schlappe in Griechenland hatte er durch seinen Rücktritt von den militärischen Initiativen Mussolinis Abstand genommen. Badoglio stand unter einem doppelten Druck: auf der einen Seite die konservativen Befürchtungen des Königs und einiger seiner Minister, auf der anderen Seite das Verlangen nach Frieden und nach der Liquidierung des faschistischen Regimes, das von den Antifaschisten mit Nachdruck vorgebracht wurde. Um weder die einen noch die anderen zu verprellen, verfolgte Badoglio eine Politik des Zeitgewinns und der kleinen Schritte, die in krassem Gegensatz zu den großen Entscheidungen stand, die die Schwere des Augenblicks gefordert hätte. Die neue Regierung verkündete als eine ihrer ersten Maßnahmen, daß der Krieg weitergeführt werde und daß Versammlungen aller Art verboten seien. Die faschistische Partei wurde zwar aufgelöst, die Bildung neuer Parteien aber wurde verhindert; die politischen Gefangenen wurden zwar freigelassen, aber deutschfreundliche Militärs und hohe Beamte blieben in ihren Ämtern. Das politische Leben sollte – so versprach Badoglio – erst nach Kriegsende mit freien Wahlen wieder beginnen, für den Augenblick sollten die Italiener Vertrauen in die neue Regierung haben.

Badoglio erwies sich aber als des Vertrauens, das er forderte, wenig würdig. Als die Flugzeuge der Alliierten im August 1943 schon täglich tonnenweise Bomben auf die italienischen Städte abwarfen, verlor er kostbare Zeit mit unrealistischen Versuchen, die Probleme zu lösen. Während am 7. August der neue Außenminister Guariglia seinem deutschen Kollegen von Ribbentrop versicherte, daß sich die italienische Außenpolitik nicht ändern werde, wurden schon erste Annäherungsversuche an die Alliierten zum Abschluß eines Waffenstillstandes unternommen. Die Präliminarien und die Verhandlungen selbst wurden in der sinnlosen Hoffnung begonnen, die Alliierten von ihrer Forderung nach bedingungsloser Kapitulation abzubringen. Man hoffte, damit das Ansehen der Krone, die durch die 20jährige Kollaboration mit dem Faschismus kompromittiert war, wieder auffrischen zu können. In der Zwischenzeit jedoch schickten die Deutschen schnell die Truppen nach Italien, die Hitler Mussolini bei ihrem letzten Treffen verweigert hatte. Durch ihr Zögern und ihre Unentschlossenheit verdarb es die Regierung Badoglio mit allen: mit den Deutschen, die wohl ahnten, welche Wendung die Dinge nehmen würden; mit den Alliierten, die den machiavellistischen Argumentationen der Bevollmächtigten Roms nicht trauten; mit den Italienern, die, wie die August-Streiks zeigten, ihrem Wunsch nach Frieden Gehör verschafften. Badoglio und der König wollten sich mit Zustimmung der Deutschen aus dem Konflikt zurückziehen und dann von den

Alliierten günstige Waffenstillstandsbedingungen erhalten. Mit diesem Ziel hielten sie beiden Seiten das Gespenst der kommunistischen Revolution vor und empfahlen sich als letzte Bastion gegen das Chaos. Auch wenn die Alliierten gegenüber diesen Drohungen nicht ganz unempfänglich waren, standen doch zunächst rein militärische Überlegungen im Vordergrund, und mit der UdSSR bestand die ausdrückliche Vereinbarung, die bedingungslose Kapitulation zu fordern.

Schließlich mußten die Bedingungen der Alliierten angenommen werden. Der Waffenstillstand wurde in Cassibile, einem gottverlassenen sizilianischen Nest am 3. September 1943 von General Castellano unterzeichnet. Die Regierung Badoglio setzte durch, daß der Waffenstillstand erst veröffentlicht werden sollte, wenn die alliierten Truppen nach der Überquerung der Straße von Messina in Süditalien gelandet waren. Gleichzeitig sollten Fallschirmspringer über Rom abgesetzt werden. Dazu kam es aber nicht, nachdem General Taylor, der vom Hauptquartier nach Rom entsandt worden war, am 7. September feststellen mußte, daß die Deutschen inzwischen alle Flughäfen besetzt hatten und die Flotte mit den Landungstruppen bereits in Richtung Salerno unterwegs war. Nach den Vereinbarungen von Cassibile stand die Bekanntmachung des Waffenstillstands unmittelbar bevor. Vergeblich versuchte Badoglio, Eisenhower zur Verzögerung der Waffenstillstandsveröffentlichung oder gar zur Umleitung der amerikanischen Flotte zu bewegen. Der Kommandierende der Alliierten ließ sich natürlich nicht umstimmen. Nachdem Radio London schon zwei Stunden zuvor die Nachricht durchgegeben hatte, sprach Badoglio am Abend des 8. September im italienischen Rundfunk. Er verkündete den Waffenstillstand und gab an die Truppe den Befehl aus, jeden Widerstand gegen die Alliierten einzustellen, dafür aber „möglichen Angriffen von anderer Seite entgegenzutreten". In der Zwischenzeit war Badoglio dem König und einer kleinen Gruppe von Militärs nach Pescara gefolgt, von wo aus ein Schiff das unglückliche Häuflein in ein von den Alliierten kontrolliertes Gebiet brachte.

Italien war so von einem Tag auf den anderen ohne Regierung, von einem drohenden fremden Heer besetzt und von einem Durcheinander widersprüchlicher Informationen verunsichert. Einige Tage lang herrschte das völlige Chaos. Jeder war mit seinem Gewissen allein und mußte für sich allein entscheiden. Während einige Offiziere sich den Deutschen ergaben und ihre Truppe im Stich ließen, versuchten andere, wie General Carboni in Rom, den Widerstand zu organisieren. Die Flotte, die immer antifaschistisch gewesen war, folgte den Bestimmungen des Waffenstillstandes und nahm Kurs auf Malta. Auf dem Weg wurde eine der besten Einheiten, der Panzerkreuzer *Roma*, von den Deutschen versenkt. Auch die Soldaten der Besatzung von Cefalonia leisteten tapferen Widerstand, und 8400 von ihnen wurden von den Deutschen niedergemacht. Auf dem Balkan schlossen sich die italienischen Soldaten den jugoslawischen Partisanen an. Für die große Masse derer aber, die sich von heute auf morgen ohne Führer und ohne Befehle fanden, ging es nur darum, den richtigen Weg nach Hause zu finden. Den falschen Weg einzuschlagen, bedeutete, den Deutschen in die Hände zu fallen und in einem verplombten Waggon in ein deutsches Konzentrationslager abtransportiert zu werden. In diesen chaotischen Tagen erwachten wieder die tiefverwurzelten einfachen Tugenden der italienischen Menschlichkeit und Toleranz: keinem Soldaten wurde Zivilkleidung verweigert, keinem aus der Gefangenschaft geflohenen alliierten Soldaten und keinem Juden ein Unterschlupf. Im Unglück gewann das italienische Volk allmählich sein wahres Selbst, seine geistige und sittliche Kraft zurück.

Der Widerstand

In den Tagen nach dem 8. September klärten sich die Dinge allmählich, und es wurde offenbar, daß Italien in zwei Hälften zerrissen war. Im Süden regierten Badoglio und die alliierten Truppen, die am 1. Oktober Neapel erreicht und sich auf der Linie über Montecassino bis nach Pesaro an der Adria festgesetzt hatten. Den Norden beherrschten die Deutschen und die faschistische Regierung unter Mussolini, der am 12. September von einem deutschen Fallschirmjägerkommando befreit worden war. Beide Regierungen waren Marionettenregierungen. Mussolinis Regierung der ,,Sozialen Republik Italien" übte nicht einmal über das ganze nicht von den Alliierten besetzte Italien die nominelle Souveränität aus: ein großer Teil des Veneto wurde direkt von den Deutschen verwaltet und war halb besetztes, halb annektiertes Territorium. Aber auch die Regierung im Süden besaß anfangs nur die Souveränität über Apulien. Erst im Februar 1944 wurden die übrigen von den Alliierten besetzten Gebiete der italienischen Verwaltung übertragen. Im einzelnen war das Bild noch chaotischer: in Sizilien hatte die alte Abneigung gegen den Faschismus und gegen Rom ganz allgemein zur Bildung einer Unabhängigkeitsbewegung geführt; in Neapel, wo noch vor der Ankunft der alliierten Truppen ein Volksaufstand gegen die Deutschen ausgebrochen war, herrschte bitterste Not. Im Norden lernte die Bevölkerung die Schrecken der ersten deutschen Razzien und die verzweifelte Anmaßung der neuformierten faschistischen Gruppierungen kennen, in denen der Geist der ,,Stoßtrupps" aus den Gründungszeiten wieder auflebte. Eine rasche Besserung der Lage schien nicht in Sicht. Täglich wurde deutlicher, daß für die Alliierten die italienische Front nur von zweitrangiger Bedeutung war. Nach dem Treffen von Teheran konzentrierten sie ihre Kräfte, insbesondere auf Drängen Stalins, hauptsächlich auf die Schaffung einer zweiten Front, so daß für die Landung in der Normandie sogar einige Divisionen aus Italien abgezogen wurden. Südlich von Rom trat der Krieg auf der Stelle; Italien war zum Warten verurteilt. Die Vorstellung, daß Italien auf den Lauf der

Dinge irgendwie Einfluß nehmen und seine Stimme erheben könnte, erschien völlig unrealistisch.

Ein erster Hoffnungsschimmer tauchte auf, als die Regierung Badoglio im Oktober nach langem Zögern endlich Deutschland den Krieg erklärte. Die Alliierten, die sich verpflichtet hatten, die Friedensbedingungen nach dem italienischen Beitrag zum antifaschistischen Kampf zu bemessen, wurden damit beim Wort genommen. Alle die, für die der Treueeid auf den König noch eine Bedeutung hatte, waren jetzt zum Ungehorsam gegen die Deutschen und gegen Mussolinis *Repubblica sociale italiana* ermächtigt. Den ersten von den Kommunisten und vom *Partito d'azione* organisierten Partisanenverbänden schlossen sich bald auch Abteilungen des regulären Heeres unter der Führung ihrer Offiziere an. Angesichts dieser ersten Widerstandsformationen prägten die Deutschen die seltsame Bezeichnung „Badoglio-Kommunisten", ohne sich wahrscheinlich darüber im klaren zu sein, daß das Zusammengehen von Kommunisten und Monarchisten sicher nicht als Beweis für die Popularität der Deutschen anzusehen war.

In Wirklichkeit herrschte zunächst keineswegs Einigkeit zwischen den Kommunisten und den anderen antifaschistischen Parteien einerseits und dem König andererseits. Die Antifaschisten warfen dem König vor, dem Faschismus den Weg zur Macht geebnet und das Regime bis zur Katastrophe unterstützt zu haben. Auf dem Kongreß der antifaschistischen Parteien in Bari im Januar 1944 forderten die linken Parteien um das *Comitato di liberazione nazionale* die sofortige Abdankung des Königs. Der weise alte Benedetto Croce konnte jedoch mit Leichtigkeit nachweisen, daß eine solche Forderung bloßem Wunschdenken entsprang. Es war in der Tat ein offenes Geheimnis, daß die Alliierten und besonders das England Winston Churchills die Monarchie unterstützten und die Antifaschisten nicht gerne sahen. Die Lage schien deshalb ziemlich aussichtslos, und die Herstellung einer antifaschistischen und antideutschen Front mehr als schwierig.

Die Lösung kam von einem Mann, von dem sie am wenigsten erwartet worden wäre, nämlich vom Führer der Kommunistischen Partei, Palmiro Togliatti, der nach 18 Jahren Exil und politischer Arbeit in der Internationale im März 1944 nach Italien zurückgekehrt war. Togliatti war sicher über die politischen Pläne der Sowjetunion auf dem laufenden, die gerade in diesen Tagen als erstes Land die Regierung Badoglio anerkannt hatte. Wie schon in den Tagen der Volksfrontpolitik 1935 war er fest davon überzeugt, daß die sowjetische Politik, die auf eine Aufteilung Europas in Einflußsphären abzielte, vollständig mit den Interessen Italiens in Übereinstimmung stand. Aus der eigenen Anschauung wußte er, wieviel Blut und Tränen der Aufbau eines sozialistischen Staatswesens kostete. Ganz abgesehen von der Anwesenheit der alliierten Truppen auf italienischem Boden machte sich Togliatti zudem wenig Illusionen über die Chancen der Revolution in einem Lande, das gerade 20 Jahre Faschismus hinter sich hatte.

Der „italienische Weg" zum Sozialismus, von dem er sprach, konnte nur über eine schrittweise Demokratisierung des Staates verlaufen, in dem die Kommunistische Partei in Zusammenarbeit mit den anderen Parteien mittelfristige Ziele zu verwirklichen suchte. Das erste Ziel mußte die Vertreibung der Deutschen und die Befreiung des Landes sein. Togliatti zögerte deshalb nicht, die von Croce und De Nicola ausgearbeitete Kompromißformel anzunehmen. Der König verpflichtete sich, seinem Sohn als Statthalter die Macht in die Hand zu legen, während die endgültige Lösung des Problems der Staatsform auf die Zeit nach dem Kriegsende vertagt wurde. Daraufhin wurde unter Badoglio eine neue Regierung gebildet, an der außer dem *Partito d'azione* alle Parteien um das *Comitato di liberazione nazionale* beteiligt waren.

Im gleichen Zeitraum – zwischen März und April 1944 – fand in der *Via Rasella* in Rom eine der größten Partisanenaktionen statt, die 32 deutschen Soldaten das Leben kostete. Als Vergeltung ermordeten die Deutschen in den *Fosse Ardeatine* 335 Italiener. Große Streiks in den Industriestädten des Nordens zerrissen endgültig den Schleier der sozialen Demagogie der faschistischen Republik, die von Tag zu Tag stärker als Fremdkörper, als Gespenst einer toten Vergangenheit erschien. Die einzige Maßnahme, die – freilich im negativen Sinn – Eindruck in der Öffentlichkeit zu erregen vermochte, war der Prozeß von Verona, in dem mit den faschistischen Hierarchen abgerechnet wurde: Ciano und die übrigen Urheber des Handstreichs vom 25. Juli wurden zum Tode verurteilt.

Der Widerstand gewann ein solches Ausmaß, daß die Alliierten seine Vertreter als vollberechtigte Gesprächspartner anerkennen mußten. Als im Juni 1944 die alliierten Truppen in Rom einmarschierten, stellte Badoglio sein Amt zur Verfügung. Unter Bonomi kam eine neue Regierung zustande, an der alle Führer der antifaschistischen Parteien als Vertreter des *Comitato di liberazione nazionale* teilnahmen. Churchill schluckte diesen Brocken nur ungern und schrieb dies auch Stalin, der sich in seiner Antwort darüber wunderte, daß die Alliierten auf dem von ihnen besetzten Territorium ihren Willen nicht durchzusetzen vermochten. In Wirklichkeit waren sich in diesem Punkt die Engländer und Amerikaner nicht einig, denn Roosevelt hatte die Bildung einer Regierung des Antifaschismus und des Widerstandes durchaus unterstützt.

Die Befreiung von Rom und Florenz im Juni und August 1944 und die Aussicht auf den baldigen Sieg der Alliierten gaben der Aktivität der verschiedenen Partisanengruppen im Norden des Landes großen Auftrieb: Kommandounternehmen und Sabotageakte häuften sich, und es entstanden „befreite Gebiete" wie die von Val d'Ossola, Carnia, die Republik von Torriglia in Ligurien u. a., die ausschließlich der Verwaltung von Partisanen unterstanden. Die weitere Entwicklung zeigte, daß der Widerstand nicht nur eine Oberflächenerscheinung war, die sich als Stör- und Sabotageanhängsel der alliierten Truppen abtun ließ, wie es diese aus Furcht vor den politischen Konsequenzen gern gesehen hätten.

In den acht Monaten zwischen September 1944, als der Vormarsch der Alliierten an der Gotenlinie zum Stillstand kam, und der Befreiung Norditaliens im April 1945 hatten die Partisanen eine harte Probe zu bestehen. Die Deutschen unternahmen großangelegte Razzien und verübten grausame Repressalien gegen die Zivilbevölkerung, wie die unbeschreiblich blutige Niedermetzelung der Bevölkerung von Marzabotto in der Emilia (1830 Tote). Viele befreite Gebiete wurden von den Deutschen zurückerobert und in dieser Zeit fielen die meisten der 46000 Opfer des Befreiungskampfes. Zur Schwächung der Kampfmoral der Partisanen trug der Aufruf zur Einstellung der Partisanenaktionen bei, den der englische General Alexander am 10. November 1944 verbreiten ließ. Schließlich kam es auch zu Unstimmigkeiten zwischen den antifaschistischen und den konservativen Elementen der älteren Emigrantengeneration innerhalb der Regierung Bonomi. Dennoch konnten die Partisanen die Krise im Herbst 1944 überwinden und den Kampf trotz der harten Schläge, die sie hatten einstecken müssen, fortsetzen. Als die alliierten Truppen nach dem Ende der Kämpfe an den anderen Fronten im April 1945 in die Po-Ebene einmarschierten, fanden sie die wichtigsten Städte bereits in der Hand der Befreiungskämpfer und die wichtigsten Industrieanlagen vor dem Vandalismus der Deutschen gerettet.

Das *Comitato di liberazione nazionale* in Norditalien hatte durch den erfolgreichen Kampf gegenüber den Alliierten an Handlungsspielraum gewonnen. Seine Mitglieder ordneten die Erschießung Mussolinis an, der von Partisanen bei dem Versuch, in deutscher Uniform die Schweizer Grenze zu erreichen, gefangengenommen worden war. Die Leichen Mussolinis und seiner Begleiter wurden auf dem Platz in Mailand, wo sie am 28. April von Partisanen erschossen worden waren, öffentlich aufgehängt. Diese Geste sollte vor allem den Bruch mit der Vergangenheit verdeutlichen und als Warnung an alle innerhalb und außerhalb Italiens dienen, die den Erneuerungswillen, der im Widerstand zum Ausdruck gekommen war, außer acht lassen zu können glaubten. Der Widerstand war nämlich nicht nur ein militärisches Faktum, obwohl auch unter diesem Gesichtspunkt sein Beitrag zum Sieg der Alliierten keineswegs unbedeutend war, sondern vor allem ein politisches Phänomen von weittragender Bedeutung. Beteiligt waren nicht nur die Arbeiter, die Sabotageakte verübten, und die Männer von den bewaffneten Abteilungen, sondern auch die Bauern, die die Partisanen ernährten, und die Geistlichen, die sie versteckten. All diese Menschen waren davon überzeugt, daß die Dinge in Italien von Grund auf anders werden müßten. Wenn die Zeit der Privilegien und der Korruption vorüber war, sollte der ehrliche und unbefleckte Teil des Landes wieder ans Licht treten. Deshalb mußte verhindert werden, daß der Triebsand des alten politischen *trasformismo* wieder alles verschluckte. Dies zu erreichen, erwies sich jedoch als schwieriger, als die Euphorie der Befreiung zunächst glauben ließ.

Hoffnungen und Enttäuschungen der Nachkriegszeit

Wer sich die Stimmung im Italien des Widerstandes vergegenwärtigen will, denke an die Filme Roberto Rossellinis von „Rom offene Stadt" bis „Paisà", Filme, die die Schule des Neorealismus begründeten. Repräsentativ sind diese Filme nicht nur durch die handelnden Personen, durch die Männer und Frauen aus dem Widerstand: Die Frau aus dem Armenviertel Roms in der großartigen Verkörperung Anna Magnanis, der Kommunist und der Priester, die durch ihr Martyrium verbunden sind, und die hungrigen, in ihr Schicksal ergebenen Partisanen. Darüber hinaus gelingt diesen Filmen ein authentisches und lebendiges Bild Italiens und seines Volkes, weil mit Ernst und verhaltener Leidenschaft auf jede tröstliche Rhetorik und auf jede Anklage verzichtet wird. In Italien hatten diese Filme weit weniger Erfolg als im Ausland. Warum – so fragten sich viele Italiener – unsere Misere zur Schau stellen, die Prostitution, die sich in den Städten ausbreitet, die Arbeitslosigkeit, den Schwarzmarkt? Wäre es nicht besser, alles zu vergessen, wieder zu leben und befreit zu atmen?

Die Weigerung, sich das Geschehen zu verdeutlichen und der italienischen Wirklichkeit mit all ihren alten Übeln, Unstimmigkeiten und Ungerechtigkeiten ins Gesicht zu sehen, war nichts als eine Maske, hinter der sich die Angst vor dem Neuen und der Verzicht auf Änderungen gleich welcher Art verbargen. Diese Haltung wurde später unter dem Namen *qualunquismo* zu einer eindeutig reaktionären politischen Bewegung. Vor allem in den Landesteilen, die nicht die Erfahrung des Widerstandes gemacht hatten, waren sich viele über die politischen Konsequenzen einer solchen Haltung nicht im klaren. Sie wollten lediglich dem Alptraum der letzten Jahre entrinnen und wieder neu zu leben beginnen. Wie jede Nachkriegszeit, so eröffnete auch die nach dem Zweiten Weltkrieg neben dem Elend Möglichkeiten zu Genuß und Lebensfreude: Tanzsäle schossen wie Pilze aus dem Boden, in die Kinos kehrten nach langen Jahren der Abwesenheit amerikanische Filme mit ihren chromblitzenden Schönheiten zurück, und der Radrennfahrer Gino Bartali fuhr wieder von Sieg zu Sieg.

Dieses Italien des *qualunquismo*, das Italien, das bloß in Ruhe gelassen werden wollte, gewann die Oberhand. Wie schon nach dem Ersten Weltkrieg gelang es den zunächst scheinbar isolierten konservativen Kräften, den Massenkonsens zu finden, um ihre Vorherrschaft zu verteidigen. Dieser Prozeß wurde von der Partei der *Democrazia cristiana* unter Alcide De Gasperi vorangetrieben. De Gasperi, eine kampflustige Natur aus Trient, war zunächst Abgeordneter im österreichischen Parlament gewesen und hatte in der Zeit des Faschismus in der Vatikanischen Bibliothek gearbeitet. Obwohl ein linker Parteiflügel existierte und das Programm eine andere Sprache sprach, erkannten die konservativen Kräfte schnell in der *Democra-*

zia cristiana das sicherste Bollwerk zur Aufrechterhaltung der bestehenden Verhältnisse, da sich die Partei auf eine breite Basis unter den bäuerlichen Massen und auf den Beistand des Vatikans stützen konnte. Zudem führte die Angst vor dem Kommunismus auch viele Nichtkatholiken und Atheisten dazu, schlechten Gewissens für die *Democrazia cristiana* zu stimmen.

Die Chronik dieser Niederlage des Widerstandes und seiner erneuernden Kräfte ist äußerst dramatisch, und wir können hier nur die wichtigsten Etappen wiedergeben. Eine erste politische Schwergewichtsverschiebung nach rechts vollzog sich im Dezember 1945, als die von Ferruccio Parri geführte Regierung einer Regierung unter Alcide De Gasperi weichen mußte. Unter ihr fanden die ersten Nachkriegswahlen statt, die mit einem Referendum über die künftige Staatsform gekoppelt waren. Die Entscheidung für die Republik fiel mit 12 717 923 gegen 10 717 284 Stimmen. In der Konstituierenden Versammlung waren die Christdemokraten mit 35,2% der Stimmen, die Sozialisten mit 20,7% und die Kommunisten mit 19% vertreten. Die drei großen Parteien vereinigten also 75% der Stimmen auf sich, der Rest war unter verschiedene linke *(Partito d'azione, Partito repubblicano)* und rechte Gruppierungen aufgeteilt.

Das politische Kräfteverhältnis war noch ausgewogen. Die *Democrazia cristiana* war zwar die bei weitem stärkste Partei, aber Sozialisten und Kommunisten zusammen verfügten mit der gerade erst erneuerten Aktionseinheit von 1934 über einen höheren Stimmanteil. Die beiden Parteien beherrschten außerdem fast völlig die gewerkschaftliche Organisation der *Confederazione generale del lavoro*, der sich als verschwindende Minderheit auch die katholischen Gewerkschaften angeschlossen hatten. Die neue Regierung unter De Gasperi mußte deshalb Kommunisten und Sozialisten in die Regierung aufnehmen, obwohl sich bald zeigen sollte, daß dieser Konstellation kein langes Leben beschert war.

Abgesehen von inneren Unstimmigkeiten, die bald auftauchten, hatte die neue Regierung einfach zu viele Hindernisse zu bewältigen: die strafende Haltung der Alliierten am Verhandlungstisch in Paris; die Stadt Triest, auf die Jugoslawien Anspruch erhob, was wiederum der Rechten Anlaß zu Spaltungsversuchen gab; und nicht zuletzt die unendlichen Schwierigkeiten einer Wirtschaftspolitik, die zwischen den unausweichlichen Notwendigkeiten des Wiederaufbaus und den Forderungen der Arbeiter einen Weg finden mußte. Den größten Einfluß auf das Verhältnis der Parteien untereinander übte jedoch die Entwicklung der internationalen Lage aus. Je deutlicher sich der kalte Krieg als die beherrschende Tendenz abzeichnete, desto stärker wurde der Druck von amerikanischer Seite gegen die Regierungsbeteiligung der Kommunisten. Togliattis scharfem Gespür für internationale Entwicklungen entging diese Tatsache natürlich am wenigsten. Deshalb versuchte er durch eine Reihe von Kompromissen und Zugeständnissen die politische Linie zu retten, die er seit seiner Rückkehr verfolgt hatte. Als besonders folgenschwer erwies sich die Zustimmung der Kommunisten zum Artikel 7 der Verfassung, durch den die Lateranverträge zwischen Mussolini und dem Vatikan aus dem Jahre 1929 bestätigt wurden. Diese von den anderen Linksparteien scharf kritisierte Entscheidung entsprang nicht nur Opportunitätsüberlegungen des Augenblicks, sondern wahrscheinlich auch dem bewußten Willen, mit dem alten kleinbürgerlichen Antiklerikalismus der Arbeiterbewegung aus der vorfaschistischen Zeit zu brechen.

In der damaligen Lage aber brachte dieser Kompromiß nichts ein. Kaum einen Monat später nahm De Gasperi nach der Rückkehr von einer Amerikareise die Spaltung der Sozialistischen Partei, deren rechter Flügel unter Giuseppe Saragat ausgeschieden war, zum Anlaß für eine Regierungskrise. Die neue Regierung bestand nur aus Christdemokraten und einigen Spezialisten. Zu letzteren gehörte vor allem Luigi Einaudi, der als Haushaltsminister eine gänzlich neue Wirtschaftspolitik einleitete. Die Koalitionsregierungen hatten unter dem doppelten Druck der Anforderungen des Wiederaufbaus und der Forderungen der Gewerkschaften eine ausgesprochen inflationsfördernde Politik betrieben, so daß der Lebenshaltungsindex in wenigen Jahren auf das 50fache des Standes von 1938 geklettert war. Die Einführung einer dynamischen Einkommensanpassung, der *scala mobile*, hatte allerdings die Kaufkraft der Einkommen aus abhängiger Arbeit gesichert. Die von Luigi Einaudi nun eingeführte und strikt verteidigte Wirtschaftspolitik zielte dagegen in allererster Linie auf die Verteidigung der Lira. Dazu dienten Kreditbeschränkungen und die Verringerung des umlaufenden Geldes, so daß die Produktion, die noch unter dem Vorkriegsniveau lag, ins Stocken geriet, und die Arbeitslosigkeit auf die erschreckende Zahl von zwei Millionen Arbeitsuchenden hochschnellte. Die Lira wurde damit gerettet, und so konnte auch unter ökonomischen Gesichtspunkten die Kontinuität gewahrt werden.

Inzwischen stand die Konstituierende Versammlung vor dem Abschluß ihrer Beratungen, und es näherte sich der Zeitpunkt, zu dem die Italiener die beiden von der Verfassung vorgesehenen Kammern wählen sollten. Der Wahlkampf wurde mit einer nie vorher und nie nachher gekannten Verbissenheit geführt. Die Volksfront, in der Kommunisten und Sozialisten unter der Fahne mit dem Porträt Garibaldis vereinigt waren, versuchte die durch die Kreditbeschränkungen Einaudis ausgelösten wirtschaftlichen Schwierigkeiten zu nutzen, um die Massen zum Kampf gegen die „schwarze Regierung", gegen die Regierung der kapitalistischen Restauration zu mobilisieren. Die *Democrazia cristiana* ihrerseits stellte den Wahlkampf als dramatische Entscheidungsschlacht zwischen Freiheit und Kommunismus, zwischen Amerika und Rußland dar. Auf allen Straßen und Plätzen Italiens tauchte ein Plakat auf, auf dem ein in zwei Hälften geteiltes Brot mit dem Hinweis abgebildet war, daß die eine Hälfte aus amerikanischem Weizen gebacken sei. Hinter dem Stacheldraht eines russischen Konzentrationslagers zeigte ein anderes Plakat einen Soldaten, der seine Mutter anflehte, gegen seine Peiniger zu stimmen. Wer konnte wohl zögern bei der Wahl zwischen Amerika, das Brot gab und die Marshallplan-Hilfe versprach, und Rußland, das die italienischen Kriegsgefangenen nicht heimkehren ließ und die Tschechoslowakei unterjochte? Die amerikafreundliche Haltung besaß ja zudem in Italien noch tiefere Wurzeln: im Süden hatten fast alle Familien irgendeinen Verwandten in den USA, und viele hatten diese als Soldaten der Armee des Generals Clark nach der Landung in Sizilien wieder umarmen können. Aus Amerika kamen auch die Pakete mit Lebensmitteln und Kleidern, die in diesen schweren Zeiten mehr als bloß ein schönes Geschenk darstellten. Am Vorabend der Wahlen vom 18. April 1948 enthielten die Pakete auch einen Brief, der dazu aufforderte, gegen die Kommunisten und für die *Democrazia cristiana*, die Partei, die das Vertrauen der Amerikaner besaß, zu stimmen. Auch die Geistlichkeit beteiligte sich am Wahlkampf; selbst Klosterschwestern in Klausur, Kranke in den Krankenhäusern und Insassen von Nervenheilanstalten gingen zur Wahl. Auf Vorschlag der Christdemokraten bestand Wahlpflicht.

Das Wahlergebnis übertraf bei weitem die Voraussagen selbst derjenigen, die den Stimmungsumschwung erkannt hatten. An die *Democrazia cristiana* gingen 12 708 263 Stimmen, das waren 48,5% und somit fast die absolute Mehrheit; 8 137 467 Stimmen, d. h. 35% gingen an die Volksfront, und der geringfügige Rest verteilte sich auf die kleineren Parteien. Für die Christdemokraten und die sie tragenden Kräfte war damit eine entscheidende Schlacht gewonnen.

Inzwischen war die Verfassung in Kraft getreten, aber das Gerüst einer Republik, deren Grundlage nach Artikel 1 ,,die Arbeit" ist, war vom Lauf der Entwicklung bereits überholt. Der kalte Krieg hatte die Einheit des Widerstandes, die in der Verfassung zum Ausdruck kam, hinweggefegt und ihrer Grundlagen beraubt. 1949 schloß sich Italien dem Atlantikpakt an, und damit war auch die Außenpolitik Italiens endgültig festgelegt.

Mit dem 18. April geht die unmittelbare Nachkriegszeit in Italien zu Ende. Das Land ging im großen und ganzen wesentlich besser daraus hervor als aus der Zeit nach dem Ersten Weltkrieg. 1919 hatte man vom ,,verstümmelten Sieg" gesprochen, 1948 konnte man sagen, daß Italien den Krieg zwar verloren, den Frieden aber gewonnen hatte. Die territorialen Zugeständnisse an Frankreich (Briga und Tenda) waren in der Tat unbedeutend, während Südtirol entgegen den österreichischen Forderungen – nicht zuletzt durch die geschickte Diplomatie De Gasperis – bei Italien verblieb. Lediglich an der Ostgrenze mußte Italien die überwiegend slawischsprechenden Gebiete an Jugoslawien abgeben, die Stadt Triest kam nach einer Übergangsperiode unter alliierter Verwaltung 1954 endgültig zu Italien. Bis auf Somalia, über das Italien bis 1960 ein Mandatsrecht hatte, gingen die Kolonien verloren, denen aber kaum mehr jemand eine Träne nachweinte, zumal der Dekolonisationsprozeß im Weltmaßstab immer schneller voranschritt. Innenpolitisch war die Demokratie wiederhergestellt, es fanden regelmäßig Wahlen statt, und auch die wirtschaftliche Situation begann sich, nicht zuletzt durch die amerikanische Hilfe, allmählich zu bessern. Die Industriellen gewannen ihren Optimismus und ihre Tatkraft zurück, die Beamten in Verwaltung und Polizei wurden wieder respektiert, Rossellini heiratete Ingrid Bergmann und drehte einen Film über den hl. Franziskus, mit einem Wort, die Ordnung war wieder hergestellt. Diejenigen, die sich für eine neue, andere Ordnung geschlagen hatten, die Arbeiter, Intellektuellen und die Bauern, standen vor der Wahl zwischen der Fortführung eines zähen, undankbaren und schwierigen Kampfes und jener Resignation, die das Gesicht des römischen Arbeitslosen aus Vittorio De Sicas Film „Fahrraddiebe" prägt.

Das italienische Wirtschaftswunder und die Kommunistische Partei

Eine auch nur summarische Darstellung der Entwicklung Italiens seit 1948 erscheint angesichts der deformierenden Nähe der Ereignisse nicht nur schwierig, sondern auch sinnlos. Innenpolitisch blieb die Situation durch die Vorherrschaft der *Democrazia cristiana* und ihrer gemäßigt rechten Politik beherrscht. In der Außenpolitik wurde die Anlehnung an Amerika im Rahmen des Atlantischen Bündnisses aufrechterhalten. Rigider Antikommunismus zur Zeit Trumans und Pius' XII., Entspannung unter Kennedy und Johannes XXIII., Verständnis für die Barbarei des amerikanischen Krieges in Vietnam: die Christdemokraten paßten ihre Politik zwar den geänderten Bedingungen an, in der Substanz aber blieb sie unverändert. Auch die Regierungsbeteiligung der Sozialisten, die sich nach dem Ungarn-Aufstand von 1956 von den Kommunisten getrennt hatten, brachte nur geringfügige Veränderungen der allgemeinen politischen Richtung der italienischen Politik.

Das bedeutet natürlich nicht, daß sich in Italien seit 1948 nichts geändert hätte. Im Gegenteil beweist die politische Stabilität, daß das Land in stetiger Arbeit vorangeschritten ist. In wirtschaftlicher Hinsicht waren die Jahre 1948 bis 1953 noch schwierige Jahre, aber seit 1954 zeichnete sich ein deutlicher Wirtschaftsaufschwung ab, der nach 1956 und mit dem Eintritt Italiens in die Europäische Wirtschaftsgemeinschaft zum italienischen „Wirtschaftswunder" wurde: die Indexziffern für die Produktion, das Bruttosozialprodukt und den Konsum stiegen schwindelerregend an. Kein Wirtschaftsbereich blieb von dem Konjunkturaufschwung ausgeschlossen. Mit der Errichtung der neuen modernen Anlagen von Cornigliano und Tarent verdreifachte die Eisen- und Stahlindustrie im Verlauf weniger Jahre ihren Produktionsausstoß, und die chemische und petrochemische Industrie im privaten und halbstaatlichen Bereich platzte geradezu aus den Nähten. Italienische

Kleider und Schuhe setzten sich auf den großen europäischen Märkten durch, die Bauindustrie und die mit ihr verbundene Baustoffindustrie machten riesige Geschäfte. Vor allem aber entwickelte sich die Autoindustrie, in der Fiat inzwischen fast eine Monopolstellung erobert hatte. In den Jahren zwischen 1956 und 1967 vollzog sich die Massenmotorisierung Italiens, und die Turiner Firma, die zu den Großen der internationalen Industrie gehört, produzierte am Ende der 60er Jahre jährlich über eine Million Autos. Als Folge dieser stürmischen Industrieentwicklung verließen Millionen von Bauern das flache Land, um im Industrie- und Dienstleistungssektor der Städte des industrialisierten Nordens Arbeit zu finden. Durch diese größte innere Bevölkerungsverschiebung der italienischen Geschichte seit der Einigung hat sich nicht zuletzt die dualistische Struktur des Landes noch weiter ausgeprägt. Eine Art von „saisonaler Völkerwanderung" stellen dagegen die mehr als 20 Millionen Touristen dar, die jährlich die Strände und Städte Italiens überschwemmen.

Endlich, nach so vielen Jahren der Mühen und Entbehrungen lernte das italienische Volk einen gewissen Wohlstand kennen: der bis dahin äußerst niedrige Verbrauch von Fleisch und Zucker begann zu steigen, auf den Hausdächern schossen die Fernsehantennen hoch, mit denen die Italiener nicht nur die Schlager der zahlreichen Festivals, sondern auch die väterlich-gewinnende Stimme der christdemokratischen Politiker und Minister ins Haus geliefert bekamen.

Das Wirtschaftswunder brachte auch seine Helden hervor. Zu ihnen gehörte in einem gewissen Sinn Enrico Mattei. Im Widerstand ein tapferer Partisan war er, wie die ehemaligen Garibaldiner des 19. Jahrhunderts, Industrieller geworden. An seinen Namen ist die Entwicklung der ENI, der staatlichen Brennstoffgesellschaft, geknüpft. Mit großer Kühnheit, die der Tradition der frühen italienischen Kaufleute würdig ist, versuchte er, Italien dem Monopol der großen internationalen Erdölgesellschaften zu entziehen. Zu diesem Zweck knüpfte er Kontakte zu einer Reihe von Kolonien oder gerade unabhängig gewordener Staaten, und er soll auch die algerische Befreiungsfront unterstützt haben. Als er 1962 bei einem Flugzeugabsturz ums Leben kam, sprach man sofort von Sabotage. Das Wirtschaftswunder besaß in Federico Fellini auch seinen Künstler: der Überschwang und die Vulgarität der Neureichen, der italienische Katholizismus und Klerikalismus mit all seinen Atavismen und Komplexen, das Sündenbewußtsein und die Lust an der Sünde, die Avantgarde und die Tradition – mit einem Wort, das „neue" Italien der *Democrazia cristiana* fand in Fellinis großartigem Talent seinen Ausdruck.

Auch das Wirtschaftswunder hat jedoch, wie die vielen Wunder, denen wir im Laufe der italienischen Geschichte begegnet sind, seine Kehrseite. Die Bauentwicklung im Zeichen einer zügellosen Spekulation hat in wahrscheinlich irreversibler Weise das Bild vieler italienischer Städte und einzigartiger Landschaften zerstört. Die Massenmotorisierung wurde künstlich weit über die ökonomischen Möglichkeiten des Landes hinaus aufgebläht, wozu nicht nur die Werbung, sondern auch der absichtliche Verzicht des Staates auf den Ausbau der öffentlichen Verkehrsmittel beigetragen hat. Die Tatsache, daß Tausende von Autobahnkilometern gebaut wurden, während 5000 Eisenbahnkilometer stillgelegt wurden, und der Zustand der öffentlichen Nahverkehrsmittel, die im städtischen Verkehrschaos nur im Schritttempo vorwärtskommen, stellen eine bestürzend negative Bilanz dar. Die massenhafte Landflucht hat die Krise der Landwirtschaft verschärft, deren Produktionsbedingungen in weiten Teilen des Landes noch durch anachronistische, von der Agrarreform nur geringfügig abgeänderte Verträge geregelt sind.

Dies, so könnte man einwenden, sind die unvermeidlichen Nebenwirkungen und der Preis des Fortschritts, während nicht zu leugnen ist, daß Italien in den 50er und 60er Jahren endgültig die Ketten der jahrhundertealten Rückständigkeit gesprengt und an den Kreis der hochindustrialisierten Staaten Anschluß gefunden hat. Was jedoch viele Italiener an dem Wirtschaftswunder hat zweifeln lassen, ist das Fehlen eines entsprechenden gesellschaftlichen Veränderungsprozesses. Die Lage der italienischen Arbeiter blieb hart und prekär. Trotz der bis Ende der 60er Jahre drei Millionen Auswanderer hielt sich die Arbeitslosigkeit auf einem beunruhigend hohen Niveau. Die sozialen Einrichtungen, Schulen und Krankenhäuser sind völlig unzureichend. Die Schulpflicht wurde erst in den 60er Jahren bis zum 14. Lebensjahr ausgedehnt – und auch dann noch oft umgangen. Die öffentliche Verwaltung ist nach wie vor ineffektiv und aufgebläht, die Justiz arbeitet langsam, die Universitäten sind in ihrer Struktur beim Mittelalter stehengeblieben, das Steuersystem bedrückt die Armen und hat kein Mittel in der Hand gegen die großen Steuerbetrüger, Korruption breitet sich aus. Die alte ,,Unstimmigkeit" Italiens, von der Labriola gesprochen hat, ist nicht verschwunden, sondern sie hat sich wiederum auf einem höheren Niveau reproduziert. Italien bleibt das Land, in dem die Todesstrafe abgeschafft ist, in dem aber jährlich zahlreiche Verbrechen aus ,,verletzter Ehre" verübt werden, in dem viele große Kunstmäzene in der Industrie neben einigen Millionen Analphabeten existieren, in dem die Reichen wirklich reich und die Armen wirklich arm sind, in dem die Kinder vergöttert und die Alten vergessen werden, in dem der intellektuelle Avantgardismus mit finsterstem Klerikalismus, Entfremdung mit Aberglauben zusammen hausen. Diese ,,Unstimmigkeit" schafft, wie Labriola sagte, ein allgemeines Unbehagen. Deshalb könnte man sagen, daß die Italiener, die vom Wirtschaftswunder profitiert haben, selbst nicht wirklich an die Dauerhaftigkeit des Wohlstandes glaubten, sondern sich darauf beschränkten, ihn, solange er dauerte, in vollen Zügen zu genießen.

An diesem Unbehagen setzte die Kommunistische Partei an. Nach der

Niederlage von 1948 schien der Stern des italienischen Kommunismus zu sinken. Statt dessen gewann die Partei von Wahl zu Wahl mehr Stimmen, bis sie bei den Wahlen von 1963 fast acht Millionen erreichte, das entsprach 25% der abgegebenen Stimmen. Weder das Wirtschaftswunder noch die Krise nach dem XX. Kongreß der KPdSU und dem Ungarnaufstand konnten diesen Fortschritt verhindern.

Das Geheimnis dieses Erfolges, wenn man von Geheimnis sprechen kann, liegt in der von den Parteimitgliedern befolgten Aufforderung Togliattis, sich „in alle Falten" der italienischen Gesellschaft einzunisten. 1947 schoß an der *Portella Ginestra* nahe Palermo der Bandit Salvatore Giuliano im Auftrag der Agrarier auf die zur Feier des 1. Mai versammelten Arbeiter. Die Kommunistische Partei setzte sich seither an die Spitze der kämpfenden Arbeiter und der Bauern im Süden, denen es zum großen Teil zu danken ist, wenn die Regierung eine zumindest partielle Agrarreform hat durchführen müssen. Der Versuch, gerade die Agrarreform zu benutzen, um den Einfluß der Kommunisten zu untergraben, hatte keinen Erfolg. Der KPI gebührt deshalb das historische Verdienst, unter den Bauern des Südens, wo die früheren demokratischen und sozialistischen Bewegungen nicht hatten Fuß fassen können, politisches Bewußtsein geweckt und damit die Lehre Gramscis ernstgenommen zu haben. Die Gewinnung breiter bäuerlicher Massen im Süden blieb zwar der wichtigste, aber nicht der einzige Erfolg der KPI. Durch die Vermeidung der schärfsten Ausprägungen des Stalinismus konnte die KPI auch große Teile der Intellektuellen auf ihre Seite ziehen. Auch von denjenigen, die die Partei nach 1956 verlassen haben, blieben viele „Weggenossen". Zur Anhängerschaft bzw. zur Wählerschaft der KPI gehören die Mehrheit der Arbeiter und weite Teile des ländlichen und städtischen Kleinbürgertums. Die Partei setzt sich für die kleinen Kaufleute gegen die Supermärkte ein, für die kleinen Grundbesitzer gegen die drückenden Steuern und für die Handwerker gegen die Übermacht der Industrie. In der Politik der 60er Jahre gewann vor allem der „Dialog mit den Katholiken" besondere Bedeutung, der auf der Basis der gemeinsamen Ablehnung des bürgerlich-kapitalistischen Individualismus und der Sorge um den Frieden zustandekam. Beim Tode Johannes' XXIII. setzten einige kommunistische Organisationen die rote Fahne auf Halbmast.

Wie schon die Sozialistische Partei zu Beginn des 20. Jahrhunderts wurde die Kommunistische Partei nach dem Zweiten Weltkrieg zum großen Sammelbecken der verschiedenen, manchmal auch divergierenden Oppositionsströmungen in der kontrastreichen italienischen Gesellschaft. Daraus erwächst ihre Stärke, aber auch ihre Schwäche, denn die Partei sieht sich vor das Dilemma gestellt, einerseits der revolutionären Tradition treu zu bleiben, andererseits eine Partei „innerhalb des Systems", eine Art italienische Labour-Party zu werden. Palmiro Togliatti war sich durchaus der Schwierigkeit bewußt, diese beiden „Seelen" der KPI in Übereinstimmung zu bringen. Und er wußte auch, wie schwierig es war, den eigenständigen Charakter der italienischen KPI zu betonen und gleichzeitig die enge Bindung an die internationale Politik der UdSSR aufrechtzuerhalten. Sein politisches Testament, die berühmte Denkschrift von Jalta, die er wenige Tage vor seinem Tode verfaßte, bezeugt, wie sehr er bis zuletzt an dieser harten politischen und intellektuellen Aufgabe gearbeitet hat.

Bei der Überführung der Leiche nach Italien folgte eine Million Menschen dem Sarg. Zu Lebzeiten war Togliatti wegen seines politischen Weitblickes und seiner Festigkeit mit Cavour verglichen worden. Aber Cavour starb auf dem Höhepunkt des Erfolges, Togliatti ereilte der Tod in einem Italien der Vulgarität und des flüchtigen Genusses. In der Trauer der Massen beim letzten Geleit schwang das Bewußtsein mit, ein Ziel verfehlt und einen langen, mühsamen Weg vor sich zu haben.

Nachwort zur deutschen Ausgabe

Die deutsche Ausgabe meines Buches erscheint 16 Jahre nach der ersten italienischen Auflage und Jahre nach der Veröffentlichung in Frankreich, England und den USA. In der seither verflossenen Zeit ist natürlich die Forschungsarbeit zur italienischen Geschichte in Italien und im Ausland weitergegangen und hat neue Fakten und Erkenntnisse gezeitigt; neue Fragen wurden gestellt und neue Wege eingeschlagen. In den letzten Jahren hat vor allem die Sozialgeschichte im weiteren Sinn in Italien eine bedeutende Entwicklung erfahren, einschließlich der historischen Demographie, der Stadtgeschichte, der Geschichte der Ernährung usw. Diese Studien wurden angeregt durch das französische Vorbild der „Annales" und der englischen „Social History".

Ein großer Teil der Ergebnisse dieser Forschungsrichtung findet seinen direkten oder indirekten Niederschlag in der großangelegten „Storia d'Italia", die in den Jahren 1972-1975 im Verlag Einaudi, Turin erschienen ist. Dieses anspruchsvolle sechsbändige Werk (in zehn Einzelbänden) bildet eine Pflichtlektüre für jeden, der sich eingehender mit der Geschichte Italiens beschäftigt.

Viele Aussagen und Urteile der hier vorgelegten „Geschichte Italiens und der Italiener" müßten daher natürlich im Lichte dieser neueren Forschungsergebnisse ergänzt oder revidiert, manches Detail sogar neu geschrieben werden. Dies gilt beispielsweise für das Kapitel über das kulturelle Leben in der Zeit des Risorgimento, in dem der Romantik gegenüber anderen, ebenfalls wichtigen geistigen Strömungen zu viel Raum gewidmet ist. In diesem Sinne wären noch weitere Beispiele anzuführen, ganz abgesehen davon, daß in einem so gedrängten Rahmen gewisse Lücken und Gewichtsverschiebungen geradezu unvermeidlich sind.

Dies vorausgesetzt, muß ich jedoch gestehen, daß ich zwar, wenn ich heute eine Neufassung schreiben sollte, an einigen Stellen die notwendigen Korrekturen anbringen, die Gesamtanlage und das wesentliche Interpretationsgerüst aber unverändert beibehalten würde.

Dieses Nachwort soll dazu dienen, meine Auffassung zu erläutern und zugleich dem deutschen Leser ein, wenn auch summarisches Bild der gegenwärtigen Tendenzen in der italienischen Geschichtsschreibung und der Probleme, mit denen sie sich beschäftigt, zu vermitteln.

Wenn wir uns zunächst der italienischen Geschichte vor der Einigung zuwenden, so liegt meines Erachtens der zentrale Punkt der gegenwärtigen Neuinterpretation in der Betonung der *Kontinuität* als einem wesentlichen

Moment der italienischen Geschichte. Es wird ein Bild der italienischen Gesellschaft in ihrer historischen Entwicklung entworfen als einer im wesentlichen statischen und zur Erneuerung unfähigen Gesellschaft, in der Anregungen und Anstöße zu einer Erneuerung immer wieder von einem kompakten „System" absorbiert und vom Gewicht der Tradition und der Rückständigkeit erdrückt werden. Die klarste und zugleich radikalste Ausformulierung dieser These findet sich in den beiden Beiträgen Ruggiero Romanos für die „Storia d'Italia": zum einen der Aufsatz über „Una tipologia economica"[1] im ersten Band, der den „ursprünglichen Charakterzügen" der italienischen Geschichte gewidmet ist, zum anderen in der Darstellung der Wirtschaftsgeschichte vom 14. bis zum 17. Jahrhundert im zweiten Band des Werkes. Für Ruggiero Romano ist das bestimmende Element der italienischen Geschichte bis vor nicht allzu langer Zeit („beinahe bis gestern", wie er sagt) die Kontinuität, um nicht zu sagen die Stagnation. Er spricht von einem „Block von 15 Jahrhunderten", in denen nach seiner Auffassung die Grundstrukturen der italienischen Gesellschaft, die vom fortdauernden Überwiegen des „Feudalismus" charakterisiert waren, im wesentlichen unverändert geblieben sind.

Eine derartige Konzeption bedeutet eine drastische Revision bisher ziemlich allgemein akzeptierter Urteile. Die Stadtentwicklung beispielsweise war im mittelalterlichen Europa in Nord- und Mittelitalien zweifelsohne am weitesten fortgeschritten, und den Städten hat die Geschichtswissenschaft gewöhnlich eine wesentliche Funktion im Prozeß der Auflösung des Feudalwesens zugewiesen, der sich deshalb in Italien schneller vollzog als in den anderen europäischen Ländern. Diese These wurde schon im vorigen Jahrhundert von Sismondi, Cattaneo und anderen vertreten und findet sich heute in neuer Form in den Arbeiten bedeutender Historiker wie Cipolla und Lopez.[2] Ruggiero Romano ist in diesem Punkt jedoch grundsätzlich anderer Auffassung. Er sieht in der Stadt „das größte Hindernis für eine Änderung der gesellschaftlichen Strukturen in Italien" und begründet diese entschiedene Behauptung mit der Feststellung, daß die mittelalterliche Stadt im wesentlichen das Modell der antiken Agrarstadt reproduzierte. Weit davon entfernt, die auf dem Land bestehenden feudalen Verhältnisse anzugreifen und zu zerstören, werden, so Romano, diese Verhältnisse innerhalb der städtischen Mauern nachgebildet. Romano glaubt nicht an die Gültigkeit des alten Sprichwortes „Stadtluft macht frei", sondern setzt dem entgegen: „die Wertordnung der Stadt blieb der Feudalgesellschaft unterworfen".

---

[1] Dt. „Versuche einer ökonomischen Typologie", in: Ruggiero Romano u. a., *Die Gleichzeitigkeit des Ungleichzeitigen. Fünf Studien zur Geschichte Italiens*, Frankfurt/M. *1980*.

[2] Carlo M. Cipolla, *Storia economia dell'Europa preindustriale*, Bologna 1974; Roberto S. Lopez, *Nascita dell'Europa. Secoli V–XIV*, Turin 1975.

Diese radikale Neubewertung der Rolle der Stadt in der italienischen Geschichte führt natürlich gleichzeitig zu einer ebenso radikalen Änderung in der Einschätzung der aufblühenden Wirtschaftstätigkeit in den Städten – Handel, Banken und Gewerbe. Gerade für diesen Bereich haben viele bedeutende Wirtschaftshistoriker betont, daß sich in Italien als erstem europäischen Land Formen kapitalistischer Produktion herausgebildet haben. Auch in diesem Punkt ist Ruggiero Romano gänzlich anderer Ansicht, er schreibt: „Den Kapitalismus in den vergangenen Jahrhunderten, ja beinahe bis gestern, in Italien zu suchen, scheint mir ein ziemlich aussichtsloses Unternehmen."

Es ist jedoch festzuhalten, daß in der „Storia d'Italia" selbst von Romano deutlich abweichende Interpretationen zu finden sind. Der englische Historiker Philip Jones, der den Abschnitt über die Wirtschaftsgeschichte vom Beginn des Mittelalters bis zum 14. Jahrhundert verfaßt hat, schreibt: „Die italienischen Städte schufen eine universale Herrschaft kapitalistischer Struktur, die Italien zum internationalen Zentrum des Handels, des Gewerbes und des Finanzwesens machten." An anderer Stelle spricht derselbe Historiker von den italienischen Geschäftsleuten als „Pionieren des modernen Kapitalismus, die als solche seit den Zeiten von Adam Smith und Marx bis heute Anerkennung gefunden haben".

Die Frage bleibt also auch innerhalb der „Storia" von Einaudi umstritten. Um klarer zu sehen und einen richtigen Zugang zu dem Problem zu finden, kann es meiner Ansicht nach nützlich sein, auf die große Debatte über den Übergang vom Feudalismus zum Kapitalismus zurückzugreifen, an der einige der bedeutendsten marxistischen Historiker beteiligt waren.[3] Hier finden wir wichtige Hinweise, um das Problem des italienischen „Kapitalismus" oder Protokapitalismus in korrekter Weise anzugehen. Ich beziehe mich vor allem auf das von Marx und Engels entwickelte Konzept des „Handelskapitalismus", d.h. eines Kapitalismus, dessen Existenz und Blüte nicht nur das Vorhandensein von ausgedehnten Zonen feudaler Rückständigkeit voraussetzt, sondern sogar an deren Aufrechterhaltung als einer seiner Existenzbedingungen interessiert ist. Der Handelskapitalismus greift nur bestimmte Strukturen des Feudalismus an, aber im ganzen ist er an der Aufrechterhaltung dieser Gesellschaftsform interessiert, in deren „Poren" er sich entwickeln kann. Der wirtschaftliche Aufstieg der italienischen Städte basiert vor allem auf der Vermittlungsfunktion im internationalen Handel und im Mittelmeerraum zwischen den Märkten des Orients und des Okzidents. Im Gewerbe überwiegt die Herstellung von Luxuswaren, und daher bleibt der Produktionsbereich meist im Rahmen der für das Mittelalter typischen zünftigen Organisation. Diese Form der beschränkten Produktion von qualitativ

---

[3] A. A. V. V. (M. Dobb, P. Sweezy u. a.), *Der Übergang vom Feudalismus zum Kapitalismus*, Frankfurt/M. 1978.

hochwertigen Waren zielt mehr auf den hohen Preis als auf die Erweiterung des Marktes. Die italienische Wirtschaft des Mittelalters, die fast ausschließlich auf den Gewinnen des Handelskapitals basierte, mußte deshalb notwendig seit Beginn des 16. Jahrhunderts in eine Phase des deutlichen Niedergangs oder – um einen von einigen Historikern verwendeten Ausdruck zu gebrauchen – der „Refeudalisierung" geraten. Seit diesem Zeitpunkt nämlich beraubte die Eröffnung der großen Ozeanrouten und das Vordringen der Türken Italien seiner privilegierten Stellung im internationalen Handel, und gleichzeitig begann in Westeuropa ein Prozeß der Modernisierung der Wirtschaft.

Die Wirtschaftsentwicklung Italiens auf der Basis des Handelskapitalismus ist ganz ohne Zweifel im mittelalterlichen Europa einzigartig, und die italienische Gesellschaft zeigt noch im ganzen 16. Jahrhundert eine Vitalität und Erneuerungsfähigkeit, die einzigartig dastehen. Unzweifelhaft spielt Italien auch im Rahmen der europäischen Geschichte eine hervorragende Rolle im Übergangsprozeß vom Feudalismus zum Kapitalismus. Den Kern des Problems trifft man vielleicht am ehesten, wenn man die italienische Geschichte im Mittelalter und der Renaissance mit einem Ausdruck von Marx als „Versuchswerkstatt" Europas bezeichnet, nur daß die Ergebnisse oder die hier gemachten Experimente dann zuerst anderswo zur Anwendung kamen und erst später in Italien selbst.

Die Kategorie der „Kontinuität" und der Begriff eines „Blockes von 15 Jahrhunderten" scheinen mir aus diesem Grund wenig geeignet für eine realistische Rekonstruktion der komplexen und in sich widersprüchlichen Geschichte Italiens vor der Einigung. Willkürlicher noch als für die Wirtschaftsgeschichte erscheint mir dieses Konzept für die Kulturgeschichte. Die Renaissance beispielsweise stellt Romano dar als „ein grandioses Unternehmen, in dem mit großem Aufwand von Kraft, Intelligenz und Sensibilität ein – hinter einer großartigen Fassade – brüchiges und ständig in seinem Gleichgewicht bedrohtes Gebäude *verteidigt* wurde". Diese Behauptung scheint mir schlicht übertrieben. Auch dieses Urteil entbehrt natürlich nicht jeder Grundlage. Eine Schule von bedeutenden Historikern, deren wichtigster Vertreter der Amerikaner Paul Oskar Kristeller[4] ist, unterstreicht die Kontinuität von mittelalterlicher Scholastik und Renaissance und tritt damit tendenziell der bisher gültigen Auffassung entgegen, die seit dem berühmten Werk Jacob Burckhardts die Renaissance als etwas grundlegend Neues betrachtet hat. Auch Gramsci hat in einigen Notizen zu italienischen Autoren aus den Jahren 1930/32 in seinen „Quaderni del carcere"[5] den Humanismus

---

[4] Paul O. Kristeller, *Humanismus und Renaissance*, 2 Bde., München 1974/76.
[5] Antonio Gramsci, *Quaderni del carcere*, kritische Ausgabe V. Gerratana, Turin 1975; dt. (Auswahl): Antonio Gramsci, *Zu Politik, Geschichte und Kultur*, Frankfurt/M. 1980.

als „Restauration" bezeichnet und als „notwendige Voraussetzung" der Gegenreformation, ja er spricht sogar vom „mittelalterlichen und reaktionären Charakter des Humanismus". Diese Einschätzungen und Präzisierungen zu einigen Aspekten und Strömungen des Humanismus und der Renaissance dürfen jedoch nicht dazu führen, die grundlegende Tatsache aus den Augen zu verlieren, daß sich, wie Philip Jones in dem erwähnten Beitrag zur „Storia" schreibt, in Italien zum ersten Mal in Europa „eine materialistische, humanistische und städtische Kultur" durchgesetzt hat, deren Funktion sich nicht in der Aufrechterhaltung einer „brüchigen" Gesellschaftsordnung und ihrem Establishment erschöpfte. Einer derartigen Behauptung liegt eine simplizistische und mechanistische Auffassung der Beziehung zwischen sozioökonomischer und kultureller Entwicklung, zwischen Basis und Überbau zugrunde, sie wischt die Forschungsergebnisse ganzer Generationen von großen Historikern – vom 19. Jahrhundert bis zu Hans Baron und Eugenio Garin[6] – beiseite, vor allem aber wird die historische Realität unter einem verengten und damit verfälschenden Blickwinkel gesehen. Zweifelsohne übernahmen einige der Humanisten die Aufgabe, den Konsens um das Establishment herzustellen. Darüber darf man aber nicht vergessen, daß die Intellektuellen aus Gründen, die ich auf den vorausgegangenen Seiten darzustellen versucht habe, als *einzige* gesellschaftliche Schicht in der Lage waren, ein Bild von der Gesellschaft als ganzes zu gewinnen und von daher sich das Problem ihrer Erneuerung überhaupt zu stellen. Viele taten dies auch. Am konsequentesten und mit dem größten Einsatz hat meines Erachtens Machiavelli diesen Willen zur Erneuerung zum Ausdruck gebracht: Als Bürger von Florenz und Humanist kam er durch seine politische Erfahrung und durch seine Reisen in Europa zu der Überzeugung, daß die politischen und gesellschaftlichen Strukturen nicht nur „brüchig", sondern bereits völlig „zusammengebrochen" seien, und daß die Zukunft den monarchisch regierten Nationalstaaten wie Frankreich gehöre. Die daraus gewonnene Überzeugung, daß in Italien eine politische und gesellschaftliche „Regeneration" notwendig sei, legte er in „Il Principe", einem der am meisten verkannten Bücher der Weltliteratur, nieder. Als einer der ersten hat A. Gramsci in seinen „Note sul Machiavelli"[7] die weittragende Bedeutung der Aussage Machiavellis erkannt. Einen weiteren Beweis dafür, daß ein großer Teil der italienischen Intelligenz keineswegs „reaktionär" war, liefert die Emigration in der Zeit der Verdüsterung des geistigen Lebens durch die Gegenreformation, eine Emigration, durch die eine regelrechte Diaspora entstand. Auch

---

[6] Hans Baron, *Crisi del primo Rinascimento italiano*, Florenz ²1970; Eugenio Garin, *Cultura del Rinascimento, Profilo storico*, Rom-Bari ⁴1976; dt. *Der italienische Humanismus*, München 1947.
[7] Antonio Gramsci, *Note sul Machiavelli, sulla politica e sulla Stato Moderno*, Turin 1949.

dieses Thema hat Gramsci in seinen „Quaderni del carcere" aufgegriffen, wo er an mehreren Stellen von der „kosmopolitischen Funktion der italienischen Intellektuellen" spricht. Diese Auffassung ist durch die Studien der letzten Jahrzehnte vor allem von Delio Cantimori[8] und seiner Schule über die religiöse Emigration bestätigt worden. Auch und vor allem für die kulturelle Entwicklung war Italien eine große „Versuchswerkstatt" für Europa. Humanismus und Renaissance auf „ein grandioses Unternehmen zur Konservierung der gesellschaftlichen Verhältnisse" zu reduzieren, mag als geistige Unvoreingenommenheit und als Befreiung von provinzieller Beschränktheit erscheinen. Ich bin nach wie vor nicht dieser Meinung und halte an den in diesem Buch dargestellten Grundauffassungen fest.

Die Tendenz zu einer „radikalen Revision" der Interpretationsmuster für die italienische Geschichte gilt nicht nur für die Zeit vor der Einigung, sondern auch für die Geschichte des geeinten Italien. Auf diesem Gebiet ist in den letzten Jahren viel gearbeitet worden, und hier kann natürlich nicht der Ort sein, eine ins Detail gehende Übersicht zu geben. Es läßt sich jedoch festhalten, daß diese Arbeiten einen breiten Rahmen ausfüllen und von höchst unterschiedlichem wissenschaftlichen Gewicht sind: die Palette reicht von dem ernsthaften, wenn auch angreifbaren Buch von U. Levra über die Krise der Jahrhundertwende bis zu Pamphleten wie den Büchern von Capecelatro und Carlo über das Problem des Südens.[9]

Den verschiedenen Interpretationen liegt jedoch als gemeinsamer Nenner der Versuch zugrunde, die Interpretation der Geschichte Italiens seit der Einigung zu revidieren, wie sie von Gramsci in den „Quaderni del carcere" angelegt und dann von den marxistischen Historikern in den 50er und 60er Jahren ausgearbeitet worden ist.

Die zentrale Fragestellung der gegenwärtigen Diskussion in der Geschichtswissenschaft ist die nach Natur und Funktion des Kapitalismus in Italien. Insbesondere wird das Konzept des „preußischen Weges" der Durchsetzung des Kapitalismus in Italien in Zweifel gezogen, d. h. eines Entwicklungstyps, der als seine Existenzbedingung die Aufrechterhaltung breiter Zonen von Rückständigkeit voraussetzt und damit den „dualistischen" Charakter der Wirtschaft des Landes verschärft. Bisher gingen die Meinungen darüber auseinander, wie diese Entwicklung zu bewerten sei. Rosario Romeo entwickelte in seinem Buch „Risorgimento e capitalismo" 1956[10] eine Interpretation in dem Sinne, daß der Zwang der Verhältnisse

---

[8] Delio Cantimori, *Eretici italiani nel Cinquecento*, Florenz 1939; dt. *Italienische Häretiker der Spätrenaissance*, Basel 1949.

[9] Umberto Levra, *Colpo die Stato della borghesia. La crisi politica di fine secolo in Italia* (1896–1900), Mailand 1939; Edmondo Capecelatro Antonio Carlo, *Contra la „questione meridionale"*, Rom 1975.

[10] Rosario Romeo, *Risorgimento e capitalismo*, Rom-Bari ⁵1978.

keine Alternative zu dem eingeschlagenen Weg zugelassen habe. Andere dagegen sahen in diesem Weg vor allem den Willen zur Aufrechterhaltung der bestehenden gesellschaftlichen Verhältnisse und den Verzicht auf ein mögliches anderes, demokratischeres Entwicklungsmodell. Die gegenwärtige historiographische Richtung, die die bisher gültigen Interpretationen zu revidieren sucht, zieht das Konzept der „Rückständigkeit" der kapitalistischen Entwicklung Italiens überhaupt in Zweifel. Stefano Merli hat beispielsweise ein umfangreiches Werk mit dem bezeichnenden Titel „Proletariato di fabbrica e capitalismo industriale"[11] (Fabrikproletariat und industrieller Kapitalismus) geschrieben, in dem er davon ausgeht, daß sich die kapitalistische Industrialisierung in Italien schon in den letzten Jahrzehnten des 19. Jahrhunderts weitgehend durchgesetzt hatte. Einige Historiker gehen sogar soweit, die Existenz des „Problems des Südens" gänzlich zu leugnen, indem sie in absurder Weise den elementarsten Tatsachen der wirtschaftlichen Realität des Südens vor der Einigung widersprechen.

Die Analysen der neueren Historiographie, die im Zeichen einer radikalen Revision steht, sind wenig untermauert und halten einer ernsthaften Prüfung der Tatsachen nicht stand. Es drängt sich der Eindruck auf, daß damit vor allem ein – freilich nicht ganz gelungener – Versuch gemacht werden soll, Material zur Erreichung eines ganz anderen Zieles zu gewinnen, nämlich für die Revision des Urteils über die Geschichte der italienischen Arbeiterbewegung. Mit anderen Worten: wenn man in der Lage wäre zu zeigen, daß der italienische Kapitalismus weiter entwickelt und weniger von Elementen der Rückständigkeit durchsetzt war, als man bisher angenommen hat, dann wäre auch das Industrieproletariat zahlreicher, geschlossener und kampfstärker gewesen als bisher angenommen. Dann aber ist leicht zu zeigen, daß die gewerkschaftliche und politische Führung der Arbeiterbewegung allzu ängstlich zögerte und sich damit wertvolle Gelegenheiten für eine entschiedenere und letztlich revolutionäre Lösung der sozio-ökonomischen Probleme Italiens hat entgehen lassen.

In diese Richtung zielen die meisten Arbeiten der neuesten Geschichtsschreibung, die die ganze Arbeiterbewegung Italiens von ihren Anfängen bis zur unmittelbaren Gegenwart einer radikalen Revision unterzieht.

Im Hinblick auf die Entstehung der Arbeiterbewegung haben wir bereits das Werk von Levra über die Krise der Jahrhundertwende erwähnt. Levras Hauptthese besteht darin, daß die junge sozialistische Bewegung und ihre Führer sich unfähig zeigten, die von den Volksmassen zum Ausdruck gebrachte Kampfbereitschaft aufzugreifen, und daß sie statt dessen den Weg der Kollaboration mit den Parteien und Persönlichkeiten der aufgeklärten Bourgeoisie eingingen, die während der ganzen Zeit der Giolitti-Ära aufrechterhalten wurde und die sozialistische und die Arbeiterbewegung zu

---

[11] Stefano Merli, *Proletariato di fabbrica e capitalismo industriale*, Florenz 1972.

einer subalternen Rolle verdammte. Ohne die fundierte quellenmäßige Untermauerung Levras findet sich eine ähnliche Betrachtungsweise in einer ganzen Reihe von Arbeiten zu verschiedenen Aspekten der Geschichte der italienischen Arbeiterbewegung vor dem Ersten Weltkrieg. Demgegenüber haben einige radikale Strömungen der Arbeiterbewegung eine Aufwertung erfahren: dies gilt etwa für Amadeo Bordiga, den Gründer der KPI, der in den ersten Jahren der Partei der wichtigste Gegenspieler Gramscis und des neuen Kurses der Partei war, der sich 1926 mit der Verabschiedung der Thesen von Lyon durchsetzen konnte.

Hier können natürlich die Aussagen dieser neuen Untersuchungen nicht im einzelnen diskutiert werden, die auf die verschiedensten Fragenkomplexe eingehen, und der interessierte Leser sei deshalb auf die umfangreiche und ausgewogene Übersicht über die neuesten Arbeiten zur Geschichte der Arbeiterbewegung verwiesen, die Leo Valiani unter dem Titel „Questioni di storia del socialismo" veröffentlicht hat.[12] Der Hauptmangel dieser Richtung besteht meiner Ansicht nach in ihrer Tendenz, die Geschichte der sozialistischen und der Arbeiterbewegung von der allgemeinen Wirtschafts- und Sozialgeschichte zu trennen oder, wie oben dargestellt, diese letztere *in Funktion* einer „radikalen" Interpretation der Geschichte der Arbeiterbewegung zu sehen, wodurch eine unhaltbare Verengung der Perspektive entsteht. Die neuesten Untersuchungen zu diesem Thema bestätigen die These Gramscis von der „Rückständigkeit" der italienischen kapitalistischen Entwicklung und lassen in eben dieser Rückständigkeit die eigentliche Ursache für den Sieg des Faschismus erkennen. Ich beziehe mich hier besonders auf Band VII und VIII der „Storia dell'Italia moderna" von Giorgio Candeloro, die die Zeit von der Jahrhundertwende bis zum Machtantritt des Faschismus behandeln.[13]

Ähnliche Überlegungen lassen sich für die historiographische Debatte der italienischen Geschichte nach dem Zweiten Weltkrieg anstellen. Die am meisten diskutierten Probleme sind die Interpretation des Widerstandes und die Beurteilung der Politik der Arbeiterparteien und insbesondere der KPI nach der „Wende von Salerno" und während der Rekonstruktionsphase. Der Historiker Guido Quazza aus Turin sieht beispielsweise im Widerstand eine Art von „verratener sozialer Revolution" und in der Politik nach Salerno einen Verzicht auf die Verfolgung höher gesteckter Zielsetzungen politischer und sozialer Veränderung, ohne daß dies Urteil jedoch auf eine konkrete Analyse der nationalen und internationalen Bedingungen der Zeit zurückgeführt wird.[14] Hier muß freilich gesagt werden, daß die Debatte noch völlig

---

[12] Leo Valiani, *Questioni di storia del socialismo*, Turin 1975.
[13] Giorgio Candeloro, *Storia dell'Italia moderna*, 11 Bde. Mailand 1972 ff.
[14] Guido Quazza, *Resistenza e storia d'Italia. Problemi e ipotesi di ricerca*, Mailand 1978.

offen ist, und ihr Ausgang hängt nicht allein vom Fortschritt der Forschung ab, sondern auch und vielleicht vor allem von der Entwicklung und dem Ausgang der historischen Phase, die in Italien mit dem Sturz des Faschismus begonnen hat und die soziale und politische Auseinandersetzung der Gegenwart bestimmt.

Zum Abschluß möchte ich jedoch noch einige Überlegungen zur jüngsten italienischen Geschichte darlegen, die meine ganz persönliche Meinung zum Ausdruck bringen. Dies ist natürlich nicht Aufgabe des Historikers, aber ich empfinde es als Gebot der Aufrichtigkeit gegenüber dem ausländischen Leser, damit er meine Überzeugungen, die sich natürlich auch in meiner historischen Arbeit widerspiegeln oder aus ihr geschöpft sind, mit anderen möglichen Betrachtungsweisen und seinen eigenen Vorstellungen über die gegenwärtige italienische Situation vergleichen kann.

Das Vorwort zur ersten Ausgabe meiner „Storia degli Italiani" trägt das Datum April 1968, und die 1962 begonnene Ausarbeitung erfolgte in den Jahren des sogenannten „Wirtschaftswunders", dem das letzte Kapitel gewidmet ist. In diesem Kapitel habe ich zu zeigen versucht, daß das Wirtschaftswunder die historisch vorhandenen Ungleichgewichte der italienischen Wirtschafts- und Gesellschaftsstruktur nicht nur nicht beseitigt, sondern in gewisser Hinsicht sogar verschärft hat. Besonders habe ich darauf hingewiesen, daß dem ohne Zweifel großen wirtschaftlichen Fortschritt keine entsprechende soziale und politische Erneuerung gegenüberstand. Aus dieser Tatsache erwuchs ein tiefer Widerspruch, dessen Tragweite in der Entwicklung der letzten Jahre dramatisch zum Ausdruck kam. Seit 1969 durchlebt Italien eine tiefe Krise, die in einem kontrastreichen Verlauf häufig zu tragischen Ereignissen führte, die in der Weltpresse Schlagzeilen gemacht haben. Als Beispiel sei nur an die blutigen Attentate an der Piazza Fontana in Mailand 1969, im „Italicus" und an der Piazza della Loggia in Brescia, an die Entführung und Ermordung Aldo Moros durch die Roten Brigaden 1978 und an das grausige Blutbad auf dem Bahnhof von Bologna im Sommer 1980 erinnert. Gründe und Ursachen dieser Krise sind natürlich äußerst vielschichtig und lassen sich in diesem Rahmen nicht im einzelnen verfolgen. Man kommt jedoch, glaube ich, der Wahrheit ziemlich nahe, wenn man die Wurzeln gerade in den Jahren des Wirtschaftswunders sucht. Der wirtschaftliche Fortschritt hat in weiten Kreisen der Bevölkerung einen Widerwillen gegen die überalterte politische Organisationsform entstehen lassen und die Grundlage des politischen Konsens untergraben, auf dem die Hegemonie der *Democrazia cristiana* basierte. Überkommene Wertvorstellungen verloren an Glaubwürdigkeit und bislang respektierte Institutionen erschienen über Nacht überholt.[15]

---

[15] Petra Rosenbaum, *Italien 1976. Christdemokraten mit Kommunisten?* Reinbek bei Hamburg 1976.

Die „Resignation", eine Haltung, von der in diesem Buch häufig die Rede ist, verwandelte sich in Protest und dieser in den aktiven Willen zu politischer und sozialer Erneuerung. So wurden bedeutende politische und soziale Verbesserungen durchgesetzt. Die Lage der italienischen Arbeiter ist heute nicht mehr wie zu Zeiten des Wirtschaftswunders schlechter als die ihrer Kollegen in anderen europäischen Ländern, sondern im Gegenteil steht der italienische Arbeiter in gewisser Hinsicht vor allem im Bereich der gewerkschaftlichen Rechte und der Arbeitsplatzsicherheit mit an der Spitze Europas. Im Zivilrecht gehört die Scheidung und die Legalität der Abtreibung zum definitiven Bestandteil der italienischen Gesetzgebung.

Dieser Demokratisierungsprozeß ist natürlich auf starken Widerstand gestoßen, der, wie bei dem blutigen Attentat an der Piazza Fontana, dessen Urheber erst kürzlich in Abwesenheit verurteilt worden sind, bis hin zu terroristischen Gewalttakten reichte. Die internationale Wirtschaftskrise seit dem Jom-Kippur-Krieg hat die ohnehin gespannte Lage weiterhin verschärft und die wirtschaftlichen Probleme und die regionalen Ungleichgewichte vergrößert. Italien hat heute eine der höchsten Inflationsraten und eine der höchsten Arbeitslosenraten der industrialisierten Länder. Die Arbeitslosigkeit konzentriert sich vor allem in den ärmeren Gegenden des Landes, im Süden. Die politische und soziale Lage des Landes bleibt extrem instabil. In den letzten zehn Jahren wurde die Legislaturperiode mehrmals vorzeitig abgebrochen und die Wahlen haben starke Schwankungen der Wählerentscheidung gezeigt. 1968 konnten die linken Parteien ihren Stimmenanteil erheblich verbessern, während 1972 die Rechte Erfolge verbuchen konnte, 1976 schlug das Pendel wiederum nach links aus, während in den Wahlen von 1979 die Kommunistische Partei einen guten Teil der 1976 gewonnenen Stimmen wieder verloren hat, und die Wähler durch ihr Wahlverhalten Protest und eine weitverbreitete Desorientierung zum Ausdruck brachten. Die Krise, die die italienische Gesellschaft seit Ende der 60er Jahre durchmacht, dauert noch an, und ihr Verlauf ist wesentlich dramatischer als der der Krise der Jahrhundertwende, der ein Kapitel dieses Buches gewidmet ist.

Auf den letzten Seiten meines Buches habe ich die Empfindungen wiedergegeben, die mich beim Begräbnis Togliattis bewegt haben. Einige Rezensenten haben diese Zeilen als ein politisches Glaubensbekenntnis interpretiert und ich stimme dem ohne weiteres zu. Ich war und bin der Überzeugung, daß ein Ausweg aus der gegenwärtigen Krise nur durch tiefgreifende Veränderungen in Richtung auf eine sozialistische Gesellschaftsform möglich ist, und daß die KPI die wichtigste politische Kraft ist, mit der dieses Ziel erreicht werden kann. Die Frage, die der ausländische und auch der italienische Leser heute nach mehr als 15 Jahren legitimerweise an mich stellen kann, ist die, ob die Kommunistische Partei Italiens in der Lage gewesen ist, die Schwierigkeiten und Probleme zu meistern, von denen ich auf den letzten Seiten meines Buches gesprochen habe. Auch hier fühle ich mich verpflichtet, eine Antwort zu geben, oder sie zumindest zu versuchen. Für die KPI war als erstes das Problem ihrer internationalen Rolle und insbesondere das ihrer Beziehung zur UdSSR zu lösen. Im letzten Jahrzehnt hat sich in dieser Beziehung Entscheidendes geändert. 1968 hat die KPI den sowjetischen Einmarsch in die Tschechoslowakei verurteilt, sie hat entschieden gegen die sowjetische Intervention in Afghanistan und gegen die Repression in Polen Stellung bezogen. Anfang 1982 hat die KPdSU darauf mit einer heftigen Attacke regiert, die den völligen Bruch in den Beziehungen zwischen den beiden Parteien besiegelt. In dieser Auseinandersetzung hat die Parteiführung nachdrücklich die Autonomie der Partei und die Tatsache betont, daß das sowjetische Modell *nicht* auf die italienische Situation übertragbar sei. Schon der 15. Parteikongreß hat den Weg des „Eurokommunismus" als eine „irreversible" Entscheidung festgelegt und der Partei zur Aufgabe gestellt, einen „dritten Weg" zu erarbeiten, der sowohl die Fehler der sozialdemokratischen Parteien als auch die der Länder des „real existierenden Sozialismus" vermeidet. Diese Tatsachen sind, so glaube ich, auch außerhalb Italiens bekannt, und ich will mich deshalb darauf beschränken zu unterstreichen, daß es sich hier, wie auch immer man dazu stehen mag, um wirklich neue und entscheidende Entwicklungen handelt.

Weniger bekannt, aber meiner Ansicht nach ebenso wichtig, sind die Probleme, denen die italienische Arbeiterbewegung in ihren eigenen Reihen gegenübersteht, und deren Lösung darüber entscheidet, inwieweit die KPI als eigenständige Kraft zur Überwindung der internationalen Krise des Kapitalismus und der ungeheuren Probleme des eigenen Landes beitragen kann. Das Hauptproblem besteht hier für die KPI in dem Widerspruch zwischen der Breite und sozialen Heterogenität der Mitglieder- und Wählerschaft der Partei und der Notwendigkeit, in der Innen- und Wirtschaftspolitik harte und „unpopuläre" Entscheidungen durchzusetzen. Dieses Problem ist besonders seit dem Wahlerfolg von 1976 akut geworden. Die KPI definiert sich heute nicht nur als „Kampfpartei", sondern als „regierungsfähige Partei" und von 1976 bis 1979 nahm sie an der Koalition teil, die die Regierung trug. Für eine Partei mit einer so breiten und heterogenen Wählerbasis ist es jedoch nicht leicht, ein Programm zu erarbeiten. Die Interessen der Arbeitslosen des Südens sind nicht leicht mit denen der Arbeiter des industrialisierten Nordens in Einklang zu bringen. Ähnliches gilt für die Interessen der Kleinunternehmer, von denen viele mit der KPI sympathisieren, und denjenigen der Angestellten und der freien Berufe, die ein beträchtliches Gewicht besitzen.

Die Kommunistische Partei ist sich dieser Schwierigkeiten bewußt und hat wesentliche Schritte zu einer Klärung ihrer eigenen Position unternommen. Im Gegensatz zu anderen kommunistischen Parteien, wie z. B. der französischen, hat sich die KPI für eine Austerity-Politik ausgesprochen, die nicht nur zur Überwindung der gegenwärtigen Wirtschaftskrise führen, sondern auch als notwendige Voraussetzung für die angestrebten sozialen Veränderungen dienen soll. Es ist allerdings nicht immer gelungen, die notwendigen praktischen Konsequenzen aus dieser grundsätzlichen Entscheidung zu ziehen, auch und vor allem, weil von seiten der Gewerkschaften und in anderen Bereichen der Arbeiterbewegung diese Linie der KPI nicht akzeptiert worden ist. Wahrscheinlich ist der relative Mißerfolg der Partei bei den letzten Wahlen sowohl auf die Entscheidung für die Austerity-Politik als auch auf deren ungenügende praktische Umsetzung zurückzuführen. Ich bin jedoch nach wie vor der festen Überzeugung, daß eine positive Lösung der italienischen Krise und ganz allgemein die Zukunft des Landes weitgehend davon abhängen, ob die Arbeiterklasse und die linken Parteien die Funktion einer Führungsschicht übernehmen und die notwendigen schwerwiegenden Entscheidungen durchsetzen können.

März 1982

Namenregister

Abelard, Peter 45
Acciaiuoli, Nicolò 78
Alberico da Barbiano 84
Albertario, Davide, Don 316
Alberti, Adelsgeschlecht 23, 72
Alberti, Leon Battista 73, 89, 91, 101
Albertini, Luigi 342
Alberto da Giussano 276
Albinoni, Tomaso 213
Albizi, Familie 72
Albornoz, Gil, Kardinal 83, 84, 112, 214
Alderotti, Taddeo 51
Alembert, Jean-Baptiste Le Rond d' 193
Alessandra, Jungfrau vom Arno 225
Alexios, Kaiser von Byzanz 18
Alexander VI., Papst 107, 108, 112, 116
Alexander, Sir Harold 385
Alfieri, Vittorio 197, 218
Alfonso V. von Aragon, der Großmütige, König von Neapel 80, 89
Algarotti, Francesco 195
Alighieri, Dante 37, 38, 51, 53–56, 85, 88, 101, 102, 114, 128
Alula, Ras von Aethiopien 301
Amari, Michele 276
Ambrosio, Vittorio 379
Ambrosius, der Heilige 75, 160
Amendola, Giovanni 359
Ammannati, Bartolomeo 161
Ammirato, Scipione 167
Andreuccio da Perugia 86
Andryane, Alessandro Filippo 238
Angelico, s. Beato Angelico, Fra Angelico 98, 105
Angeloni, Luigi 241
Anjou, Dynastie 73, 77, 79, 80, 83, 99
Anne von Bretagne 124
Annese, Gennaro 177, 178
Antelami, Benedetto 39
Antonino, Bischof 103, 104
Antonius von Padua, der Heilige 48

Aragon, Dynastie 60, 77, 80, 101, 134
Aretino, Pietro 151
Argenson, René Louis, Marquis d' 216
Argenti, Filippo 56
Ariosto, Ludovico 113, 114
Aristoteles 50, 51, 85, 88, 91, 102, 166
Arkwright, Richard 188
Arnold von Brescia 45, 276
Arnulf, Kaiser 14
Arrivabene, Graf 328
Artavelde, Bankiers 97
Auerbach, Erich 56
Augustinus, der Heilige 85
Augustus, Kaiser 10, 112
Averroe 50, 102
Azeglio, Emanuele d' 270
Azeglio, Massimo Taparelli d' 252, 253, 266–268, 276

Babeuf, François 221
Bachi, Riccardo 345
Bacon, Roger 116, 117
Badaloni, Nicola 294
Badoer, Piero 150
Badoglio, Pietro 12, 370, 380–384
Bakunin, Michail 265, 280, 303
Balbo, Cesare 246, 252, 253
Balbo, Italo 363, 370
Baldwin, Stanley 362
Baldini, Nullo 294
Ballila 361
Bandiera, Attilio und Emilio 251
Bandinelli, Baccio 161
Bandini, Sallustio Antonio 195
Baratieri, Oreste 301
Barbato, Nicola 312
Bardi, Bankiers 69, 72
Baretti, Giuseppe 193
Baron, Hans 399
Baronio, Cesare 163

Bartali, Gino 386
Bartolomeo, Fra 107
Bassanesi, Giovanni 372
Battisti, Cesare 342
Bava Beccaris, Fiorenzo 316
Beato Angelico, frate Giovanni da Fiesole, gen. Il 98, 105
Beauharnais, Eugène 227, 233
Beccaria, Cesare 194, 195, 200, 204, 241
Beccadelli, Francesco s. Panormita 90
Beccadilli, Antonio 89
Belli, Gioacchino 242
Bellini, Lorenzo 181
Bembo, Pietro 113, 114
Benivieni, Antonio 107
Benivieni, Domenico 107
Benivieni, Girolamo 107
Bentinck, Lord William 230
Beolco, Angelo 110
Berchet, Giovanni 230, 276
Bergmann, Ingrid 390
Bernadotte, Jean Baptiste Jules 233
Bernaroli, Egidio 294
Bernardino da Feltre 101
Bernini, Gian Lorenzo 161
Bernstein, Eduard 304, 309, 314
Bertani, Agostino 269
Bertini, Francesca 332
Bessarione, Giovanni, Kardinal 90
Bianchi, Nicomede 269
Biandrata, Saluzzo 129
Bismarck-Schönhausen, Otto von 228, 298, 299, 305, 307
Bissolati, Leonida 294, 316, 329, 330, 337, 338, 342, 348
Bixio, Nino 275
Blanc, Jean Joseph Charles Louis 263
Boccaccio, Giovanni 69, 79, 84, 86, 87, 101, 102
Boccalini, Traiano 168
Boccanegra, Simone, Doge von Genua 67
Bocchini, Arturo 370
Bodin, Jean 117
Bohemund I. von Hauteville, Fürst von Antiocheia 19

Bohemund von Tarent, s. Bohemund I. von Hauteville 19
Boiardo, Matteo Maria 100
Bombacci, Nicola 350
Bonaparte, Jerôme Napoleon 271
Bonaparte, Joseph 229
Bonaventura di Bagnorea 49
Boncompagni Ludovisi, Ignazio 215
Bonghi, Ruggero 269
Bonifaz VIII., Papst 37, 54, 81
Bonomi, Ivanoe 338, 355, 357, 384, 385
Bonvesin de la Riva 42
Bordiga, Amadeo 402
Borelli, Giovanni Alfonso 182
Borelli, Lyda 332
Borghese, Familie 228
Borghini, Vincenzo 143
Borgia, Familie 112
Borgia, Cesare, gen. Il Valentino 198, 112
Borromei, Familie 72
Borromeo, Familie 140, 160
Borromeo, Carlo, Kardinal, Heiliger 139, 140
Borromeo, Federico, Kardinal 139
Borromini, Francesco 173
Borsieri, Pietro 238
Bosco, Rosario Garibaldi 312
Boselli, Paolo 345
Botero, Giovanni 144, 145, 159, 162, 163, 172
Botta, Carlo 222
Bottai, Giuseppe 366, 370, 379
Botticelli, Sandro 98, 100, 107
Bourbon, Dynastie 186, 187, 229, 230, 234, 265, 278
Braccio da Montone 84
Bracciolini, Poggio 90, 94
Brahe, Tycho 163
Bramante, Donato d'Angelo, gen. Il 112, 156
Braudel, Fernand 173
Breda, Vincenzo Stefano 297
Brunelleschi, Filippo 92
Bruni, Leonardo 39, 93, 101, 102
Bruno, Giordano 162, 164, 165, 179, 180, 306

Brutus, Marcus Junius 94
Bucharin, Nikolaj 373, 374
Bülow, Bernhard Heinrich Karl von 327
Bull, John 60
Buonarroti, Filippo 221, 282, 238, 245, 249, 250
Buragna, Carlo 182
Burckhardt, Jakob 276
Burlamacchi, Francesco 127

Cadorna, Luigi 344
Caesar, Gaius Julius 13, 15, 33, 117
Cafiero, Carlo 303
Cairoli, Benedetto 299
Caloprese, Giorgio 182
Calvin, Johannes 124-126, 129
Camino, Familie 43
Campanella, Tommaso 103, 136, 162, 164-166, 168, 179
Campailla, Tommaso 182
Canaletto, Antonio Canal, gen. Il 213
Candeloro, Giorgio 402
Canosa, Antonio Capece Minutolo, Fürst von 239
Cantimori, Delio 400
Capponi, Gino 253
Caracciolo, Gian Galeazzo 124, 129
Caracciolo, Domenico 211
Caracciolo, Francesco 226
Carafa, Giampiero, siehe Paul IV. 125, 128
Caramanico, Francesco Maria Venanzio d'Aquino, Fürst von, Vizekönig von Sizilien 211
Caravaggio, Michelangelo Merisi, gen. Il 163, 164
Carboni, Giacomo 381
Carducci, Giosue 289, 302
Carli, Gian Rinaldo 200
Carlo, Antonio 400
Capecelatro, Edmondo 400
Carnesecchi, Piero 124, 130
Carraresi, Familie 43
Casa, Giovanni della 194
Casanova, Giacomo 193
Casati, Gabrio 289
Castellano, Giuseppe 381

Castelli, Benedetto 181
Castellione, Sebastiano 129
Castelvetro, Ludovico 124, 129
Casti, Giovanni Battista 195, 231
Castiglione, Baldassare 103, 113, 114
Castracani, Castruccio 70, 79
Cato 55
Cattaneo, Carlo 258, 259, 264, 295, 396
Cattaneo, Silvio 308
Cavalcanti, Guido 53
Cavalieri, Bonaventura 181
Cavallotti, Felice 308, 315
Cavour, Familie 228
Cavour, Camillo Benso, Graf von 144, 216, 247, 253, 258, 266-272, 278, 281, 285, 287, 289, 295, 296, 310, 311, 326, 394
Cecilia Metella 158
Cellini, Benvenuto 161, 162
Cesi, Federico 181
Championnet, Jean Etienne 225
Chateaubriand, François Auguste René de 240
Churchill, Winston Leonard Spencer 362, 383, 384
Ciano, Galeazzo 369, 370, 379, 384
Cimabue 143
Cino da Pistoia 51, 53
Cipolla, Carlo 132
Cipolla, Carlo. M. 396
Cirillo, Domenico 226
Clarendon, George William Villiers, Lord 270
Clark, Mark 389
Clemens IV., Papst 35, 37
Clemens V., Papst 37
Clemens VII., Papst 120-122
Clemens VIII., Papst 167
Clemens XVI., Papst 213
Cobden, Richard 256
Coelestin V., Papst 37, 49, 104
Cola di Rienzo 62, 81-85
Colbert, Jean Baptiste 173, 216, 217
Colletta, Pietro 237
Colonna, Familie 37, 81
Colonna, Vittoria 124
Commines, Philippe 76

Compagni, Dino 69
Condillac, Etienne Bonnot de 211
Confalonieri, Federico 238
Conforti, Francesco 226
Consalvi, Ercole 235, 239
Consalvo di Cordova 108
Contarini, Gaspare 124, 125, 160
Contarini, Giuseppe, Kardinal 151
Conversano, Graf von 178
Cornaro, Catarina 66
Cornelio, Tommaso 182
Corner, Familie 150
Correnti, Cesare 269
Corsini, Familie 141
Costa, Andrea 290, 294, 307, 308, 316
Crescimbeni, Giovanni Mario 194
Crispi, Francesco 272, 274, 290, 305–307, 310, 312, 313–315, 317, 326, 327
Croce, Benedetto 304, 331, 332, 334, 371, 373, 383, 384
Croce, Giuseppe 308
Cuoco, Vincenzo 232, 241
Curione, Celio 126
Custodi, Pietro 202
Cybo, Familie 140
Cybo, Caterina, Herzogin von Camerino 124

Da Camino, Familie 43
D'Andrea, Francesco 182
D'Annunzio, Gabriele 302, 332, 336, 342, 343, 346, 347, 349, 352, 354, 356, 363
Dante, s. Alighieri
Da Polenta 54
D'Aquino, Bartolomeo 176, 177
Darasz, Woijciech, gen. Albert 263
Da Romano, Familie 36
De Ambris, Alceste 334
De Amicis, Edmondo 301, 320
De Andreis, Felice 316
De Deo, Emanuele 220
De Dominis, Marc'Antonio 163
De Felice Giuffrida, Giuseppe 312
De Gasperi, Alcide 357, 386–389
Della Porta, Giovanni Battista 161
Della Robbia, Giovanni 107

Del Vecchio, Cesare 362
De Nicola, Enrico 384
Denina, Carlo 219
De Pinedo, Francesco 363
Depretis, Agostino 288, 289, 305, 316, 326
De Rosa, Ferdinando 372
De Sanctis, Francesco 269, 276, 303
Descartes, René 180, 182–184
De Sica, Vittorio 390
De Stefani, Alberto 358
De Thou, Jacques 168
De Vecchi, Cesare Maria, di Val Cismon 362
De Viti De Marco, Antonio 325
Di Costanzo, Angelo 160
Diderot, Denis 193
Diodati, Giovanni 129
Dobb, Maurice 397
Dominikus von Caleruega, Heiliger 47
Donà, Leonardo 168
Donatello, Donato di Nicolò di Betto Bardi, gen. Il 92, 98
Donati, Forese 56
Donizone di Canossa 20
Doria, Familie 127
Doria, Andrea 121, 135, 152–154
Doria, Paolo Matteo 183
Dovizi, Bernardo, gen. Il Bibbiena 113
Dregont, Rainulf von 28
Du Bellay, Guillaume 146
Du Bellay, Jean 125
Du Tillot, Guillaume 211
Durazzeschi, Dynastie 80
Duse, Eleonora 332

Edward VII., engl. König 327
Einaudi, Luigi 325, 388
Eisenhower, Dwight E. 381
Elia da Cortona 49
Engels, Friedrich 281, 309, 397
Enzo, König von Sardinien 53
Erasmus von Rotterdam 91, 95, 124, 126
Ercole II. d'Este 124
d'Este, Familie 36, 43, 187, 188, 246
Ezzelino III. da Romano 33

Namenregister

Facta, Luigi 357
Falconieri, Ignazio 231
Fanti, Manfredo 269
Fantoni, Giovanni 222
Fantuzzi, Marco 222
Farinacci, Roberto 363
Farinata degli Uberti 56
Farini, Luigi Carlo 269, 274, 278, 281, 282
Farnese, Familie 187
Farnese, Alessandro, s. Paul III. 125
Farnese, Elisabeth von 211
Farnese, Pier Luigi 127
Fauriel, Claude 241
Federico degli Alberighi 86
Federzoni, Giovanni 337
Fellini, Federico 391
Ferdinand II. von Aragon, der Katholische 108, 135, 137
Ferdinand I. von Bourbon, König Beider Sizilien = Ferdinand IV., König von Neapel 209, 246
Ferdinand II. von Bourbon, König Beider Sizilien 257, 258
Ferdinand II. von Habsburg, Kaiser 169
Ferdinand IV., König von Neapel 209, 246
Fermi, Enrico 369
Ferrante I. von Aragon, König von Neapel 133
Ferrara, Francesco 269, 295
Ferrari, Giuseppe 263, 264, 276
Ferri, Enrico 320, 329
Ferrucci, Francesco 276
Fibonacci, Leonardo 20
Ficino, Marsilio 102, 103
Fieramosca, Ettore 276
Fieschi, Familie 127, 154
Filangieri, Gaetano 210
Filarete, Antonio Averlino, gen. Il 97, 101
Filelfo, Francesco 89, 101
Flaminio, Marc'Antonio 124
Florio, Vincenzo 297
Fonseca, Eleonora von Pimentel 226
Formosus, Papst 14
Fortis, Alessandro 326, 331
Fortunato, Giustino 287

Foscari, Francesco, Doge von Venedig 65, 66
Foscolo, Ugo 231, 232
Fossombroni, Vittorio 235
Fra Angelico 98, 105
Fra Diavolo (Michele Pezza) 225
Fra Moriale (Jean de Montreal) 62
Francesca da Rimini 52
Franchetti, Leopoldo 287
Franco, Francisco Bahamonde 368, 375
Franz von Assissi, Heiliger 47–50, 55
Franz III. d'Este 206
Franz IV. d'Este, Herzog von Modena 188, 234, 245, 246
Franz I., König von Frankreich 113, 120–122, 125, 144, 152
Franz Joseph von Habsburg, Kaiser 299
Franz II. von Lothringen 203
Friedrich I. Barbarossa 15, 26, 31, 33, 35, 42, 44, 45, 276
Friedrich II. von Hohenstaufen 30, 31, 32, 34, 36, 44, 50, 51, 53
Friedrich III., König von Sizilien 80
Frisi, Paolo 188
Frundsberg, Georg von 120
Fugger, Bankiers 97, 119
Fusinato, Arnaldo 276

Galanti, Giuseppe Maria 195, 210
Galdi, Matteo Angelo 222
Galiani, Ferdinando 193, 195
Galilei, Galileo 50, 143, 166, 168, 179–182, 188
Galilei, Vincenzo 143
Gallo, Agostino 138
Garibaldi, Giuseppe 250, 261, 269, 272–274, 278, 279, 282–284, 288, 297, 305, 374, 388
Garin, Eugenio 399
Gattamelata, Erasmo 84
Gattilusio, Familie 66
Gattinara, Mercurio 120
Genoino, Giulio 137, 177
Genovesi, Antonio 191, 195, 210, 211
Gentile, Giovanni 362, 371
Gentiloni, Vincenzo Ottorino 339
Georg von Antiochia 29

Gerini, Familie 141
Gerschenkron, Alexander 286, 297
Ghiberti, Lorenzo 73
Giambologna, Jehan Boulogne, gen. Il 161
Gianni, Francesco 203, 205, 206
Giannone, Pietro 196, 197, 209, 210, 218
Giberti, Bischof 124
Gioberti, Vincenzo 246, 251, 253, 256, 257, 260, 261
Gioia, Melchiorre 222, 249
Giolito De' Ferrari 149
Giolitti, Giovanni 289, 293, 310, 311, 317–319, 326–329, 330, 331, 333–336, 338, 339, 341–343, 345, 352–358, 371, 401
Giotto 38, 48, 49, 70, 79
Giovanna II. von Anjou, Königin von Neapel 79, 80
Girardi Cinzio, Giambattista 161
Giuliano da Maiano 80, 101
Giuliano, Salvatore 393
Giusti, Giuseppe 276
Gizzi, Pasquale Tommaso, Kardinal 256
Gnocchi-Viani, Osvaldo 308
Gobetti, Piero 371
Goethe, Johann Wolfgang von 174
Gogol, Nikolai 277
Goldoni, Carlo 193, 194, 197, 213, 277
Gonzaga, Familie 144, 169
Gondi, Familie 141
Gordon, Charles George 301
Gottfried von Bouillon 19
Gozzoli, Benozzo 100
Gramsci, Antonio 298, 346, 351, 352, 372–374, 393, 398–400, 402
Grandi, Dino 356, 370, 379
Graziani, Rodolfo 377
Gregor I., der Große, Papst 13
Gregor VII., Papst 17, 28
Gregor IX., Papst 33, 49
Gregor X., Papst 37
Gregor XI., Papst 83
Gregor XIII., Papst 163
Gregor XVI., Papst 256
Guardi, Francesco 213
Guariglia, Raffaele 380

Guerrazzi, Francesco Domenico 260, 276
Guicciardini, Francesco 97, 122, 123, 197
Guidi, Adelsgeschlecht 23
Guinizelli, Guido 51, 53
Gutenberg, Johann Gensfleisch 102

Habsburg, Dynastie 148, 167–170, 186
Hadrian VI., Papst 119
Harrington, James 117
Hawckwood, John 62
Heinrich I., englischer König 29
Heinrich IV., Kaiser 28
Heinrich IV., König von Frankreich 141, 145, 167, 169
Heinrich VI. von Schwaben, Kaiser 31
Heinrich VII. von Luxemburg, Kaiser 35, 79, 80
Heinrich VII. Tudor, englischer König 95
Henri II., von Lothringen, Herzog von Guise, Herzog von Neapel 178
Helvétius, Claude Adrien 193
Herbart, Johann Friedrich 303
Hieronymus von Prag 94
Hitler, Adolf 368, 369, 375, 376, 379, 380
Holbach, Paul Heinrich Dietrich, Baron d' 243
Honorius III., Papst 31
Hugo von Grandmesnil, Herzog von Westminster 28
Huss, Johannes 93, 94, 335

Iacopo da Lentini 53
Ibn Ibar 30
Idris 30
Innozenz III., Papst 15, 31, 46, 82
Innozenz X., Papst 170

Jacini, Stefano 292, 293
Jacopone da Todi 48, 49
Jaurès, Jean 313
Jean de Montréal (Fra Moriale) 62
Joachim von Fiore 46, 48
Johannes XXIII., Papst 390, 393
Johannes von Vicenza 48
Jones, Philip 397

Joseph II., Kaiser 200, 202-204, 206, 213, 217, 220, 236
Joyce, James 55
Juan d'Austria, Don 178
Juan de Valdes 123
Julius II., Papst 98, 109, 112, 113, 116, 155
Julius III., Papst 128
Justinian 55
Justus van Gent 98
Juvara, Filippo 217

Kapetinger, französische Dynastie 29
Karl von Anjou, Herzog von Kalabrien 70, 79
Karl I. von Anjou, König von Sizilien 35, 44, 78
Karl von Bourbon, König Beider Sizilien 120, 188, 209, 210
Karl der Große, Kaiser 13, 15, 81
Karl IV., Kaiser, König von Böhmen 83
Karl V., Kaiser 69, 119-123, 125, 127, 128, 137, 138, 144, 152, 153, 156
Karl VI. von Habsburg, Kaiser 200
Karl VI., der Wahnsinnige, König von Frankreich 80
Karl VIII., König von Frankreich 96, 105, 108, 109, 116, 120, 121
Katharina II., Kaiserin von Rußland 196
Kautsky, Karl Johann 304, 309
Kennedy, John Fitzgerald 390
Kepler, Johannes 163
Kolumbus, (Cristoforo Colombo) 42, 180
Konradin von Schwaben 35
Konstantinus Africanus, Kaiser 30
Konstanze von Sizilien 31
Kopernikus Nikolaus 179
Koyré, Alexander 179
Kristeller, Paul Oskar 398
Kulischoff, Anna 316

Labriola, Antonio 298, 303, 304, 309, 373, 392
Labriola, Arturo 329, 334
Ladislaus von Durazzo, König von Neapel 80

Lafargue, Paul 304
La Farina, Giuseppe 269
Lagrange, Giuseppe Luigi 218
La Marmora, Alfonso 271
Lamartine, Alphonse Marie Louis de 239
Lambruschini, Luigi 256
Lamennais, Felicité Robert de 251
La Motte 276
Lampedusa, Giuseppe Tomasi di 12, 275
Landino, Cristoforo 103
Lanza, Giovanni 281
Lanzi, Luigi 196
Latini, Brunello 56
Lattanzi, Giuseppe 222
Laurana, Luciano 80, 98
Lautrec, Odet de Foix 121, 133, 135
Lazzari, Costantino 308, 350
Ledru-Rollin, Alexandre Auguste 263
Lenin, Wladimir Iljitsch 298, 301, 350, 351
Lenzoni, Carlo 143
Leo III., Papst 13, 15
Leo X., Papst 112-116, 119, 121, 123, 127, 128, 155, 160, 162
Leo XII., Papst 239
Leo XIII., Papst 306, 322
Leonardo da Capua 182
Leonardo da Vinci 76, 92, 116
Leonello d'Este 89
Leopardi, Giacomo 239, 242, 243
Leopardi, Monaldo, Graf von 242
Leopold II., Großherzog von Toskana 260
Lessing, Gotthold Ephraim 170
Leto, Giulio Pomponio 93
Levra, Umberto 400-402
Lombroso, Giuseppe 320
Longano, Francesco 195
Loschi, Antonio 106
Lopez, Roberto S. 396
Lothringen Toskana, Dynastie 187, 234, 256
Loubet, Emile 327
Louis-Philippe, König von Frankreich 245
Ludwig IV., der Bayer, deutscher König und Kaiser 35, 79, 81, 85

Ludwig IX., König von Frankreich 35
Ludwig XI., König von Frankreich 35, 95, 97
Ludwig XII., König von Frankreich 108, 109, 116, 139
Ludwig XIV., König von Frankreich 170, 186, 209, 215–217
Ludwig XV., König von Frankreich 211
Lukrez 90
Lusco, Antonio 93
Luther, Martin 94, 95, 115, 123, 126
Luzatti, Luigi 296, 331, 337

Machiavelli, Niccolò 55, 68, 72, 99, 107, 109, 115–119, 122, 123, 162, 181, 196, 197, 231, 276, 399
Magnani, Anna 386
Malaspina, Familie 54
Malatesta, Errico 341
Malocello, Lanzarotto 67
Malpighi, Marcello 181, 182
Malthus, Thomas Robert 172
Mamiani, Terenzio 246, 269
Manfred, König von Sizilien 35, 36, 55
Manin, Daniele 258, 269
Mansart, Jules Hardouin 217
Mantegna, Andrea 98, 100
Manuzio, Aldo (Aldus Manutius) 149
Manzoni, Alessandro 172, 174, 239, 241, 242, 276, 301
Marcel, Etienne 60
Marchese, Enrico 42
Maria Theresia, Kaiserin 188, 200, 202, 203, 206, 210, 211, 216, 217
Maria Tudor, die Katholische, Königin von England 124, 128
Marie Amalie, Königin Beider Sizilien 211
Marie Karoline, Königin von Neapel 210
Marie Luise, Kaiserin der Franzosen, nachmals Herzogin von Parma, Piacenza und Guastalla 234, 245
Marino, Giovanni Battista 182
Marsilius von Padua 38, 50
Martin IV., Papst 37
Marx, Karl 280, 303, 304, 313, 397
Masaccio, Tommaso Guidi, gen. Il 48, 92

Massetto di Lamporecchio 86
Mastai Ferretti, Giovanni, s. Pius IX.
Mattei, Enrico 391
Matteotti, Giacomo 359, 371
Maximilian I. von Habsburg, Kaiser 110
Mazarin, Jules, Kardinal 178
Mazzei, Filippo 195
Mazzini, Giuseppe 235, 248–251, 257, 260–267, 272, 279, 280, 313
Medici, Familie 61, 72, 73, 89, 97, 99, 100, 103, 107, 113, 116, 119, 121, 127, 140, 141, 167, 203, 217, 239
–, Alessandro 140
–, Cosimo il Vecchio 140–143
–, Cosimo I. 73
–, Ferdinando I. 140–143, 167
–, Giuliano 99
–, Katharina, Königin von Frankreich 141
–, Lorenzo il Magnifico 99–101, 105, 113, 140
–, Luigi 235
–, Maria, Königin von Frankreich 141, 167
Medina de Las Torres, Raniero de Guzmán, Herzog von 175
Mehmed Ali 246
Melanchthon, Philipp 125
Menelik 312
Menotti, Ciro 245, 246
Mercantini, Luigi 276
Mercurino da Gattinara 120
Merli, Stefano 401
Metastasio, Pietro Trapassi, gen. Il 182
Metternich-Winneburg, Klemens Wenzel Lothar 258
Michelangelo Buonarroti 98, 107, 113, 121, 126, 160, 221
Michele di Lando 71
Michelet, Jules 184, 276
Michelozzo 73
Millerand, Alexandre 314
Minghetti, Marco 253, 278, 281, 282, 288
Misley, Enrico 245
Mocenigo, Giovanni 164
Mocenigo, Tomaso, Doge von Venedig 63–65

Namenregister 415

Modigliani, Giuseppe Emmanuele 371
Molza, Francesco Maria 124
Monaldo, Graf von 242
Moncada, Guglielmo Raimondo 137
Monferrato, Markgrafen von 33, 36
Montale, Eugenio 364
Montanelli, Giuseppe 260
Montano, Cola 93, 99
Montefeltro, Dynastie 43, 98
Montesquieu, Charles Louis de Secondat, de la Brède et de 214
Morandi, Giorgio 364
Morata, Olimpia 129
Moravia, Alberto 364
Moretti, Silvio 238
Mori, Lorenzo 225
Moritz von Oranien 153
Moro, Aldo 403
Morone, Giovanni 128
Morus, Thomas 159
Murat, Joaquin, König von Neapel 229, 233, 271
Muratori, Ludovico Antonio 182, 195, 196, 231
Murri, Romolo 322
Mussolini, Benito 335, 338, 341, 342, 349, 354–362, 366–370, 373, 374, 376, 377, 379, 380, 382, 385, 388

Napoleon I. Bonaparte 213, 221–224, 226, 227, 229, 231–233, 246, 249
Napoleon III. Bonaparte 270–272, 274, 282
Natale, Michele 231
Nelson, Horatio 226
Nenni, Pietro 341
Neri, Pompeo 200, 203, 205
Newton, Isaac 188
Niccoli, Niccolò 276
Nicetoro, Alfredo 303
Nicolini, Giovanni Battista 277
Nicotera, Giovanni 289
Nievo, Ippolito 277
Nikolaus III., Papst 37
Nikolaus IV., Papst 37
Nikolaus V., Papst 90, 93, 99
Nitti, Francesco Saverio 352, 371

Oberdan, Guglielmo 300
Ochino, Bernardino 124, 126
Ockham, William 49
Olivares, Gaspar de Guzmán, Herzog von 137, 172, 175
Orlando, Luigi 297
Orlando, Vittorio Emanuele 345, 347, 357
Orsini, Familie 37, 81, 158
Orsini, Felice 270
Ortes, Gian Maria 195
Ossuna, Pietro Téllez Girón, Herzog von 137, 177
Otto I. der Große, deutscher König und Kaiser 13
Otto III., deutscher König und Kaiser 14
Otto von Freising 26
Oudinot, Nicolas Charles 261

Pacelli, Ernesto 337
Pacifico, Nicola 231
Pacioli, Luca 101
Pagano, Francesco Mario 195, 210, 226
Palagonia, Familie 174
Paleario, Aonio (Antonio Della Paglia) 124
Palestrina, Pier Luigi da 163
Palladio, Andrea 150, 151, 161
Palmieri, Giuseppe 195, 210
Palmieri, Matteo 91, 93
Panciatichi, Familie 72
Panizzi, Antonio 239
Panormita, Francesco Beccadelli, gen. Il 90
Pantaleoni, Mauro 17
Paoletti, Ferdinando 205
Paoli, Pasquale 212, 221
Parini, Giuseppe 197, 200, 231
Parri, Ferruccio 371, 387
Paruta, Familie 160
Paruta, Paolo 152
Pascoli, Giovanni 320
Pasta, Giuditta 239
Paul III., Papst 125, 127, 128, 160
Paul IV., Papst 128, 156, 160
Paul V., Papst 168
Pavese, Cesare 9

Pazzi, Familie 73, 99, 100
Pecchio, Giuseppe 238
Pegolotti, Francesco 40
Pellico, Silvio 238, 277
Pelloutier, Fernand 334
Pelloux, Luigi Gerolamo 316-318
Pepe, Guglielmo 238
Pereire, Emile und Isaac 296
Perikles 9
Peruzzi, Bankiers 72
Pessagno, Manuele 42
Peter III. von Aragon 36
Peter Leopold, Großherzog von Toskana 203, 204, 206
Petrarca, Francesco 54, 84, 85, 87, 88, 101-103, 114, 115
Petrolini, Ettore 364
Philipp II., König von Spanien und der Niederlande 69, 127, 137, 149, 153, 167
Philipp IV., der Schöne, König von Frankreich 37, 42
Philipp von Bourbon, Herzog von Parma 211
Piacentini, Marcello 362
Pia de Tolomei 55
Piaggio, Erasmo 297
Piccinino, Nicola 84
Piccolomini, Alfonso 158
Piccolomini, Enea Silvio, s. Pius II., Papst 77, 94
Pico della Mirandola, Gian Francesco 100, 102, 107
Pico della Mirandola, Giovanni 107
Pier delle Vigne 51, 53, 55
Piero della Francesca 98
Pignatelli 177
Pilo, Rosolino 269, 272
Pippin III., der Kleine, König der Franken 82
Pirandello, Luigi 364
Pirelli, Luigi 297
Pisacane, Carlo 264, 265, 269, 272, 289
Pisano, Nicola 39
Pius II., Papst 98
Pius IV., Papst 128, 139
Pius VI., Papst 213, 214

Pius VII., Papst 213, 232, 235
Pius IX., Papst 256, 258, 260, 284
Pius X., Papst 322, 330
Pius XI., Papst 356, 362
Pius XII., Papst 337, 390
Platina, Bartolomeo 93
Plato 9, 90, 91, 102, 183
Plechanow, Georgij Walentinowitsch 304
Plinius der Jüngere 159
Plotin 102
Plutarch 197
Pole, Reginald 124, 125, 128
Poliziano, Agnolo Ambrogini, gen. Il 100, 102
Pollaiolo, Antonio Iacopo Benci, gen. Il 98
Polo, Marco 38, 40, 42
Pomponazzi, Pietro 50, 100, 115
Pontano, Giovanni 80
Porcari, Stefano 93, 99
Porta, Carlo 242
Portinari, Beatrice 54
Possevino, Antonio 163
Prampolini, Camillo 294
Prezzolini, Giuseppe 335
Prina, Giuseppe 233
Prinetti, Giulio 326
Priuli, Chronist 110
Psellos, Michael 89
Pucci, Francesco 163
Puccini, Giacomo 331
Pythagoras 9

Quazza, Guido 402
Querini, Angelo 212
Quinet, Edgar 276

Rabelais, François 124, 156
Radetzky, Johann Joseph Franz Karl, Graf von Radetz 258, 259, 266
Radicati di Passerano, Alberto 218
Raffael (Raffaello Sanzio) 112, 114, 156
Ranza, Giovanni Antonio 222
Rattazzi, Urbano 267, 281-283
Redi, Francesco 181
Renate von Frankreich 124

Retz, Jean François Paul de Gondi, Kardinal 141
Ribbentrop, Joachim von 380
Ricasoli, Bettino 281
Ricci, Familie 72
Ricci, Scipione de' 204
Richelieu, Armand Duplessis 166, 169
Ristori 222
Robert von Anjou, König von Sizilien 70, 79, 85
Robert von Grandmesnil, Abt von Santa Eufemia 29
Robert Guiskard 28–30, 78
Robespierre, Maximilian de 221
Robilant, Carlo Felice Nicolis di 300, 301
Roger II., König von Sizilien 29, 30
Romano, Giulio 161
Romano, Ruggiero 396, 400
Rommel, Erwin 378
Romussi, Carlo 316
Roncalli, Angelo, s. Johannes XXIII.
Roosevelt, Franklin Delano 384
Rosselli, Carlo 371, 372, 374, 375
Rosselli, Nello 375
Rossellini, Roberto 386, 390
Rossellino, Bernardo 98, 101
Rossetti, Raffaele 239
Rossi, Pelegrino 260
Rouher, Eugène 222
Rousseau, Jean-Jacques 117, 193, 221, 243
Rubattino, Raffaele 297
Rucellai, Familie 116
Rudinì, Antonio Starrabba, Marchese von 310, 314–316, 341
Ruffo, Fabrizio di San Lucido 215, 225
Ruge, Arnold 263
Russo, Vincenzio 226
Ruzzante, Angelo Beolco, gen. Il 110

Sacchetti, Franco 69
Sadoleto, Jacopo 125
Saffi, Andrea 307
Salandra, Antonio 341, 345, 356, 357
Salasco, Carlo Canera di 259
Salutati, Coluccio 92, 93, 101, 102

Salvemini, Gaetano 325, 326, 338, 342, 371
Salviati, Leonardo 143
San Giuliano, Antonio Paternò Castello, Marchese von 338
Sannazaro, Jacopo 80
Sansovino, Francesco 152
Sansovino, Jacopo 150, 152, 160
Santorre di Santarosa, Annibale 239
Sapegno, Natalino 53
Saracco, Giuseppe 317, 318
Saragat, Giuseppe 388
Sarpi, Paolo 152, 163, 168, 180
Savonarola, Gerolamo 94, 102, 103–105, 107, 108, 112, 115, 116, 121
Savoyen, Dynastie 144, 186, 187, 234, 378
–, Amedeo II., König von Sizilien, König von Sardinien 215–218
–, Carlo Alberto, König von Sardinien 238, 246, 248, 252, 253, 257–261, 266
–, Carlo Emanuele I., Herzog von Savoyen 145, 146, 167, 169, 215, 216
–, Carlo Emanuele III., König von Sardinien 215, 216
–, Carlo Felice, Herzog von Genua, später König von Sardinien 238, 246, 248, 253
–, Clotilde von Savoyen, verh. mit Jerôme Bonaparte 271
–, Emanuele Filiberto, Herzog von Savoyen 144–147
–, Ferdinando, Herzog von Genua 246
–, Margherita, Königin von Italien 300, 302
–, Tommaso I., Graf von Savoyen 24
–, Vittorio Amedeo III., König von Sardinien 218
–, Vittorio Emanuele I., König von Sardinien 216, 238
–, Vittorio Emanuele II., König von Italien 144, 260, 266, 270, 272, 273, 278, 283, 299, 300
–, Vittorio Emanuele III., König von Italien 318
–, Umberto I., König von Italien 300, 317

Scali, Bankiers 70
Scaligeri (auch Della Scala), Familie 36, 43, 54, 74
Scamozzi, Vincenzo 150
Schlegel, Friedrich von 240
Sciarra, Marco 136, 158
Sella, Quintino 281, 285
Seripando, Gerolamo 124
Serra, Antonio 137, 172
Serrao, Andrea 231
Serrati, Giacinto Menotti 350
Serveto, Michel 129
Seyssel, Claude de 146
Sforza, Familie 73
–, Filippo Maria 74
–, Francesco, Herzog von Mailand 74, 75, 84
–, Francesco II., Herzog von Mailand 76, 121
–, Galeazzo Maria, Herzog von Mailand 93
–, Gian Galeazzo, Herzog von Mailand 106
–, Ludovico Maria, gen. Il Moro, Herzog von Mailand 105
Shakespeare, William 161
Siccardi, Giuseppe, Graf 267
Sigismund von Luxemburg, Kaiser 64
Signorelli, Luca 107
Sirleto, Guglielmo 163
Sismondi, Jean Charles Léonard Simonde de 276, 396
Sixtus IV., Papst 93, 98, 99
Sixtus V., Papst 157–159
Smith, Adam 188, 267, 397
Sobieski, Johann 170
Sokrates 165
Solaro della Margarita, Clemente 256
Sonnino, Sidney 287, 290, 315, 326, 330, 336, 342, 347
Sorel, Georges 304, 309, 334, 335
Sozzini, Fausto 129
Sozzini, Lelio 129
Spallanzani, Lazzaro 195, 201
Spaventa, Bertrando 269, 303
Spinola, Ambrogio 153
Spinola, Cornelio 175

Spinoza, Baruch 165, 183
Squilla (Tommaso Campanella) 166
Staël, Suzanne Necker, Mme de 240
Stalin, Jossif Wissarionowitsch (Dschugaschwili) 375, 382, 384
Starace, Achille 363
Stendhal (Henri Beyle) 224, 236, 239
Sturzo, Luigi 356
Suleiman der Prächtige 122
Suwarow, Alexander Wassiljewitsch 225
Sweezy, Paul 397

Tacitus 181
Tanucci, Bernardo 209
Tarello, Camillo 138
Tasca, Angelo 351, 374
Tasso, Torquato 162
Tassoni, Alessandro 146, 167
Taylor, Myron Charles 361
Telesio, Bernardino 166
Thomas von Aquin, der Heilige 85, 176, 177
Tiepolo, Baiamonte 41
Tino da Camaino 79
Tintoretto, Iacopo Robusti, gen. Il 161
Tiraboschi, Gerolamo 196
Tittoni, Tommaso 326
Togliatti, Palmiro 351, 373, 374, 383, 384, 387, 393, 394, 404
Toledo, Don Pedro de 133, 135, 136
Tolstoj, Leo, Graf 55
Tommaseo, Niccolò 276
Torriani, Familie 37, 43
Torricelli, Evangelista 181
Torrigiani, Familie 141
Toscanelli, Paolo Del Pozzo 92
Tosti, Luigi 306
Traian 15
Treves, Claudio 371
Trinci, Cosimo 191
Truman, Harry 390
Tschou, Dynastie 10
Turati, Augusto 363
Turati, Filippo 309, 310, 316, 329, 330, 350, 371
Türr, Stefano 275

Namenregister

Ugolino da Ostia, s. Gregor IX.
Ugolino Della Gherardesca, Graf 37
Uguccione della Faggiola 70

Valdés, Juan de 129
Valla, Lorenzo 88, 90
Vanini, Giulio Cesare 163
Vasari, Giorgio 140, 141, 143, 196
Vasco, Francesco Dalmazzo 219
Vasco, Giambattista 195
Verdi, Giuseppe 277
Verga, Giovanni 302
Vergerio, Pier Paolo 124, 129
Vergil 10
Vermigli, Pier Martire 124, 126
Veronese, Paolo Cagliari, gen. Il 150, 151, 161, 162
Verri, Pietro 194–197, 200–202, 220
Verro, Bernardino 312
Vespasiano da Bisticci 90
Vico, Giambattista 179, 183–185
Vignola, Giacomo Barozio da 161
Villani, Giovanni und Matteo 59, 69, 194
Visconti, Familie 37, 43, 62, 64, 67, 71, 74–76, 83, 89, 93, 127
–, Filippo Maria 74–76
–, Gaspare 139
–, Gian Galeazzo 62, 73–75, 223
–, Giovanni, Erzbischof 67, 73, 75
–, Valentina 108
Visconti-Venosta, Emilio 315

Vitruv 92
Vittorino da Feltre 88
Viviani, Vincenzo 181
Volpi, Giuseppe, Graf 358, 365
Volta, Alessandro 201
Voltaire, François Marie Arouet de 114, 170, 193, 243

Waldes, Petrus 47
Walter von Brienne, gen. Herzog von Athen 70
Walter von Urslingen 62
Watt, James 188
Watton, Henry 168
Waugham 225
Wenzel IV., der Faule, König von Böhmen 74
Wilhelm II., König von Sizilien 30
Wilhelm von Grandmesnil 28
Wilhelm von Hauteville 28
Wilhelm der Eroberer 28, 29
Wilson, Thomas Woodrow 348
Woodhouse, John 189
Wycliff, John 93, 94

Young, Arthur 199

Zamboni, Luigi 220
Zanardelli, Giuseppe 316–319, 326
Zaniboni, Tito 360
Zola, Emile 301

BUCHANZEIGEN

KULTUR UND GESCHICHTE ITALIENS

Moses I. Finley/Denis Mack Smith/Christopher Duggan
Geschichte Siziliens und der Sizilianer
1989. 312 Seiten mit 22 Abbildungen
Gebunden

Massimo Pallotino
Italien vor der Römerzeit
Aus dem Italienischen von Stephan Steingräber
1987. 236 Seiten mit 45 Abbildungen und 12 Karten
Gebunden

Herman Bengtson
Römische Geschichte
Republik und Kaiserzeit bis 284 n. Chr.
6., unveränderte Auflage. 1988. XI, 389 Seiten. Leinen
(Beck'sche Sonderausgaben)

Karl Christ
Geschichte der römischen Kaiserzeit
Von Augustus bis Konstantin
1988. IX, 869 Seiten mit 61 Abbildungen. Leinen

Ferdinand Gregorovius
Geschichte der Stadt Rom im Mittelalter
Vom V. bis XVI. Jahrhundert
Vollständige Ausgabe in vier Bänden. 2. Auflage. 1988.
Zusammen 2748 Seiten mit 234 ganzseitigen Abbildungen. Leinen

Norbert Huse/Wolfgang Wolters
Venedig
Architektur, Skulptur, Malerei 1460–1590
1986. 424 Seiten mit 336 Abbildungen, davon 33 in Farbe. Leinen

VERLAG C.H.BECK MÜNCHEN

KULTUR UND GESCHICHTE ITALIENS

Christopher Hibbert
Rom
Biographie einer Stadt
Aus dem Englischen von Karl Heinz Siber.
1987. 452 Seiten mit 48 Abbildungen und 32 Zeichnungen.
Gebunden

Richard Krautheimer
Rom
Schicksal einer Stadt 312–1308
Aus dem Englischen von Toni Kienlechner und Ulrich Hoffmann
1987. 424 Seiten mit 260 Abbildungen.
Leinen

Paul Zanker
Augustus und die Macht der Bilder
1987. 369 Seiten mit 351 Abbildungen.
Leinen

Harald Mielsch
Die römische Villa
Architektur und Lebensform
1987. 181 Seiten mit 106 Abbildungen. Broschiert
(Beck's Archäologische Bibliothek)

Ernst Künzl
Der römische Triumph
Siegesfeiern im antiken Rom
1988. 171 Seiten mit 100 Abbildungen. Broschiert
(Beck's Archäologische Bibliothek)

VERLAG C.H.BECK MÜNCHEN

BECK'SCHE SONDERAUSGABEN